零基础学炒股——通达信从入门到精通

刘尧　编著

清华大学出版社
北京

内 容 简 介

本书是一本专为新股民打造的炒股实战指南，能满足读者对基础入门、炒股知识扩展学习、股市实操以及炒股策略四个方面的学习需求。全书共分为5篇，有31章，围绕通达信炒股软件展开，从新股民入市的基础知识开始，逐步深入股市分析、选股策略、交易技巧等多个方面，内容涵盖了新股民入市的必备常识、股票交易实战技巧、股市新势力的解读、通达信软件的操作与功能介绍、股市分析与选股策略、炒股工具的妙用、技术指标的识别与运用、买卖点的精准把握、交易战术的制定与实施等多个方面。书中还结合实际交易案例，深入剖析了炒股高手的常胜实战策略。

本书适合广大股票投资爱好者以及各行各业需要学习股票投资软件的人员参考，也可以作为股票投资培训班的培训教材或辅导书。通过对本书的学习，读者不仅能够掌握炒股的基本理论知识和操作技能，还能利用通达信软件的强大功能来提高投资效率和降低投资风险，助您在股市中稳健前行，实现财富增值目标。

本书封面贴有清华大学出版社防伪标签，无标签者不得销售。
版权所有，侵权必究。举报：010-62782989，beiqinquan@tup.tsinghua.edu.cn。

图书在版编目（CIP）数据

零基础学炒股.通达信从入门到精通 / 刘尧编著. -- 北京：清华大学出版社，2025.5.
ISBN 978-7-302-68963-8

Ⅰ.F830.91

中国国家版本馆CIP数据核字第2025FQ4067号

责任编辑：张彦青
封面设计：李　坤
责任校对：周剑云
责任印制：沈　露

出版发行：清华大学出版社
网　　址：https://www.tup.com.cn, https://www.wqxuetang.com
地　　址：北京清华大学学研大厦A座　　邮　编：100084
社 总 机：010-83470000　　邮　购：010-62786544
投稿与读者服务：010-62776969, c-service@tup.tsinghua.edu.cn
质量反馈：010-62772015, zhiliang@tup.tsinghua.edu.cn

印 装 者：三河市科茂嘉荣印务有限公司
经　　销：全国新华书店
开　　本：170mm×240mm　　印　张：39.5　　字　数：754千字
版　　次：2025年6月第1版　　印　次：2025年6月第1次印刷
定　　价：128.00元

产品编号：100853-01

前言

在充满机遇与挑战的股市中，每一位投资者都渴望找到通往成功的秘诀。而本书正是您探索股市奥秘、掌握炒股技能的必备用书。

本书详细讲解通达信软件的使用技巧，让您能够充分利用这一强大工具，提高投资效率，降低投资风险。借助通达信软件的实时行情、数据分析、选股策略等功能，您将能够更加精准地把握市场脉搏、捕捉投资机会，从而实现财富的稳健增长。

当然，股市是一个充满变数的领域，炒股并非易事，需要不断地学习和实践。投资者需要时刻保持警惕和冷静，才能在股市中稳健前行。但相信通过本书的学习和指导，您将逐步掌握炒股的精髓，形成自己的投资风格和交易体系。在股市的征途中，愿本书成为您实现财富梦想的最得力助手。

让我们一起翻开本书，开启您的股市之旅吧！

📖 本书主要内容

本书的结构设计十分合理，从新股民的基础知识讲起，逐步深入到股市分析、交易技巧、实战策略等多个方面，形成了一个完整的学习体系。具体如下。

❖ 第1篇　基础入门

第 1 篇包括第 1 章至第 3 章。本篇为新股民提供了入市必备常识，包括如何开设股票账户和探索北交所市场的潜力。通过这三章内容的详细阐述，帮助初学者稳健地踏入股市，为后续的炒股之路打下坚实的基础。同时，本篇还探索了北交所市场的潜力，帮助投资者把握新的投资机遇。

❖ 第2篇　操作精通

第 2 篇包括第 4 章至第 10 章。本篇深入讲解了如何使用通达信炒股软件进行得心应手的操作，包括快捷键的使用、模拟交易等。同时，还介绍了如何洞悉市场脉动，通过盘口信息解读和细节观察，发掘盈利秘诀。此外，本篇还提供了选股策略和通达信控制中心的高效利用方法以及如何利用通达信策略捕捉潜力股，以及高效利用通达信控制中心来掌控市场脉搏。

❖ 第3篇　技术理论

第 3 篇包括第 11 章至第 19 章。本篇深入探讨了技术分析的精髓，包括利用公式与画线工具进行市场预测、分析股市行情与盈利机会，以及全球股市动态的洞察。同时，还介绍了手机炒股的相关知识。此外，本篇还详细阐述了如何锁定龙头股，以及抓住分时图中的买卖时机和洞悉庄家的意图等高级技巧。通过这些内容，投资者可以更好地洞悉庄家意图，精准建仓。

❖ 第4篇　交易实战

第 4 篇包括第 20 章至第 26 章。本篇聚焦于 K 线图和均线理论在股市交易中的应用。通过解读 K 线图的智慧，识别各种 K 线买卖信号和组合攻略，帮助交易者在股市中把握趋势，决胜千里。同时，本篇还深入探讨了均线稳健盈利策略，解密均线形态与趋势，揭示股市趋势的秘密。

❖ 第5篇　实战策略

第 5 篇包括第 27 章至第 31 章。本篇是本书的精华部分，以实战为出发点，汇集了炒股高手的实战策略和技巧，包括趋势技术形态绝杀实战策略、捕捉黑马股的实战策略、利用指标精准捕捉市场领头羊等。通过对本篇的学习，读者可以借鉴他人的成功经验，结合自己的实际情况，在股市中更加游刃有余地制定出自己的炒股策略，提升股市盈利能力，实现财富的稳健增长。

📖 本书特色

我们非常注重内容的可读性和易懂性。本书采用了通俗易懂的语言和生动的图表、图注，让读者能够轻松理解并掌握炒股的核心要点。同时还提供了大量的实战案例，让读者能够在实际操作中更好地应用所学知识。此外，本书还具有如下特色。

❖ 针对新股民

本书专为新股民打造，内容浅显易懂，语言通俗，有助于新股民快速建立对股市的认知，降低入门难度。

❖ 内容丰富全面

本书涵盖了炒股所需的各个方面，从基础知识到实战策略，内容全面而系统，满足了投资者多方面的学习需求。

❖ 语言通俗易懂

本书采用了通俗易懂的语言和生动的图表，使得复杂的炒股知识和技巧变得易于理解和掌握，降低了学习门槛。

❖ 实战性强

书中不仅讲解了理论知识，还结合通达信软件的实际操作，介绍了多种实战策略和技巧，有助于读者快速上手并提高投资效率。

❖ 股民课堂，深挖学习

在每章的末尾，以"新股民学堂"专题的形式，将高手所掌握的一些秘籍技法提供给读者，以便读者学习到更多的炒股技巧和策略。

如何使用本书

❖ 从头到尾顺序阅读

建议读者按照章节顺序从头开始阅读，这样可以从基础概念逐步深入到实战策略，有助于读者系统地掌握炒股知识和技能。

❖ 重点学习与实践结合

针对自己感兴趣或难以理解的章节，可以重点学习并尝试结合实际操作进行实践。例如，学习通达信软件的操作时，可以边看书边操作软件，以加深理解和记忆。

❖ 反复阅读与应用

炒股是一个需要不断学习和实践的过程，建议读者在阅读本书后，可以反复回顾重要章节，并在实际炒股过程中应用所学的知识。

❖ 结合案例进行分析

书中提供了许多实际案例，读者可以结合这些案例进行分析，从而更好地理解炒股策略和技巧。

实用助学资源

为了让读者有更高效、有趣的学习体验，本书附赠商业版的可视化选股分析工具、AI学炒股助手及三本实用炒股手册的电子书。

❖ 可视化选股分析工具：数据驱动，决策无忧

我们特别随书附赠商业版的可视化选股分析工具（读者免费版），让您轻松把握市场脉搏。通过先进的量化模型、算法以及股票买卖策略，该软件能够实时分析市场趋势，预测股票走势，助您捕捉每一个投资机会。让数据说话，为您的投资决策提供数据支持。从此，您的交易将不再盲目，而是基于精准的数据分析。

❖ AI学炒股助手，智能指导，学习更高效

AI学炒股助手是您进行炒股训练的智能学习伙伴，它能根据您的学习进度和兴趣提供个性化的学习内容和实战模拟，还能实时对话，为您答疑解惑。无论是理论知识还是实战技巧，您都能得到针对性的辅导，让您的学习之路更加高效、有趣，投资更轻松。

❖ 炒股技能提升资源：一站式学习完整体验

除图书、软件和AI助学工具外，我们还为读者准备了以下电子书，供读者参考：

◇ 证券股票知识500例速查手册。

- ◇ 电脑（手机）炒股实用技巧 500 招。
- ◇ 炒股选股策略与公式速查手册 300 例。

📖 工具使用说明和获取方式

| AI 学炒股助手 | 工具使用说明 | 可视化选股分析工具 V1.03 | 赠送电子书 |

📖 创作团队

  本书由刘尧编著，作者长期从事股市研究和股票交易实际操作工作，掌握了一些从选股、选择买卖时机到如何在茫茫股海中捕捉黑马的投资策略。本书在编写过程中，力求内容全面、系统、实用，也尽最大努力将最好的讲解呈现给读者，但难免有疏漏和不妥之处，敬请读者不吝指正。最后，希望广大读者认真阅读本书，并结合实际情况进行实践和应用，切勿盲目投资。

编 者

目 录

第1篇 基础入门篇

第1章 新股民启航——必备常识......3
- 1.1 认识股票与股市......4
  - 1.1.1 什么是股票......4
  - 1.1.2 什么是股市......4
- 1.2 市场和常见的股票绰号......4
  - 1.2.1 一级市场和二级市场......5
  - 1.2.2 牛市和熊市......6
  - 1.2.3 股票常见绰号......6
- 1.3 股市指数术语......7
  - 1.3.1 上交所相关指数......8
  - 1.3.2 深交所相关指数......8
  - 1.3.3 中证指数......9
  - 1.3.4 恒生指数......9
- 1.4 股票类型与四大板块......10
  - 1.4.1 股票类型......10
  - 1.4.2 四大板块......10
- 1.5 股票涨跌预测术语......11
- 1.6 与股权相关的术语......12
- 1.7 与盘口相关的术语......13
- 1.8 新股民学堂——炒股常见的风险......15
  - 1.8.1 系统性风险......15
  - 1.8.2 非系统性风险......16

第2章 开启财富之门——股票账户轻松开设......17
- 2.1 炒股前的准备工作——开户......18
  - 2.1.1 开户条件......18
  - 2.1.2 A股线下开户流程......18
  - 2.1.3 A股线上开户流程......19
- 2.2 券商的主要业务与券商的选择......22
  - 2.2.1 券商的主要业务......22
  - 2.2.2 如何选择券商......23
- 2.3 股票买卖......24
  - 2.3.1 委托......24
  - 2.3.2 交割......25
  - 2.3.3 股票交易成本......26
- 2.4 转户与销户......26
  - 2.4.1 转户......26
  - 2.4.2 销户......27
- 2.5 新股民学堂——创业板如何开户......28

第3章 把握新机遇——北交所市场潜力探索......31
- 3.1 什么是新三板？......32
  - 3.1.1 我国现有资本市场的等级划分......32
  - 3.1.2 新三板的前世今生......32
- 3.2 北交所与新三板的关系......33
- 3.3 北交所开户条件及流程......34
- 3.4 北交所上市退市机制与交易规则......36
  - 3.4.1 北交所的上市要求......36
  - 3.4.2 北交所的强制退市机制......38
  - 3.4.3 北交所的交易规则......39
- 3.5 新股民学堂——三大交易所的主要区别......40

第 2 篇 操作精通篇

第 4 章 初识通达信——安装与界面 43

- 4.1 通达信的特点及功能优势 44
  - 4.1.1 通达信的特点 44
  - 4.1.2 通达信的优势 44
- 4.2 下载与安装通达信 45
  - 4.2.1 下载通达信 45
  - 4.2.2 安装通达信 46
  - 4.2.3 注册与登录通达信 48
- 4.3 通达信的界面 49
  - 4.3.1 主窗口 50
  - 4.3.2 菜单栏 54
  - 4.3.3 状态栏 56
- 4.4 工具栏 58
- 4.5 功能树 62
- 4.6 新股民学堂——界面颜色设置 64

第 5 章 快人一步——即时分析（分时图分析） 67

- 5.1 认识分时图 68
  - 5.1.1 进入分时图界面 68
  - 5.1.2 大盘分时图界面包含的信息 70
  - 5.1.3 个股分时图界面包含的信息 71
- 5.2 分时图界面选项 73
  - 5.2.1 分时图与 K 线图界面的切换与设置 73
  - 5.2.2 品种指数叠加 74
  - 5.2.3 分时区间统计 76
  - 5.2.4 给股票添加标记 78
  - 5.2.5 扩展分析区 79
- 5.3 切换操作 81
- 5.4 修改分时图界面模式 83
  - 5.4.1 添加和更换分时图副图技术指标 83
  - 5.4.2 更改分时图主图技术指标 85
  - 5.4.3 分时图的坐标 87
- 5.5 分段走势切换 89
- 5.6 分时重播 90
- 5.7 新股民学堂——如何查看历史分时图 91

第 6 章 洞悉市场脉动——技术分析（K 线分析） 95

- 6.1 K 线的基本知识 96
  - 6.1.1 进入 K 线图界面 96
  - 6.1.2 K 线的组成与分类 97
  - 6.1.3 单根 K 线的线形分析 98
- 6.2 K 线图界面选项 101
  - 6.2.1 K 线图周期的切换与设置 101
  - 6.2.2 复权与不复权 104
  - 6.2.3 品种和技术指标叠加 107
  - 6.2.4 多股同列 110
  - 6.2.5 K 线区间统计 111
  - 6.2.6 图形标识设置 113
  - 6.2.7 指标窗口 115
- 6.3 沙盘推演和训练模式 119
  - 6.3.1 沙盘推演 119
  - 6.3.2 训练模式 122
- 6.4 新股民学堂——K 线图常用操作技巧 124

第 7 章 细节决定成败——盘口信息的智慧解读 131

- 7.1 集合竞价和盘口分析 132
  - 7.1.1 股市早盘集合竞价 132
  - 7.1.2 集合竞价盘口组成部分 133
  - 7.1.3 尾盘集合竞价 134
- 7.2 盘口语言解析 135
  - 7.2.1 委比和委差 136

	7.2.2	五档卖盘和五档买盘 136
	7.2.3	盘口行情信息名词解释 137
7.3	盘口信息标签解读 139	
	7.3.1	分时成交明细 139
	7.3.2	分价表 141
	7.3.3	关联品种的走势和相关数值 142
	7.3.4	移动筹码 143
7.4	新股民学堂——超级盘口 145	

第 8 章 把握大势——股市行情分析与盈利机会 147

8.1	行情列表 148	
	8.1.1	分类排名 148
	8.1.2	个股分析 150
8.2	自动选股 155	
8.3	历史行情与指标排序 158	
	8.3.1	查看历史行情 158
	8.3.2	更改排序指标 160
8.4	批量处理 161	
8.5	股票 PK 和组合分析 163	
	8.5.1	股票 PK 164
	8.5.2	组合分析 165
8.6	新股民学堂——强弱分析和区间排行 169	

第 9 章 掌控市场脉搏——市场分析股市动态 173

| 9.1 | 全景图 .... 174 |

9.2	股票行情 176
9.3	板块行情 178
9.4	主要指数 181
9.5	增值功能 182
	9.5.1 机构内参 182
	9.5.2 脱水研报 182
9.6	新三板 185
9.7	港股行情和美股行情 186
	9.7.1 港股行情 186
	9.7.2 美股行情 188
9.8	新股民学堂——全球行情对中国股市的影响 190

第 10 章 多重透视——资讯服务 193

10.1	资讯首页和精华资讯 194
	10.1.1 资讯首页 194
	10.1.2 精华资讯 196
10.2	宏观财报和自选资讯 198
	10.2.1 宏观财报 199
	10.2.2 自选资讯 202
10.3	股市全频道 203
	10.3.1 财经频道和产经频道 203
	10.3.2 股票频道和新股频道 207
	10.3.3 港股频道和美股频道 209
	10.3.4 综合金融投资频道 211
10.4	行业数据 212
10.5	上证路演 214
10.6	新股民学堂——政治因素对股市的影响 215

第 3 篇 技术理论篇

第 11 章 龙头引领财富——数据捕捉龙头股 221

11.1	投资日历和新股中心 222
	11.1.1 投资日历 222
	11.1.2 新股中心 224

11.2	龙虎榜单和融资融券 226
	11.2.1 龙虎榜单 226
	11.2.2 融资融券 229
11.3	增持减持和增发送配 230
	11.3.1 增持减持 230

11.3.2 增发送配 232
11.4 财报数据和价值分析 234
　　11.4.1 财报数据 234
　　11.4.2 价值分析 235
11.5 调研互动和市场统计 236
　　11.5.1 调研互动 237
　　11.5.2 市场统计 238
11.6 新股民学堂——个股基本资料F10 240

第12章 精准预判——预警系统与画线工具引领市场风向 243

12.1 预警系统 244
　　12.1.1 主力监控精灵的设置及应用 244
　　12.1.2 主力监控精灵的监控类型及说明 247
　　12.1.3 市场雷达的设置及应用 250
　　12.1.4 市场雷达的预警类型及说明 251
　　12.1.5 条件预警的设置及应用 252
12.2 盯盘精灵 255
12.3 画线工具 257
　　12.3.1 画线的类型及画法简介 258
　　12.3.2 画线实操 258
　　12.3.3 编辑画线 265
12.4 新股民学堂——测量距离 268

第13章 选股如选美——通达信智能捕捉潜力股 269

13.1 条件选股 270
　　13.1.1 设置选股条件并执行选股 270
　　13.1.2 历史阶段选股 272
13.2 定制选股 274
　　13.2.1 基本资料选股 274
　　13.2.2 行情选股 276
　　13.2.3 其他条件选股 276

13.2.4 组合定制选股 278
13.3 模式选股 279
13.4 综合选股 280
13.5 性价比选股器 282
13.6 新三板公司选股 284
13.7 新股民学堂——形态匹配选股 284

第14章 股事不决问小达——通达信AI问答 287

14.1 智能选股 288
　　14.1.1 智能选股支持的选股内容 288
　　14.1.2 AI问答选股 289
　　14.1.3 表头栏目调整 292
　　14.1.4 可视化分析 294
14.2 股海神搜 295
　　14.2.1 股海神搜的选股分类 295
　　14.2.2 选股 296
　　14.2.3 修改选股条件 298
　　14.2.4 推荐问句和历史问句 299
14.3 全文检索 301
14.4 首页推荐问句 303
　　14.4.1 热点专题和主题投资选股 303
　　14.4.2 板块异动和热门搜索选股 306
　　14.4.3 技术面、基本面和资金面选股 308
　　14.4.4 策略为王 310
14.5 新股民学堂——滚动浏览行情 312

第15章 股市尽在掌中——手机炒股 315

15.1 通达信的下载与安装 316
15.2 【首页】菜单 316
　　15.2.1 搜索股票 317
　　15.2.2 查看涨停板 317
　　15.2.3 龙虎看盘 320
15.3 【自选】菜单 322
　　15.3.1 添加自选股 322

15.3.2 编辑自选股 325
15.3.3 查看自选股 326
15.3.4 自选界面的其他操作 326
15.4 【行情】分析 328
15.4.1 A股市场行情分析 328
15.4.2 个股行情分析 330
15.4.3 选股 332
15.5 手机模拟炒股 333
15.5.1 参加模拟比赛 333
15.5.2 买入股票 334
15.5.3 撤单 336
15.5.4 卖出股票 337
15.6 【资讯】菜单 338
15.7 新股民学堂——技术分析 339
15.7.1 查看分时图和K线 339
15.7.2 自定义技术指标 341
15.7.3 更大视角看分析 341

第16章 分时图中的金矿——精准捕捉短线买卖时机 345

16.1 分时图看开盘走势 346
16.2 分时图中的买卖时机 348
16.2.1 分时均价线看盘技法 348
16.2.2 分时成交量与价格的关系 348
16.3 使用分时图的注意事项与常见问题 350
16.3.1 分时图需要注意什么？ 350
16.3.2 个股分时图的常见问题 351
16.3.3 分时图形态的常见问题 351
16.4 新股民学堂——分时图评估大盘走向 352

第17章 分时曲线的奥秘——洞悉庄家意图 355

17.1 解析分时图的波长奥秘 356
17.1.1 短波 356
17.1.2 中波 356

17.1.3 长波 357
17.1.4 混合波 358
17.2 解读股市分时图角度的内涵 358
17.2.1 分时图中角度的分类 359
17.2.2 小于30° 上涨 359
17.2.3 小于30° 下跌 360
17.2.4 30°～70° 上涨 360
17.2.5 30°～70° 下跌 361
17.2.6 大于70° 上涨 362
17.2.7 大于70° 下跌 362
17.2.8 分时图中角度的疑问 363
17.3 看透分时图量柱背后的意图 363
17.3.1 上升密集型量柱 363
17.3.2 下跌密集型量柱 364
17.3.3 上升稀疏型量柱 364
17.3.4 下跌稀疏型量柱 365
17.4 通过分时图解读庄家出货意图 366
17.5 新股民学堂——分时图捕捉涨停股 367

第18章 支撑与压力的博弈——分时图中的力量对比 369

18.1 寻找分时图中股票最佳买入点 370
18.1.1 分时图的支撑位 370
18.1.2 均线强力支撑和弱势支撑 370
18.1.3 前收盘价的强力支撑和弱势支撑 371
18.2 寻找分时图中股票最佳卖出点 373
18.2.1 拉升过程中的压力位 373
18.2.2 均线强势压力位和弱势压力位 373
18.2.3 前收盘价的强力压力和弱势压力 375
18.3 股市分时图的典型形态 376
18.3.1 反转形态 376
18.3.2 横盘形态 381

18.3.3 反复震荡调整分时图.............383
18.4 新股民学堂——多日分时图的支撑
与压力.............384

第 19 章 精准建仓——分时图建仓与卖出的艺术.............387
19.1 分时图中股票买入卖出要领.............388
 19.1.1 分时图的买入要领.............388
 19.1.2 分时图的卖出要领.............390
19.2 分时图中股票买入建仓信号.............392
 19.2.1 三重底.............392
 19.2.2 步步高.............393
 19.2.3 对称涨跌.............394
 19.2.4 突破整理平台.............394
 19.2.5 突破前期高点.............395
 19.2.6 一波三折.............396
19.3 分时图中股票卖出信号.............397
 19.3.1 一顶比一顶低.............397
 19.3.2 跌破整理平台.............398
 19.3.3 跌破前期低点.............398
 19.3.4 开盘急涨.............399
 19.3.5 前收盘线阻挡.............400
19.4 新股民学堂——分时图解读庄家
出货.............402

第 4 篇　交易实战篇

第 20 章 21 种 K 线买卖信号——把握趋势，决胜股市.............405
20.1 单根阳线的股票买卖技法.............406
 20.1.1 极阳线.............406
 20.1.2 小阳线.............406
 20.1.3 中阳线.............407
 20.1.4 大阳线.............408
 20.1.5 光头阳线.............409
 20.1.6 光脚阳线.............409
 20.1.7 光头光脚阳线.............410
20.2 单根阴线的股票买卖技法.............411
 20.2.1 极阴线.............411
 20.2.2 小阴线.............412
 20.2.3 中阴线.............413
 20.2.4 大阴线.............414
 20.2.5 光头阴线.............414
 20.2.6 光脚阴线.............415
 20.2.7 光头光脚阴线.............416
20.3 特殊形状的单根 K 线.............417
 20.3.1 锤子线和上吊线.............417
 20.3.2 倒锤子线和射击之星.............418
 20.3.3 一字线.............419
 20.3.4 T 字线和倒 T 字线.............420
 20.3.5 十字星和十字线.............420
 20.3.6 长十字线.............421
 20.3.7 螺旋桨.............422
20.4 新股民学堂——单根阴阳线的
强弱演变.............423

第 21 章 14 种 K 线组合攻略——买入信号的精准识别.............425
21.1 股票买入信号的双 K 线组合.............426
 21.1.1 好友反攻.............426
 21.1.2 曙光初现.............426
 21.1.3 旭日东升.............427
 21.1.4 平底.............428
21.2 股票买入信号的多根 K 线组合.............429
 21.2.1 早晨之星.............429
 21.2.2 红三兵（三个白武士）.............430
 21.2.3 上涨两颗星.............432
 21.2.4 低位并排阳线.............433
 21.2.5 高位并排阳线.............434
 21.2.6 两阳夹一阴（两红夹一黑 /
多方炮）.............434

21.2.7 上升三部曲（升势三鸦/
　　　 上升三法） 435
21.2.8 塔形底 436
21.2.9 圆底 437
21.3 新股民学堂——跳空上扬（升势
　　 鹤鸦缺口） 438

第22章 卖出不迷茫——18种K线
　　　　卖出信号的判断与执行 441

22.1 股票卖出的两根K线组合 442
　22.1.1 淡友反攻 442
　22.1.2 乌云盖顶 443
　22.1.3 倾盆大雨 443
　22.1.4 平顶 444
22.2 股票卖出的多根K线组合 445
　22.2.1 黄昏之星 445
　22.2.2 黑三兵 446
　22.2.3 双飞乌鸦 447
　22.2.4 两阴夹一阳（两黑夹一红）...448
　22.2.5 下降三部曲（降势三鹤/
　　　　 下跌三部曲/三阳做客） 449
　22.2.6 跛脚阳线 450
　22.2.7 三只乌鸦（暴跌三杰） 451
　22.2.8 倒三阳 452
　22.2.9 塔形顶 453
　22.2.10 圆顶 453
22.3 新股民学堂——买入卖出皆可表的
　　 K线组合 455
　22.3.1 尽头线 455
　22.3.2 穿头破脚 456
　22.3.3 身怀六甲 458
　22.3.4 镊子线 460

第23章 选股有道——K线图助力
　　　　发掘潜力股 463

23.1 股票买入的K线图形 464
　23.1.1 头肩底 464

23.1.2 W底（双重底） 466
23.1.3 三重底 467
23.1.4 V形底 469
23.2 股票卖出的K线图形 470
　23.2.1 头肩顶 470
　23.2.2 M顶（双重顶） 471
　23.2.3 三重顶（三尊头） 473
　23.2.4 尖顶（倒V形） 474
23.3 整理技术图形 475
　23.3.1 上升三角形 475
　23.3.2 下降三角形 476
　23.3.3 扩散形三角形（喇叭形） 477
　23.3.4 旗形 479
　23.3.5 楔形 481
23.4 新股民学堂——缺口 483
　23.4.1 向上缺口 483
　23.4.2 向下缺口 485

第24章 均线稳健盈利策略——股票
　　　　买卖的制胜法宝 487

24.1 移动平均线（MA）概述 488
　24.1.1 移动平均线的意义 488
　24.1.2 自定义均线的显示及参数 488
　24.1.3 移动平均线的计算方法 491
24.2 移动平均线的分类 491
　24.2.1 短期均线 491
　24.2.2 中期均线 492
　24.2.3 长期均线 494
24.3 移动平均线的特性 495
　24.3.1 平稳性和滞后性 495
　24.3.2 趋势特性 496
　24.3.3 助涨作用 496
　24.3.4 助跌作用 497
　24.3.5 吸附功能 498
24.4 新股民学堂——葛南维八大买卖
　　 法则 499

第25章 均线形态与趋势——股市趋势揭秘 501
- 25.1 双均线组合的概念与分类 502
- 25.2 双均线组合的股票买入原则 502
  - 25.2.1 股价向上突破上行长周期均线，买入 502
  - 25.2.2 股价下跌，遇长周期均线上行支撑止跌回升，买入 503
  - 25.2.3 突破短周期线，并在上行长周期线上方运行，买入 504
  - 25.2.4 短期均线下行，遇长期均线支撑止跌反弹，买入 505
- 25.3 双均线组合的股票卖出原则 506
  - 25.3.1 股价跌破长周期均线，随后长周期均线下行，卖出 506
  - 25.3.2 股价急速飙升，远离长周期均线，减仓 507
  - 25.3.3 长周期均线下行，空仓 507
- 25.4 多根均线组合解密 508
  - 25.4.1 多头排列 508
  - 25.4.2 空头排列 509
  - 25.4.3 均线粘合盘整和发散 510
- 25.5 新股民学堂——均线的背离与修复 513
  - 25.5.1 均线的背离 513
  - 25.5.2 均线的修复 515

第26章 均线特殊组合——高手解锁股市盈利新模式 517
- 26.1 高手炒股买入信号的特殊均线形态 518
  - 26.1.1 黄金交叉 518
  - 26.1.2 银山谷 519
  - 26.1.3 金山谷 520
  - 26.1.4 蛟龙出海 522
  - 26.1.5 鱼跃龙门 523
  - 26.1.6 旱地拔葱 524
  - 26.1.7 金蜘蛛 525
- 26.2 高手炒股卖出信号的特殊均线形态 526
  - 26.2.1 死亡交叉 526
  - 26.2.2 死亡谷 528
  - 26.2.3 断头铡刀 529
  - 26.2.4 绝命跳 530
  - 26.2.5 毒蜘蛛 531
- 26.3 新股民学堂——假"金叉"和假"死叉" 532
  - 26.3.1 假"金叉" 532
  - 26.3.2 假"死叉" 533

第5篇 实战策略篇

第27章 趋势为王策略——发现并骑上黑马股 537
- 27.1 在支撑线和压力线中发现黑马股 538
  - 27.1.1 支撑线 538
  - 27.1.2 压力线 541
- 27.2 在趋势线中发现黑马股 543
  - 27.2.1 上升趋势线 543
  - 27.2.2 下降趋势线 544
- 27.3 新股民学堂——趋势线的修正 546

第28章 趋势分析实战策略——掌握股市涨跌的金钥匙 549
- 28.1 通过趋势通道类找寻买卖时机 550
  - 28.1.1 价格通道线 550
  - 28.1.2 股市线性回归线 551
  - 28.1.3 股市线性回归带 552
- 28.2 波浪理论线选股实战 553

28.2.1 八浪线 553
28.2.2 五浪线 555
28.2.3 三浪线 556
28.3 周期分割理论选股实战 557
28.3.1 斐波拉契线 558
28.3.2 自由费氏线 558
28.3.3 周期线 559
28.4 在江恩技术线中找寻买卖时机 560
28.4.1 江恩角度线 560
28.4.2 对称角度线 562
28.5 新股民学堂——速阻线 563

第29章 股市交易技术解密——股票交易技术理论的实战应用... 565

29.1 股票交易中的道氏理论 566
29.1.1 道氏理论的五大核心 566
29.1.2 道氏理论的趋势终结验证 ...568
29.1.3 道氏理论的不足之处 569
29.2 股票交易中的波浪理论 569
29.2.1 波浪形态的划分 570
29.2.2 波浪理论的过程划分及特点 571
29.2.3 浪型使用的基本规则 572
29.3 股票交易中的箱体理论 573
29.3.1 箱体是会变化的 573
29.3.2 通过箱体确定买入点/卖出点 574
29.3.3 箱体的风险区 574
29.4 股票交易中的江恩理论 575
29.4.1 江恩理论的五大时间法则 ...575
29.4.2 江恩的价格带 576
29.4.3 江恩"轮中轮"理论 576
29.5 股票交易中的通道理论 576
29.6 新股民学堂——时间周期理论 578

第30章 锁定龙头，决胜股市——利用指标精准捕捉市场领头羊 579

30.1 股票指标的定义和分类 580
30.2 通过趋势类指标锁定龙头股 580
30.2.1 MACD（平滑异同移动平均线）...........................581
30.2.2 DMI（动向指标/趋向指标）...............................583
30.2.3 DMA（平均差）...................586
30.3 通过超买超卖类指标锁定龙头股 588
30.3.1 KDJ（随机指标）...............588
30.3.2 WR（威廉指标）...............590
30.3.3 RSI（相对强弱指标）........591
30.3.4 BIAS（乖离率）.................592
30.4 新股民学堂——KDJ指标和MACD指标组合应用...........................594

第31章 黑马股的实战策略——揭秘能量指标发掘潜力股技法... 595

31.1 通过能量指标找寻黑马股 596
31.1.1 VR（容量比率）指标........596
31.1.2 CR（带状能量线）指标....597
31.2 通过大盘指标找寻黑马股 602
31.2.1 ADR（涨跌比率）指标 602
31.2.2 OBOS（超买超卖）指标 ...603
31.3 通过压力支撑指标找寻黑马股 605
31.3.1 BOLL（布林带）...............606
31.3.2 SAR（抛物线）..................610
31.4 新股民学堂——多种指标结合判断顶部和底部 612
31.4.1 多种指标结合判断顶部.....612
31.4.2 多种指标结合判断底部.....612

第 1 篇

基础入门篇

　　本篇为新股民提供了入市必备常识,包括如何开设股票账户和探索北交所市场的潜力。通过三章内容的详细阐述,帮助初学者稳健地踏入股市,为后续的炒股之路打下坚实的基础。同时,本篇还探索了北交所市场的潜力,帮助投资者把握新的投资机遇。

- ✧ 新股民启航——必备常识
- ✧ 开启财富之门——股票账户轻松开设
- ✧ 把握新机遇——北交所市场潜力探索

第 1 章

新股民启航——必备常识

"不要懵懵懂懂地随意买股票,要在投资前扎实地做一些功课,才能成功!"——威廉·欧奈尔

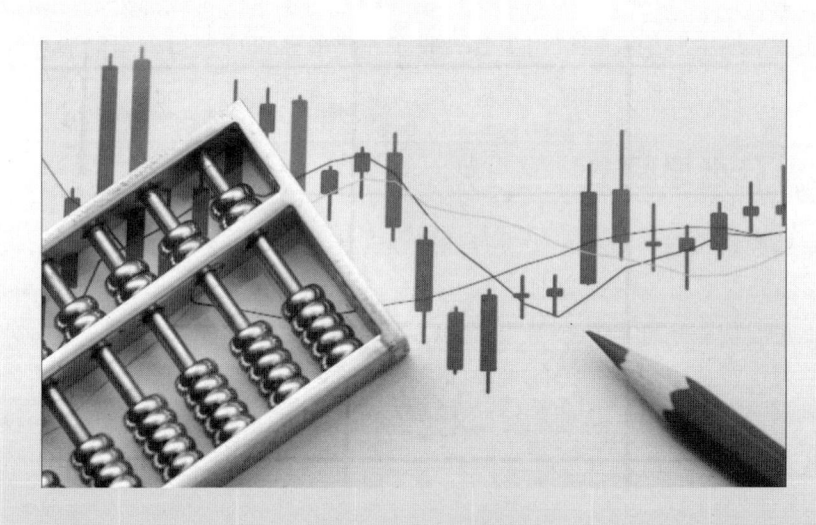

投资股票和参与股市交易都存在一定的风险,需要投资者具备相应的知识和风险意识。本章为新股民提供入市前必须了解的常识,包括股票的基本术语、市场构成、交易规则等。通过对本章的学习,投资者将打下稳健的投资基础,为日后的投资之路做好充分准备。

1.1 认识股票与股市

股票和股市是现代金融体系中的重要组成部分，它们为企业筹集资金提供了有效的渠道，同时也为投资者提供了一个投资平台。

1.1.1 什么是股票

股票是指股份有限公司在筹集资本时向出资人发行的股份凭证，代表着其持有者（即股东）对股份公司的所有权。这种所有权包含了一系列综合权利，如参加股东大会、投票表决、参与公司的重大决策、收取股息或分享红利等。

股票是有价证券的一种主要形式，是股份公司资本的构成部分，可以转让、买卖，是资本市场主要的长期信用工具。股东凭借股票可以获得公司的股息和红利，同时也承担相应的责任与风险。

1.1.2 什么是股市

股市即股票市场，是指已经发行的股票转让、买卖和流通的场所。它包括交易所市场和场外交易市场两大类别，是一个国家或地区经济和金融活动的寒暑表。

股市是股份公司面向社会筹集资金的重要渠道。通过发行股票，股份公司可以迅速集中大量资金，实现生产的规模经营。同时，股市也为社会上分散的资金盈余者提供了一个投资渠道，使他们可以本着"利益共享、风险共担"的原则投资股份公司，谋求财富的增值。

1.2 市场和常见的股票绰号

市场是专营股票的地方，它可以分为一级市场和二级市场（见图1-1）。在市场的大家庭中，有些股票除了自己的名称和代码外，还有一些绰号，如：红筹股、蓝筹股、龙头股、黑马股、白马股等。

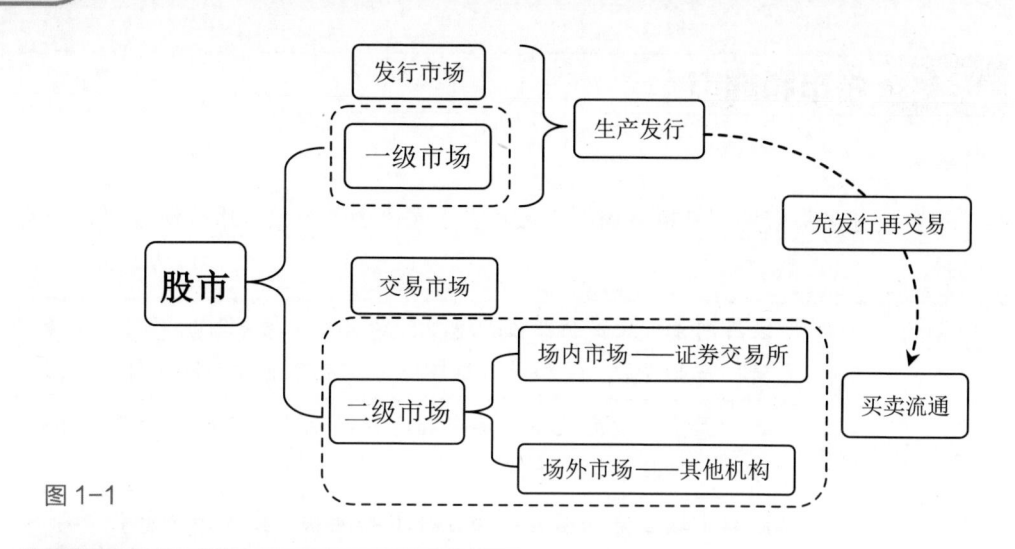

```
                          发行市场
                     ┌─────────────┐
                     │   一级市场   │──── 生产发行 ┐
                     └─────────────┘              │
  股市 ┤                                          │ 先发行再交易
                          交易市场                │
                     ┌─────────────────────────┐  ↓
                     │  场内市场——证券交易所  │
                     │   二级市场              │──── 买卖流通
                     │  场外市场——其他机构    │
                     └─────────────────────────┘
```

图 1-1

1.2.1 一级市场和二级市场

1. 一级市场

一级市场是指股票的发行市场，也称为初级市场，主要是为了公司在上市之前的融资。在这个市场中，股票不是进行公开交易的，而是进行发行的。

发行人通过一级市场筹集到了公司所需资金，而投资者通过一级市场购买公司的股票成为公司的股东，在这一市场中，和投资者最相关的活动是申购新股。

一级市场的特点	股票在一级市场不能公开进行交易，只能参与股票的发行。
	投资者进入一级市场投资的要求较高，股票流动性也比较差。
	价格由发行人和承销公司根据公司的具体情况来确定。

2. 二级市场

二级市场是指证券流通市场，在这一市场中，有价证券可以得到快速的流通。二级市场最常见，也就是大家所说的"股市"。

二级市场的特点	二级市场的参与者为机构和散户。
	投资者可以自由地买卖股票，体现证券市场的变现功能。
	价格由市场供需关系决定。

1.2.2 牛市和熊市

1. 牛市

牛市也称多头市场，是指市场上买入者多于卖出者，导致股市行情普遍看涨的情况。

形成牛市的因素	**经济因素**：股份企业盈利增多、经济处于繁荣时期、利率下降、新兴产业发展、温和的通货膨胀等都有可能推动股市价格上涨。
	政治因素：政府政策、法令颁行或发生了突变的政治事件都有可能引起股票价格上涨。
	股票市场本身的因素：如发行抢购风潮、投机者的卖空交易、大户大量购进股票都有可能引发牛市发生。

2. 熊市

熊市也称空头市场，是指市场上卖出者多于买入者，导致股市行情普遍看跌的情况。引发熊市的因素与引发牛市的因素差不多，只不过是向相反方向变动。

1.2.3 股票常见绰号

对于一些股票，除了用本身的名称和代码外，人们还会将它们归类，并赋予特殊的绰号。比如，红筹股、蓝筹股、龙头股、黑马股、白马股等。

1. 红筹股和蓝筹股

红筹股（Red Chip）：是指在中国境外注册、在香港上市的带有中国大陆概念的股票。

这一概念诞生于20世纪90年代初期的香港股票市场。我国在国际上时常被称为红色中国，相应地，就把在中国境外注册、在香港上市的带有中国大陆概念的股票称为红筹股。

蓝筹股（Blue Chip）：是指那些在行业景气和不景气时都有能力赚取利润，同时风险较小的公司的股票。蓝筹股的价格通常较高。

"蓝筹"一词源于西方赌场，在西方赌场中，有三种颜色的筹码，其中蓝色筹码最值钱，红色筹码次之，白色筹码最差，投资者把这些行话套用到股票上就有了这一称谓。

2. 龙头股

龙头股是指某一时期在股票市场中对同行业板块的其他股票具有影响力和号召

力的股票。龙头股的涨跌往往对同行业板块股票的涨跌起引导和示范作用。

龙头股在行业板块属于中等区间，它的流通股不会太大，也不会太小。并且，龙头股并不是一成不变的，龙头股的地位往往只能维持一段时间。因此，投资者可以通过观察行业和概念中的股票表现来检验股票是否属于该行业或该概念的龙头股。

> 并不是龙头股就一定会涨的。如果股票市场处于"熊市"下跌阶段，投资者的投资积极性较低，就会导致行业出现调整性下跌，进而导致龙头股出现下跌。

3. 黑马股和白马股

黑马股是指价格可能脱离过去的价位而在短期内大幅上涨的股票。黑马股是可遇而不可求的，如果被大家都看好的股票就很难成为黑马股了。

黑马股一般都有三个共同的特征：第一低起点，第二有远景题材，第三有动力。

白马股是与黑马股相对的一个概念，它是指业绩优良、成交量活跃、红利优厚且在股票市场上的走势能对某一板块甚至大盘起到领涨作用的大公司股票。

由于白马股的形成与大盘的牛市行情存在密切联系，所以白马股的行情通常也会存在一到两年的时间，甚至可能更长。投资者一旦在合适的价位买进白马股，就不宜进行短线操作，而应该将其作为中长线投资的对象。只要在大盘的一轮牛市行情结束之前将其抛出，即可获得丰厚的收益。

1.3 股市指数术语

国内常见股市指数如图 1-2 所示。

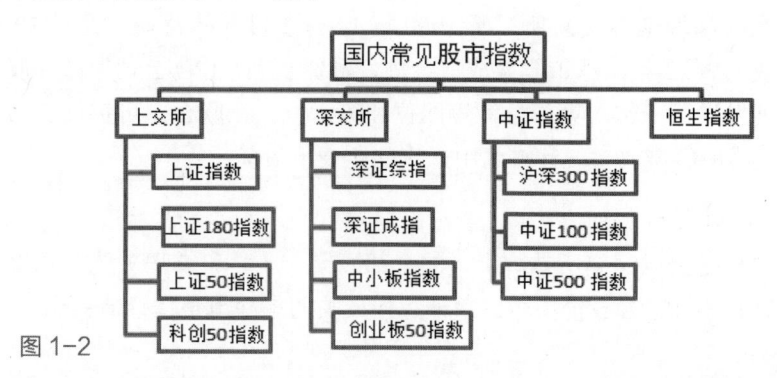

```
国内常见股市指数
├── 上交所
│   ├── 上证指数
│   ├── 上证180指数
│   ├── 上证50指数
│   └── 科创50指数
├── 深交所
│   ├── 深证综指
│   ├── 深证成指
│   ├── 中小板指数
│   └── 创业板50指数
├── 中证指数
│   ├── 沪深300指数
│   ├── 中证100指数
│   └── 中证500指数
└── 恒生指数
```

图 1-2

股市指数是指由证券交易所或金融服务机构编制的表明股票行市变动的一种供参考的指示数字，可以把它简单理解为股票的平均价格。

1.3.1 上交所相关指数

上交所（上海证券交易所）成立于 1990 年 11 月 26 日，同年 12 月 19 日开业，受中国证监会监督和管理，是为证券集中交易提供场所和设施、组织和监督证券交易、实行自律管理的会员制法人。

目前，上交所已经成为全球第三大证券交易所。截至 2022 年年底，上交所股票总市值、IPO 筹资额分别位居全球第 3 名和第 1 名。

> IPO（Initial Public Offerings，首次公开发行股票）是指一家企业第一次将它的股份向公众出售。

上证指数（代码 000001）是在上交所上市的全部股票价格（包括 A 股、B 股）的加权平均值。

上证指数的计算方式是：上证指数 = 当天采样股的市价总值 / 基日（1990 年 12 月 19 日）采样股的市价总值 ×100。

上证 180 是挑选 A 股市场中规模较大、流动性较好、行业代表性较强的 180 只股票。而上证 50 是从上证 180 中的 180 只股票中挑选那些规模较大、流动性较好的前 50 只股票。因此，上证 180 是包含上证 50 的。

上证 50 反映的是上交所的龙头公司集团的表现，其中金融地产行业占比极高。

科创 50 是由科创板中最优秀的前 50 家市值最大、流动性最好的股票构成，是衡量科创企业整体表现的指数。

1.3.2 深交所相关指数

深交所（深圳证券交易所）于 1990 年 12 月 1 日开始营业。经过 30 多年的持续奋斗，截至 2022 年，深市股票成交金额、融资金额、IPO 公司家数和股票市价总值分别位列世界第三位、第三位、第四位和第六位。在联合国可持续交易所倡议对 G20 主要交易所碳排放量统计排名中，深交所表现最优。

1. 深证综指

深证综指是指以深交所挂牌上市的全部股票（A 股和 B 股）为计算范围，以发行量为权数的加权综合股价指数。深证综指反映的是深市整体行情变化。

2. 深证成指

深证成指是指深交所按一定标准选出 500 家有代表性的上市公司作为样本股，

用样本股的自由流通股数作为权数，采用实际可交易市值加权的计算方法。

深证成指的覆盖率较小，更能代表业绩较好的公司。

3. 中小板指数

中小板指数是深交所上市股票运行情况的核心指数之一。中小板是指流通盘大约 1 亿元以下的创业板块。由于一些企业的条件达不到主板市场的要求，所以只能在中小板市场上市。中小板是创业板的一种过渡，中小板的市场代码是以 002 开头的。中小板指数的初始成份股由前 100 只上市股票构成。中小板指数以 2005 年 6 月 7 日为基日，基日指数为 1000。

4. 创业板指数

创业板的指数有创业板综指、创业板指数和创业板 50 指数。创业板指数成分股由创业板规模最大和流动性最好的 100 只股票组成，而创业板综指成分股包含所有创业板的股票。创业板 50 指数是从创业板指数的 100 只成份股中排名前 50 的股票组成的指数。

1.3.3 中证指数

中证指数是由中证指数有限公司编制的指数，中证指数有限公司于 2005 年 8 月由沪深证券交易所共同出资成立。中证指数主要包括沪深 300、中证 100 和中证 500。

沪深 300 指数是指由上交所和深交所排名前 300 的股票组成的指数，可以用来反映证券行业的发展状况和变化趋势。沪深 300 可以看作是市场整体走势的"晴雨表"。沪深 300 指数能够作为投资业绩的评价标准，为指数化投资创造基础条件。

中证 100 指数属于大盘指数风格，其成份股由沪深 300 成份股中规模最大的 100 只股票组成，综合反映中国 A 股市场最具有代表性的超大市值公司的股票价格表现。

中证 500 指数属于中小盘风格，其成份股是剔除沪深 300 之外，排名靠前的 500 只股票。它综合反映中小市值公司股票价格的表现。

1.3.4 恒生指数

恒生指数是指由香港恒生银行下属的恒生指数有限公司编制的，以香港股票市场上的 50 家上市股票为成份股样本，以其发行量为权重的加权平均股价指数。它是衡量香港股市行情的重要指标，也是反映香港股市价格波动趋势的一种股价指数。

1.4 股票类型与四大板块

按照股票的上市地点和所面对的投资者，我国上市公司的股票可分为 A 股、B 股、H 股、N 股和 S 股等。

主板、中小板、创业板、新三板、科创板，这么多板块，它们都是什么，怎样区分？

1.4.1 股票类型

A 股的正式名称是人民币普通股票。它是由我国境内的公司发行，供境内机构、组织或个人（不含台、港、澳地区的投资者）以人民币认购和交易的普通股股票。

B 股的正式名称是人民币特种股票。它是以人民币标明面值，以外币认购和买卖，在境内（上海、深圳）证券交易所上市交易的股票。

H 股，即注册地在内地、上市地在香港的外资股。香港的英文是 Hong Kong，取其首字母，在香港上市的外资股就叫作 H 股。

N 股是指在中国大陆注册、在纽约（New York）上市的外资股。

S 股在我国是指尚未进行股权分置改革，或者已进入改革程序但尚未实施股权分置改革方案的股票。S 股通常在股名前加上 S。

> ST 股票，即"特别处理"的股票，如果哪只股票的名字前加上"ST"，预示着该股票出现了财务状况或其他状况的异常。

1.4.2 四大板块

我们可以将中国大陆证券交易所的结构看成是一个金字塔，从上至下分成四个层次：一层是上交所、深交所的主板市场；二层是深交所的中小板（创业板）和上交所的科创板；三层是新三板；四层是区域性股权市场。各板块之间的关系如图 1-3 所示。

- ◆ 主板：沪深两市的大型优秀企业，综合实力较强，准入门槛较高，且以央企、国企为主。
- ◆ 中小板：规模较主板小的中小企业，以民营企业为主。
- ◆ 创业板：高科技、高成长的中小企业，创业板上市的企业估值较高，以民营企业为主。
- ◆ 科创板：科技型以及创新型的中小企业，估值较高。

- 新三板：无法在上述板块上市的中小微企业，以民营企业为主。
- 区域性股权市场：主要为区域内的一些中小微企业提供股份转让、流通的场所。

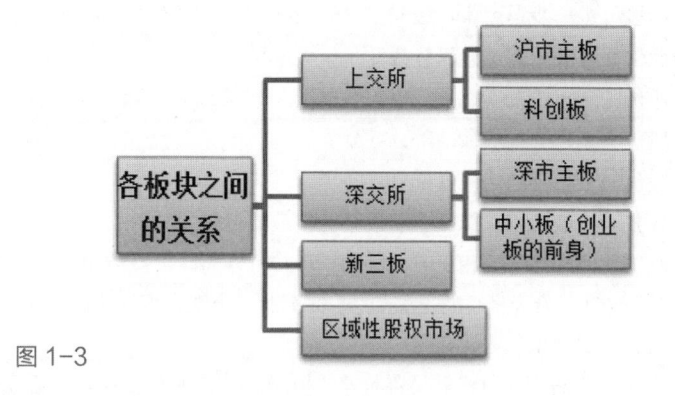

```
                    ┌── 上交所 ──┬── 沪市主板
                    │           └── 科创板
                    │
各板块之间的关系 ────┼── 深交所 ──┬── 深市主板
                    │           └── 中小板（创业板的前身）
                    │
                    ├── 新三板
                    │
                    └── 区域性股权市场
```

图 1-3

1.5 股票涨跌预测术语

在股市中，关于涨跌方面的专业术语有很多，本节介绍一些常用的涨跌术语，如表 1-1 所示。

表 1-1

术语名称	释　义
多方	股民对股市前景看好，低价买进，待价而沽，这种先买后卖的人称为多方
空方	股民对股市前景看跌，先卖掉股票，等股价跌到预期程度再买入，这种先卖后买的人称为空方
利多	刺激股价上涨，对多头市场（牛市）有利的因素和消息
利空	促使股价下跌，对空头市场（熊市）有利的因素和消息
超买	股市中对股票的过度买入称为超买。出现超买情况时，股价一般处于高位，是卖出的信号
超卖	股市中对股票的过度卖出称为超卖。出现超卖情况时，股价一般处于低位，是买入的信号
涨停	证券市场中交易当天股价的最高限度（如普通股票为10%限制，ST股票为5%限制）称为涨停
跌停	证券交易当天股价的最低限度称为跌停
洗盘	指庄家为降低拉升成本和阻力，先把股价大幅度杀低，回收散户恐慌抛售的股票，然后抬高股价乘机获取价差利益的行为
崩盘	证券市场上由于某种利空因素，出现了大量抛售的现象，导致价格无限度下跌的现象

续表

术语名称	释　义
盘整	通常指价格变动幅度较小，比较稳定，最高价与最低价相差不大的行情
阴跌	指股价进一步退两步，缓慢下滑的情况，如阴雨连绵，长跌不止
突破	股价冲过关卡或上升趋势线
跌破	股价跌到压力关卡或上升趋势线以下
头部	股价长期趋势线的最高部分
底部	股价长期趋势线的最低部分
探底	寻找股价最低点，探底成功后股价由最低点开始翻升
反转	股价朝原来趋势的相反方向移动。反转可分为向上反转和向下反转
回档	在股市上，股价呈不断上涨趋势，终因股价上涨速度过快而反转回跌到某一价位，这一调整现象称为回档
牛皮市	指在所考察交易日中，证券价格上升或下降的幅度很小，价格变化不大，市价像被钉住了似的，如牛皮一般坚韧
断路器	当市场下跌达到一定幅度时，证券及商品交易所采取的暂停股票和股指期货交易的措施
庄家	是指那些买入大量股票，多到足以影响股价的投资者或机构
大户	就是大额投资人，例如财团、信托公司以及其他拥有庞大资金的集团或个人
抬拉	抬拉是指通过非常规手段，将股价大幅度抬高的行为。通常大户在抬拉股价之后会大量卖出，以牟取暴利
打压	打压是指通过非常规手段，将股价大幅度压低的行为。通常大户在打压股价之后会大量买进，以牟取暴利
斩仓（割肉）	指高价买进股票后，由于大势下跌，为了避免继续损失，低价赔本卖出股票的行为
套牢	是指预期股价上涨，不料买进后，股价却下跌；或者预期股价下跌，卖出股票后，股价却一路上涨。前者称为多头套牢，后者称为空头套牢

1.6 与股权相关的术语

对于一些股票，除了通过买入卖出差价取得收益外，公司还会通过分红、配股等方式来回馈投资者。与股权相关的术语如表1-2所示。

> 股权（息）登记日是上市公司在分派股利或进行配股时规定的一个日期。在此日期收盘前的股票被称为"含权股票"或"含息股票"。

表 1-2

术语名称	释 义
分红	分红是指上市公司对公司经营获得的盈余公积和应付利润采取现金分红或派息、发放红股等方式回馈股东的行为
配股	配股是指向股东按其持股比例、以低于市价的特定价格配售一定数量股票的融资行为
除权	除权是由于企业股本增加，导致每股股票所代表的企业实际价值（每股净资产）有所减少，需要在发生该事实之后从股票市场价格中剔除这部分因素，从而形成的剔除行为。 除权价的计算分为送股除权和配股除权。 送股除权价＝股权登记日收盘价÷（1＋送股比例） 配股除权价＝（股权登记日收盘价＋配股价×配股比例）÷（1＋配股比例） 有分红、派息、配股的除权价计算方式为 除权价＝(收盘价＋配股比例×配股价－每股所派现金)÷（1＋送股比例＋配股比例） 注：除权价、除息价均由交易所在除权日当天公布
除息	除息（XD，Exclude Dividend）是指股票发行企业在发放股息或红利时，需要事先进行核对股东名册、召开股东大会等多种准备工作。因此，会规定以某日在册股东名单为准，并公告在此日以后一段时期为停止股东过户期。在停止过户期内，股息红利仍发放给登记在册的旧股东，新买进股票的持有者因没有过户，不能享有领取股息红利的权利，这种情况称为除息。同时，股票的买卖价格应扣除这段时期内应发放的股息红利数，这就是除息交易。 除息价＝股权登记日的收盘价－每股所分红利现金额
除权/除息日	股权登记日后的下一个交易日就是除权日或除息日。在这一天或以后购入该公司股票的股东，不再享有该公司此次分红配股的权利
填权	在除权除息后的一段时间里，如果多数人对该股看好，这只股票的交易市价高于除权（除息）基准价，即股价比除权除息前有所上涨，这种行情称为填权
贴权	在除权除息后的一段时间里，如果多数人不看好该股，交易市价低于除权（除息）基准价，即股价比除权除息前有所下降，这种情况称为贴权

1.7 与盘口相关的术语

盘口语言是指通过买卖委托成交的单子数据来分析盘面动向的说法。其相关术语如表 1-3 所示。

表 1-3

术语名称	释 义
集合竞价	集合竞价是指在每个交易日上午 9:15—9:25，由投资者按照自己所能接受的心理价位自由地进行买卖申报，交易系统对全部有效委托进行一次集中撮合处理的过程。 在集合竞价时间内未成交的有效委托报单，则自动转入 9:30 开始的连续竞价。 集合竞价不按照时间优先和价格优先的原则交易，而是按最大成交量的原则定出股票的价位

续表

术语名称	释　义
连续竞价	连续竞价是指对买卖申报逐笔连续撮合的竞价方式。成交规则是时间优先，价格优先，连续竞价的交易时间为：9:30—11:30；13:00—14:57。14:57—15:00 这三分钟称为尾盘集合竞价
开盘价	开盘价是指每个交易日第一笔交易的成交价格，这是传统意义上的开盘价。国内市场通常采用集合竞价的方式产生开盘价
收盘价	收盘价是指每个交易日最后一笔交易的成交价格。由于收盘价是当日行情的标准，又是下一个交易日开盘价的依据，它可以用于预测未来证券市场的行情。因此，投资者进行行情分析时，一般采用收盘价作为计算的基准
开高	指今日开盘价在昨日收盘价之上
开平	指今日开盘价与昨日收盘价持平
开低	指今日开盘价在昨日收盘价之下
委买	就是盘口下买一、买二、买三、买四、买五，五档买盘
委卖	就是盘口下卖一、卖二、卖三、卖四、卖五，五档卖盘
委比	委比位于股票名称和代码下方，是衡量某一段时间内买卖盘相对强弱的一种指标。其计算公式如下： 委比 =（委买手数 − 委卖手数）÷（委买手数 + 委卖手数）× 100%
委差	委差是指委买与委卖之间的差值。委差为正，股价上涨的可能性就大；反之，下跌的可能性就大
盘坚	指股价缓慢上涨
盘软	指股价缓慢下跌
盘档	是指投资者不积极买卖，多采取观望态度，导致当天股价的变动幅度很小的情况
停牌	是指股票由于某种消息或进行某种活动引起股价的连续上涨或下跌，由证券交易所暂停其在股票市场上进行交易的情况
涨幅	涨幅是指现在的最新股价与前一天收盘价相比，涨跌幅度的百分比
振幅	振幅是指当天开盘以来最高价格和最低价格之差与最低价格的百分比。其计算公式如下： 振幅 =（最高价格 − 最低价格）÷ 最低价格 × 100%
均价	均价是指当天开盘以来买卖双方成交的平均价格。其计算公式如下：均价 = 成交总额 ÷ 成交量
总手	指当天开盘以来成交的总股数。 在 A 股市场上，科创板股票一手为 200 股，其他板块的个股 1 手为 100 股。投资者在买入个股时，必须是 1 手的整数倍（科创板除外），卖出时，可以不是 1 手的整数倍

续表

术语名称	释 义
量比	量比是指当天开盘以后每分钟平均成交量与过去5个交易日每分钟平均成交量之比。其计算公式如下： 量比 = 现成交总手 ÷ [过去5个交易日每分钟平均成交量 × 开盘以来累计开盘时间（分钟）] 量比在0.5～1之间为正常；在1.5以上为温和放量；在3以上为明显放量；在5以上为剧烈放量
换手率	换手率是指当天开盘以来股票转手买卖的频率。它可以反映股票流通性的强弱。其计算公式如下： 换手率 = 开盘以来的成交量 ÷ 可流通总股数 × 100% 换手率越高，意味着交易越活跃，买卖意愿越强。如果股价在底部突然换手率上升，很可能是股价要开始拉升。但如果股价已有一大段升幅，突然换手率上升，则可能是主力在出货
动态市盈率	动态市盈率 = 总市值 ÷ 最新年化净利润 如果最新一期的净利润是一季报，则年化净利润等于第一季度的净利润 ×4；如果是中报，则年化净利润为中报净利润 ×2，依次类推
静态市盈率	静态市盈率 = 总市值 ÷ 最新一期的年报的净利润 一般来说，市盈率越高，说明股票有被高估的风险；市盈率低的股票可能具有潜在投资价值
市净率	市净率是指每股股价与每股净资产的比率，更适合评估实物资产占比较大的公司
内盘	内盘指股票在买入价成交，成交价为买入价。也就是主动性卖盘，卖方主动以低于或等于当前买一、买二、买三等价格下单卖出股票时成交的数量，通常用绿色显示
外盘	外盘是指股票的买家以卖家的卖出价而买入成交，成交价为卖出价。也就是主动性买盘，买方主动以高于或等于当前卖一、卖二、卖三等价格下单买入股票时成交的数量，通常用红色显示

1.8 新股民学堂——炒股常见的风险

股票市场充满不确定性和风险，股市的风险大致可以分为两大类，即系统性风险和非系统性风险。

1.8.1 系统性风险

由一些宏观因素而导致的风险称为系统性风险。常见的系统性风险有政策风险、利率（外汇）风险和通货膨胀（购买力）风险等。

1. 政策风险

相关政策和法规的出台或调整，往往会直接影响到对应行业乃至整体市场的发展，由此可能导致市场波动，给投资者带来风险，如财政政策的变化。

2. 利率（外汇）风险

利率会根据经济环境、市场供求状况等进行调整，市场价格也会随之发生变化。例如，当利率上调时，股票的相对投资价值将会下降，从而导致整体股价下滑。

3. 通货膨胀（购买力）风险

因通货膨胀使得资金贬值从而导致购买力下降，当通货膨胀超过一定比例时，由于未来的投资回报将大幅贬值，即投资的实际收益下降，可能会给投资者带来损失。

> 对投资者来说，系统性风险是无法通过投资操作规避的。当出现系统性风险时，投资者能做的就是理性且谨慎地参与市场，提前预测和防范，及时调整自己的投资策略。

1.8.2 非系统性风险

非系统性风险是指某些因素的变化造成单个或几个股票、期货、外汇品种以及其他金融衍生品下跌，从而给投资者带来损失的可能性。常见的非系统性风险有经营风险、财务风险、信用（违约）风险以及操作（不道德）风险等。

1. 经营风险

经营风险是指公司的决策人和管理人在经营过程中出现失误，导致公司盈利水平变化，从而使投资者预期收益下降的可能性。

2. 财务风险

形成财务风险的主要因素有负债比率、资产与负债的期限、债务结构等。一般来说，公司的负债比率越高、债务结构越不合理，其财务风险越大。

3. 信用（违约）风险

信用（违约）风险是指由信用活动的不确定性导致的本金和收益遭受损失的可能性。信用风险的一个显著特征就是在任何情况下都不可能产生额外收益，风险的后果只能是损失。

4. 操作（不道德）风险

操作（不道德）风险是指由不完善或者有问题的内部操作过程、人员、系统或外部事件而导致的直接或者间接损失的风险。

第 2 章

开启财富之门——股票账户轻松开设

"金融事务中,首要的是资金安全性。"——沃伦·巴菲特

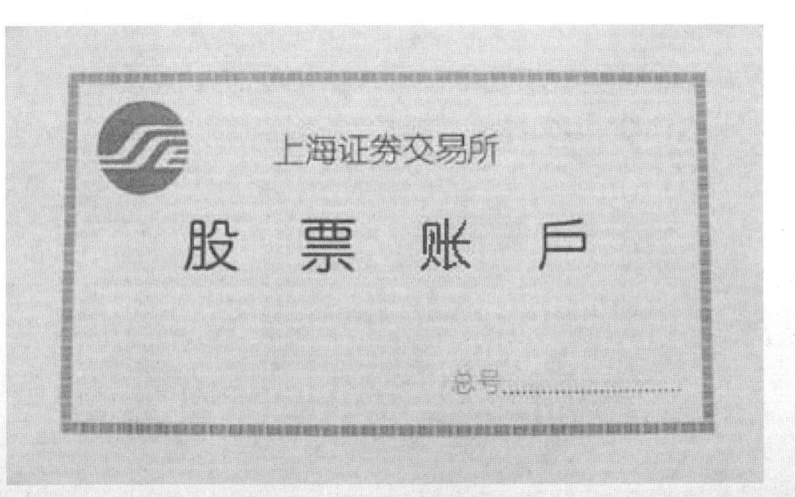

开设自己的股票买卖账户是进入股市的必要步骤,所有的买卖操作都是直接通过相应的账户进行的。开设股票账户后,就可以买卖股票了,简单来说就是"委托"和"交割"。本章详细介绍如何开设股票账户,包括选择证券公司、准备开户材料、填写开户申请表等步骤。掌握这些操作,投资者能够轻松开启自己的财富之门。

2.1 炒股前的准备工作——开户

新股民要做的第一件事就是为自己开立一个股票账户（即股东卡），投资者只有开立了股票账户才能够进行证券买卖。

开立股票账户一般有两种方式：一种是线下开户，另一种是线上办理。

2.1.1 开户条件

开户对投资者的年龄、身份以及开户数量是有限制的，具体内容如下。

1. 年龄限制

年龄小于 16 周岁的投资者不能开通证券账户；年龄在 16～18 周岁的投资者，需要提供收入证明才能去营业部开户；年龄在 18～69 周岁的投资者，可通过手机和网上申请开户；年龄在 70 周岁及以上的投资者，只能去营业部现场办理开户。

2. 人员限制

A 股只有境内机构、组织或个人可以投资，也就是说，只有境内投资者可以开通 A 股账户。

3. 数量限制

投资者在一个证券公司只能开设一个账户，最多可以在三个不同的证券公司开设账户。

4. 时间限制

在股票交易时间内，即在每个交易日的 9:30—11:30、13:00—15:00 才能进行开户。

2.1.2 A 股线下开户流程

股票买卖的账户包括证券账户和资金账户两种类型。简单来说，炒股开户的流程是：首先开立证券账户，然后开立资金账户，最后办理指定交易手续。

> 个人开户所需资料：①本人有效身份证件；②用于交易资金的银行卡；③手续费（证券公司的佣金，开户通常是免费的）。
> 一张身份证可以开立多个证券账户。

A 股线下开户流程如图 2-1 所示。

图 2-1

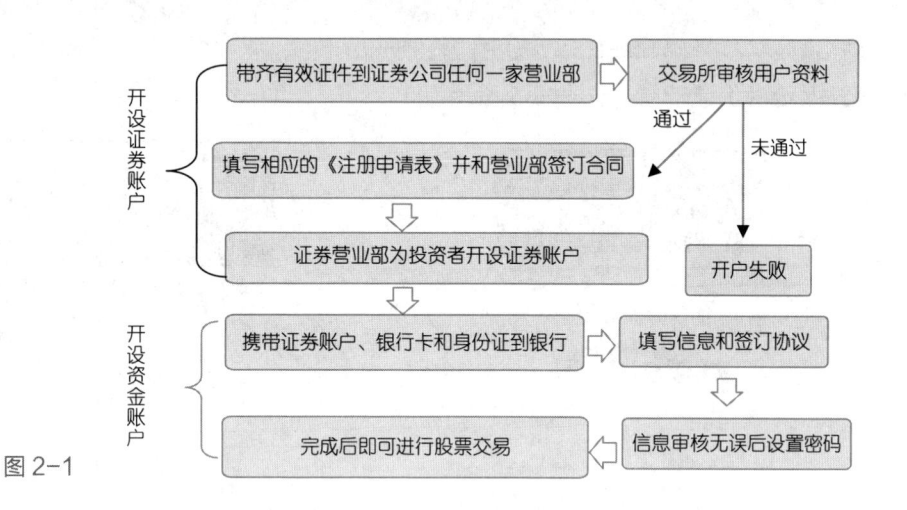

2.1.3 A股线上开户流程

线上开户首先选择一个券商公司的官网或者合作App（如通达信），然后按照系统提示上传有效身份证件和银行账号，再填写一些其他开户所需的信息，这些步骤完成之后，等待系统审核即可。审核通过后，一般会以短信的形式通知用户，然后就可以进行股票交易了。

以通达信为例，具体介绍一下线上开户的操作步骤。

① 登录通达信软件，单击【开户】按钮，如图2-2所示。

② 选择证券公司，单击进入，单击【马上开户】按钮，如图2-3所示。

图 2-2

图 2-3

❸ 输入手机号码和验证码，如图 2-4 所示。
❹ 上传身份证信息，如图 2-5 所示。

图 2-4

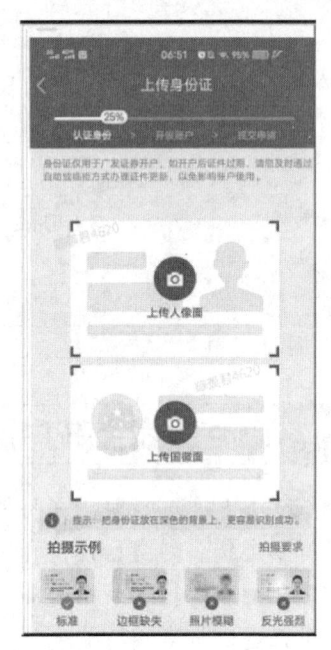

图 2-5

❺ 完善个人信息，如图 2-6 所示。
❻ 选择账户类型，如图 2-7 所示。

图 2-6

图 2-7

❼ 进行风险测评，如图 2-8 所示。

❽ 设置密码，如图 2-9 所示。

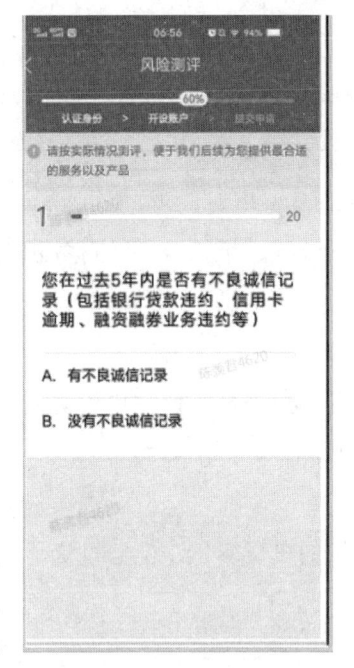

图 2-8

图 2-9

❾ 绑定银行卡，如图 2-10 所示。至此，就完成了 A 股线上开户。

> 线上开户比线下开户审核时间要长一些。另外，绑定的银行卡一定不能有贷款功能，且最好是没有与其他证券公司绑定的。银行卡通常为一类卡，以方便转账。

图 2-10

2.2 券商的主要业务与券商的选择

券商就是证券公司，是投资者和证券交易所之间的中间商。因为投资者不能直接进入证券交易所进行股票交易，所以，上交所和深交所就找了证券公司作为代理商。

2.2.1 券商的主要业务

券商的主要业务包括经纪业务、投资咨询业务、承销业务、财务顾问业务、资产管理业务、融资融券业务以及自营业务等。

1. 经纪业务

经纪业务是指证券公司在二级市场上接受客户委托，代客户买卖证券。它能使证券二级市场的交易变得更加高效，对投资者而言也更加便捷。

2. 投资咨询业务

投资咨询业务是指证券公司为投资者提供的投资资讯、证券投资分析、建议等直接或间接、有偿或无偿的咨询服务。

3. 承销业务

承销业务是指在一级市场上证券公司代理证券的发行人发行证券。承销业务主要采取代销或包销的方式。

4. 财务顾问业务

证券公司可以根据客户的需求，利用证券公司的资源为客户的相关活动提供支持。服务的对象以企业为主，主要针对公司的并购、项目融资等企业活动。

5. 资产管理业务

证券公司能为客户提供有关证券、风控等其他金融产品的管理服务。证券公司通过和客户签订资产管理合同，按照合同约定的条件为客户提供资产管理，以实现资产收益。

6. 融资融券业务

融资融券业务是指证券公司借给客户资金供其买入证券，或将证券出借给客户供其卖出。在相关交易中，借证券公司的资金买入证券的行为是融资交易，借证券公司的证券卖出获取资金的行为是融券交易。

7. 自营业务

自营业务是指证券公司使用自有资金进行证券投资和买卖，以实现盈利。由于证券公司在证券市场中的特殊性，自营业务会受到严格的监察与管理。

8. 其他业务

证券公司还经营有价证券的代保管和鉴证、代为发放股息红利、接受委托办理证券的登记过户等证券法规定核准的其他业务。

2.2.2 如何选择券商

开户后的一切服务都由券商提供,所以选择一家适合自己的券商非常重要。下面提供几条选择券商的原则。

1. 综合实力强

首先,综合实力强的证券公司的硬件设施、网络设施、交易软件等都会更加稳定,交易更加流畅,不会出现堵单、漏单的现象。其次,综合实力强的证券公司的研究团队会更强,获取和分析信息的能力更好,投资者在接受投资建议时会有更多的优势。最后,综合实力强的证券公司积累了一定的客户量,会更加注重客户维护,提高服务质量。

2. 业务全面

考虑到证券商品的多元化,你所选的券商是否具备开展新业务的能力就显得很重要,比如,是否有融资融券、股票质押式回购、国债逆回购等业务。

3. 资讯服务

股市瞬息万变,信息是否及时直接关系到投资者能否赚钱,所以,客户能否及时获得信息,是一个证券公司资讯服务的重要体现。能否每天提供重要信息,包括股票推荐、大盘分析等,都是值得考虑的。

4. 增值服务

增值服务是证券公司提供的一些收费或免费的服务,为客户定制相关股市信息或技术培训等。

5. 客户经理的素质

开通账户后,在股票交易中接触最多的就是自己的客户经理。一个好的客户经理能够想你所想,在办理业务上为你省下很多不必要的麻烦。

6. 交易方式

证券公司提供的交易方式包括营业大厅柜台交易、电话委托交易、网上交易、手机交易等多种形式。证券公司提供的交易形式越多,客户在炒股过程中的操作就越方便。

7. 交易成本

在股票交易的过程中,会产生佣金、印花税、过户费等费用,有的证券公司撤单也收费。因此，选择一家收费合理的证券公司可以节省不少钱，尤其是对交易额较大的客户。

2.3 股票买卖

选好券商开好户后，接下来就进入了股票买卖这一关键环节。与传统的一手交钱、一手交货的买卖方式相比，股票买卖的程序略显复杂，简单地说，就是开户、委托、交割"三部曲"。

开户在前面已经介绍过，接下来我们介绍委托和交割。

2.3.1 委托

投资者决定买卖股票时，要向证券经纪商发出委托指令，内容包括证券名称、代码、买入或卖出的数量、买卖价格。证券公司接受委托后，将委托指令传送到证券交易所的电脑里进行自动撮合。

1. 委托的方式

目前，委托有限价委托和市价委托两种。限价委托的成交价格由投资者事先指定，只有当股票价格达到或低于限定价格时才会成交。而市价委托的成交价格是根据市场实际价格进行的，可能与投资者预期的价格有一定偏差。

两种委托没有优劣之分，但从两者的定义中不难发现，市价委托的成交速度更快，成交的确定性更高。

当市场较为稳定且投资者对交易价格有明确预期时，选择限价委托。而当市场波动较大且投资者对交易速度要求较高时，市价委托是更优的选择。

2. 委托的途径

下单委托时，可以根据证券商所提供的交易工具和服务，采用以下途径进行委托。

委托途径	
	网上委托：与开户所在的营业部签订网上交易合同后，你可以到所在证券公司的官方网站下载股票软件。在交易软件上输入股东号码，并设置账户密码，即可登录并进行委托。网上交易既方便又迅速。
	电话委托：拨打券商提供的委托交易电话，根据电话中的语音提示或人工服务的指令进行操作。
	金融IC卡委托：在营业部的交易终端，你可以使用资金账户卡进行刷卡委托。
	电脑终端自动委托和热线电话委托：大户可以在证券营业部的大户室使用电脑终端进行自动委托，或者通过热线电话进行委托。

在成交前，投资者随时可以撤销委托，一旦成交则不能反悔。

2.3.2 交割

股票交割，是指买卖股票成交后，买主付出现金取得股票、卖主交出股票取得现金的手续。股票买卖过程包括买卖协议的成立和买卖协议的履行两个阶段，前者通常称为交易；后者则称为交割。

券商违背交割义务时，证券交易所可在交割当日收盘前指定其他券商代为卖出或买进。价格上发生的差额以及经纪人的佣金等费用，由违背交割义务的券商承担。若交割日收盘前无法了结交易，则由证券交易所从证券商中选定3～5人作为评价人，评定该证券的价格，作为清算的依据。

交割方式一般包括：当日交割、次日交割、例行交割、选择交割和发行日交割。

- 当日交割：又称T+0交割，即买卖双方在成交当天完成付款的交割手续。这种方式可以使买卖双方较快地得到股票或现金。
  在T+0交割方式下，投资者买进股票成交后，可以马上卖出；在卖出股票成交后，也可以马上买进。
- 次日交割：也称T+1交割，即在成交后的下一个营业日才能办理成交的交割手续，如逢法定假日，则顺延一天。
- 例行交割：即自成交日起算，在第五个营业日内完成交割事宜。这是标准的交割方式。一般地，如果买卖双方在成交时未说明交割方式，即一律视为采用例行交割方式。
- 选择交割：即买卖双方自主选择交割日期，其期限从成交后5天至60天不等。采用这种交割方式时，买卖双方必须订立书面契约。这种交割方式通常在场外交易中使用。
- 发行日交割：这种交割方式适用于新股发行。

我国实行的是股票T+1、资金T+0的交割制度，即当日买进的股票，最快也要到下一个交易日才能卖出；而对于卖出股票，当日就可以回笼资金，且马上可以使用了。

2.3.3 股票交易成本

股票交易成本是指投资者在委托买卖证券时支付的各种税收和费用的总和，通常包括佣金、印花税、过户费和其他杂费。

- 佣金：买入股票和卖出股票都需要支付费用。根据监管规定，券商股票交易佣金最高为成交金额的千分之三，每笔交易的佣金最低为5元。目前，大部分券商针对个人客户的佣金通常在万分之二到万分之三。
- 印花税：印花税是国家收取的，由证券公司代扣。印花税一般单向收取，即投资者在卖出股票时，按照成交额的万分之五收取，买入时不收取。
- 过户费：过户费是按照成交金额的十万分之一的标准双向收取，即投资者在买入股票时收取一次，在卖出股票时再收取一次。
- 其他杂费：其他杂费包括证券监管费和证券交易经手费，两者合计大约为十万分之二。

> 财政部 税务总局公告2023年第39号规定：自2023年8月28日起，证券交易印花税实施减半征收，即由原来的千分之一改为现在的万分之五。

案例：投资者在股价12元的时候买入1000股，在股价18元的时候全部卖出，其佣金费率为万分之三，其他杂费率为十万分之二，则投资者交易该股票所产生的费用如下。

佣金 =（12+18）×1000×3/10 000=9（元）。

印花税 =18×1000×5/10 000=9（元）。

过户费 =（12+18）×1000×1/100 000=0.3（元）。

其他杂费 =（12+18）×1000×2/100 000=0.6（元）。

总费用 = 佣金 + 印花税 + 过户费 + 其他杂费 =18.9（元）。

2.4 转户与销户

由于工作、生活的城市发生改变，或出于服务、佣金等的考虑，投资者通常需要将股票账户转户或销户。

2.4.1 转户

转户是指将股票所有权从一个账户转移到另一个账户的行为。

1. 营业厅转户

❶ 投资者携带本人身份证、股东卡、银行卡、开户协议到原营业部的柜台填写股票转托管交易表格；也可以在证券公司的官网上下载相应的申请表格，并按照要求填写。

❷ 找营业部负责人签字，营业部负责人签字后，告知需转入的证券公司的席位号，开始办理深圳股票转托管。

❸ 投资者携带本人身份证、股东卡、银行卡和加盖印章的转托管单到转入的证券公司办理开户手续。

❹ 投资者携带本人身份证、银行卡和第三方存管协议到银行办理第三方存管业务。

投资者在进行股票转户时需要注意以下事项。

转户注意事项	当天没有交易、申购新股和配股。如果当天存在交易、申购新股和配股，则不能进行转户操作。
	办理证券账户转户，最好在股票交易时间内。在股票交易时间外，转户系统可能会关闭，无法进行转户操作。
	银行办理第三方存管业务的时间通常在交易日的 9:00—16:00。
	在转户前，务必将账户内的闲置资金转移到银行卡中，以避免资金损失或延迟到账。

2. 网上转户

除了到营业厅办理股票转户，投资者也可以通过证券公司的官方网站进行网上办理，具体步骤如下。

❶ 登录证券公司的官方网站，在网站首页找到"转户"入口。

❷ 准备好个人身份证明文件和原有的股票、资金账户信息等必要资料。

❸ 进入转户申请系统，填写申请表格并上传身份证明文件和其他必要资料。

❹ 等待证券公司审核，通常需要 1～3 个工作日，审核通过后即可完成转户操作。

2.4.2 销户

销户可以到营业厅办理，也可以在网上办理。

1. 营业厅销户

营业厅销户的具体步骤如下。

❶ 投资者携带本人身份证、股东卡、银行卡、开户协议到开户的证券公司原

营业部。

❷ 证券公司的负责人员审核资料、查验密码后送主管签批。

❸ 结清股东的资金和股份，办理销户手续。当天进行结息、撤销沪市指定交易等。

❹ 第二个交易日注销资金账户、股东账户，并签字确认，投资者交回股东代码卡。

2. 网上销户

网上销户的操作非常简单，登录证券公司的交易软件，单击【业务办理】选项，在【业务办理】界面中选择【销户】选项，填写相关资料即可销户。

> 在销户前，需要确保股票账户内没有持仓或者已经全部卖出；同时，确保资金账户内没有任何未结算的交易。
>
> 销户必须在开市时间内进行，节假日是不能办理销户的。
>
> 销户后，投资者的资料在证券公司还将保留两年。

其实，不销户对投资者也没有多大影响，只要保管好账户密码，就不会威胁到投资者的资金安全。特别是对于那些低佣金的证券账户，不炒股了，可以留着，在今后想炒股的时候，即可登录账户，接着买卖股票。

2.5 新股民学堂——创业板如何开户

投资者办理创业板交易申请时，需要携带本人身份证和股东卡，首先确认自己的股龄和风险承受能力，阅读风险提示书，然后就可以签署交易协议书了。如果申请人在股市的投资经验不足两年，还需要抄写一份声明，内容大致为"本人确认已阅读并理解创业板市场相关规则和上述风险提示书的内容，具有相应的风险承受能力，自愿承担参与创业板市场投资的各种风险"。

账户开通的期限视投资经验不同而有所区别，如果申请者有两年以上的股市投资经验，2天后即可开通；如果投资经验不到两年，5天后才能开通。

1. 申购创业板新股的步骤

申购创业板新股的步骤如下。

❶ 申购日（T日）投资者以发行价格委托买入该创业板股票。

❷ 交易所以实际到位资金作为有效申购，由电脑系统自动进行连续配号，每500股配一个申购号，并在当日收市后将申购配号传给各证券公司。

❸ 申购日后第二天（T+2日）：由主承销商组织摇号抽签，并于T+3日公布

中签结果。

❹ 申购日后第三天（T+3 日）：投资者可以到参与申购的证券公司营业部查询申购是否中签，也可在本所指定的信息披露网站查询公司的中签结果公告，同时可通过交易所的语音查询电话查询中签情况。

2. 申购创业板新股的注意事项

（1）申报下限是 500 股，认购必须是 500 股或其整数倍；上限则在发行公告中有具体规定，原则上不超过本次股票网上发行总股数的千分之一。委托时，认购数量不能低于下限，也不能超过上限，否则将被视为无效委托，无法进行申购。

（2）每个账户只能申购一次，投资者千万不要为了得到更多配号而在同一个账户上多次申购。这样的话只有第一次申购是有效的，其余的申购将被视为无效，资金还有可能被冻结。

（3）新股申购委托一经深交所交易系统确认，不能撤单。

3. 交易规则

除上市首日交易风险控制制度外，创业板交易制度与主板保持一致，仍适用于现有的交易规则，具体如下。

- ◆ 涨跌幅比例：10%。
- ◆ 交割制度：T+1。
- ◆ 连续竞价时间：9:30—11:30 和 13:00—14:57。

第 3 章

把握新机遇——北交所市场潜力探索

"风险来自你不知道自己正在做什么。"——沃伦·巴菲特

　　北京证券交易所（简称北交所）于2021年9月3日注册成立，是经国务院批准设立的我国第一家公司制证券交易所，由中国证监会监督管理。其经营范围包括依法为证券集中交易提供场所和设施、组织和监督证券交易以及证券市场管理服务等业务。本章将深入探讨北交所市场的潜力和机遇，帮助投资者了解这个新兴市场的特点和优势。通过挖掘市场潜力，投资者将有机会把握更多的投资机会。

3.1 什么是新三板？

新三板与北交所之间关系紧密，却又颇为复杂，这使得许多人对它们的关系似懂非懂，总体上有些迷茫。接下来，我们就来详细梳理老三板、新三板及北交所的历史脉络与发展轨迹，以便读者更好地理解和把握它们之间的内在联系。

3.1.1 我国现有资本市场的等级划分

目前我国将现有资本市场划分为四个层次（见图 3-1），这些不同层次的市场俗称为一板、二板、三板、四板。

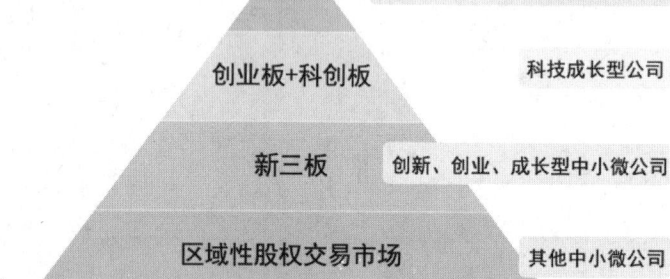

图 3-1

- 一板，即 A 股主板市场，主要由上交所和深交所的主板组成，汇聚了众多大型成熟企业。这些企业资本雄厚、盈利能力稳定，如浦发银行。
- 二板则是 A 股市场更细分的领域，涵盖了上交所的科创板与深交所的创业板。这些板块更加专注于科技创新企业以及成长型创新创业企业，为它们提供了良好的融资与发展平台，如宁德时代。
- 三板则是指交易所之外的场外市场，其中又分为老三板和新三板。目前，人们所说的三板市场主要指新三板。老三板与新三板之间有着深厚的渊源，我们将在后续章节中详细探讨。
- 四板，即区域性股权市场，旨在为区域内的中小微企业提供股份转让流通的平台。目前，许多省市都设有这样的机构，如上海股权托管交易中心，它们为区域经济的发展注入了活力。

3.1.2 新三板的前世今生

新三板源于老三板，后者囊括了三类企业：历史遗留问题企业、主板摘牌企业以及中关村科技园区的科技企业。

1. 新三板的诞生

为了解决前两类企业的股份转让问题，2001年"代办股份转让系统"应运而生，这些股票统称为"老三板"。然而，由于老三板股票品种稀缺且质量参差不齐，转板至主板的难度极大，故长期受到投资者的冷落。

为了给中关村科技园区的高科技企业创造更好的股份流通环境，2006年北京中关村科技园区建立了新的"代办股份转让系统"，这标志着"新三板"的初步形成。

真正让"新三板"崭露头角的是2013年，全国中小企业股份转让系统（简称"全国股转系统"）的启动，这一系统成为"新三板"的正式称谓。作为继上交所、深交所之后的第三家全国性证券交易场所，新三板专注于为创新型、创业型、成长型中小企业提供融资服务，为非上市股份公司的股票公开转让和发行融资提供了市场平台，因此得名"新三板"。

2. 新三板的等级划分

新三板已构建起层次分明的市场结构，包括基础层、创新层和精选层。每个层次对企业的财务健康和公众化程度均有着不同的标准，监管要求也随之逐渐加强。

在基础层表现出色的企业，有机会升级到创新层；而在创新层挂牌满一年的企业，若符合相关条件，可进一步申请进入精选层。此外，根据新三板转板制度的规定，那些在精选层满一年且满足上市条件的企业，将能够直接申请转板至科创板或创业板上市。然而，若企业不再符合当前层级的条件，也将会面临"降层"或被调出的风险，以保持市场的活力和规范性。

3.2 北交所与新三板的关系

北交所，全称为北京证券交易所有限责任公司，系新三板（全国中小企业股份转让系统有限责任公司）的全资子公司。由于业内常将新三板的主管机构股转公司与新三板等同视之，因此从组织架构上看，北交所可被视为精选层的另一种称谓。

尽管北交所、创新层及基础层仍归股转公司管理，但精选层更名为北交所并不仅仅是名称上的变化。这一变革还伴随着政治和法律地位的提升。原本精选层中的企业作为非上市公众公司，在北交所挂牌后，其身份发生了根本性转变，正式成为上市公司和公众公司。这一转变不仅提升了企业的市场地位，也为其未来的融资和发展开拓了更广阔的空间。

> 上交所、深交所和北交所，并称为三大交易所。

大新三板和小新三板的关系如图3-2所示。

图 3-2

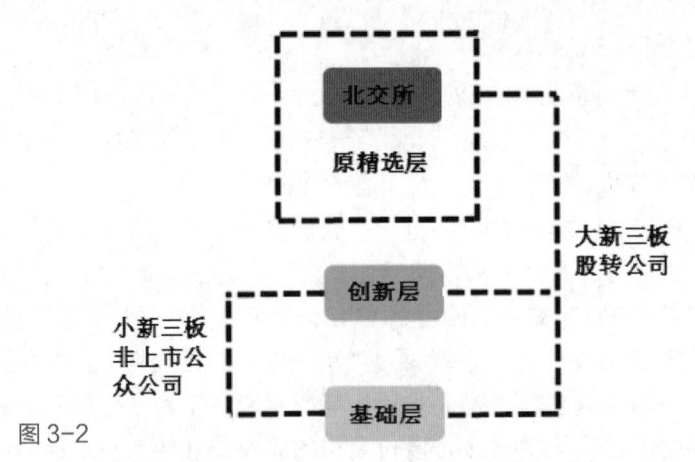

在交易所制度上，北交所继承并发展了精选层的连续竞价交易制度，设定买卖申报的最低数量为 100 股，并以 1 股为单位递增。上市首日新股不受涨跌幅限制，次日起设定 30% 的涨跌幅限制，这样既保障了市场活力，又维护了交易稳定性。

对于投资者而言，北交所采用权益自动平移政策，先前已开通精选层交易权限的投资者，可直接在北交所进行交易。同时，北交所坚持与新三板创新层、基础层协同发展，投资者在拥有新三板相关交易权限的同时，也将自然涵盖北交所股票的交易权限。

北交所的成立，标志着中小企业特别是那些专注于创新研发、具备独特优势的"专精特新"企业，迎来了前所未有的发展机遇。这一新平台将为这些企业提供更广阔的融资渠道，助力其快速成长。

3.3 北交所开户条件及流程

2021 年 9 月 17 日，北交所官网发布《北京证券交易所投资者适当性管理办法（试行）》，明确了个人投资者参与北交所市场股票交易需要满足的条件，对机构投资者则不设资金准入门槛。

北交所开户条件及具体流程如下。

1. 开户条件

1）资产要求

投资者申请开通北交所交易权限前 20 个交易日，其证券账户和资金账户内的资产日均值不低于 50 万元人民币。注意，这里的资产不包括通过融资融券融入的资金和证券。

2）交易经验

个人投资者需要具备两年以上的证券交易经验。这里的证券交易经验包含买卖股票或者 ETF 等。

3）知识测评与风险评估

北交所权限开通知识测评分数需达到 80 分及以上，风险承受能力适配 C4 及以上。

- ◇ 测评得分 <20，为 C1 保守型。
- ◇ 20≤测评得分≤36，为 C2 谨慎型。
- ◇ 37≤测评得分≤53，为 C3 稳健型。
- ◇ 54≤测评得分≤82，为 C4 积极型。
- ◇ 测评得分≥83，为 C5 激进型。

4）身份与年龄限制

满 18 周岁但不满 70 周岁的中国公民可以自行办理开户业务。对于 16～18 周岁的投资者，则需要提供收入证明并在证券公司营业部现场办理开户手续。

> 自 2023 年 9 月 1 日起，已开立科创板权限的个人投资者（未开通新三板权限）参与北交所股票交易，无须满足资产、交易经验及知识测评的要求，仅需满足以下条件：①核验已开通科创板权限；②风险承受能力适配 C4 及以上（强匹配）；③签署新版风险揭示书。

2. 开户流程

开户前先要把开户所需的基本材料准备齐全，具体包括身份证（有效期内）、户口本或居住证明、银行卡、个人电话号码等。除此之外，可能还需要根据券商的要求提供其他证明材料。在办理开户前，最好提前向开户券商确认所需材料。

开户的具体流程如下。

1）预约开通

有股票账户且满足北交所开户条件的投资者，向个人股票账户所在的证券公司预约开通北交所权限。

2）填写问卷

预约成功后，选择证券账户并填写问卷，以检验准入门槛及适当性匹配要求。

3）提交申请

完成测试并签署风险揭示书、风险告知书及适当性匹配结果确认书等电子协议后，提交权限开通申请。

4）等待审核

等待审核通过后，即可开通北交所交易权限。待北交所开市后，投资者可以直接进行交易。

3.4 北交所上市退市机制与交易规则

北交所的上市退市机制与交易规则，构成了其健康运作的核心体系。机制筛选优质企业，规则保障市场公平透明，共同维护市场秩序与投资者权益。接下来，我们将深入探讨这两项重要机制，助力投资者把握市场脉搏，共同促进北交所的繁荣发展。

3.4.1 北交所的上市要求

北交所对上市公司的要求主要有：公司资产、发行对象人数、股东人数、市值、财务、表决权，以及股份变动管理等。

1. 上市公司的基本要求

（1）符合中国证监会规定的发行条件。

（2）在全国股转系统连续挂牌满 12 个月的创新层公司。

（3）最近一年期末净资产不低于 5000 万元。

（4）向不特定合格投资者公开发行的股份不少于 100 万股，发行对象不少于 100 人。

（5）公开发行后，公司股本总额不少于 3000 万元。

（6）公开发行后，公司股东人数不少于 200 人，公众股东持股比例不低于公司股本总额的 25%；公司股本总额超过 4 亿元的，公众股东持股比例不低于公司股本总额的 10%。

2. 市值及财务指标要求

（1）预计市值不低于 2 亿元，最近两年净利润均不低于 1500 万元，且加权平均净资产收益率平均不低于 8%；或者最近一年净利润不低于 2500 万元，且加权平均净资产收益率不低于 8%。

（2）预计市值不低于 4 亿元，最近两年营业收入平均不低于 1 亿元，且最近一年营业收入增长率不低于 30%，最近一年经营活动产生的现金流量净额为正值。

（3）预计市值不低于 8 亿元，最近一年营业收入不低于 2 亿元，最近两年研发投入合计占最近两年营业收入合计的比例不低于 8%。

（4）预计市值不低于 15 亿元，最近两年研发投入合计不低于 5000 万元。

> 以上四条指标符合一条即可。

3. 股份变动管理

1）限售期的规定

上市公司控股股东、实际控制人及其亲属，以及上市的直接持有10%以上股份的股东或虽未直接持有但可实际支配10%以上股份表决权的相关主体，自公开发行并上市之日起12个月内，不得转让或委托他人代为管理。

2）上市公司高管股份转让限制

上市公司董事、监事、高级管理人员持有的本公司股份，自上市之日起12个月内不得转让，在任职期间每年转让的股份不超过其所持本公司股份总数的25%，离职后6个月内不得转让。

3）高管个人信息及股份报备要求

上市公司董事、监事、高级管理人员应当按照北交所规定的时间、方式报备个人信息和持有本公司股份的情况。其所持有的在规定期间不得转让的股份，应当按照北交所的相关规定办理限售。

4）战略配售股份转让限制

发行人高级管理人员、核心员工通过专项资产计划、员工持股计划等参与战略配售取得的股份，自公开发行并上市之日起12个月内不得转让或委托他人代为管理。其他投资者参与战略配售取得的股份，自公开发行并上市之日起6个月内不得转让或委托他人代为管理。

5）未盈利公司股东的股份减持限制

公司上市时未盈利的，在实现盈利前，大股东、实际控制人、董事、监事、高级管理人员自公司股票上市之日起两个完整的会计年度内，不得减持公开发行并上市前的股份；公司实现盈利后，可以自当年年度报告披露后次日起减持公开发行并上市前的股份，但应遵守相关规定。

4. 表决权差异安排

（1）存在特别表决权股份的上市公司，应当规范履行持续信息披露义务，完善公司治理，保护投资者的合法权益。

上市前不具有表决权差异安排的公司，在上市后不得以任何方式设置此类安排。

（2）具有特别表决权的股东可以申请将特别表决权股份按照1∶1的比例转换为普通股。

（3）上市公司应当保证普通表决权的比例不低于10%。

（4）存在特别表决权股份的上市公司应当在年度报告、中期报告中披露表决权差异安排的运行情况、特别表决权股份的变动情况以及投资者保护措施的落实情况等。

3.4.2 北交所的强制退市机制

与沪交所、深交所基本一致，北交所的强制退市机制主要有交易类强制退市、财务类强制退市、规范类强制退市和重大违法类强制退市四类情形。

1. 交易类强制退市

连续 60 个交易日出现下列情形之一的，决定强制退市。

（1）每日收盘价均低于每股面值。

（2）股东人数均少于 200 人。

（3）按照《北京证券交易所股票上市规则（试行）》（以下简称《上市规则》）第 2.1.3 条第 1 款第 4 项的规定，上市公司，股票交易市值均低于 3 亿元。

（4）北交所认定的其他情形。

2. 财务类强制退市

上市公司出现下列情形之一的，北交所对其股票实施退市风险警示。

（1）最近一个会计年度经审计的净利润为负值且营业收入低于 5000 万元，或追溯重述后最近一个会计年度净利润为负值且营业收入低于 5000 万元。

（2）最近一个会计年度经审计的期末净资产为负值，或追溯重述后最近一个会计年度期末净资产为负值。

（3）最近一个会计年度的财务会计报告被出具无法表示意见或否定意见的审计报告。

（4）中国证监会及其派出机构行政处罚决定书表明，公司已披露的最近一个会计年度经审计的年度报告存在虚假记载、误导性陈述或者重大遗漏，导致该年度相关财务指标实际已触及第一、二项情形的。

（5）北交所认定的其他情形。

3. 规范类强制退市

上市公司出现下列情形之一的，北交所对其股票实施退市风险警示。

（1）未在法定期限内披露年度报告或者中期报告，且在公司股票停牌两个月内仍未披露。

（2）半数以上董事无法保证公司所披露年度报告或中期报告的真实性、准确性和完整性，且未在法定期限内改正，此后股票停牌两个月内仍未改正。

（3）财务会计报告存在重大会计差错或者虚假记载，被中国证监会及其派出机构责令改正，但公司未在要求期限内改正，且在公司股票停牌两个月内仍未改正。

（4）信息披露或者规范运作等方面存在重大缺陷，被北交所限期改正但公司未在规定期限内改正，且公司在股票停牌两个月内仍未改正。

（5）公司股本总额或公众股东持股比例发生变化，导致连续 60 个交易日不再具备上市条件，且公司在股票停牌1个月内仍未解决。

（6）公司可能被依法强制解散。

（7）法院依法受理公司重整、和解或破产清算申请。

（8）北交所认定的其他情形。

4. 重大违法类强制退市

（1）涉及国家安全、公共安全、生态安全、生产安全和公众健康安全等领域的重大违法行为被追究法律责任，导致上市公司或其主要子公司依法被吊销营业执照、责令关闭或者被撤销，依法被吊销主营业务生产经营许可证，或存在丧失继续生产经营法定资格的其他情形。

（2）上市公司公开发行并上市过程中，如果申请或披露的文件存在虚假记载、误导性陈述或重大遗漏，被中国证监会及其派出机构依据《中华人民共和国证券法》（以下简称《证券法》）第一百八十一条作出行政处罚决定，或者被人民法院依据《中华人民共和国刑法》第一百六十条作出有罪的生效判决。

（3）上市公司发行股份购买资产并构成重组上市时，如果申请或披露的文件存在虚假记载、误导性陈述或者重大遗漏，被中国证监会及其派出机构依据《证券法》第一百八十一条作出行政处罚决定，或者被人民法院依据《刑法》第一百六十条作出有罪的生效判决。

（4）上市公司披露的年度报告存在虚假记载、误导性陈述或者重大遗漏，根据中国证监会及其派出机构行政处罚决定认定的事实，导致公司连续会计年度的财务类指标实际触及《上市规则》第十章第三节规定的退市标准。

（5）北交所认定的其他情形。

3.4.3 北交所的交易规则

为了规范证券市场交易行为，维护证券市场秩序，保护投资者合法权益，北交所制定了如下交易规则。

1. 交易方式

（1）竞价交易。

（2）大宗交易。

（3）盘后固定价格交易。

（4）中国证监会批准的其他交易方式。

2. 交易时间

（1）每周一至周五。

（2）每个交易日的9:15—9:25为开盘集合竞价时间，9:30—11:30、13:00—14:57为连续竞价时间，14:57—15:00为收盘集合竞价时间。

3. 竞价交易单笔申报数量

（1）单笔申报应不低于 100 股，每笔申报可以 1 股为单位进行递增。

（2）单笔申报最大数量不超过 100 万股。

（3）卖出股票时剩余不足 100 股的部分应当一次性申报卖出。

4. 竞价成交原则

竞价成交原则为：价格优先、时间优先。

5. 涨跌幅限制比例

涨跌幅限制比例为 30%，上市首日不设涨跌幅限制。

6. 大宗交易

单笔申报数量不低于 10 万股或交易金额不低于 100 万元。

7. 交易公开信息

（1）当日收盘价涨跌幅达到 ±20% 的前 5 只股票。

（2）当日价格振幅达到 30% 的前 5 只股票。

（3）当日换手率达到 20% 的前 5 只股票。

8. 异常波动

最近 3 个有成交的交易日以内收盘价涨跌幅偏离值累计达到 ±40%。

3.5 新股民学堂——三大交易所的主要区别

三大交易所为上海交易所、深圳交易所和北京交易所，它们之间的主要区别如表 3-1 所示。

表 3-1

区别项目	释义		
	上海交易所	深圳交易所	北京交易所
交易所地点	上海	深圳	北京
服务对象	大型企业，特别是国有企业	中小企业和创新型企业	创新型中小企业和专精特新中小企业
板块	主板和 B 股	主板、中小板、创业板和 B 股	新三板
股票代码	主板是"60"开头；B 股是"900"开头	主板是"000"开头；中小板是"002"开头；创业板是"300"开头；B 股是"200"开头	优先股以"82"开头 普通股以"83"和"87"开头 公开发行的股票以"88"开头
B 股标价	以美元竞价	以港币竞价	没有
交易制度	集合竞价 + 连续竞价	集合竞价 + 连续竞价	集合竞价 + 连续竞价

第 2 篇 操作精通篇

　　本篇深入讲解了如何使用通达信炒股软件进行得心应手的操作，包括股票快捷键的使用、即时分析分时图等。同时，介绍了如何洞悉市场脉动，通过解读盘口信息和观察细节，发掘盈利秘诀。此外，本章还提供了选股策略和通达信资讯的高效利用方法，以及如何利用通达信市场分析策略捕捉潜力股，还有如何高效利用通达信软件来掌控市场脉搏。

- ◇ 初识通达信——安装与界面
- ◇ 快人一步——即时分析（分时图分析）
- ◇ 洞悉市场脉动——技术分析（K线分析）
- ◇ 细节决定成败——盘口信息的智慧解读
- ◇ 把握大势——股市行情分析与盈利机会
- ◇ 掌控市场脉搏——市场分析股市动态
- ◇ 多重透视——资讯服务

第 4 章

初识通达信——安装与界面

"工欲善其事,必先利其器。"——孔子

通达信软件操作简单、功能强大,即使没有专业知识也能轻松上手。它的行情速度快、资讯丰富、操作流畅,深受用户喜爱,是备受股民欢迎的免费股票行情分析软件。

4.1 通达信的特点及功能优势

通达信炒股软件是由深圳财富趋势科技股份有限公司设计的一款多功能服务的证券信息平台。它在证券行业有着深厚的历史底蕴和技术积累，其业务最早可以追溯到1995年。

4.1.1 通达信的特点

通达信软件的主要特点是其集成了沪深、港股、美股、期货、期权、基金以及外汇等市场行情，适用于各类投资者。同时，它还创新地结合了沪深数据，推出了DDE决策、个股板块资金流向、主题事件、一致预期、持股变动、龙虎榜单等特色功能，帮助投资者更全面地了解市场动态。

此外，通达信软件在速度和信息透明度方面也有显著的优势。其迅速获取行情的特点使得用户能够更快地得到最新的市场行情，这对于短线交易者来说尤为重要。同时，该软件还能提供更全面的市场信息，包括实时行情、历史数据，以及基本面数据和新闻资讯，使用户能够更好地把握市场情况。

通达信软件还允许用户自由划分屏幕，并规定每一块对应的内容，用户可以根据自己的需求进行个性化设置，这种灵活性使得通达信软件在证券行业广受欢迎。

4.1.2 通达信的优势

通达信软件相较于其他软件，具有以下几个显著的优点。

1. 行情数据更快、更准确、更稳定

通达信软件覆盖了多个市场和品种，能够提供高速行情数据，其更新速度相较于普通行情软件更快、更稳定，使得用户能够迅速获取到最新的市场行情。这一点对于短线交易者来说尤为重要。

2. 技术分析功能强大

通达信软件提供了多种图表类型和技术指标，用户可以根据自己的交易策略选择适合的图表类型和技术指标进行分析。同时，通达信软件还支持回测和模拟交易，帮助用户更好地验证和优化交易策略。

3. 资讯服务丰富，且极具个性化

通达信软件不仅提供实时新闻、公告、研报、财务数据等，还支持自选股和自定义资讯，用户可以根据自己的需求定制个性化的资讯服务，以便及时获取与自己关注的股票的相关信息。

此外，通达信软件还支持自定义指标和公式，满足用户个性化的需求。

4. 交易功能方便快捷

通达信软件支持多个券商和账户，用户可以在一个平台上管理多个账户，方便进行跨券商交易。同时，该软件还支持一键下单和智能委托，简化了交易流程，提高了交易效率。

5. 良好的用户体验

通达信软件的界面设计简洁美观，操作流畅便捷，用户可以快速上手。该软件还支持多屏显示和个性化设置，用户可以根据自己的喜好和习惯调整软件界面和设置，提高使用体验。

4.2 下载与安装通达信

通达信软件的下载方法有很多：既可以在开户公司的网站上下载，也可以在通达信官方网站上下载。推荐用户从通达信官方网站上下载，这样既可以保证下载到最新版本的软件，也可以保证软件的安全性。

4.2.1 下载通达信

从通达信官方网站下载通达信软件的具体操作步骤如下。

❶ 在浏览器中输入通达信官方网站的网址"http://www.tdx.com.cn"，按 Enter 键，进入通达信官方网站，如图 4-1 所示。

图 4-1

❷ 单击【下载中心】按钮，在弹出的【下载中心】界面选择【金融终端 V7.642】选项，然后单击【下载】按钮，如图 4-2 所示。

图 4-2

4.2.2 安装通达信

安装通达信软件（版本 V7.642）的具体操作步骤如下。

❶ 双击下载后的通达信安装程序图标，弹出通达信安装界面，选中【我同意服务协议】复选框，然后单击【下一步】按钮，如图 4-3 所示。

图 4-3

❷ 在弹出的界面中选择安装位置，单击【浏览】按钮可以更改安装位置，然后单击【下一步】按钮，如图 4-4 所示。

❸ 系统弹出新建文件夹目录，单击【确定】按钮，如图 4-5 所示。

❹ 弹出安装进度条，等待安装完成，如图 4-6 所示。

第 4 章 初识通达信——安装与界面

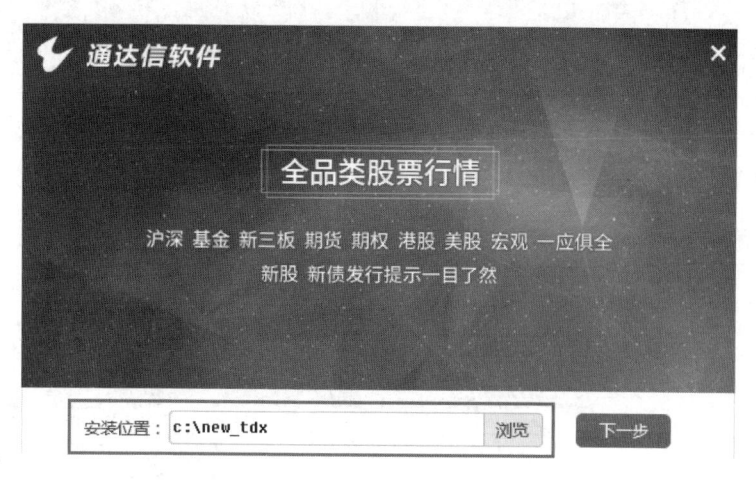

图 4-4

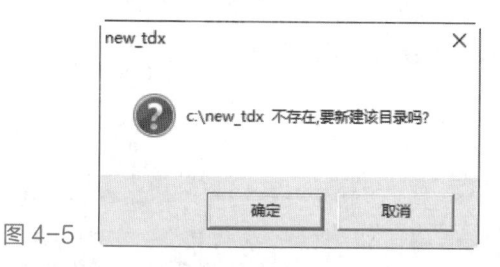

图 4-5

图 4-6

❺ 安装完成后，弹出安装成功界面，单击【确定】按钮，如图 4-7 所示。

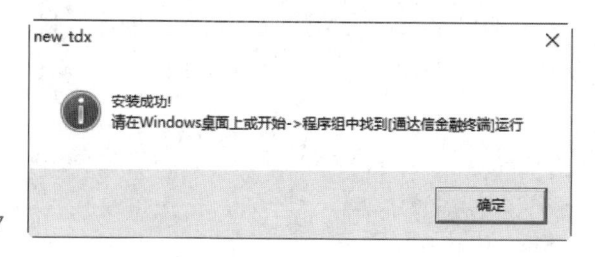

图 4-7

4.2.3 注册与登录通达信

安装完成后，就可以注册和登录通达信了。

❶ 双击通达信程序图标，弹出登录界面，单击【免费注册】按钮，如图4-8所示。

图 4-8

> 密码需要8～18位，必须包含字母、符号和数字，且字母区分大小写。

❷ 在弹出的【用户注册】界面，可以选择扫码注册或手机号码注册。这里选择通过手机号码注册，如图4-9所示。

图 4-9

❸ 完成注册后即可登录通达信软件。登录后弹出【自选股迁移】界面，选中要迁移内容的复选框，选择迁移方式后单击【迁移】按钮，如图4-10所示。

> 除了通过注册账号登录外，用户也可以以"游客"的身份登录，在登录界面单击【游客登录】按钮即可。

图 4-10

❹ 在弹出的迁移确认提示框中单击【是】按钮,即可将其他软件上的"自选股"直接迁移到通达信软件上,如图 4-11 所示。

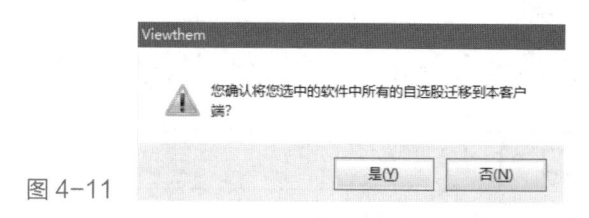

图 4-11

❺ 迁移完成后,进入通达信自选股界面,如图 4-12 所示。

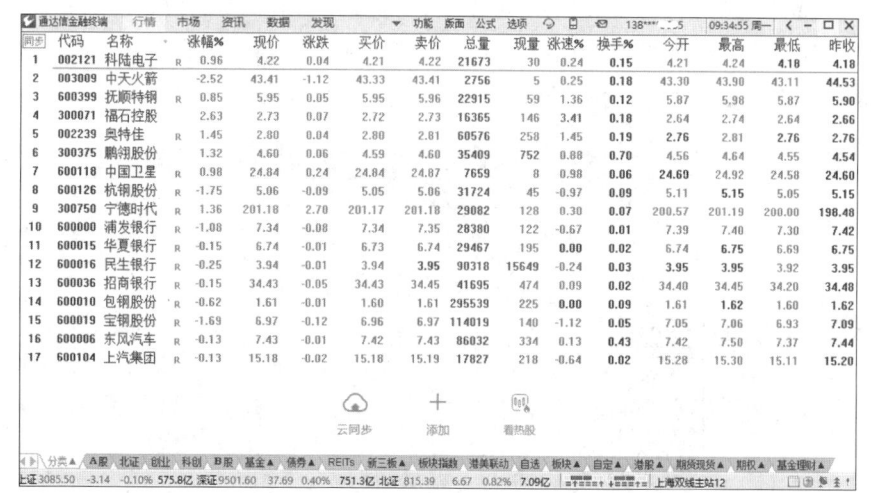

图 4-12

4.3 通达信的界面

通达信软件的界面非常简单,主要包括主菜单、主窗口和状态栏等。其中,主窗口区域随着选项的不同,显示的内容也不同。如图 4-13 显示的是【行情】主窗口。

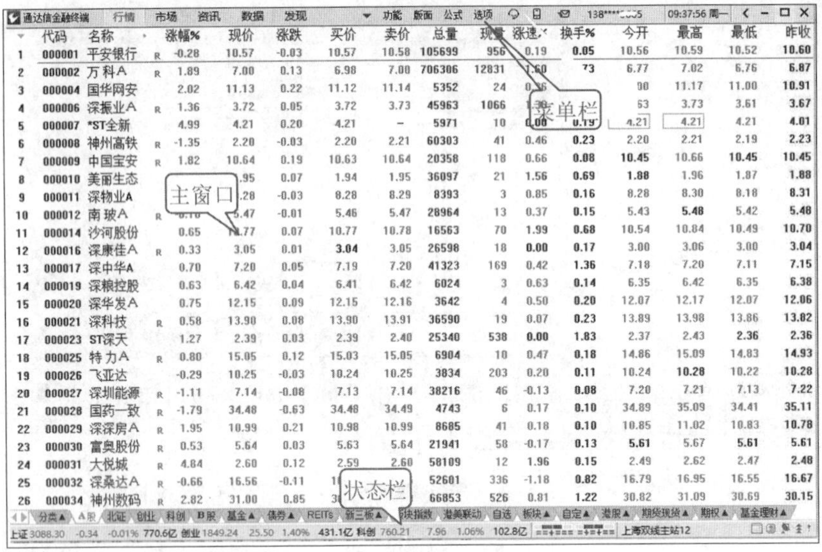

图 4-13

4.3.1 主窗口

通达信的主界面与选择的选项有关，主要有行情界面、市场界面和资讯界面等。

❶ 在【行情】主窗口中，可以查看A股、北证、创业板、科创板、B股、基金、债券以及新三板等股票的涨跌、总量、换手率、市盈率以及量比等信息，图 4-13 显示的是A股的情况，这里单击【科创】选项卡，如图 4-14 所示。

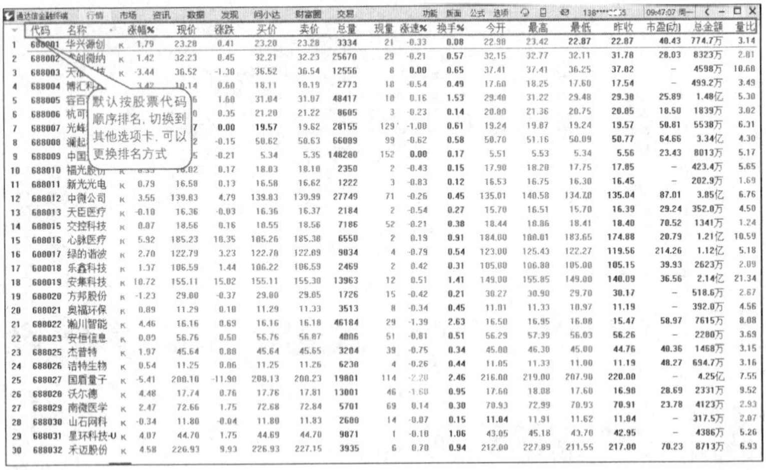

图 4-14

❷ 向右拖动下方的滚动条，可以查看近期指标提示和短期形态、中期形态、长期形态等技术形态，如图 4-15 所示。

❸ 双击某只股票，将进入该股票的K线图（或分时图）。例如，双击"中芯国际（688981）"，则进入该股票的K线图，如图 4-16 所示。

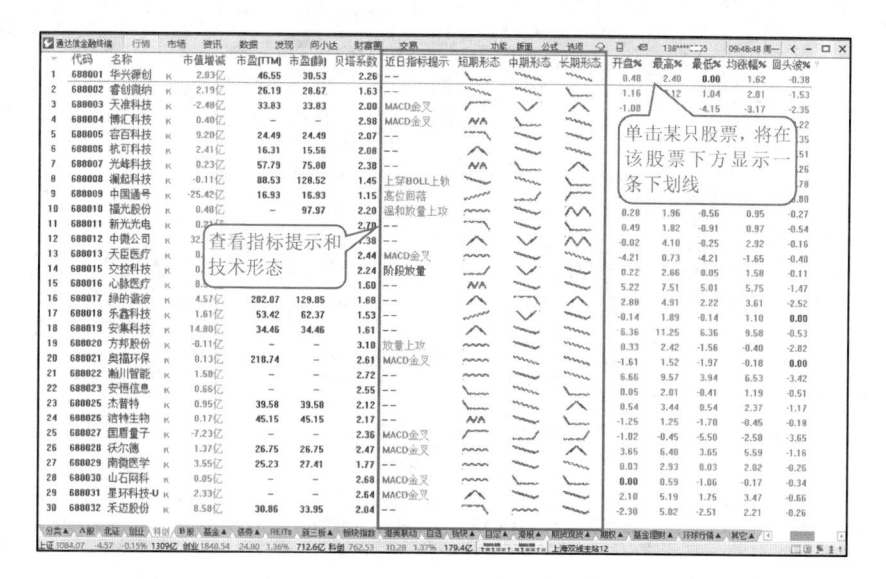

图 4-15

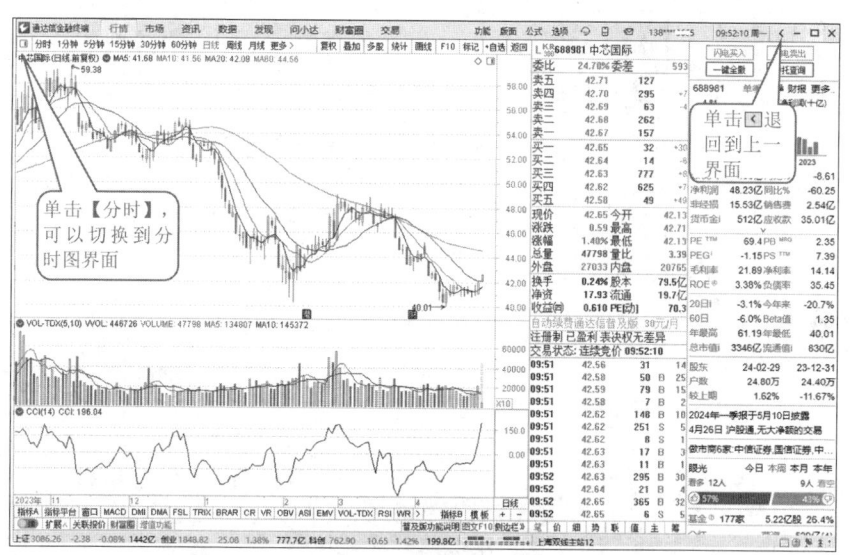

图 4-16

❹ 单击【市场】选项，默认显示市场全景图，在该界面可以显示大盘当天的分时图、沪深两市A股的涨跌情况、各板块的涨跌情况以及自选股的涨跌情况，如图 4-17 所示。

❺ 单击【全景图】下方的选项，可以查看自选持仓、股票行情、板块行情、主要指数、新三板等内容。例如，选择【自选持仓】选项，结果如图 4-18 所示。

❻ 单击【资讯】选项，可以查看滚动资讯、今日焦点、正面消息、负面消息以及各种财经类频道等，如图 4-19 所示。

❼ 单击【数据】选项，可以查看投资日历、新股中心、龙虎榜单、大宗交易、增发送配、财报数据、价值分析、备查资料以及宏观分析等，如图 4-20 所示。

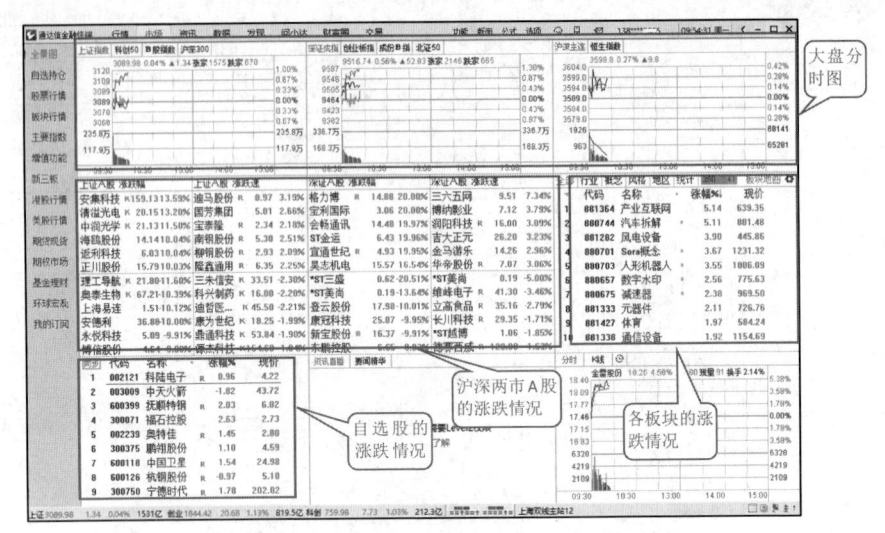

零基础学炒股——通达信从入门到精通

图 4-17

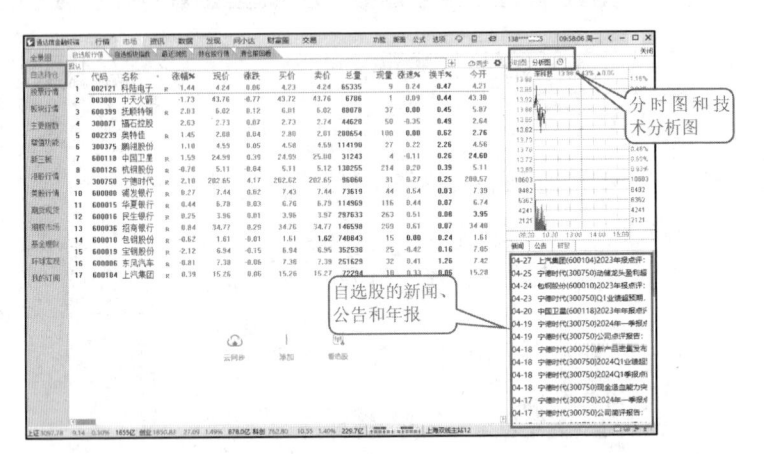

图 4-18

图 4-19

❽ 单击【问小达】选项，可以通过输入相关条件来搜索股票，如图 4-21 所示。

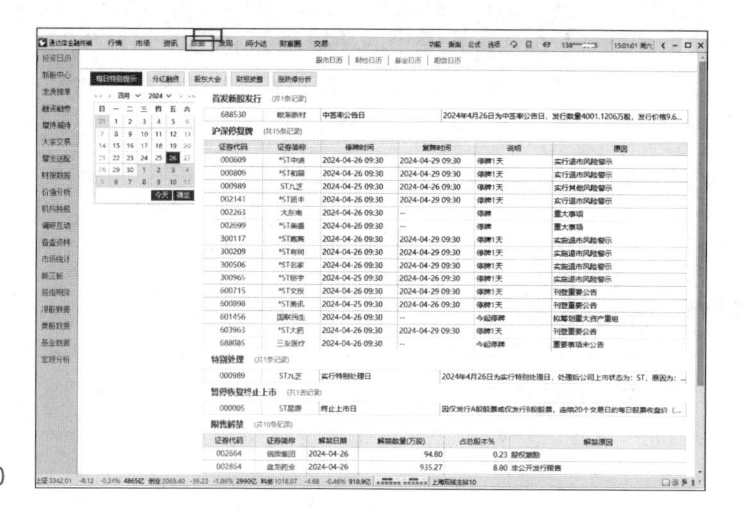

图 4-20

图 4-21

❾ 单击【财富圈】选项，可以查看财经新闻，也可以通过直播室、课程、论坛、圈子等来学习炒股知识，如图 4-22 所示。

图 4-22

⑩ 单击【交易】选项，在弹出的快捷菜单中可以选择【内嵌闪电交易】、【资产分析】、【券商交易下载】和【期货期权交易】等选项，如图 4-23 所示。

图 4-23

4.3.2 菜单栏

菜单栏位于通达信工作界面最顶端的右上方，包括【功能】、【版面】、【公式】和【选项】四个菜单。菜单栏展开后如图 4-24 所示。

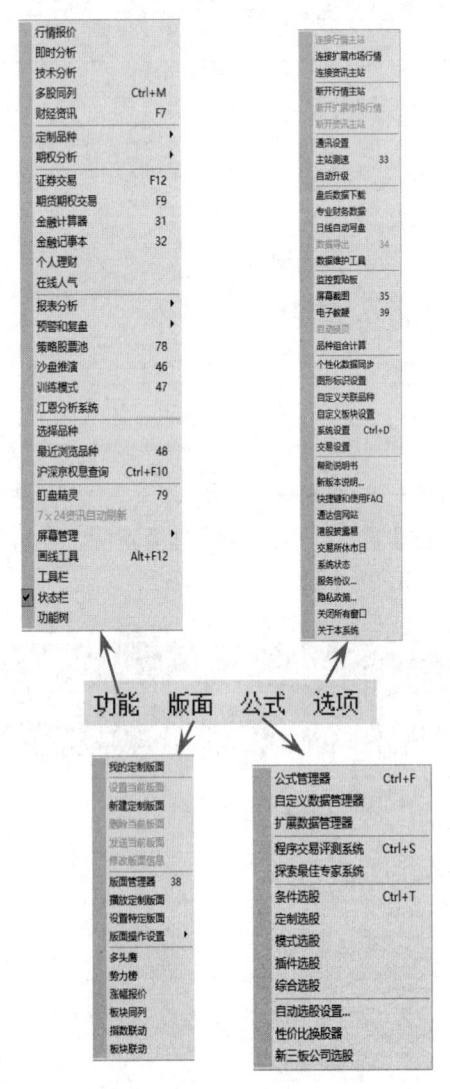

图 4-24

1.【功能】菜单

【功能】菜单中包含了通达信的大部分功能，如行情报价、即时分析、技术分析、财经资讯、证券交易、报表分析、预警和复盘、策略股票池、沙盘推演、训练模式、江恩分析系统、盯盘精灵、屏幕管理、画线工具、工具栏、状态栏、功能树等。

选择相应的选项，即可进入对应的界面。例如，选择【即时分析】选项，进入到某只股票或大盘的分时图界面，如图4-25所示。

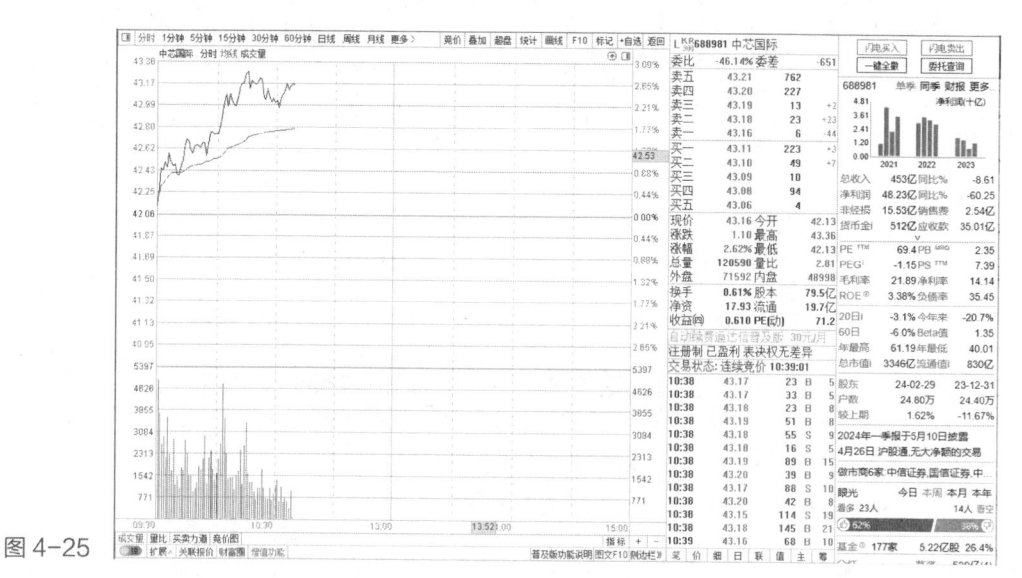

图 4-25

2.【版面】菜单

【版面】菜单主要用于设置版面，包括定制版面、修改版面信息以及删除版面等。选择【版面管理器】选项，在弹出的【版面管理器】对话框中可以导入版面、导出版面、删除版面、复制版面以及设置版面播放时间间隔等，如图4-26所示。

3.【公式】菜单

【公式】菜单主要包括公式管理器、自定义数据管理器、扩展数据管理器以及各种模式的选股。选择【公式管理器】选项，在弹出的【公式管理器 V6.05】对话框中可以新建、修改、删除、导出和导入公式等，如图4-27所示。

4.【选项】菜单

【选项】菜单用于切换连接主站、通信设置、盘后数据下载、数据维护、品种组合计算、自定义关联品种以及系统设置等。选择【盘后数据下载】选项，在弹出的【盘后数据下载】对话框中选择要下载的数据类型和日期，单击【开始下载】按钮即可，如图4-28所示。

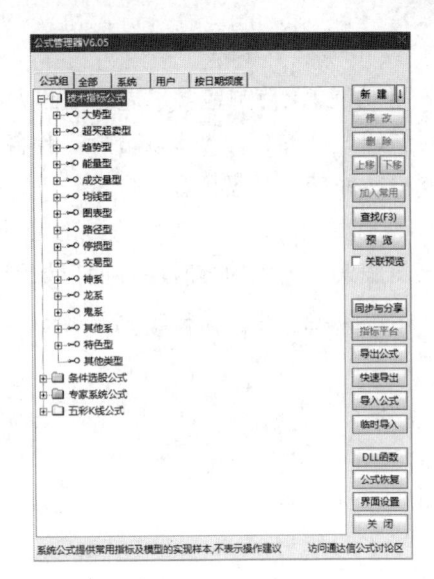

图 4-26

图 4-27

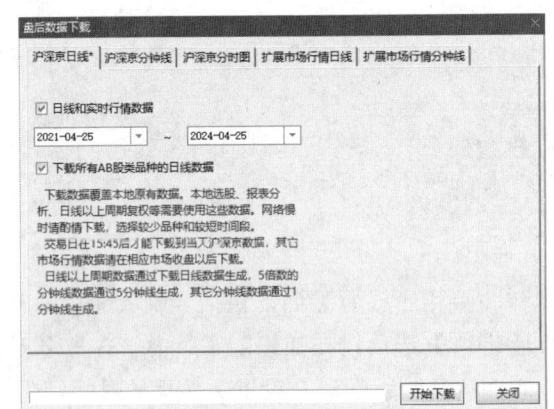

图 4-28

4.3.3 状态栏

状态栏位于通达信工作界面的最底部，包括指数栏、红绿军、连接主站、键盘精灵、主力监控精灵、市场雷达、条件预警以及系统状态，如图 4-29 所示。

图 4-29

1. 指数栏

指数栏包括上证、深证和北证的最新指数、涨幅以及涨幅比例。双击相应的指数，即可进入该指数的当前分时图，如图 4-30 所示。

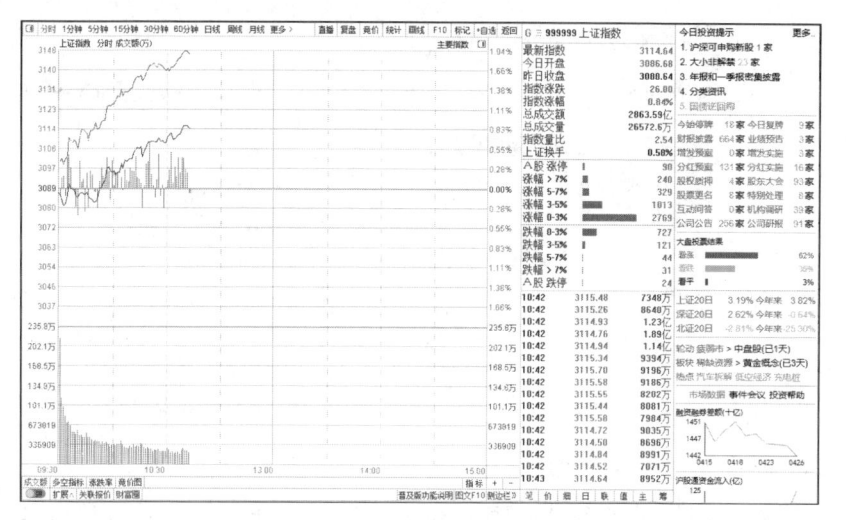

图 4-30

2. 红绿军

状态栏上有两个方格条 ，被称为红绿军。左边的方格条代表沪市的多空情况，右边的方格条代表深市的多空情况。

当红绿军中的红色块较多时，表示多方势力占优；当绿色块较多时，表示空方势力占优。

方格条下面有六种不同的符号在滚动，它们的具体含义如下。

（1）红色向上的箭头：表示整个市场的涨势在增强。

（2）红色向下的箭头：表示整个市场的涨势在减弱。

（3）红色等于号：表示整个市场的涨势保持稳定。

（4）绿色向上的箭头：表示整个市场的跌势在增加。

（5）绿色向下的箭头：表示整个市场的跌势在减弱。

（6）绿色等于号：表示整个市场的跌势保持稳定。

双击状态栏中的【自选股】图标 ，即可进入自选股行情界面。

3. 键盘精灵

单击【键盘精灵】按钮 ，在弹出的【通达信键盘精灵】对话框中输入股票代码、名称或汉语拼音缩写，都可以进入该股票的分时图或技术分析界面，如图 4-31 所示。

> 不需要特意打开通达信【键盘精灵】对话框，在任何界面直接输入股票代码、名称或汉语拼音缩写，都可以直接进入通达信【键盘精灵】对话框。

4. 主力监控精灵

主力监控精灵 ，可以帮助用户实时监控股票市场中的主力资金流向，从而更好地把握股票投资机会,如图4-32所示。

图4-31

图4-32

5. 市场雷达和条件预警

市场雷达是指系统按照预定的条件进行筛选预警。条件预警其实就是自己写的选股公式,让它们自动运行成为预警。

> 关于市场雷达和条件预警的开启及设置,在后面章节有详细介绍,这里不再赘述。

6. 系统状态

单击【系统状态】按钮,在弹出的【系统状态】对话框中可以查看【系统状态信息】和【系统更新日志】,如图4-33所示。

图4-33

4.4 工具栏

通达信的工具栏在默认情况下是隐藏的,通过选择【功能】→【工具栏】菜单项可显示工具栏,如图4-34所示。

图 4-34

工具栏从左往右依次为：后退键、上翻页、下翻页、最近定制版面、报价分析、即时分析、技术分析、报表分析、基本资料、功能树、自选股、内嵌交易、公式管理器、选股器、品种分类、栏目排名、综合排名、当前品种加入自选股或板块股、盘后数据下载、系统设置。

1. 最近定制版面

单击该按钮，可显示最近定制的行情版面。通达信软件提供了多头鹰、势力榜、涨幅报价、板块同列、指数联动和板块联动六种形式的操作版面，用户可根据个人风格选择自己喜欢的版面来看盘操作。如果这些版面你都不喜欢，可以使用"设置版面"功能根据自己的喜好设计版面，如图 4-35 所示。

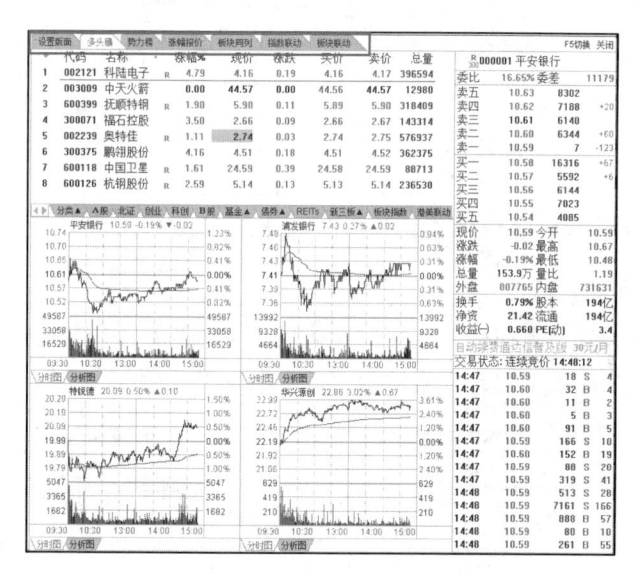

图 4-35

2. 报价分析

单击该按钮，可显示行情的实时报价数据及部分基本面数据。

3. 即时分析

单击此按钮，会显示所选定个股的分时走势图。

4. 技术分析

单击该按钮，可显示所选定股票的 K 线图及相关的技术指标分析的页面。

5. 报表分析

单击该按钮，可将所选板块的行情数据、技术指标或基本面数据以报表的形式排列出来，供投资者分析。这是一个非常重要的分析功能，使用该功能可以轻易地找出当天哪个板块或概念或行业的股票领涨或领跌，这对短线板块分析和操作非常重要。

6. 基本资料 F10

F10 功能（F10 是它的快捷键），该选项是进行基本面分析最常用的功能，它显示所选个股的基本面数据、公司的一些相关数据和报告等，如图 4-36 所示。

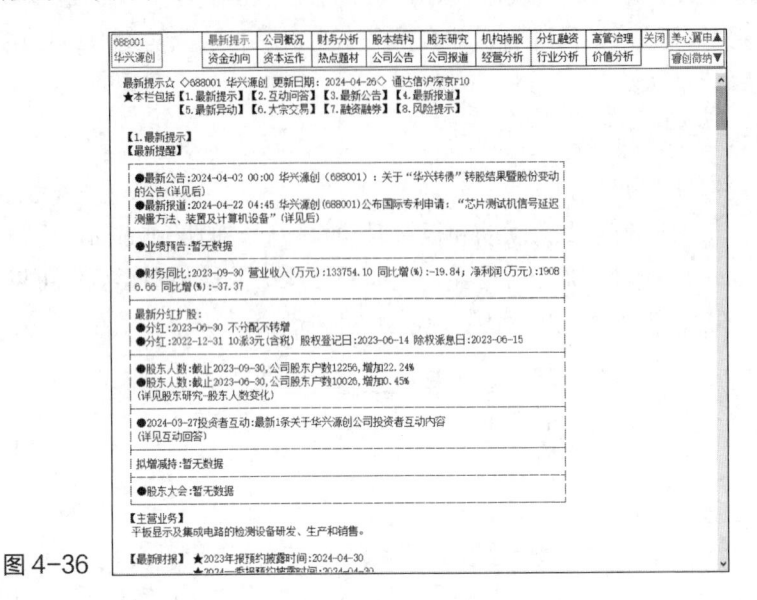

图 4-36

7. 功能树

单击该按钮，会在操作版面的左边显示【功能】、【资讯】、【品种】和【指标】等标签，每个标签都包含丰富的内容，如图 4-37 所示。

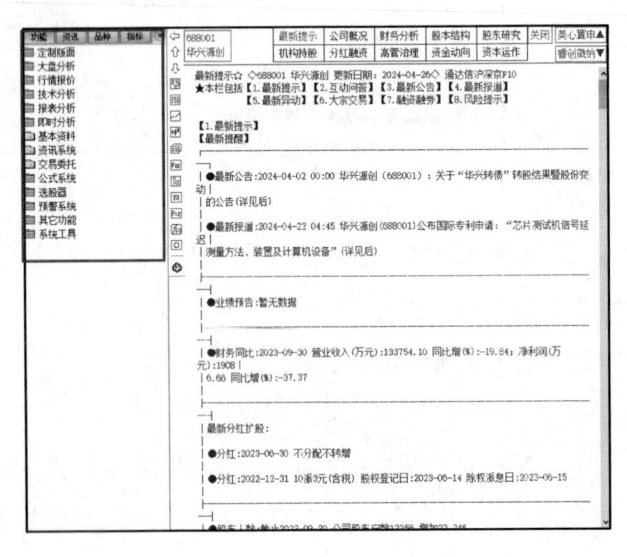

图 4-37

8. 自选股

单击该按钮，可进入自选股界面。

9. 内嵌交易 F12

内嵌交易，快捷键是 F12。单击该按钮，可进入自己的交易账号，快速进行交易。

10. 公式管理器

单击该按钮，可进入公式管理器版面。在该版面，除了通达信自带的公式之外，投资者还可以添加自己编写的看盘公式、选股公式等。

11. 选股器

单击该按钮，弹出通达信选股器快捷菜单，如图 4-38（a）所示。通过选股器可筛选出符合条件公式的个股，从而大大提高选股效率。

12. 品种分类

单击该按钮，可以分门别类地查看所有的股票、基金、期权、指数等，如图 4-38（b）所示。

13. 栏目排名

单击该按钮，弹出如图 4-38（c）所示的菜单，投资者可以根据自己的习惯，选择按各种排名来查看股票情况。

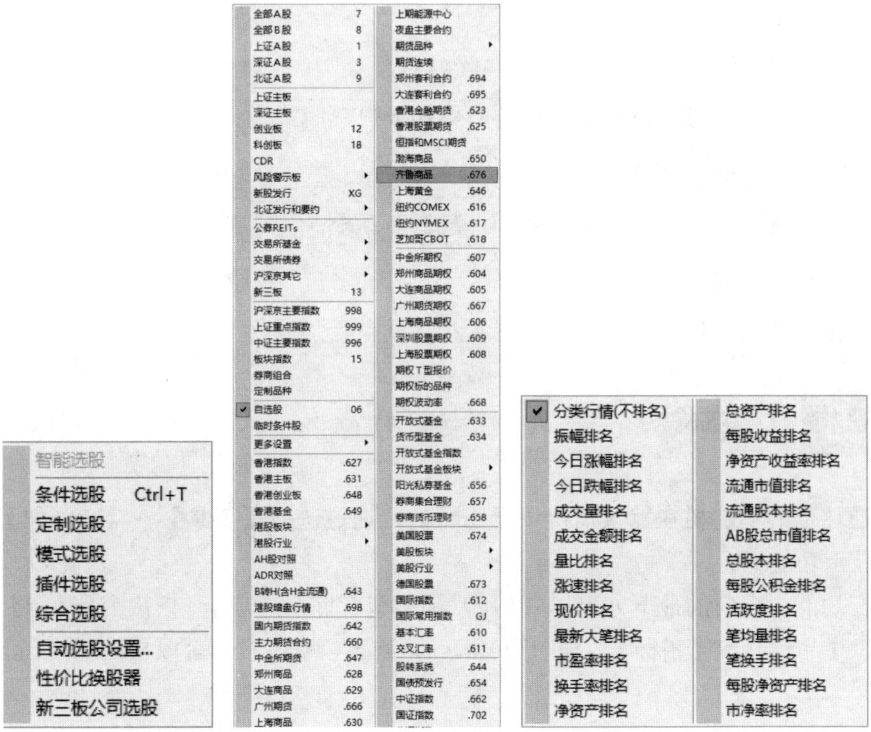

图 4-38

14. 综合排名◨

单击该按钮，可罗列出沪深 A 股、B 股、债券、权证等的综合排名序列，如图 4-39 所示。

上证A股	81	渤海商品	.850
上证B股	82	齐鲁商品	.876
深证A股	83	上海黄金	.846
深证B股	84	纽约COMEX	.816
上证债券	85	纽约NYMEX	.817
深证债券	86	芝加哥CBOT	.818
全部A股	87	中金所期权	.807
全部B股	88	郑州商品期权	.804
北证A股	89	大连商品期权	.805
创业板	812	广州期货期权	.867
科创板	818	上海商品期权	.806
板块指数	815	深圳股票期权	.809
ETF基金	816	上海股票期权	.808
可转债	817	期权波动率	.868
香港指数	.827	开放式基金	.833
香港主板	.831	货币型基金	.834
香港创业板	.848	阳光私募基金	.856
香港基金	.849	券商集合理财	.857
B转H(含H全流通)	.843	券商货币理财	.858
港股嘴盘行情	.898	美国股票	.874
国内期货指数	.842	德国股票	.873
主力期货合约	.860	国际指数	.812
中金所期货	.847	基本汇率	.810
郑州商品	.828	交叉汇率	.811
大连商品	.829	股转系统	.844
广州期货	.866	国债预发行	.854
上海商品	.830	中证指数	.862
郑州套利合约	.894	国证指数	.902
大连套利合约	.895	华证指数	.869
香港金融期货	.823	宏观指标	.838
香港股票期货	.825		

图 4-39

15. 当前品种加入自选股或板块股▷

单击该按钮，可将投资者选定的股票加入自选股或设定的板块中。

16. 盘后数据下载

单击该按钮，可进入【盘后数据下载】对话框。

17. 系统设置

单击该按钮，将弹出【系统设置】对话框。

4.5 功能树

通达信的功能树在默认情况下是隐藏的，通过选择【工具】→【功能树】菜单项可显示功能树。

在功能树窗口的最下方可以看到，功能树包含四个选项卡，依次为【功能】、【资讯】、【品种】和【指标】，如图 4-40（a）所示，单击它们可以来回切换。

1. 功能

【功能】标签基本上涵盖了通达信所有的功能，如定制版面、大盘分析、行情报价、技术分析、报表分析、即时分析、选股器、预警系统等。

例如，这里选择【即时分析】→【.501 分时走势图】选项，即可打开大盘或个股分时走势图，如图 4-40（b）所示。

(a)　　　　　　　　　　　　　　(b)

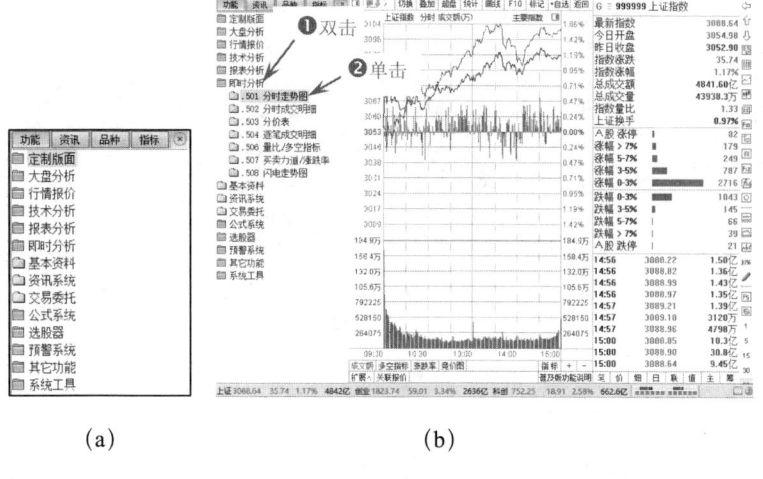

图 4-40

2. 品种

【品种】标签涵盖了所有的金融产品种类，包括交易所基金、交易所债券、新三板、板块指数、券商组合、港美联动、自选股、地区板块、行业板块、概念板块等。

例如，这里选择【板块指数】选项，即可显示各板块的涨幅情况，如图 4-41 所示。

图 4-41

3. 指标

【指标】标签涵盖了各种类型的指标，如大势型、超买超卖型、趋势型、能量型、成交量型等。

例如，这里选择【大势型】→【ABI 绝对广量指标】选项，结果如图 4-42 所示。

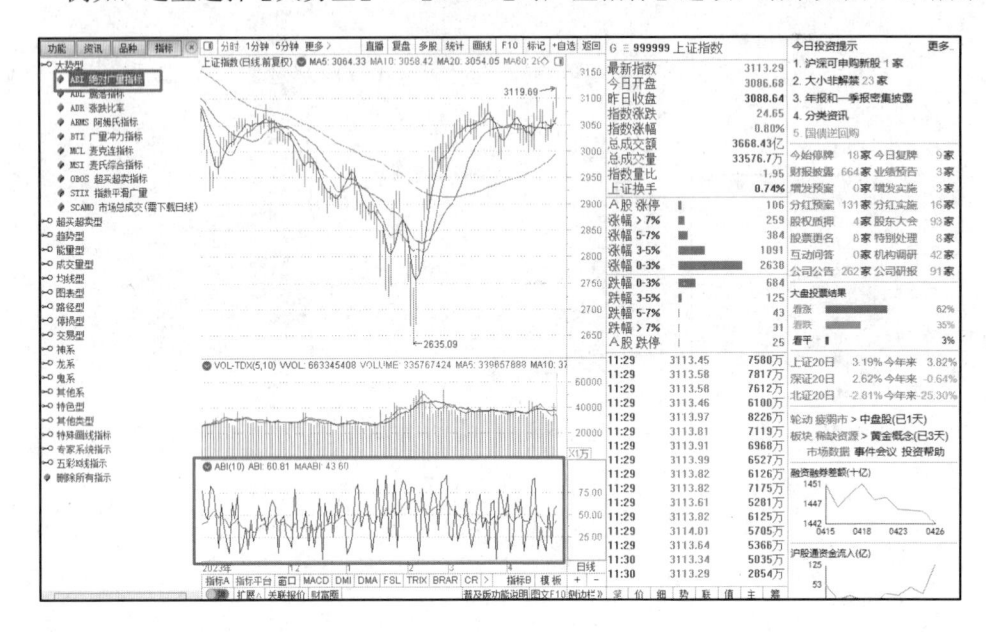

图 4-42

> 大势型指标只能用于大盘指数。

4.6 新股民学堂——界面颜色设置

通达信软件的界面颜色默认采用"红黑"配色，用户可以通过"系统设置"功能来更改界面颜色，以符合个人喜好。

设置界面颜色的具体操作步骤如下。

❶ 打开通达信金融终端，进入某只股票的分时图界面，通达信默认的界面是"红黑"配色，如图 4-43 所示。

❷ 选择【选项】→【系统设置】选项，如图 4-44 所示。

❸ 在弹出的【系统设置】对话框中单击【外观】标签，切换到【外观】选项卡，单击【配色方案】下拉列表框，从中选择【雅典白】选项，如图 4-45 所示。

> 按 Ctrl+D 组合键可以快速进入【系统设置】对话框。

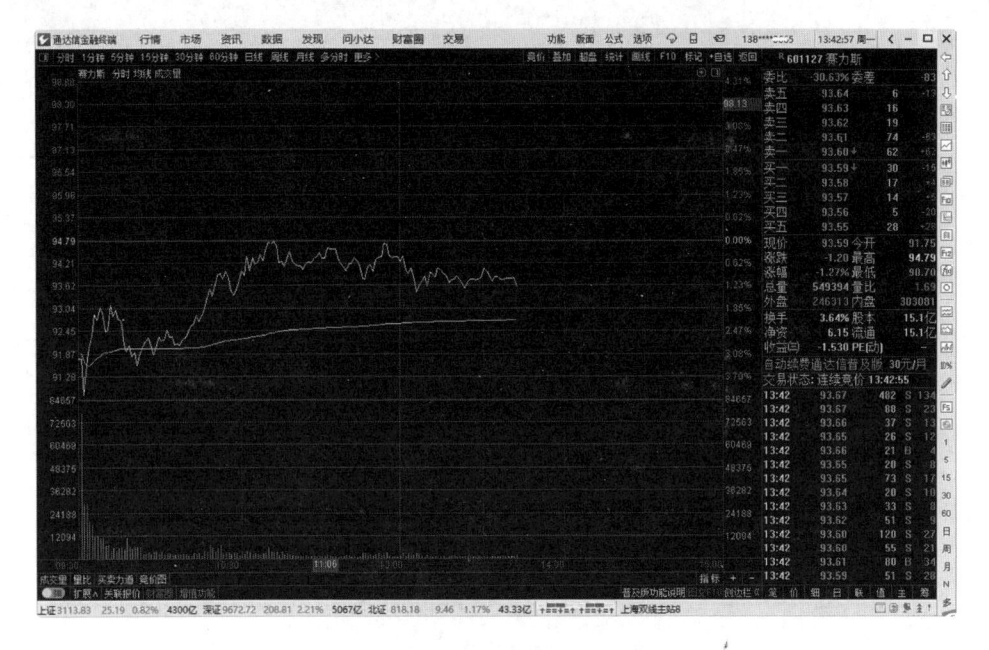

图 4-43

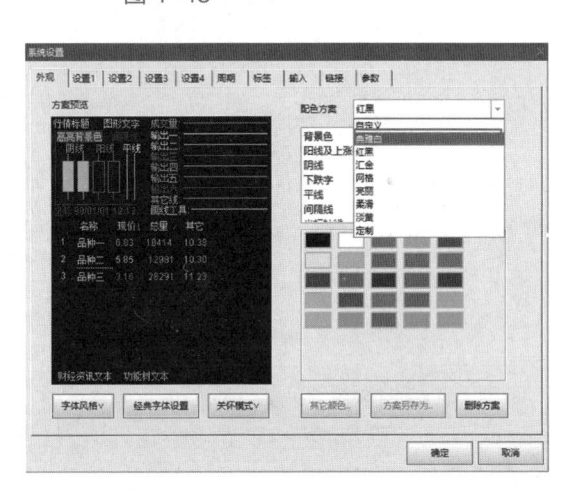

图 4-44　　　　　　　　　　图 4-45

❹ 单击【确定】按钮，退出【系统设置】对话框，界面配色改为"雅典白"，如图 4-46 所示。

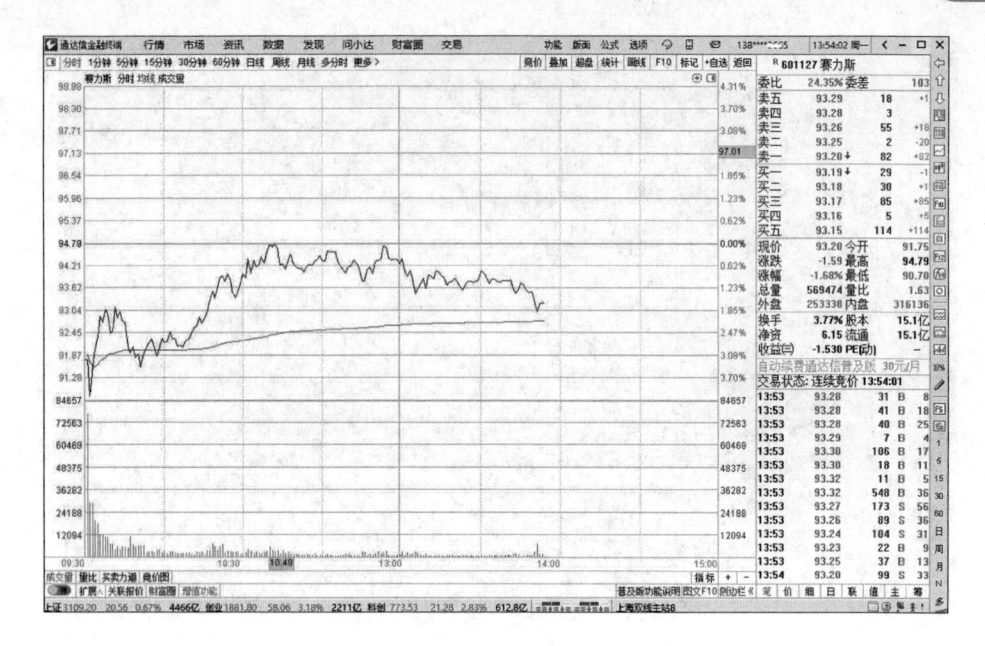

图 4-46

第 5 章

快人一步——即时分析
（分时图分析）

"时间就是金钱。"——富兰克林

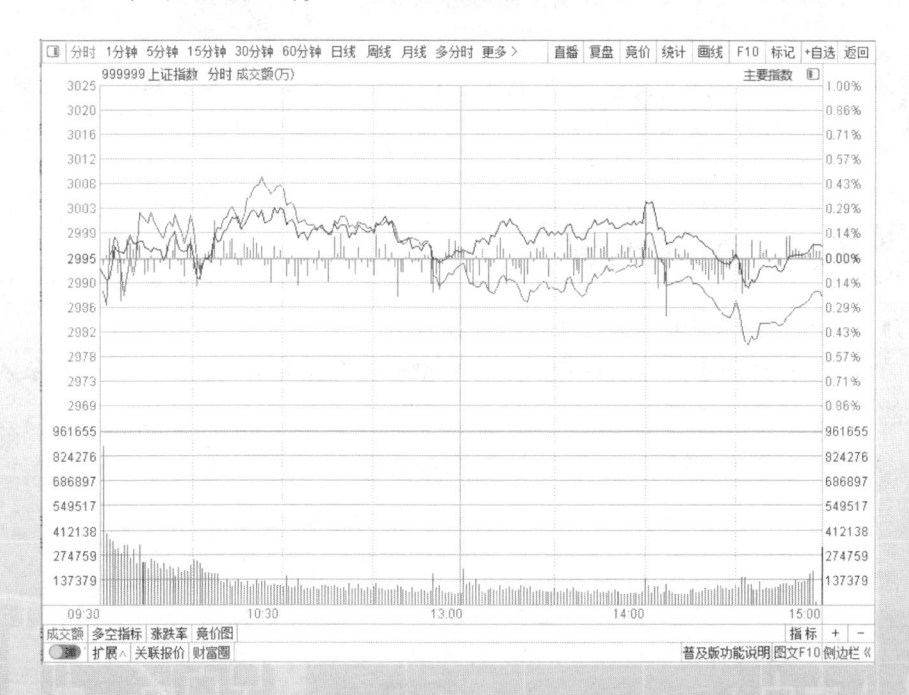

即时分析也称为分时图分析，主要关注当前市场的实时动态，包括股票的实时价格、成交量、买卖盘口等信息。

为方便表达，本章统一用"分时图"代替"即时分析"。

5.1 认识分时图

通达信软件的分时图包括多种实时数据和图表展示，如成交量、盘口信息、技术指标等，这些图表可以帮助投资者更直观地了解市场动态和趋势。

进入分时图的常用方法有以下几种。

- ◆ 在任何界面输入股票代码或名字后按 Enter 键。
- ◆ 执行【功能】→【即时分析】命令。
- ◆ 单击工具栏中的【即时分析】按钮☑。
- ◆ 在股票列表中双击某股票，即可进入该股票的分时图界面。

> 使用上述方法进入的如果是"K 线图（技术分析）"界面，按 F5 键即可转入"分时图（即时分析）"界面。

5.1.1 进入分时图界面

本小节介绍进入分时图界面的几种操作方法。

方法一：打开通达信金融终端，输入"600006"并按 Enter 键，即可进入"东风汽车"的分时图界面，如图 5-1 所示。

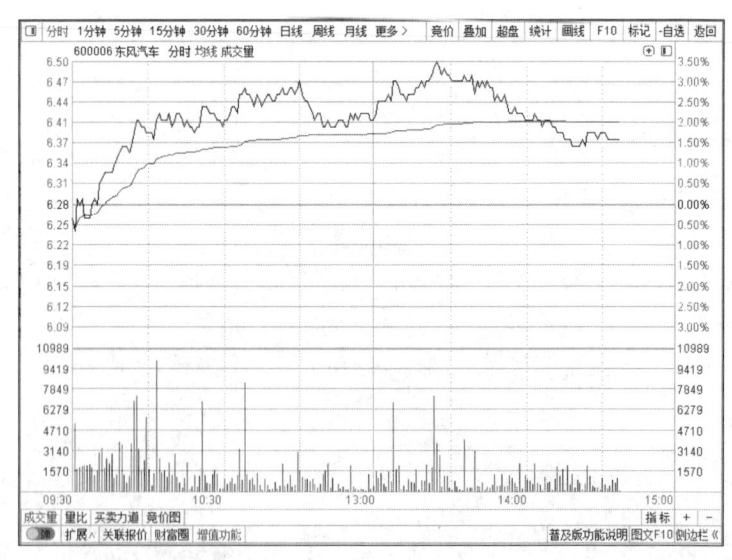

图 5-1

方法二：单击【行情】快捷按钮，进入行情列表，然后使用鼠标单击以选中某只股票。例如，选中"深振业 A"，如图 5-2 所示。

图 5-2

> 单击选中的股票，其下方会出现一条横线。

选择【功能】→【即时分析】菜单命令，即可进入"深振业A"的分时图界面，如图 5-3 所示。

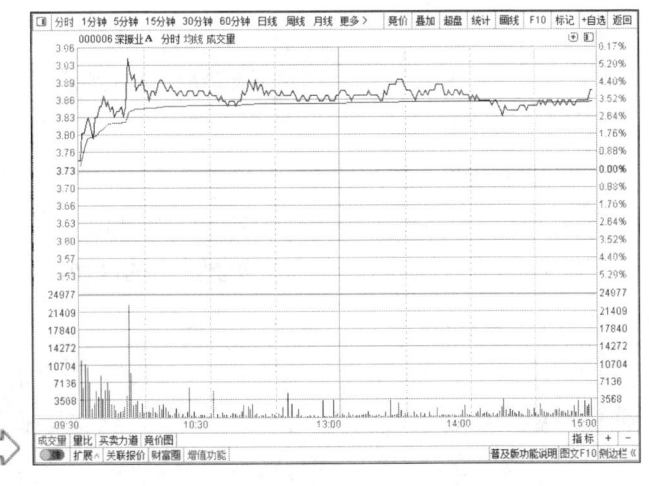

图 5-3

方法三：在方法二中，直接双击"深振业A"，或选中"深振业A"后单击工具栏中的【即时分析】按钮，也可以进入"深振业A"的分时图界面，如图 5-4 所示。

图 5-4

> 在任何界面输入"03+Enter"，都可以进入上证指数分时图界面；输入"04+Enter"，则可以进入深证指数分时图界面。

5.1.2 大盘分时图界面包含的信息

分时图分为大盘指数分时图和个股分时图，大盘指数分时图是指上证综合指数和深证成份指数的分时图，如图 5-5 所示。

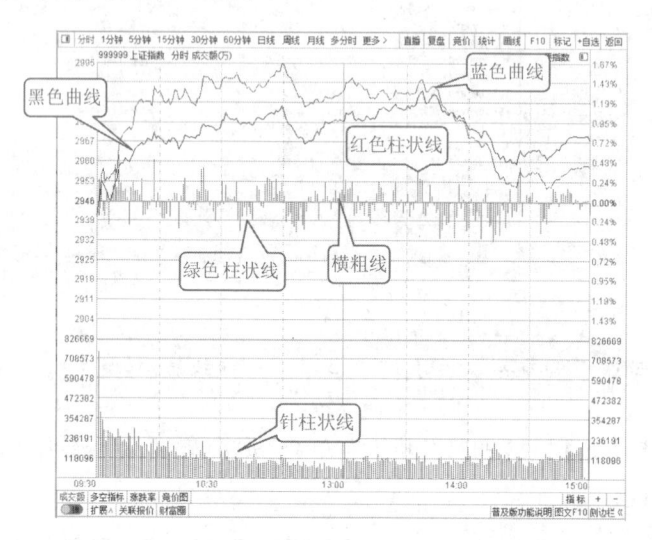

图 5-5

> 若界面为红黑配色时，黑色曲线变为白色，蓝色曲线变为黄色。

1. 横粗线

在大盘分时图中，横粗线表示上一交易日指数的收盘位置。它是当日大盘上涨和下跌的分界线。横粗线上方是大盘上涨的区域，下方是大盘下跌的区域。

2. 分时曲线

大盘分时图中的曲线有黑色和蓝色两种。黑色曲线是加权指数，也就是平常所说的大盘股指数；蓝色曲线是不加权指数，也就是平常所说的小盘股指数。

当指数上涨时，如果黑色曲线在蓝色曲线之上，表示发行数量大（大盘股）的股票涨幅较大；如果黑色曲线在蓝色曲线之下，则表示发行数量少（小盘股）的股票涨幅较大。

当指数下跌时，如果黑色曲线仍然在蓝色曲线之上，表示大盘股的跌幅小于小盘股的跌幅；如果蓝色曲线反居黑色曲线之上，则说明大盘股的跌幅大于小盘股的跌幅。

3. 柱状线

在大盘分时图中，柱状线错落分布在横粗线的上方和下方，包括红色柱状线和绿色柱状线两种。

大盘指数向上运行时，在横粗线上方会出现红色柱状线。红色柱状线表示买盘（外盘），其数量越多、高度越高，表示指数上涨的力度越强。反之，红色柱状线数量减少、长度缩短，表示指数上涨的势头减弱。

大盘指数向下运行时，在横粗线下方会出现绿色柱状线。绿色柱状线表示卖盘（内盘），其数量越多、长度越长，表示指数下跌的力度越强。反之，绿色柱状线数量减少、长度缩短，表示指数下跌的力度减弱。

4. 针柱状线

针柱状线表示大盘的成交量（买盘和卖盘成交量之和），一根针柱状线代表1分钟的成交量。成交量的单位为手（1手=100股）。

成交量是反映股市上人气聚散的一面镜子，也是观察主力动态的有效途径。由于主力资金规模巨大，他们的买卖行为通常会对成交量产生显著影响。因此，当成交量骤增时，很可能是主力在进行买卖操作。通过观察成交量的变化，我们可以更好地了解市场的走势和主力的动向，从而作出更明智的投资决策。

5.1.3 个股分时图界面包含的信息

个股分时图包括上一个交易日收盘价、分时价位线、分时均价线和成交量柱状线，如图5-6所示。

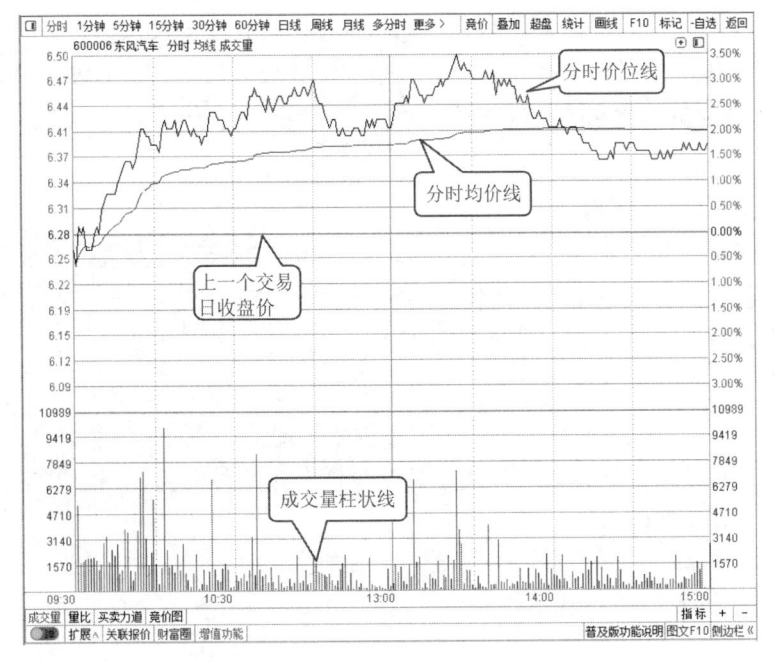

图5-6

1. 上一个交易日收盘价

在个股分时图中，上一个交易日收盘价用横粗线表示，它是当日股票上涨与下跌的分界线。在它的上方，是股票的上涨区域，在它的下方，是股票的下跌区域。

2. 分时价位线

在个股分时图中，分时价位线用白色曲线表示。分时价位线直观地反映了当日股价的动态和即时成交价位。如果股价持续在分时均价线上方运行，表明市场购买需求强烈，大部分买入的投资者处于盈利状态，属于强势盘口特征。反之，如果股价持续在分时均价线下方运行，则表明卖方需求强烈，大部分买入的投资者处于亏损状态，属于弱势盘口特征。

3. 分时均价线

在个股分时图中，分时均价线用黄色曲线表示。分时均价线本质上是一条移动平均线，代表了当天买进该股的所有投资者的平均买入成本。

一般来说，分时价位线在分时均价线上方远离均价线时，正乖离率过大，股价回落的可能性较大；反之，则股价回升的可能性较大。如果收盘后分时价位线收在分时均价线上方，表示股价短线呈现强势；如果分时价位线收在分时均价线下方，则表示股价短线走弱。

> 在个股分时图上，主力的某笔异常交易，比如尾盘瞬间拉高，可能会改变分时走势曲线的形态，但分时均价线不会因此而发生大幅波动。因此，通过对分时均价线和分时价位线的比较，可以有效地识别出主力是否在刻意制造虚假信号或骗线行为。

4. 成交量柱状线

一条柱状线表示1分钟的成交量，单位为手（1手=100股）。成交量越大，柱状线就越长，反之就缩短。柱状线分别用黄色和蓝色表示。

黄柱代表多方力量，蓝柱代表空方力量。如果黄柱的数量较多、高度较高，说明多方力量占据主导地位；反之，则说明空方力量占据主导地位。

在价格上涨的过程中，多方力量占据主导地位，并且成交量增加；行情回落时，空方力量占据主导地位。因为成交量是股价变化的重要因素，所以在实际分析中具有非常重要的地位。

5.2 分时图界面选项

在分时图界面，可以直接切换到 K 线图界面，查看集合竞价、叠加品种、超级盘口、区间统计、画线、F10、成交量、量比和买卖力道等。

> 集合竞价、超级盘口、画线和 F10 等功能在其他章节介绍。

5.2.1 分时图与K线图界面的切换与设置

在分时图界面顶部单击【1 分钟】、【5 分钟】、【15 分钟】、【30 分钟】、【60 分钟】、【日线】、【周线】和【月线】等按钮，可以直接进入相应周期的 K 线图界面。

单击【多分时】按钮，可以同时查看最近 1～20 日的分时图。

分时图切换到 K 线图的操作步骤如下。

❶ 打开通达信金融终端，输入"600006"并按 Enter 键，即可进入"东风汽车"的分时图界面，如图 5-7 所示。

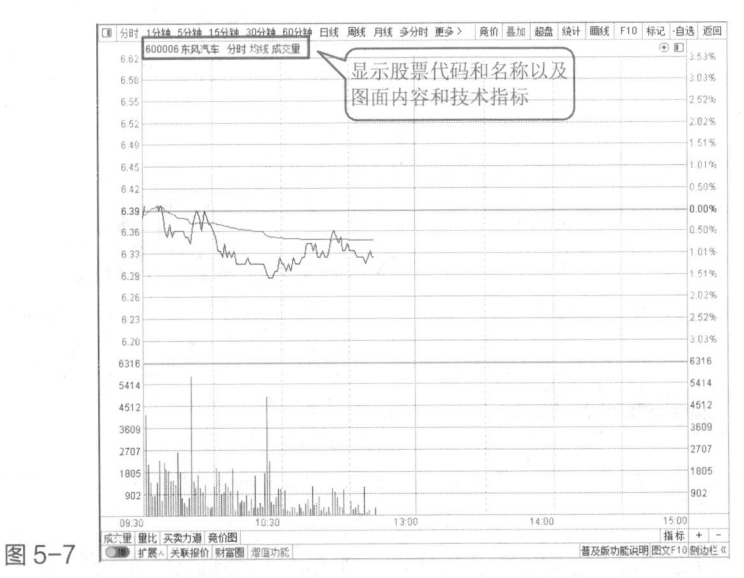

图 5-7

> 即时分析每 3 秒钟更新一次。

❷ 单击【日线】按钮，弹出日 K 线技术分析，如图 5-8 所示。

❸ 单击【分时】按钮，返回分时图界面，单击【多分时】按钮，弹出【多分时】

下拉列表，如图 5-9 所示。

❹ 选择【最近 3 日】选项，同时显示最近 3 日的分时图，如图 5-10 所示。

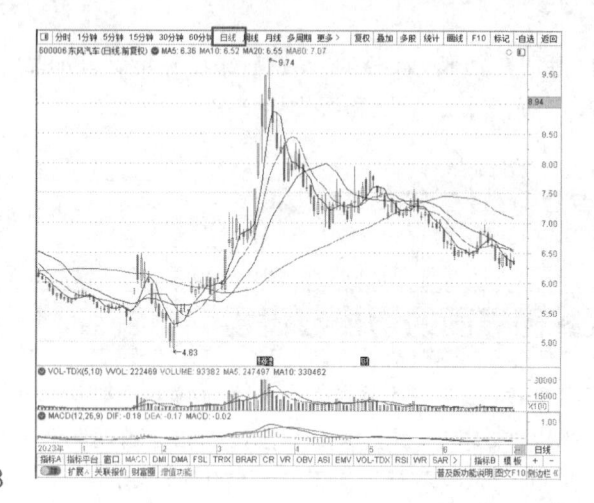

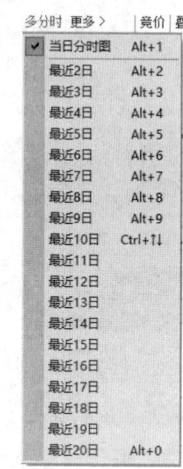

图 5-8

图 5-9

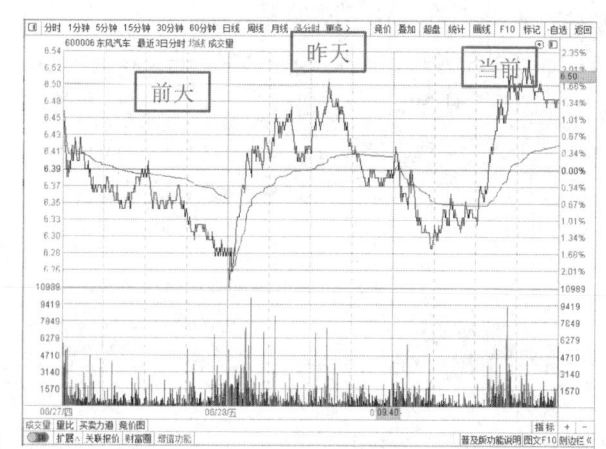

图 5-10

5.2.2 品种指数叠加

通过使用"叠加"功能，可以同时查看多只股票的分时图，以及分时图和相关指数的变化。

❶ 单击【叠加】，弹出其下拉列表，如图 5-11 所示。

❷ 选择【叠加指定品种】选项，弹出【选择叠加的品种】对话框，选择【行业板块】→【汽车零部件】→【众泰汽车】选项，如图 5-12 所示。

❸ 两只股票叠加后的效果如图 5-13 所示。

❹ 单击【叠加】，在弹出的下拉菜单中选择【删除叠加品种】选项，删除叠加品种后，选择【自动叠加对应大盘指数】选项，结果如图 5-14 所示。

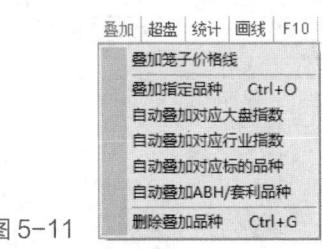

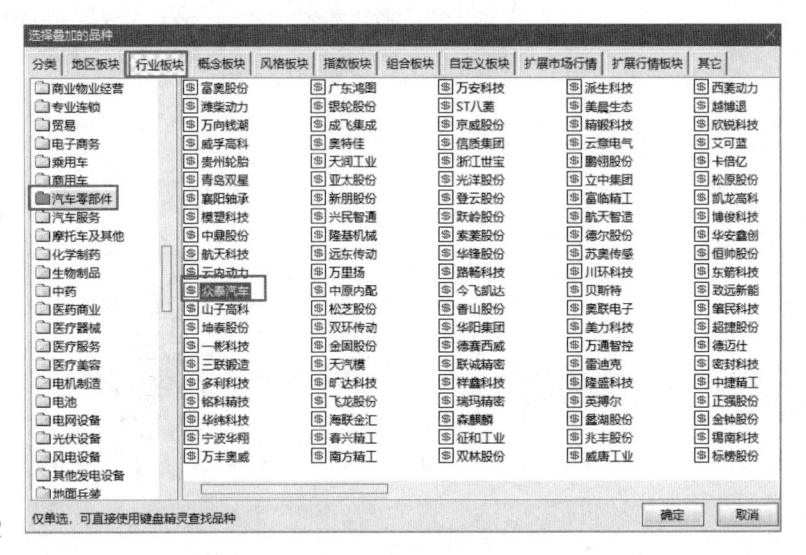

第 5 章 快人一步——即时分析（分时图分析）

图 5-11

图 5-12

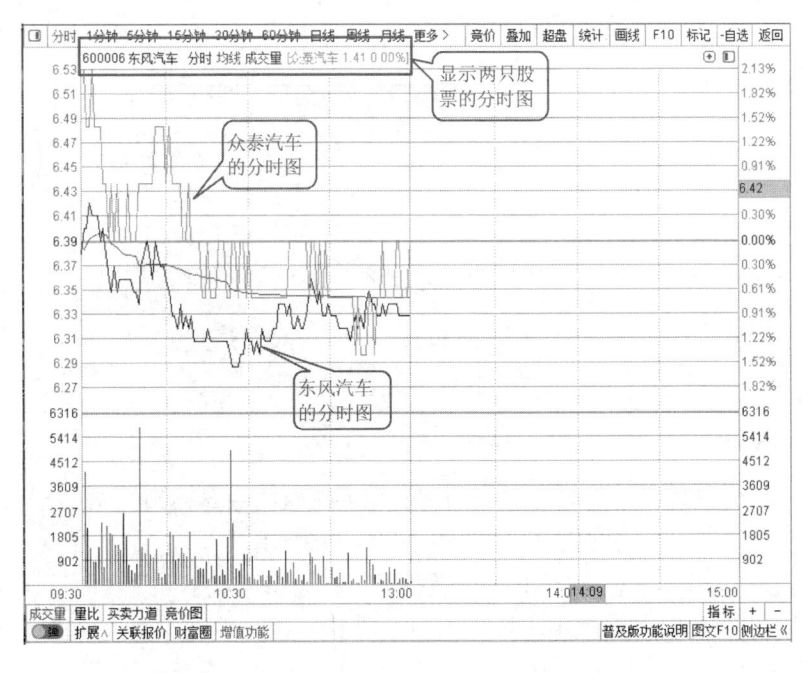

图 5-13

图 5-14

5.2.3 分时区间统计

通过使用"分时区间统计"功能，可以查看任意指定时间段内的统计信息、大单成交，以及价量分布。

查看分时区间统计的具体操作步骤如下。

❶ 切换到【统计信息】选项卡，弹出如图 5-15 所示的对话框。

图 5-15

❷ 将鼠标指针放到分时图的左右边界位置，当鼠标指针变成 ↔ 形状时，按住鼠标左右拖动，可以调节查看的时间段，如图 5-16 所示。

❸ 将鼠标指针拖到 14:00 位置松开，在【东风汽车分时区间统计（基于分时成交明细统计）】对话框中将【大单门限值】设置为 1000，然后单击【修改】按钮，统计结果如图 5-17 所示。

❹ 单击【大单成交】标签，切换到【大单成交】选项卡，大单成交的结果如

图 5-18 所示。

❺ 切换到【价量分布】选项卡，显示的结果如图 5-19 所示。

图 5-16

图 5-17

图 5-18

图 5-19

5.2.4 给股票添加标记

通过使用"标记"功能，可以为股票添加文字标记或数字标记。为股票添加标记的具体操作步骤如下。

❶ 选择【标记】，弹出【标记】下拉菜单，如图 5-20 所示。

❷ 选择【标记文字 T】选项，在弹出的文本框中输入文字，如图 5-21 所示。

❸ 单击颜色按钮，在弹出的【颜色】对话框中选择红色，然后单击【确定】按钮，如图 5-22 所示。返回东风汽车（600006）【标记文字】对话框，然后单击【添加标记】按钮。

❹ 回到股票列表，可以看到股票名称的右上角显示文字标记，将鼠标指针放到文字上，可以弹出全部文字标记，如图 5-23 所示。

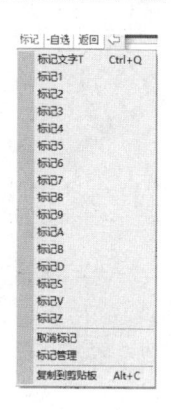

图 5-20

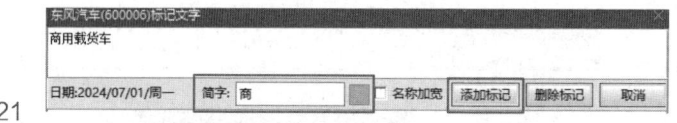

图 5-21

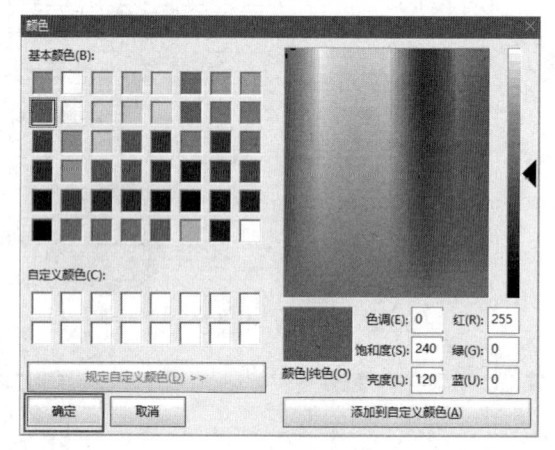

图 5-22

❺ 如果在步骤 ❶ 中选择【标记1】选项，则在股票名称右上角显示数字"①"，如图 5-24 所示。

> 单击【标记】，在弹出的下拉菜单中，选择【取消标记】选项，可以将添加的标记取消。

图 5-23

	代码	名称		涨幅%	现价	涨跌	买价	卖价	总量	现量	涨速%	换手%
1	002121	科陆电子		0.00	3.79	0.00	3.79	3.80	76531	410	0.00	0.55
2	003009	中天火箭		-0.36	38.54	-0.14	38.54	38.55	5655	51	0.00	0.36
3	600399	抚顺特钢	R	-1.78	5.53	-0.10	5.53	5.54	358485	3211	-0.17	1.82
4	300071	福石控股		-2.42	2.02	-0.05	2.01	2.02	155045	1954	0.00	1.67
5	002239	奥特佳	R	0.87	2.32	0.02	2.32	2.33	313663	6200	-0.42	0.97
6	300375	鹏翎股份		0.78	3.90	0.03	3.89	3.90	123585	1848	0.00	2.45
7	600118	中国卫星		0.40	22.32	0.09	22.32	22.33	39998	802	0.00	0.34
8	600126	杭钢股份		1.46	4.17	0.06	4.17	4.18	129930	1627	0.00	0.38
9	300750	宁德时代		-2.20	176.07	-3.96	176.06	176.07	269957	2127	0.04	0.69
10	600000	浦发银行	R	0.61	8.28	0.05	8.28	8.29	287330	2521	-0.11	0.10
11	600015	华夏银行		0.78	6.45	0.05	6.45	6.46	354039	3947	-0.14	0.23
12	600016	民生银行		0.53	3.81	0.02	3.81	3.82	935028	10135	-0.25	0.26
13	600036	招商银行		0.50	34.36	0.17	34.35	34.36	472239	7329	0.06	0.23
14	600010	包钢股份		3.57	1.45	0.05	1.45	1.46	349.2万	136988	-0.67	1.11
15	600019	宝钢股份		1.65	6.76	0.11	6.76	6.77	518788	3613	0.00	0.24
16	600104	上汽集团	R	0.00	13.86	0.00	13.85	13.86	106231	1571	-0.21	0.09
17	600006	东风汽车	R	1.41	6.48	0.09	6.47	6.48	256856	5598	0.00	1.28

东风汽车(600006)标记文字(按Ctrl+Q修改)
商用载货车
日期:2024/07/01/周一

图 5-24

5.2.5 扩展分析区

扩展分析主要包括关联报价和财富圈。通过关联报价，可以查看与当前股票相关联的产品的行情。通过财富圈，可以查看与当前股票相关的新闻和帖子。

查看关联报价和财富圈的具体操作步骤如下。

❶ 切换到【关联报价】选项卡，查看与当前股票相关联的品种行情，如图 5-25 所示。

❷ 切换到【商用车】选项卡，查看商用车板块的行情，如图 5-26 所示。

❸ 切换到【财富圈】选项卡，查看与当前股票相关的新闻和帖子，如图 5-27 所示。

❹ 单击列表中的提问，进入相关的提问与回复界面，如图 5-28 所示。

图 5-25

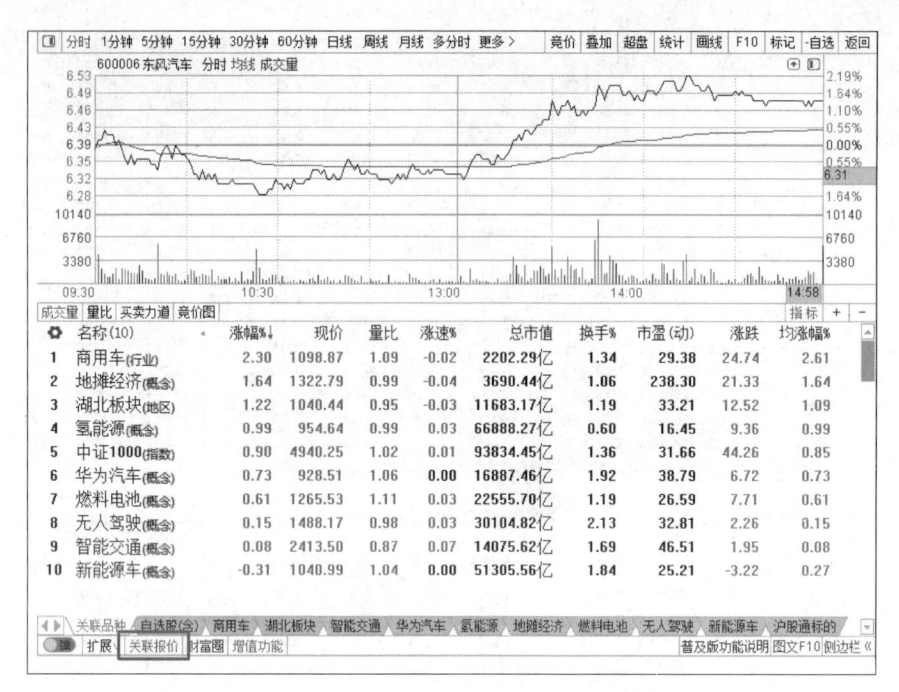

图 5-26

图 5-27

图 5-28

5.3 切换操作

通过切换操作，可以将当前的分时图界面切换到报价表、分析图、多股同列，以及切换不同的分时模式等。

❶ 在分时图界面，单击鼠标右键，在弹出的快捷菜单中选择切换模式，如图 5-29 所示。

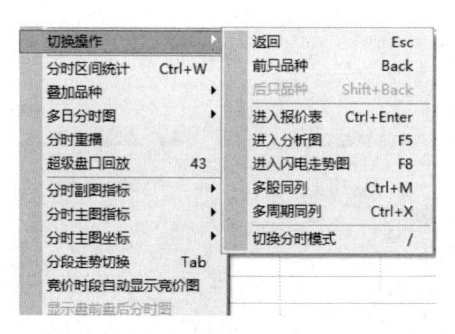

图 5-29

❷ 选择【进入报价表】命令，进入行情报价界面，如图 5-30 所示。

❸ 双击股票进入分时图后，重复步骤❶，选择【进入分析图】命令，进入分析图界面，如图 5-31 所示。

❹ 按 F5 键返回到分时图界面，重复步骤❶，选择【多股同列】命令，相邻的多只股票的分时图同时显示，如图 5-32 所示。

同步	代码	名称		涨幅%	现价	涨跌	买价	卖价	总量	现量	涨速%	换手%
1	002121	科陆电子	R	0.00	3.79	0.00	3.79	3.80	76531	410	0.00	0.55
2	003009	中天火箭		-0.36	38.54	-0.14	38.54	38.55	5655	51	0.00	0.36
3	600399	抚顺特钢	R	-1.78	5.53	-0.10	5.53	5.54	358485	3211	-0.17	1.82
4	300071	福石控股		-2.42	2.02	-0.05	2.01	2.02	155045	1954	0.00	1.67
5	002239	奥特佳	R	0.87	2.32	0.02	2.32	2.33	313663	6200	-0.42	0.97
6	300375	鹏翎股份		0.78	3.90	0.03	3.89	3.90	123585	1848	0.00	2.45
7	600118	中国卫星	R	0.40	22.32	0.09	22.32	22.33	39998	802	0.00	0.34
8	600126	杭钢股份		1.46	4.17	0.06	4.17	4.18	129930	1627	0.00	0.38
9	300750	宁德时代		-2.20	176.07	-3.96	176.06	176.07	269957	2127	0.04	0.69
10	600000	浦发银行		0.61	8.28	0.05	8.28	8.29	287330	2521	-0.11	0.10
11	600015	华夏银行	R	0.78	6.45	0.05	6.45	6.46	354030	3947	-0.14	0.23
12	600016	民生银行	R	0.53	3.81	0.02	3.81	3.82	935028	10135	-0.25	0.26
13	600036	招商银行		0.50	34.36	0.17	34.35	34.36	472239	7329	0.06	0.23
14	600010	包钢股份		3.57	1.45	0.05	1.45	1.46	349.2万	136988	-0.67	1.11
15	600019	宝钢股份		1.65	6.76	0.11	6.76	6.77	518788	3613	0.00	0.24
16	600104	上汽集团		0.00	13.86	0.00	13.85	13.86	106231	1571	-0.21	0.09
17	600006	东风汽车		1.41	6.48	0.09	6.47	6.48	256856	5598	0.00	1.28

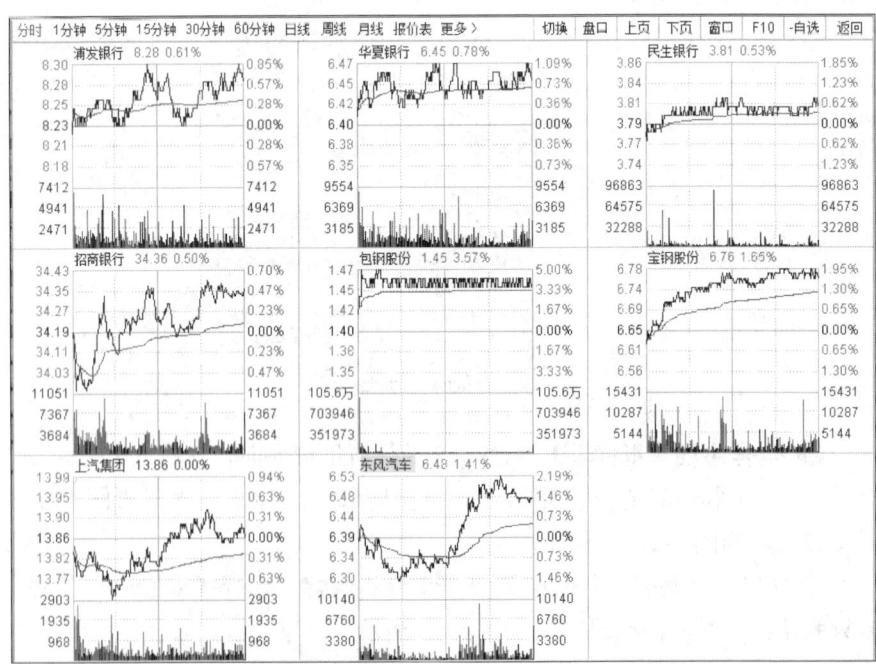

图 5-30

图 5-31

图 5-32

❺ 双击股票进入分时图后，重复步骤❶，选择【切换分时模式】命令。通达信默认界面只显示分时曲线、均线和成交量，此时可以看到窗口中又出现了一个【量比】指标界面，如图 5-33 所示。

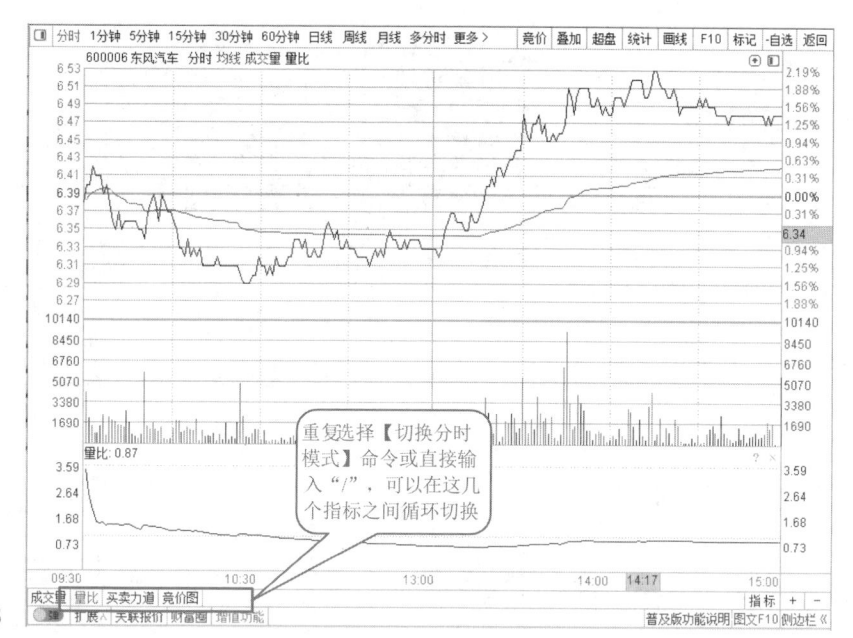

图 5-33

5.4 修改分时图界面模式

分时图分为主图界面和副图界面，主图界面默认显示分时曲线和均线，坐标为普通坐标；副图界面默认显示成交量，不显示指标窗口。

用户可以根据自己的使用习惯，对主图界面和副图界面的指标和坐标进行修改。

5.4.1 添加和更换分时图副图技术指标

副图界面默认不显示指标窗口，用户可以在分时图界面单击鼠标右键，在弹出的快捷菜单中选择【分时副图指标】命令，然后选择所需显示的指标窗口。

添加和更换分时图副图技术指标的具体操作步骤如下。

❶ 在分时图界面单击鼠标右键，从弹出的快捷菜单中选择【分时副图指标】命令，如图 5-34 所示。

❷ 选择【1 个指标窗口】选项，系统默认显示 MACD 指标，如图 5-35 所示。

❸ 在副图指标窗口单击鼠标右键，在弹出的快捷菜单中选择指标，即可更换现有的指标。例如选择 DMI 选项，如图 5-36 所示。

图 5-34

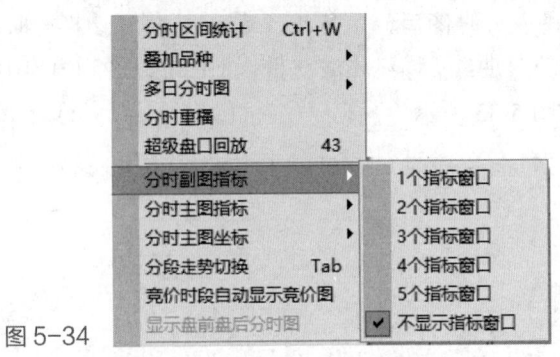

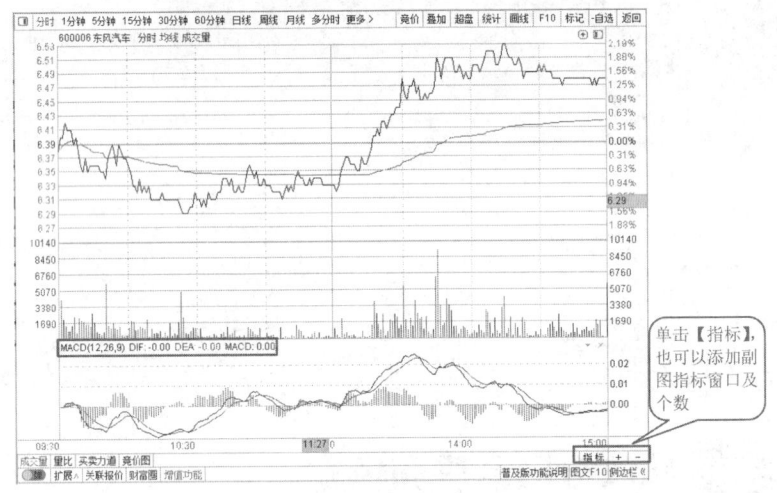

图 5-35

单击【指标】，也可以添加副图指标窗口及个数

单击分时图界面右下角的【指标】选项，在弹出的列表中也可以选择副图指标窗口个数，如图 5-37 所示。

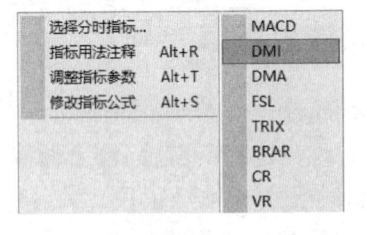

图 5-36

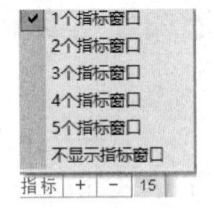

图 5-37

❹ 副图区的技术指标更改为 DMI，如图 5-38 所示。

❺ 在副图指标窗口右击，在弹出的快捷菜单中选择【选择分时指标】命令，弹出【请选择副图指标】对话框，在该对话框中可以添加更多类型的指标，如图 5-39 所示。

图 5-38

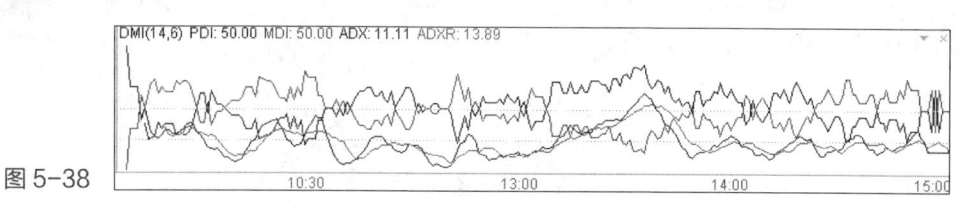

❻ 在副图指标窗口右击，在弹出的快捷菜单中选择【指标用法注释】命令，弹出当前指标的用法说明，如图 5-40 所示。

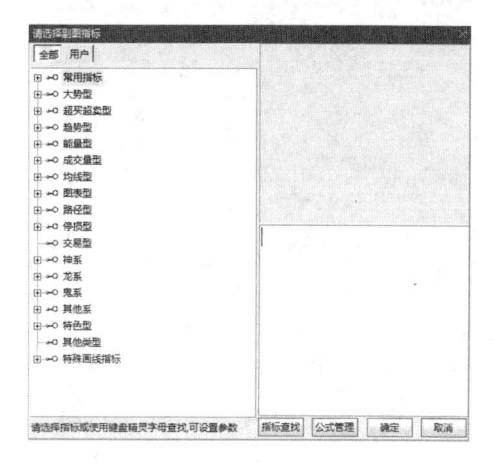

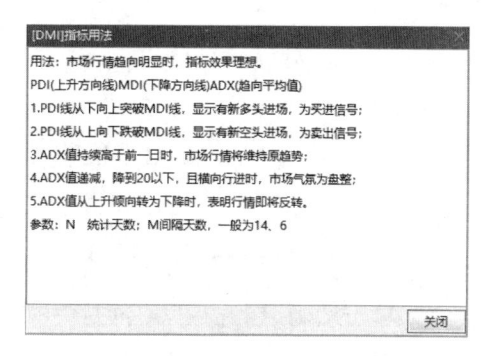

图 5-39

图 5-40

❼ 在副图指标窗口右击，在弹出的快捷菜单中选择【调整指标参数】命令，在弹出的【[DMI]指标参数调整】对话框中对指标参数进行修改，如图 5-41 所示。

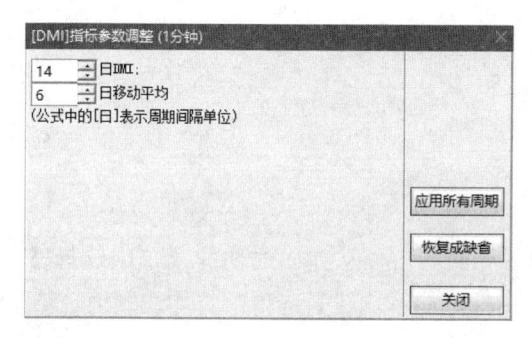

图 5-41

5.4.2 更改分时图主图技术指标

通过快捷菜单【分时主图指标】，可以选择和删除主图指标。
更改分时图主图指标的具体操作步骤如下。

❶ 在分时图界面右击，从弹出的快捷菜单中选择【分时主图指标】命令，如图 5-42 所示。

❷ 选择【选择主图指标】选项，弹出【请选择主图指标】对话框，选择【BBI

多空均线】选项，如图 5-43 所示。

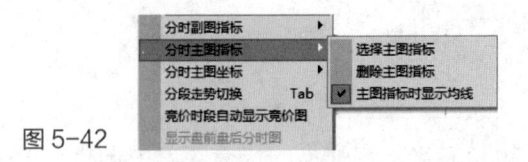

图 5-42

图 5-43

❸ 单击【确定】按钮，分时图主图区显示分时曲线、BBI 多空均线和均线，如图 5-44 所示。

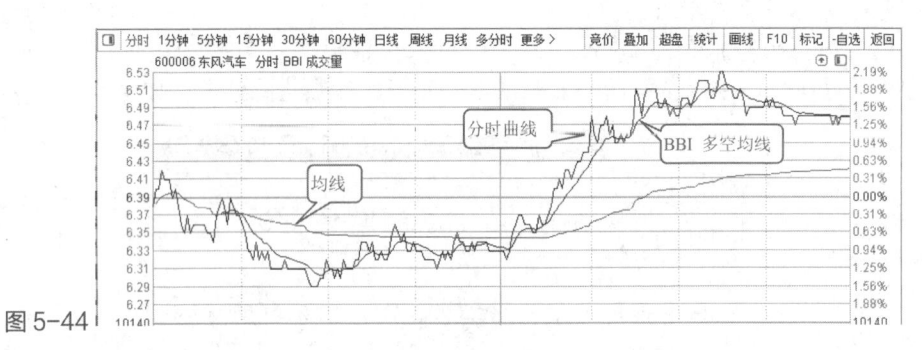

图 5-44

❹ 在分时图界面右击，从弹出的快捷菜单中选择【分时主图指标】命令，再取消选中【主图指标时显示均线】选项，将均线取消，结果如图 5-45 所示。

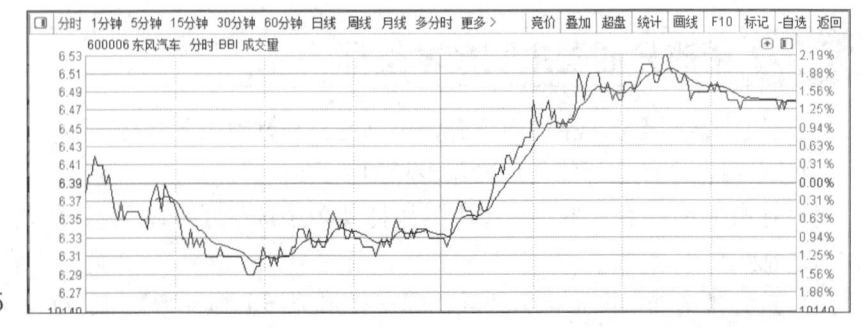

图 5-45

❺ 在分时图界面单击鼠标右键,从弹出的快捷菜单中选择【分时主图指标】→【删除主图指标】命令,主图重新回到默认显示,即只显示分时曲线和均线,如图 5-46 所示。

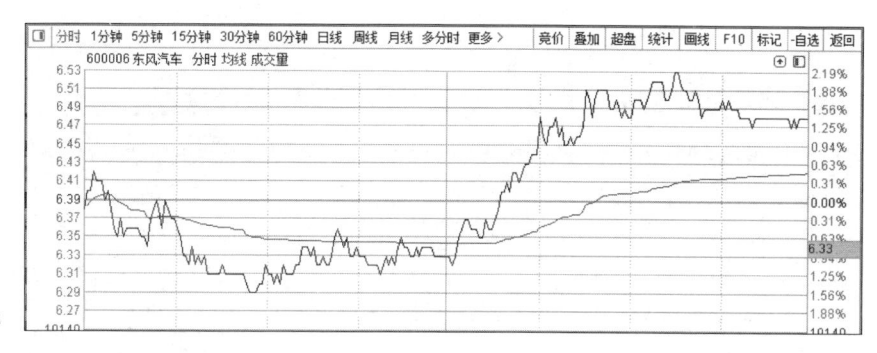

图 5-46

5.4.3 分时图的坐标

分时图的坐标有三种,分别为普通坐标、涨停板坐标和满占坐标。

(1)普通坐标:个股在盘中涨跌波动时,分时图显示的上下限会同步跟随。例如,股价上涨3%时,分时图最多显示上方4%的空间。而且,分时图上下方是对称的,上方显示百分之几,下方对应显示百分之几。这是分时图的默认坐标。

(2)涨停板坐标:普通坐标的升级版,用 10% 这个涨停跌停的极限作为坐标,对称显示。

(3)满占坐标:坐标值只显示股票的实际涨跌值,因此,满占坐标是非对称的。涨百分之几,显示百分之几,跌百分之几,显示百分之几,不会显示多余的部分。

切换分时图坐标的具体操作步骤如下。

❶ 图 5-47 所示为普通坐标下显示的分时图。

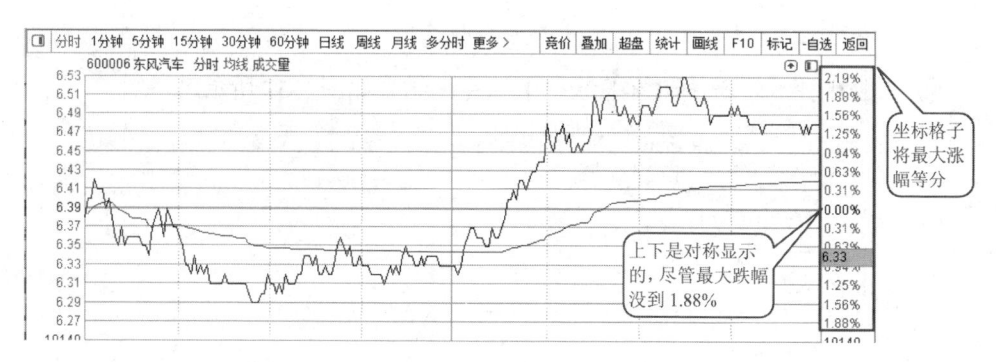

图 5-47

❷ 在分时图界面单击鼠标右键,从弹出的快捷菜单中选择【分时主图坐标】→【涨停板坐标】命令,如图 5-48 所示。

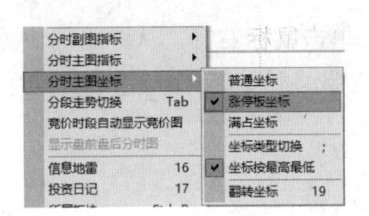

图 5-48

❸ 结果如图 5-49 所示。

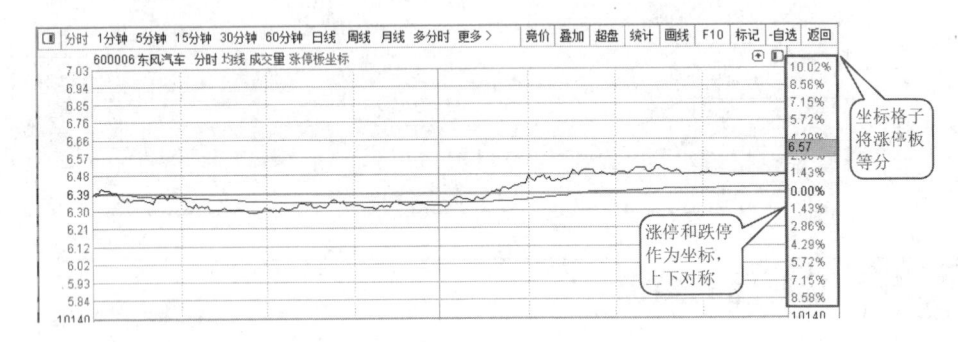

图 5-49

❹ 重复步骤❷，选择【满占坐标】命令，结果如图 5-50 所示。

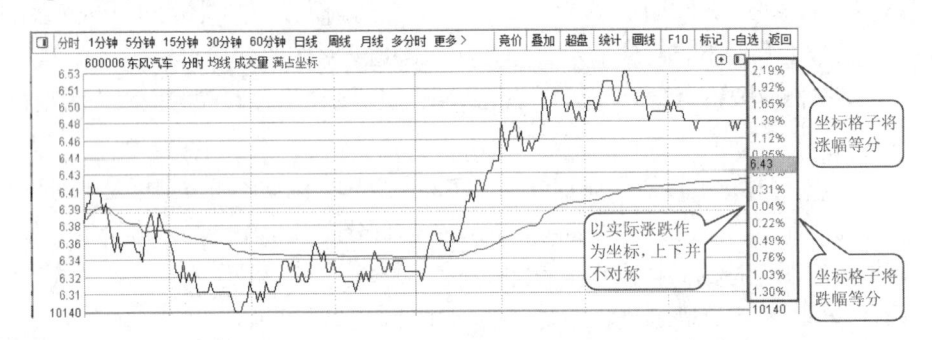

图 5-50

❺ 重复步骤❷，选择【坐标反转】命令，结果如图 5-51 所示。

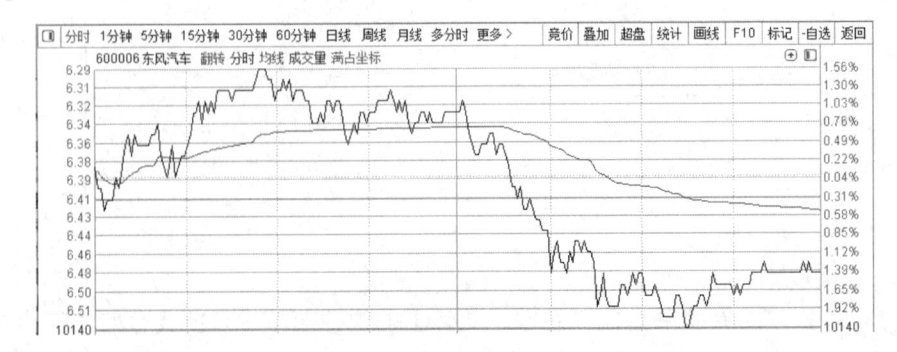

图 5-51

5.5 分段走势切换

分时图默认从 9:30 至 15:00 全时段显示行情走势情况，按 Tab 键可以在全时段显示和只显示上午、下午时段之间切换。

❶ 图 5-52 所示为全时段显示的分时图。

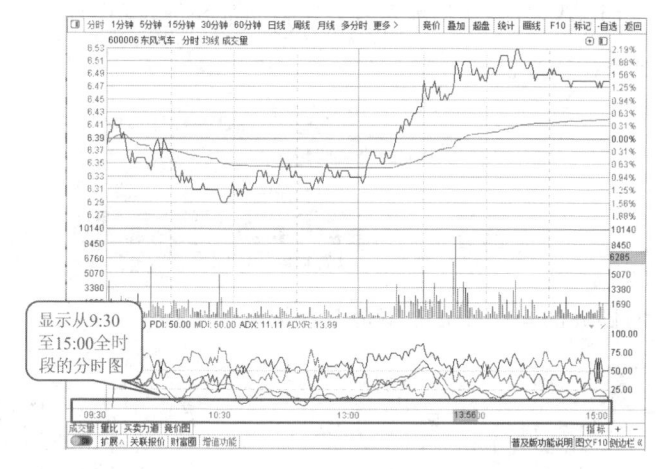

图 5-52

❷ 在分时图界面单击鼠标右键，从弹出的快捷菜单中选择【分段走势切换】命令，如图 5-53 所示。

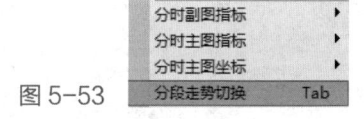

图 5-53

❸ 结果只显示 13:00—15:00 时间段的走势图，如图 5-54 所示。

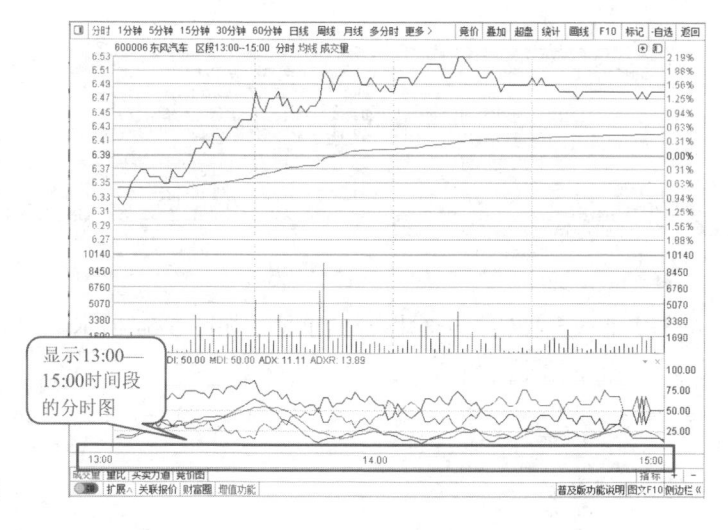

图 5-54

5.6 分时重播

利用"分时重播"功能，可以将分时图以视频动画的形式重新演示一遍。此外，还可以查看分时成交明细。

分时重播的具体操作步骤如下。

❶ 在分时图界面单击鼠标右键，在弹出的快捷菜单中选择【分时重播】命令，如图 5-55 所示。

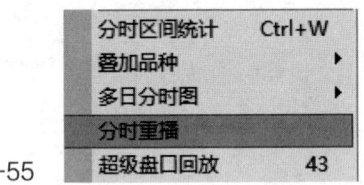

图 5-55

❷ 分时图界面弹出【分时重播】对话框及盘口信息，如图 5-56 所示。

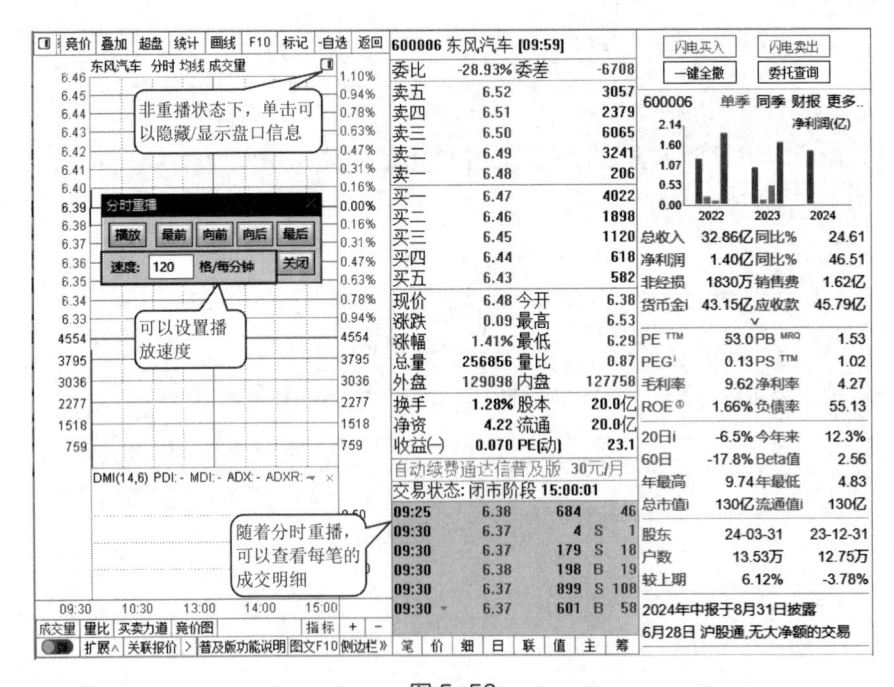

图 5-56

❸ 单击【播放】按钮，分时图开始重播，如图 5-57 所示。

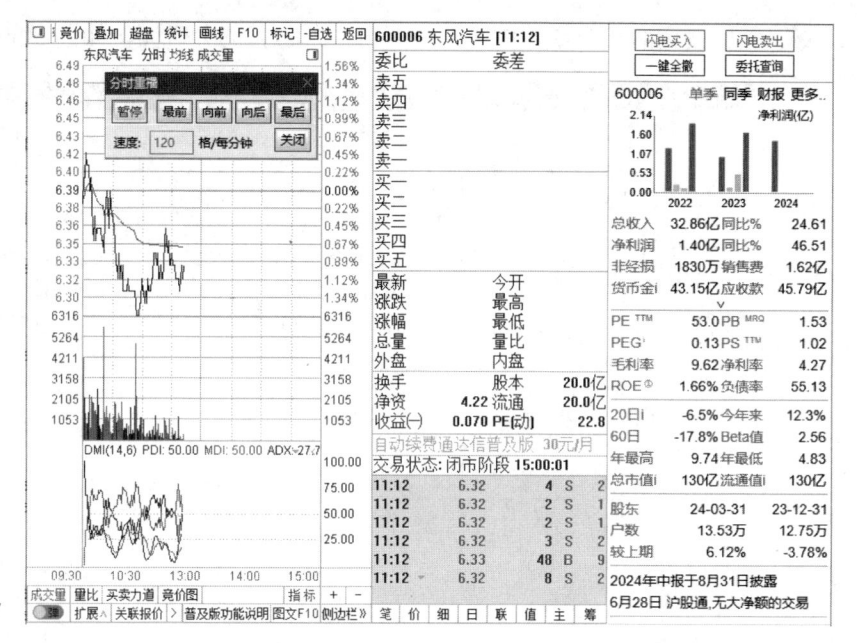

图 5-57

5.7 新股民学堂——如何查看历史分时图

前面介绍了查看当前分时图，下面介绍如何查看某只股票历史上任意一天的分时图。

❶ 打开通达信软件，进入某只股票的 K 线图，如图 5-58 所示。

图 5-58

❷ 在 K 线图的某日蜡烛图上双击即可进入该日的分时图，如图 5-59 所示。

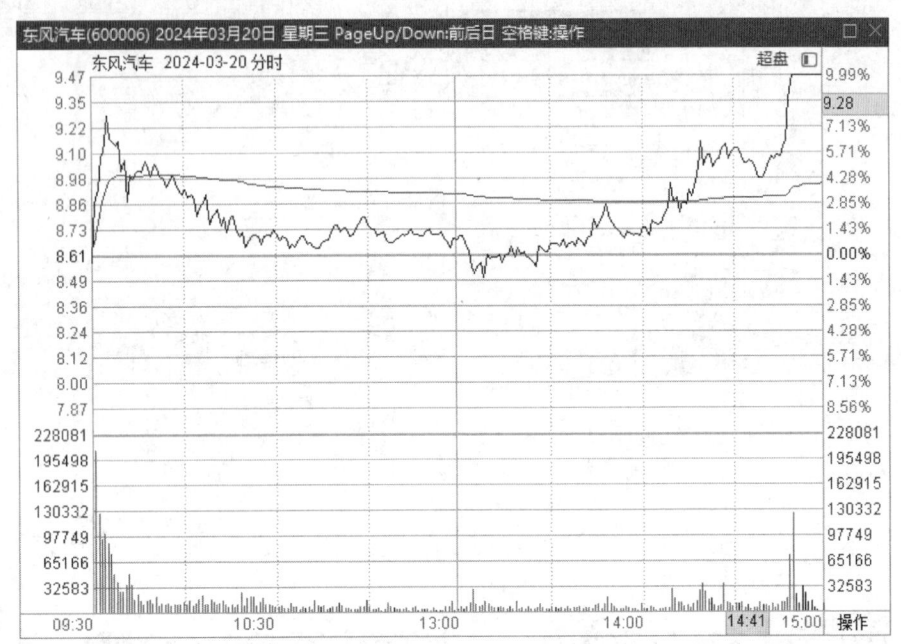

图 5-59

❸ 单击右上角的【显隐行情信息】按钮，可以显示或隐藏行情信息。图 5-59 所示为隐藏状态，显示状态如图 5-60 所示。

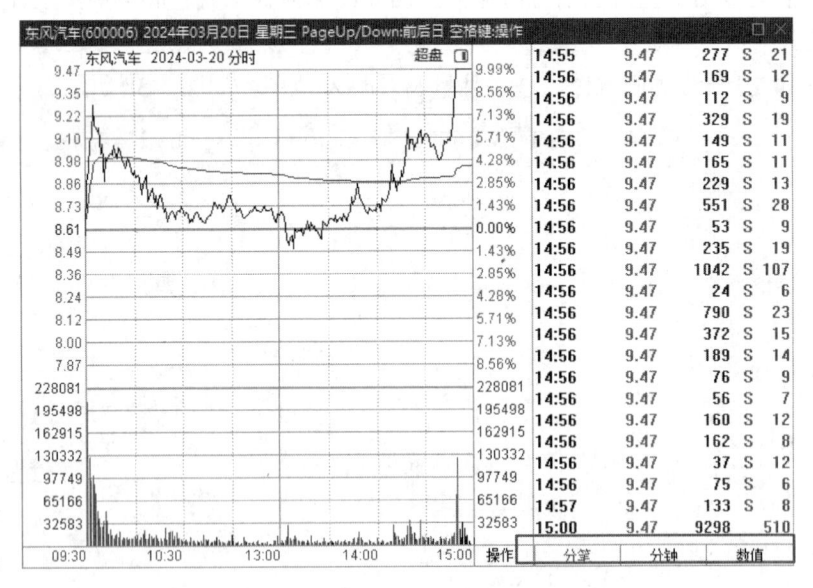

图 5-60

❹ 单击【数值】选项卡，可以查看该股当日的开盘价、收盘价、最高价、最低价、成交量、成交额、涨跌、涨幅、振幅及换手率等，如图 5-61 所示。

图 5-61

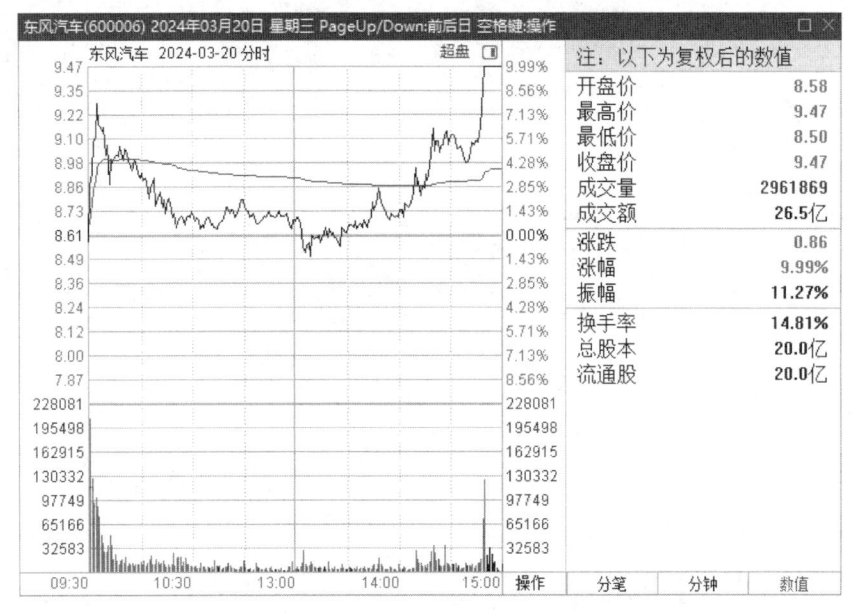

❺ 按空格键，在弹出的菜单中选择不同选项，可以查看分时区间统计、多日分时图、同步叠加指数和叠加品种、分时重播以及设定分时图指标等，如图 5-62 所示。

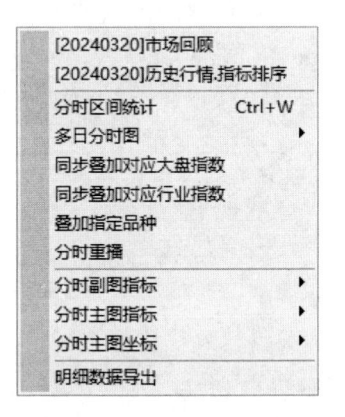

图 5-62

第 6 章

洞悉市场脉动——技术分析（K线分析）

"知彼知己，百战不殆。"——《孙子兵法》

技术分析也称K线分析，是将每日、每周、每月的股价变动情况用图形表示出来，并依据这些图形的形状来研判股价未来走势的一种方法。

为了方便表达，本章统一用"K线分析"来指代"技术分析"。

6.1 K线的基本知识

K线图又称蜡烛图、日本线、阴阳线等，是世界上最古老的图表分析方法，现在已经成为股指期货市场应用最广泛的技术分析工具。

进入K线图（技术分析）的常用方法有以下几种。

- ◆ 在任何界面输入股票代码或名字后按 Enter 键。
- ◆ 执行【功能】→【技术分析】菜单命令。
- ◆ 单击工具栏中的【技术分析】按钮☑。
- ◆ 在股票列表中双击某股票，即可进入该股票的技术分析界面。

> 使用上述方法进入的如果是"即时分析"界面，按F5键即可转入"技术分析（K线图）"界面。

6.1.1 进入K线图界面

本小节我们介绍进入K线图界面的几种操作方法。

方法一：打开通达信金融终端，输入"002239"并按 Enter 键，即可进入"奥特佳"的K线图界面，如图6-1所示。

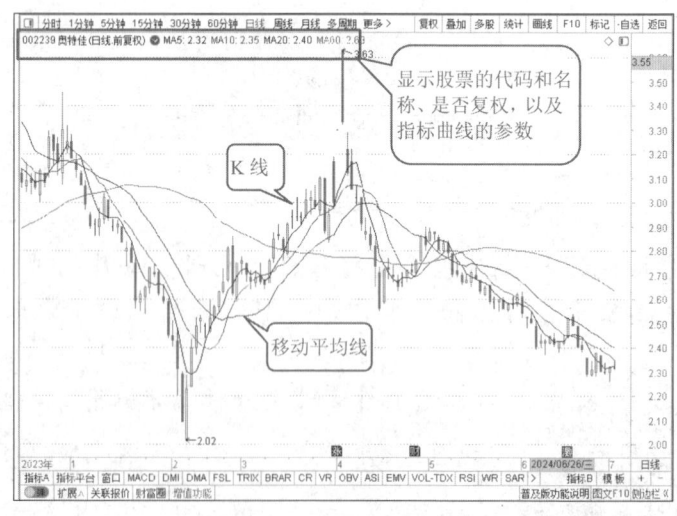

图6-1

方法二：单击【行情】快捷按钮，进入行情列表，然后使用鼠标单击以选中某只股票，例如选中【神州高铁】，如图6-2所示。

选择【功能】→【技术分析】菜单命令，或双击该股票，即可进入"神州高铁"

的 K 线图界面，如图 6-3 所示。

图 6-2

图 6-3

方法三：选中【神州高铁】后，单击工具栏中的【技术分析】按钮，也可以进入"神州高铁"的 K 线图界面，如图 6-4 所示。

图 6-4

6.1.2 K 线的组成与分类

K 线由实体和影线两部分组成。开盘价与收盘价形成的较粗部分称为实体；在 K 线图的实体上、下方各有一条竖线，称为上、下影线。这两条线分别表示在 K 线所表示的期间内，股价曾达到的最高值和最低值。

97

根据其属性，可将 K 线划分为阳线和阴线两大类。当收盘价高于开盘价时，K 线图用红色或空心显示，为阳线，如图 6-5（a）所示；反之，当收盘价低于开盘价时，K 线图用绿色或实心显示，为阴线，如图 6-5（b）所示。

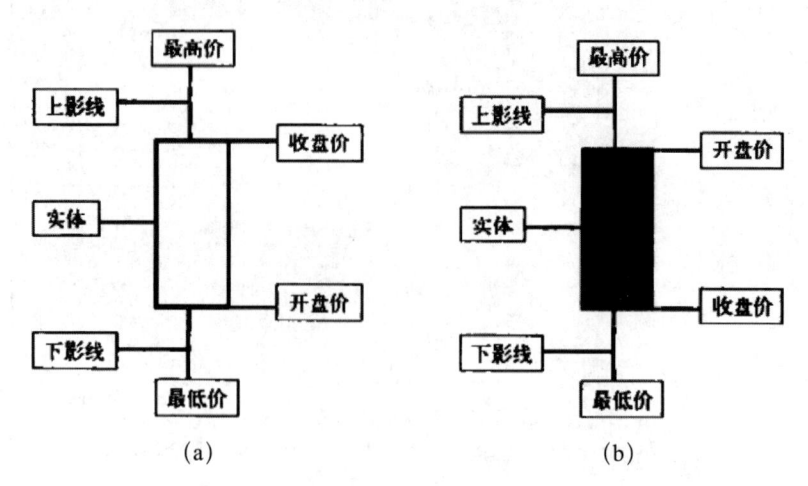

图 6-5

根据计算周期，可将 K 线分为时 K 线、日 K 线、周 K 线、月 K 线及年 K 线。K 线图的横轴表示时间，纵轴表示价格和成交量。

日 K 线图是根据股价在一天的走势中形成的四个价位，即开盘价、收盘价、最高价及最低价绘制而成的。周 K 线图是以周一的开盘价、周五的收盘价、全周最高价和全周最低价绘制的 K 线图。月 K 线图则是以一个月的第一个交易日的开盘价、最后一个交易日的收盘价、全月的最高价与全月的最低价绘制的 K 线图。年 K 线图则是以该年的第一个交易日的开盘价、最后一个交易日的收盘价、全年的最高价与全年的最低价绘制的 K 线图。

6.1.3 单根K线的线形分析

一般来说，阳线说明买方的力量强过卖方，经过一天多空双方力量的较量，以多方的胜利而告终。而且，阳线越长，说明多方力量超过空方的越多，大盘继续走强的可能性就越大；与之相反，阴线越长，说明空方力量超过空方的越多，大盘走弱的可能性就越大。

根据开盘价与收盘价的波动范围，可将 K 线分为极阴、极阳、小阴、小阳、中阴、中阳、大阴和大阳等线形。其中，极阴线和极阳线的波动范围在 0.5% 左右，小阴线和小阳线的波动范围一般为 0.6%～1.5%，中阴线和中阳线的波动范围一般为 1.6%～3.5%；大阴线和大阳线的波动范围在 3.6% 以上，如图 6-6 所示。

图 6-6

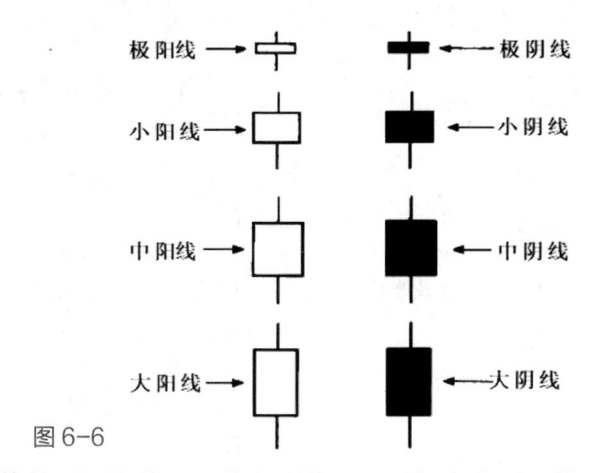

根据股票价格的不同取值，阳线和阴线又可以衍生出不同的形态，并分别表示不同的市场含义，如表 6-1 所示。

表 6-1

名 称	形 态	股价表现	市场含义
带上下影线的阳线	上影长　下影长	收盘价高于开盘价，但收盘价不是最高价，开盘价也不是最低价	实体长，表示高位虽有阻力，但多方的优势比较明显，后市有很大可能上涨。 上影线长，表示高位阻力强，后市难以逾越。 下影线长，表示低位承接力较强。如果此时股价在低位，后市看好；股价在高位，只能说明短期有支撑，有待进一步观察
带上下影线的阴线	上影长　下影长	收盘价低于开盘价，但收盘价不是最低价，开盘价也不是最高价	实体长，表示低位略有支撑，但空方的优势比较明显，后市很有可能下跌。 上影线长，表示高位阻力较强，后市下跌的可能性大。 下影线长，表示低位承接力较强。如果此时股价在低位，后市看好；如果此时股价在高位，只能说明短期有支撑，总体来看并不乐观
光头阳线	实体长　下影线长	开盘价低于收盘价，全天还有一个比开盘价更低的最低价，而收盘价是最高价	实体长，表明价位下跌不多，即受到买方的支撑，价格大幅度提升，买方优势明显。 下影线长，表明股价曾一度深幅下跌，但之后在较低价位遇到买方的支撑。然而由于实体部分较小，这表明买方的优势并不是非常明显。如果第二天卖方全力反攻，则阳线可能很快被吞没

续表

名称	形态	股价表现	市场含义
光头阴线	实体长　下影线长	开盘价为全天最高价，全天还有一个比收盘价更低的最低价，故只有下影线而没有上影线	实体部分长，表明抛售压力较大。尽管在低位遇到买方的支撑，但由于影线部分较短，这表明买方把价位上推得不多。总体上看，卖方在市场上占据优势。 影线长，表示卖方把价位打压后，在低价位遇到买方顽强抵抗并组织反击，逐渐把价位上推，最后虽以阴线收盘，但卖方优势并不明显。如果延续尾市的表现，后市多方极有可能全力反攻，把小阴线吃掉
光脚阳线	实体长　上影线长	开盘价为最低价，故没有下影线，收盘价高于开盘价，但不是全天最高价	实体长，表示买方在高位遇阻后，回落的幅度并不大，多头仍是市场的主导力量，后市继续看涨。 影线长，表明买方在高位遇到卖方的全面反击，短线获利回吐者众多，多方实力将受到严重考验。如果图形在高位区出现，则后市看跌
光脚阴线	实体长　上影线长	收盘价低于开盘价，且为最低价，故没有下影线。中途有高于开盘价的最高价	实体长，表示多方未曾把价位推上特别高的位置，股价稍微上行，便立即遇到强大压力，空方明显占据优势，后市继续下跌。 影线长，在高位出现，表明股价大幅度冲高回落，是见顶信号；在低位出现，可能是主力在低位建仓
光头光脚阳线		开盘价为最低价，收盘价为最高价，故没有上、下影线	开盘多方就积极进攻，价格始终在开盘价之上，多方力量强大，一直到收盘都控制着主动权，使价格一路上扬，最终以最高价收市。这表明多方占据绝对优势，后市继续看涨
光头光脚阴线		开盘价为最高价，收盘价为最低价，故没有上、下影线	开盘后，股价一路下跌，空方力量强大，一直到收盘都控制着主动权，使价格一路下跌，最终以最低价收盘。这表明空方占据绝对优势，市场出现了恐慌心理，后市继续看跌
十字星		开盘价与收盘价相同，全天各有最高价和最低价，所以只有上下影线而没有实体	多方与空方实力势均力敌。对比上、下影线的长度，上影线越长，表示卖方力量越大，顶部明确；下影线越长，表示买方力量越大则底部明确，多方转强。当十字星在股票高位或低位出现时，意味着后市将要反转

续表

名称	形态	股价表现	市场含义
T字形		开盘价与收盘价相同，且为时段内的最高价，另有一个全天最低价，故没有实体和上影线，只有下影线	股价在开盘后一度回落，在开盘价以下的价位成交，但多方力量转强，尾市又以当天开盘价收盘，后市对多方有利。如果股价在底部区域，这可能是明确的见底信号，行情即将回升
倒T字形		开盘价与收盘价相同，且为时段内的最低价，另有一个全天最高价，故没有实体和下影线，只有上影线	股价在开盘后一度冲高，在开盘价以上的价位成交，多方不断发力，但能量慢慢枯竭，空方逐渐占据优势，尾市以当天最低价收盘，后市对空方有利。如果在高价区出现，则为明确的见顶信号，行情将转趋下跌
一字形		开盘价、收盘价、最高价及最低价完全相同	全天股价只在一档价位成交，这可能出现在极度冷清的市场。另外，如果股价开盘至收盘一直处于涨跌停的状态，K线图上也会出现"一字形"。在这种情况下，多空势力可谓一边倒，后市将延续前面的升（跌）势

6.2　K线图界面选项

在K线图界面，用户不仅可以直接切换到1分钟、5分钟、15分钟、日线、周线、月线、多周期等界面，还可以选择是否进行复权显示、叠加显示、多股同列以及区间统计显示等操作。

6.2.1　K线图周期的切换与设置

通达信默认显示的是日线图。用户可以通过单击来选择更短周期的1分钟、5分钟、15分钟K线图，也可以选择更长周期的周线图和月线图。此外，用户还可以根据自己的使用习惯设置更多的K线图周期。

切换和设置K线图周期的具体操作步骤如下：

❶ 打开通达信金融终端，输入"600000"并按Enter键，即可进入"浦发银行"的日K线图，如图6-7所示。

图 6-7

❷ 单击【5 分钟】按钮，弹出 5 分钟 K 线图，如图 6-8 所示。

图 6-8

❸ 单击【周线】按钮，弹出周 K 线图，如图 6-9 所示。

图 6-9

❹ 单击【多周期】按钮，同时弹出该股的分时图和多个周期的 K 线图，如图 6-10 所示。

图 6-10

❺ 单击【更多】按钮，弹出更多周期设置选项，如图 6-11 所示。

❻ 选择【周期设置】选项，弹出【系统设置】对话框，在该对话框中可以增加或删除 K 线图的周期数、调整 K 线图的显示顺序，以及设置多周期的列数等，如图 6-12 所示。

图 6-11

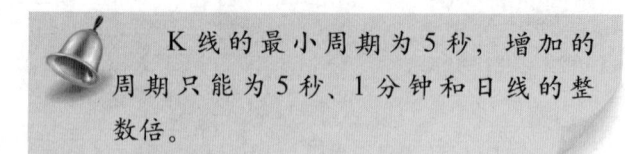

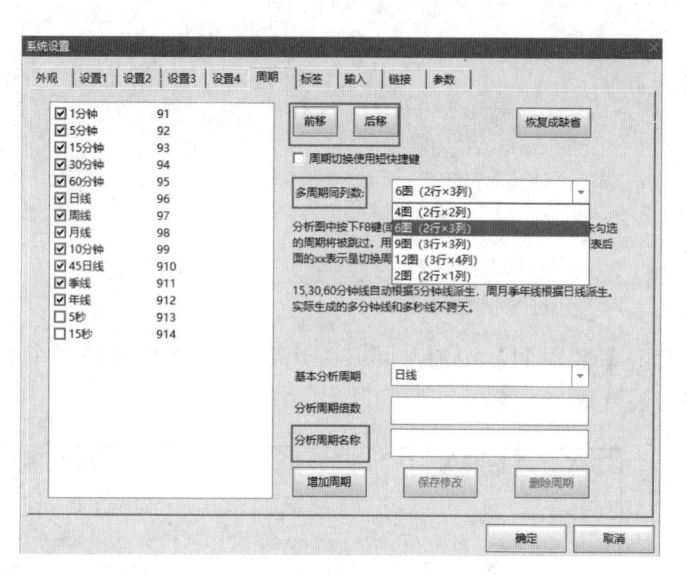

K线的最小周期为5秒，增加的周期只能为5秒、1分钟和日线的整数倍。

图 6-12

6.2.2 复权与不复权

复权就是对股价和成交量进行权息修复。它可以消除因除权除息造成的价格走势畸变，从而保持股价走势的连续性。

通达信软件提供了三种复权，即前复权、后复权和定点复权。

前复权，就是保持当前的价位不变，将以前的价格逐级缩减，以消除因分红送股带来的K线图缺口的影响，确保总体图形的连续性。后复权则是保持先前的价格不变，而将以后的价格逐级增加。

前复权和后复权最明显的区别在于，前者的报价和K线图显示的价格完全一致，而后者的报价低于K线图显示的价格。

定点复权是选定一个除权时间点作为基准，将当前股价向上折算。也就是选好一个除权点，将股价仅按这次除权进行复权处理。

所谓不复权，就是除权后，不人工填补股价走势图上的巨大空隙，任由断层存在。

复权与不复权的对比如下。

❶ 打开通达信金融终端，输入"300401"并按 Enter 键，进入"花园生物"的日 K 线图，如图 6-13 所示。

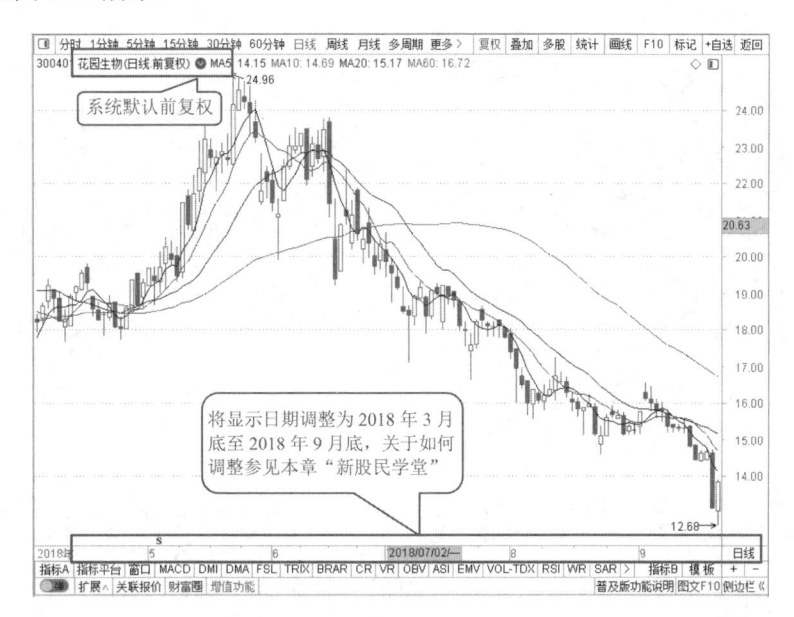

图 6-13

❷ 单击【复权】选项，在弹出的下拉菜单中选择【不复权】选项，如图 6-14 所示。

❸ 不复权的 K 线图显示如图 6-15 所示。

❹ 单击【复权】选项，在弹出的下拉菜单中选择【后复权】选项，K 线图的显示结果如图 6-16 所示。

图 6-14

图 6-15

图 6-16

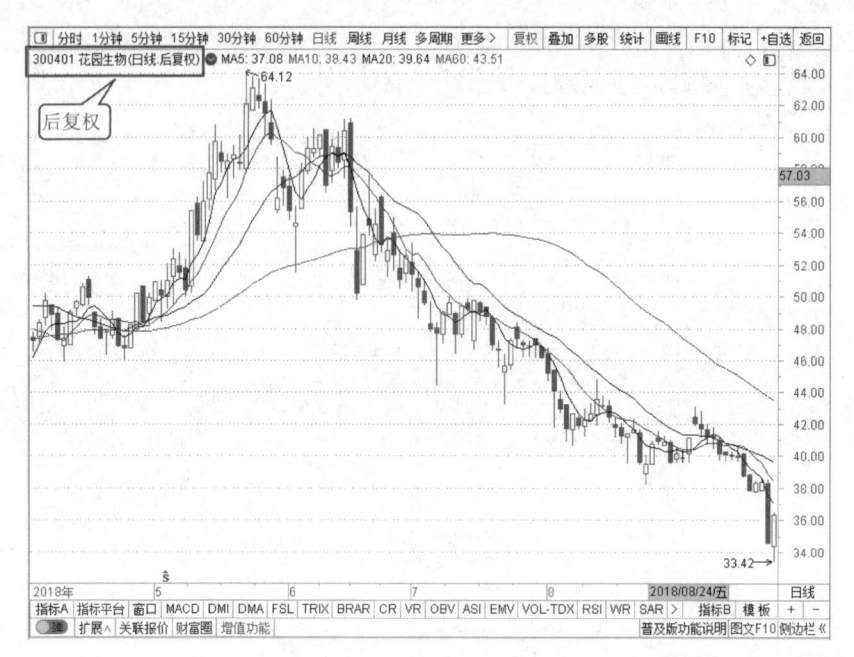

❺ 单击【复权】选项，在弹出的下拉菜单中选择【定点复权】选项，在打开的【定点复权设置】对话框中设置复权的开始日期，并设置复权方式为【前复权】，如图 6-17 所示。

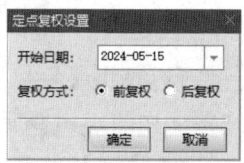

图 6-17

❻ 单击【确定】按钮，将鼠标指针放到定点复权日的 K 线图上，系统弹出该日的行情标签，如图 6-18 所示。

❼ 重复步骤 ❺，将【前复权】改为【后复权】，结果如图 6-19 所示。

图 6-18

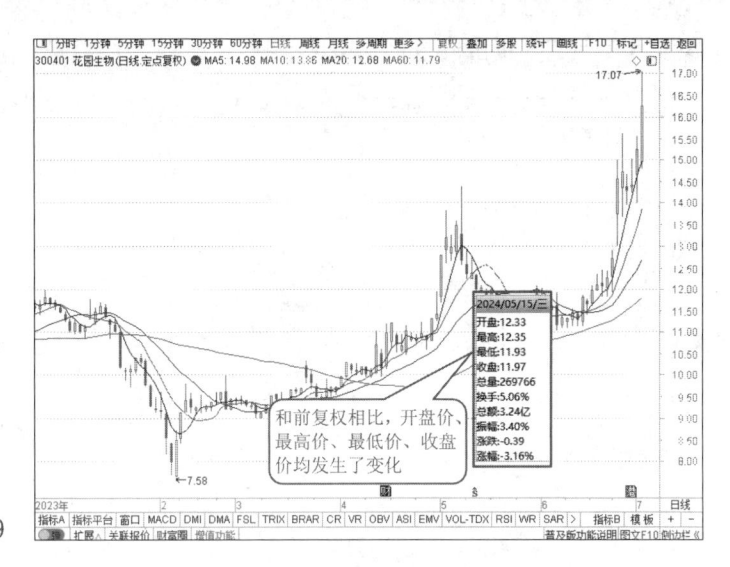

图 6-19

和前复权相比，开盘价、最高价、最低价、收盘价均发生了变化

🔔 如何在 K 线图上显示或隐藏权息变动标识，请查看 6.2.6 节。

6.2.3 品种和技术指标叠加

通过使用"叠加"功能，可以给股票叠加指定的品种、专家系统指示和五彩 K 线指示灯。

叠加品种和技术指标的具体操作步骤如下。

❶ 单击【叠加】按钮，弹出下拉菜单，如图 6-20 所示。

❷ 选择【叠加指定品种】命令，弹出【选择叠加的品种】对话框，选择【其他】→【创业板指数】选项，如图 6-21 所示。

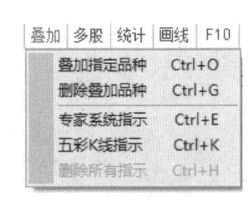

图 6-20

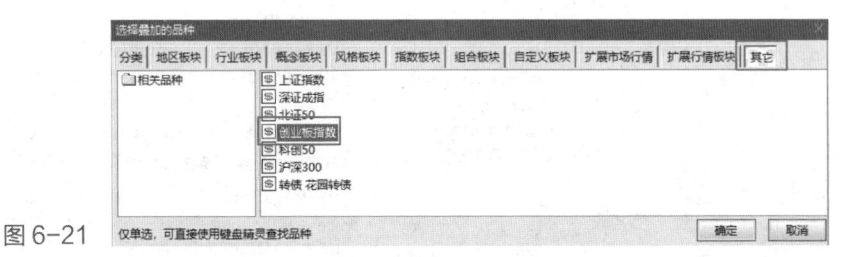

图 6-21

❸ 单击【确定】按钮，弹出【是否换成百分比坐标】的提示信息，如图 6-22 所示。

❹ 单击【是】按钮，指数叠加后的结果如图 6-23 所示。

❺ 单击【叠加】按钮，在弹出的下拉菜单中选择【专家系统指示】命令，弹出【专家系统指示】对话框，选择【BIAS

图 6-22

乖离率专家系统】选项，如图 6-24 所示。

图 6-23

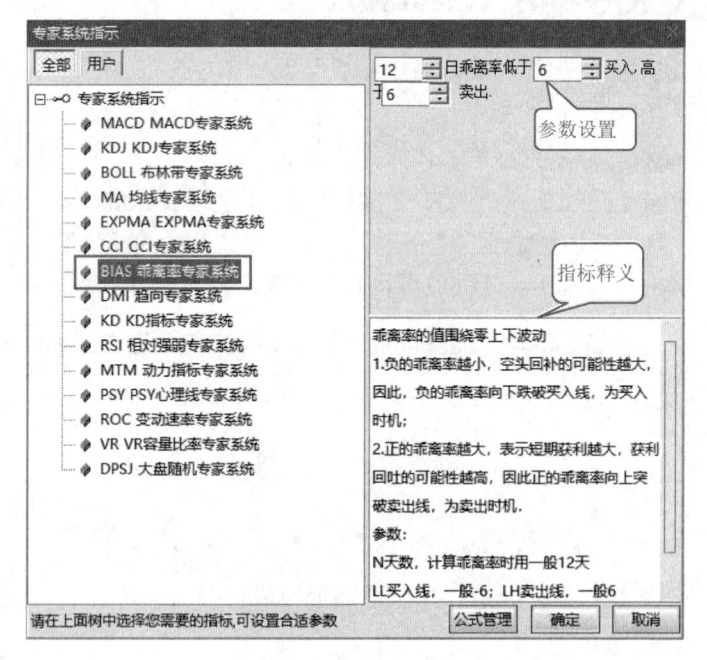

图 6-24

❻ 单击【确定】按钮，此时 K 线图上会显示多头卖出和多头买入指示箭头，如图 6-25 所示。

❼ 单击【叠加】按钮，在弹出的下拉菜单中选择【五彩 K 线指示】命令，弹

出如图 6-26 所示的【五彩 K 线指示】对话框。

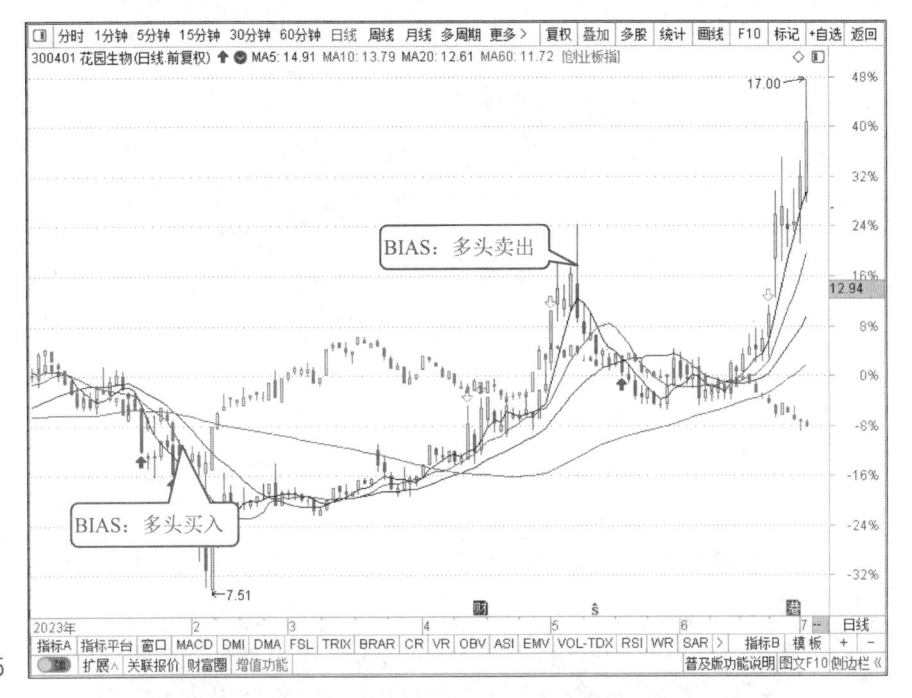

图 6-25

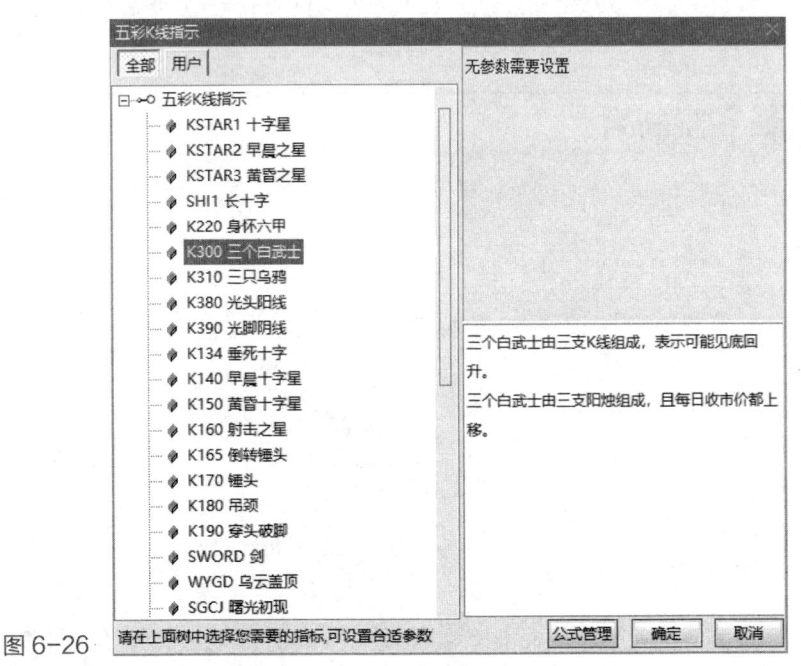

图 6-26

⑧ 选择【K300 三个白武士】选项，然后单击【确定】按钮，K 线图上会以彩色图标显示"三个白武士"K 线形态，如图 6-27 所示。

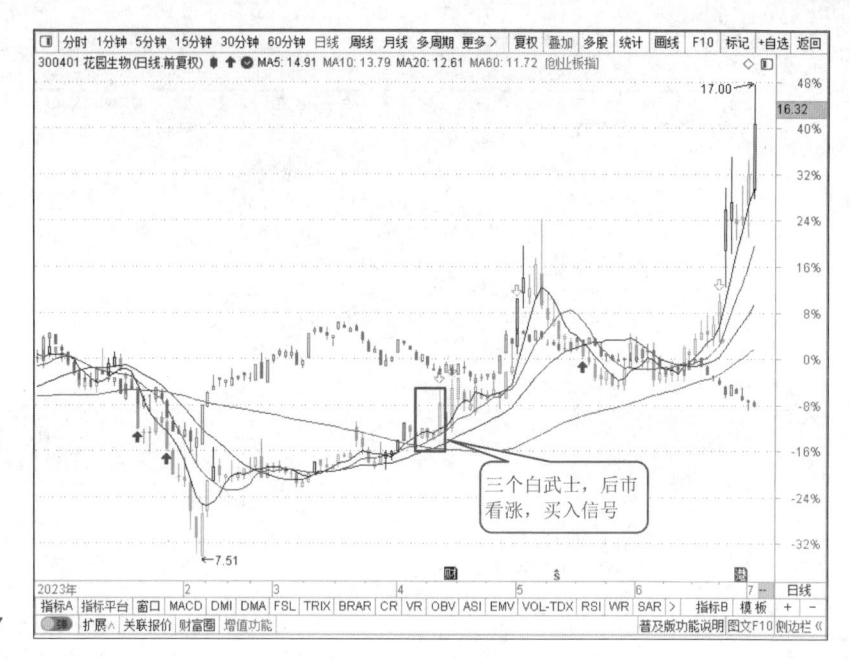

图 6-27

单击【叠加】按钮，在弹出的下拉菜单中选择【删除叠加品种】和【删除所有指示】命令，可以将叠加的品种和指示删除。

6.2.4 多股同列

多股同列是将相邻的几只股票的 K 线同时显示，显示的个数及排列方式可以自行设置。

设置多股同列的操作步骤如下。

❶ 选择【选项】→【系统设置】菜单命令，或直接按 Ctrl+D 组合键，如图 6-28 所示。

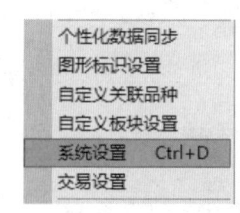

图 6-28

❷ 弹出【系统设置】对话框，切换到【周期】选项卡，将【多周期同列数】设置为【9 图（3 行 ×3 列）】，如图 6-29 所示。

❸ 单击【确定】按钮，返回到 K 线图界面后单击【多股】选项，结果如图 6-30 所示。

图 6-29

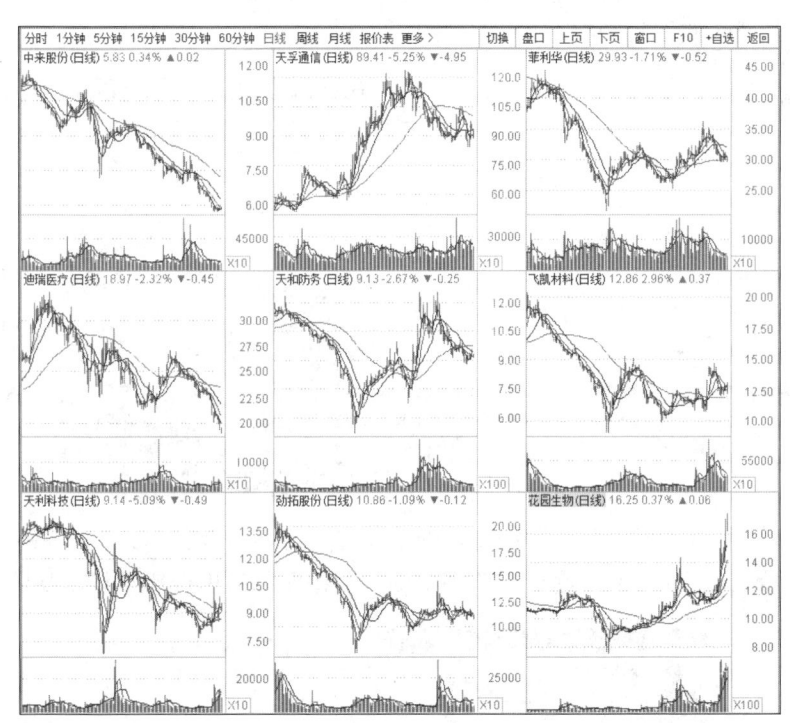

图 6-30

6.2.5 K线区间统计

K线区间统计用于查看指定时间周期内的行情统计信息，此外，还可以查看区间排行、板块排行以及匹配统计区间内相同形态的股票。

查看K线区间统计以及匹配相同形态股票的操作步骤如下。

❶ 单击【统计】按钮，弹出【花园生物区间统计（复权）】对话框，如图6-31所示。

图 6-31

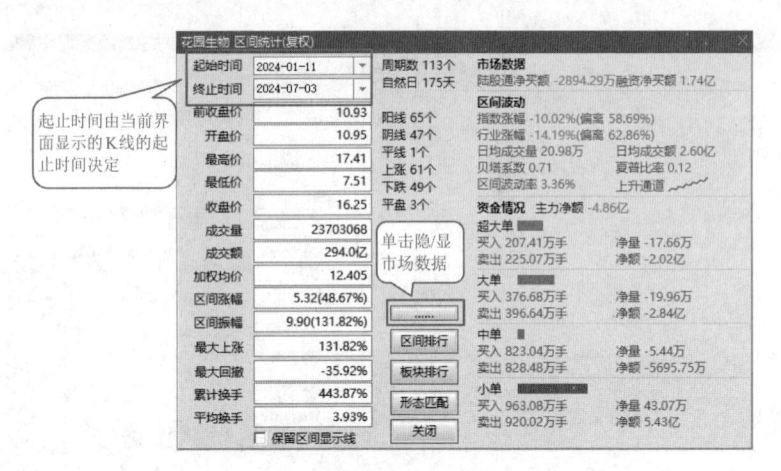

❷ 单击【起止时间】右侧的下拉按钮，设置区间统计的起止时间，然后选中【保留区间显示线】复选框，如图 6-32 所示。

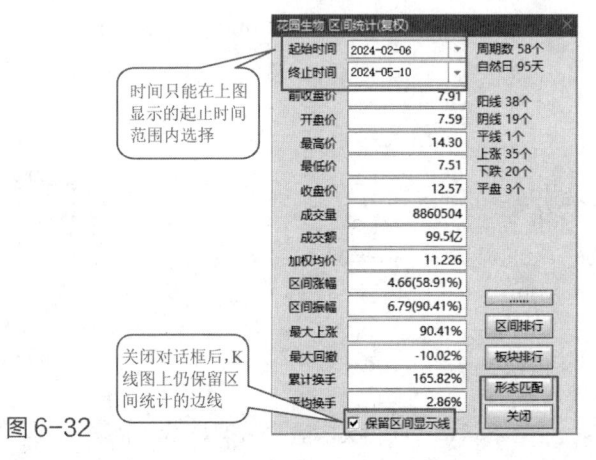

图 6-32

❸ 单击【形态匹配】按钮，弹出【形态方案设置】对话框，如图 6-33 所示。
❹ 设置好形态方案后，单击【确定】按钮，弹出选股结果，如图 6-34 所示。

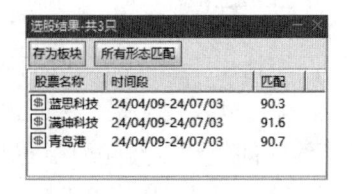

图 6-33　　　　　　　图 6-34

⑤ 单击【存为板块】按钮，保存上面统计区间内的形态，如图 6-35 所示。

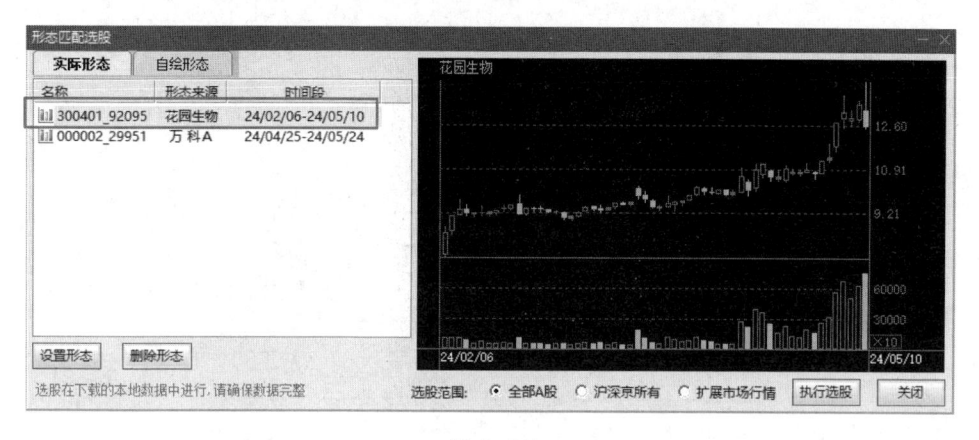

图 6-35

⑥ 单击【关闭】按钮，返回到 K 线界面，可以看到区间统计的边线仍然保留。如图 6-36 所示。

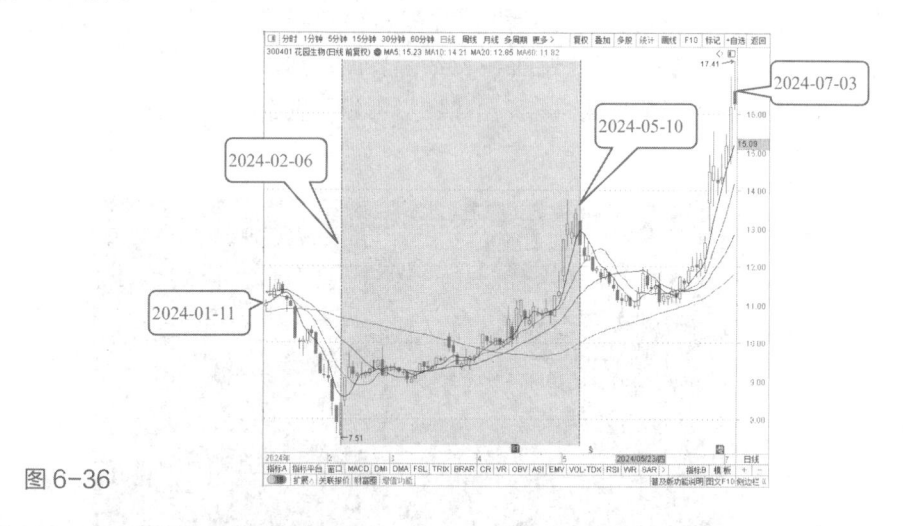

图 6-36

6.2.6 图形标识设置

图形标识设置用于控制 K 线图界面的信息显示，这些信息以小图标的形式显示在 K 线图的下方。这些信息包括信息地雷、当日涨停、当日龙虎榜、解禁数量、权息变动、回购预案、财报等。

设置图形标识的操作步骤如下。

① 打开通达信金融终端，输入"300402"并按 Enter 键，即可进入"宝色股份"的日 K 线图，K 线底部显示着各种信息，如图 6-37 所示。

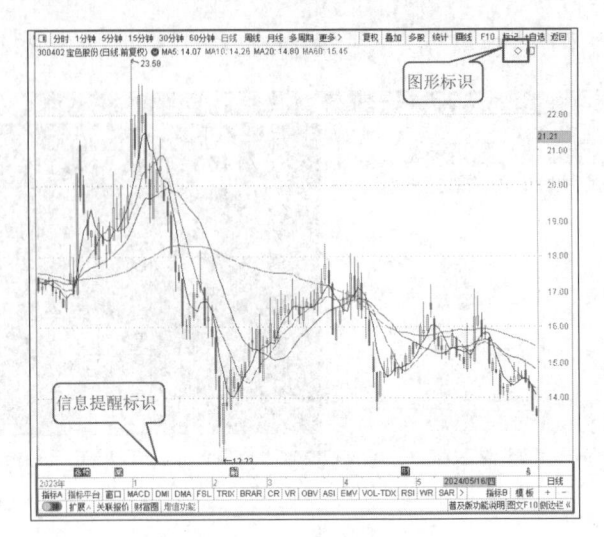

图 6-37

❷ 将鼠标指针放到相应的图标上，弹出该图标的内容解释，如图 6-38 所示。

❸ 单击弹出该图标信息的详细情况，如图 6-39 所示。

❹ 单击工具栏中的 图标，返回到 K 线图界面，然后单击右上角的【图形标识】按钮◇，弹出【图形标识设置】对话框，如图 6-40 所示。

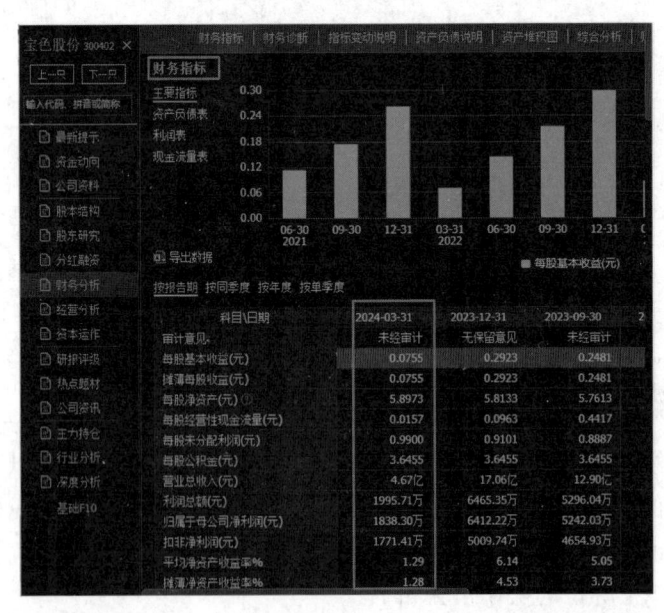

图 6-38

图 6-39

❺ 取消选中【除权除息标识】和【日线图显示最近财榜港涨增等标识】复选框，单击【确定】按钮，取消信息提示后如图 6-41 所示。

第 6 章　洞悉市场脉动——技术分析（K 线分析）

图 6-40

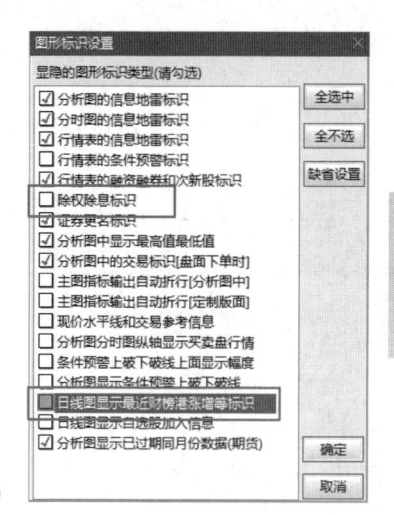

> 单击工具栏中的 图标，或按 Ctrl+J 组合键，可以快速退回到上一界面。

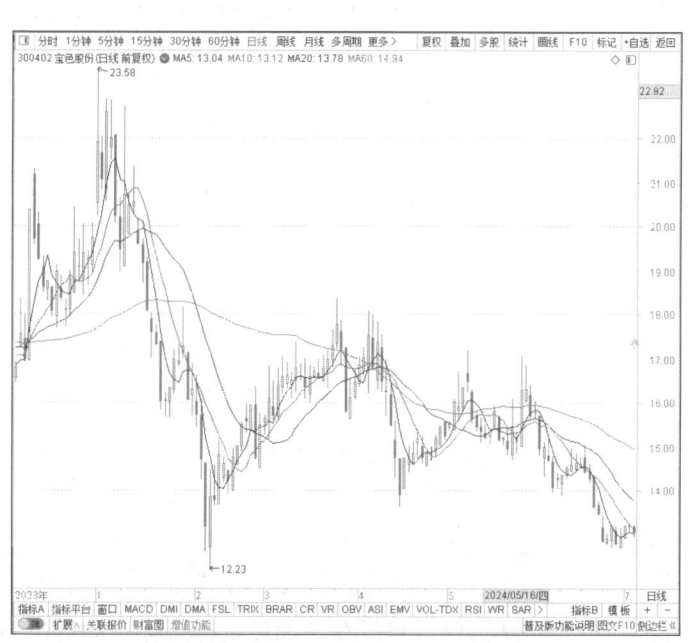

图 6-41

> 在【图形标识设置】对话框中单击【缺省设置】按钮，可以恢复默认设置。

6.2.7　指标窗口

通达信的 K 线图界面分为主图界面和指标窗口。之前为了方便介绍 K 线，我们没有显示指标窗口。主图界面默认由 K 线和移动平均线组成。指标窗口位于主图界面的下方，它既可以显示多个窗口，也可以选择隐藏不显示。

设置指标窗口的操作步骤如下。

❶ 单击 K 线图底部的【窗口】选项卡，在弹出的快捷菜单中选择【3 个窗口】选项，如图 6-42 所示。

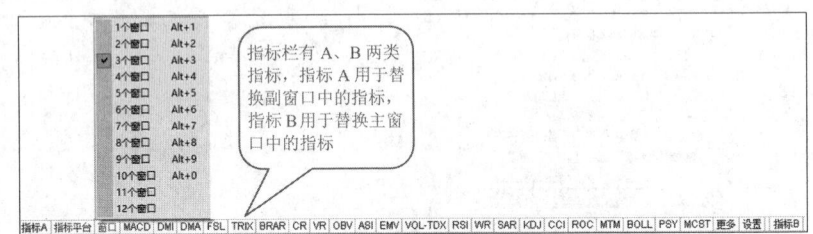

图 6-42

> 指标栏有 A、B 两类指标，指标 A 用于替换副窗口中的指标，指标 B 用于替换主窗口中的指标

❷ K 线图界面变为 1 个主窗口和 2 个副窗口，如图 6-43 所示。

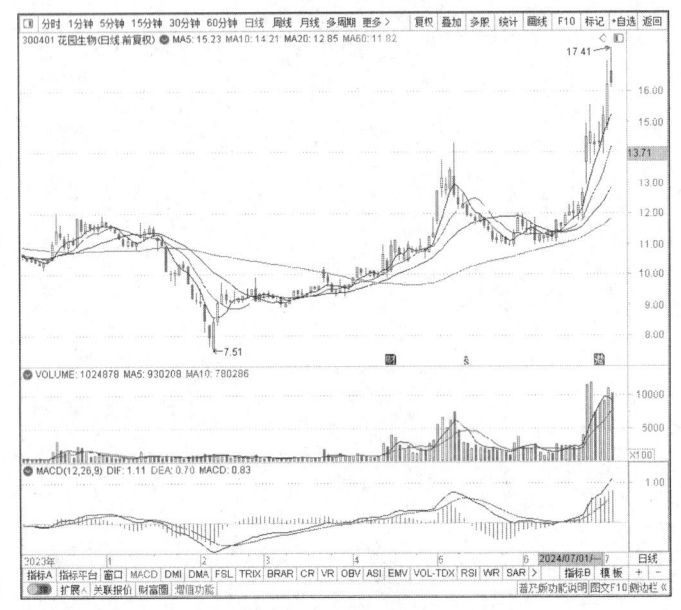

图 6-43

❸ 单击其中一个副窗口，然后在指标栏选择指标，如选择 DMI 指标，结果如图 6-44 所示。

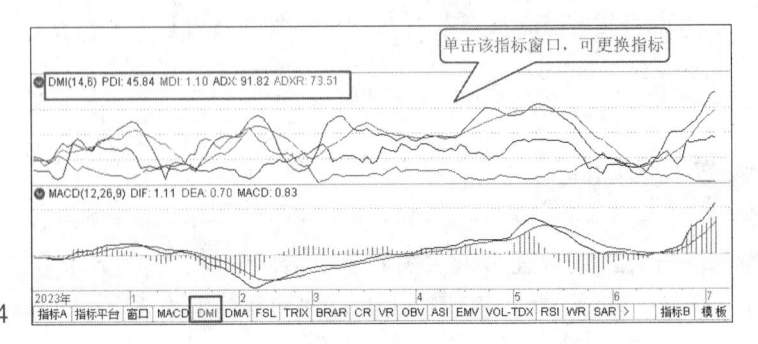

> 单击该指标窗口，可更换指标

图 6-44

第6章 洞悉市场脉动——技术分析（K线分析）

> 在K线图界面直接输入指标的英文缩写，也可以显示相应的指标。

❹ 单击另一个指标窗口，将其指标更换为 DMA，如图 6-45 所示。

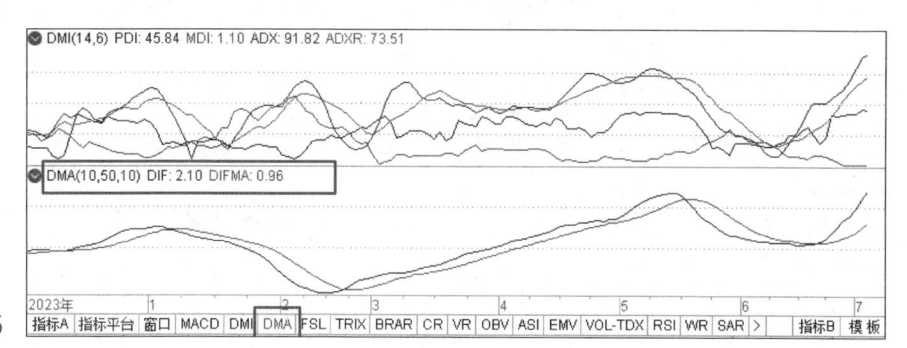

图 6-45

❺ 除了通过指标栏更换指标外，还可以单击副窗口指标旁边的下拉箭头，在弹出的下拉列表中选择【选择副图指标】选项，如图 6-46 所示。

❻ 在弹出的【请选择副图指标】对话框中选择指标，例如选择【成交量型】→【VOL 成交量】，如图 6-47 所示。

❼ 单击【确定】按钮，即可将 DMI 指标替换为【VOL 成交量】指标，结果如图 6-48 所示。

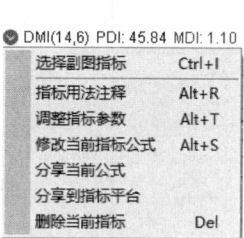

图 6-46

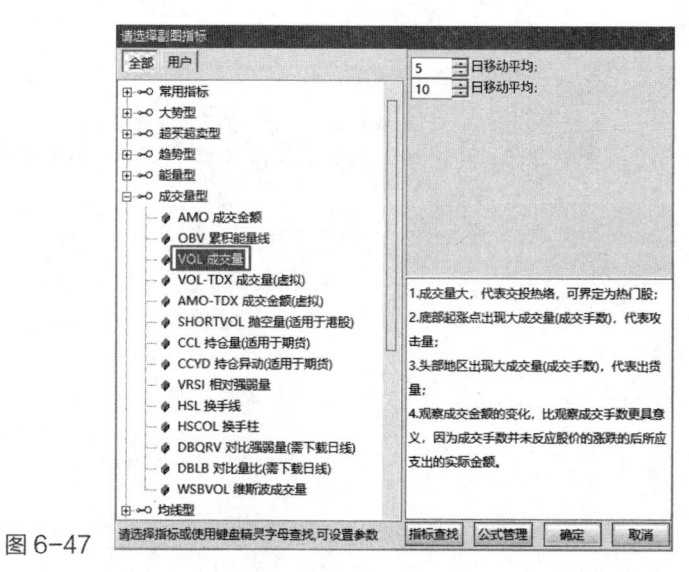

图 6-47

❽ 单击【指标 B】选项卡，弹出指标 B 的常用指标，如图 6-49 所示。

❾ 选择 WAVE 指标，将主图区的 MA 指标替换为 WAVE 指标，结果如图 6-50 所示。

图 6-48

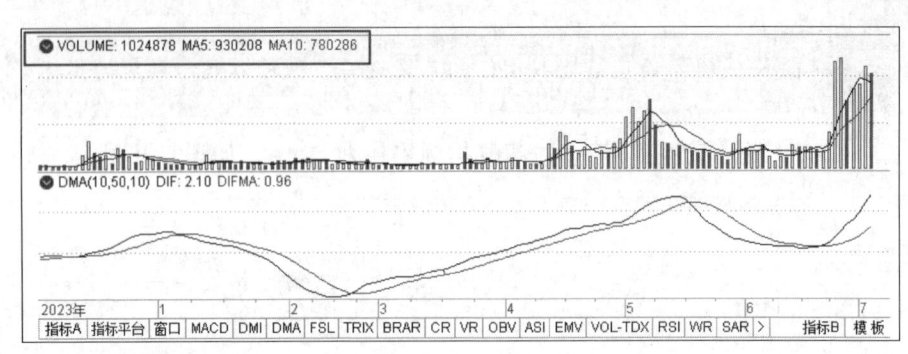

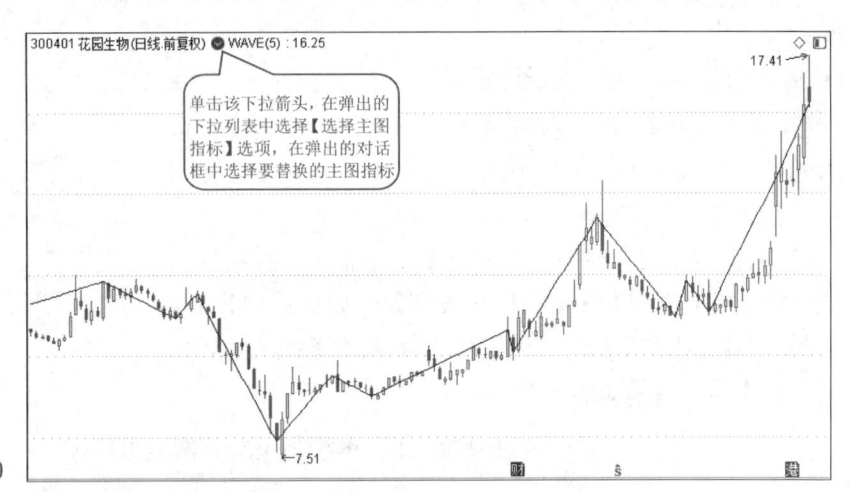

图 6-49

图 6-50

单击该下拉箭头,在弹出的下拉列表中选择【选择主图指标】选项,在弹出的对话框中选择要替换的主图指标

按键盘上的 Tab 键,可以隐藏或显示主图窗口的指标。图 6-51 所示为隐藏了主图窗口的指标。

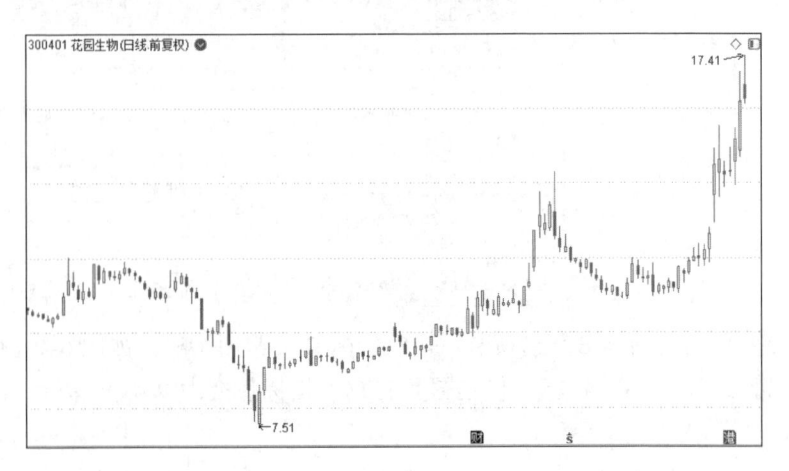

图 6-51

6.3 沙盘推演和训练模式

沙盘推演的目的对未来 K 线的走势作出预判。它允许用户根据自身的分析或假设，在虚拟的盘面上自由设置开盘价、收盘价、最高价、最低价等关键信息。K 线是相互关联的，修改历史 K 线会改变随后 K 线的走势以及关键信息、技术指标的输出值。

训练模式是判断 K 线未来走势的能力。进入该模式后，系统随机选择一段区间的 K 线图，用户需要通过识别 K 线来判断市场的涨跌趋势，并据此决定买入、卖出的时机，以及仓位的高低。

6.3.1 沙盘推演

进入沙盘推演的常用方法有以下几种。

- ◇ 在 K 线界面输入 "46+Enter"。
- ◇ 在 K 线界面单击鼠标右键，在弹出的快捷菜单中选择【沙盘推演】命令。
- ◇ 在 K 线界面选择【功能】→【沙盘推演】菜单命令。

执行上述操作均可打开【沙盘推演（999999-日线）】对话框，如图 6-52 所示。

下面对该对话框中的部分选项进行说明。

【个/分】：用于设置一分钟播放 K 线的个数。

【开始播放】：播放是从当前 K 线界面最左边的日期开始，播放到当前日期结束。

图 6-52

【上个数据】和【下个数据】：通过这两个按钮，可以不断地往前和往后查看 K 线的历史数据。

【减少数据】：从当前 K 线开始，删除界面内的 K 线。

【倒阴阳】：开盘价和收盘价互换，界面内此时定格的 K 线的阴阳也跟着发生反转。

【收平线】：推演数据的开盘价、最高价和最低价都换成此时定格的 K 线的收盘价，定格 K 线变成 "一" 字线。

沙盘推演的具体操作步骤如下。

❶ 打开通达信金融终端，输入 "999999" 并按 Enter 键，即可进入 "上证指数" 的日 K 线图，然后输入 "46+Enter"，打开【沙盘推演（999999-日线）】对话框，如图 6-53 所示。

图 6-53

❷ 在对话框中输入推演数据，如图 6-54 所示。

图 6-54

❸ 单击【下个数据】按钮，继续输入推演数据，如图 6-55 所示。

❹ 单击【倒阴阳】按钮，可以将开盘价和收盘价颠倒，单击【收平线】按钮，可以将开盘价、收盘价、最高价和最低价统一。例如，这里单击【倒阴阳】按钮，推演数据的开盘价和收盘价颠倒，生成的图形也阴阳颠倒，如图 6-56 所示。

第6章 洞悉市场脉动——技术分析（K线分析）

图 6-55

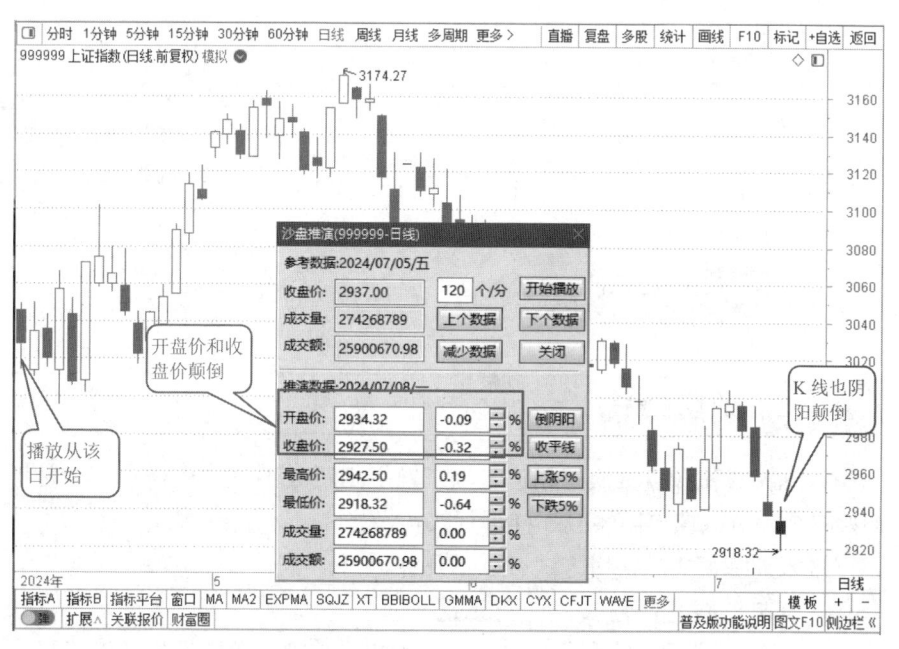

图 6-56

❺ 依次类推，即可实现多日的沙盘推演。设置完成后，单击【开始播放】按钮，在播放过程中，单击【暂停播放】按钮，可以随时修改推演数据。例如，单击【收平线】按钮，将第❷步设置的推演数据替换掉，如图 6-57 所示。

❻ 单击【继续播放】按钮，可以看到修改后的推演 K 线变成了"一"字线，如图 6-58 所示。

121

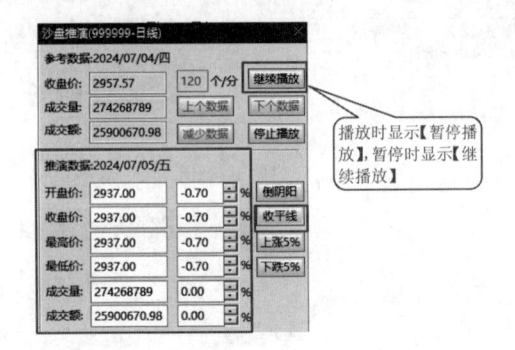

图 6-57

图 6-58

6.3.2 训练模式

训练模式和沙盘推演的相似之处是锻炼判断 K 线能力的，不同的是训练模式有初始资金，可以像实际炒股那样进行买卖操作。

进入训练模式的常用方法有以下几种。

- ◇ 在 K 线界面输入 "47+Enter"。
- ◇ 在 K 线界面单击鼠标右键，在弹出的快捷菜单中选择【训练模式】命令。
- ◇ 在 K 线界面选择【功能】→【训练模式】菜单命令。

训练模式的具体操作步骤如下。

❶ 打开通达信金融终端，输入 "300401" 并按 Enter 键，进入 "花园生物" 的日 K 线图，然后输入 "47+Enter"。打开【训练模式】对话框，单击日期下拉按钮，选择训练日期，如图 6-59 所示。

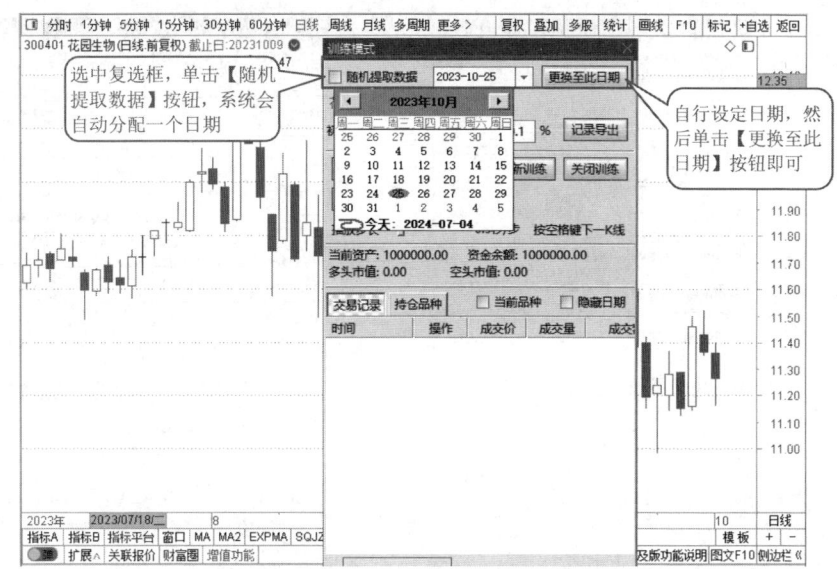

第 6 章 洞悉市场脉动——技术分析（K 线分析）

图 6-59

❷ 选择日期后单击【更换至此日期】按钮，将 K 线更换到选定的日期，如图 6-60 所示。

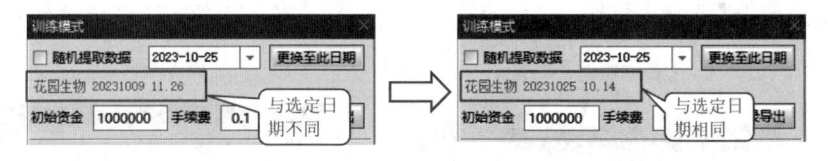

图 6-60

❸ 单击【买入】按钮，弹出【买入】对话框，用户可以选择买入数量和交易理由，如图 6-61 所示。

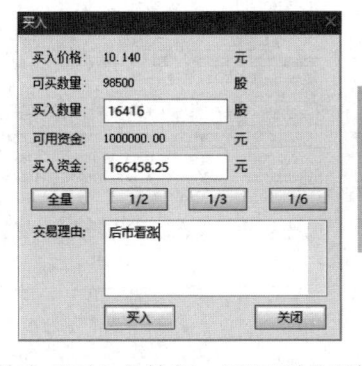

图 6-61

系统默认初始资金"100 万"，手续费为 0.1%。用户也可以自己设定初始资金和手续费率。

❹ 单击【买入】按钮，返回到【训练模式】对话框，可以看到资金余额、多头市值、交易记录列表发生了变化，如图 6-62 所示。

❺ 单击【暂停播放】按钮，K 线日期会自动顺延，当出现合适的价位时，单击【停止】按钮，可以在该价位进行买入或卖出操作，如图 6-63 所示。

❻ 单击【卖出】按钮，在弹出的【卖出】对话框中输入卖出数量，如图 6-64 所示。

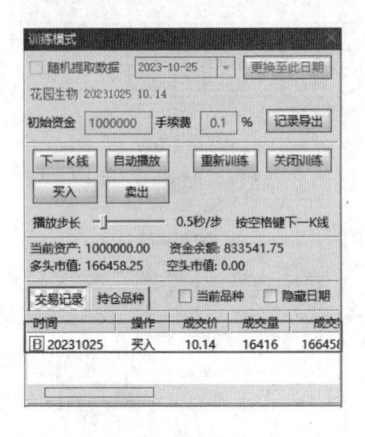

图 6-62 　　　　　　　　　　　图 6-63

> 单击【重新训练】按钮，用户可以自己设定初始资金和手续费率。如果此次训练开始，初始资金和手续费率便不能更改。单击【关闭训练】按钮后，当前的记录会自动保存，下一次训练可以接着这次训练继续。

❼ 单击【卖出】按钮，当前资产、资金余额、多头市值、交易记录列表会发生变化，如图 6-65 所示。

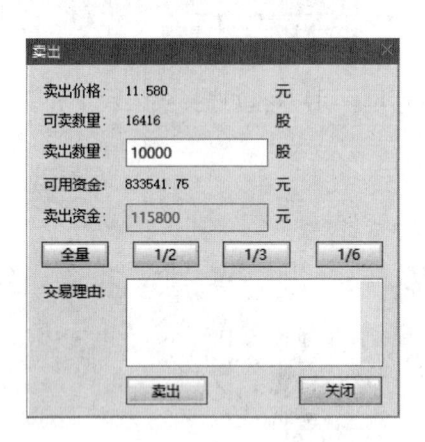

图 6-64 　　　　　　　　　　　图 6-65

6.4　新股民学堂——K线图常用操作技巧

在 K 线分析中，对 K 线图进行左右移动、放大或缩小以及选取某一时间段的 K 线等操作是非常重要的，这些操作技巧不仅提高了投资者的分析效率，还有助于他们更准确地把握交易机会。

以下是对这些常用操作技巧的详细介绍。

1. 左右移动K线图

左右移动K线图通常用于查看不同时间段的行情数据。

左右移动K线的常用操作方法如下。

❶ 打开通达信金融终端，输入"300401"并按Enter键，进入"花园生物"的日K线图，如图6-66所示。

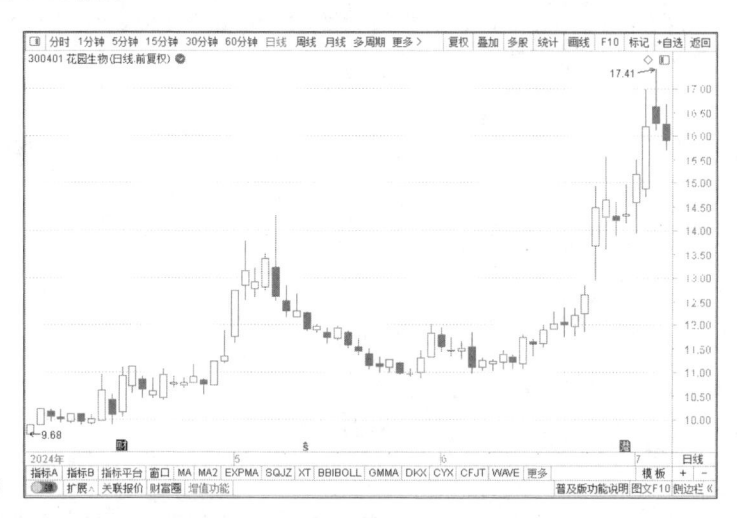

图 6-66

❷ 将鼠标指针放置到时间栏上，当鼠标指针变成"↔"箭头形状时，按住鼠标并左右拖动，可以向前或向后查看K线图，如图6-67所示。

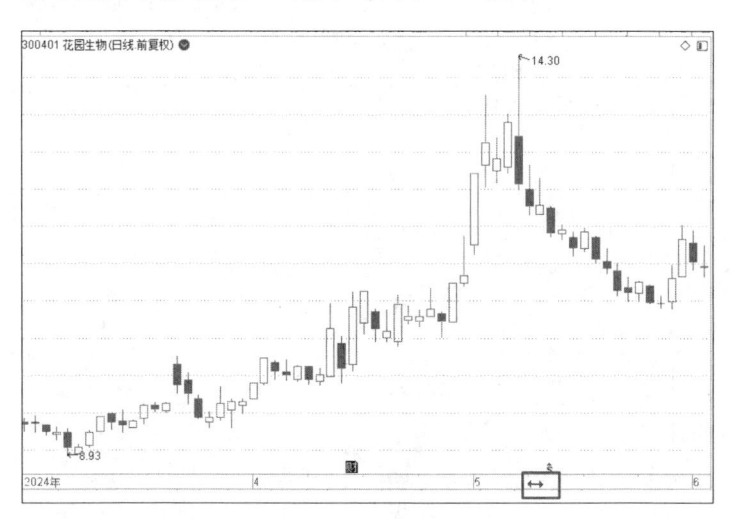

图 6-67

在K线图界面输入"Ctrl+0"，当鼠标变成 ，按住鼠标左右拖动，也可以向前或向后查看K线图。

2. 放大或缩小K线图

放大或缩小 K 线图可以帮助投资者更详细地观察特定时间段股票价格的波动情况或更宏观地把握股价长期趋势。

以下是几种常见的放大或缩小 K 线图的方法。

❶ 在 K 线图界面，按下"↑"或"↓"箭头键可以放大或缩小 K 线图。例如，按下"↑"箭头键放大 K 线图后，结果如图 6-68 所示。

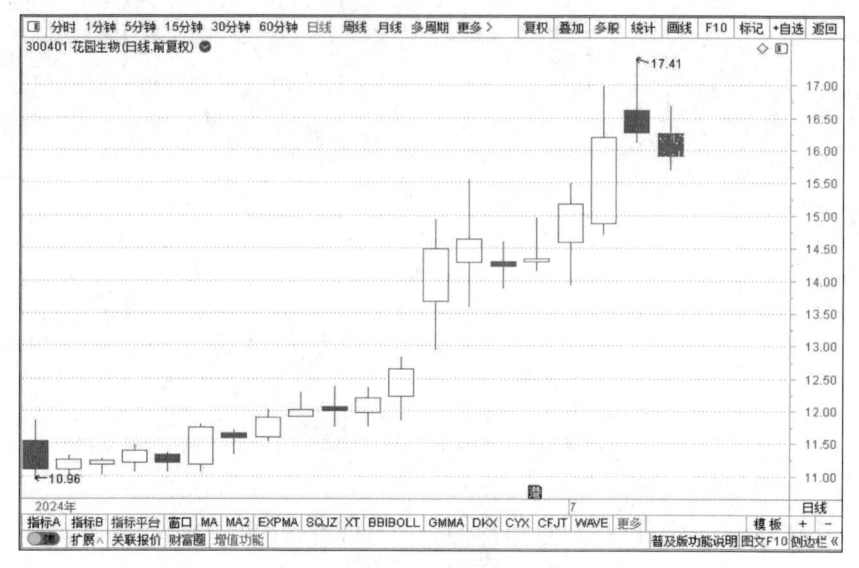

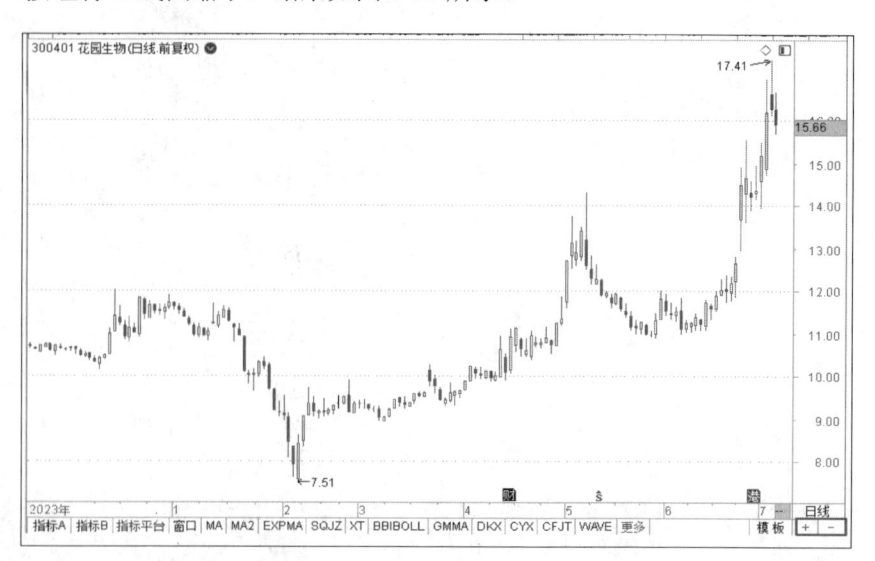

图 6-68

❷ 用鼠标单击指标栏右侧的"＋"或"－"按钮可以缩小或放大 K 线图。例如，单击"＋"按钮将 K 线图缩小，结果如图 6-69 所示。

图 6-69

🔔 单击"+"按钮可以让界面显示更多的K线,同样大小的界面下,显示得更多了,每条K线自然就缩小了。相反,单击"-"按钮可以让界面显示更少的K线,同样大小的界面下,显示得更少了,每条K线自然就放大了。

3. 选取某一时间段的K线

选取某一时间段的K线通常用于深入分析该时间段内的市场走势。以下是实现这一操作的常用方法。

方法一:锁定显示开始/截止日期

❶ 在K线图界面单击鼠标右键,从弹出的快捷菜单中选择【主图其他设置】→【锁定显示开始日期】命令,或输入"42+Enter",如图6-70所示。

图 6-70

❷ 在打开的对话框中设定开始日期,如图6-71所示。

图 6-71

❸ 在K线图界面中单击鼠标右键,从弹出的快捷菜单中选择【主图其他设置】→【锁定显示截止日期】命令,或输入"49+Enter",然后在打开的对话框中设定截止日期,如图6-72所示。

图 6-72

❹ 单击【确定】按钮，结果如图 6-73 所示。

图 6-73

方法二：鼠标框选开始 / 截止日期

❶ 在 K 线图界面按下"↓"箭头键，将需要选取的 K 线显示在当前界面，如图 6-74 所示。

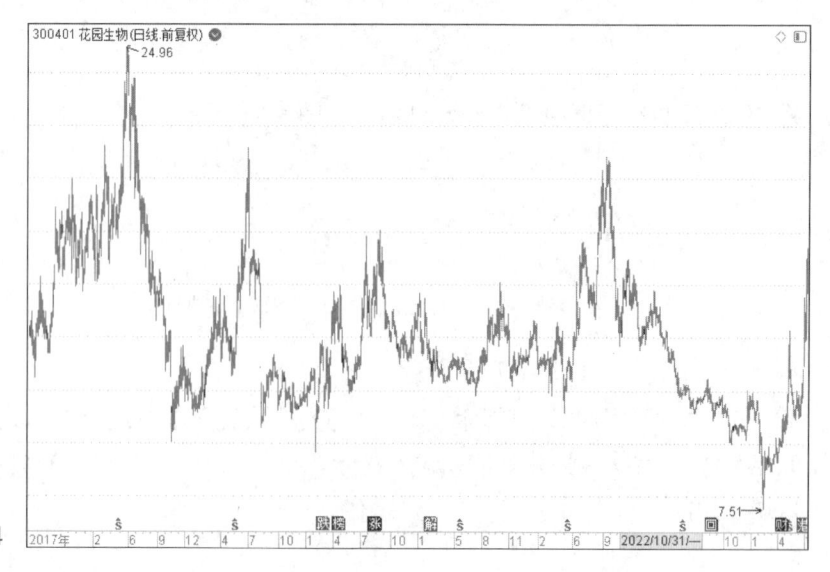

图 6-74

❷ 在需要开始的 K 线处按住鼠标左键，如图 6-75 所示。

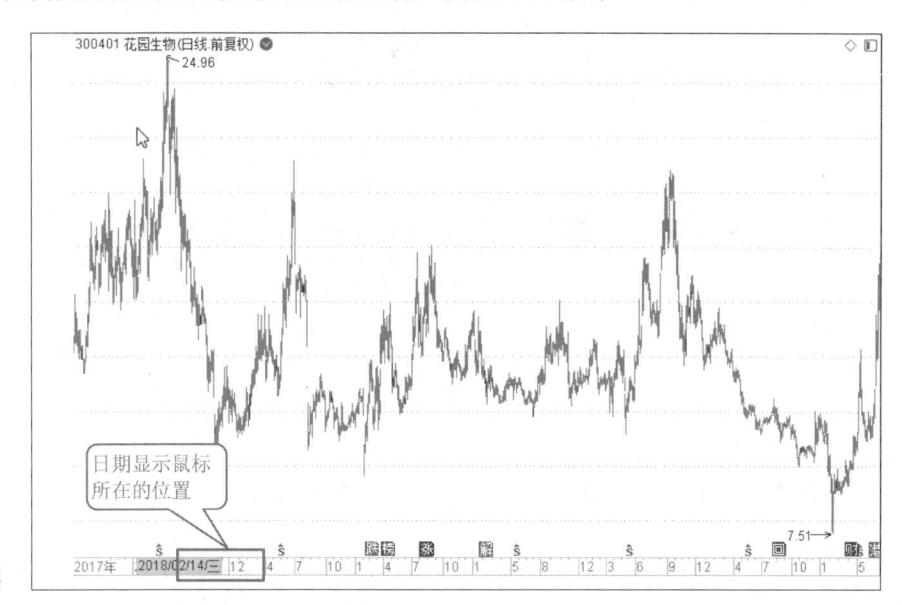

图 6-75

❸ 拖动鼠标至需要结束的日期，如图 6-76 所示。

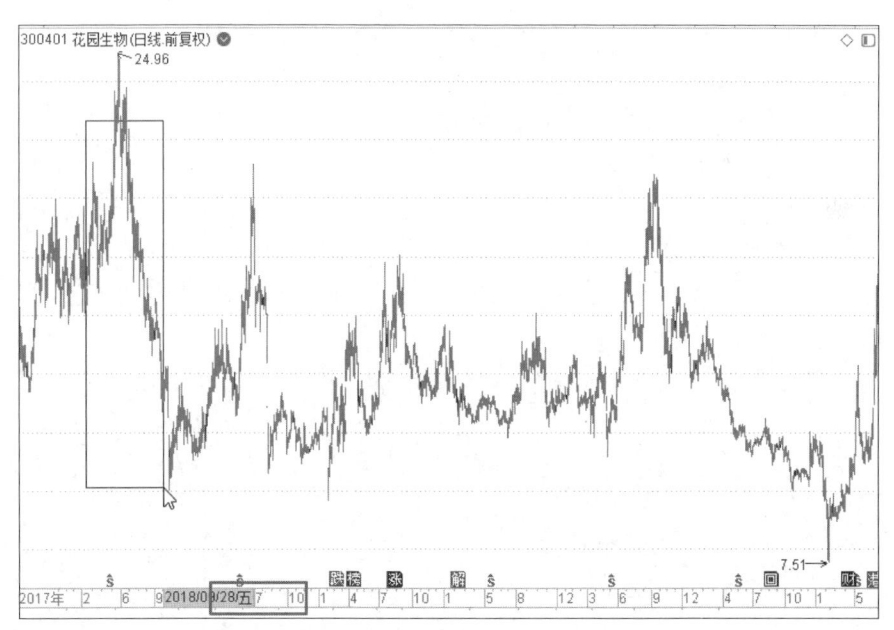

图 6-76

❹ 松开鼠标后，想要查看的 K 线即出现在界面内，如图 6-77 所示。

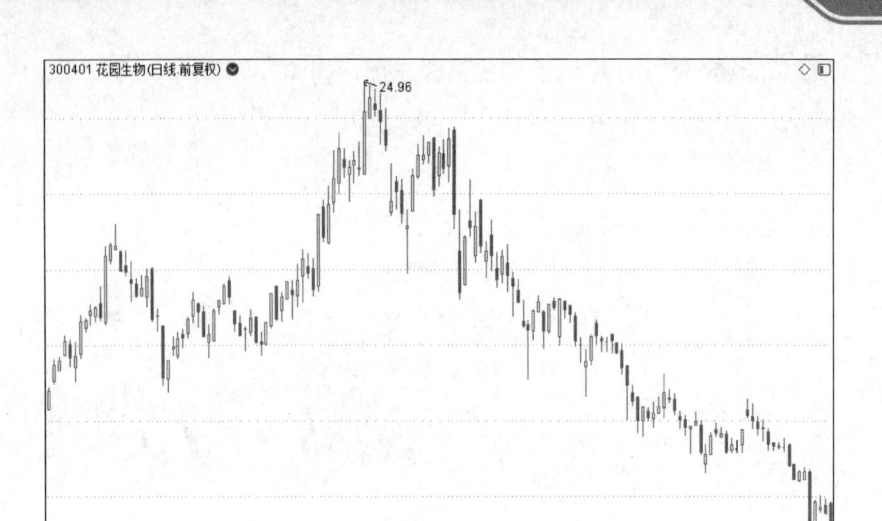

图 6-77

第 7 章

细节决定成败——盘口信息的智慧解读

"天下大事，必做于细。"——老子

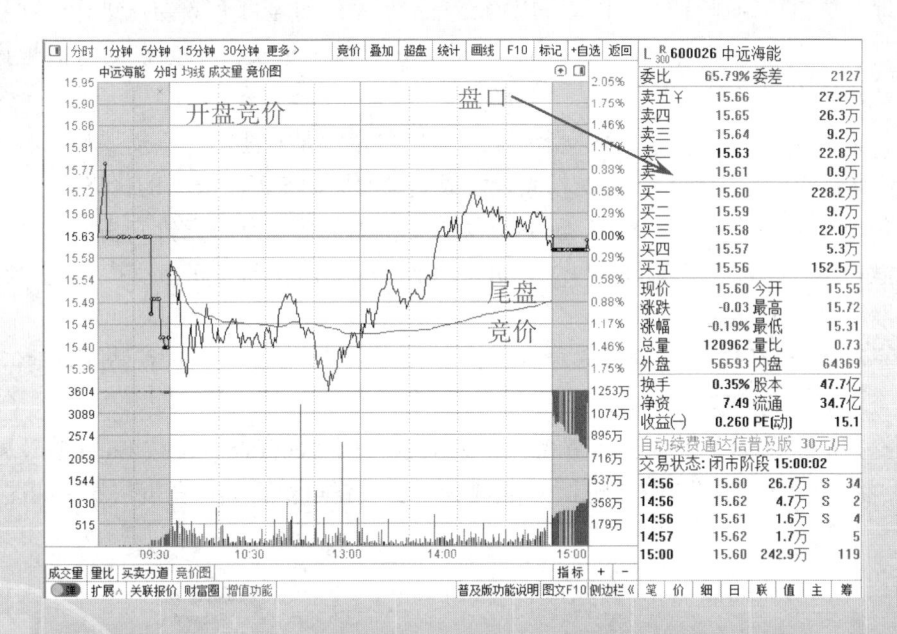

盘口信息是股市交易的实时"情报站"，盘口分析，即看盘，是对盘面信息的综合研判。

盘口分析涉及对交易数据、价格走势、成交量等多种信息的综合分析和判断，以便预测市场趋势和制定交易策略。

7.1 集合竞价和盘口分析

个股或大盘在当日开盘时，有三种情况，即高开、平开和低开。如果集合竞价高于前一个交易日的收盘价，就是高开；如果集合竞价等于前一个交易日的收盘价，就是平开；如果集合竞价低于前一个交易日的收盘价，就是低开。

7.1.1 股市早盘集合竞价

早盘集合竞价是指在每个交易日上午 9:15—9:25，由投资者按照自己所能接受的心理价位自由地进行买卖申报。电脑交易主机系统对全部有效委托进行一次集中撮合处理。在集合竞价时间内，如果有效委托报单未成交，则会自动有效地进入 9:30 开始的连续竞价。

在集合竞价时间段内，输入计算机主机的价格都是平等的，不需要按照时间优先和价格优先的原则交易，而是按照最大成交量的原则来确定股票的价格。

每个交易日的 9:15—9:25，证券交易所交易主机接受参与竞价交易的申报，也接受撤单申报。每个交易日的 9:25—9:30，证券交易所交易主机接受参与竞价交易的申报，但不接受撤单申报。

早盘集合竞价是当日交易多空双方搏杀的第一回合，也是当日行情的预演。

查看集合竞价信息的方法如下。

打开通达信股票行情分析软件，输入股票代码"600028"，按 Enter 键，即可看到"中国石化"的分时走势图，单击【竞价】按钮可查看集合竞价信息，如图 7-1 所示。

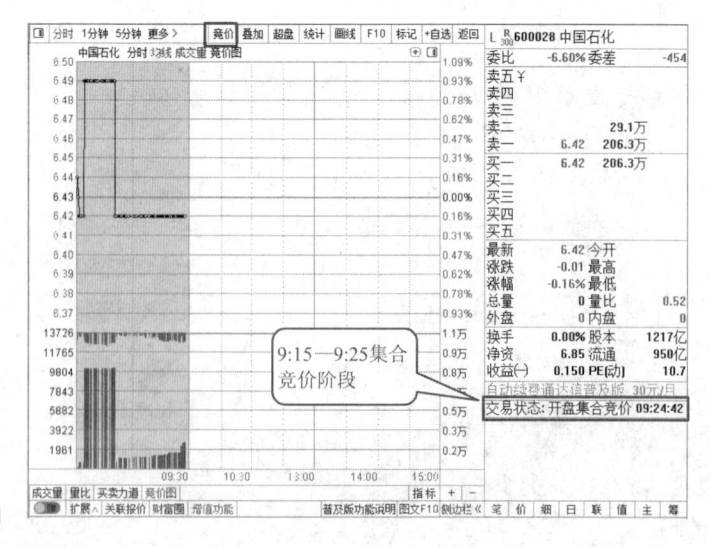

图 7-1

> 集合竞价容易被人为操纵，主力往往通过集合竞价表现市场意图，试探投资者对股票当日的初步反应。分析集合竞价时，要与大盘行情、股票历史走势相结合，否则这种集合竞价的表现对当时看盘意义不大。

7.1.2 集合竞价盘口组成部分

集合竞价盘口由三部分组成：价格部分、成交量部分、五档竞价盘口部分，如图7-2所示。

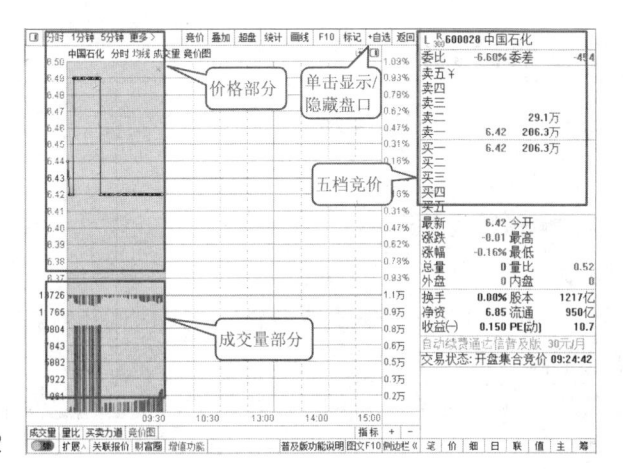

图 7-2

1. 价格部分

价格区分为红盘区和绿盘去。如果高于昨天的收盘价，价格就在红盘区；如果低于昨天的收盘价，价格就在绿盘区，如图7-3所示。

每个价格白点对应着一个成交量。价格白点代表竞价活跃度，白点越多，竞价活跃度越高。

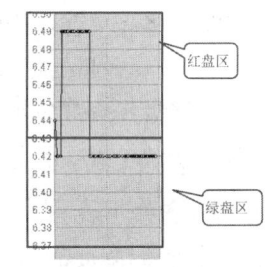

2. 成交量部分

图 7-3

成交量分为上方和下方两部分，上方部分是挂单撮合未成交的单子或成交量，而下方部分则是挂单撮合已成交的单子或成交量，如图7-4所示。

3. 五档竞价

五档盘口集合竞价时，一般会出现三个挂单情况，即买一、卖一、买二或卖二。注意，卖二和买二不会同时出现，出现哪个，成交量的颜色就会变成其所对应的颜色。比如买二出现，成交量的颜色就是红色；卖二出现，成交量的颜色就是绿色，如图7-5所示。

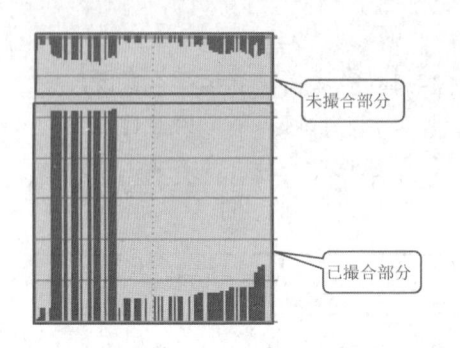

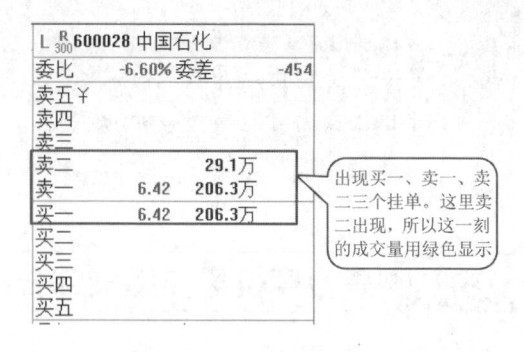

图 7-4　　　　　　　　　　　　　　　图 7-5

7.1.3 尾盘集合竞价

集合竞价分为早盘集合竞价和尾盘集合竞价。前面介绍了早盘集合竞价，这里介绍尾盘集合竞价。

1. 尾盘集合竞价的特点

1）时间限制

尾盘集合竞价的时间很短，只有 3 分钟，交易时间相对集中。

2）价格稳定性

由于时间较短，尾盘集合竞价的波动性较大，价格稳定性相对较差。

3）成交量

由于尾盘集合竞价的特殊性，成交量相对较大。

4）买卖力量的博弈

在尾盘集合竞价期间，买卖双方的博弈尤为激烈，投资者需要根据市场走势和买卖力量来判断后市走势。

2. 技术性要求

1）观察尾盘走势

在尾盘竞价时间段，投资者必须密切关注尾盘的走势，观察买卖力量的变化，以便判断后市走势。

2）判断主力意图

判断主力的意图对普通投资者来说非常重要。通过观察尾盘集合竞价期间的成交量和价格变化，投资者能够判断主力的意图和动向，从而指导后续操作。

3）合理配置资金

在尾盘集合竞价期间，投资者需要根据自己的投资策略合理地配置资金，避免因资金配置不当而造成损失。

3. 与早盘竞价的区别

1）时间不同

早盘集合竞价的时间为每个交易日的 9:15—9:25；而尾盘集合竞价的时间为每日交易结束前的最后 3 分钟，即 14:57—15:00。

2）价格稳定性不同

早盘集合竞价期间价格相对比较稳定，不易出现大幅波动；而尾盘集合竞价期间，价格波动性较大。

3）成交量不同

早盘集合竞价的参与量和活跃度明显胜过尾盘。早盘集合竞价的成交量相对较大，而尾盘集合竞价的成交量相对较小。

4）买卖力量的博弈不同

早盘集合竞价期间，投资者可以根据前一交易日的行情走势和新闻消息等因素来预判当日的行情走势，买卖力量的博弈相对较为明确；而尾盘集合竞价期间，买卖力量的博弈尤为激烈，投资者需要根据市场走势和买卖力量来判断后市走势。

5）复杂程度不同

由于早盘过后还有一整天的成交时间，因此早盘集合竞价相比尾盘集合竞价更加复杂，不确定性也更大。

7.2 盘口语言解析

打开通达信金融终端，输入股票代码"600026"，按 Enter 键，进入到"中远海能"的分时图，如图 7-6 所示。

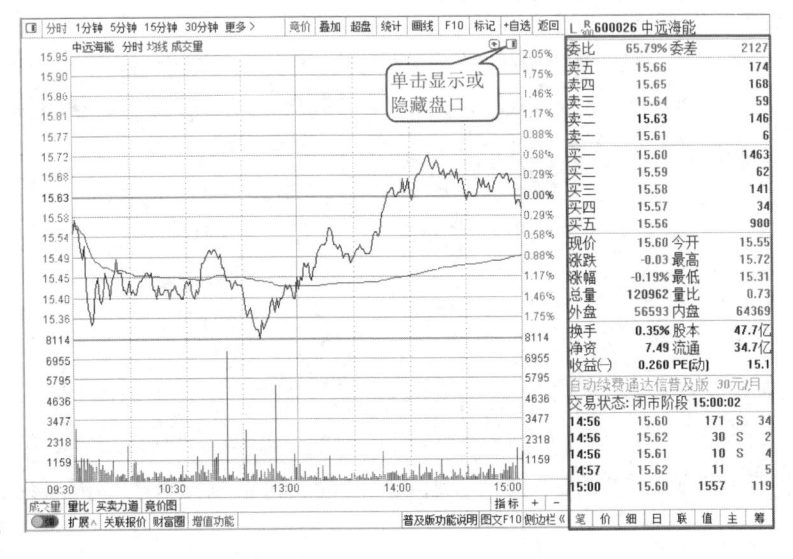

图 7-6

7.2.1 委比和委差

委比和委差是衡量一段时间内市场买、卖盘强弱的技术指标。当数值为正时，说明买盘力量较强；反之，则说明卖盘力量较强，股价下跌的可能性大。

1. 委比

委比位于股票名称和代码下面，是衡量某一段时间内买卖盘相对强弱的一种指标。其计算公式如下：

委比 =（委买手数 − 委卖手数）÷（委买手数 + 委卖手数）× 100%

其中，委买手数是现在委托买入下三档的总数量；委卖手数是现在委托卖出上三档的总数量。

委比值的变化范围为 −100% ~ +100%。一般来说，当委比为正值，特别是数值很大时，表示买方的力量强于卖方，股价上涨的概率较大；当委比为负值，特别是其绝对值很大时，表示卖方的力量强于买方，股价下跌的概率较大。委比值从 −100% ~ +100% 的变化是卖盘逐渐减弱、买盘逐渐增强的一个过程。

2. 委差

委差，是指股票委托买入和委托卖出的差值，即

委差 = 委买手数 − 委卖手数

从公式中我们可以看到，如果委差是正值，说明买方力量较强，负值则相反。此外，委差值越大，说明投资者买入股票的意愿越强，多头力量越强大，股价上涨的概率也相应增大。因此，委差为正值通常更有利，且数值越大通常越好。

7.2.2 五档卖盘和五档买盘

通常情况下，在股票行情软件上分别显示买卖各五个价格，即卖一、卖二、卖三、卖四、卖五；买一、买二、买三、买四、买五。也就是说，投资者在同一时间可以看到 5 个卖盘价格和 5 个买盘价格，如图 7-7 所示。

卖五	15.66	174
卖四	15.65	168
卖三	15.64	59
卖二	**15.63**	146
卖一	15.61	6
买一	15.60	1463
买二	15.59	62
买三	15.58	141
买四	15.57	34
买五	15.56	980

图 7-7

未成交的最低卖价就是卖一，未成交的最高买价就是买一，依次类推。

1. 五档卖盘

卖盘遵循"价格优先,时间优先"的原则,即谁卖出的报价低,谁就排在前面;如果卖出价格相同,谁先报价谁就排在前面。卖盘后面的数值表示卖出价格,再后面的数值表示卖出股票的手数。

> 图7-7中,每手等于100股,即卖一在15.61元卖出的是600股。

五档卖盘是空头主力的前沿阵地,是投资者委托卖出筹码的交易数据动态显示区。五档卖盘中实时出现的卖出委托单量的动态变化,可以清楚地反映当时盘中卖出力量的变化。

当五档卖盘的委托单量小于五档买盘的委托单量时,说明卖方力量弱,股价可能出现上升;当五档卖盘的委托单量大于五档买盘的委托单量时,说明卖方力量强,股价可能出现下跌;当五档卖盘的委托单量等于五档买盘的委托单量时,说明买卖双方力量均衡,股价很可能出现僵持。

2. 五档买盘

和卖盘一样,买盘也遵循"价格优先,时间优先"的原则,即谁买入的报价高,谁就排在前面;如果买入价格相同,谁先报价谁就排在前面。买盘后面的数值表示买入价格,再后面的数值表示买入股票的手数。

五档买盘是多头主力的前沿阵地,是投资者委托买入筹码的交易数据动态显示区。五档买盘中实时出现的买入委托单量的动态变化,可以清楚地反映当时盘中买入力量的变化。

> 五档卖/买盘的上述意义仅适用于常规行情,并不能真实地反映股价在主力控盘状态的操作意图,因此在临盘实战中,要结合其他分析技术。

7.2.3 盘口行情信息名词解释

在五档买盘显示栏下方有很多盘口名词,如图7-8所示。

现价	15.60	今开	15.55
涨跌	-0.03	最高	15.72
涨幅	-0.19%	最低	15.31
总量	120962	量比	0.73
外盘	56593	内盘	64369
换手	0.35%	股本	47.7亿
净资	7.49	流通	34.7亿
收益(一)	0.260	PE(动)	15.1

图7-8

下面分别进行介绍，如表 7-1 所示。

表 7-1

名称	释　义
现价	现价即最新价，是指最近一笔交易的成交股价
今开	今开即今日的开盘价，是指当天第一笔交易的成交股价
涨跌	涨跌是指当前最新股价与前一天收盘价相比的变动金额
最高	最高是指当天开盘以来各笔成交价格中最高的股价。收盘时，"最高"后面显示的价格是当日的最高成交价格
涨幅	涨幅是指当前最新股价与前一天收盘价相比的变动幅度
最低	最低是指当天开盘以来各笔成交价格中最低的股价。收盘时，"最低"后面显示的价格是当日的最低成交价格
总量	总量是指当天开盘以来成交的总股数
量比	量比是指当天开盘以后每分钟平均成交量与过去 5 个交易日每分钟平均成交量之比。其计算公式如下： 量比＝现成交总手÷[过去 5 个交易日每分钟平均成交量 × 自开盘以来累计开盘时间（分钟）] 量比在 0.5～1 之间为正常；在 1.5 以上为温和放量；在 3 以上为明显放量；在 5 以上为剧烈放量
外盘	外盘，又称主动性买盘，是指以卖出报价成交的交易。当外盘累计数量比内盘累计数量大很多，并且股价上涨时，说明很多人在抢着买进股票
内盘	内盘，又称主动性抛盘，是指以买入报价成交的交易。当内盘累计数量比外盘累计数量大很多，并且股价下跌，说明很多人在争先恐后地卖出股票
换手	换手即换手率，是指当天开盘以来股票转手买卖的频率，可以反映股票的流通性强弱。其计算公式如下： 换手率＝开盘以来的成交量 ÷ 可流通总股数 × 100% 换手率越高，意味着交易越活跃，买卖意愿越高。如果股价在底部突然换手率上升，很可能股价要开始拉升；但如果股价已有一大段升幅，突然换手率上升，很可能是主力在出货
股本	股本是指股东在公司中所占的权益，多指股票
净资	净资是指公司的每股净资产。公司净资产＝股东权益值＝公司总资产－公司债务。每股净资产是净资产数值除以所有的股票数量，理论上，股价不应该跌破股票的净资产
流通	流通指流通盘，即上市公司流通股本的规模，描述单位为万股或亿股
收益（一）	收益是指投资者在股票市场上买卖股票所获得的利润，包括股息收益和股价差值收益两部分
PE（动）	PE（动）即动态市盈率，是指还没有实现的下一年度的预测利润的市盈率。它等于股票现价和未来每股收益的预测值的比值

7.3 盘口信息标签解读

盘口下方有一排标签，分别为分时成交明细、分价表、主笔成交明细、日线分析图、关联品种的走势、相关数值以及移动筹码等，如图7-9所示。

14:56	15.65	45	S 15
14:56	15.65	1	S 1
14:56	15.65	472	S 21
14:56	15.64	104	S 15
14:56	15.64	30	S 9
14:56	15.64	16	S 5
14:56	15.64	6	S 1
14:56	15.60	779	S 49
14:56	15.60	171	S 34
14:56	15.62	30	S 2
14:56	15.61	10	S 4
14:57		11	5
15:00	15.60	1557	119

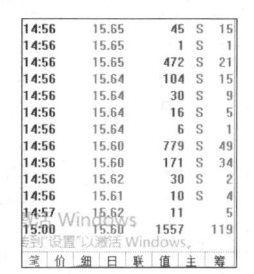

图 7-9

7.3.1 分时成交明细

分时成交明细是交易所发布的快照数据，3秒更新一次。分时成交明细显示了交易的时间、价格、成交量（单位：手），后面的灰色数值表示此记录由多少笔交易构成。

❶ 单击【笔】标签，将显示如图7-9所示的内容。如果想看更多的成交明细，双击上方的成交明细表即可，结果显示如图7-10所示。

图 7-10

🔔 B 表示主动性买盘，S 表示主动性卖盘。

❷ 按 Ctrl+D 组合键，在弹出的【系统设置】对话框中单击【设置 1】标签，切换到【设置 1】选项卡，将【数量高亮按现量】设置为 30 000 股，如图 7-11 所示。

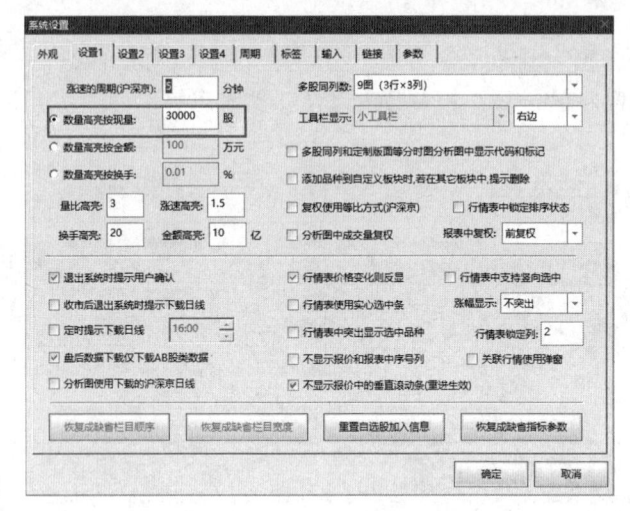

图 7-11

> 系统默认 50 000 股（500 手）高亮（紫色）显示。

❸ 切换到【设置 4】选项卡，选中【成交明细按每分钟间隔显示】复选框，如图 7-12 所示。

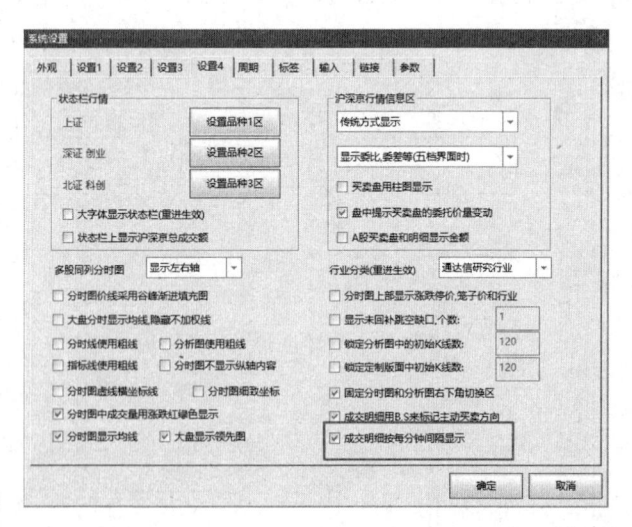

图 7-12

❹ 单击【确定】按钮，超过 300 手的成交以紫色高亮显示，如图 7-13 所示。
❺ 单击鼠标右键，在弹出的快捷菜单中选择【显示成交金额】命令，如图 7-14 所示。
❻ 结果将显示如图 7-15 所示。

图 7-13

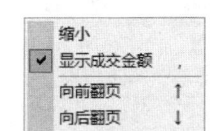

图 7-14

图 7-15

> 步骤 ❺ 中，在弹出的快捷菜单中选择【缩小】命令，则重新返回到盘口界面。

7.3.2 分价表

分价表是指当天成交笔数在每个价位的分布，通常显示的是在各成交价位上分别成交的总手数、各价位成交的笔数、平均每笔手数，以及各价位上的成交量占总成交量的比例。

单击盘口下方【价】标签，然后双击分价表，结果显示如图 7-16 所示。

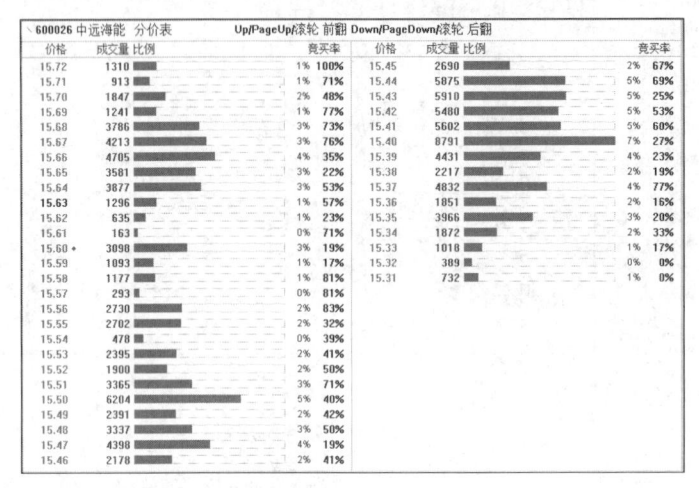

图 7-16

- ◇ 比例：表示各价位上的成交量占总成交量的比例。
- ◇ 竞买率：表示在此价位成交的量中，主动性买量所占的比例。
- ◇ 柱状图：红色表示主动性买单成交量，绿色表示主动性卖单成交量，灰色表示不明成交量。

7.3.3 关联品种的走势和相关数值

关联品种的走势显示与该品种相关的大盘分时图，单击相关数值显示涨停价、跌停价、连续竞价买入上限、连续竞价卖出下限、细分行业、流通市值等。

❶ 单击【联】标签，将显示如图 7-17 所示的内容。

❷ 单击【值】标签，将显示如图 7-18 所示的内容。

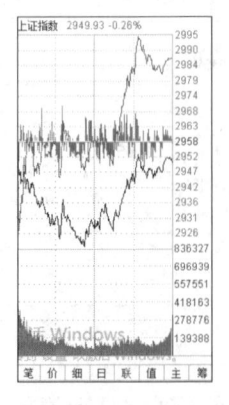

图 7-17　　图 7-18

7.3.4 移动筹码

移动筹码分布展示的是不同价位上的投资者持有数量，投资者利用筹码的分散和密集来研判股价的运行趋势。

移动筹码需要在 K 线图界面才能显示，下面对移动筹码进行详细介绍。

移动筹码分布顶部有四个小标签，从左往右分别为蓝黑（黑色背景下显示为黄白）线筹码分布、远期移动成本分布、近期移动成本分布和成本分布设置。

进入移动成本分布状态后，在 K 线图的右侧显示若干条水平线，纵轴代表价格，横轴代表持仓筹码在这一价位的比例。随着十字光标的移动，线条的长短会发生变化，从而指示不同时间点的持仓成本分布状况，如图 7-19 所示。

- ◇ 日期：鼠标所处 K 线位置的日期。

图 7-19

- ◇ 获利比例：黑框（黑色背景下为白框）表示套牢，蓝框（黑色背景下为黄框）表示获利。框中的数字表示以收市价为参考点，在收盘价以下的筹码占总筹码的百分比。
- ◇ ** 处获利盘 **％：此行数值表示将光标移动至任意位置时，在此位置以下的筹码占总筹码的百分比。在具体运用中，你可以通过移动光标来测量任意价位的获利盘比例。
- ◇ 平均成本：其含义为将市场所有价位的价格压缩成一个价格时的位置。在平均成本上方，有 50％ 的筹码；同样，在平均成本线下方，也有 50％ 的筹码分布。
- ◇ 90％ 成本：是获利 5％ 和 95％ 这两个获利比例的价位区间。数值越低，表示筹码越集中；数值越高，则筹码越分散。
- ◇ 70％ 成本：是获利 15％ 和 85％ 这两个获利比例的价位区间。数值越低，表示筹码越集中；数值越高，则筹码越分散。

1. 蓝黑线筹码分布

黑线表示在当前股价下处于亏损状态的筹码；蓝线表示在当前股价下处于盈利状态的筹码；绿色（黑色背景下显示为蓝色）线表示市场所有持仓筹码的平均成本，如图 7-20 所示。

2. 远期移动成本分布

远期移动成本分布图，也称火焰山移动成本分布，如图 7-21 所示。

远期移动成本分布显示了 N 周期前的成本分布，显示的色彩是由大红色到金黄色，时间越长（N 越小），颜色越红，时间越短（N 越大），颜色越黄。需要特别指出的是，由于各个时间段的筹码是叠加的，所以其色彩图也是叠加的。

3. 近期移动成本分布

近期移动成本分布图如图7-22所示。

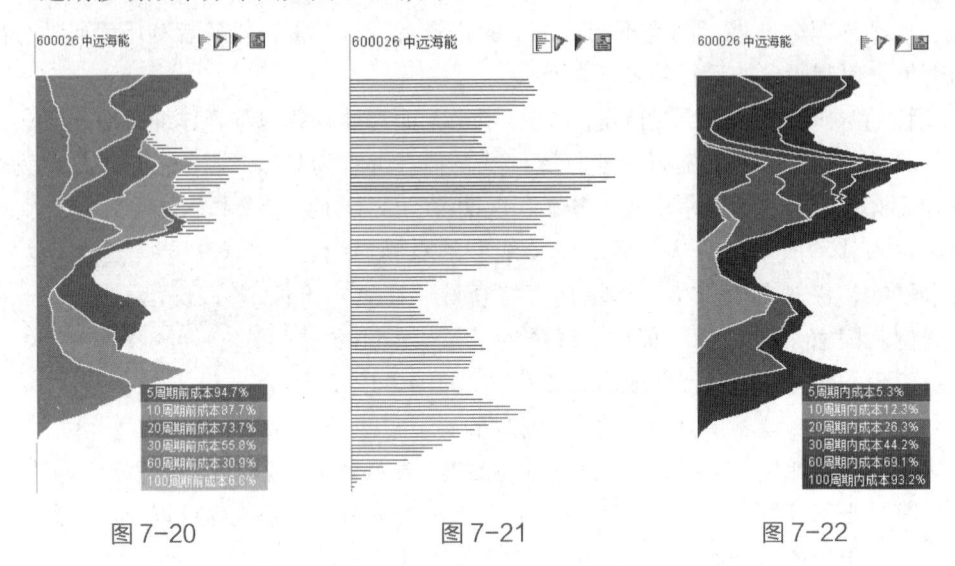

图7-20　　　　　　　图7-21　　　　　　　图7-22

近期移动成本分布显示了N周期内的成本分布，显示的色彩是由浅蓝色到深蓝色，时间越短，蓝色越浅；时间越长，蓝色越深。需要注意的是，由于各个时间段的筹码是叠加的，所以其色彩图也是叠加的。

4. 成本分布设置

成本分布设置用于调整移动成本分析图的计算方式、成本线划分精度、近期和远期成本分布图显示的内容和颜色等参数，如图7-23所示。

◇ 平均分布：将当日的换手筹码在当日的最高价和最低价之间平均分布。

◇ 三角形分布：将当日的换手筹码在当日的最高价、最低价和平均价之间三角形分布。

图7-24是平均分布成本算法与三角分布成本算法的对比。

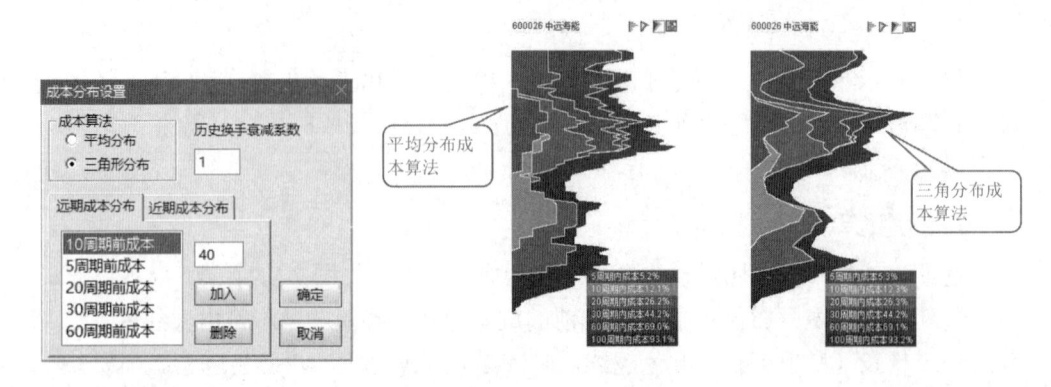

图7-23　　　　　　　　　　　　图7-24

7.4 新股民学堂——超级盘口

"超级盘口"功能用于回溯个股每日盘口变化,为用户提供完整、准确的盘口信息。

在通达信金融终端中,选择任意一只个股,进入其分时图界面,然后在界面右上角的标签栏中单击【超盘】,即可进入"超级盘口"功能。

下面仍以"中远海能"为例介绍超级盘口功能。

❶ 在"超级盘口"中,用户可通过移动蓝色光标来对任意时点的盘口信息进行全面回溯,包括行情信息、五档挂单、成交明细、分价表等数据都将会完整地呈现,如图 7-25 所示。

图 7-25

"超级盘口"默认为"鼠标浏览模式",当用户需要进行更加精准的时间选择时,可双击鼠标左键进入"微调模式"。

在"微调模式"中,可通过按"←"及"→"方向键,以"3秒"为单位逐格移动蓝色光标,精准地选择时间节点;也可以在按住 Ctrl 键的同时按"←"及"→"方向键,快速移动光标。

按 ESC 键可退出"微调模式",返回"鼠标浏览模式"。

❷ 按 Home 键,将分时图放大,如图 7-26 所示。

❸ 单击鼠标右键,在弹出的快捷菜单中选择【多日闪电图】→【最近3日】命令,如图 7-27 所示。

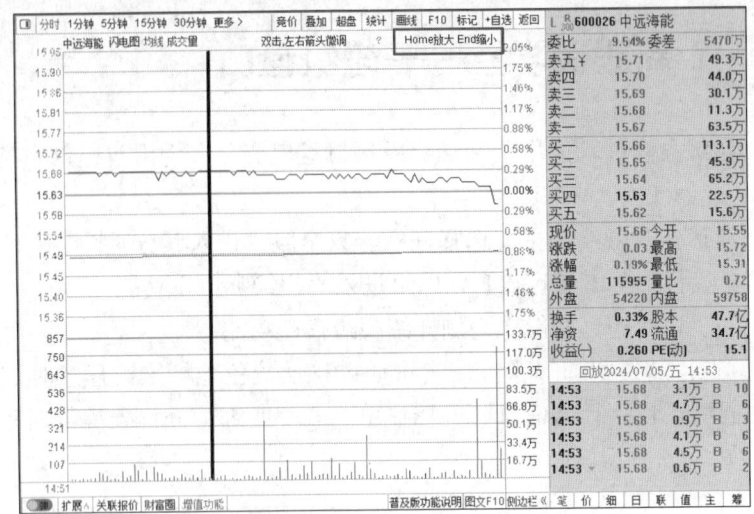

图 7-26

图 7-27

❹ 分时图中会横向显示最近 3 日的闪电图，此时用户依旧可通过移动蓝色光标来查看最近 3 日内任意时间节点的盘口数据，如图 7-28 所示。

图 7-28

第 8 章

把握大势——股市行情分析与盈利机会

"顺势而为,事半功倍。"——谚语

	代码	名称		涨幅%	现价	涨跌	买价	卖价	总量	现量	涨速%
1	000001	平安银行	R	1.78	10.31	0.18	10.30	10.31	121.4万	9972	0.10
2	000002	万科A		2.06	6.95	0.14	6.95	6.96	227.5万	13930	0.14
3	000004	国华网安		-1.58	9.96	-0.16	9.96	9.97	55307	961	-0.09
4	000006	深振业A	R	4.16	3.76	0.15	3.75	3.76	309799	3437	0.27
5	000007	全新好		-1.30	5.32	-0.07	5.32	5.33	150036	4092	-0.36
6	000008	神州高铁		-0.54	1.85	-0.01	1.85	1.86	135437	1400	0.00
7	000009	中国宝安		-0.24	8.34	-0.02	8.34	8.35	84776	3617	-0.11
8	000010	美丽生态		-1.18	1.67	-0.02	1.67	1.69	226852	2967	-0.59
9	000011	深物业A		1.06	7.61	0.08	7.61	7.62	25026	136	0.00
10	000012	南玻A		0.78	5.19	0.04	5.18	5.19	127271	9891	0.00
11	000014	沙河股份		0.81	8.69	0.07	8.69	8.70	57632	951	0.12
12	000016	深康佳A		2.94	2.10	0.06	2.10	2.11	284207	4531	-0.93
13	000017	深中华A		-1.66	5.93	-0.10	5.93	5.94	169849	2960	0.17
14	000019	深粮控股		0.51	5.89	0.03	5.89	5.90	32552	301	0.00
15	000020	深华发A		-1.32	9.69	-0.13	9.69	9.70	21230	243	-0.09
16	000021	深科技		-1.31	15.11	-0.20	15.11	15.12	447873	4443	-0.06
17	000023	*ST深天		-2.16	1.81	-0.04	1.81	1.82	40405	1348	0.56
18	000025	特力A		0.66	13.79	0.09	13.79	13.79	32141	577	-0.13
19	000026	飞亚达		-0.33	9.03	-0.03	9.02	9.03	14711	350	-0.21
20	000027	深圳能源		-0.71	7.03	-0.05	7.03	7.04	158762	4566	-0.27
21	000028	国药一致		1.27	31.79	0.40	31.79	31.80	25535	541	0.00
22	000029	深深房A		0.85	10.67	0.09	10.66	10.67	32166	362	0.09
23	000030	富奥股份		2.31	5.32	0.12	5.31	5.32	109809	995	-0.18
24	000031	大悦城		3.04	2.37	0.07	2.36	2.37	177592	1317	0.42
25	000032	深桑达A		-3.87	14.41	-0.58	14.41	14.41	139131	2223	0.07

分类▲ 自动选股▲ 自动选股▲ A股 北证 创业 科创 B股 基金▲ 债券▲ REITs 新三板▲ 板块指数

情分析不仅是投资者洞察市场动态、把握投资机会的重要手段,更是制定投资策略、规避潜在风险的基石。通过行情分析,投资者更加精准地预测市场走势,从而作出更明智的投资决策。

8.1 行情列表

打开通达信金融终端，默认的界面就是行情列表界面，在该界面，用户可以查看股票的涨幅、现价、涨跌、买价、卖价、总量、现量、涨速、换手、今开、最高、最低等。

8.1.1 分类排名

通达信将股票按多种分类方法进行分类，比如可以按品种、板块、指数和地区等进行分类。

❶ 打开通达信金融终端，进入【行情】界面，如图 8-1 所示。

	代码	名称		涨幅%	现价	涨跌	买价	卖价	总量	现量	涨速%
1	000001	平安银行	R	1.78	10.31	0.18	10.30	10.31	121.4万	9972	0.10
2	000002	万 科A		2.06	6.95	0.14	6.95	6.96	227.5万	13930	0.14
3	000004	国华网安		-1.58	9.96	-0.16	9.96	9.97	55307	961	-0.09
4	000006	深振业A	R	4.16	3.76	0.15	3.75	3.76	309799	3437	0.27
5	000007	全新好		-1.30	5.32	-0.07	5.32	5.33	150036	4092	-0.36
6	000008	神州高铁		-0.54	1.85	-0.01	1.85	1.86	135437	1400	0.00
7	000009	中国宝安		-0.24	8.34	-0.02	8.34	8.35	84776	3617	-0.11
8	000010	美丽生态		-1.18	1.67	-0.02	1.67	1.68	226852	2967	-0.59
9	000011	深物业A		1.06	7.61	0.08	7.61	7.62	25026	136	0.00
10	000012	南 玻A		0.78	5.19	0.04	5.18	5.19	127271	9891	0.00
11	000014	沙河股份		0.81	8.69	0.07	8.69	8.70	57832	951	0.12
12	000016	深康佳A		2.94	2.10	0.06	2.10	2.11	284207	4531	-0.93
13	000017	深中华A		-1.66	5.93	-0.10	5.93	5.94	169849	2960	0.17
14	000019	深粮控股		0.51	5.89	0.03	5.89	5.90	32552	301	0.00
15	000020	深华发A		-1.32	9.69	-0.13	9.69	9.70	21230	243	-0.09
16	000021	深科技		-1.31	15.11	-0.20	15.11	15.12	447873	4443	-0.06
17	000023	*ST深天		-2.16	1.81	-0.04	1.81	1.82	40405	1348	0.56
18	000025	特力A	R	0.66	13.79	0.09	13.78	13.79	32141	577	-0.13
19	000026	飞亚达		-0.33	9.03	-0.03	9.02	9.03	14711	350	-0.21
20	000027	深圳能源		-0.71	7.03	-0.05	7.03	7.04	158762	4566	-0.07
21	000028	国药一致		1.27	31.79	0.40	31.79	31.80	25535	541	0.00
22	000029	深深房A		0.85	10.67	0.09	10.66	10.67	32166	362	0.00
23	000030	富奥股份		2.31	5.32	0.12	5.31	5.32	109809	955	-0.18
24	000031	大悦城		3.04	2.37	0.07	2.36	2.37	177592	1317	0.42
25	000032	深桑达A		-3.87	14.41	-0.58	14.40	14.41	139131	2223	0.07

图 8-1

> 在任何界面，单击标题栏中的【行情】标签，都可以快速进入【行情】界面。

❷ 通达信默认是按股票代码由低到高进行排名。用户可以单击【行情】界面顶部的标签，快速切换排名方式。例如，单击【涨幅】标签，即可按涨幅的高低进行排名，如图 8-2 所示。

❸ 通达信将标签分为行情、增强和财务三大类。按 Tab 键，可以在这三大类之间切换，如图 8-3 所示。

	代码	名称	涨幅%↓	现价	涨跌	买价	卖价	总量	现量	涨速%
1	300167	*ST迪威	20.13	1.79	0.30	1.79	—	185153	96	0.00
2	300713	英可瑞	20.03	16.42	2.74	16.42	—	255290	639	0.00
3	688429	时创能源 K	20.00	16.08			16.08	28755	5	0.00
4	301007	德迈仕 R	20.00		按涨幅由高到低进行排			504610	577	0.00
5	300844	山水比德	20.00		名。再次单击，则反过			41166	173	0.00
6	300582	英飞特	20.00		来，由低到高进行排名			283350	2023	0.00
7	301157	华塑科技	19.99	3				38121	226	0.00
8	300491	通合科技	18.00	16.52	2.52	16.51	16.52	228660	1937	0.12
9	833030	立方控股 R	15.24	12.25	1.62	12.24	12.25	129591	1232	-0.56
10	300978	东箭科技 R	14.91	12.72	1.65	12.72	12.73	494186	5034	0.08
11	839946	华阳变速	14.44	4.20	0.53	4.20	4.21	231327	2359	0.24
12	300763	锦浪科技	12.21	58.71	6.39	58.70	58.71	276225	3159	-0.21
13	688390	固德威 K	11.70	61.00	6.39	61.00	61.01	97601	875	-0.01
14	831832	科达自控 R	10.93	11.98	1.18	11.98	11.99	33638	454	-0.32
15	300001	特锐德	10.63	21.85	2.10	21.85	21.86	514429	31101	0.15
16	871263	莱赛激光	10.52	11.03	1.05	11.03	11.04	51875	615	0.00
17	600297	广汇汽车	10.34	0.96	0.09	0.96	—	741.4万	7135	0.00
18	300209	*ST有树	10.34	2.56	0.24	2.55	2.56	126897	872	0.00
19	600811	东方集团	10.23	0.97	0.09	0.97	—	395.1万	1918	0.00
20	002678	珠江钢琴	10.11	4.03	0.37	4.03	—	151696	8	0.00
21	603188	亚邦股份	10.08	2.62	0.24	2.62	—	262899	171	0.00
22	000042	中洲控股 R	10.08	4.15	0.38	4.15	—	152459	728	0.00
23	600684	珠江股份	10.07	2.95	0.27	2.95	—	779494	2308	0.00
24	002963	豪尔赛	10.04	10.74	0.98	10.74	—	73807	716	0.00
25	603032	德新科技 R	10.03	12.95	1.18	12.95	—	134187	654	0.00

图 8-2

	代码	名称	财务更新	上市日期	总股本(亿)	B/A股(亿)	H股(亿)	总资产	净资产(亿)
1	300713	英可瑞	20240709	20171101	1.59	—	—	9.83	6.34
2	688429	时创能源 K	20240628	20230629	4.00	—	—	40.24	22.62
3	301007	德迈仕 R	20240711	20210616	1.53	财务类指标		10.25	6.65
4	300844	山水比德	20240712	20210813	0.65	—	—	8.98	7.45
5	300582	英飞特	20240712	20161228	2.99	—	—	35.68	14.59
6	301157	华塑科技 R	20240711	20230309	0.60	—	—	12.14	10.69
7	300491	通合科技	20240624	20151231	1.74	—	—	19.78	11.28
8	833030	立方控股 R	20240711	20231102	0.92	—	—	7.91	6.30
9	300978	东箭科技 R	20240425	20210426	4.23	—	—	30.23	16.57
10	839946	华阳变速 R	20240604	20210720	1.35	—	—	5.85	2.28
11	300763	锦浪科技	20240701	20190319	4.01	—	—	218.67	77.95
12	688390	固德威 K	20240611	20200904	2.42	—	—	68.03	29.65
13	831832	科达自控 R	20240423	20211115	0.77	—	—	12.96	6.79
14	300001	特锐德	20241030	20091030	10.56	—	—	228.01	65.80
15	871263	莱赛激光 R	20240424	20231228	0.80	—	—	4.57	3.78
16	600297	广汇汽车	20240629	20001116	82.90	—	—	1117.37	390.42
17	600811	东方集团 R	20240430	19940106	36.59	—	—	374.15	168.78
18	002678	珠江钢琴	20240430	20120530	13.60	—	—	43.22	36.78
19	603188	亚邦股份	20240430	20140909	5.70	—	—	19.37	9.22
20	000042	中洲控股 R	20240711	19940921	6.65	—	—	312.20	58.22
21	600684	珠江股份	20240515	19931028	8.53	—	—	22.87	4.42
22	002963	豪尔赛	20240426	20191028	1.50	—	—	20.31	15.33
23	603032	德新科技 R	20240426	20170105	2.35	—	—	16.33	12.18
24	600686	金龙汽车 R	20240426	20140430	7.17	—	—	271.44	31.45
25	605189	富春染织	20240702	20210528	1.50	—	—	44.26	18.25

图 8-3

❹ 单击状态栏中的【分类】标签，在弹出的快捷菜单中可以选择切换的品种或分类。例如，选择【新三板】选项，结果如图8-4所示。

❺【行情】界面除了可以查询股票外，还可以查看基金、债券等。例如，选择【交易所债券】→【国债】选项，如图8-5所示。

❻ 弹出国债的行情列表界面，如图8-6所示。

图 8-4

图 8-5

图 8-6

8.1.2 个股分析

通过行情列表界面，不仅可以直接访问个股的分时图、K 线图和基本资料，还可以进行多股同列对比。

❶ 在【行情】界面，单击鼠标右键，在弹出的快捷菜单中选择【多股同列】命令。通达信默认设置为 9 股同列，如图 8-7 所示。

❷ 单击窗口上方的【切换】标签，可快速切换到 K 线图界面，如图 8-8 所示。

❸ 单击【盘口】标签，在弹出的列表中选择【显示五档】选项，结果如图 8-9

所示。

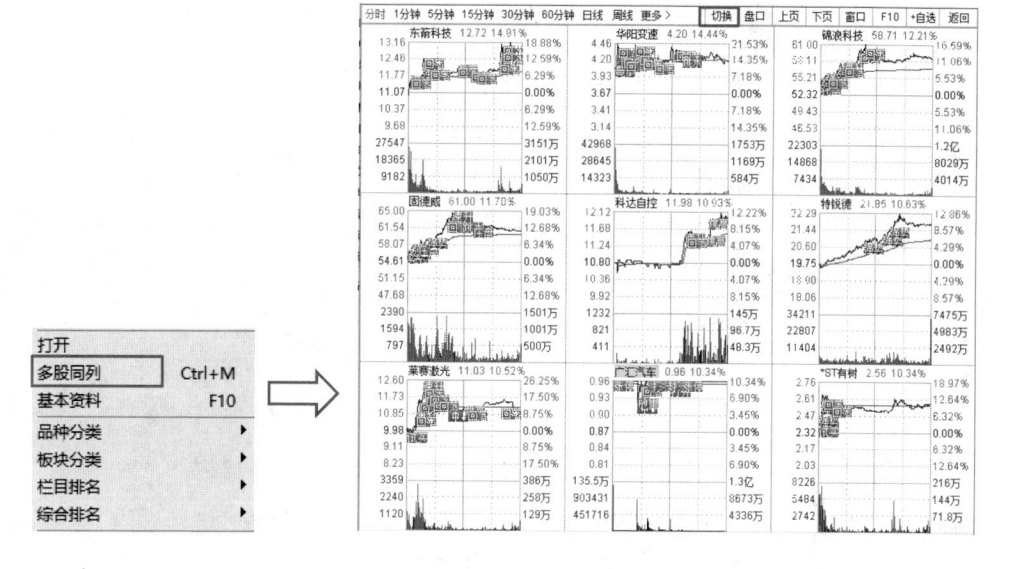

图 8-7

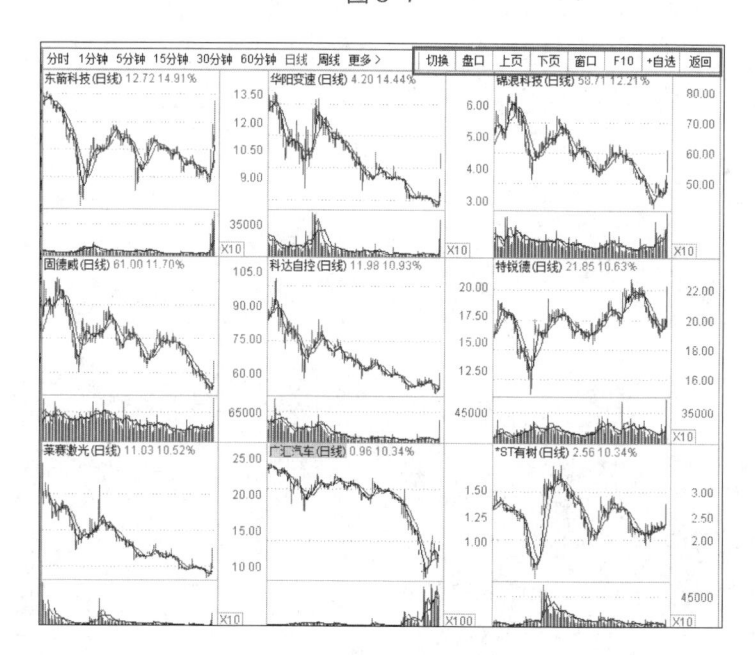

图 8-8

❹ 单击【上页】或【下页】标签,进行翻页查看,如图 8-10 所示。

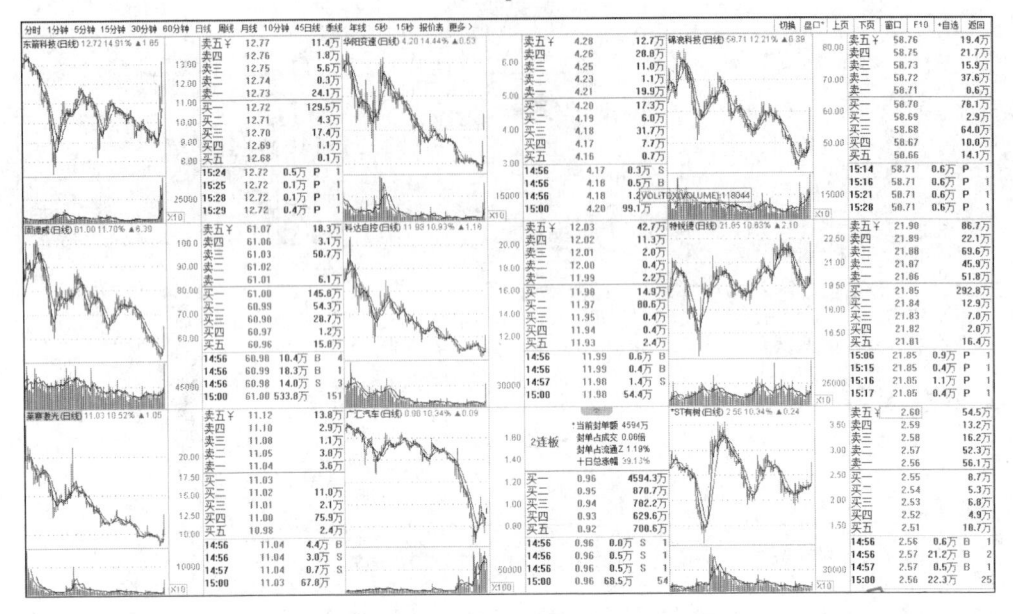

图 8-9

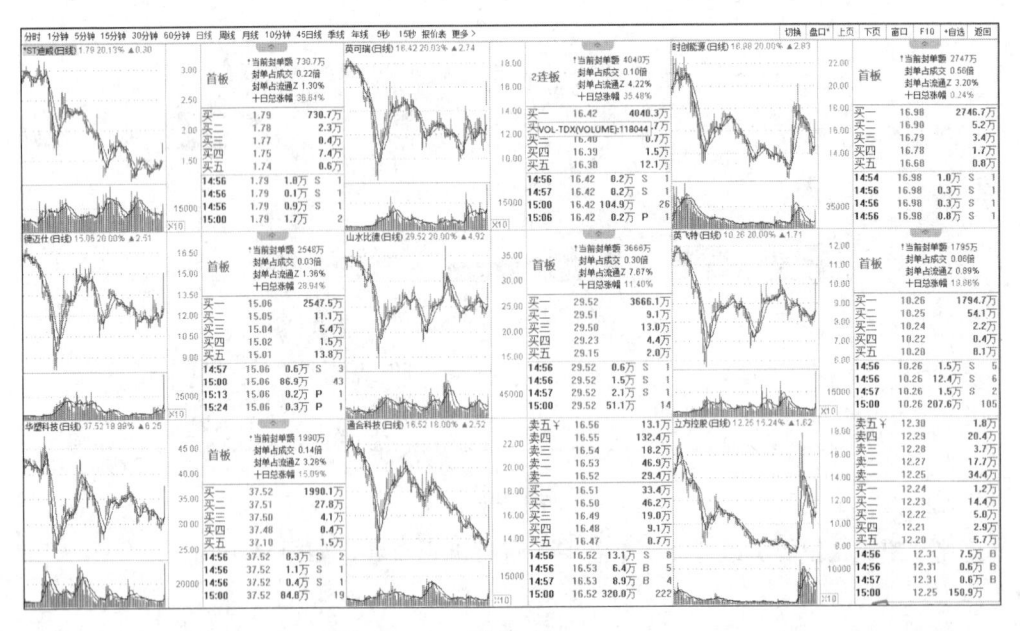

图 8-10

🔔 双击某只股票可以进入其技术分析界面，如图 8-11 所示。

图 8-11

❺ 单击【窗口】标签，在弹出的列表中选择【16 图（4 行 ×4 列）】选项，结果如图 8-12 所示。

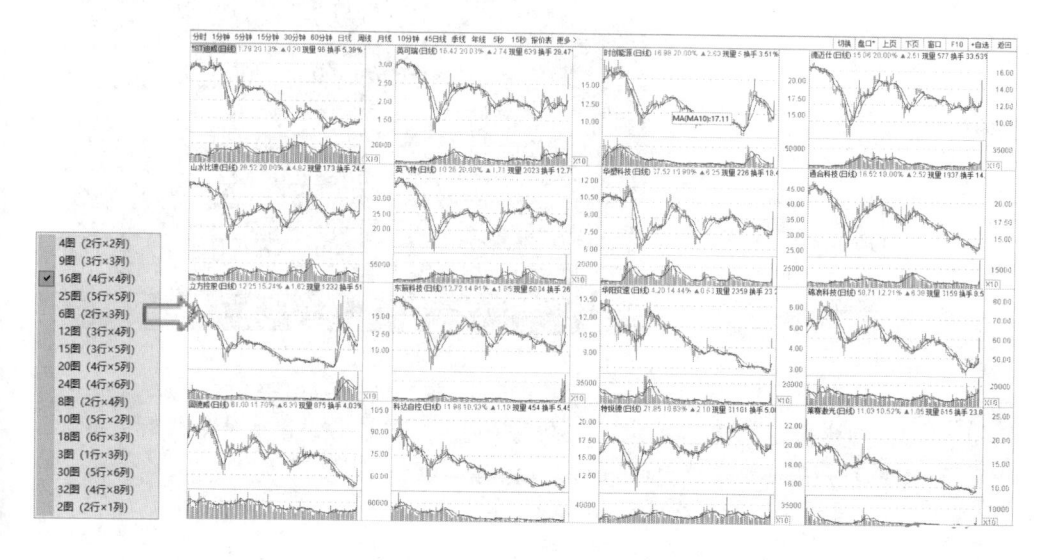

图 8-12

❻ 选中某只股票，然后单击【自选】标签，可以将该股加入自选股列表，双击底部的红绿军标签，进入【自选股】行情界面，如图 8-13 所示。

❼ 选中某只股票，然后按 F10 快捷键，或单击鼠标右键，在弹出的快捷菜单中选择【基本资料】命令，弹出该股的基础信息，如图 8-14 所示。

零基础学炒股——通达信从入门到精通

图 8-13

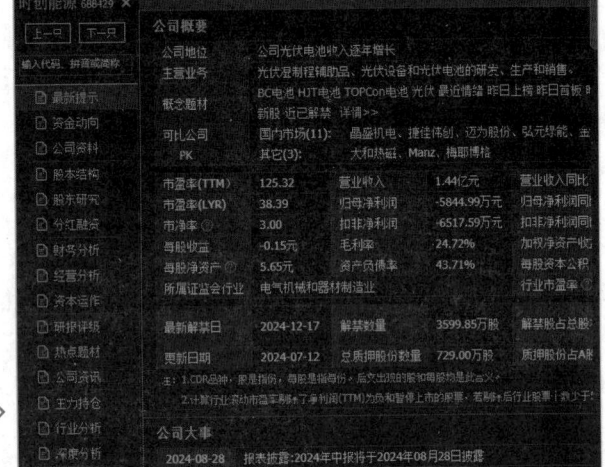

图 8-14

> 选中某只股票，然后单击鼠标右键，在弹出的快捷菜单中快速查看该股票所属板块或公司的网站，如图 8-15 所示。

图 8-15

8.2 自动选股

在【行情】界面，用户可以通过"自动选股"功能，将满足设定条件的股票筛选出来，单独作为一个板块。

❶ 在【行情】界面单击【自动选股】标签，然后选择【自动选股设置】选项，弹出【自动选股设置】对话框，如图 8-16 所示。

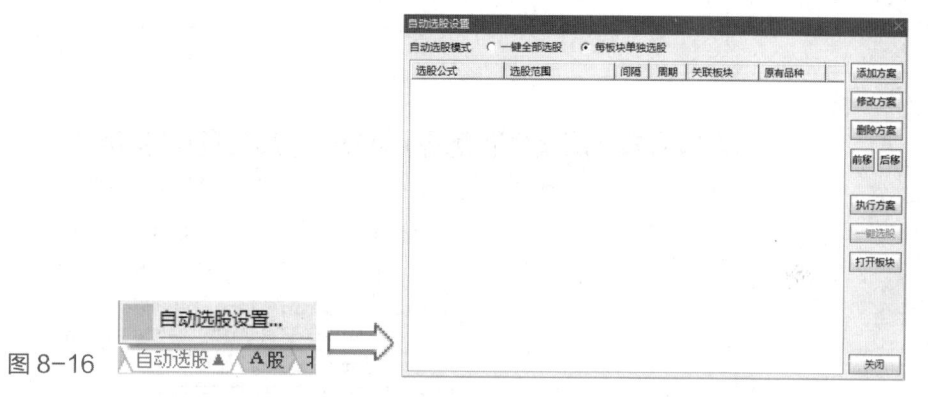

图 8-16

❷ 单击【条件选股公式】右侧的下拉按钮，从下拉列表框中选择【MA 买入 - 均线买入条件选股】选项，如图 8-17 所示。

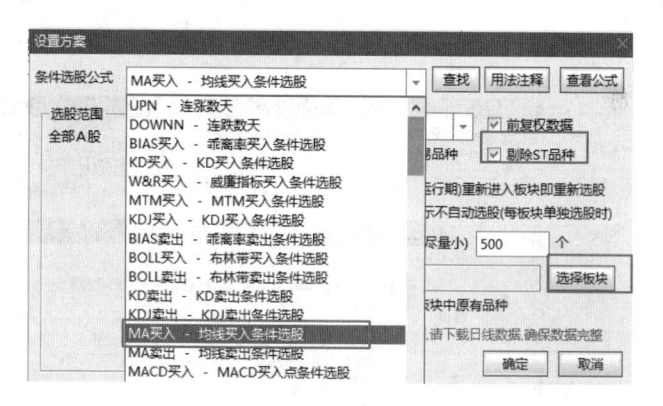

图 8-17

❸ 单击【选择板块】按钮，弹出【请选择板块】对话框，单击【新建板块】按钮，在弹出的【新建板块】对话框中输入板块名称和简称，如图 8-18 所示。

❹ 板块新建完成后单击【确定】按钮，返回【设置方案】对话框，可以看到新建的板块已经出现在【选股入板块】显示框中，如图 8-19 所示。

❺ 单击【确定】按钮，返回【自动选股设置】对话框，单击选择新建的板块，然后单击【执行方案】按钮，弹出下载数据提示框，如图 8-20 所示。

❻ 单击【是】按钮，开始下载盘后数据，如图 8-21 所示。

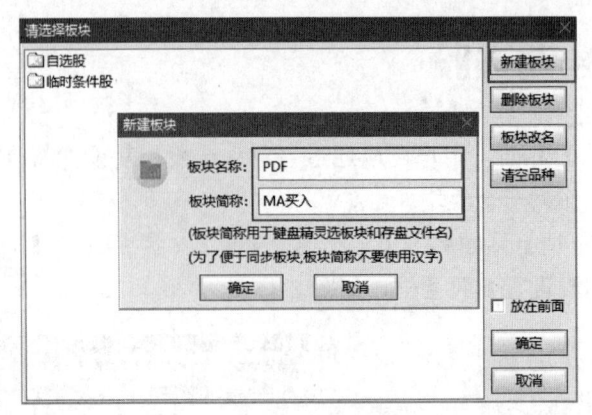

图 8-18

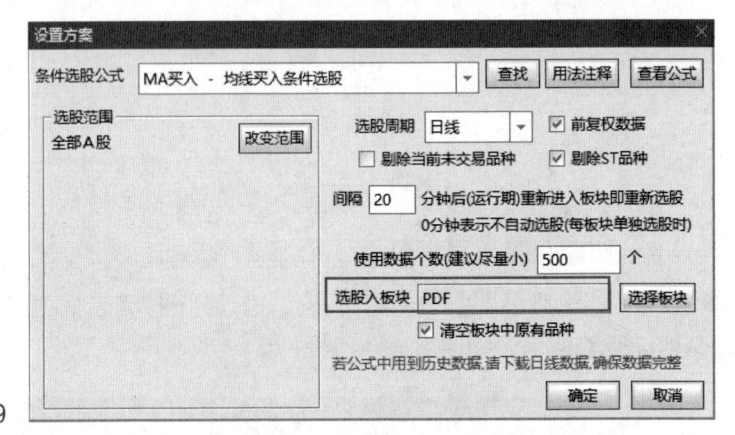

图 8-19

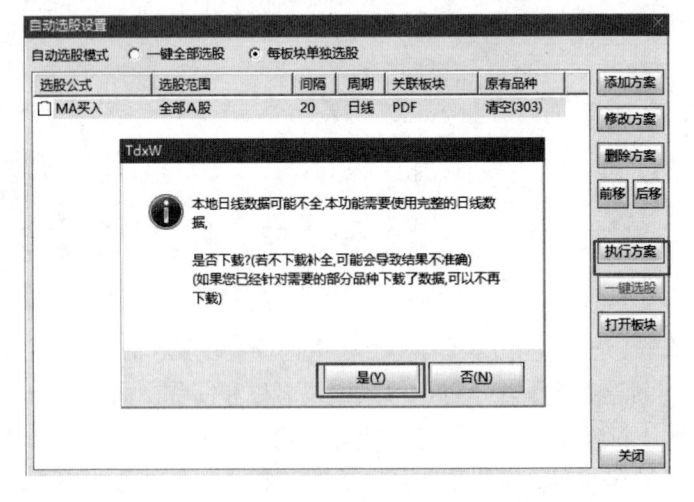

图 8-20

❼ 数据下载完成后，显示符合条件的品种数量，如图 8-22 所示。

❽ 单击【打开板块】按钮，新建的自动选股板块行情将显示，如图 8-23 所示。

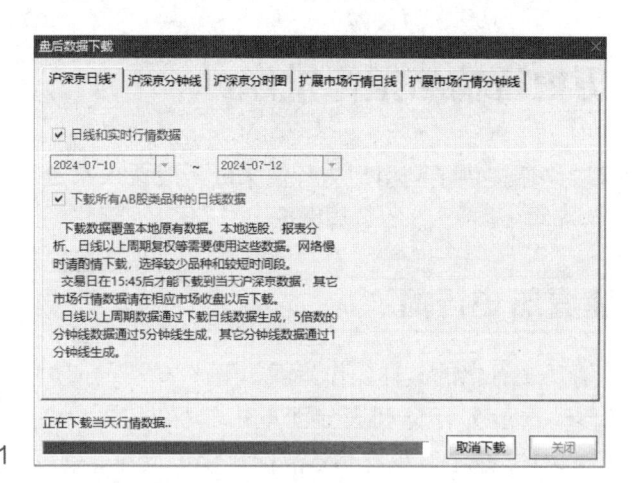

第 8 章 把握大势——股市行情分析与盈利机会

图 8-21

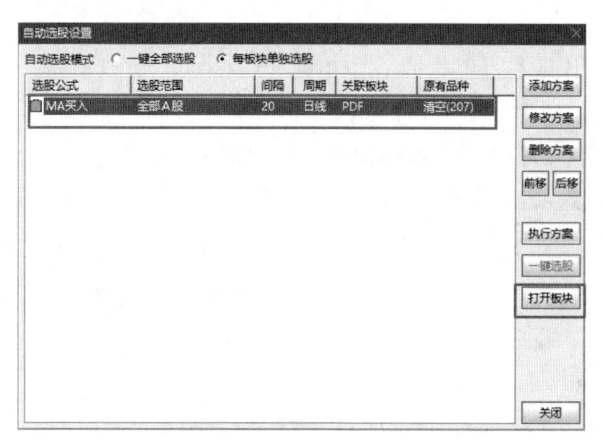

图 8-22

图 8-23

8.3 历史行情与指标排序

通达信金融终端提供了利用历史行情来分析股票未来走势的功能，并通过更换指标，查看在不同指标下个股的走势情况。

8.3.1 查看历史行情

通达信查看历史行情的具体操作步骤如下。

❶ 在【自动选股】行情列表界面单击鼠标右键，从弹出的快捷菜单中选择【历史行情.指标排序】命令，如图 8-24 所示。

❷ 在弹出的【历史行情.指标排序】界面单击 ROC 指标，以 ROC 指标降序排列，结果如图 8-25 所示。

❸ 单击鼠标右键，从弹出的快捷菜单中选择【选择交易日】命令，选择交易日期，如图 8-26 所示。

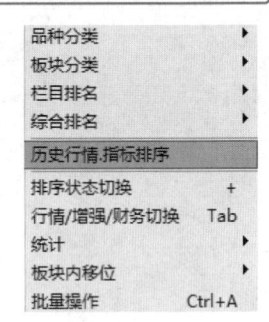

图 8-24

❹ 确定日期后，【历史行情.指标排序】列表如图 8-27 所示。

图 8-25

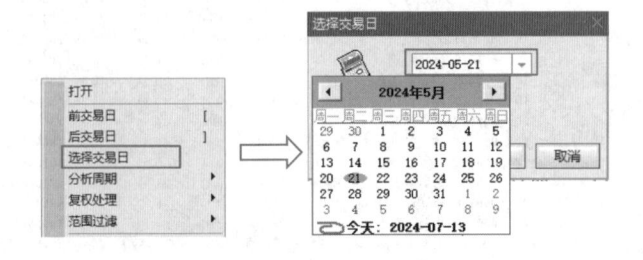

图 8-26

158

图 8-27

❺ 单击鼠标右键，在弹出的快捷菜单中选择【范围过滤】→【过滤北证 A 股】命令，如图 8-28 所示。

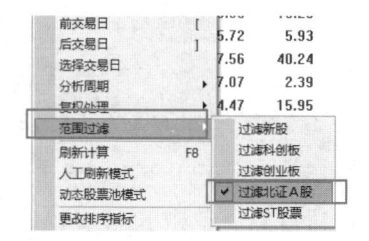

图 8-28

❻ 过滤掉北证 A 股后，向下拖动滚动条，可以看到列表中的股票数量由 207 变成了 201，如图 8-29 所示。

图 8-29

8.3.2 更改排序指标

单一指标往往是片面的，要想准确地预判股市的走势，通常需要多个指标相互佐证。本节将通过更改排序指标和添加附加指标来对列表重新进行排序。

❶ 单击鼠标右键，从弹出的快捷菜单中选择【更改排序指标】命令，如图 8-30 所示。

❷ 在弹出的【选择排序指标】对话框中选择 KDJ 指标，如图 8-31 所示。

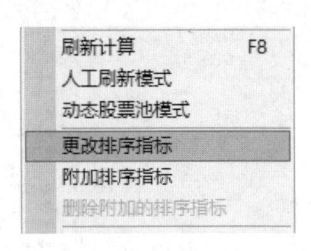

图 8-30

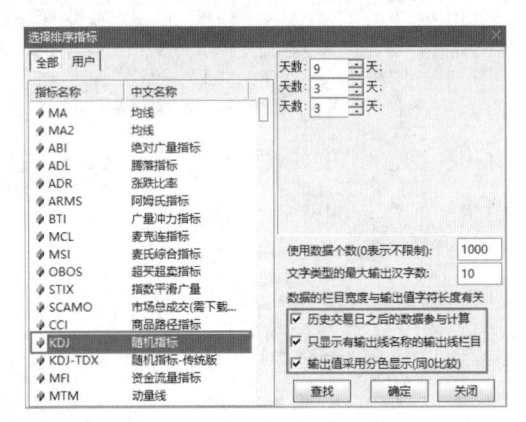

图 8-31

❸ 单击【确定】按钮，然后单击 K 标签，让股票列表以 K 值降序排列，如图 8-32 所示。

图 8-32

❹ 单击鼠标右键，从弹出的快捷菜单中选择【附加排序指标】命令，在弹出的【选择排序指标】对话框中选择 WR 指标，如图 8-33 所示。

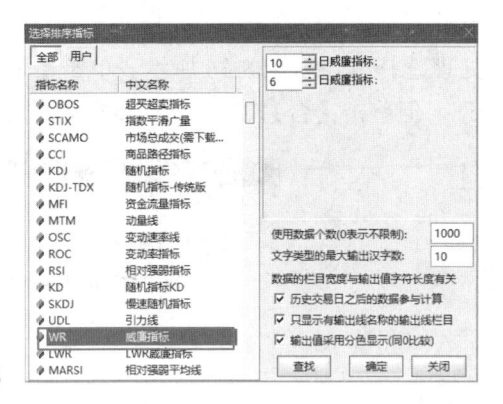

图 8-33

❺ 单击【确定】按钮，然后单击 WR1 标签，让股票列表按 WR1 值降序排列，如图 8-34 所示。

图 8-34

> 单击鼠标右键，从弹出的快捷菜单中选择【删除附加指标】命令，可以将附加指标删除。

8.4 批量处理

使用"批量操作"功能，可以将【行情】列表界面中的股票一次性多个快速地处理。

批量处理的具体操作步骤如下。

❶ 在【行情】列表界面单击鼠标右键，从弹出的快捷菜单中选择【批量操作】命令，如图 8-35 所示。

❷ 弹出批量处理选择框，如图 8-36 所示。单击【是】按钮，可对列表中所有的股票进行批量处理，但单击【否】按钮，只能对当前页面中的股票进行批量处理。

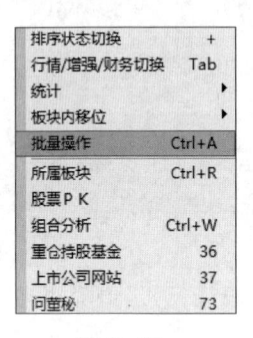

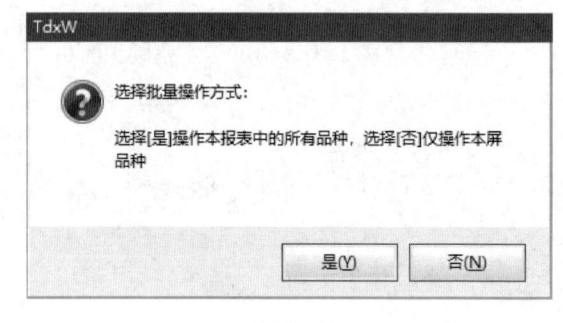

图 8-35

图 8-36

❸ 单击【是】按钮，在弹出的对话框中选择需要批量处理的股票，如图 8-37 所示。

❹ 单击【加入到板块】按钮，弹出【加入到自选股/板块】对话框，选择【自选股】选项，如图 8-38 所示。

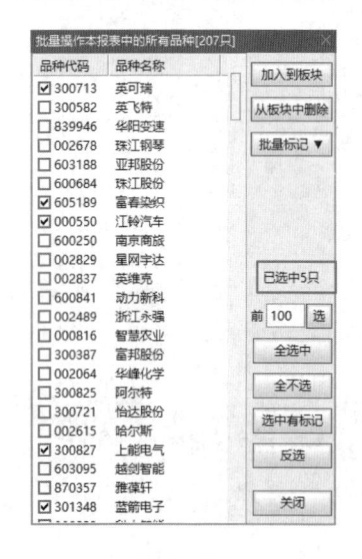

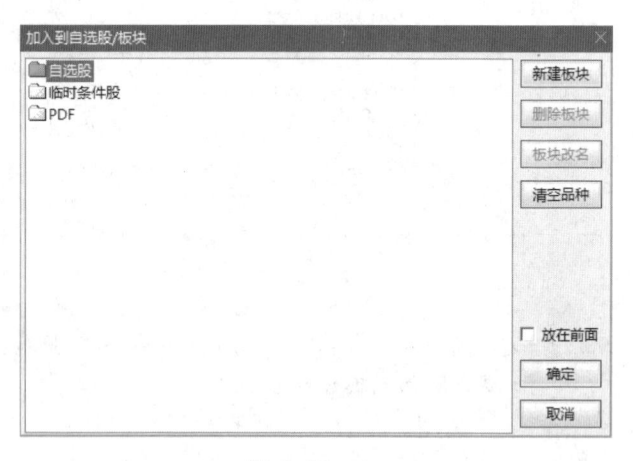

图 8-37

图 8-38

❺ 单击【确定】按钮，返回【行情】列表界面，此时添加到【自选股】中的股票将以加亮显示（在白色背景下显示为蓝色字体），如图 8-39 所示。

❻ 双击底部的红绿军标签，进入【自选股】行情界面，如图 8-40 所示。

第 8 章　把握大势——股市行情分析与盈利机会

	代码	名称(207)	涨幅%▲	现价	涨跌	买价	卖价	总量	现量	涨速%	换手%
1	300713	英可瑞	20.03	16.42	2.74	16.42	—	255290	639	0.00	29.47
2	300582	英飞特	20.00	10.26	1.71	10.26	—	283350	2023	0.00	12.79
3	839946	华阳变速 R	14.44	4.20	0.53	4.20	4.21	231327	2359	0.24	23.28
4	002678	珠江钢琴	10.11	4.03	0.37	4.03	—	151616	8	0.00	1.12
5	603188	亚邦股份	10.08	2.62	0.24	2.62	—	262899	171	0.00	4.61
6	600684	珠江股份	10.07	2.95	0.27	2.95	—	779494	2308	0.00	9.13
7	605189	富春染织	10.01	11.76	1.07	11.76	—	34404	1	0.00	2.30
8	000550	江铃汽车R	10.01	24.62	2.24	24.62	—	475511	903	0.00	9.17
9	600250	南京商旅	10.00	8.03	0.73	8.03	—	161732	712	0.00	5.69
10	002829	星网宇达	10.00	17.38	1.58	17.38	—	33709	316	0.00	2.35
11	002837	英维克 R	10.00	24.54	2.23	24.54	—	353110	606	0.00	5.50
12	600841	动力新科	9.92	3.88	0.35	3.88	—	322041	594	0.00	3.50
13	002489	浙江永强	9.88	2.67	0.24	2.67	—	188989	156	0.00	1.01
14	000816	智慧农业 R	9.83	1.90	0.17	1.90	—	168026	214	0.00	1.17
15	300387	富邦股份	8.51	6.63	0.52	6.62	6.63	317457	4402	0.15	10.99
16	002064	华峰化学	8.09	7.75	0.58	7.75	7.76	681961	8380	-0.12	1.38
17	300825	阿尔特	7.19	12.23	0.82	12.23	12.24	735761	8533	-0.32	15.47
18	300721	怡达股份	7.15	14.54	0.97	14.54	14.55	166048	1570	0.28	12.11
19	002615	哈尔斯	6.14	7.09	0.41	7.09	—	548125	4613	-0.13	18.03
20	300827	上能电气	5.80	25.92	1.42	25.92	25.93	193343	2646	-0.03	7.42
21	603095	越剑智能	5.75	14.35	0.78	14.35	14.36	61220	894	-0.48	3.31
22	870357	雅葆轩	5.55	14.65	0.77	14.63	14.65	56455	583	-0.40	16.62
23	301348	蓝箭电子	5.12	34.90	1.70	34.90	34.95	135083	1715	0.43	27.02
24	300222	科大智能	5.12	5.75	0.28	5.74	5.75	300780	4153	0.17	4.73
25	603516	淳中科技	4.90	37.71	1.76	37.71	37.72	190679	2645	0.35	9.47

图 8-39

同步	代码	名称	涨幅%	现价	涨跌	买价	卖价	总量	现量	涨速%	?
1	002121	科陆电子	0.00	3.76	0.00	3.76	3.77	98902	1098	-0.26	
2	003009	中天火箭	-0.56	37.53	-0.21	37.53	37.57	3954	28	-0.02	
3	600399	抚顺特钢 R	-2.74	6.03	-0.17	6.02	6.03	706840	13398	0.17	
4	300071	福石控股	-2.76	2.11	-0.06	2.10	2.11	327626	4992	0.00	
5	002339	奥特佳	-0.82	2.43	-0.02	2.42	2.43	340246	5148	0.00	
6	300375	鹏翎股份	0.98	4.13	0.04	4.13	4.14	241278	3703	-0.47	
7	600118	中国卫星	-0.49	20.17	-0.10	20.17	20.18	39713	500	0.05	
8	600126	杭钢股份	-0.26	3.87	-0.01	3.87	3.88	241450	4124	-0.25	
9	300750	宁德时代 R	1.58	179.80	2.79	179.80	179.94	195505	9897	-0.54	
10	600000	浦发银行	2.79	8.84	0.24	8.83	8.84	572677	6814	0.23	
11	600015	华夏银行	2.04	6.51	0.13	6.51	6.52	442424	4180	0.00	
12	600016	XD民生银	1.63	3.73	0.06	3.73	3.74	158.8万	13118	0.00	
13	600036	招商银行	3.34	34.00	1.10	33.99	34.00	944904	17378	0.09	
14	600010	包钢股份 R	0.00	1.43	0.00	1.42	1.43	122.4万	33884	0.70	
15	600019	宝钢股份	-0.14	6.94	-0.01	6.94	6.95	396320	5240	-0.13	
16	600104	上汽集团	1.28	14.20	0.18	14.19	14.20	160487	3280	-0.13	
17	600006	东风汽车	0.29	6.88	0.02	6.88	6.89	500427	7255	-0.14	
18	688429	时创能源	20.08	16.98	2.83	16.98	—	28755	5	8.80	
19	300713	英可瑞	20.03	16.42	2.74	16.42	—	255290	639	0.00	
20	605189	富春染织	10.01	11.76	1.07	11.76	—	34404	1	0.00	
21	000550	江铃汽车R	10.01	24.62	2.24	24.62	—	475511	903	0.00	
22	300827	上能电气	5.80	25.92	1.42	25.92	25.93	193343	2646	-0.03	
23	301348	蓝箭电子	5.12	34.90	1.70	34.90	34.95	135083	1715	0.43	

新添加的股票

图 8-40

8.5 股票PK和组合分析

顾名思义，股票 PK 就是对两只或多只股票进行分析比较。

组合分析除了深入剖析股票组合的综合特性外，还可以对股票的类型分布、估值分析、行业分布及地区分布进行细致考察。

8.5.1 股票PK

通达信的股票 PK 功能目前仅支持沪深 A 股。通过股票 PK，可以对股票的行情指标、估值指标、股本股东、特殊指标、研发对比和财务指标进行比较。

股票 PK 的具体操作步骤如下。

❶ 在【行情】列表界面单击鼠标右键，从弹出的快捷菜单中选择【股票 PK】命令，如图 8-41 所示。

❷ 在弹出的【股票 PK】界面输入要 PK 的股票，股票的行情、估值、股本股东、研发以及财务指标将显示在窗口的左侧。选择 PK 项目后，PK 的结果将在右侧下方窗口中显示，如图 8-42 所示。

所属板块	Ctrl+R
股票 P K	
组合分析	Ctrl+W
重仓持股基金	36
上市公司网站	37
问董秘	73

图 8-41

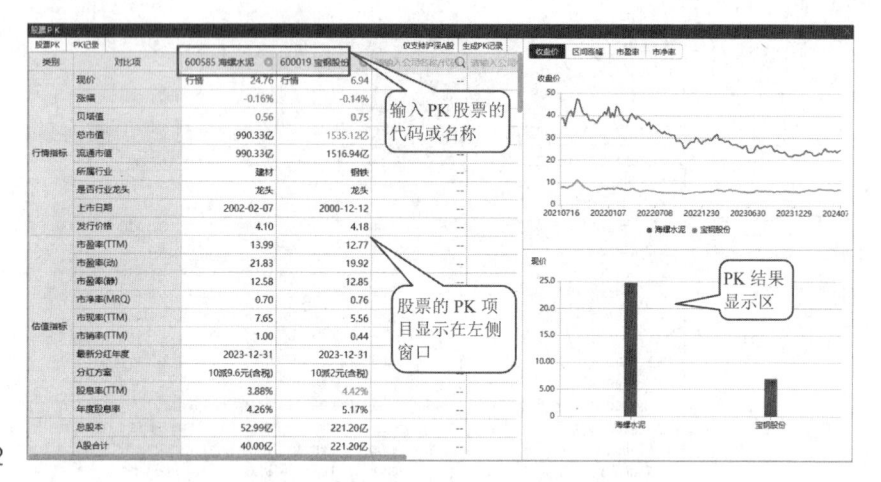

图 8-42

❸ 选择【行情指标】中的【总市值】选项，对比结果如图 8-43 所示。

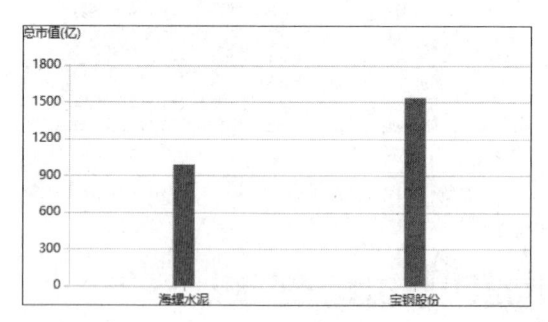

图 8-43

❹ 【股票 PK】界面的右上方显示股票近几年的收盘价、区间涨幅、市盈率和市净率。例如，单击【市盈率】，显示如图 8-44 所示的内容。

❺ 单击左侧窗口右上方的【生成 PK 记录】，然后单击左侧窗口左上方的【PK 记录】，可以查看最近的 PK 记录，如图 8-45 所示。

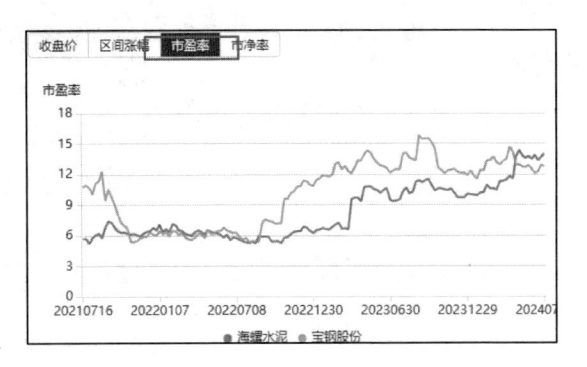

图 8-44

图 8-45

8.5.2 组合分析

组合分析的具体操作步骤如下。

❶ 在【自选股】行情界面单击鼠标右键，从弹出的快捷菜单中选择【组合分析】命令，如图 8-46 所示。

图 8-46

❷ 弹出的【自选股（23 只）组合分析】对话框，选择【综合分析】选项，结果如图 8-47 所示。

❸ 选择【类型分布】选项，显示自选股的市场分布、市值分布、股价分布和每股收益（TTM）分布情况，如图 8-48 所示。

❹ 选择【组合云图】选项，可以用云图的形式查看总市值、流通市值、成交额、主力净额等，如图 8-49 所示。

图 8-47

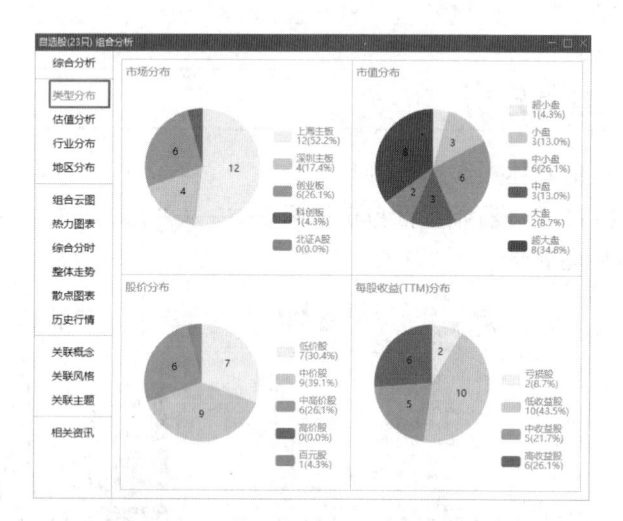

图 8-48

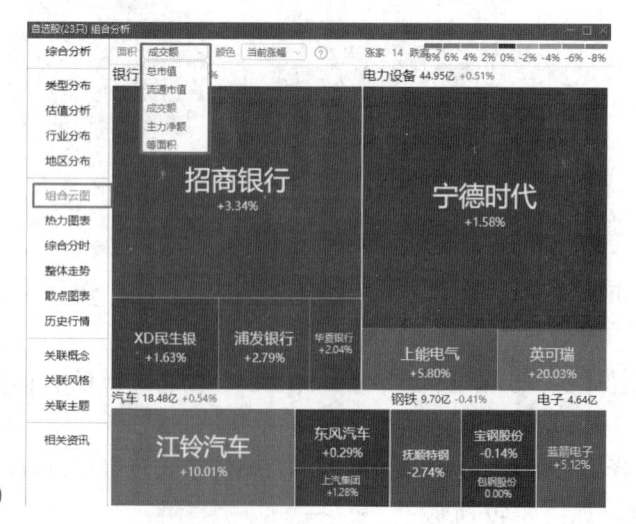

图 8-49

❺ 选择【综合分时】选项，通达信将组合云图中的股票综合生成一个分时图，从中可以查看组合云图中股票的综合走势，如图 8-50 所示。

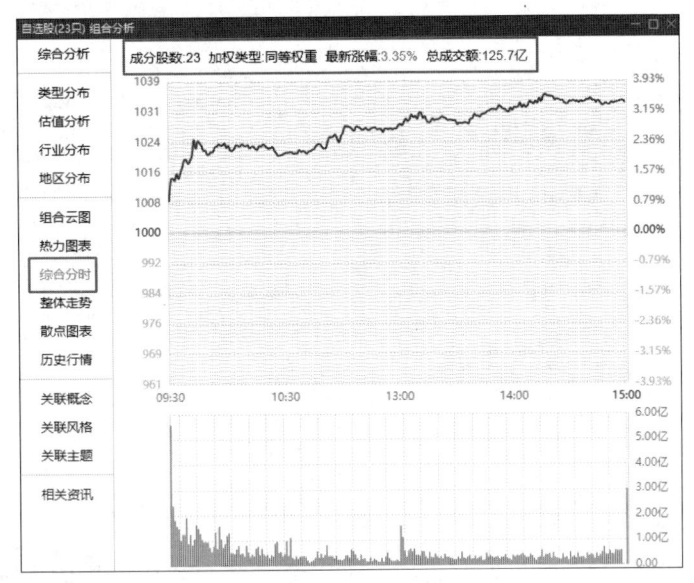

图 8-50

❻ 选择【整体走势】选项，可以查看组合云图中的股票生成的 K 线图走势情况，如图 8-51 所示。

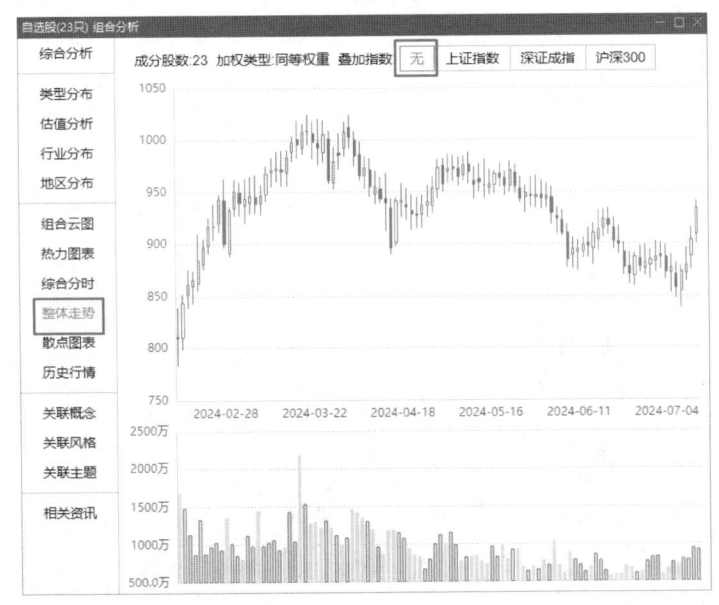

图 8-51

❼ 单击【上证指数】按钮，可将大盘指数叠加到组合云图股票生成的 K 线图上，如图 8-52 所示。

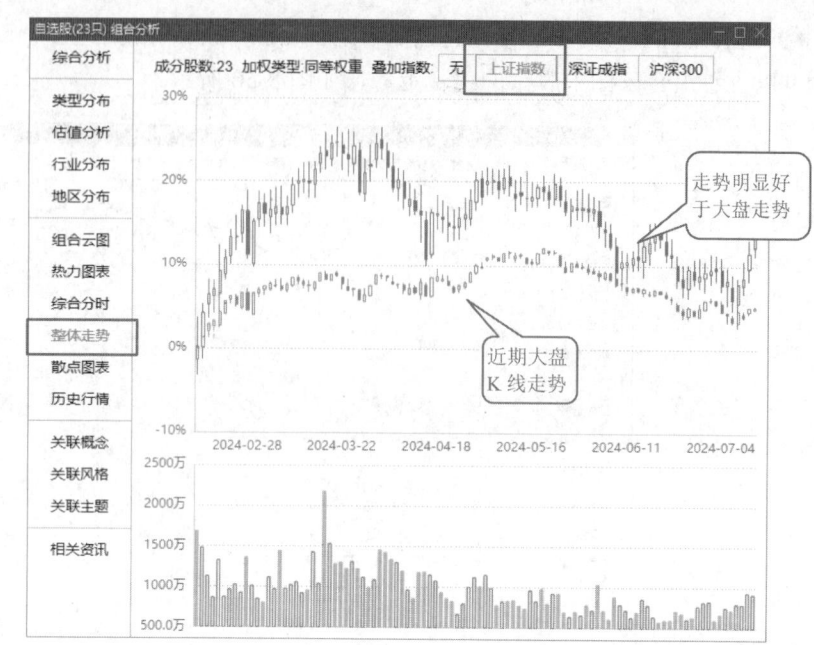

图 8-52

❽ 选择【散点图表】选项，可以查看组合云图股票的涨幅情况，如图 8-53 所示。

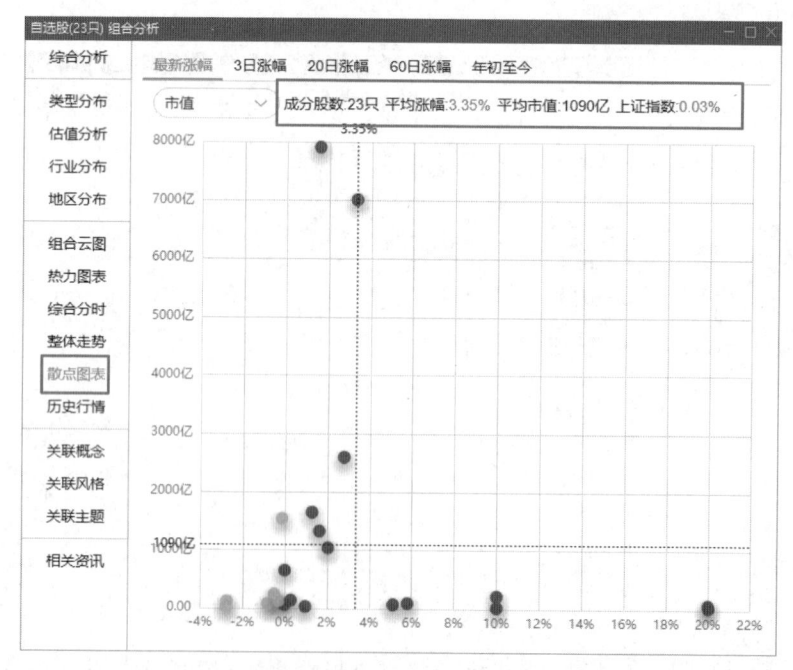

图 8-53

❾ 选择【历史行情】选项，可以查看之前某日组合云图股票中各股的涨幅、收盘价、成交金额、开盘涨幅和开盘金额，如图 8-54 所示。

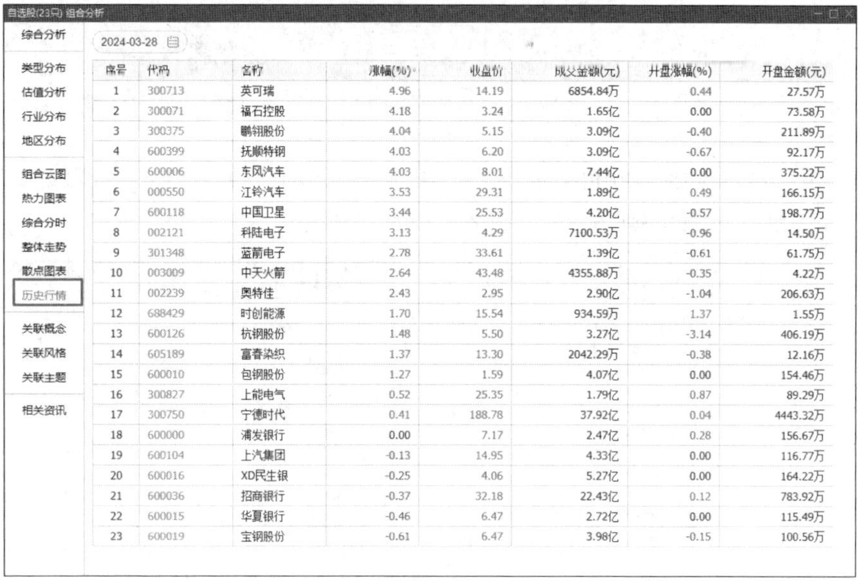

序号	代码	名称	涨幅(%)	收盘价	成交金额(元)	开盘涨幅(%)	开盘金额(元)
1	300713	英可瑞	4.96	14.19	6854.84万	0.44	27.57万
2	300071	福石控股	4.18	3.24	1.65亿	0.00	73.58万
3	300375	鹏翎股份	4.04	5.15	3.09亿	-0.40	211.89万
4	600399	抚顺特钢	4.03	6.20	3.09亿	-0.67	92.17万
5	600006	东风汽车	4.03	8.01	7.44亿	0.00	375.22万
6	000550	江铃汽车	3.53	29.31	1.89亿	0.49	166.15万
7	600118	中国卫星	3.44	25.53	4.20亿	-0.57	198.77万
8	002121	科陆电子	3.13	4.29	7100.53万	-0.96	14.50万
9	301348	蓝箭电子	2.78	33.61	1.39亿	-0.61	61.75万
10	003009	中天火箭	2.64	43.48	4355.88万	-0.35	4.22万
11	002239	奥特佳	2.43	2.95	2.90亿	-1.04	206.63万
12	688429	时创能源	1.70	15.54	934.59万	1.37	1.55万
13	600126	杭钢股份	1.48	5.50	3.27亿	-3.14	406.19万
14	605189	富春染织	1.37	13.30	2042.29万	-0.38	12.16万
15	600010	包钢股份	1.27	1.59	4.07亿	0.00	154.46万
16	300827	上能电气	0.52	25.35	1.79亿	0.87	89.29万
17	300750	宁德时代	0.41	188.78	37.92亿	0.04	4443.32万
18	600000	浦发银行	0.00	7.17	2.47亿	0.28	156.67万
19	600104	上汽集团	-0.13	14.95	4.33亿	0.00	116.77万
20	600016	XD民生银	-0.25	4.06	5.27亿	0.00	164.22万
21	600036	招商银行	-0.37	32.18	22.43亿	0.12	783.92万
22	600015	华夏银行	-0.46	6.47	2.72亿	0.00	115.49万
23	600019	宝钢股份	-0.61	6.47	3.98亿	-0.15	100.56万

图 8-54

8.6 新股民学堂——强弱分析和区间排行

用户可以通过强弱分析和区间排行对【行情】列表进行排序，从而查看板块内各股近期的走势强弱和涨幅排名。

❶ 在【自选股】行情界面单击【功能】→【报表分析】→【强弱分析】菜单命令，如图 8-55 所示。

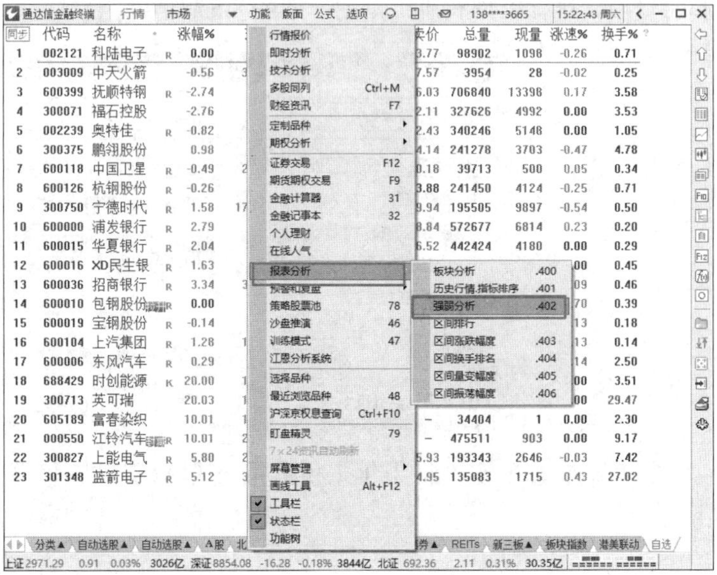

图 8-55

> 在任何界面输入".402+Enter",都可以快速对该股票所在的板块进行强弱排名。

❷ 进入【强弱分析】界面后,单击【年初至今】选项,将该板块所有的股票按年初至今的涨幅降序排列,结果如图 8-56 所示。

图 8-56

❸ 单击【功能】→【报表分析】→【区间排行】菜单命令,在弹出的对话框中选择起始日期、排行类型和排行范围,如图 8-57 所示。

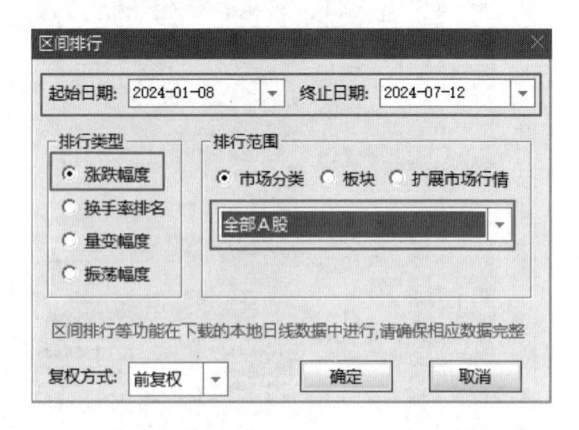

图 8-57

❹ 单击【确定】按钮,将半年来所有的 A 股按涨跌幅度降序排列,结果如图 8-58 所示。

第 8 章　把握大势——股市行情分析与盈利机会

	代码	名称		涨跌幅度↓	前收盘	最高	最低	收盘	振荡幅度	最大上涨%
1	300641	正丹股份		23.33 410.74%	5.68	36.65	2.81	29.01	33.84 1204.27%	
2	002085	万丰奥威	R	8.22 177.92%	4.62	18.73	4.33	12.84	14.40 332.56%	
3	688183	生益电子	K	17.78 174.14%	10.21	29.10	5.58	27.99	23.52 421.51%	
4	300502	新易盛		68.78 154.32%	44.57	121.77	41.07	113.35	80.70 196.49%	
5	300563	神宇股份		21.75 142.53%	15.26	39.06	7.60	37.01	31.46 413.95%	
6	300476	胜宏科技		22.36 133.89%	16.70	40.99	13.67	39.06	27.32 199.85%	
7	002130	沃尔核材		8.29 114.98%	7.21	16.85	4.80	15.50	12.05 251.04%	
8	300308	中际旭创		78.99 111.05%	71.13	159.68	68.75	150.12	90.93 132.26%	
9	601138	工业富联	R	13.96 104.96%	13.30	29.47	12.63	27.26	16.84 133.33%	
10	002463	沪电股份		20.20 100.75%	20.05	41.96	18.74	40.25	23.22 123.91%	
11	600066	宇通客车		11.87 100.25%	11.84	28.55	12.51	23.71	16.04 128.22%	
12	002938	鹏鼎控股		19.64 97.23%	20.20	43.58	15.42	39.84	28.16 182.62%	
13	301004	嘉益股份		41.22 92.26%	44.68	98.77	43.84	85.90	54.93 125.30%	
14	002916	深南电路		60.48 92.11%	65.66	127.79	45.88	126.14	81.91 178.53%	
15	000099	中信海直	R	7.53 90.40%	8.33	24.76	7.17	15.86	17.59 245.33%	
16	603516	淳中科技		16.95 81.65%	20.76	43.45	10.69	37.71	32.76 306.45%	
17	000737	北方铜业	R	4.64 80.00%	5.80	13.49	3.88	10.44	9.61 247.68%	

图 8-58

第 9 章

掌控市场脉搏——市场分析股市动态

"不谋全局者,不足谋一域。"——陈澹然

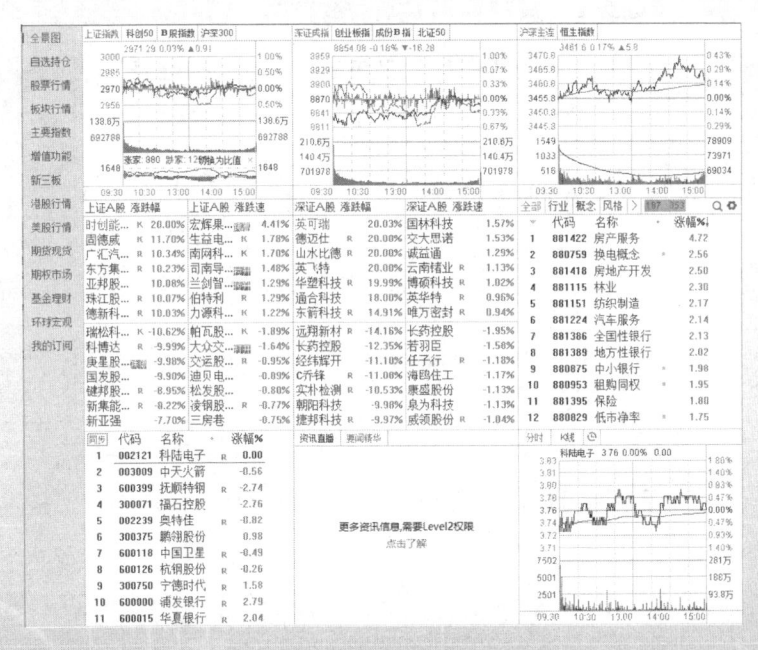

市场分析可以让投资者获取各板块的市场报价和相关新闻。在通达信金融终端,除了可以查看沪深京的市场分析外,还可以查看港股行情和美股行情。

9.1 全景图

全景图由3行3列组成，第一行是指数行，主要显示各板块的指数；第二行是上证A股、深证A股的涨跌幅、涨跌速排行榜，以及市场行情；第三行是自选股、资讯和所选股票的分时图、K线图。

❶ 单击【市场】按钮，默认进入【全景图】界面，如图9-1所示。

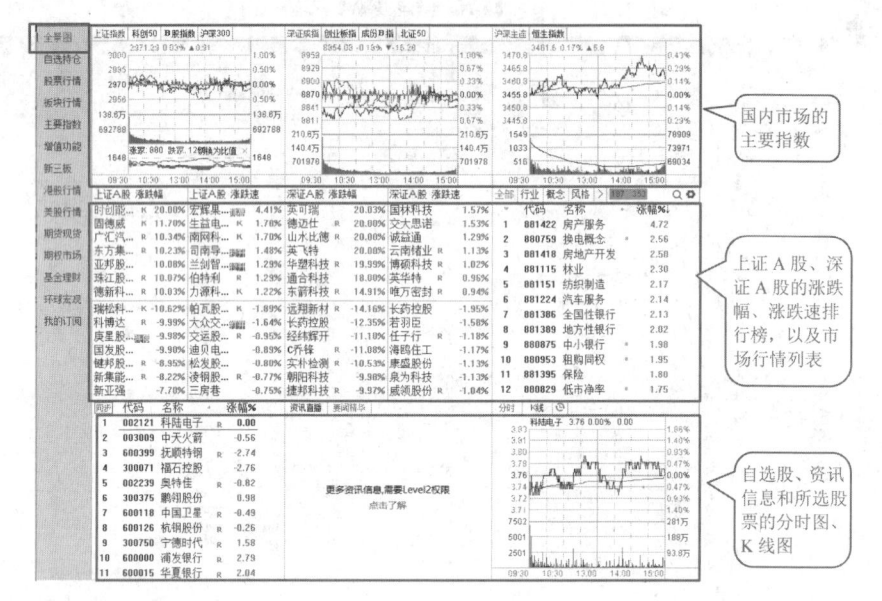

图 9-1

❷ 单击第一行指数窗口，然后按"/"键，可以切换显示不同的技术指标，如图9-2所示。

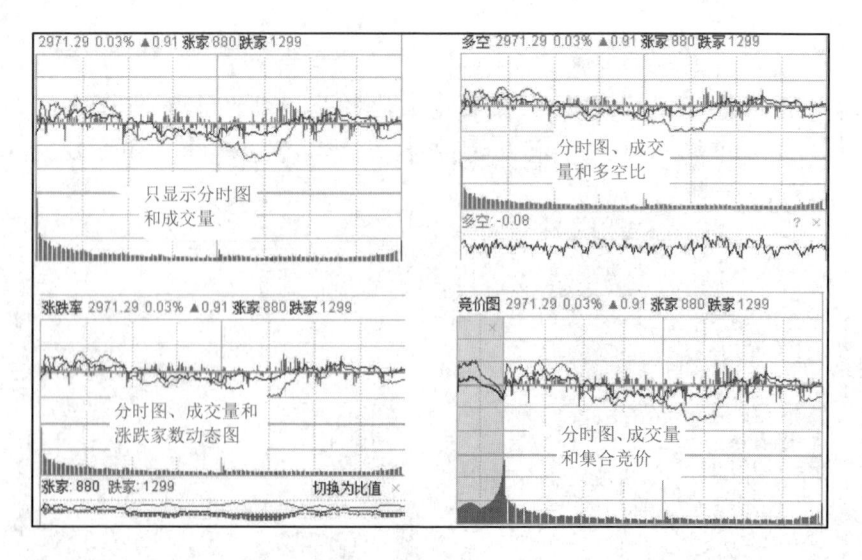

图 9-2

❸ 单击选择界面内的任意一只股票，右下角将显示该股票的分时图或K线图。例如，选择【中天火箭】（003009），显示其分时图，如图9-3所示。

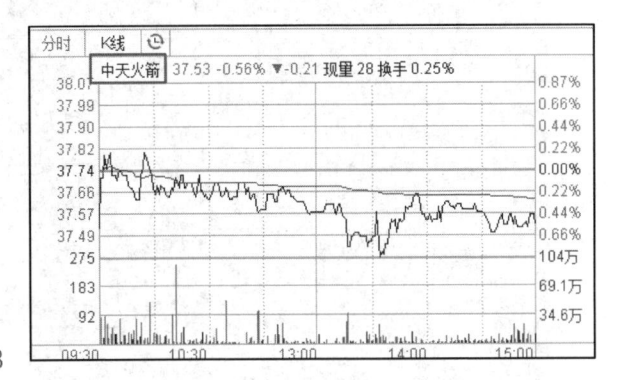

图9-3

❹ 单击第二行最右侧的市场行情的【板块地图】选项卡，板块地图可以按行业板块、概念板块、风格板块和地区板块进行分类，如图9-4所示。

图9-4

❺ 单击【地区板块】选项，然后单击【5日涨幅】按钮，显示结果如图9-5所示。

❻ 单击地图上的某个地区，可以显示该地区板块的K线图以及该地区板块股票的行情列表。例如，选择【沪】选项，结果如图9-6所示。

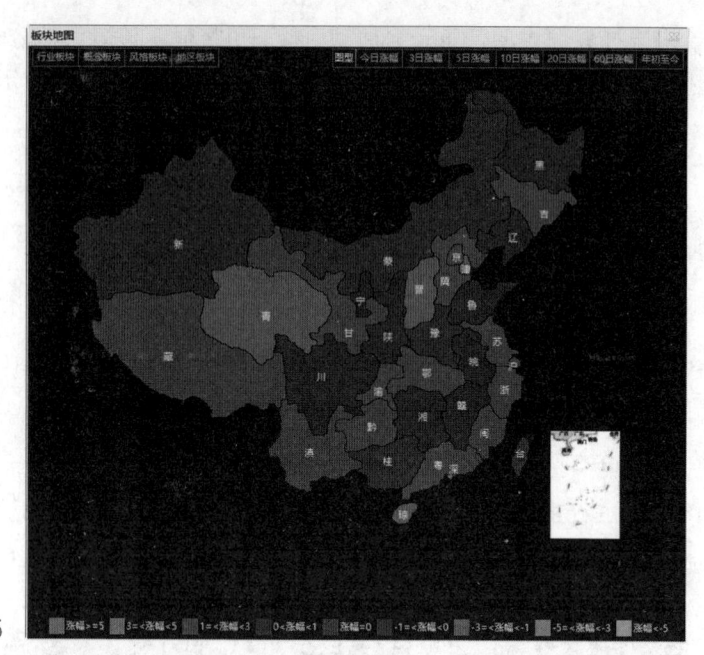

图 9-5

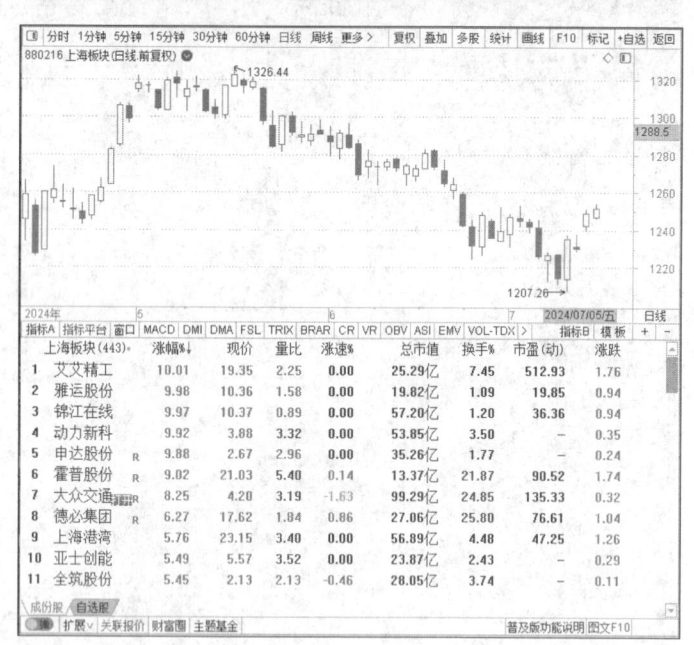

图 9-6

9.2 股票行情

股票行情界面包括【实时看盘】、【盘中监测】和【个股联动】三个选项卡。【实时看盘】和【盘中监测】主要用于查看板块的行情列表和股票的实时盘口情况。【实时看盘】只能查看自选股和A股情况，而【盘中监测】则可以分类查看各个板块的情况。【个股联动】不仅显示所选股票的分时图、K线图，还可以显示和所选股票相关联的板块信息。

❶ 选择【股票行情】选项，再单击【实时看盘】选项卡，显示结果如图9-7所示。

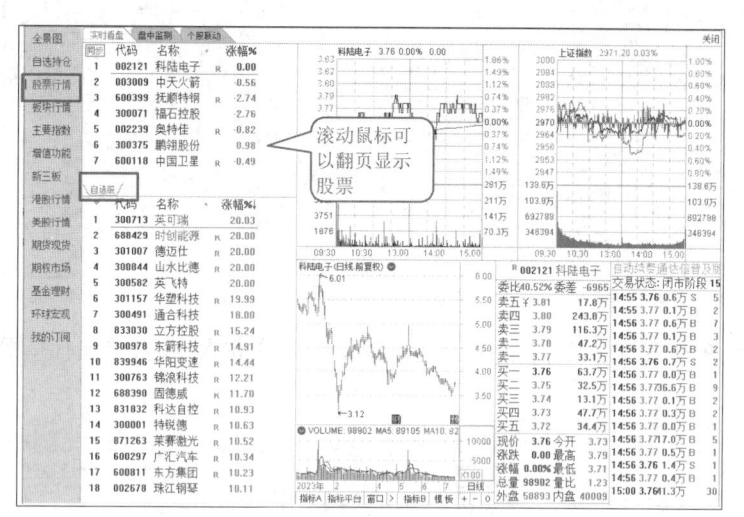

图9-7

❷ 单击【盘中监测】选项卡，显示结果如图9-8所示。

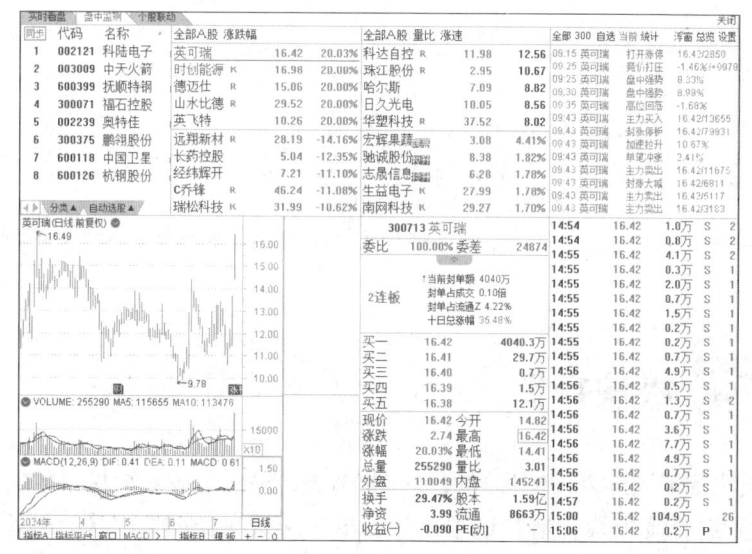

图9-8

❸ 单击【个股联动】选项卡，再选择某只股票，例如选择【平安银行】，则右侧显示该股的分时图、K线图、该股所在的大盘指数以及和该股相关联的品种的情况，如图9-9所示。

❹ 单击相关联的板块，可以显示该板块的行情信息。例如，单击【全国性银行】标签，显示结果如图9-10所示。

177

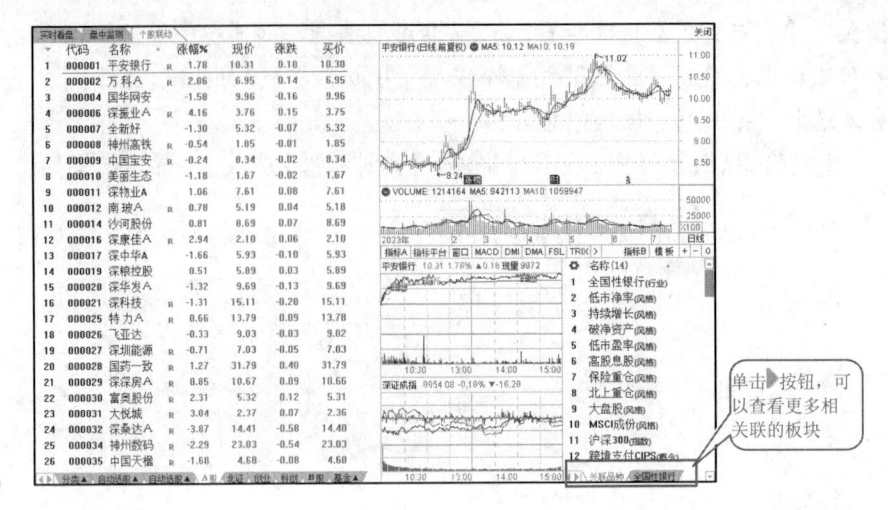

图 9-9

❺ 单击左上角的 ≡ 按钮，可以详细查看关联板块的详细行情列表，如图 9-11 所示。

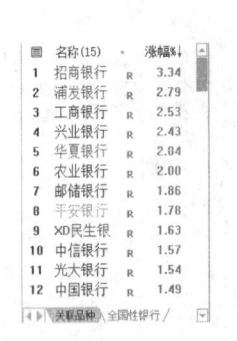

图 9-10

图 9-11

9.3 板块行情

板块行情通过云图的形式展示行业个股、地区个股和板块指数的行情情况。

❶ 选择【板块行情】选项，然后单击【板块云图】→【行业个股】。将鼠标指针放置到某只股票上，可以弹出浮框显示该股票的基本行情信息，如图 9-12 所示。

❷ 单击【地区个股】选项卡，以区域为板块划分，显示个股的行情信息，如图 9-13 所示。

❸ 单击【板块指数】选项卡，以板块来区分，显示个股的行情信息，默认是【研究二级行业】板块，如图 9-14 所示。

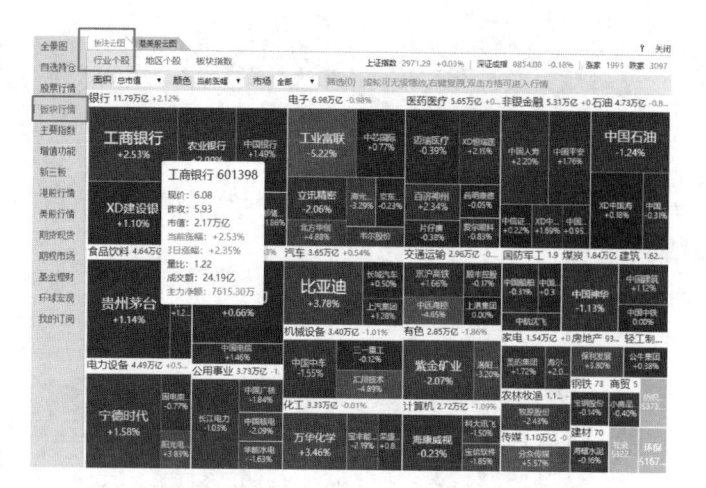

第 9 章 掌控市场脉搏——市场分析股市动态

图 9-12

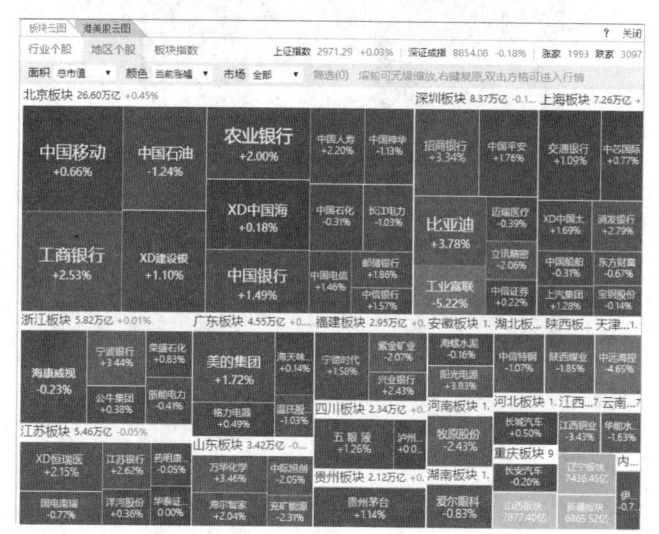

图 9-13

图 9-14

🔔 一级行业可以用来观察市场大体的强弱分布和资金流向，二、三级行业则能够观察细分方向的强弱。

❹ 单击【板块】右侧的下拉按钮，从下拉列表框中选择【研究一级行业】选项，如图9-15所示。

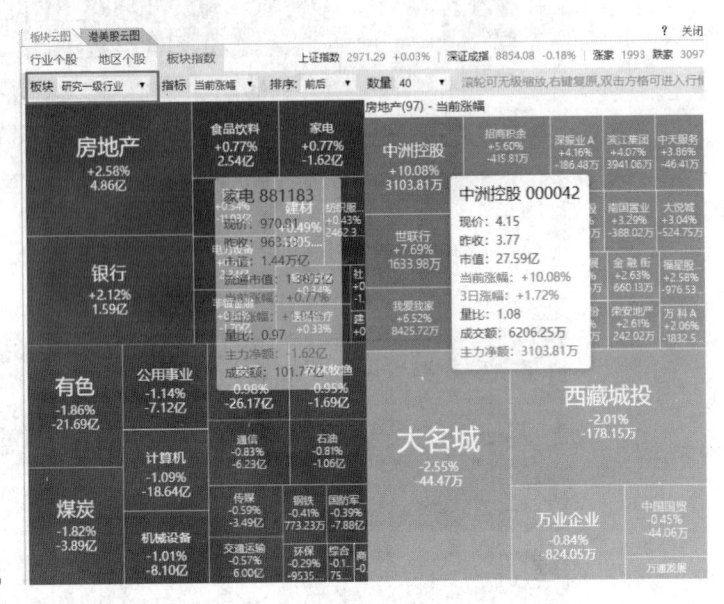

图9-15

❺ 单击【港美股云图】选项卡，可以查看港股个股、港股板块、美股个股和美股板块，如图9-16所示。

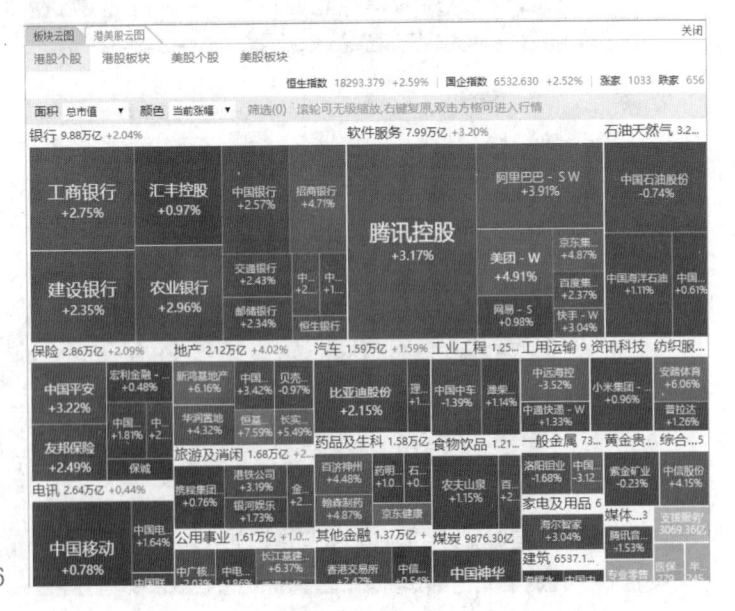

图9-16

9.4 主要指数

主要指数分为两行两列四个窗口。第一行左侧窗口显示沪深京的主要指数行情，右侧窗口显示所选指数的分时图；第二行左侧窗口显示中证指数、国证指数和国际指数，右侧窗口显示所选指数的 K 线图，如图 9-17 所示。

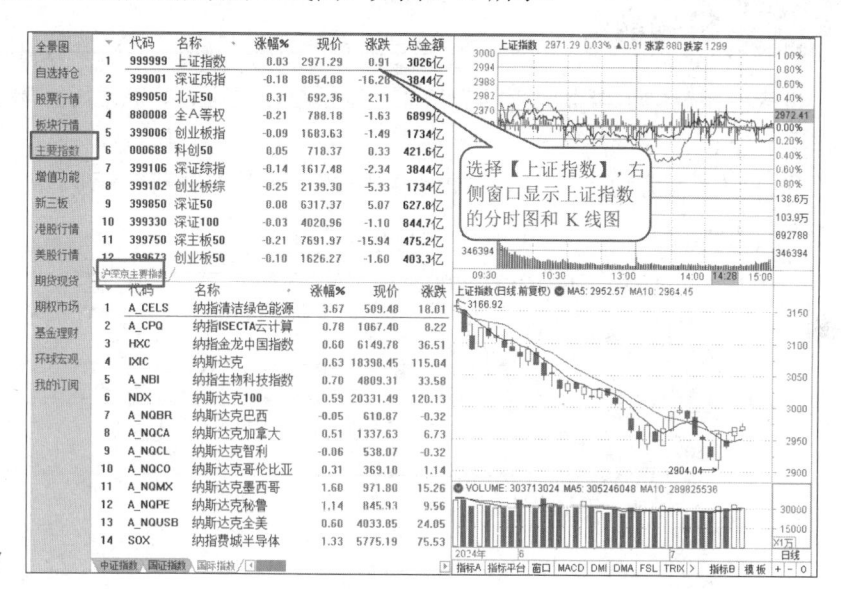

图 9-17

单击【国际指数】选项卡，然后选择【纳斯达克】指数，结果如图 9-18 所示。

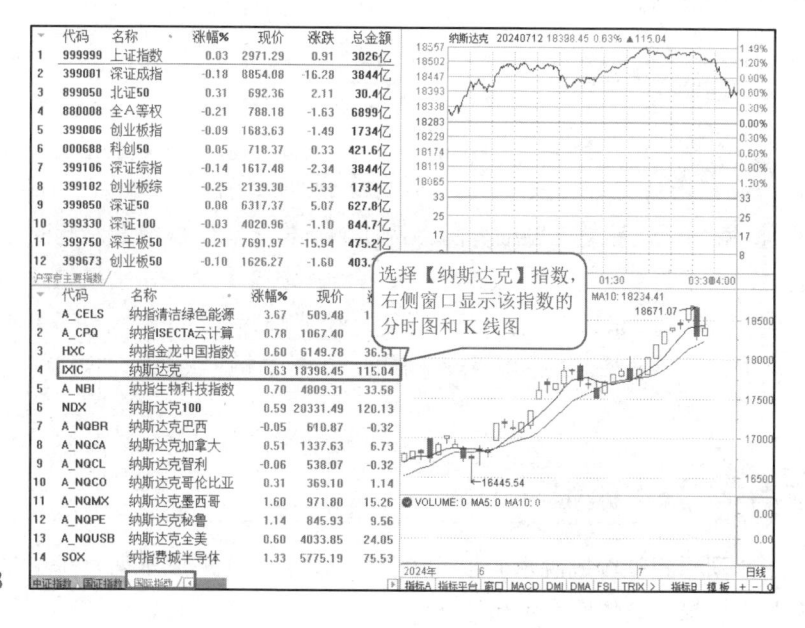

图 9-18

9.5 增值功能

通达信的行情增值功能包括机构内参、脱水研报、AI挖掘机、AI优选、神奇电波、尾盘狙击和主力密码等。本节主要介绍免费的机构内参和脱水研报功能。

9.5.1 机构内参

机构内参提供了按行业查询的功能，包括行业动态、个股追踪、宏观策略以及买方看市等。

❶ 单击【增值功能】→【机构内参】选项卡，然后选择研究行业，例如，选择【纺织服饰】选项，默认显示全部消息，如图9-19所示。

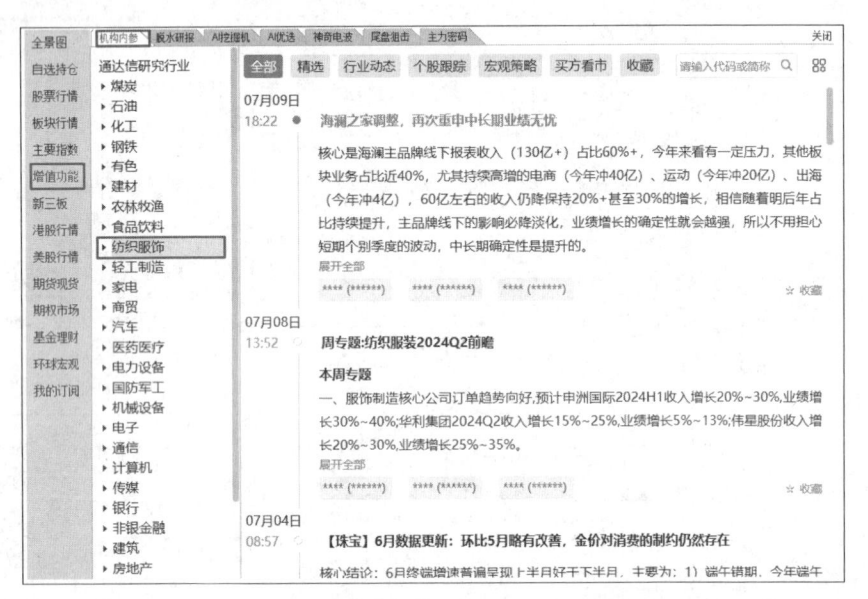

图 9-19

❷ 每个行业都是可以细分的。例如，单击【纺织服饰】左侧的▶按钮，展开二级菜单、三级菜单，选择二级菜单中的【纺织制造】命令，结果如图9-20所示。

❸ 单击【精选】、【行业动态】、【个股跟踪】、【宏观策略】和【买方看市】等选项卡，可以查看相应的内容。例如，单击【个股跟踪】选项卡，结果如图9-21所示。

9.5.2 脱水研报

脱水研报包括个股脱水研报、行业脱水研报、个股脱水调研和行业脱水调研等。查看脱水研报的具体操作步骤如下。

❶ 单击【脱水研报】→【个股脱水研报】选项卡，然后选择【机械设备】行业，结果如图 9-22 所示。

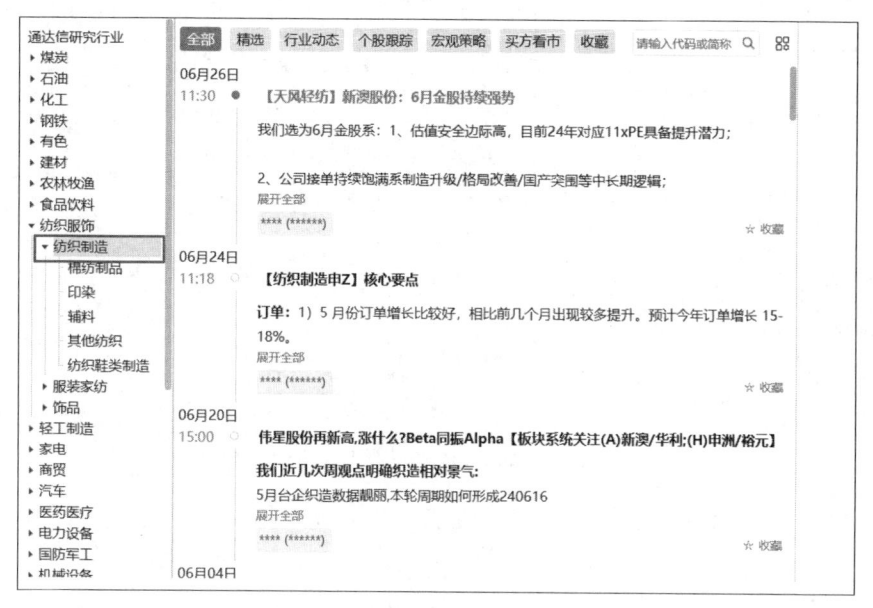

图 9-20

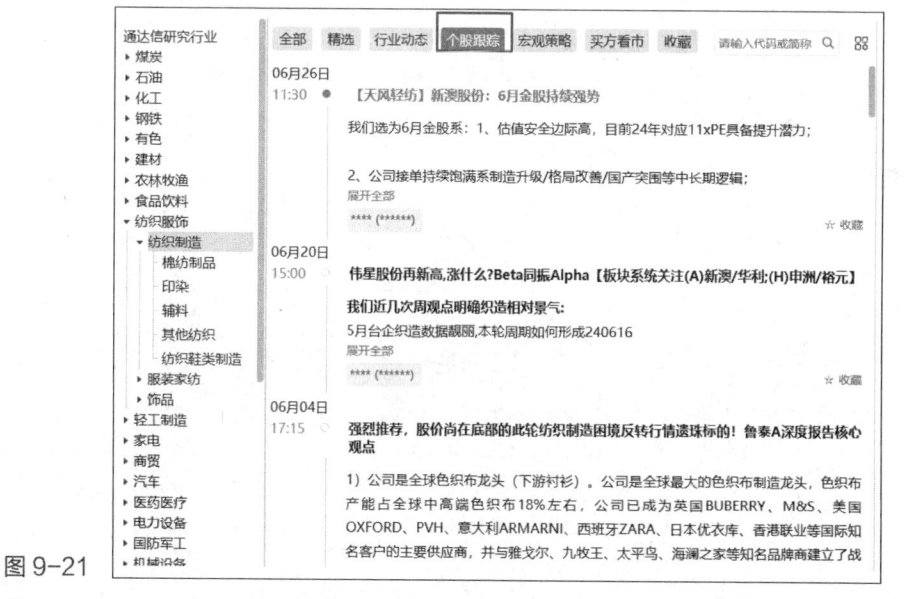

图 9-21

❷ 在搜索框中输入股票代码，可以查看具体股票的研报。例如，输入"徐工机械（000425）"，结果显示该股票的研报情况，如图 9-23 所示。

❸ 除了查看个股脱水研报外，还可以查看行业脱水研报、个股脱水调研和行业脱水调研等。例如，选择【个股脱水调研】选项卡，然后选择【电子】行业，显示结果如图 9-24 所示。

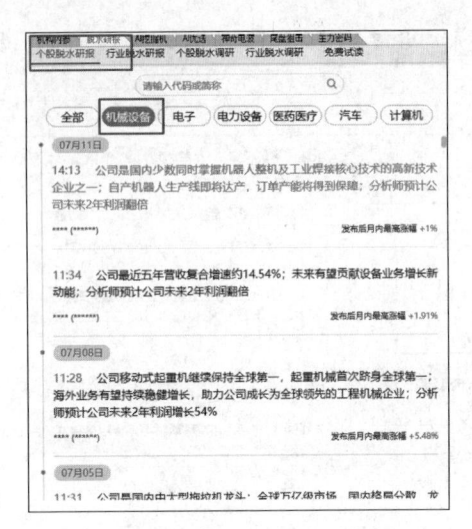

图 9-22

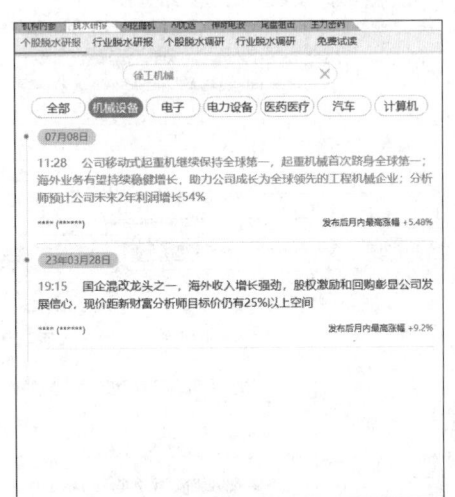

图 9-23

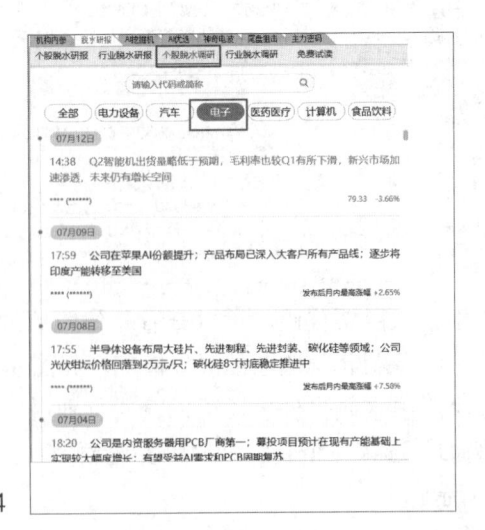

图 9-24

9.6 新三板

新三板主要由新三板行情和新三板指数两部分组成。

新三板行情界面主要由新三板的个股以及所选股票的分时图、K 线图和盘口信息组成。单击【新三板】→【新三板行情】选项卡，显示结果如图 9-25 所示。

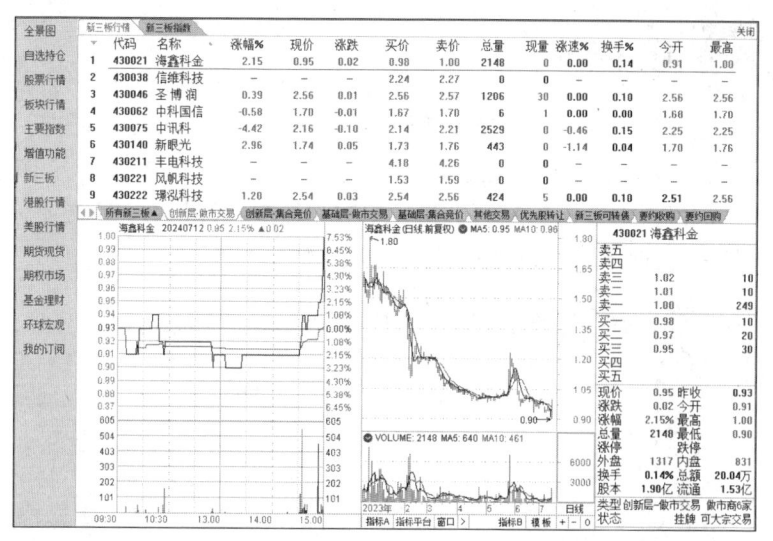

图 9-25

单击【新三板指数】选项卡，该界面由 5 部分组成，左侧有 3 个窗口，由上至下分别为新三板指数、个股和新闻；右侧有 2 个窗口，上方是指数分时图和 K 线图，下方是个股的指数分时图和 K 线图，如图 9-26 所示。

图 9-26

9.7 港股行情和美股行情

在通达信的市场分析中，港股行情和美股行情都有专门的分栏展示。在港股行情栏中，可以查看港股、港股板块联动、AH对照、港股期货行情以及港股成交分析。在美股行情栏中，可以查看美国股票、板块联动和中美联动等。

9.7.1 港股行情

查看港股行情的具体操作步骤如下。

❶ 选中【港股行情】选项，切换到【港股首页】选项卡，在该界面上方显示恒生指数、恒生中企指数、恒生科技指数和恒生红筹指数，下方显示各板块的个股和所选股票的分时图或K线图，如图9-27所示。

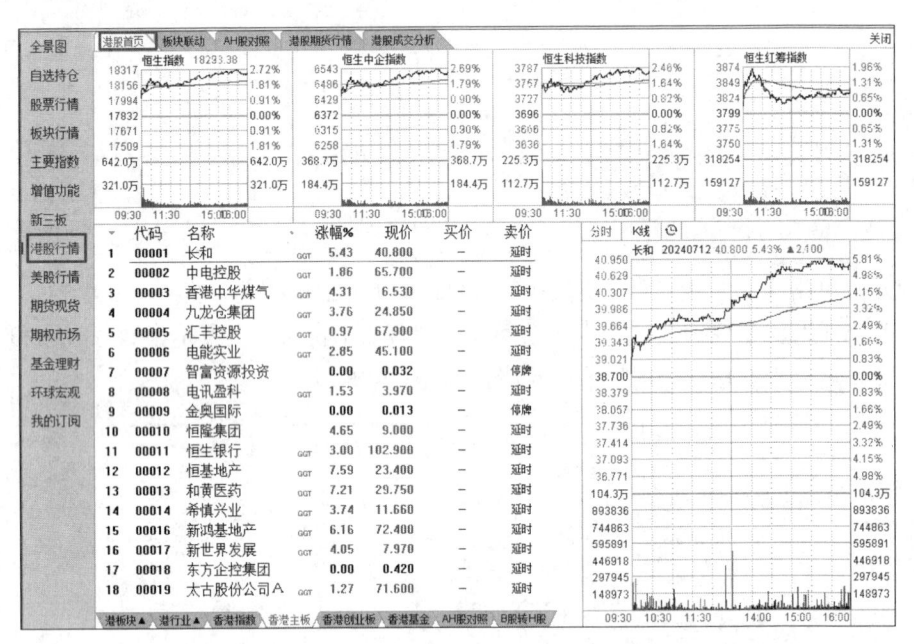

图 9-27

❷ 切换到【板块联动】选项卡，在该界面上方显示港股的板块和相应板块的技术图形，下方显示板块内的个股以及选中股票的技术图形，如图9-28所示。

❸ 切换到【AH股对照】选项卡，左侧列出了在A股和港股同时上市的股票，右侧则分别显示这些股票的A股技术图形和H股技术图形，如图9-29所示。

❹ 切换到【港股期货行情】选项卡，可以查看港股期货的行情信息，如图9-30所示。

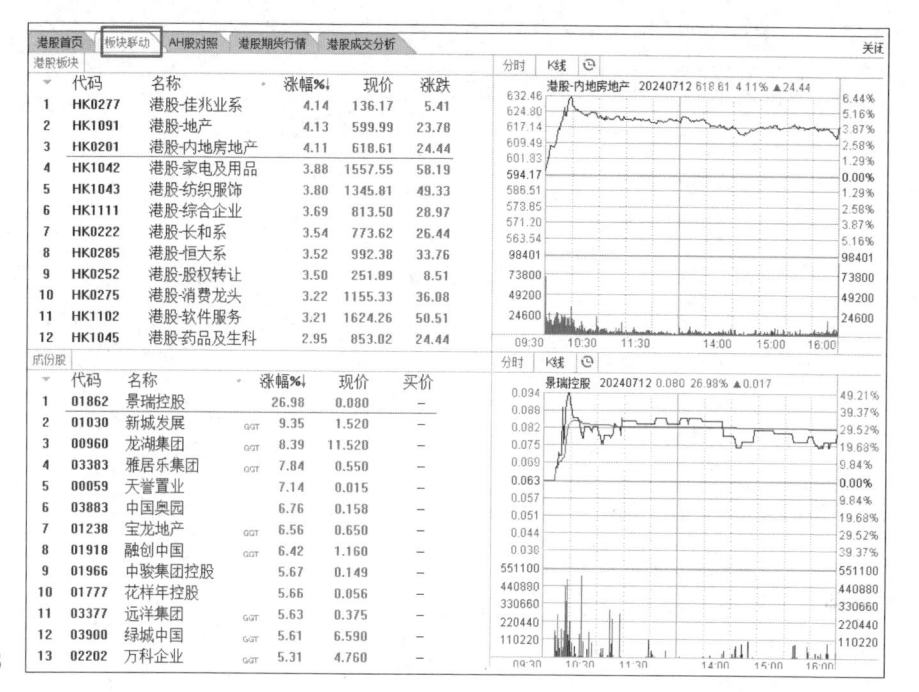

第 9 章　掌控市场脉搏——市场分析股市动态

图 9-28

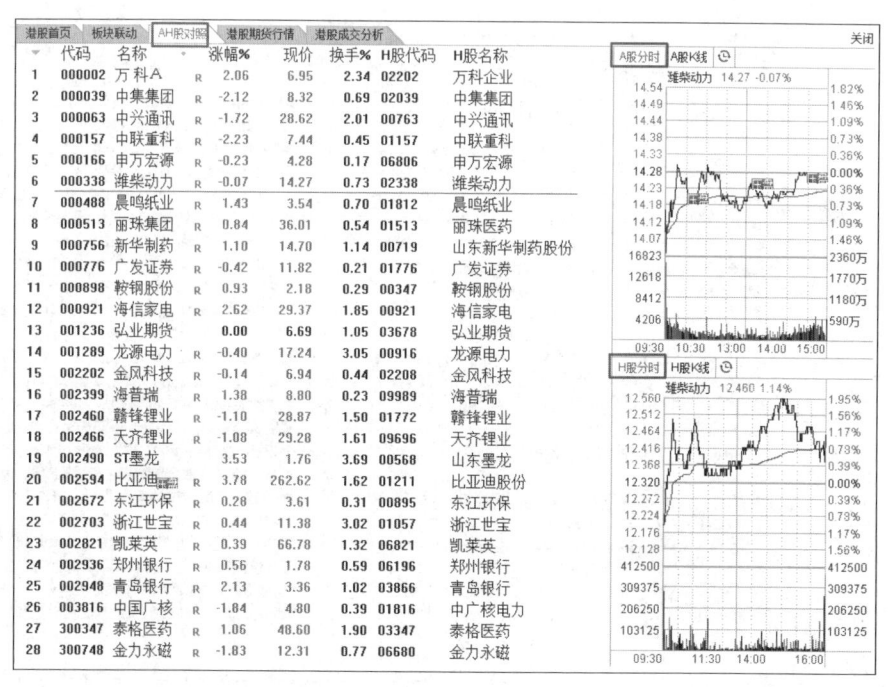

图 9-29

❺ 切换到【港股成交分析】选项卡，可以查看成分股个数、成交金额、买入金额、卖出金额、净流入额以及中资 / 港资 / 台资 / 欧资 / 美资 / 其他（成交额占比），如图 9-31 所示。

187

图 9-30

图 9-31

9.7.2 美股行情

查看美股行情的具体操作步骤如下。

❶ 选中【美股行情】选项，切换到【美股首页】选项卡，左侧显示美股首页；

右侧上方显示所选中股票的分时图，下方显示所选中股票的K线图，如图9-32所示。

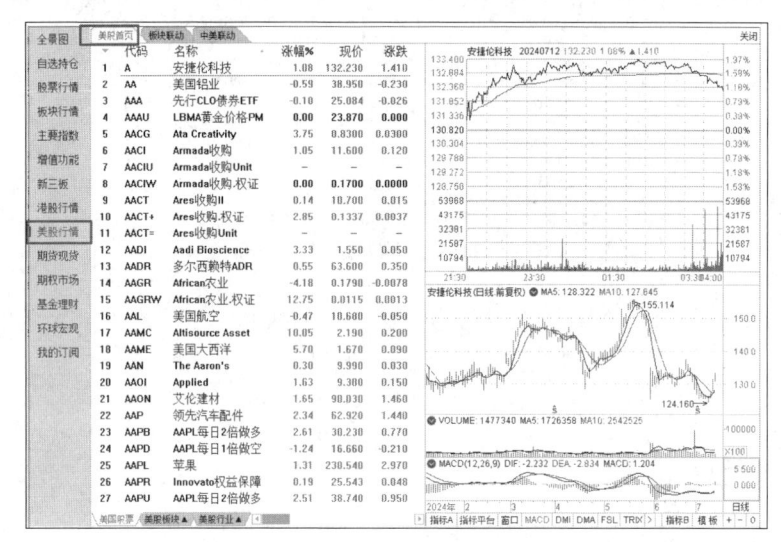

图9-32

❷ 切换到【板块联动】选项卡，左侧上方显示美股板块，下方显示与该板块关联的个股；右侧上方显示板块的技术图形，下方显示与该板块关联个股的技术图形，如图9-33所示。

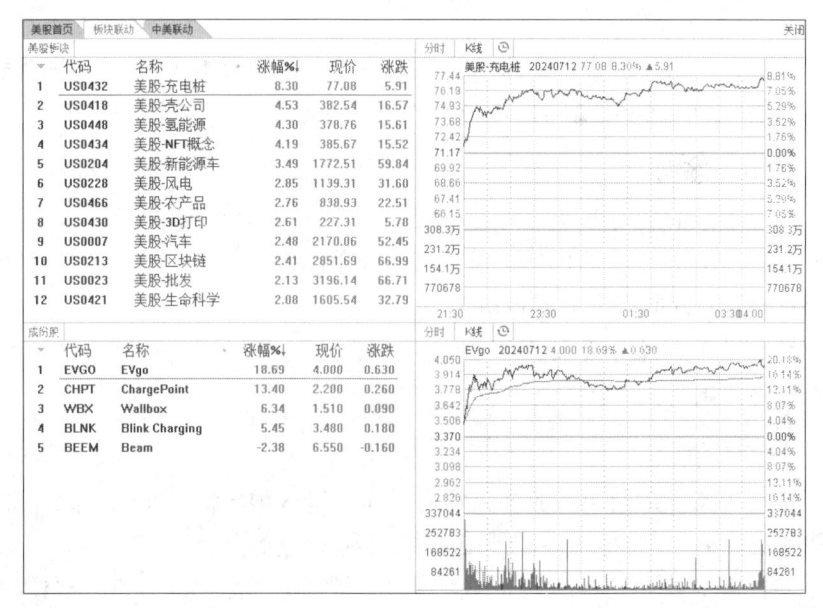

图9-33

❸ 切换到【中美联动】选项卡，左侧上方显示美股，下方显示所选美股的技术图形；右侧上方显示与美股关联板块的中国股票，下方显示这些关联股票的技术图形，如图9-34所示。

图 9-34

9.8 新股民学堂——全球行情对中国股市的影响

全球行情对中国股市的影响是多方面的，包括资本流动、贸易关联、投资者的心理预期、跨国公司的影响、跨境合作与并购机会等。

1. 资本流动

全球市场的波动可以引发资本在不同国家之间的流动。

2022年，由于美联储的加息政策，美国国债收益率上升，部分资金从美国股市流出，寻找更高回报率的投资机会。

这部分资金部分流入了中国股市，推动了中国股市交易量的增长，尤其是那些成长性强、盈利能力好的上市公司。

2. 贸易关联

许多中国上市公司与海外公司有贸易往来或供应链合作，因此，全球贸易紧张局势或关税调整可能会影响这些公司的盈利和股价。

2019年，中美贸易战期间，美国对中国部分商品加征关税。这导致中国出口企业面临成本压力和销量下滑的困境，相关行业的上市公司，如纺织、家具行业的股价受到较大影响。

3. 投资者的心理预期

全球市场的走势和新闻事件可能影响投资者的心理预期和投资决策。

4. 跨国公司的影响

在中国股市中，有许多跨国公司或在全球范围内运营的公司，这些公司的股价和业绩受全球市场的影响更直接。

5. 跨境合作与并购机会

全球市场动态也可能影响中国企业跨境合作或并购的决策。例如，当某一行业在全球范围内出现整合趋势时，中国企业可能会考虑把握跨境并购的机会。这为中国企业提供了新的市场和商机，但同时也需要它们面对跨境合作和并购过程中产生的风险和挑战。

第 10 章

多重透视——资讯服务

"兼听则明，偏信则暗。"——《资治通鉴》

消息面和基本面对于股市来说可以是兴奋剂，也可以是安眠药，对盘面和个股走势有非常大的影响。消息面是从市场中每天出现的消息中寻找有价值的信息，进而推测这些消息对后续走势的影响，并指导投资。

基本面则是分析股票、板块的内在价值，关注企业的经营范围、经营模式、创始人能力、护城河深度、行业竞争力及财务指标，综合评估其内在价值，以确定投资潜力及合适的买入价格。

10.1 资讯首页和精华资讯

通达信提供了很多股市财经消息和机构调研，例如资讯首页、精华资讯等。通过这些渠道，投资者可以获得更全面的消息，从而对股票买卖作出合理的判断。

10.1.1 资讯首页

资讯首页主要包括主页、滚动资讯、今日焦点、要闻速递、正面消息、负面消息、精华集锦等。

❶ 单击【资讯】按钮，选中【资讯首页】选项，默认进入【主页】界面，在此可以查看财经新闻、产经新闻、股票新闻、新股新闻等，如图10-1所示。

图 10-1

❷ 切换到【滚动资讯】、【今日焦点】和【要闻速递】选项卡，可以及时查看最新的重要新闻，如图10-2所示。

图 10-2

❸ 切换到【正面消息】选项卡，可以查看积极利好的股票消息，如图10-3所示。

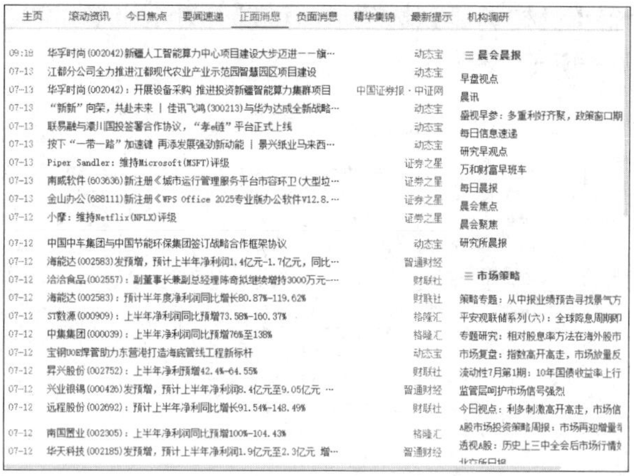

图 10-3

❹ 切换到【负面消息】选项卡，可以查看股票的负面消息，如图 10-4 所示。

图 10-4

❺ 切换到【最新提示】选项卡，可以查看转股、停牌、停牌终止的最新消息，如图 10-5 所示。

图 10-5

❻ 切换到【机构调研】选项卡，可以查看上市公司和投资者关系活动的主要内容，如图 10-6 所示。

图 10-6

10.1.2 精华资讯

精华资讯主要包括机构观点、盘前参考、盘面直击、盘后回顾和期市参考。

❶ 选中【精华资讯】选项，切换到【机构观点】选项卡，可以查看机构的市场策略、行业观点、个股解读和宏观大势的判断。例如，单击【个股解读】标签，结果如图 10-7 所示。

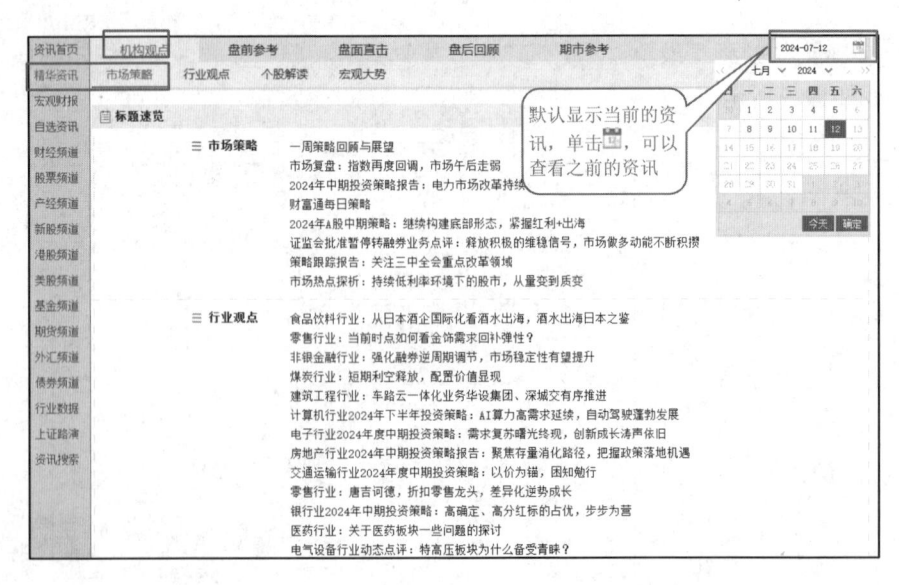

图 10-7

❷ 切换到【盘前参考】选项卡，可以查看宏观经济、陆港股市、产经聚焦、公司观察、全球经济等。例如，单击【宏观经济】标签，结果如图10-8所示。

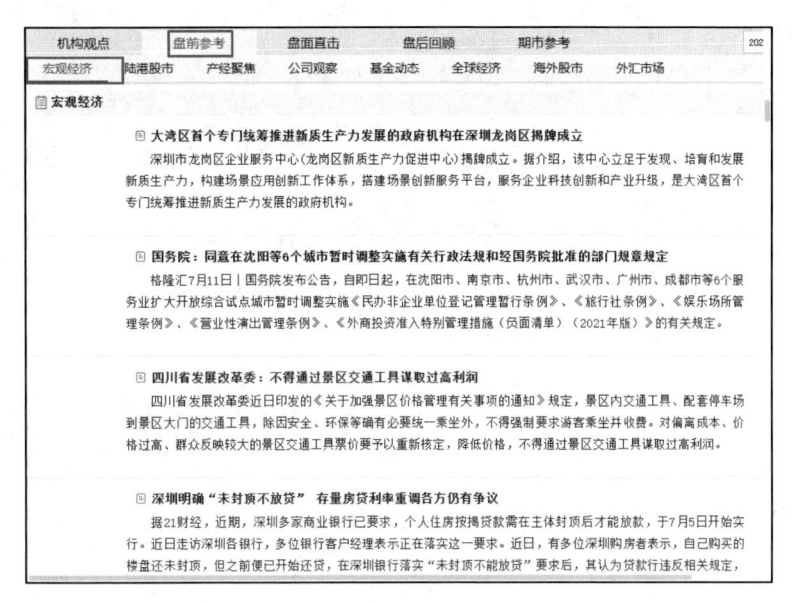

图 10-8

❸ 切换到【盘面直击】选项卡，可以查看最新的盘面消息，如图10-9所示。

图 10-9

❹【盘后回顾】选项卡里面的标签和【盘前参考】里面的标签一样，但是里面的内容不同。例如，单击【盘后回顾】→【宏观经济】，结果如图10-10所示。

❺ 切换到【期市参考】选项卡，单击【机构观点】标签，将显示各大证券机构的观点，如图10-11所示。

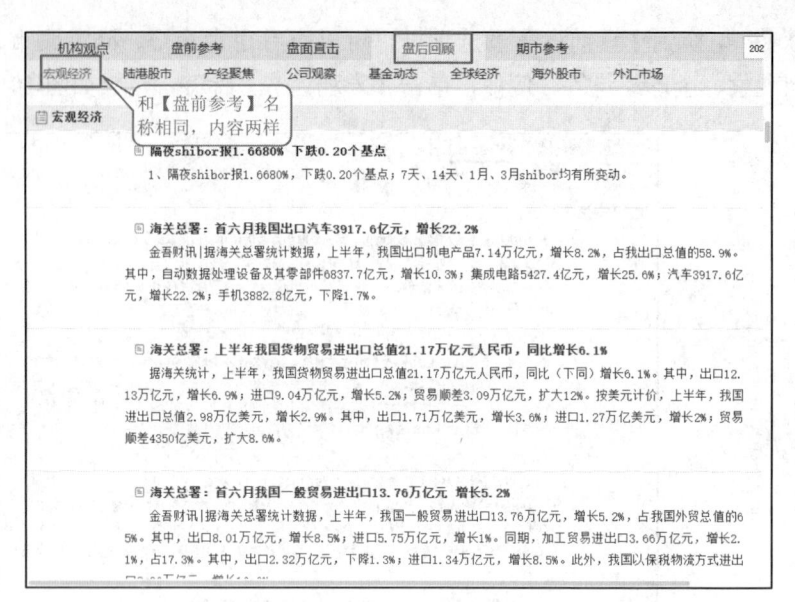

图 10-10

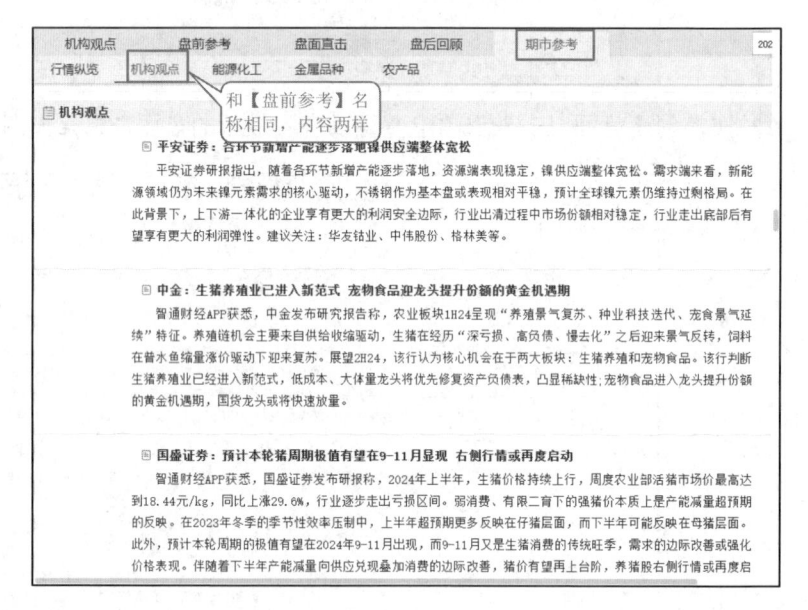

图 10-11

10.2 宏观财报和自选资讯

　　宏观财报包括中国宏观和公司财报两方面。中国宏观包括 CPI&PPI、PMI、进出口、货币、房地产、投资、消费等，从多方面阐述了中国宏观经济情况。公司财报则主要报道公司的业绩、财报以及公告等。

　　自选资讯主要展示自选股的新闻、公告和研报。

10.2.1 宏观财报

查看宏观财报的具体操作步骤如下。

❶ 选中【宏观财报】选项，切换到【中国宏观】选项卡，单击 CPI&PPI 标签，可以查看居民消费价格指数和企业所购买的"生产原料"价格总水平的变化，如图 10-12 所示。

图 10-12

❷ 单击 PMI 标签，可以查看采购经理指数，如图 10-13 所示。

图 10-13

❸ 切换到【公司财报】选项卡，单击【业绩汇编】标签，可以查看 A 股每个季度的业绩情况，如图 10-14 所示。

❹ 单击【财报解读】标签，可以查看上市公司业绩报告的相关点评，如图 10-15 所示。

> CPI 是居民消费价格指数，从消费者的角度反映了价格总水平的变化。
> PPI 是企业所购买的"生产原料"价格总水平的变化，反映的是上游产品的价格，如果 PPI 上涨，那么企业会想方设法将上升的成本转嫁到产品上，从而导致 CPI 上涨。
> PMI（采购经理指数），是通过对采购经理的月度调查汇总出来的指数，PMI 是综合性的经济监测指标体系，分为制造业 PMI、服务业 PMI。

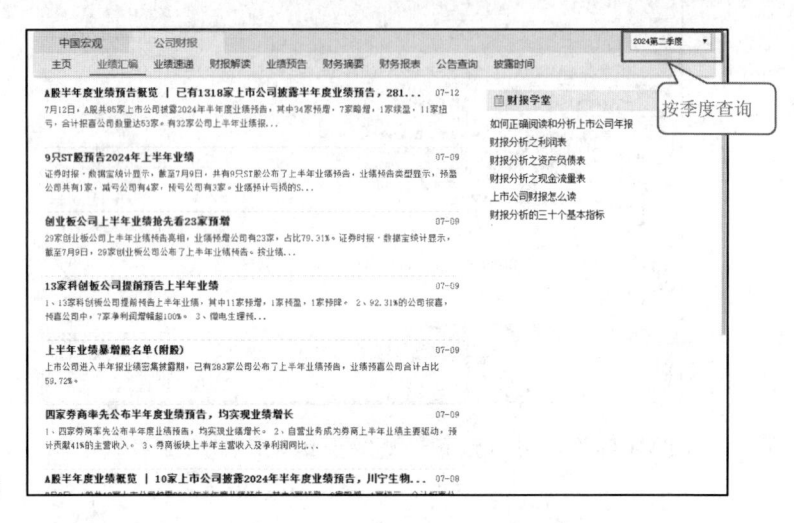

图 10-14

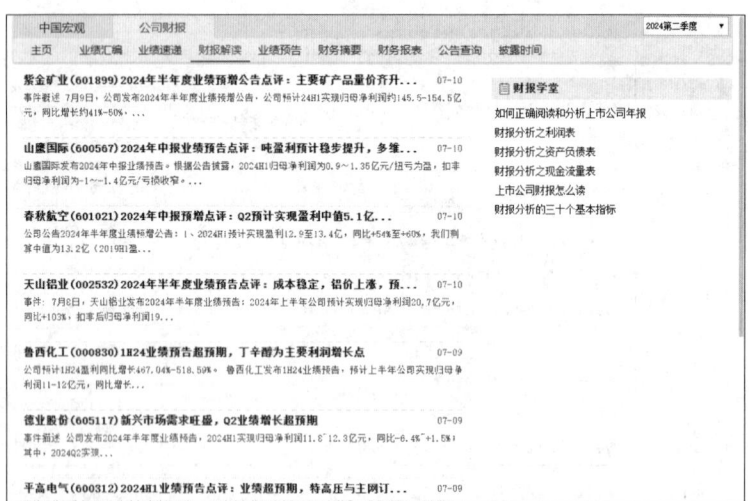

图 10-15

❺ 单击【业绩预告】标签，可以查看公司之前的业绩预告、预告类型以及变化原因，如图 10-16 所示。

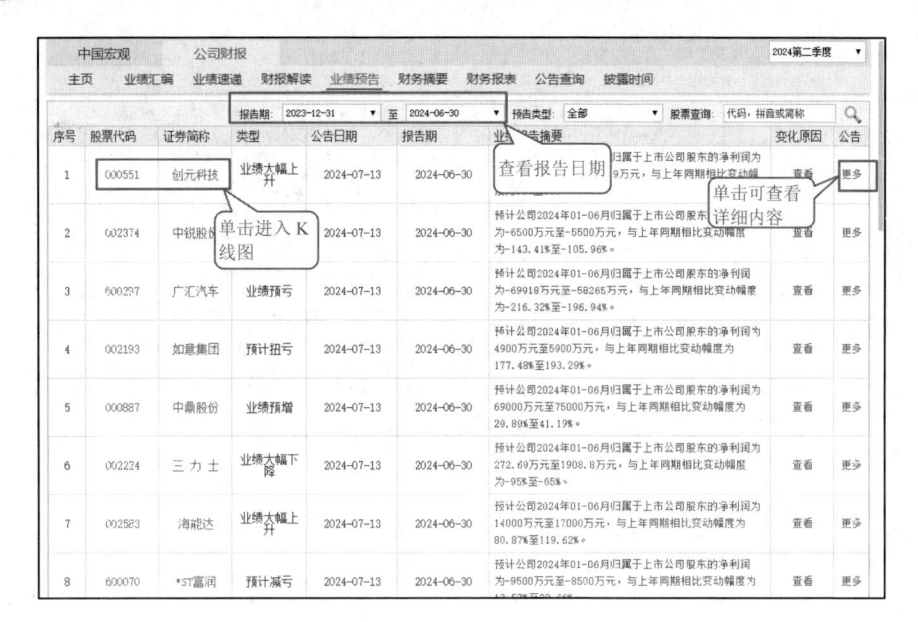

图 10-16

❻ 单击【财务报表】标签，输入股票代码后，可以查看该股票的财务报表。例如，输入 002328（新朋股份），结果如图 10-17 所示。

图 10-17

❼ 单击【公告查询】标签，可以查看公司的季度报告或年度报告，如图 10-18 所示。

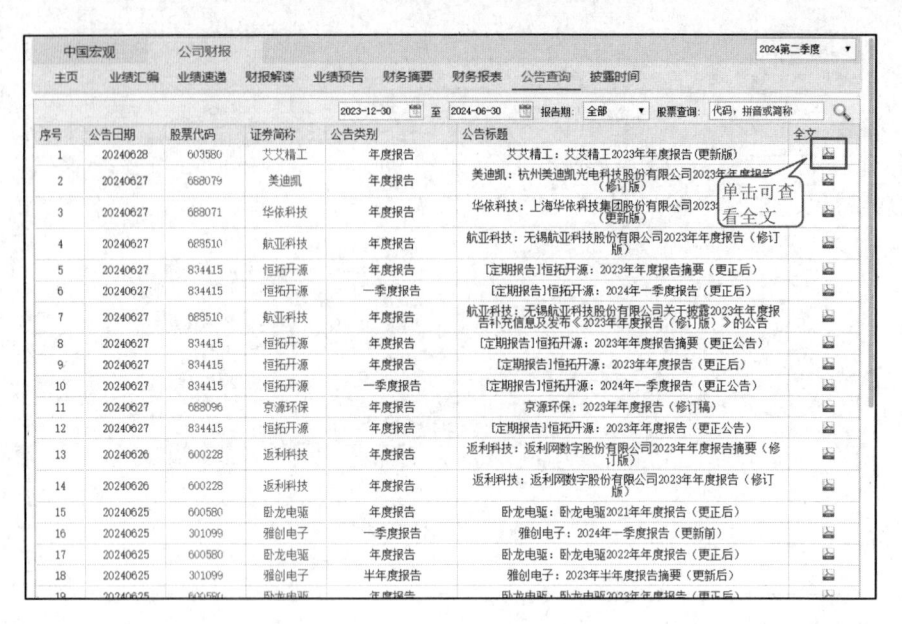

图 10-18

10.2.2 自选资讯

查看自选股资讯信息的具体操作步骤如下。

❶ 选中【自选资讯】选项，切换到【最新】选项卡，可以查看自选股的最新新闻，如图 10-19 所示。

图 10-19

❷ 切换到【公告】选项卡，可以查看自选股的最新公告，如图 10-20 所示。

❸ 切换到【研报】选项卡，可以查看证券公司对自选股的研究报告，如图 10-21 所示。

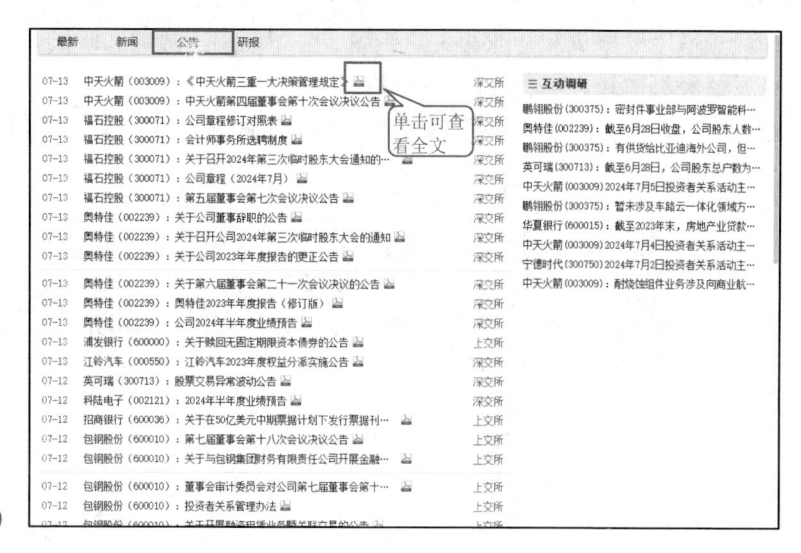

图 10-20

图 10-21

10.3 股市全频道

通达信【资讯】分析包含了财经频道、股票频道、产经频道、新股频道、港股频道、美股频道、基金频道、期货频道、外汇频道和债券频道等多个维度的消息面和基本面。

10.3.1 财经频道和产经频道

财经频道可以查看财经要闻、国内财经、国际财经、证券市场、金融货币、数字财经、财经人物等。

产经频道主要提供和行业相关的新闻、公司动态、数据和研报。

查看财经频道和产经频道的具体操作步骤如下。

❶ 单击【资讯】按钮，再选中【财经频道】选项，切换到【财经要闻】选项卡，如图10-22所示。

图 10-22

❷ 切换到【国内财经】或【国际财经】选项卡，可以查看国内或国际最新的财经信息，如图10-23所示。

图 10-23

❸ 切换到【证券市场】选项卡，可以查看国内外其他债权市场的财经情况，如图10-24所示。

❹ 切换到【财经人物】选项卡，可以查看对股市有影响的财经人物的言行，

如图 10-25 所示。

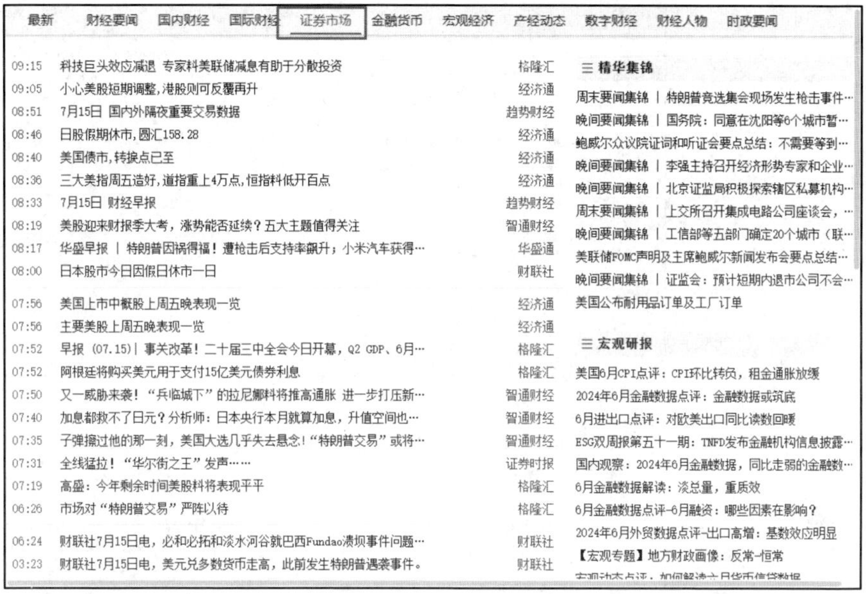

图 10-24

图 10-25

❺ 选中【产经频道】选项，切换到【行业要闻】选项卡，可以查看相关行业的重要新闻。例如，这里选择【通信】行业，如图 10-26 所示。

❻ 切换到【行业公司】选项卡，可以查看与通信行业相关的上市公司的最新新闻，如图 10-27 所示。

❼ 切换到【行业研报】选项卡，可以查看各证券公司对通信行业的研究报告，如图 10-28 所示。

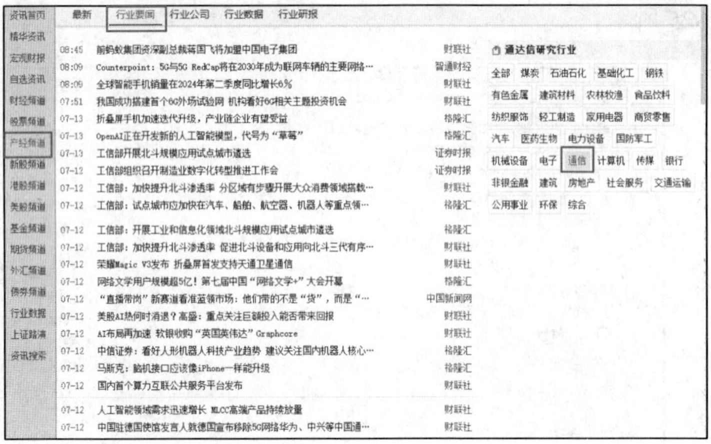

图 10-26

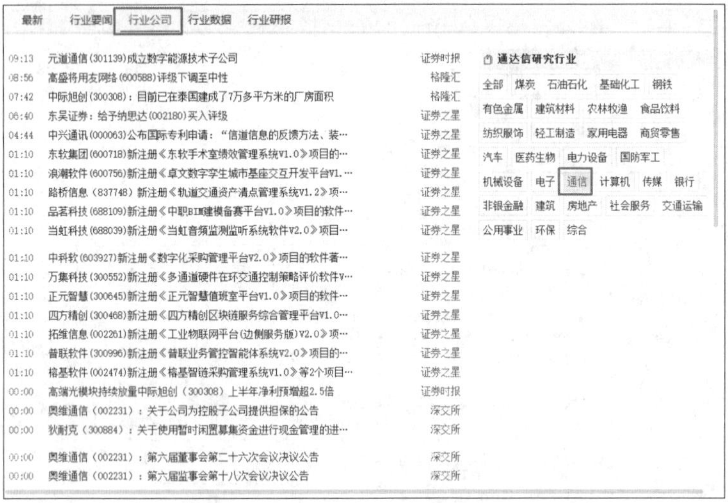

图 10-27

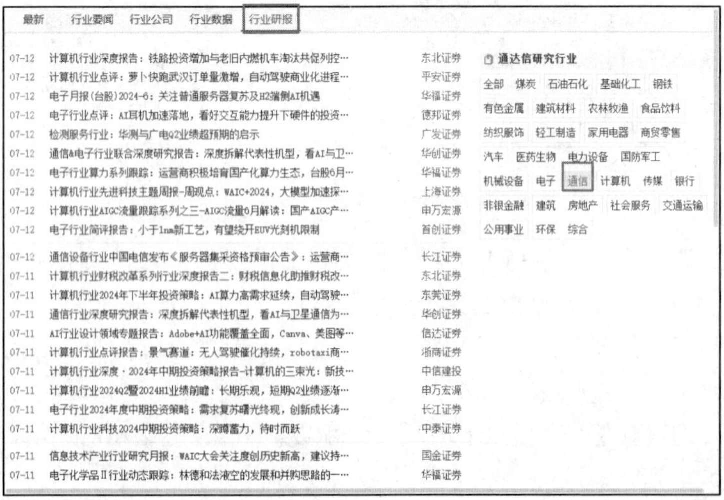

图 10-28

10.3.2 股票频道和新股频道

股票频道用于查看股票要闻、大盘分析、板块聚焦、公司新闻、科创板、三板动态，以及海外股市等。

新股频道主要提供新股的相关新闻、公告、评论等。

❶ 单击【资讯】按钮，选中【股票频道】选项，切换到【股票要闻】选项卡，可以查看最新的股市要闻，如图10-29所示。

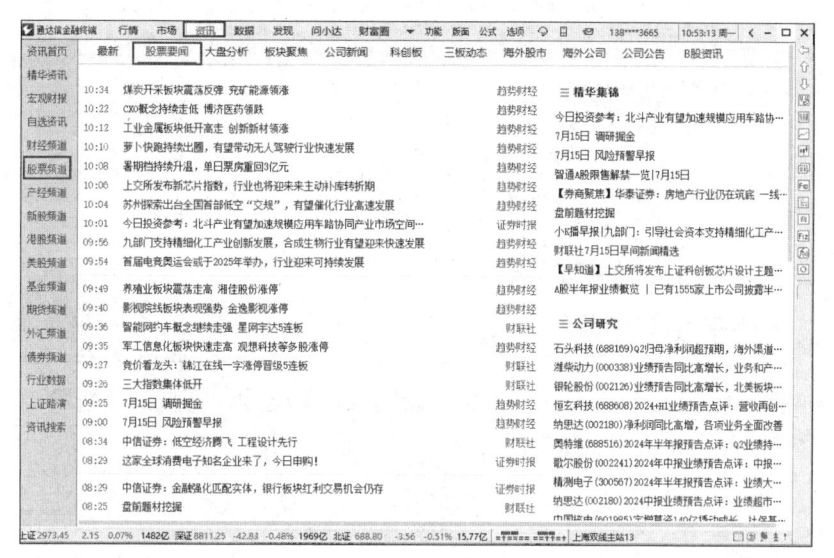

图 10-29

❷ 切换到【大盘分析】选项卡，可以查看各大财经机构对大盘的分析，如图10-30所示。

图 10-30

❸ 切换到【公司新闻】选项卡，可以及时查看上市公司的异动快报，如图 10-31 所示。

图 10-31

❹ 单击【资讯】按钮，选中【新股频道】选项，切换到【新股公告】选项卡，可以查看新上市股票的公告，如图 10-32 所示。

图 10-32

❺ 切换到【沪深新股】选项卡，可以及时查看打新股和刚上市的新股的动态，如图 10-33 所示。

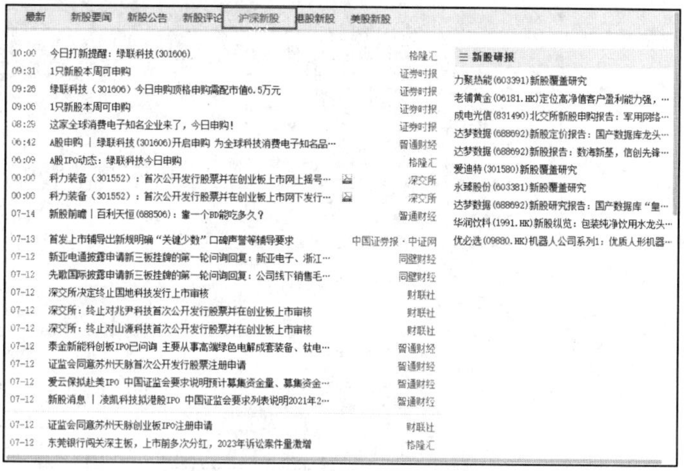

图 10-33

10.3.3 港股频道和美股频道

港股频道和美股频道主要提供这两个股市的新闻、要闻和评论等。

查看港股和美股新闻、要闻、评论的具体操作步骤如下。

❶ 单击【资讯】按钮，选中【港股频道】选项，切换到【港股要闻】选项卡，可以查看港股的重要新闻，如图 10-34 所示。

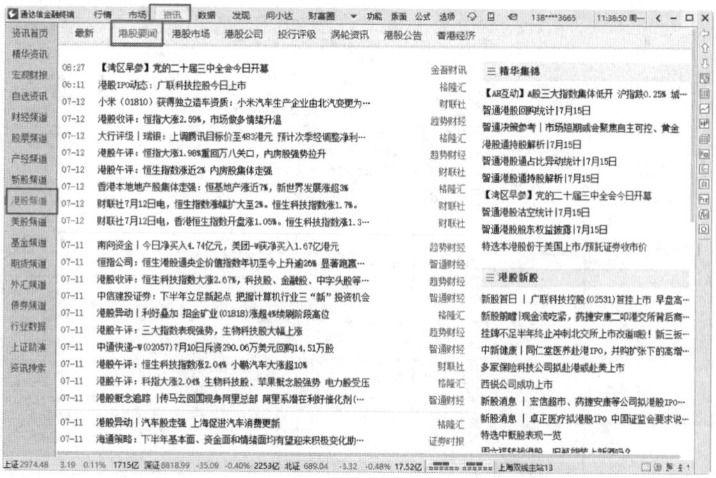

图 10-34

❷ 切换到【投行评级】选项卡，可以查看各大投资银行对个股的评级，如图 10-35 所示。

❸ 单击【资讯】按钮，选中【美股频道】选项，切换到【最新】选项卡，可以查看美股的最新新闻，如图 10-36 所示。

❹ 切换到【美股市场】选项卡，可以及时查看美股市场的动态新闻，如图 10-37 所示。

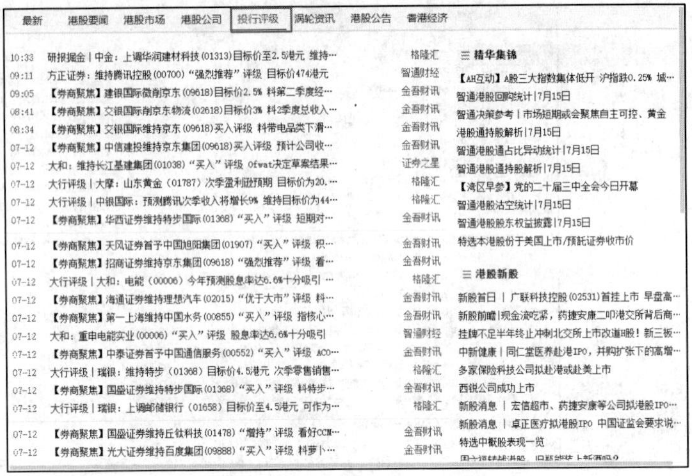

图 10-35

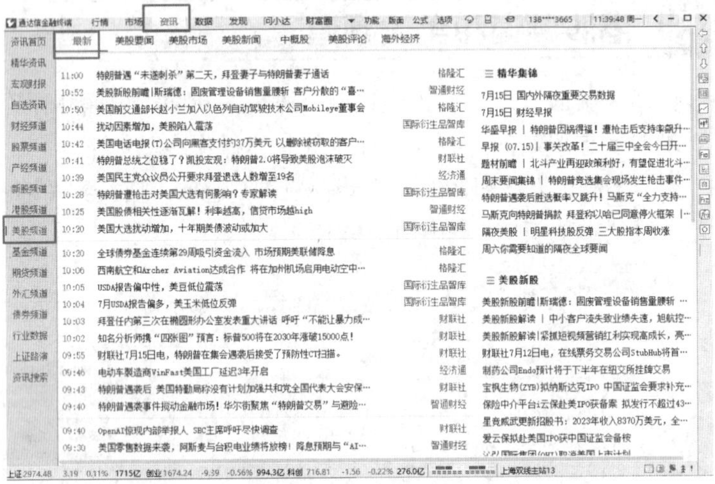

图 10-36

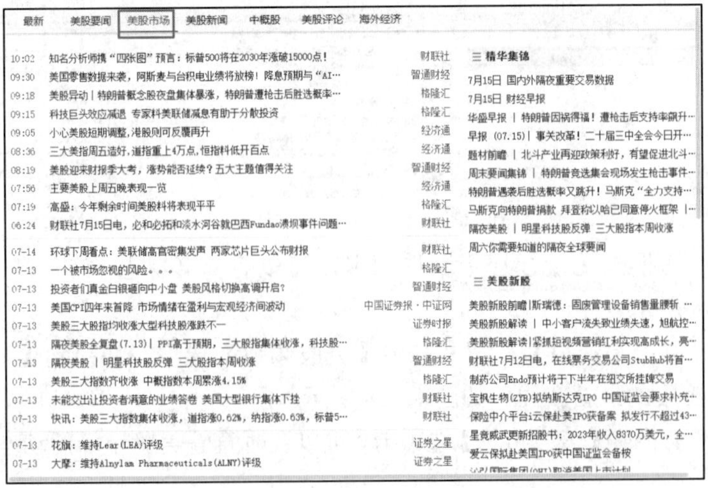

图 10-37

10.3.4 综合金融投资频道

除了股市，通达信资讯还包括了基金、期货、外汇、债券等其他金融投资频道。查看这些金融资讯的具体操作步骤如下。

❶ 单击【资讯】按钮，选中【基金频道】选项，可以查看基金的最新、基金要闻、机构持仓、公募基金、私募基金、社保基金、信托基金等，如图10-38所示。

图 10-38

❷ 单击【资讯】按钮，选中【期货频道】选项，可以查看期货的最新、期货要闻、市场评述、金融期货、能源化工、农产品等，如图10-39所示。

图 10-39

❸ 单击【资讯】按钮，选中【外汇频道】选项，可以查看外汇的最新、外汇要闻、汇市评论以及相应的专栏，如图10-40所示。

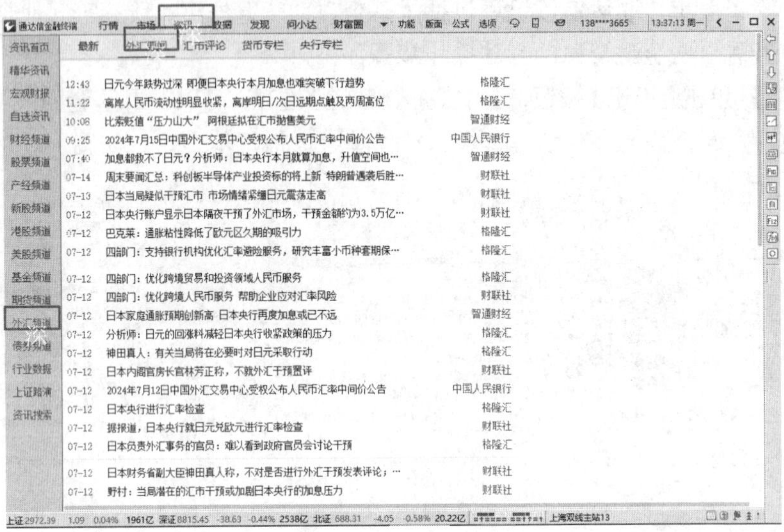

图 10-40

❹ 单击【资讯】按钮，选中【债券频道】选项，可以查看债券的最新、债券要闻、国内债市、国外债市和债券公告等，如图10-41所示。

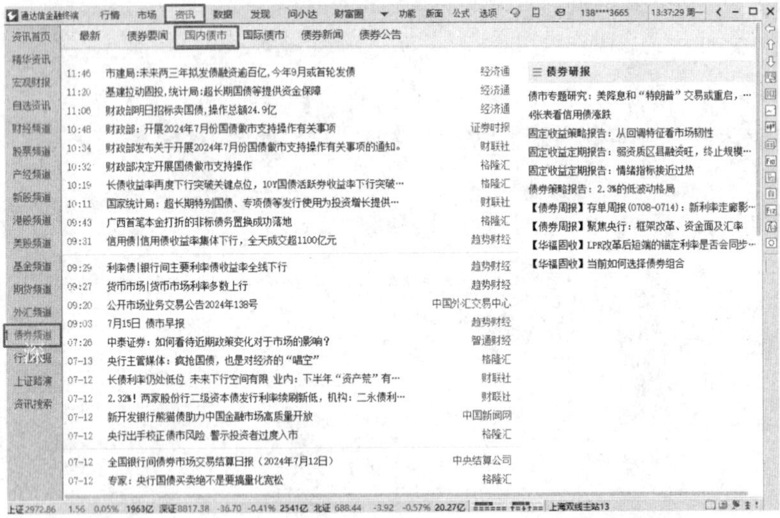

图 10-41

10.4 行业数据

通达信的【行业数据】功能，是将期货市场按行业进行划分。进入某行业后，不仅能查看该行业的期货价格走势，还能查看该行业中具体公司的相关产品的期货行情。

通过行业数据查看期货行情的具体操作步骤如下。

❶ 单击【资讯】按钮，选中【行业数据】选项，然后选择【有色金属】行业中的【黄金】选项，结果如图10-42所示。

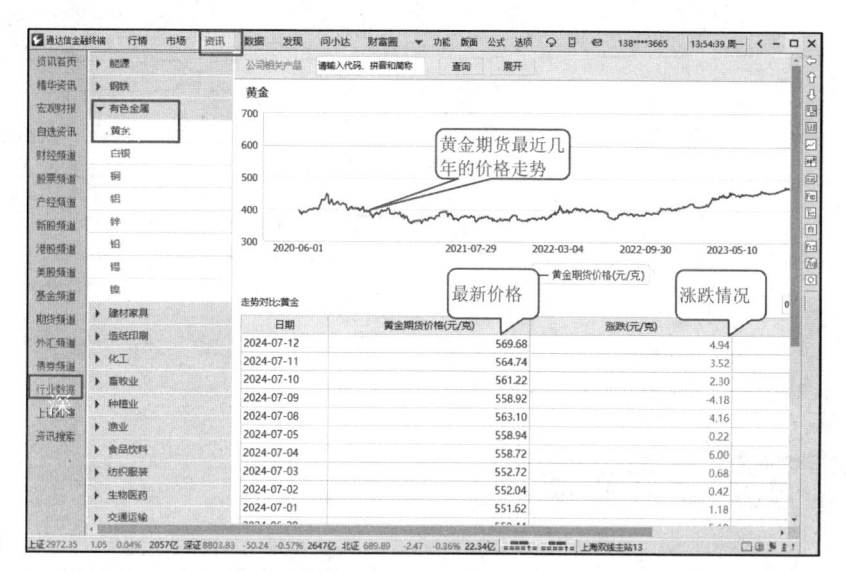

图 10-42

❷ 在【公司相关产品】输入框中输入"000975"，然后单击【查询】按钮，可以查看该公司相关产品的最新市场价格和较上期涨跌情况，如图10-43所示。

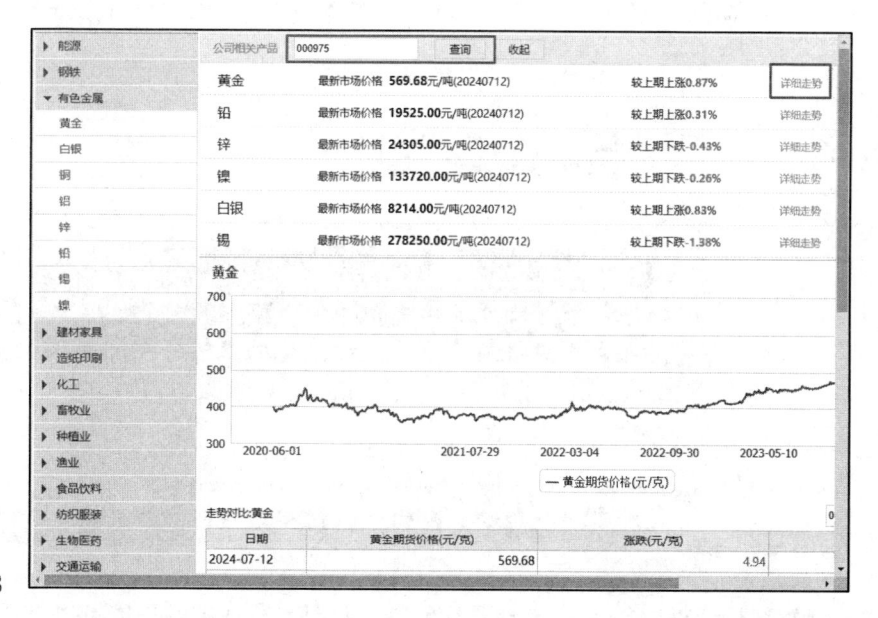

图 10-43

❸ 单击【详细走势】按钮，可以将公司的产品走势和行业期货走势进行叠加，如图10-44所示。

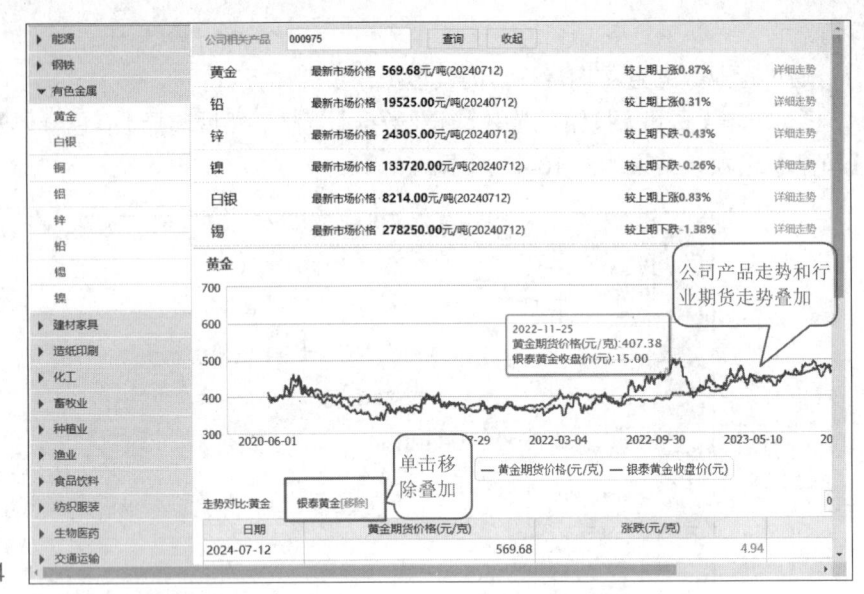

图 10-44

10.5 上证路演

使用【上证路演】功能，可以以视频的形式查看上市公司发布的业绩说明会、再融资、重大事项说明会、e访谈、精彩仪式等。

❶ 单击【资讯】按钮，选中【上证路演】选项，如图10-45所示。

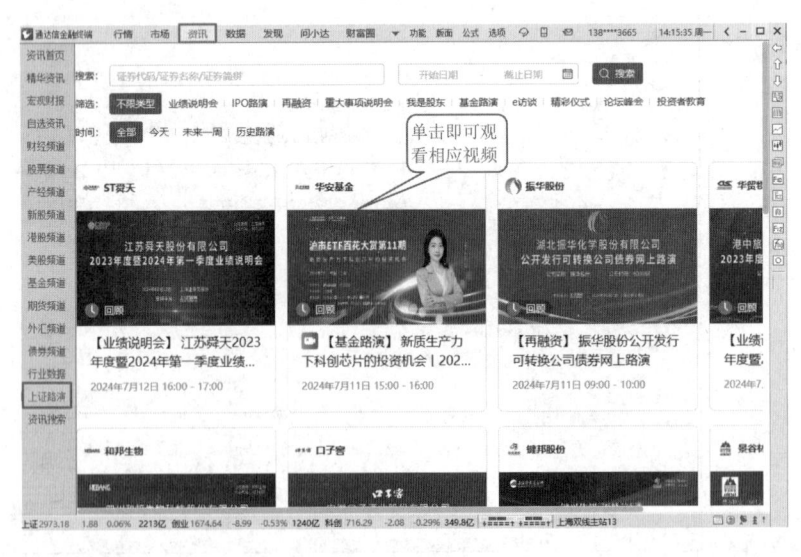

图 10-45

❷ 在搜索框中输入相应股票的代码、股票名称或缩写，就可以查看该股票的上证路演。例如，输入"海螺水泥"（600585），如图10-46所示。

图 10-46

❸ 单击某个视频，即可查看公司介绍和相关视频，如图 10-47 所示。

图 10-47

10.6 新股民学堂——政治因素对股市的影响

所谓政治因素，是指国内外的政治形势，如政治活动、政局变化、国家领导人的更迭、国家或地区间的战争、军事行为等。这些因素，特别是其中的政局突变和战争爆发，会引起股市的巨大波动。

1. 战争

战争是政治的集中体现，因而对股市的影响最大。2023年10月，巴以冲突爆发后，纳斯达克以色列指数急剧下滑，如图10-48所示。

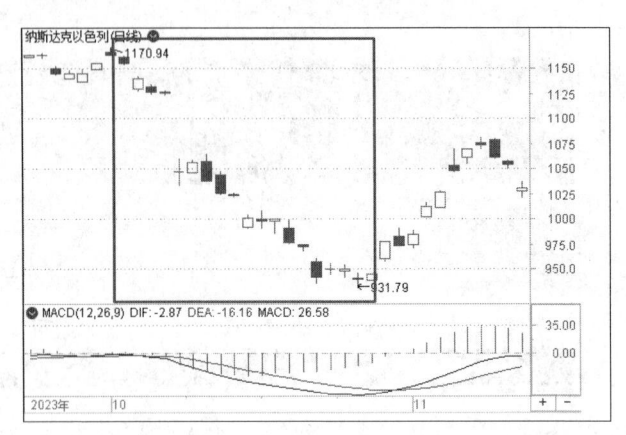

图 10-48

2. 国际重大政治活动

随着世界经济一体化的进程，以及现代化通信手段的广泛采用，国际上重大政治事件对一国股市的影响越来越大。2020年1月31日，英国宣布脱欧，导致英国指数出现显著下跌，如图10-49所示。

图 10-49

3. 重要领导人的言论和行动

对政治决策有重要影响力的人的言行，会对股市产生突发性影响。例如，2022年8月26日，美联储主席鲍威尔强调利用加息控制物价需要持续一段时间。短短8分钟的演讲，使纳斯达克100指数暴跌逾4%，如图10-50所示。

4. 重大战略和政策

国家重大社会经济发展战略的选择和重大政策的出台实施，对股票市场有着显著影响。

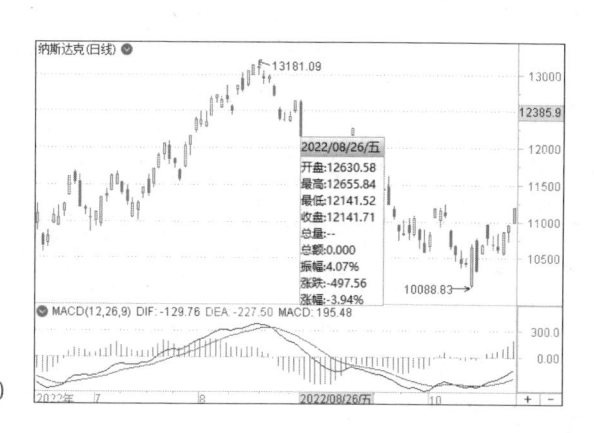

图 10-50

2023 年 8 月 27 日，财政部、税务总局发布《关于减半征收证券交易印花税的公告》，旨在活跃资本市场、提振投资者信心。自 2023 年 8 月 28 日起，证券交易印花税实施减半征收。

8 月 28 日，A 股三大股指集体高开，沪指、深成指、创业板指涨幅一度超过 5%，随后涨幅回落收窄。截至收盘，上证指数上涨 1.13%，深证成指上涨 1.01%，创业板指上涨 0.96%，两市超过 3600 股上涨，全天成交额达 11 266 亿元，较上一个交易日大幅增长 46%，为近期首次突破万亿元，如图 10-51 所示。

图 10-51

第 3 篇
技术理论篇

本篇深入探讨了技术分析的精髓，包括利用公式与画线工具进行市场预测，分析股市行情与盈利机会，以及全球股市动态的洞察，还介绍了手机炒股的相关知识。此外，本篇还详细阐述了如何锁定龙头股、洞悉庄家意图，以及分时图中的买卖时机等高级技巧，让投资者能够更精准地建仓。

- ◇ 龙头引领财富——数据捕捉龙头股
- ◇ 精准预判——预警系统与画线工具引领市场风向
- ◇ 选股如选美——通达信智能捕捉潜力股
- ◇ 股事不决问小达——通达信 AI 问答
- ◇ 股市尽在掌中——手机炒股
- ◇ 分时图中的金矿——精准捕捉短线买卖时机
- ◇ 分时曲线的奥秘——洞悉庄家意图
- ◇ 支撑与压力的博弈——分时图中的力量对比
- ◇ 精准建仓——分时图建仓与卖出的艺术

第11章

龙头引领财富——数据捕捉龙头股

"跟着龙头走，财富自然有。"——股市谚语

龙虎榜个股

历史数据查询 2024-07-12 请输入

沪市主板	广汇汽车 [10.34%] 行情 东方集团 [10.23%] 行情 键邦股份 [-8.95%] 行情	国发股份 [-9.90%] 行情 动力新科 [9.92%] 行情 安乃达 [-2.58%] 行情	大众交通 [8.25%] 行情 新集能源 [-8.22%] 行情 科博达 [-9.99%] 行情	珠江股份 [10.07%] 行情 德新科技 [10.03%] 行情 博迁新材 [10.01%] 行情
科创板	经纬恒润 [8.45%] 行情	时创能源 [20.00%] 行情		
深市主板	中洲控股 [10.08%] 行情 ST鼎龙 [-5.41%] 行情 宸展光电 [-9.93%] 行情	江铃汽车 [10.01%] 行情 凯中精密 [-7.62%] 行情	菁慧农业 [9.83%] 行情 英维克 [10.00%] 行情	海印股份 [9.64%] 行情 豪尔赛 [10.04%] 行情
创业板	三盛退 [-15.79%] 行情 天迈科技 [2.00%] 行情 凯旺科技 [-1.93%] 行情	信息发展 [0.31%] 行情 阿尔特 [7.19%] 行情 汇成真空 [-8.65%] 行情	英飞特 [20.00%] 行情 山水比德 [20.00%] 行情	英可瑞 [20.03%] 行情 德迈仕 [20.00%] 行情
北交所	立方控股 [15.24%] 行情	路桥信息 [8.65%] 行情	华阳变速 [14.44%] 行情	莱赛激光 [10.52%] 行情
可转债	广汇转债 [17.92%] 行情			

龙头股是股市中的领军者，具有强大的市场影响力和上涨潜力。通过通达信的龙虎榜单、融资融券、增持减持、增发送配、财务分析、价值分析、市场统计等数据，可以揭示捕捉龙头股的技巧和方法。

11.1 投资日历和新股中心

通达信的投资日历功能允许用户查看每天的首发新股、沪深停复牌、限售解禁、分红融资、股东大会、财报披露、涨跌停分析等信息。

新股中心提供了与新股相关的预告、申购、解析、募资、收益等信息。

11.1.1 投资日历

查看投资日历的操作步骤如下。

❶ 单击【数据】按钮，选中【投资日历】选项，默认进入【股市日历】选项卡的【每日特别提示】界面，在该界面中可以查看首发新股发行、沪深停复牌、限售解禁等，如图11-1所示。

图 11-1

❷ 单击 << < 按钮，可以向前查看；单击 > >> 按钮，可以向后查看。例如，向前查看2024年5月21日的分红融资情况，如图11-2所示。

❸ 单击【财报披露】按钮，可以查看业绩预告和业绩快报，如图11-3所示。

❹ 单击【涨跌停分析】按钮，可以查看涨跌停情况及其原因，如图11-4所示。

第 11 章　龙头引领财富——数据捕捉龙头股

图 11-2

图 11-3

图 11-4

223

11.1.2 新股中心

查看新股中心的操作步骤如下。

❶ 单击【数据】按钮，选中【新股中心】选项，默认进入【新股预告】选项卡，在该选项卡中可以查看新股发行预告和新股上市预告，如图 11-5 所示。

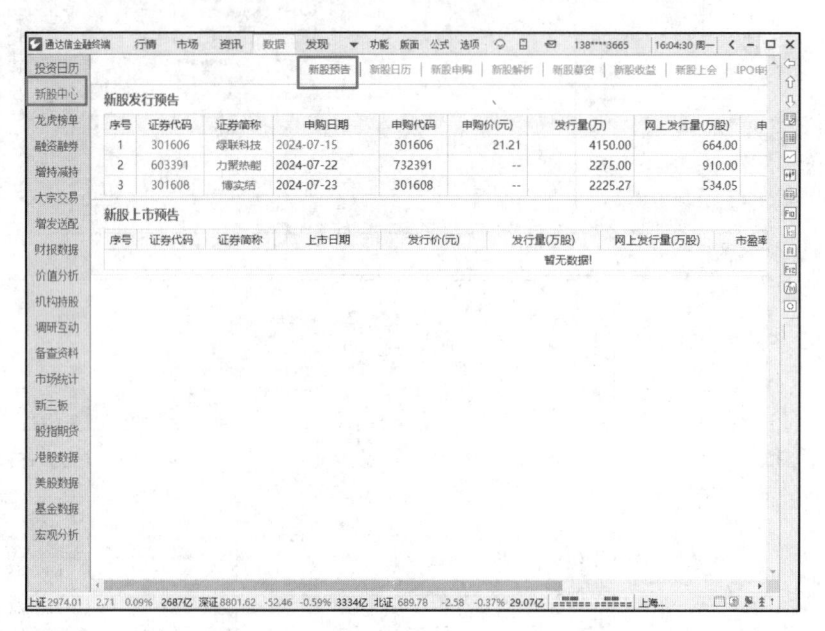

图 11-5

❷ 切换到【新股申购】选项卡，可以查看新股的发行总数、网上发行、申购上限、发行价格、申购日期、中签号公布日、发行市盈率和中签率等，如图 11-6 所示。

图 11-6

❸ 切换到【新股解析】选项卡，可以查看网上发行中签率、发行市盈率、每中一签资金和实际募资总额，如图 11-7 所示。

图 11-7

❹ 切换到【新股收益】选项卡，可以查看发行价、发行总量、首日开盘溢价、新股收益、网上发行中签率和网下配售中签率等，如图 11-8 所示。

图 11-8

❺ 切换到【可转债】选项卡，可以查看转股价、转股价值、溢价率等，如图 11-9 所示。

新股预告 | 新股日历 | 新股申购 | 新股解析 | 新股募资 | 新股收益 | 新股上会 | IPO申报 | 可转债

可转债股票　　请输入代码、拼音和简称　查询

序号	债券代码	债券简称	申购日期	申购代码	转股开始日	股票代码	股票简称	转股价	转股价值	最新收盘(债)	溢价率%	发行总数(亿元)	中签号公布日	中签率%	上市日期	详细
1	113687	振华转债	2024-07-12	754067	2025-01-20	603067	振华股份	11.64	99.23	100.00	0.78	4.06	2024-07-16	0.0013	--	详细
2	123243	严牌转债	2024-07-10	371081	2025-01-16	301081	严牌股份	7.58	93.14	100.00	7.37	4.68	2024-07-12	0.0011	--	详细
3	123242	赛龙转债	2024-07-08	371131	2025-01-13	301131	聚赛龙	36.81	92.04	100.00	8.65	2.50	2024-07-10	0.0008	--	详细
4	123241	欧通转债	2024-07-05	370870	2025-01-13	300870	欧陆通	44.86	93.20	100.00	7.29	6.45	2024-07-09	0.0026	--	详细
5	118048	利扬转债	2024-07-02	718135	2025-01-08	688135	利扬芯片	16.13	94.85	100.00	5.42	5.20	2024-07-04	0.0045	--	详细
6	113686	泰瑞转债	2024-07-02	754289	2025-01-08	603289	泰瑞机器	8.29	94.09	100.00	6.28	3.38	2024-07-04	0.0006	--	详细
7	113685	升24转债	2024-06-14	754305	2024-12-20	603305	旭升集团	12.89	80.14	104.81	30.78	28.00	2024-06-18	0.0329	2024-07-10	详细
8	111019	宏柏转债	2024-04-17	713366	2024-10-23	605366	宏柏新材	7.53	71.18	100.10	40.63	9.60	2024-04-19	0.0042	2024-05-14	详细
9	113684	湘泵转债	2024-04-01	754319	2024-10-09	603319	湘油泵	16.59	96.99	124.21	28.07	5.77	2024-04-03	0.0016	2024-04-29	详细
10	113683	伟24转债	2024-03-28	754568	2024-10-08	603568	伟明环保	18.03	106.77	198.53	85.95	2.85	2024-04-01	0.0003	2024-04-22	详细
11	113682	益丰转债	2024-03-04	754939	2024-09-09	603939	益丰药房	32.79	69.08	114.60	65.91	17.97	2024-03-06	0.0106	2024-03-27	详细
12	127105	龙星转债	2024-02-01	072442	2024-08-07	002442	龙星化工	6.01	72.38	102.20	41.20	7.55	2024-02-05	0.0055	2024-03-06	详细
13	123240	楚天转债	2024-01-31	370358	2024-08-06	300358	楚天科技	8.15	86.99	109.85	26.27	10.00	2024-02-02	0.0043	2024-02-29	详细
14	127104	姚记转债	2024-01-25	072605	2024-07-31	002605	姚记科技	20.61	86.22	123.51	43.24	5.83	2024-01-29	0.0019	2024-02-26	详细
15	123239	锋工转债	2024-01-19	370488	2024-07-25	300488	恒锋工具	24.75	78.34	116.50	48.70	6.20	2024-01-23	0.0007	2024-02-22	详细
16	123238	卡倍转02	2024-01-11	370863	2024-07-17	300863	卡倍亿	29.24	114.50	139.80	22.10	5.29	2024-01-15	0.0008	2024-02-01	详细
17	123237	佳禾转债	2024-01-04	370793	2024-07-10	300793	佳禾智能	21.60	55.60	109.55	97.03	10.04	2024-01-08	0.0042	2024-01-24	详细
18	127103	东南转债	2024-01-03	072135	2024-07-09	002135	东南网架	5.63	68.38	91.34	33.57	20.00	2024-01-05	0.0064	2024-01-24	详细
19	113681	镇洋转债	2023-12-29	754213	2024-07-05	603213	镇洋发展	11.46	64.57	108.17	67.51	6.60	2024-01-03	0.0010	2024-01-17	详细
20	127102	浙建转债	2023-12-25	072761	2024-07-01	002761	浙江建投	11.01	68.48	107.60	57.12	10.00	2023-12-27	0.0051	2024-01-16	详细
21	111018	华康转债	2023-12-25	713077	2024-07-01	605077	华康股份	16.89	86.56	114.08	31.80	13.03	2023-12-27	0.0028	2024-01-15	详细
22	127101	豪鹏转债	2023-12-22	071283	2024-06-28	001283	豪鹏科技	50.22	78.24	114.50	46.35	11.00	2023-12-26	0.0044	2024-01-11	详细
23	113069	博23转债	2023-12-22	783137	2024-06-28	601137	博威合金	15.18	100.00	121.80	21.80	17.00	2023-12-26	0.0067	2024-01-18	详细
24	123236	家联转债	2023-12-22	371193	2024-06-28	301193	家联科技	18.49	78.37	111.07	41.73	7.50	2023-12-26	0.0009	2024-01-18	详细
25	123235	亿田转债	2023-12-21	370911	2024-06-27	300911	亿田智能	28.61	87.70	112.57	28.36	5.20	2023-12-25	0.0010	2024-01-12	详细
26	127100	神码转债	2023-12-21	070034	2024-06-27	000034	神州数码	32.07	70.69	113.80	60.99	13.39	2023-12-25	0.0045	2024-01-19	详细
27	118046	诺泰转债	2023-12-15	718076	2024-06-21	688076	诺泰生物	42.33	162.77	166.62	2.37	4.34	2023-12-19	0.0017	2024-01-18	详细
28	123234	中能转债	2023-12-11	370062	2024-06-17	300062	中能电气	6.40	75.63	104.85	38.65	4.00	2023-12-13	0.0014	2023-12-29	详细

图 11-9

可转债是指债券持有人可按照发行时约定的价格将债券转换成公司普通股票的债券。

11.2 龙虎榜单和融资融券

龙虎榜单可以查看各板块股票的领涨和领跌情况，还可以查看证券公司席位活跃度分析和股票活跃度分析。

融资融券主要查看沪深京三市的融资金额、融券股数，以及融资融券的行业分布和市场统计等。

11.2.1 龙虎榜单

查看龙虎榜单的具体操作步骤如下。

❶ 单击【数据】按钮，选中【龙虎榜单】选项，可以查看龙虎榜个股、席位活跃度分析和股票活跃度分析，如图 11-10 所示。

❷ 单击【历史数据查询】按钮，可以查看之前的龙虎榜。例如，选择 2024 年 3 月 28 日，如图 11-11 所示。

图 11-10

> 席位是指证券交易所（或期货交易所）向证券商（或期货商）等会员和特别会员提供的设置在交易大厅的用于报盘交易的终端或用于交易的电脑远程通信端口。前者称为有形席位，后者称为无形席位。

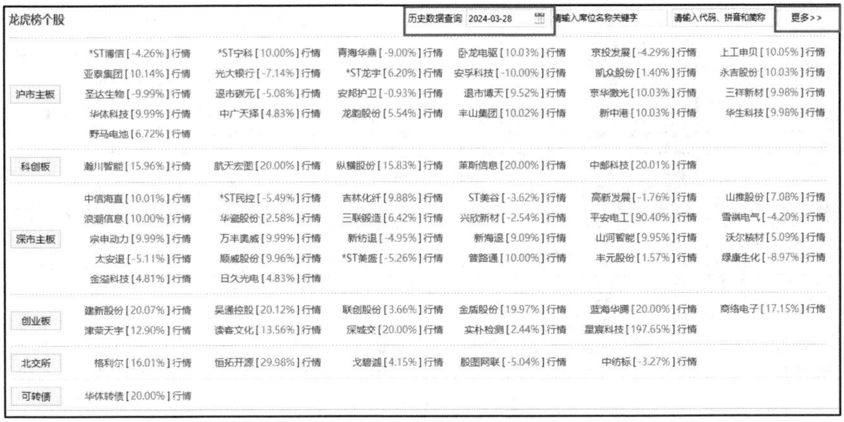

图 11-11

❸ 单击界面右上角的【更多】按钮，可以查看更多更详细的龙虎榜单，如图 11-12 所示。

返回>龙虎榜个股详情　2024-07-15　请输入代码、拼音和简称

单击返回龙虎榜单首页

序号	证券代码	证券简称			收盘价	市场成交额(万)	龙虎榜买入额(万)	占总成交比例(%)	龙虎榜卖出额(万)	占总成交比例(%)	异动类型
1	000004	国华网安			10.96	14803.70	2499.42	16.88	912.34	6.16	涨幅偏离值达7%的证券
2	000626	远大控股			4.02	4445.13	580.92	13.07	1164.92	26.21	跌幅偏离值达7%的证券
3	000735	罗牛山	农业综合	详细	4.91	24604.07	3424.04	13.92	2663.15	10.82	涨幅偏离值达7%的证券
4	000809	*ST和展	区域地产	详细	2.01	942.82	464.00	49.21	279.76	29.67	连续三个交易日涨幅偏离值累计达到12%的ST证券...
5	000816	智慧农业	农用机械	详细	1.80	21696.25	2237.48	10.31	1956.01	9.02	振幅值达15%的证券
6	000851	ST高鸿	通信设备	详细	1.67	10672.98	1086.42	10.18	1092.34	10.23	连续三个交易日涨幅偏离值累计达到12%的ST证券...
7	000861	海印股份	其他商业	详细	0.95	73257.04	5851.25	7.99	6008.49	8.20	连续三个交易日内涨幅偏离值累计达20%的证券
8	002052	*ST同洲	家用电器	详细	1.23	8027.92	919.42	11.45	1590.58	19.81	连续三个交易日涨幅偏离值累计达到12%的ST证券...
9	002253	川大智胜	软件服务	详细	11.22	29508.48	3590.17	12.17	2069.49	7.01	涨幅偏离值达7%的证券
10	002336	*ST人乐	超市连锁	详细	2.38	2620.26	652.58	24.91	588.08	22.44	连续三个交易日涨幅偏离值累计达到12%的ST证券...
11	002368	太极股份	软件服务	详细	17.98	30275.95	4205.95	13.89	9138.89	30.19	跌幅偏离值达7%的证券
12	002380	科远智慧	软件服务	详细	18.06	25926.42	2942.16	11.35	5494.40	21.19	跌幅偏离值达7%的证券
13	002552	宝鼎科技	元器件	详细	13.01	20066.22	2607.44	12.99	3435.96	17.12	跌幅偏离值达7%的证券
14	002678	珠江钢琴	文教休闲	详细	4.43	12686.81	3302.75	29.04	1822.59	16.02	连续三个交易日内涨幅偏离值累计达20%的证券
15	002750	*ST龙津	中成药	详细	1.72	5601.69	782.67	13.97	804.08	14.35	连续三个交易日涨幅偏离值累计达到12%的ST证券...
16	002822	ST中装	装修装饰	详细	1.27	9500.70	1307.87	13.77	1163.93	12.25	连续三个交易日涨幅偏离值累计达到12%的ST证券...
17	002823	凯中精密	机械基件	详细	15.98	90655.94	6207.10	6.85	6658.27	7.34	换手率达20%的证券
18	002829	星网宇达	航空	详细	19.12	66059.16	7284.45	11.03	9314.29	14.10	涨幅偏离值达7%的证券
19	002829	星网宇达	航空	详细	19.12	66059.16	7284.45	11.03	9314.29	14.10	换手率达20%的证券
20	002829	星网宇达	航空	详细	19.12	76338.76	8012.04	11.14	9350.84	13.00	连续三个交易日内涨幅偏离值累计达20%的证券
21	002869	金溢科技	通信设备	详细	30.64	136804.80	16883.22	12.34	12637.20	9.24	换手率达20%的证券
22	002981	朝阳科技	元器件	详细	19.57	21911.09	1738.50	7.93	2927.47	13.36	跌幅偏离值达7%的证券
23	002995	天地在线	互联网	详细	15.52	21569.66	4251.49	19.71	1466.79	6.80	涨幅偏离值达7%的证券
24	300218	安利股份	塑料	详细	17.64	45014.85	6039.67	13.42	6723.03	14.94	有价格涨跌幅限制的日收盘价格涨幅达到15%的前...
25	300282	三盛退	文教休闲	详细	0.14	293.14	104.80	35.75	91.14	31.09	退市整理的证券
26	300528	幸福蓝海	影视音像	详细	7.36	17866.25	4769.13	26.69	3229.26	18.07	有价格涨跌幅限制的日收盘价格涨幅达到15%的前...
27	300582	英飞特	元器件	详细	10.98	91613.11	6668.49	7.28	8270.04	9.03	有价格涨跌幅限制的连续3个交易日内收盘价格涨幅...
28	300713	英可瑞	电气设备	详细	17.89	66303.97	3760.39	5.67	5425.10	8.18	有价格涨跌幅限制的日换手率达到30%的前五只证券
29	300742	越博退	汽车配件	详细	0.19	145.79	99.32	68.12	56.80	38.96	退市整理的证券

图 11-12

❹ 单击【返回】按钮，返回龙虎榜单首页，在顶部第一个输入框中输入席位名称的关键字，可以查看席位活跃度。例如，输入“国泰君安”，结果如图 11-13 所示。

返回>席位活跃度　国泰君安　查询

一个月　三个月　六个月　一年

序号	营业部名称	龙虎榜成交额(万)	上榜次数	买入次数	买入额(万)	卖出次数	卖出额(万)	净买入额(万)
1	国泰君安证券股份有限公司总部 境外机构	100271.07	157	77	57494.97	80	42776.1	14718.87
2	国泰君安证券股份有限公司成都双庆路证券营业部	588718.89	76	40	295685.9	36	293032.99	2652.90
3	国泰君安证券股份有限公司咸宁咸宁大道证券营业部	57158.37	59	41	42800.93	18	14357.44	28443.49
4	国泰君安证券股份有限公司上海江苏路证券营业部 章盟主	38447.62	54	35	22776.1	19	15671.52	7104.59
5	国泰君安证券股份有限公司上海号文路证券营业部	47165.57	42	26	25622.43	16	21543.14	4079.29
6	国泰君安证券股份有限公司上海松江中山东路证券营业部	72482.38	41	31	55689.39	10	16792.99	38896.40
7	国泰君安证券股份有限公司泰州鼓楼南路证券营业部	47986.61	35	21	27580.1	14	20406.51	7173.58
8	国泰君安证券股份有限公司宜昌珍珠路证券营业部 消闲派	39186.42	34	27	32283.34	7	6903.08	25380.27
9	国泰君安证券股份有限公司成都北一环路证券营业部 成都系	45302.62	34	23	29194.59	11	16108.03	13086.57
10	国泰君安证券股份有限公司昆明人民中路证券营业部	22180.23	27	16	12348.92	11	9831.32	2517.60
11	国泰君安证券股份有限公司深圳益田路证券营业部	23125.7	24	15	16835.24	9	6290.46	10544.78
12	国泰君安证券股份有限公司河源越王大道证券营业部	46337.98	24	16	31873.6	8	14464.38	17409.22
13	国泰君安证券股份有限公司三亚迎宾路证券营业部	100713.55	21	9	47184.59	12	53528.96	-6344.37
14	国泰君安证券股份有限公司北京知春路证券营业部	7304.87	15	5	3606.58	10	3698.29	-91.71
15	国泰君安证券股份有限公司深圳金田路证券营业部	34757.32	11	7	17590.43	4	17166.89	423.55
16	国泰君安证券股份有限公司南京太平南路证券营业部 作手新一	15297.83	10	7	13092.69	3	2205.15	10887.54
17	国泰君安证券股份有限公司安徽合肥长江西路营业部	776.61	8	7	399.42	1	377.19	22.23
18	国泰君安证券股份有限公司海南海口国贸大道营业部	4289.36	8	4	1323.48	4	2965.88	-1642.40
19	国泰君安证券股份有限公司深圳登良路证券营业部 苏南帮	6322.08	8	4	3210.94	4	3111.14	99.79
20	国泰君安证券股份有限公司广州东风中路证券营业部	2183.26	8	3	372.89	5	1810.37	-1437.48
21	国泰君安证券股份有限公司重庆中山三路证券营业部	3142.76	6	3	1214.42	3	1928.33	-713.91
22	国泰君安证券股份有限公司郑州黄河路证券营业部	2809.53	6	1	651.72	5	2157.8	-1506.08
23	国泰君安证券股份有限公司临海巾山中路证券营业部	7682.97	5	4	4038.25	1	3644.72	393.53
24	国泰君安证券股份有限公司三明列东街证券营业部	694.65	4	2	378.03	2	316.62	61.40
25	国泰君安证券股份有限公司渭南仓程路证券营业部	909.03	4	3	644.96	1	264.07	380.89
26	国泰君安证券股份有限公司长春卫星路证券营业部	4046.74	4	0	1.83	4	4044.9	-4043.07
27	国泰君安证券股份有限公司河南郑州黄河路营业部	423.2	4	2	200.18	2	223.02	-22.84
28	国泰君安证券股份有限公司福州杨桥东路证券营业部	4960.59	4	2	655.03	2	4305.56	-3650.53
29	[illegible]	1619.28	4	2	703.16	2	916.11	[illegible]

图 11-13

❺ 单击【返回】按钮，返回龙虎榜单首页，在顶部第二个输入框中输入股票代码、股票拼音或简称，可以查看个股的龙虎榜情况。例如，输入“东风汽车（600006）”，结果如图 11-14。

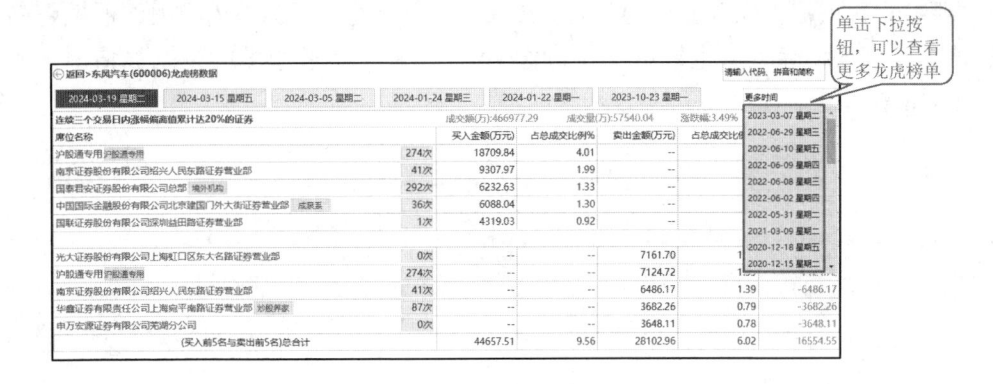

图 11-14

11.2.2 融资融券

融资是指投资者向券商借款买入股票的行为。与融资相对应，融券则是指投资者向券商借入股票后卖出，预期股价下跌后再买回股票归还给券商，从中赚取差价的行为。

查看融资融券的操作步骤如下。

❶ 单击【数据】按钮，选中【融资融券】选项，可以查看沪深京三市的个股融资融券情况，以及融资融券的行业分布和市场统计，如图 11-15 所示。

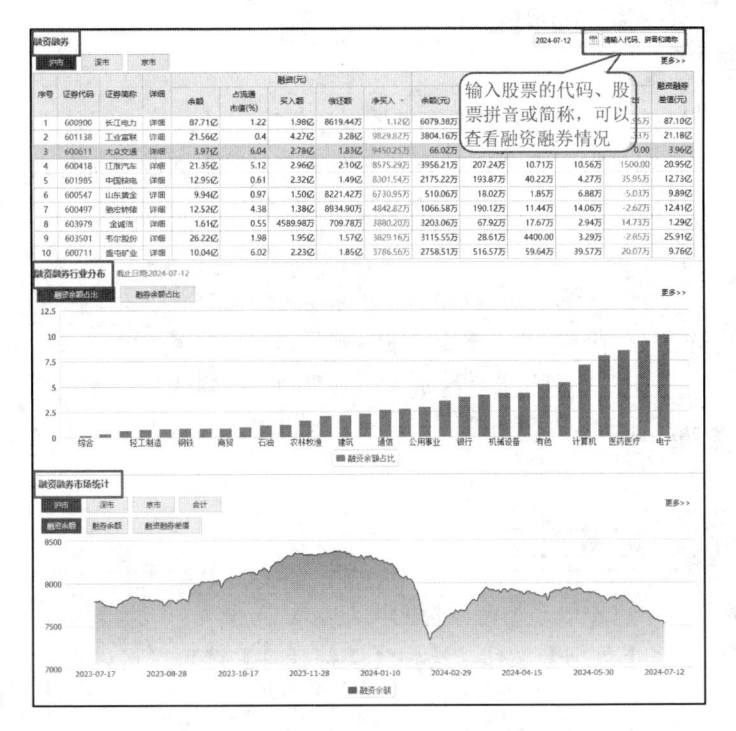

图 11-15

❷ 在输入框中输入股票的代码、股票拼音或简称，可以查看该股票的融资融券情况。例如，输入"上能电气（300827）"，显示该股票的融资融券情况，如图 11-16 所示。

序号	交易日期	融资余额(万)	融买率%	融资买入额(万)	融资偿还额(万)	融券余额(万)	融券余量(万股)	融券卖出量(万股)	沽空率%	融券偿还量(万股)	融资融券差值(万)
1	2024-07-12	21675.22	6.73	3326.52	3727.46	313.11	12.08	3.94	0.20	2.16	21362.11
2	2024-07-11	22076.16	5.39	1719.86	2305.93	252.35	10.30	0.42	0.03	3.62	21823.81
3	2024-07-10	22662.23	3.91	1178.69	1995.29	303.48	13.50	1.53	0.11	1.01	22358.75
4	2024-07-09	23478.83	7.99	777.05	700.38	275.82	12.98	0.70	0.15	1.18	23203.01
5	2024-07-08	23402.16	3.49	365.83	784.04	280.37	13.46	0.97	0.19	0.01	23121.79
6	2024-07-05	23820.37	7.57	878.09	567.82	269.38	12.50	0.96	0.18	0.48	23550.99
7	2024-07-04	23510.10	3.83	384.91	1501.11	254.22	12.02	0.23	0.05	0.65	23255.88
8	2024-07-03	24626.30	4.73	421.25	756.94	271.07	12.44	0.34	0.08	1.26	24355.23
9	2024-07-02	24961.99	5.85	814.89	657.25	294.19	13.36	0.33	0.05	1.07	24667.80
10	2024-07-01	24804.35	9.70	1450.78	858.20	325.57	14.10	1.51	0.23	0.00	24478.78
11	2024-06-28	24211.77	7.25	674.38	647.76	281.51	12.59	0.58	0.14	2.25	23930.26
12	2024-06-27	24185.15	6.04	420.74	428.87	316.86	14.26	3.20	1.03	0.83	23868.29
13	2024-06-26	24193.28	7.42	616.47	522.91	268.95	11.89	0.86	0.23	0.84	23924.33
14	2024-06-25	24099.72	5.65	518.46	430.65	262.45	11.87	1.04	0.26	1.01	23837.27
15	2024-06-24	24011.91	3.68	388.11	982.65	264.62	11.84	1.05	0.22	1.59	23747.29
16	2024-06-21	24606.45	8.25	779.15	482.18	288.21	12.38	2.21	0.55	1.11	24318.24
17	2024-06-20	24309.48	4.81	591.28	973.17	261.13	11.28	0.84	0.16	3.91	24048.35
18	2024-06-19	24691.37	7.57	813.57	768.60	344.11	14.35	0.60	0.13	1.23	24347.26
19	2024-06-18	24646.40	6.23	792.02	1057.74	368.36	14.98	0.30	0.06	1.06	24278.04
20	2024-06-17	24912.12	7.23	1149.65	799.28	379.65	15.74	0.10	0.02	2.23	24532.47
21	2024-06-14	24561.75	6.61	2233.44	2316.87	434.06	17.87	3.20	0.23	3.65	24127.69
22	2024-06-13	24645.18	10.18	1281.73	791.79	462.58	18.32	1.39	0.28	0.32	24182.60
23	2024-06-12	24155.24	8.11	875.09	613.48	442.29	17.25	1.36	0.32	0.85	23712.95
24	2024-06-11	23893.63	5.94	534.04	898.99	434.57	16.74	1.18	0.34	4.81	23459.06
25	2024-06-07	24258.58	5.61	652.73	771.50	523.31	20.37	0.41	0.09	45.41	23735.27
26	2024-06-06	24377.35	7.09	1343.37	1921.90	1711.39	65.37	0.90	0.13	4.14	22665.96
27	2024-06-05	24955.88	8.74	1279.67	1965.81	1881.97	68.61	1.58	0.30	2.23	23073.91
28	2024-06-04	25642.02	10.25	1520.61	1291.72	1939.28	69.26	0.38	0.07	2.82	23702.74
29	2024-06-03	25413.13	11.49	2841.98	1567.35	1986.09	71.70	4.99	0.56	5.72	23427.04
30	2024-05-31	24138.50	9.65	1843.52	2332.33	2088.88	72.43	2.64	0.39	6.35	22049.62

图 11-16

11.3 增持减持和增发送配

增持减持主要查看重要股东持股变动情况以及大小非解禁情况。

增发送配是指上市公司以原股权为基础，再次向股票持有人增加股权的行为。增发送配包括分红送转、增发和配股三种形式。

> 大非解禁：是指持股量占总股本 5% 以上的非流通股东所持有的股份，在国家规定的限售期限届满后，解除限售禁止，允许上市流通。
>
> 小非解禁：是指持股量占总股本 5% 以下的非流通股东所持有的股份，在国家规定的限售期限届满后，解除限售禁止，允许上市流通。

11.3.1 增持减持

查看股票重要股东增持减持的操作步骤如下。

❶ 单击【数据】按钮，选中【增持减持】选项，可以查看具体个股的重要股

东持股变动情况，如图 11-17 所示。

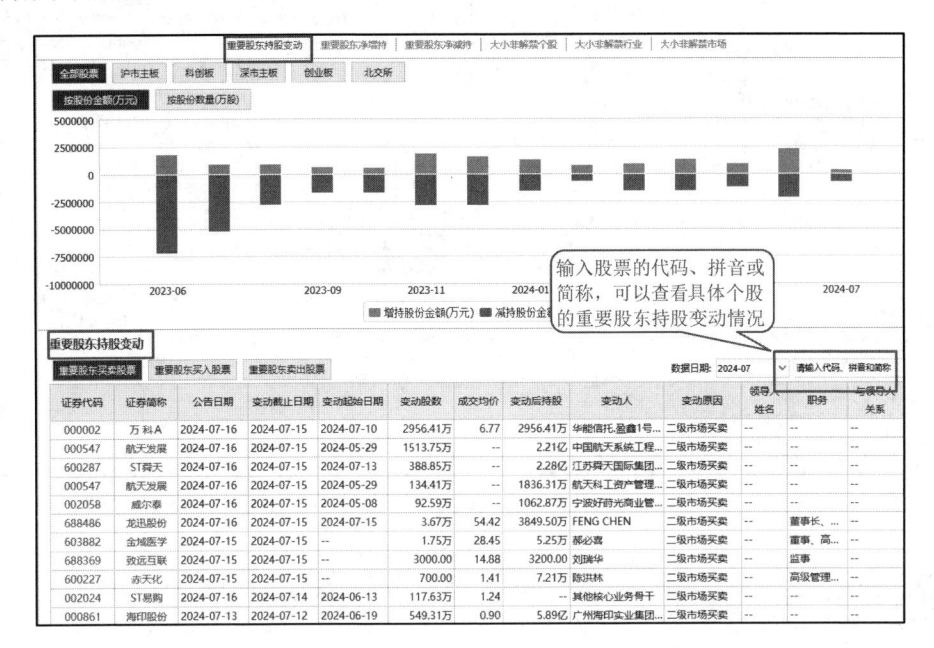

图 11-17

❷ 在输入框中输入股票的代码、拼音或简称，可以查看具体个股的重要股东持股变动情况。例如，输入"600019"，显示结果如图 11-18 所示。

图 11-18

❸ 切换到【大小非解禁个股】选项卡，显示结果如图 11-19 所示。

图 11-19

11.3.2 增发送配

查看股票增发送配的具体操作步骤如下。

❶ 单击【数据】按钮，选中【增发送配】选项，可以查看分红送转、增发和配股的情况，图 11-20 显示的是分红送转的情况。

图 11-20

❷ 单击个股后面的【详细】按钮，可以查看该股的分红送转明细，如图 11-21 所示。

第 11 章　龙头引领财富——数据捕捉龙头股

序号	报告期	十股送转总数	每十股派息数	每十股派息数(元)	每股收益	每股净资产	每股公积金	每股未分配利润	总股本(万股)	预案公告日	股权登记日	除权除息日	方案进度
1	2023-12-31	15	--	10.00	10.00	15.00	4.33	14.98	5.00	8.55	--	2024-04-17	2024-05-16	2024-05-17	实施方案
2	2022-12-31	--	--	--	--	10.00	2.29	11.49	4.86	5.40	--	2023-04-20	2023-06-01	2023-06-02	实施方案
3	2021-12-31	--	5.00	5.00	3.00	1.18	14.08	7.79	5.09	--	2022-04-23	2022-06-24	2022-06-27	实施方案
4	2020-12-31	--	--	--	--	1.50	1.70	13.07	7.79	4.08	--	2021-04-17	2021-06-01	2021-06-02	实施方案
5	2020-06-30	--	--	--	--	1.50	1.11	7.55	1.45	4.96	--	2020-08-24	2020-11-05	2020-11-06	实施方案

图 11-21

❸ 单击【返回】按钮，返回到【增发送配】界面，然后切换到【增发】选项卡，可以查看股票增发情况，如图 11-22 所示。

图 11-22

❹ 切换到【配股】选项卡，可以查看股票配股情况，如图 11-23 所示。

图 11-23

233

11.4 财报数据和价值分析

财报数据主要提供业绩预告、业绩快报、业绩披露时间、业绩报告和股东户数等详细信息。

价值分析主要涉及对个股、行业的投资评级，以及提供跌破增发价、跌破净资产、跌破发行价和高股息个股的信息。

11.4.1 财报数据

查看财报数据的具体操作步骤如下。

❶ 单击【数据】按钮，选中【财报数据】选项，默认显示【业绩预告】界面，如图11-24所示。

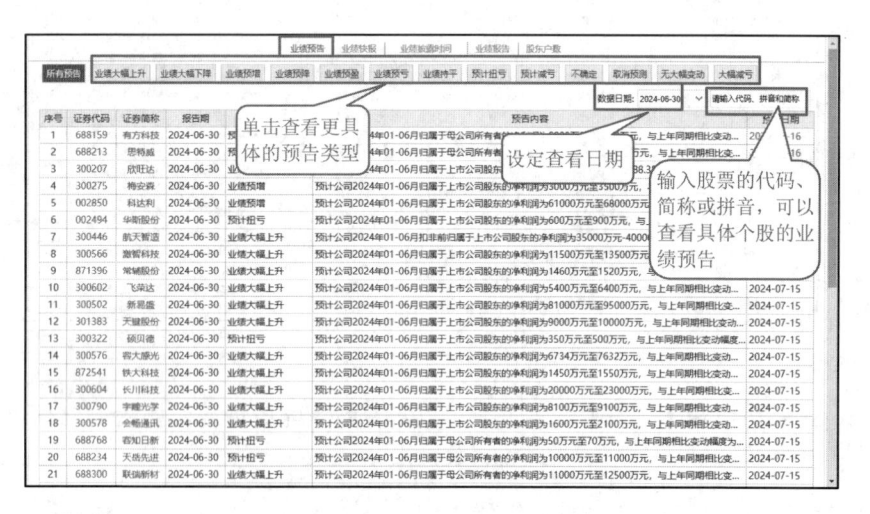

图 11-24

❷ 在输入框中输入"300750"，可以查看宁德时代的业绩预告，如图11-25所示。

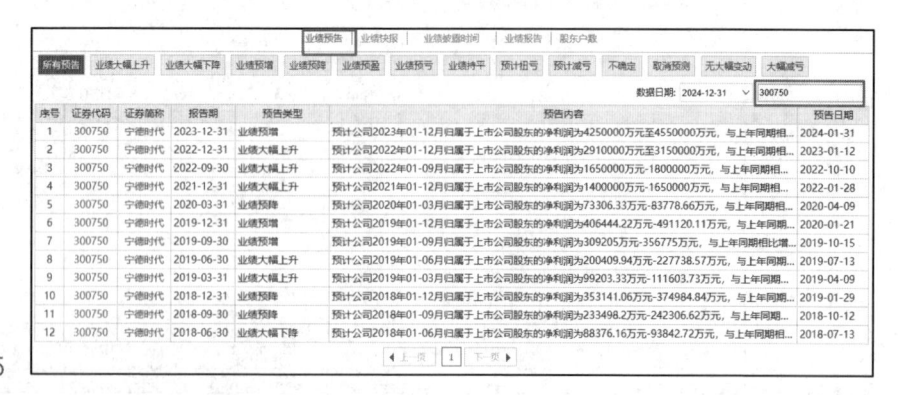

图 11-25

❸ 切换到【业绩快报】选项卡，结果如图11-26所示。

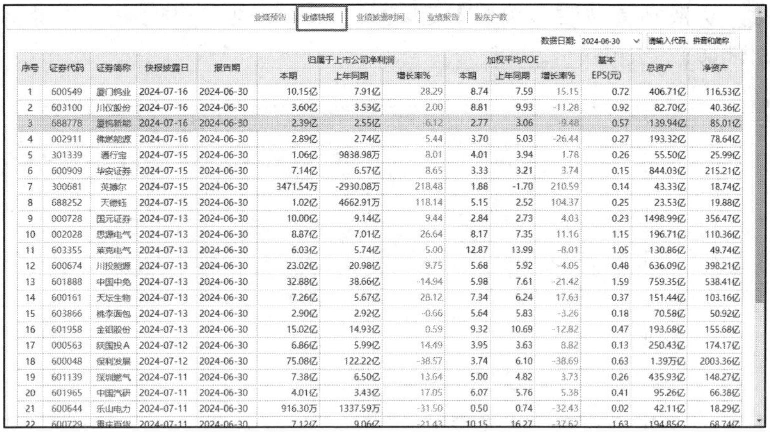

业绩预告 | 业绩快报 | 业绩披露时间 | 业绩报告 | 股东户数

数据日期: 2024-06-30　请输入代码、拼音和简称

序号	证券代码	证券简称	快报披露日	报告期	归属于上市公司净利润			加权平均ROE			基本	总资产	净资产
					本期	上年同期	增长率%	本期	上年同期	增长率%	EPS(元)		
1	600549	厦门钨业	2024-07-16	2024-06-30	10.15亿	7.91亿	28.29	8.74	7.59	15.15	0.72	406.71亿	116.53亿
2	603100	川仪股份	2024-07-16	2024-06-30	3.60亿	3.53亿	2.00	8.81	9.93	-11.28	0.92	82.70亿	40.36亿
3	688778	厦钨新能	2024-07-16	2024-06-30	2.39亿	2.55亿	-6.12	2.77	3.06	-9.48	0.57	139.94亿	85.01亿
4	002911	佛燃能源	2024-07-16	2024-06-30	2.89亿	2.74亿	5.44	3.70	5.03	-26.44	0.27	193.32亿	78.64亿
5	301339	通行宝	2024-07-15	2024-06-30	1.06亿	9838.98万	8.01	4.01	3.94	1.78	0.26	55.50亿	25.99亿
6	600909	华安证券	2024-07-15	2024-06-30	7.14亿	6.57亿	8.65	3.33	3.21	3.74	0.15	844.03亿	215.21亿
7	300681	英搏尔	2024-07-15	2024-06-30	3471.54万	-2930.08万	218.48	1.88	-1.70	210.59	0.14	43.33亿	18.74亿
8	688252	天德钰	2024-07-15	2024-06-30	1.02亿	4662.91万	118.14	5.15	2.52	104.37	0.25	23.53亿	19.88亿
9	000728	国元证券	2024-07-13	2024-06-30	10.00亿	9.14亿	9.44	2.84	2.73	4.03	0.23	1498.99亿	356.47亿
10	002028	思源电气	2024-07-13	2024-06-30	8.87亿	7.01亿	26.64	8.17	7.35	11.16	1.15	196.71亿	110.36亿
11	603355	莱克电气	2024-07-13	2024-06-30	6.03亿	5.74亿	5.00	12.87	13.99	-8.01	1.05	130.86亿	49.74亿
12	600674	川投能源	2024-07-13	2024-06-30	23.02亿	20.98亿	9.75	5.68	5.92	-4.05	0.48	636.09亿	398.21亿
13	601888	中国中免	2024-07-13	2024-06-30	32.88亿	38.66亿	-14.94	5.98	7.61	-21.42	1.59	759.35亿	538.41亿
14	600161	天坛生物	2024-07-13	2024-06-30	7.26亿	5.67亿	28.12	7.34	6.24	17.63	0.37	151.44亿	103.16亿
15	603866	桃李面包	2024-07-13	2024-06-30	2.90亿	2.92亿	-0.66	5.64	5.83	-3.26	0.18	70.58亿	50.92亿
16	601958	金钼股份	2024-07-13	2024-06-30	15.02亿	14.93亿	0.59	9.32	10.69	-12.82	0.47	193.68亿	155.68亿
17	000563	陕国投A	2024-07-12	2024-06-30	6.86亿	5.99亿	14.49	3.95	3.63	8.82	0.13	250.43亿	174.17亿
18	600048	保利发展	2024-07-12	2024-06-30	75.08亿	122.22亿	-38.57	3.74	6.10	-38.69	0.63	1.39万亿	2003.36亿
19	601139	深圳燃气	2024-07-11	2024-06-30	7.38亿	6.50亿	13.64	5.00	4.82	3.73	0.26	435.93亿	148.27亿
20	601965	中国汽研	2024-07-11	2024-06-30	4.01亿	3.43亿	17.05	6.07	5.76	5.38	0.41	95.26亿	66.38亿
21	600644	乐山电力	2024-07-11	2024-06-30	916.30万	1337.59万	-31.50	0.50	0.74	-32.43	0.02	42.11亿	18.29亿
22	600729	重庆百货	2024-07-11	2024-06-30	7.12亿	9.06亿	-21.43	10.15	16.27	-37.62	1.63	194.85亿	68.74亿

图 11-26

11.4.2 价值分析

查看股票价值分析的具体操作步骤如下。

❶ 单击【数据】按钮，选中【价值分析】选项，在显示的界面中切换到【个股投资评级】选项卡，然后设定评级类别、评级变化以及报告日期，如图 11-27 所示。

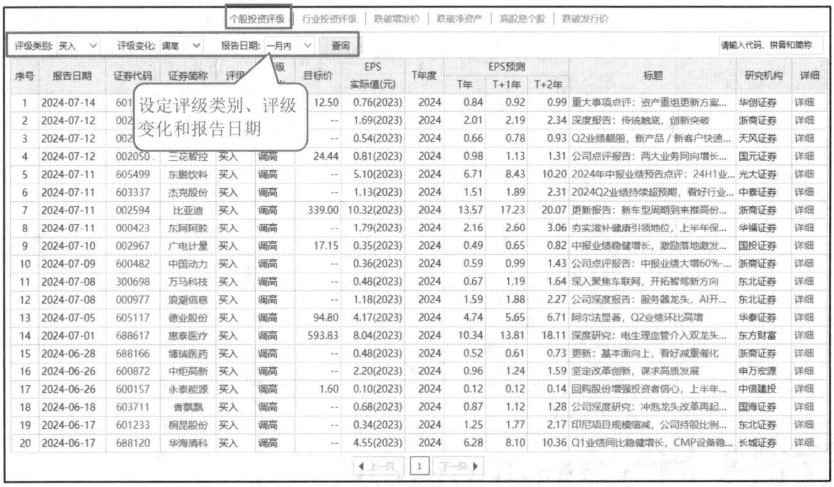

个股投资评级 | 行业投资评级 | 跌破增发价 | 跌破净资产 | 高股息个股 | 跌破发行价

评级类别: 买入　评级变化: 调高　报告日期: 一月内　查询　请输入代码、拼音和简称

序号	报告日期	证券代码	证券简称	评级	评级变化	目标价	EPS	T年度	EPS预测			标题	研究机构	详细
							实际值(元)		T年	T+1年	T+2年			
1	2024-07-14	601[illegible]	[illegible]	[illegible]	[illegible]	12.50	0.76(2023)	2024	0.84	0.92	0.99	重大事项点评：资产重组更新方案...	华创证券	详细
2	2024-07-12	002[illegible]	[illegible]	[illegible]	[illegible]	--	1.69(2023)	2024	2.01	2.19	2.34	深度报告：传统触底，创新突破	浙商证券	详细
3	2024-07-12	002[illegible]	[illegible]	[illegible]	[illegible]	--	0.54(2023)	2024	0.66	0.78	0.93	Q2业绩靓丽，新产品 / 新客户快速...	天风证券	详细
4	2024-07-12	002050	三花智控	买入	调高	24.44	0.81(2023)	2024	0.98	1.13	1.31	公司点评报告：两大业务同向增长...	国元证券	详细
5	2024-07-11	605499	东鹏饮料	买入	调高	--	5.10(2023)	2024	6.71	8.43	10.20	2024年中报业绩预告点评：24H1业...	光大证券	详细
6	2024-07-11	603337	杰克股份	买入	调高	--	1.13(2023)	2024	1.51	1.89	2.31	2024Q2业绩持续超预期，看好行业...	中泰证券	详细
7	2024-07-11	002594	比亚迪	买入	调高	339.00	10.32(2023)	2024	13.57	17.23	20.07	更新报告：新车型周期到来推高份...	浙商证券	详细
8	2024-07-11	000423	东阿阿胶	买入	调高	--	1.79(2023)	2024	2.16	2.60	3.06	夯实滋补健康引领地位，上半年保...	华福证券	详细
9	2024-07-10	002967	广电计量	买入	调高	17.15	0.35(2023)	2024	0.49	0.65	0.82	中报业绩稳健增长，激励落地激发...	国投证券	详细
10	2024-07-09	600482	中国动力	买入	调高	--	0.36(2023)	2024	0.59	0.99	1.43	公司点评报告：中报业绩大增60%-...	浙商证券	详细
11	2024-07-08	300698	万马科技	买入	调高	--	0.48(2023)	2024	0.67	1.19	1.64	深入聚焦车联网，开拓智驾新方向	东北证券	详细
12	2024-07-08	000977	浪潮信息	买入	调高	--	1.18(2023)	2024	1.59	1.88	2.27	公司深度报告：服务器龙头，AI开...	东北证券	详细
13	2024-07-05	605117	德业股份	买入	调高	94.80	4.17(2023)	2024	4.74	5.65	6.71	阿尔法显著，Q2业绩环比高增	华泰证券	详细
14	2024-07-01	688617	惠泰医疗	买入	调高	593.83	8.04(2023)	2024	10.34	13.81	18.11	深度研究：电生理血管介入双龙头...	东方财富	详细
15	2024-06-28	688166	博瑞医药	买入	调高	--	0.48(2023)	2024	0.52	0.61	0.73	更新：基本面向上，看好减重催化	浙商证券	详细
16	2024-06-26	600872	中炬高新	买入	调高	--	2.20(2023)	2024	0.96	1.24	1.59	坚定改革创新，谋求高质发展	申万宏源	详细
17	2024-06-26	600157	永泰能源	买入	调高	1.60	0.10(2023)	2024	0.12	0.12	0.14	回购股份增强投资者信心，上半年...	中信建投	详细
18	2024-06-18	603711	香飘飘	买入	调高	--	0.68(2023)	2024	0.87	1.12	1.28	公司深度研究：冲泡龙头改革再起...	国海证券	详细
19	2024-06-17	601233	桐昆股份	买入	调高	--	0.34(2023)	2024	1.25	1.77	2.17	印尼项目规模缩减，公司持股比例...	东北证券	详细
20	2024-06-17	688120	华海清科	买入	调高	--	4.55(2023)	2024	6.28	8.10	10.36	Q1业绩同比稳健增长，CMP设备稳...	长城证券	详细

上一页　1　下一页

图 11-27

❷ 切换到【行业投资评级】选项卡，设定行业名称、评级类别和评级变化，单击【查询】按钮，结果如图 11-28 所示。

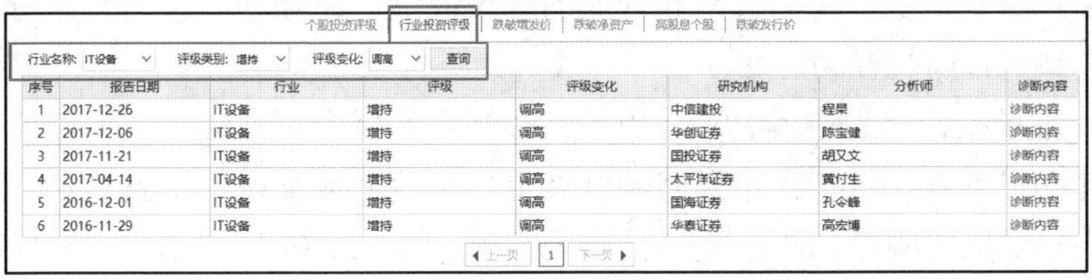

个股投资评级 | 行业投资评级 | 跌破增发价 | 跌破净资产 | 高股息个股 | 跌破发行价

行业名称: IT设备　评级类别: 增持　评级变化: 调高　查询

序号	报告日期	行业	评级	评级变化	研究机构	分析师	诊断内容
1	2017-12-26	IT设备	增持	调高	中信建投	程昊	诊断内容
2	2017-12-06	IT设备	增持	调高	华创证券	陈宝健	诊断内容
3	2017-11-21	IT设备	增持	调高	国投证券	胡又文	诊断内容
4	2017-04-14	IT设备	增持	调高	太平洋证券	黄付生	诊断内容
5	2016-12-01	IT设备	增持	调高	国海证券	孔令峰	诊断内容
6	2016-11-29	IT设备	增持	调高	华泰证券	高宏博	诊断内容

上一页　1　下一页

图 11-28

❸ 切换到【高股息个股】选项卡，显示最近一年已实施的累计派息股息率前100名的股票，如图11-29所示。

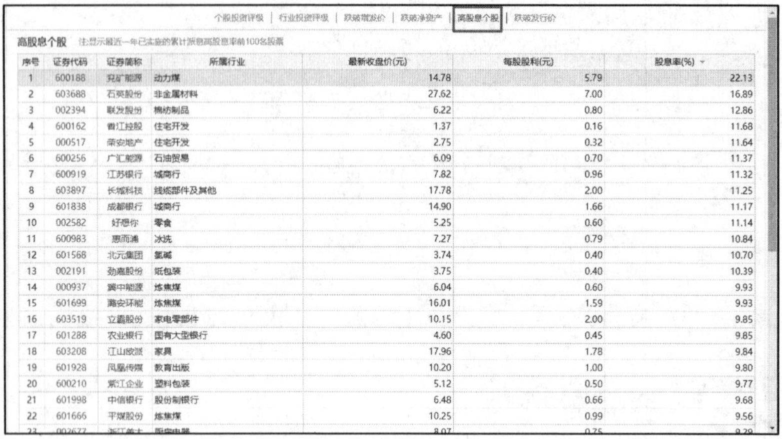

序号	证券代码	证券简称	所属行业	最新收盘价(元)	每股股利(元)	股息率(%)
1	600188	兖矿能源	动力煤	14.78	5.79	22.13
2	603688	石英股份	非金属材料	27.62	7.00	16.89
3	002394	联发股份	棉纺制品	6.22	0.80	12.86
4	600162	香江控股	住宅开发	1.37	0.16	11.68
5	000517	荣安地产	住宅开发	2.75	0.32	11.64
6	600256	广汇能源	石油贸易	6.09	0.70	11.37
7	600919	江苏银行	城商行	7.82	0.96	11.32
8	603897	长城科技	线缆部件及其他	17.78	2.00	11.25
9	601838	成都银行	城商行	14.90	1.66	11.17
10	002582	好想你	零食	5.25	0.60	11.14
11	600983	惠而浦	冰洗	7.27	0.79	10.84
12	601568	北元集团	氯碱	3.74	0.40	10.70
13	002191	劲嘉股份	纸包装	3.75	0.40	10.39
14	000937	冀中能源	炼焦煤	6.04	0.60	9.93
15	601699	潞安环能	炼焦煤	16.01	1.59	9.93
16	603519	立霸股份	家电零部件	10.15	2.00	9.85
17	601288	农业银行	国有大型银行	4.60	0.45	9.85
18	603208	江山欧派	家具	17.96	1.78	9.84
19	601928	凤凰传媒	教育出版	10.20	1.00	9.80
20	600210	紫江企业	塑料包装	5.12	0.50	9.77
21	601998	中信银行	股份制银行	6.48	0.66	9.68
22	601666	平煤股份	炼焦煤	10.25	0.99	9.56

图11-29

❹ 切换到【跌破发行价】选项卡，显示近一年来跌破发行价的股票，如图11-30所示。

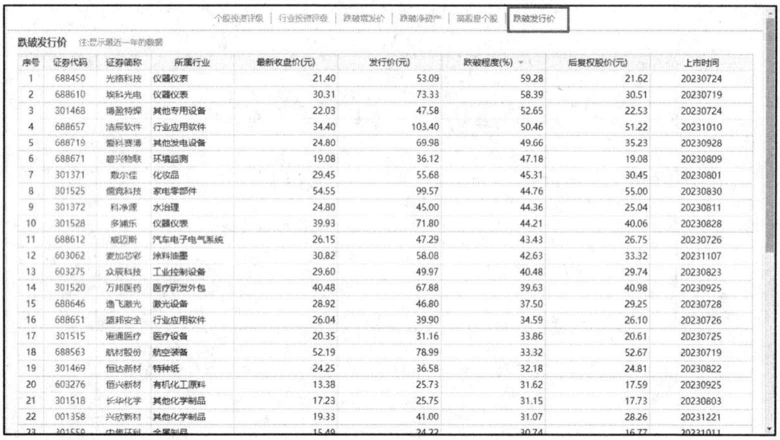

序号	证券代码	证券简称	所属行业	最新收盘价(元)	发行价(元)	跌破程度(%)	后复权股价(元)	上市时间
1	688450	光格科技	仪器仪表	21.40	53.09	59.28	21.62	20230724
2	688610	埃科光电	仪器仪表	30.31	73.33	58.39	30.51	20230719
3	301468	博盈特焊	其他专用设备	22.03	47.58	52.65	22.53	20230724
4	688657	浩辰软件	行业应用软件	34.40	103.40	50.46	51.22	20231010
5	688719	爱科赛博	其他发电设备	24.80	69.98	49.66	35.23	20230928
6	688671	碧兴物联	环境监测	19.08	36.12	47.18	19.08	20230809
7	301371	敷尔佳	化妆品	29.45	55.68	45.31	30.45	20230801
8	301525	儒竞科技	家电零部件	54.55	99.57	44.76	55.00	20230830
9	301372	科净源	水治理	24.80	45.00	44.36	25.04	20230811
10	301528	多浦乐	仪器仪表	39.93	71.80	44.21	40.06	20230828
11	688612	威迈斯	汽车电子电气系统	26.15	47.29	43.43	26.75	20230726
12	603062	麦加芯彩	涂料油墨	30.82	58.08	42.63	33.32	20231107
13	603275	众辰科技	工业控制设备	29.60	49.97	40.48	29.74	20230823
14	301520	万邦医药	医疗研发外包	40.48	67.88	39.63	40.98	20230925
15	688646	逸飞激光	激光设备	28.92	46.80	37.50	29.25	20230728
16	688651	盛邦安全	行业应用软件	26.04	39.90	34.59	26.10	20230726
17	301515	港通医疗	医疗设备	20.35	31.16	33.86	20.61	20230725
18	688563	航材股份	航空装备	52.19	78.99	33.32	52.67	20230719
19	301469	恒达新材	特种纸	24.25	36.58	32.18	24.81	20230822
20	603276	恒兴新材	有机化工原料	13.38	25.73	31.62	17.59	20230925
21	301518	长华化学	其他化学制品	17.23	25.75	31.15	17.73	20230803
22	001358	兴欣新材	其他化学制品	19.33	41.00	31.07	28.26	20231221

图11-30

11.5 调研互动和市场统计

调研互动分为个股调研、行业调研和互动问答。个股调研和行业调研，可以帮助用户查看自己关注的股票和行业的调研情况，而互动问答则允许用户直接与关注的股票进行问答互动。

市场统计分为市场总览、市场回顾和市场资金三部分。市场统计分为市场规模统计和市场发行统计；市场回顾则展示各指数、板块以及个股的基本行情；市场资金则提供融资融券、沪股通资金、深股通资金、ETF申赎、期货净持仓等的详细信息。

11.5.1 调研互动

查看调研互动的具体操作步骤如下。

❶ 单击【数据】按钮,选中【调研互动】选项,单击【个股调研】选项卡,可以查看所有个股最近一个月、三个月、半年的调研次数和调研机构数量,以及这期间个股的涨幅情况,如图11-31所示。

图 11-31

❷ 在输入框中输入相应的代码或简称,可以查看该股票的调研情况。例如,输入"600006",结果如图11-32所示。

图 11-32

❸ 切换到【行业调研】选项卡,选择想要查看的行业,例如选择【半导体】行业,结果如图11-33所示。

图 11-33

❹ 切换到【互动问答】选项卡，在输入框中输入相应的代码或简称，可以与该股进行互动问答。例如输入"600585"，结果如图11-34所示。

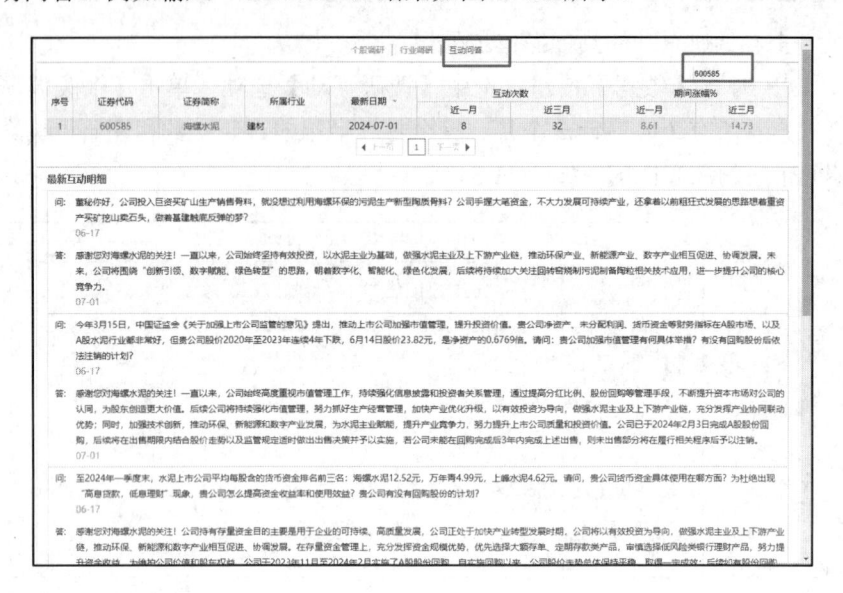

图 11-34

11.5.2 市场统计

查看市场统计的具体操作步骤如下。

❶ 单击【数据】按钮，选中【市场统计】选项，单击【市场总览】选项卡，可以查看上交所、深交所和北交所的市场规模统计，以及交易所和通达信各自的市场发行统计，如图11-35所示。

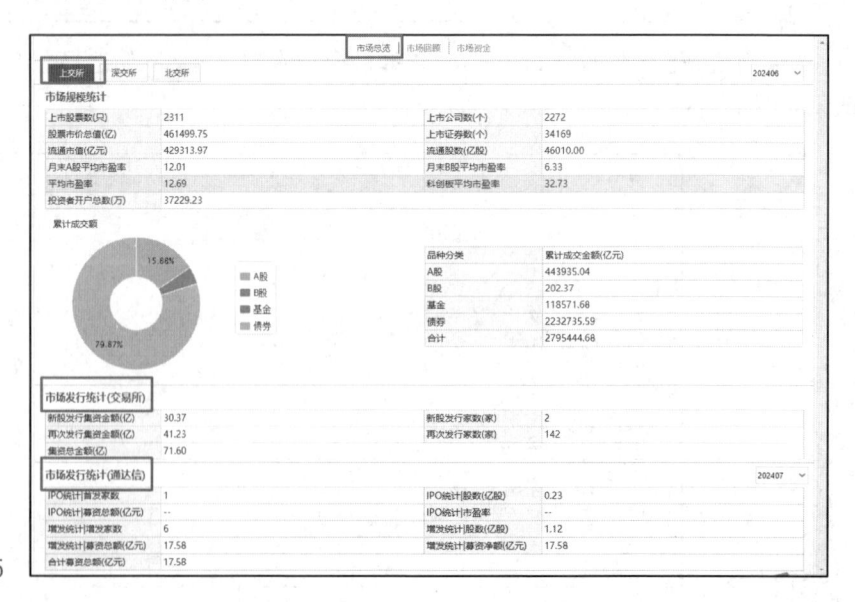

图 11-35

❷ 切换到【市场回顾】选项卡，可以查看指数、板块和个股的基本行情，如图 11-36 所示。

图 11-36

❸ 切换到【市场资金】选项卡，可以查看融资融券、沪股通资金、深股通资金、ETF 申赎和期货净持仓的资金情况，如图 11-37 所示。

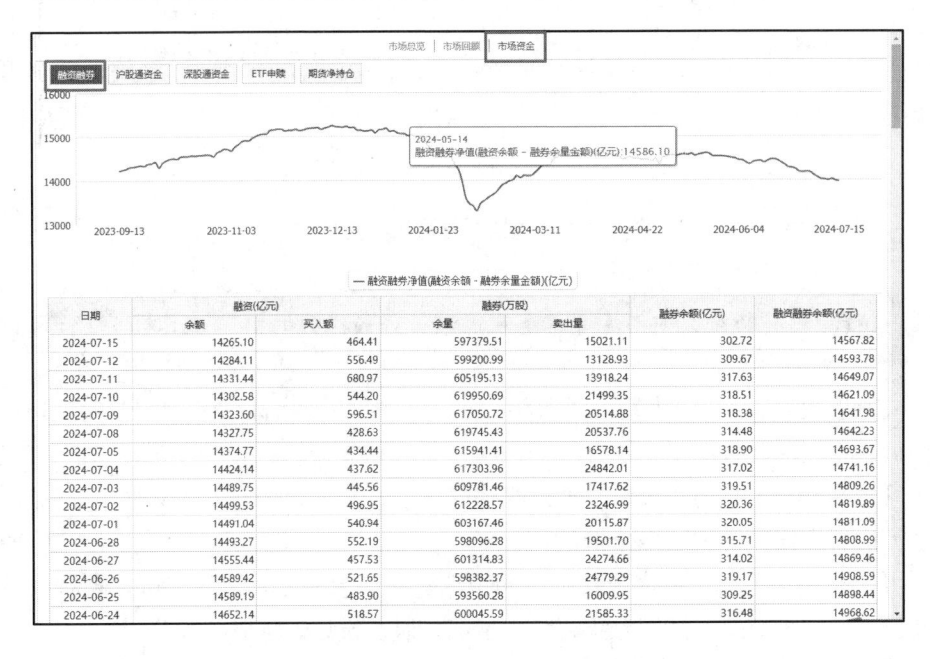

图 11-37

11.6 新股民学堂——个股基本资料F10

个股基本资料可以通过快捷键 F10 获取，它包括了最新提示、资金动向、公司资料、股本结构、股东研究、分红融资、财务分析、经营分析、资本运作、研报评级、热点题材、公司资讯、主力持仓、行业分析、深度分析和基础 F10 等 16 个栏目。

在分时图、K 线图或行情报价界面，按 F10 键或 F11 键即可进入该股的 F10 界面，如图 11-38 所示。

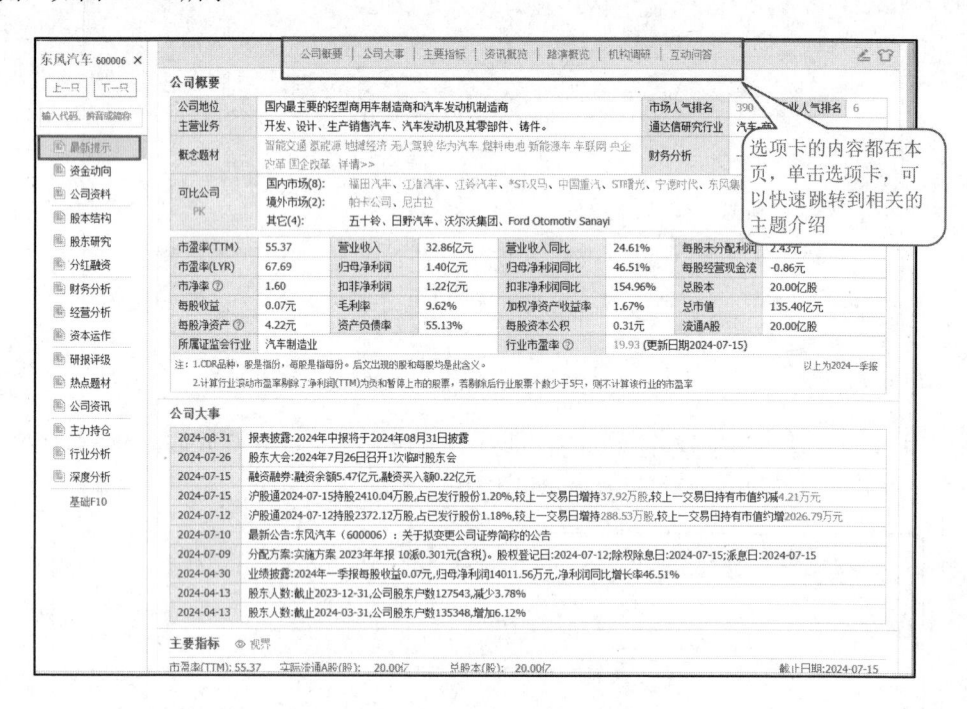

图 11-38

> 数据中有颜色区别的地方都是可以单击进行操作的。

【最新提示】：可以查看公司概要、公司大事、主要指标、资讯概览、路演概览、机构调研和互动问答。

【资金动向】：可以查看公司的交易龙虎榜、北上资金、大宗交易、融资融券、资金流向、涨停分析和跌停分析。

【公司资料】：帮助客户第一时间快速了解公司的基本信息，可以查看公司基本情况、发行和交易、高管介绍、员工情况、研发投进、参股控股公司等。

【股本结构】：股本结构展示了公司股本变动数据，包括股本结构图、股本构成、股本变动情况、限售解禁表和股票回购等。

【股东研究】：股东研究揭示了该公司控股股东与实际控制人信息、股东人数、十大流通股东、十大股东、十大债券持有人以及重要股东增持减持。

【分红融资】：分红融资展示了公司的分红与募资情况，包括历年的分红募资记录、历次分红（分红方案）、配股（配发价格配发比例）、增发方案的明细、可转债等数据。

【财务分析】：财务分析从财务指标、财务诊断、指标变动说明、资产负债等方面揭示了公司经营状况；并且通过资产堆积图、综合分析、财务报告、财报点评和杜邦分析等工具，可以查看资产、财务的详细情况。

【经营分析】：经营分析展示了公司主营业务、经营数据分析、主营构成分析（按行业、产品、地区、销售模式）、前5名客户营业收入表、前5名供应商采购表、产品相关数据、经营情况评述（发展回顾、未来展望）等详细信息。

【资本运作】：可以查看募集资金的总体使用情况、股权投资、项目投资、收购兼并、股权转让、管理交易、重大事项、股权质押、违规处理和担保明细。

【研报评级】：展示了机构对个股的投资评级以及盈利预测，包括投资评级统计、盈利预测统计、盈利预测明细、投资评级及研究报告。

评级系数：1=卖出 2=减持 3=中性 4=增持 5=买入

综合评级：（1～1.5）=卖出（1.5～2.5）=减持（2.5～3.5）=中性（3.5～4.5）=增持（4.5～5）=买入

【热点题材】：热点题材展示了与某个股相关的板块族、主题库、事件驱动、板块主题对比和信息面面观等信息。

【公司资讯】：公司资讯包括公司新闻、公司公告、公司研究。此处公司资讯内容都是查看股票自己的相关信息。

【主力持仓】：主要揭示了机构持股情况和被举牌情况，以及IPO获配机构情况。机构持股情况包括机构持股汇总和机构持股明细查看。

【行业分析】：行业分析提供了同行业中个股的市场表现排名（昨日涨跌幅）、公司规模排名（A股总市值）、估值水平排名（最新收盘价）、财务状况排名（每股收益）和分红融资比排名等详细信息。

【深度分析】：深度分析包括估值分析和PE/PB Band。

PE（Price/Earnings）指市盈率，PB（Price/Book Value）指平均市净率。PE-Bands是指股价与PE之间变动情况的综合分析；PB-Bands是指考察股价与PB之间变动情况的一种图形分析方法。

【基础F10】：基础F10可以理解为上面所有内容浓缩后的文字版，它几乎包含了上面的所有内容，但只有文字，没有图片。单击【图文F10】按钮或【关闭】按钮，回到图11-39所示的【图文F10】界面。

| 600006 | 图文F10 | 最新提示 | 公司概况 | 财务分析 | 股本结构 | 股东研究 | 机构持股 | 分红融资 | 高管治理 | 关闭 | 上汽集团▲ |
| 东风汽车 | | 资金动向 | 资本运作 | 热点题材 | 公司公告 | 公司报道 | 经营分析 | 行业分析 | 价值分析 | | 时创能源▼ |

最新提示☆ ◇600006 东风汽车 更新日期：2024-07-16◇ 通达信沪深京F10
★本栏包括【1.最新提示】【2.互动问答】【3.最新公告】【4.最新报道】
　　　　　【5.最新异动】【6.大宗交易】【7.融资融券】【8.风险提示】

【1.最新提示】
【最新提醒】

●最新公告:2024-07-10 00:00 东风汽车（600006）：关于拟变更公司证券简称的公告(详见后)
●最新报道:2024-07-09 19:41 东风汽车（600006）：拟吸收合并全资子公司(详见后)

●业绩预告：暂无数据

●财务同比:2024-03-31 营业收入(万元):328648.77 同比增(%):24.61;净利润(万元):14011.56 同比增(%):46.31.

最新分红扩股
●分红:2023-12-31 10派0.301元(含税) 股权登记日:2024-07-12 除权派息日:2024-07-15
●分红:2023-06-30 不分配不转增

●股东人数：截止2024-03-31,公司股东户数135348,增加6.12%
●股东人数：截止2023-12-31,公司股东户数127543,减少3.78%
(详见股东研究-股东人数变化)

拟增减持：暂无数据

●股东大会:2024-07-26召开2024年7月26日召开1次临时股东会

【主营业务】
开发、设计、生产销售汽车、汽车发动机及其零部件、铸件。

【最新财报】 ★2024中报预约披露时间:2024-08-31

最新主要指标	2024-03-31	2023-12-31	2023-09-30	2023-06-30
每股收益(元)	0.0701	0.1000	0.0187	0.0424
每股净资产	4.2249	4.1548	4.0739	4.0977
加权净资产收益率(%)	1.6700	2.4239	0.4600	1.0400
每股经营现金流(元)	-0.8630	-0.1330	-0.2070	0.0090
每股未分配利润(元)	2.4343	2.3643	2.2898	2.3136
每股资本公积	0.3090	0.3090	0.3090	0.3090
营业收入(万元)	328648.77	1206998.72	916726.82	539769.82

图 11-39

第 12 章

精准预判——预警系统与画线工具引领市场风向

"预测未来最好的方法就是去创造它。"——彼得·德鲁克

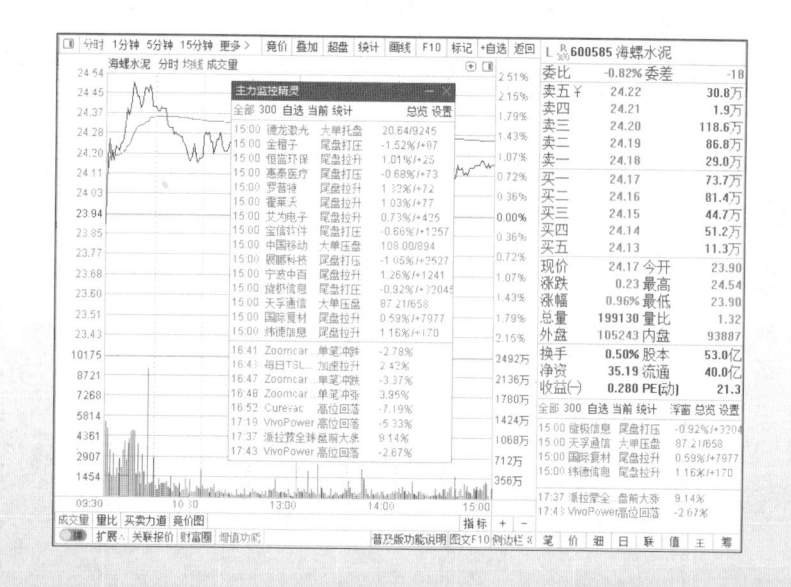

股市中，精准预判市场风险及其未来股价、走势是投资者梦寐以求的。构建预警系统，监控关键指标，设定警报阈值，可以提高风险预判能力。而画线工具，则可以帮助投资者识别趋势，准确地预测股价未来走势。

12.1 预警系统

鉴于个人精力有限,难以全天候紧盯股市的万千变化,容易错过转瞬即逝的投资机会。因此,用户可借助通达信出色的预警系统,精准捕捉任何值得留意的市场动态。通达信的预警系统包括主力监控精灵、市场雷达和条件预警。

12.1.1 主力监控精灵的设置及应用

打开主力监控精灵的常用方法有以下几种。
- ◇ 单击状态栏右侧的【主力监控精灵】图标。
- ◇ 单击【功能】→【预警和复盘】→【主力监控精灵】菜单命令。
- ◇ 单击盘口下方的【主】标签。

主力监控精灵设置及应用的操作步骤如下。

❶ 打开通达信金融终端分析软件,输入股票代码"600585",按 Enter 键,进入"海螺水泥"的分时图,如图 12-1 所示。

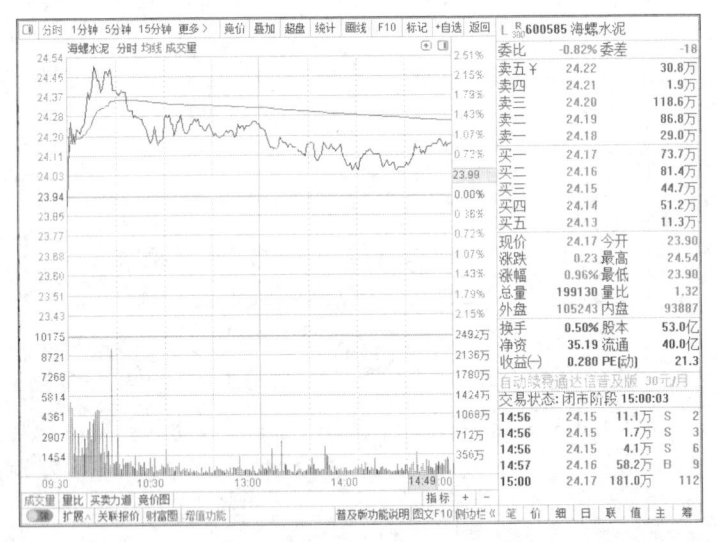

图 12-1

❷ 单击状态栏右侧的【主力监控精灵】图标,弹出【主力监控精灵】浮框,可以查看沪深300、自选股、当前股以及监控到的所有品种股票的详细信息,如图 12-2 所示。

❸ 单击【总览】按钮,弹出【主力监控总览】对话框,在左侧选择监控类型,右侧即显示监测到的该类型的详细信息,如图 12-3 所示。

❹ 返回【主力监控精灵】浮框,单击【设置】按钮,弹出【主力监控设置】对话框,在这里可以设置监控的类型、监控的范围、声音、监控市场以及其他方面,

如图 12-4 所示。

【全部】：可以查看市场全部股票中符合监控条件的警报信息。
【300】：可以查看深沪 300 成分股的监控警报信息。
【自选】：可以查看自选股中个股的监控警报信息。
【当前】：可以查看当前界面的个股的监控警报信息。
【总览】：可以查看监控到的所有品种股票的详细信息。

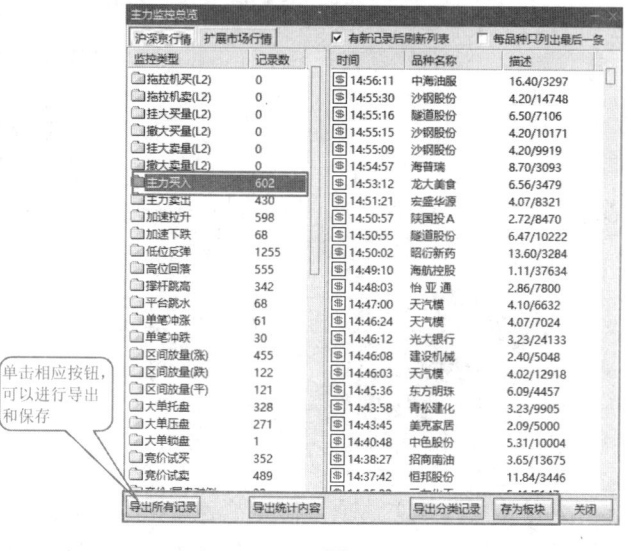

图 12-2

图 12-3

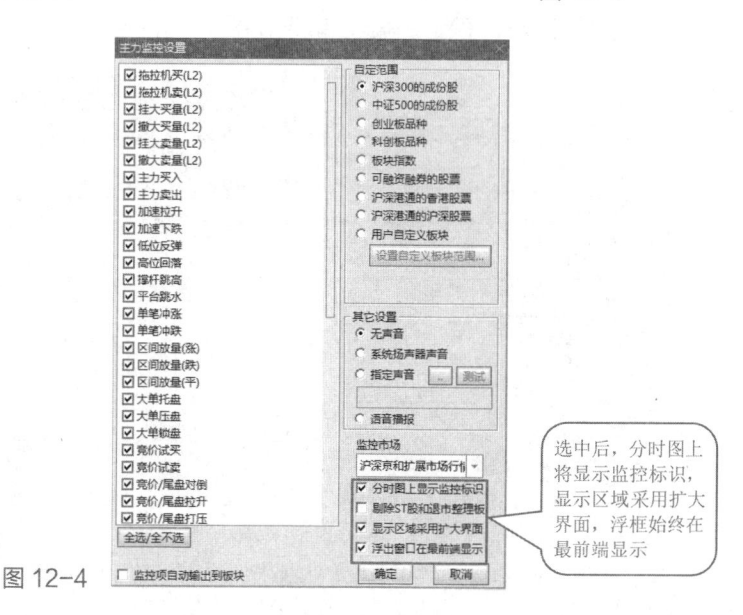

图 12-4

❺ 单击【确定】按钮，返回分时图界面，可以看到分时图上显示监控标识，并且盘口区域采用扩大界面显示，如图12-5所示。

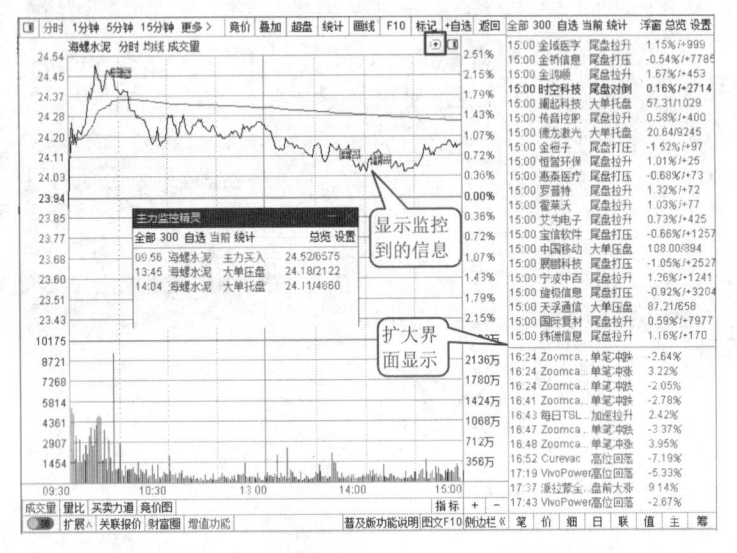

图 12-5

单击【隐/显主力监控标识】按钮，也可以控制分时图上监控标识的显示和隐藏，如图12-6所示。

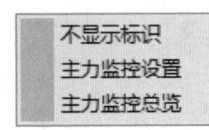

图 12-6

❻ 单击【行情】选项，在行情界面中，在股票名称上显示当前监控到的信息。用鼠标单击选中某只股票，在【主力监控精灵】浮框则显示监控到的该股票的所有信息，并且【主力监控】浮框始终在最前端，如图12-7所示。

图 12-7

12.1.2 主力监控精灵的监控类型及说明

主力监控精灵的监控类型及监控说明如表 12-1 所示。

表 12-1

监控类型	监控说明
拖拉机买 拖拉机卖 （仅 L2 用户显示）	1. 单个委托单不小于 50 手。 2. 相邻委托单同价等差委托单。 3. 价格为买一或者卖一。 4. 差值符合一定条件。 5. 拖拉机委托的累积金额不低于 50 万元。 6. 如果是之前报告过的，那么不再重新报告；若是撤单后再委托，可能会因信息缺乏不再报告，除非确认是新的委托。 7. 揭示格式：价格 /（首个拖拉机委托单－最末拖拉机委托单）× 拖拉机单个数，一般买方拖拉机单会以红色为主，卖拖拉机单则以绿色为主
挂大买量 挂大卖量 撤大买量 撤大卖量 （仅 L2 用户显示）	1. 用于判断的基础数据，是根据已知信息数据计算盘口总体变动得到的。 2. 因信息不足，会产生偏差，也可能因精度问题造成估计价格有轻微波动，甚至可能略高于涨停价格或者略低于跌停价格，还可能将若干次短时变动合并为一次，数量为各次变动之和，价格为加权价。 3. 委托变动量要求数量变动不少于 10 000 手，或者金额不低于 1000 万元。 4. 对于新增委托，要求新增量不少于已有的与其买卖方向相同的委托总量的 5%。 5. 集合竞价时段不报告，最近 15 分钟无成交的也不报告。 6. 揭示格式：[挂|撤][买|卖]（估）估计委托价格 / 估计委托数量
主力买入 主力卖出	1. 基本标准：成交量 ≥ 500 手且成交金额 ≥ 500 万元，或者成交量 ≥ 3000 手并且成交金额 ≥ 200 万元。 2. 不活跃个股标准减半：前 5 日的日平均成交量 <1.2 万手，成交量标准减半；日平均成交额 <2400 万元，成交额标准减半。 3. 活跃个股标准加倍：前 5 日的日平均成交量 >12 万手，成交量标准加倍；日平均成交额 >14 400 万元，成交额标准加倍。 4. 极度活跃个股标准再加倍：前 5 日的日平均成交量 >48 万手，成交量标准再加倍；日平均成交额 >60 000 万元，成交额标准再加倍。 5. 揭示格式：成交价格 / 成交数量

续表

监控类型	监控说明
加速拉升 加速下跌	1. 最近连续 5 分钟有成交（考察样本）。 2. 对于深沪 A/B 股，最近 1 分钟上涨（下跌）达到 0.8%；最近 5 分钟内，最近的上涨（下跌）幅度累计达到 1.5%。 3. 对于板块指数，最近 1 分钟上涨（下跌）达到 0.3%；最近 5 分钟内，最近的上涨（下跌）幅度累计达到 0.6%。 4. 创当日新高（低）。 5. 5 分钟内不重复报告。 6. 揭示格式：最近 5 分钟内，最近上涨（下跌）幅度累计
高位回落 低位反弹	1. 最近连续 5 分钟有成交（考察样本）。 2. 对于深沪 A/B 股，最近 1 分钟下跌（上涨）达到 0.8%；最近 5 分钟内，最近的下跌（上涨）幅度累计达到 1.5%；5 分钟前涨（跌）幅达到 1.5%。 3. 对于板块指数，最近 1 分钟下跌（上涨）达到 0.3%；最近 5 分钟内，最近的下跌（上涨）幅度累计达到 0.6%；5 分钟前涨（跌）幅达到 0.6%。 4. 5 分钟内不重复报告。 5. 揭示格式：最近 5 分钟内，最近的下跌（上涨）累计幅度
撑杆跳高 平台跳水	1. 最近连续 15 分钟有成交（考察样本）。 2. 对于深沪 A/B 股，最近 5 分钟内，上涨（下跌）达到 2%，而在此之前的 10 多分钟内，振幅不超过 1.2%。 3. 对于板块指数，最近 5 分钟内，上涨（下跌）达到 0.8%，而在此之前的 10 多分钟内，振幅不超过 0.4%。 4. 上述涨（跌）幅不少于振幅的 2 倍。 5. 5 分钟内不重复报告。 6. 揭示格式：最近 5 分钟内的上涨（下跌）累计幅度
单笔冲涨 单笔冲跌	1. 最近连续 3 分钟有成交。 2. 单笔成交量达到 100 手，并且单笔成交额达到 50 000 元。 3. 单笔价格在上一笔基础上的上涨／下跌的绝对值达到昨天收盘的 2%。 4. 3 分钟内不重复报告。 5. 揭示格式：单笔价格在上一笔的基础上的波动幅度
区间放量（涨） 区间放量（跌） 区间放量（平）	1. 最近连续 15 分钟有成交（考察样本）。 2. 以前面 12 分钟的分钟成交均量为基础，最近 3 分钟的每分钟成交量都不低于该均量的 3 倍，并且最近 3 分钟的分钟成交均量达到该均量的 6 倍。 3. 3 分钟内不重复报告。 4. 揭示格式：3 分钟成交均量倍数／3 分钟上涨（下跌）累计幅度（平盘无）

续表

监控类型	监控说明
大单托盘 大单压盘 大单锁盘	1. 一个价位上的委托数量达到所有价位平均委托数量的 4 倍，且达到最近 5 分钟内每分钟平均成交的 3 倍，委托金额达到 500 万元的最优价位入选。 2. 如果在买盘方，为托盘；在卖盘方，则为压盘；双方都有，则为锁盘。 3. 托盘/压盘揭示格式：价位价格/价位数量。 4. 锁盘揭示格式：卖方价位价格/买方价位价格
竞价试买 竞价试卖	1. 是指利用开盘集合竞价前 5 分钟可以撤单的规则，挂出价格偏离昨收较多的委托单并进行撤单，以试探跟风、抛压等市场反应。 2. 试买是指有明显的撤销买单行为；试卖是指有明显的撤销卖单行为。 3. 根据盘口信息估算。 4. 揭示格式：试盘价格/试盘数量
竞价/尾盘对倒 竞价/尾盘拉升 竞价/尾盘打压	1. 对倒，是指在开盘（尾盘）集合竞价期间，匹配价波动不大，但是匹配量增加较多。 2. 拉升，是指在开盘（尾盘）集合竞价期间，匹配价格上涨。 3. 打压，是指在开盘（尾盘）集合竞价期间，匹配价格下跌。 4. 揭示格式：最后 2 分钟的价格变动幅度/最后 2 分钟的匹配增加量
逼近涨停 逼近跌停	1. 即将接近涨停或跌停。 2. 揭示格式：对手盘最优价/已知的对手盘剩余总量
封涨停板 封跌停板	1. 封板是指品种当日涨幅达到 ±10%（ST 特别处理为 ±5%，科创板和创业板为 ±20%，北交所为 ±30%），且无对手盘。 2. 揭示格式：停板价/封板量
封涨大减 封跌大减	1. 大减是指封板后，与封单量（集合竞价时已匹配加上未匹配的数量）的最高值相比减少了 80%。 2. 揭示格式：停板价/封板量
打开涨停 打开跌停	1. 今日封板后打开，有对手盘。 2. 揭示格式：对手盘最优价/已知的对手盘剩余总量
盘中强势 盘中弱势	1. 绝对或者相对大盘偏离的涨跌幅度首次达到 ±5%、±7%、±9% 时，进行预警。 2. 如果直接达到较高幅度，可以直接预警较高的幅度，较低的幅度则直接略过并且不再单独预警。 3. 正向和负向分别达到预警标准的，各预警一次。 4. 绝对幅度和相对大盘的偏离幅度，对于同一个幅度只预警一次。 5. 揭示格式：偏离幅度
特大多开/多平/空开/空平	特大采用成交量判断：成交量大于 300 手，也大于当前持仓量的 1/900

12.1.3 市场雷达的设置及应用

打开市场雷达的常用方法有以下几种。

◇ 单击状态栏右侧【市场雷达】图标🔔。

◇ 选择【功能】→【预警和复盘】→【市场雷达开关】菜单命令。

◇ 使用键盘输入".911"后按 Enter 键。

市场雷达的设置及应用操作如下。

❶ 单击状态栏右侧的【市场雷达】图标🔔，弹出【市场雷达】浮框，如图12-8所示。

红色铃铛表示偏好的雷达预警（比如封涨停板），绿色铃铛表示偏坏的雷达预警（比如价幅跌破），黄色铃铛表示中性的雷达预警。

图 12-8

❷ 单击【操作】按钮，在弹出的下拉列表中可以选择清空预警列表、将结果存为板块和将内容导出等操作，如图12-9所示。

❸ 选中列表中的某股票，然后单击【分析】按钮，可以进入该股票的分时图或K线图，如图12-10所示。

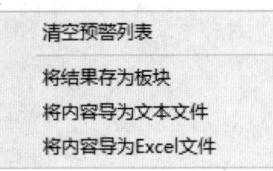

图 12-9

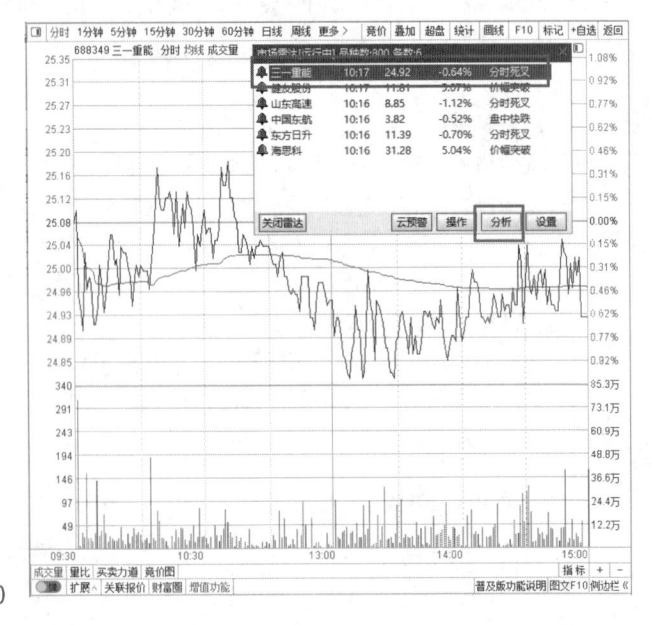

图 12-10

❹ 单击【设置】按钮，弹出【市场雷达设置】对话框。在这里可以设置雷达预警的类型、参数、声音以及语音播报等，如图 12-11 所示。

❺ 单击【其他设置】选项卡，可以设置预警范围，查看市场雷达的优先级等，如图 12-12 所示。

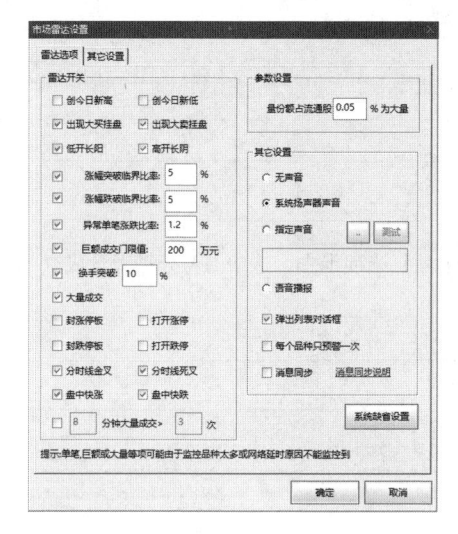

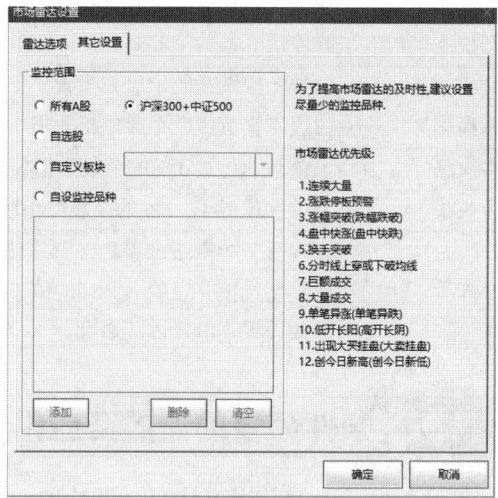

图 12-11

图 12-12

12.1.4 市场雷达的预警类型及说明

市场雷达的预警类型及预警说明如表 12-2 所示。

表 12-2

预警类型	预警说明
创今日新高	创今日新高的个股或指数
创今日新低	创今日新低的个股或指数
出现大买挂盘	买一挂单中出现大量挂单的个股
出现大卖挂盘	卖一挂单中出现大量挂单的个股
低开长阳	低开 2%，但当前涨幅超过 3%
高开长阴	高开 2%，但当前跌幅超过 3%
涨幅突破	涨幅突破临界比率为 ×%（设置 × 值）
跌幅跌破	涨幅跌破临界比率为 ×%（设置 × 值）
单笔异涨	异常单笔涨跌比率为 ×%（设置 × 值）
单笔异跌	异常单笔涨跌比率为 ×%（设置 × 值）
巨额成交	巨额成交门限值为 × 万元（设置 × 值）
大量成交	参数设置：份额占流通盘 ××% 为大量，并设置 × 值

续表

预警类型	预警说明
封涨停板	现价＝涨停价，且卖一量为 0 的个股
打开涨停	涨停后开板的个股
封跌停板	现价＝跌停价，且买一量为 0 的个股
打开跌停	跌停后开板的个股
分时线金叉	白线上穿黄线的个股或指数
分时线死叉	白线下穿黄线的个股或指数
盘中快涨	当前涨速超过 1% 的个股或指数
盘中快跌	当前涨速低于 −1% 的个股或指数
连续大量	进入【市场雷达设置】→【雷达选项】选项卡中，选中【N 分钟大量成交 >M 次】复选框并设置 N、M 的值。 参数设置：份额占流通盘 ×% 为大量，并设置 × 值

12.1.5 条件预警的设置及应用

打开条件预警的常用方法有以下几种。

◇ 单击状态栏右侧的【条件预警】图标。

◇ 选择【功能】→【预警和复盘】→【条件预警开关】菜单命令。

◇ 使用键盘输入".919"后按 Enter 键

条件预警的设置及应用操作步骤如下。

❶ 选择【功能】→【预警和复盘】→【条件预警设置】菜单命令，弹出【条件预警设置】对话框，如图 12-13 所示。

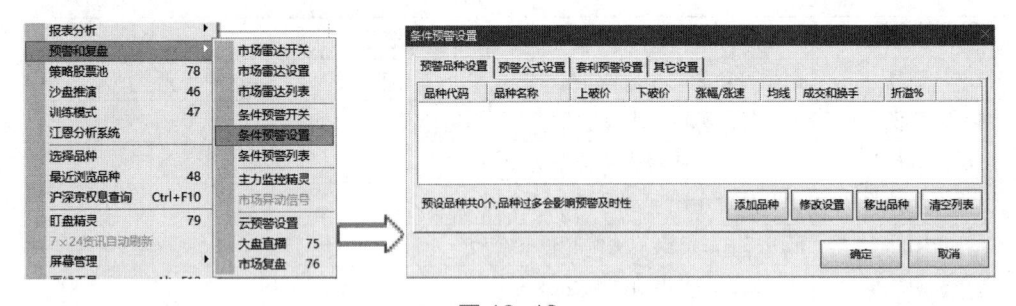

图 12-13

❷ 切换到【预警品种设置】选项卡，然后单击【添加品种】按钮，在弹出的【选择品种】对话框中选择【行业板块】→【化学制品】选项，如图 12-14 所示。

❸ 单击【全选】按钮，然后单击【确定】按钮，即可将所有的股票全部添加到【条件预警设置】对话框中，如图 12-15 所示。

图 12-14

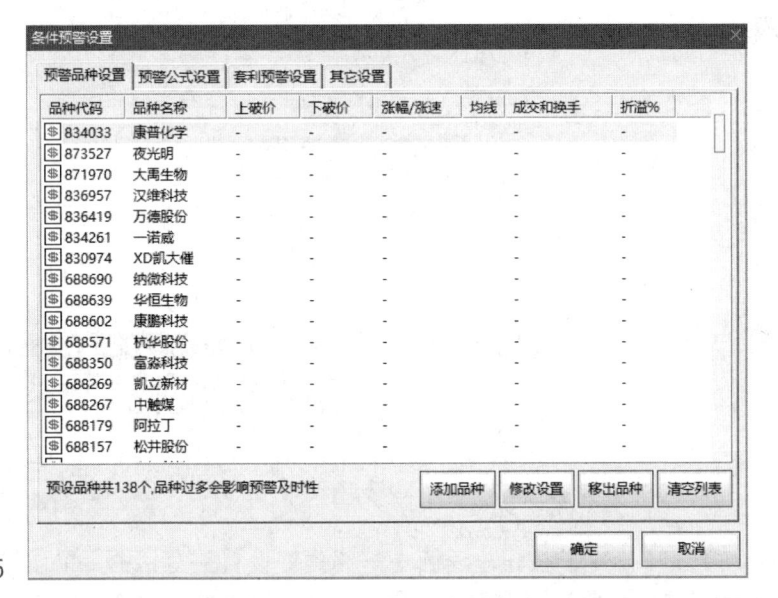

图 12-15

❹ 双击列表中的股票,弹出【修改价量条件】对话框,可以对个股进行价量预警设置,如图 12-16 所示。

❺ 单击【确定】按钮,返回【条件预警设置】对话框,单击【预警公式设置】选项卡,在弹出的【公式条件预警设置】对话框中设置条件选股公式和连涨天数,如图 12-17 所示。

❻ 单击【确定】按钮,返回【条件预警设置】对话框,单击【套利预警设置】选项卡,在弹出的【修改套利条件预警】对话框中设置套利的条件,如图 12-18 所示。

图 12-16

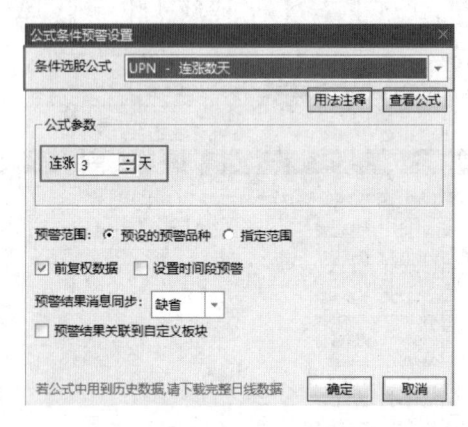

图 12-17

图 12-18

❼ 单击【确定】按钮，返回【条件预警设置】对话框，单击【确定】按钮，在弹出的【条件预警】列表中显示预警信息，如图 12-19 所示。

图 12-19

❽ 单击选中列表中的股票，然后单击【分析】按钮，弹出该股票的分时图，如图 12-20 所示。

图 12-20

12.2 盯盘精灵

盯盘精灵可以对自选股的现价、涨跌行情进行实时监控。此外，还可以将盯盘精灵设置为迷你盯盘，或设置成图标放置在空闲处。

打开盯盘精灵的常用方法有以下几种。

◆ 使用键盘输入"79"后按 Enter 键。
◆ 按 Alt+Q 快捷键（需开启）。
◆ 单击【功能】→【盯盘精灵】菜单命令。

盯盘精灵的设置及应用操作如下。

❶ 选择【功能】→【盯盘精灵】菜单命令，打开【盯盘精灵】界面，如图 12-21 所示。

❷ 单击标题栏中的【设置】按钮✱，可以设置是否缩小图标、配色方案、启动方式以及是否启动热键，如图 12-22 所示。

图 12-21

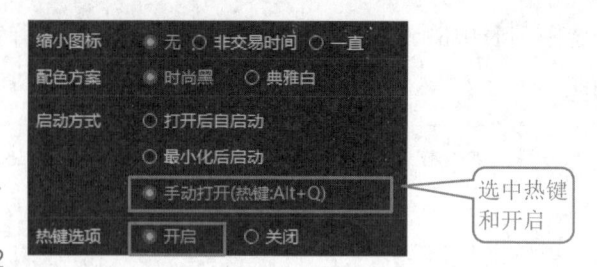

图 12-22

❸ 将鼠标指针放置到【盯盘精灵】列表中的某只股票上，即可显示该股票的分时图或 K 线图，如图 12-23 所示。

❹ 单击标题栏中的⇌按钮，即可将【盯盘精灵】界面设置成迷你形式，如图 12-24 所示。

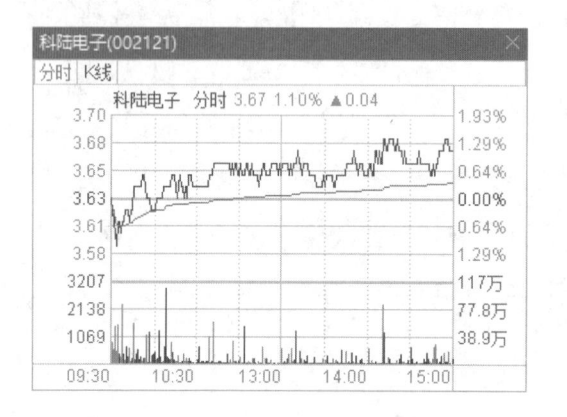

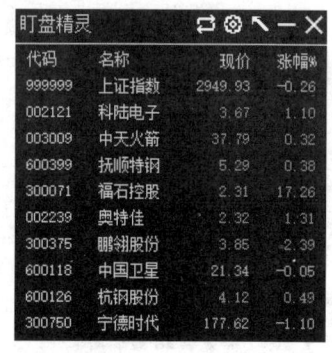

图 12-23　　　　　　　　　　图 12-24

❺ 单击迷你【盯盘精灵】标题栏中的【设置】按钮，可以设置是否缩小成图标、透明度、页面显示的个数等，如图 12-25 所示。

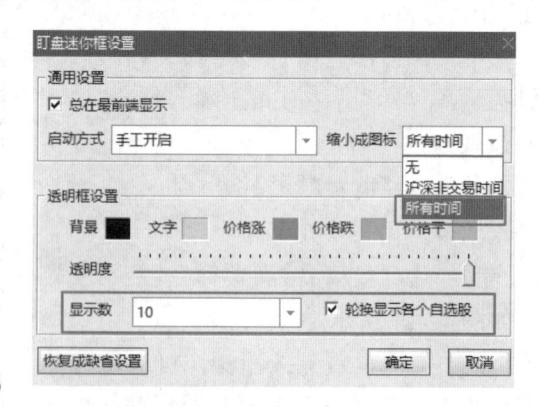

图 12-25

❻ 设置完成后，单击【确定】按钮，【盯盘精灵】便以 "T" 图标的形式显示在界面内。当鼠标指针放置到图标上时，将弹出盯盘精灵，如图 12-26 所示。

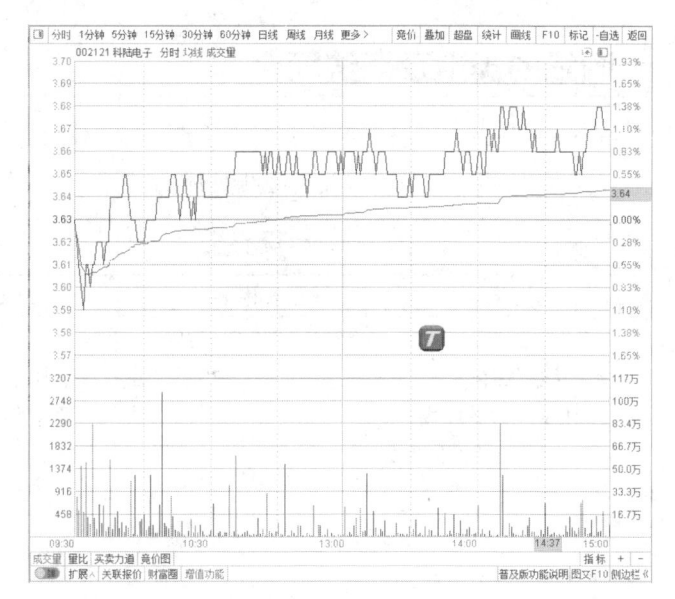

图 12-26

12.3 画线工具

打开画线工具的常用方法有以下几种。

- 按 Alt+F12 快捷键。
- 选择【功能】→【画线工具】菜单命令。
- 在 K 线图或者分时图的正上方，单击【画线】。

通过以上方法打开【画线工具】后，结果如图 12-27 所示。

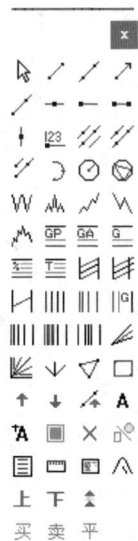

图 12-27

12.3.1 画线的类型及画法简介

通达信的画线可分为直线类、通道类、形态类、水平分割类、垂直分割类、时空类、多边形类、圆弧类和标注类。这九类画线具体的图标及画法简介如表12-3所示。

表12-3

类型	图标	线型名称	画法简介
直线类	直线类画线有线段、直线、箭头、射线、水平直线、水平射线、水平线段、垂直线、标价线		线段、直线、箭头、水平线段：选择画线后，在窗口中确定两个点即完成画线。水平直线、垂直线、标价线：在窗口中选择一个点确定画线位置后自动生成。射线：单击左键设置定位点，单击右键结束点位点
通道类	价格通道线、平行直线、平行射线		在窗口中选择一个点，然后拖动鼠标确定方向，继续拖动鼠标确定范围
形态类	M头W底、头肩型、五浪线、三浪线、八浪线		在窗口中选择一个点，然后拖动鼠标，确定形状位置后松开鼠标即可
水平分割类	黄金价位线、黄金目标线、水平黄金分割线、百分比线、波段线		在窗口中选择一个点确定位置，然后拖动鼠标确定大小
垂直分割类	周期线、平方线、垂直黄金分割线、斐波那契周期、自由费氏线		在窗口中选择一个点确定位置，然后拖动鼠标确定大小
时空类	江恩时间序列、速阻线、江恩角度线、对称角度线		在窗口中选择一个点确定位置，然后拖动鼠标确定大小
多边形类	三角形、矩形		在窗口中选择一个点确定位置，然后拖动鼠标确定大小
圆弧类	圆弧、圆、外接圆		在窗口中选择一个点确定位置，然后拖动鼠标确定大小
标注类	涨标记、跌标记、文字注释、定点文字注释		用鼠标单击确定位置即可

12.3.2 画线实操

上一节介绍了画线的类型及画法，本节我们通过几个案例，来具体介绍实际操作中的技巧。

1. 标价线和垂直线

标价线和垂直线的画法如下。

❶ 打开通达信金融终端，输入股票代码"600585"，按 Enter 键，进入"海螺水泥"的 K 线图，如图 12-28 所示。

图 12-28

❷ 单击 K 线图顶部的【画线】，弹出画线工具对话框，如图 12-29 所示。

❸ 单击【垂直线】按钮，当鼠标指针变成画笔后，在需要画垂直线的地方单击，结果如图 12-30 所示。

❹ 单击【标价线】按钮，当鼠标指针变成画笔后，在需要画标价线的地方单击，结果如图 12-31 所示。

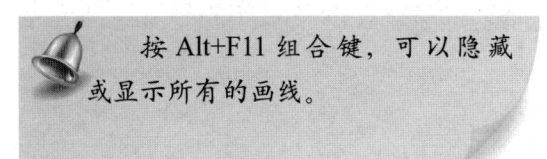

> 按 Alt+F11 组合键，可以隐藏或显示所有的画线。

图 12-29

图 12-30

图 12-31

2. 价格通道线

价格通道线的画法如下。

❶ 打开通达信金融终端,输入股票代码"603993",单击 Enter 键,进入"洛阳钼业"的 K 线图,如图 12-32 所示。

第 12 章 精准预判——预警系统与画线工具引领市场风向

图 12-32

❷ 单击 K 线图顶部的【画线】，在弹出的画线工具中单击【价格通道线】按钮，然后按住鼠标在 K 线上指定价格通道线中线上的两个点，如图 12-33 所示。

图 12-33

❸ 画完中线后松开鼠标，然后向两侧拖动鼠标，寻找价格通道线的边界，如图 12-34 所示。

❹ 价格通道线绘制完成，如图 12-35 所示。

图 12-34

图 12-35

3. 外接圆和圆弧

外接圆和圆弧的画法如下。

❶ 打开通达信金融终端,输入股票代码"603998",单击 Enter 键,进入"方盛制药"的 K 线图,如图 12-36 所示。

图 12-36

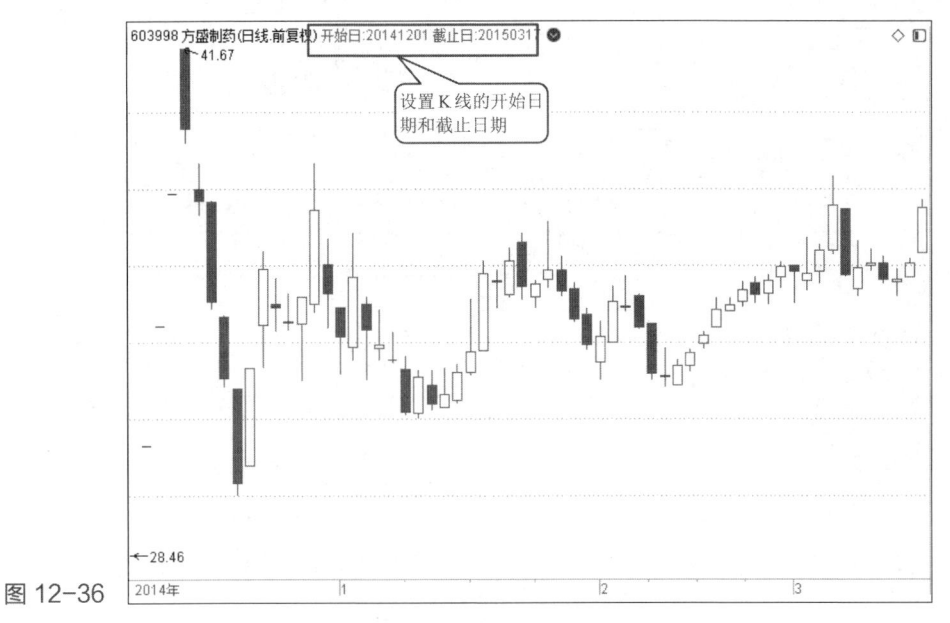

❷ 单击 K 线图顶部的【画线】，在弹出的画线工具中单击【外接圆】按钮，然后按住鼠标在 K 线上指定三角形边上的两点，如图 12-37 所示。

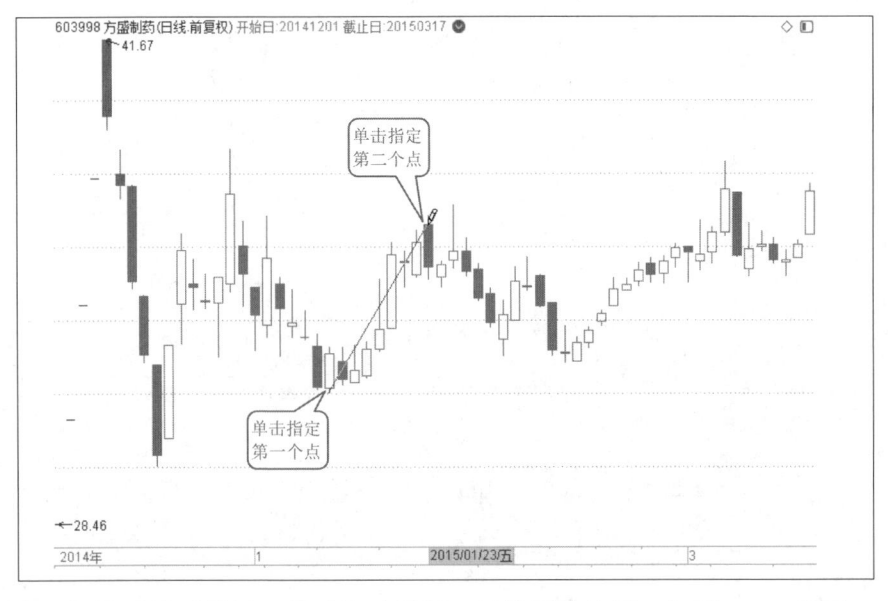

图 12-37

❸ 画完一条边后松开鼠标，然后拖动鼠标，寻找圆的边界，如图 12-38 所示。
❹ 外接圆绘制完成，效果如图 12-39 所示。
❺ 单击画线工具中的【圆弧线】按钮，然后按住鼠标在 K 线上指定圆弧线的两点，如图 12-40 所示。

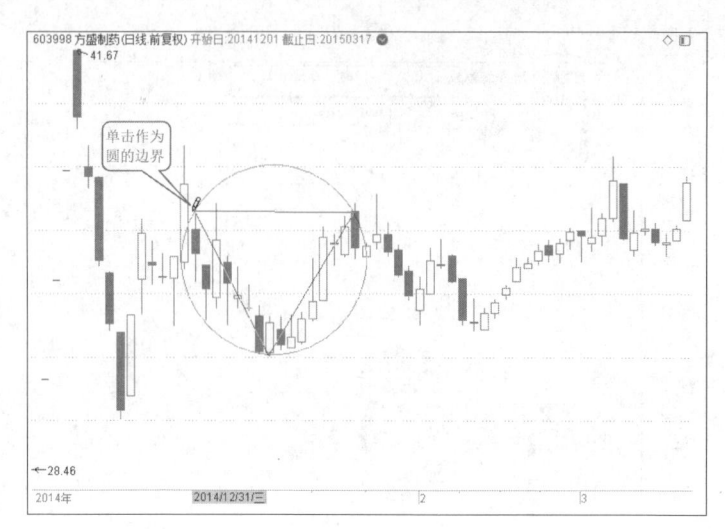

图 12-38

图 12-39

图 12-40

❻ 松开鼠标，结果如图 12-41 所示。

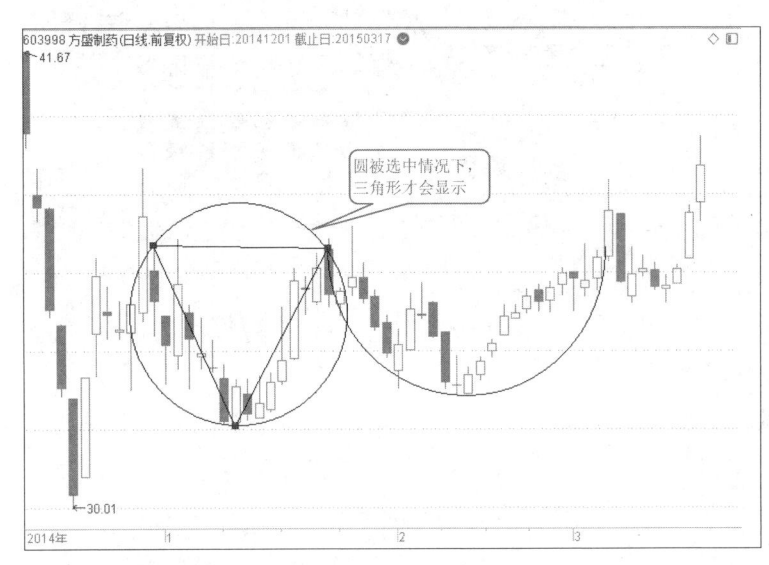

图 12-41

12.3.3 编辑画线

完成画线后可以对所画的线的颜色、线型和线宽进行修改，此外，还可以对所画的线进行锁定。

编辑画线的具体操作步骤如下。

❶ 选中所画的线，然后单击鼠标右键，弹出快捷菜单，如图 12-42 所示。

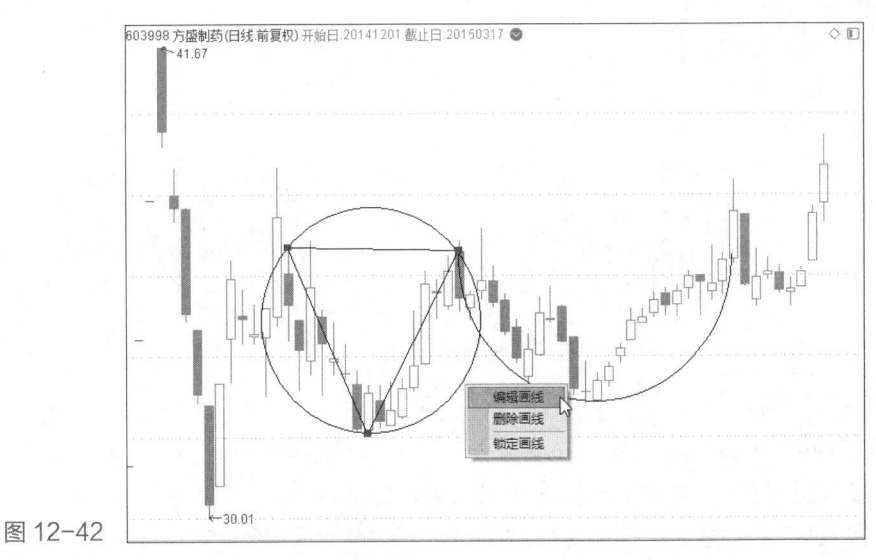

图 12-42

❷ 选择【编辑画线】命令，弹出【画线属性（纵坐标数值为分析图定位值）】对话框，单击颜色按钮■，弹出【颜色】对话框（选择红色），如图 12-43 所示。

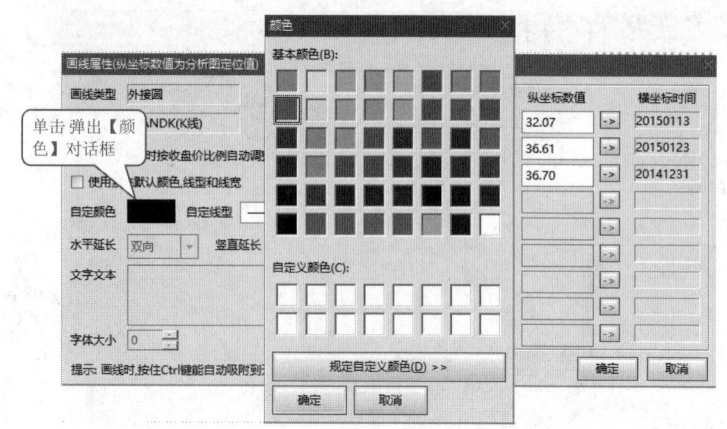

图 12-43

❸ 单击【自定线型】下拉按钮，从弹出的下拉列表框中选择如图 12-44 所示的线型。

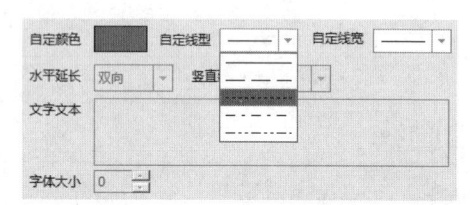

图 12-44

❹ 单击【确定】按钮，退出【画线属性（纵坐标数值为分析图定位值）】对话框，结果如图 12-45 所示。

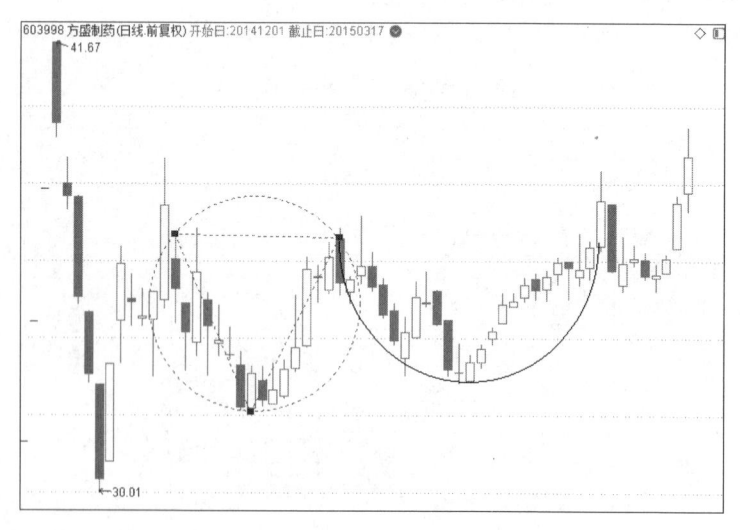

图 12-45

❺ 选择圆弧，然后用鼠标按住黑点进行拖动，如图 12-46 所示。

❻ 在合适的位置松开鼠标，结果如图 12-47 所示。

❼ 单击画线工具中的【画线信息浏览】按钮，在弹出的对话框中可以查看最近的画线信息，如图 12-48 所示。

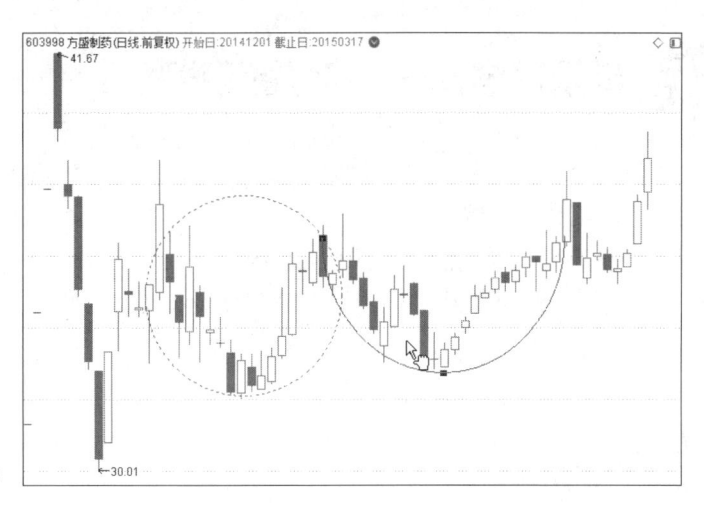

第 12 章　精准预判——预警系统与画线工具引领市场风向

图 12-46

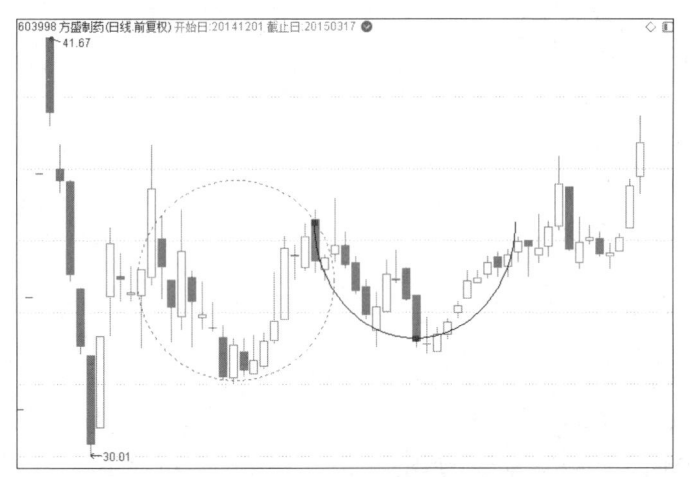

图 12-47

图 12-48

> 选择画线，单击鼠标右键，从弹出的快捷菜单中选择【锁定画线】命令，所画的线将不能移动。

12.4 新股民学堂——测量距离

通过【测量距离】画线工具，可以测量K线图或分时图下测量起始日期到中止日期的距离、涨跌和幅度等。

使用"测量距离"功能的具体操作步骤如下。

❶ 打开某只股票的K线图，例如"鹏翎股份（300375）"，如图12-49所示。

图 12-49

❷ 单击K线图顶部的【画线】，在弹出的画线工具中单击【测量距离】按钮，然后按住鼠标在K线上指定两个点，如图12-50所示。

图 12-50

第13章

选股如选美——通达信智能捕捉潜力股

"选股如选美,重在内在与外在的兼修。"——彼得·林奇

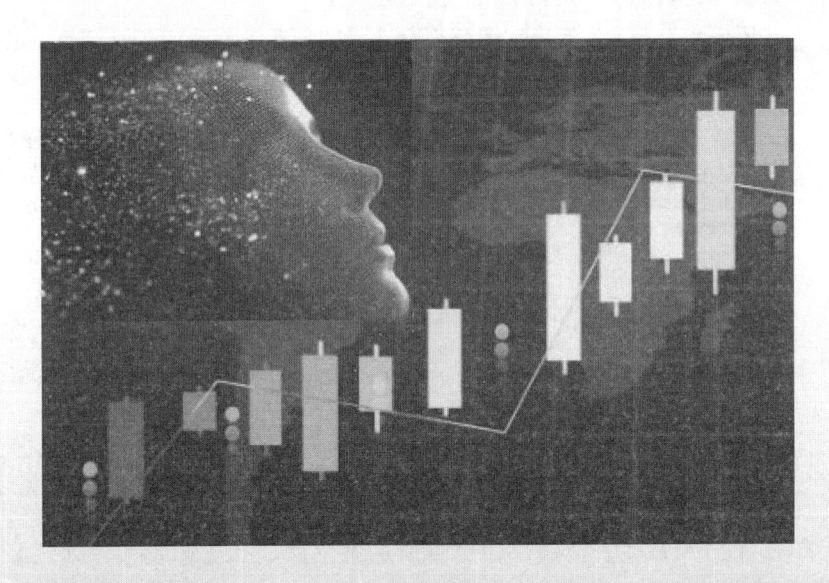

通达信的智能选股功能凭借其高效性和便捷性,赢得了投资者的青睐,为投资者在纷繁复杂的股市中节省了宝贵的时间和精力。选股如同品鉴艺术之美,需要独到的眼光与深思熟虑的策略。通达信提供了多元化的选股方式,如条件选股、定制选股、模式选股、插件选股、综合选股和问小达选股等。这些工具与策略的结合,能够帮助投资者精准识别市场中被低估或具备巨大成长潜力的股票,从而为投资者增添更多光彩与收益。

13.1 条件选股

"条件选股"功能允许用户根据系统预设或自行编制的选股公式来筛选股票。用户只需选定一个或多个条件组合，系统便会自动筛选出满足这些条件、在当前或历史某一时段内的所有股票，并将它们以列表的形式显示在行情窗口中。此外，用户还可以将这些筛选出的股票保存为特定板块，以方便后续的观察和分析。

13.1.1 设置选股条件并执行选股

条件选股的具体操作步骤如下。

❶ 选择【公式】→【条件选股】菜单命令，弹出【条件选股】对话框，如图13-1所示。

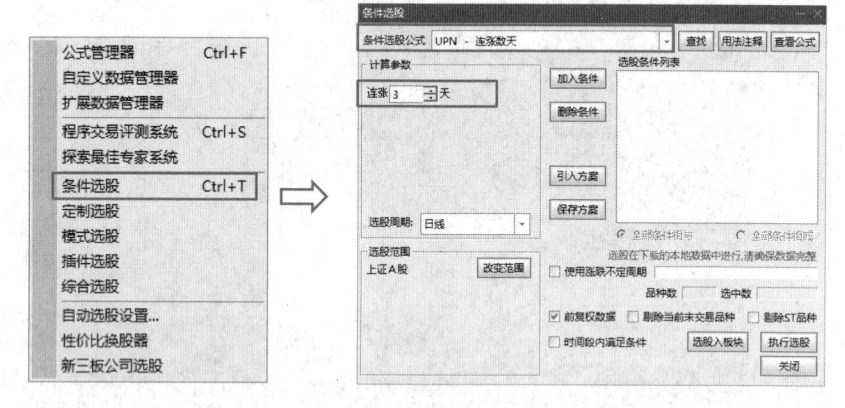

图 13-1

❷ 单击【加入条件】按钮，即可将所选条件添加到【选股条件列表】中，如图13-2所示。

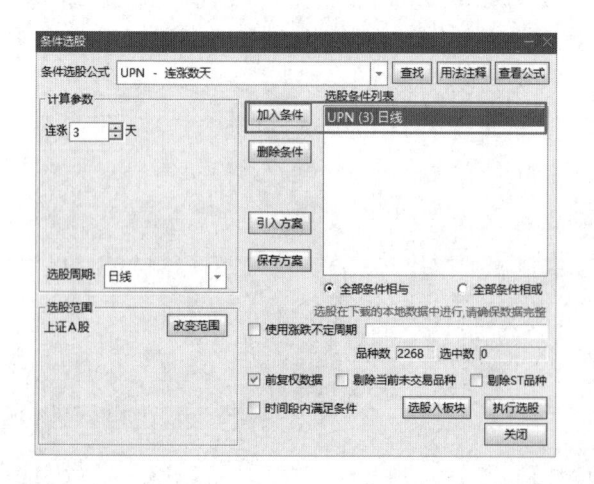

图 13-2

❸ 单击【条件选股公式】下拉按钮，继续选择选股条件，并设置计算参数，然后单击【加入条件】按钮，即可通过多个条件组合进行选股，如图13-3所示。

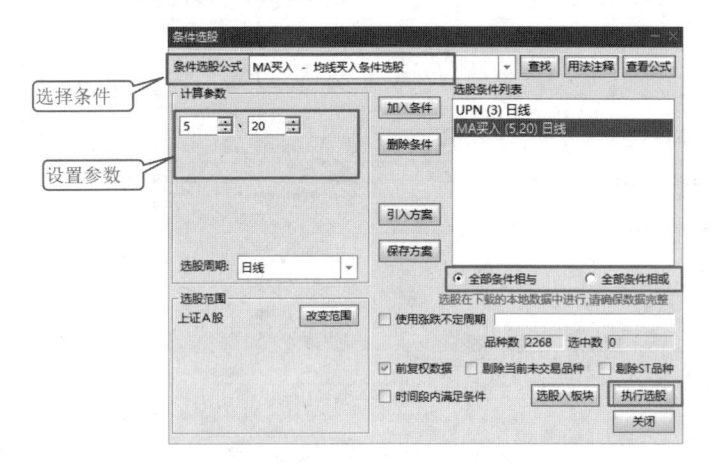

图 13-3

> 选中【全部条件相与】单选按钮，即所有的组合条件都满足才行；选中【全部条件相或】单选按钮，即组合条件中只要有一个条件满足就行。

❹ 选中【全部条件相与】单选按钮，然后单击【执行选股】按钮，选股结果如图13-4所示。

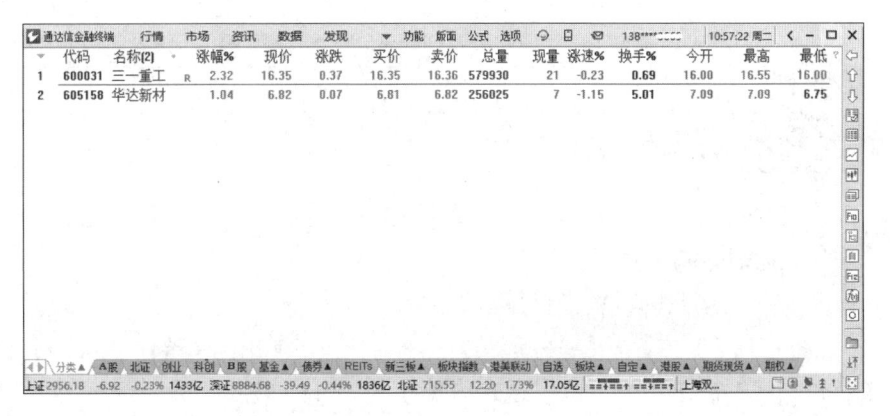

图 13-4

> 如果数据不是最新的，选股前系统会提示要补全和更新数据，如图13-5所示。

❺ 选择【全部条件相或】单选按钮，单击【执行选股】按钮，系统显示有32只股票至少满足其中一个条件，如图13-6所示。

❻ 单击【保存方案】按钮，弹出【保存条件】对话框，输入文件名后，单击【确

定】按钮，即可保存设置好的选股条件，如图 13-7 所示。

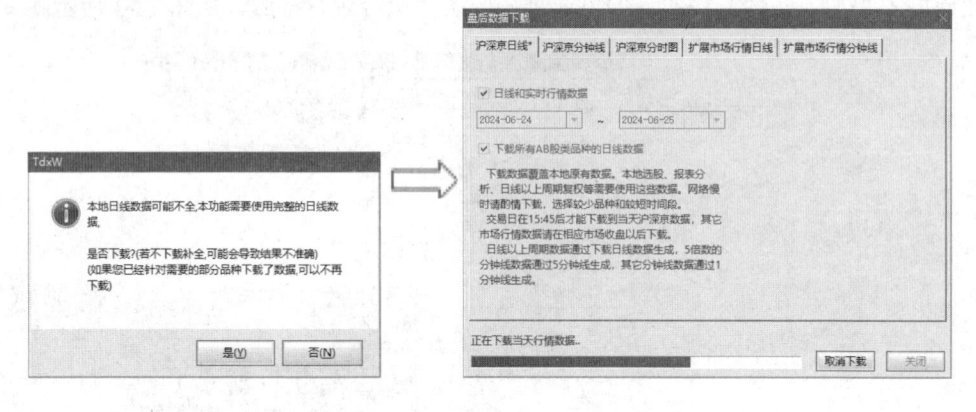

图 13-5

图 13-6

13.1.2 历史阶段选股

在【条件选股】对话框中，选中【时间段内满足条件】复选框，可以实现某个历史时间阶段内符合条件的股票。

历史阶段选股的具体操作步骤如下。

❶ 选择【公式】→【条件选股】菜单命令，在弹出的【条件选股】对话框中单击【引入方案】按钮，弹出已保存的选股方案，如图 13-8 所示。

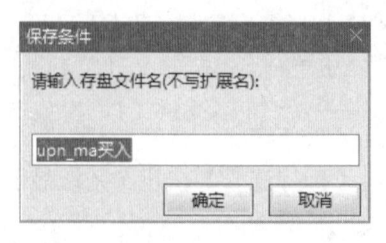

图 13-7

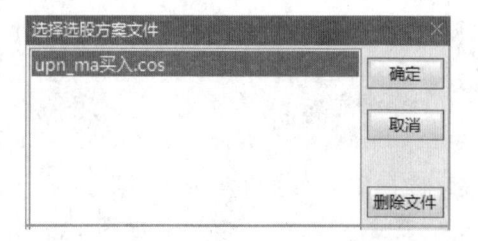

图 13-8

❷ 单击【确定】按钮，返回到【条件选股】对话框，如图 13-9 所示。

❸ 单击【改变范围】按钮，在弹出的【改变范围】对话框中重新设置选股范围，如图 13-10 所示。

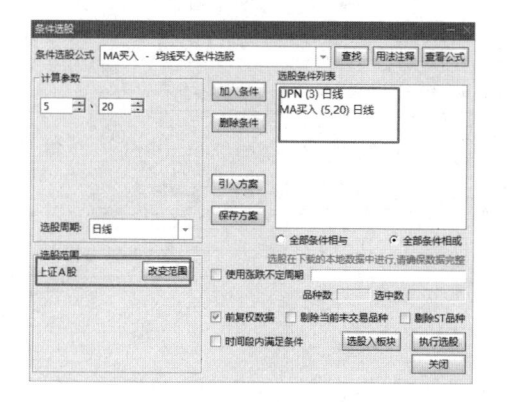

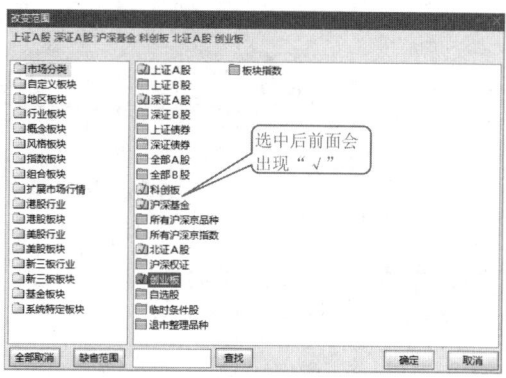

图 13-9

图 13-10

❹ 单击【确定】按钮，返回【条件选股】对话框，可以看到新的选股范围。选中【时间段内满足条件】复选框，弹出 TdxW 提示框，如图 13-11 所示。

❺ 单击【确定】按钮，返回【条件选股】对话框，在时间段输入框中选择起始时间和结束时间，选择【全部条件相与】单选按钮，然后单击【执行选股】按钮，选中股数和比例，如图 13-12 所示。

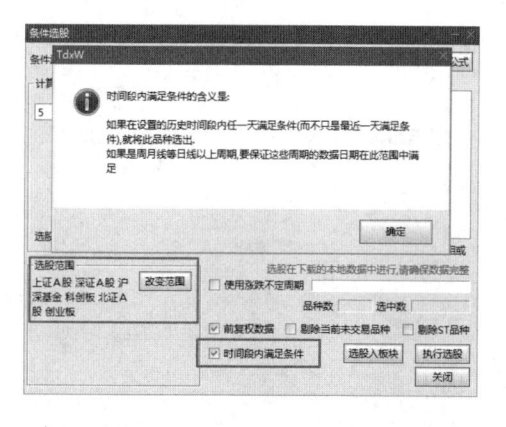

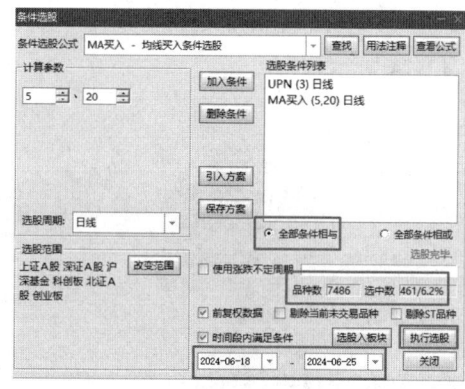

图 13-11

图 13-12

❻ 符合条件的股票行情列表如图 13-13 所示。

图 13-13

13.2 定制选股

定制选股是为不会使用公式编辑器的用户编制的一套易用的选股工具。用户可定制三类条件：基本资料、行情和其他条件。

13.2.1 基本资料选股

基本资料选股是指通过设定总股本、流通股本、流通市值、总资产、流动资产、营业收入、净利润以及市盈率等基础数据进行选股。

基本资料选股的具体操作步骤如下。

❶ 选择【公式】→【定制选股】菜单命令，弹出【定制选股】对话框，如图 13-14 所示。

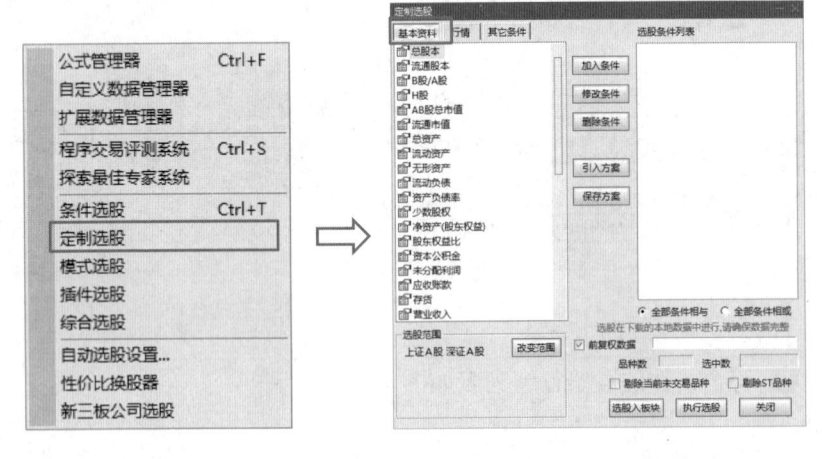

图 13-14

❷ 切换到【基本资料】选项卡，在基本资料列表中选择选股条件，例如选择【总股本】选项，然后单击【加入条件】按钮，在弹出的输入框中设置总股本大于 100 000 万股，如图 13-15 所示。

❸ 单击【加入条件】按钮，即可将总股本设定条件加入【选股条件列表】，如图13-16所示。

❹ 继续添加其他条件，最后单击【执行选股】按钮，结果如图13-17所示。

❺ 符合条件的股票行情列表如图13-18所示。

❻ 单击【保存方案】按钮，弹出【保存组合条件】提示框，输入名称后单击【确定】按钮，即可保存设置好的选股条件，如图13-19所示。

图13-15

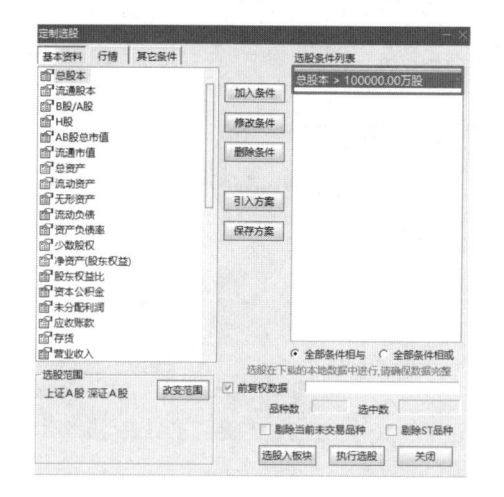

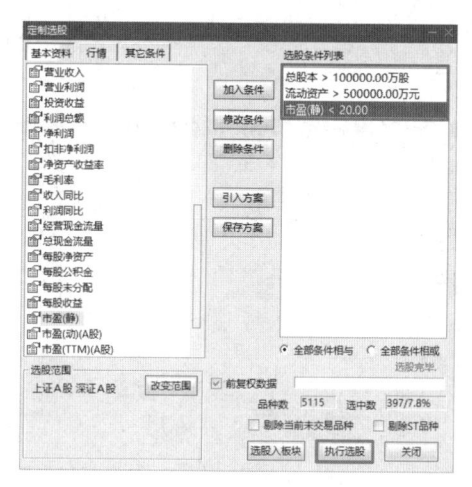

图13-16

图13-17

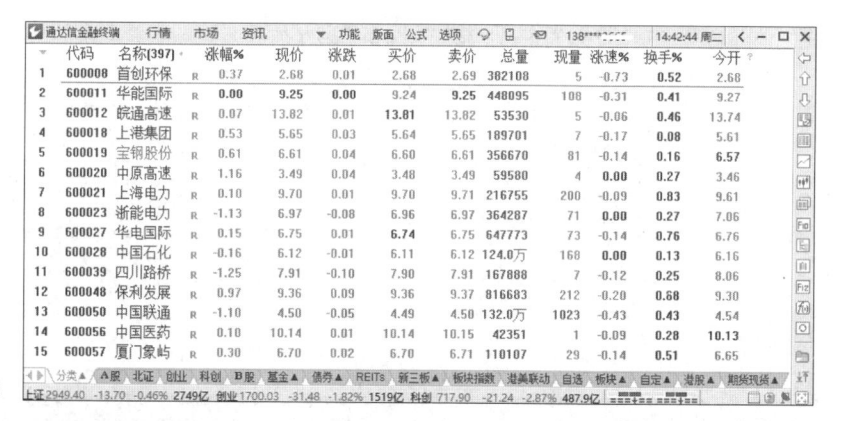

图13-18

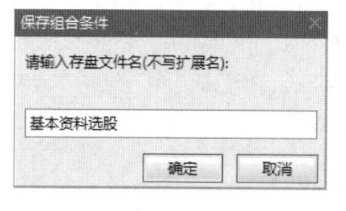

图13-19

> 如果对选定的条件不满意，可以单击【修改条件】或【删除条件】按钮，对所选条件进行修改或删除。单击【引入方案】按钮，可以调用已有方案。

13.2.2 行情选股

行情选股是指通过设定现价、最高价、最低价、今天开盘价、昨天收盘价、总量、总金额、涨幅、振幅、换手率以及量比等实时行情进行选股。

行情选股的具体操作步骤如下。

❶ 选择【公式】→【定制选股】菜单命令，弹出【定制选股】对话框，单击【行情】选项卡，如图 13-20 所示。

❷ 在行情列表中选择选股条件，然后单击【执行选股】按钮，结果如图 13-21 所示。

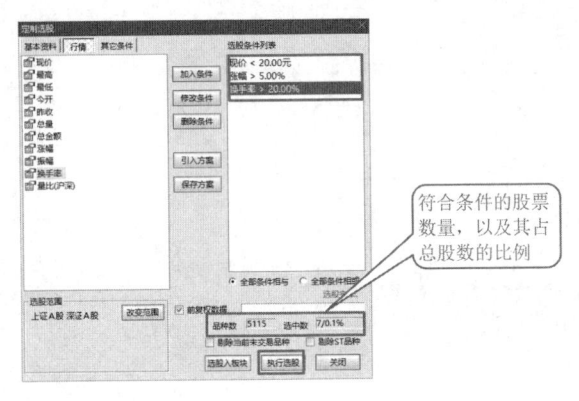

图 13-20

图 13-21

符合条件的股票数量，以及其占总股数的比例

❸ 符合条件的股票行情列表如图 13-22 所示。

图 13-22

❹ 单击【选股入板块】按钮，可以将选择的股票添加到相应的板块，如图 13-23 所示。

13.2.3 其他条件选股

其他条件选股是指通过设定上市天数、KDJ 中的 J 值和 RSI 指标，以及 DMI

中的 ADX 值、WR 指标和 VR 指标等进行选股。

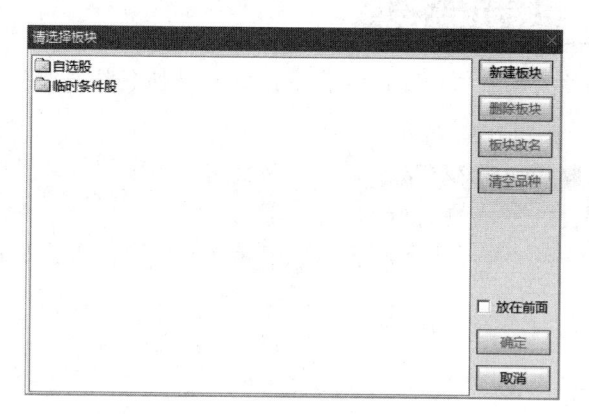

图 13-23

其他条件选股的具体操作步骤如下。

❶ 选择【公式】→【定制选股】菜单命令，弹出【定制选股】对话框，切换到【其它条件】选项卡，如图 13-24 所示。

❷ 在其他条件列表中选择选股指标，并设定相应的指标值，然后单击【执行选股】按钮，结果如图 13-25 所示。

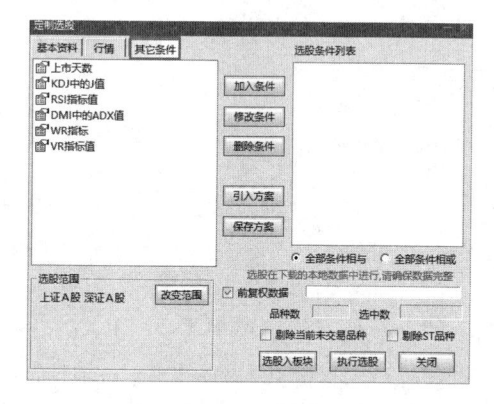

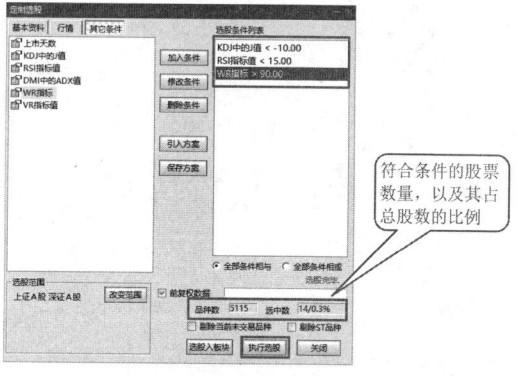

图 13-24

图 13-25

符合条件的股票数量，以及其占总股数的比例

❸ 符合条件的股票行情列表如图 13-26 所示。

图 13-26

13.2.4 组合定制选股

除了单独的基本资料选股、行情选股和其他条件选股外,还可以将这几个定制条件组合在一起进行选股。

组合定制选股的具体操作步骤如下。

❶ 选择【公式】→【定制选股】菜单命令,在弹出的【定制选股】对话框中单击【引入方案】按钮,弹出 13.2.1 节保存的方案,如图 13-27 所示。

❷ 单击【确定】按钮,选股条件列表如图 13-28 所示。

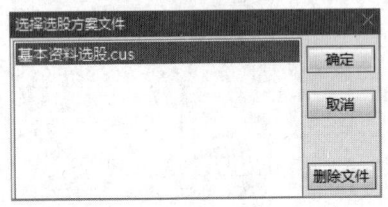

图 13-27

❸ 切换到【行情】选项卡,设定实时行情选股条件,如图 13-29 所示。

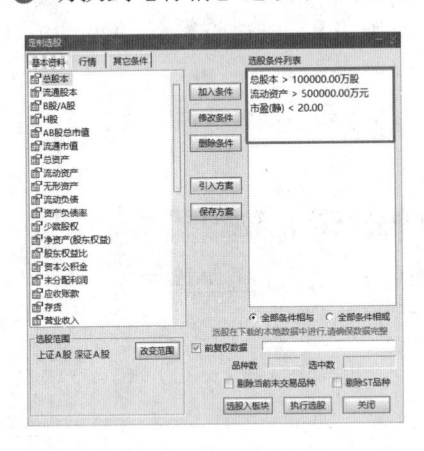

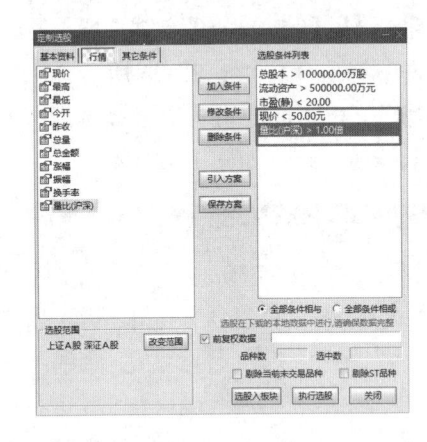

图 13-28

图 13-29

❹ 切换到【其他条件】选项卡,设定指标的参数值,然后单击【执行选股】按钮,结果如图 13-30 所示。

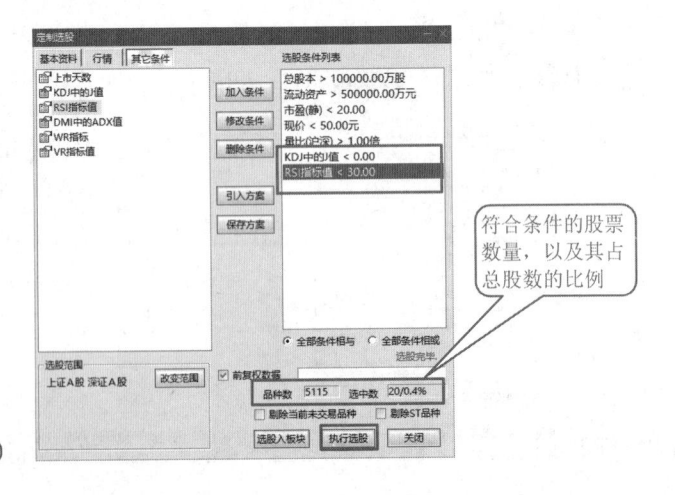

图 13-30

符合条件的股票数量,以及其占总股数的比例

❺ 符合条件的股票行情列表如图 13-31 所示。

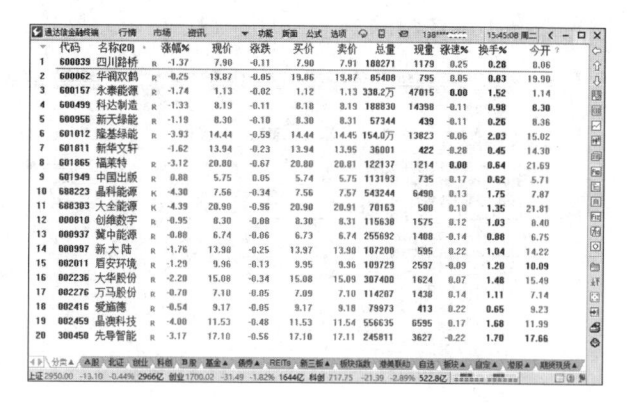

图 13-31

13.3 模式选股

模式选股包括低进模式、高进模式、高出模式、低出模式、基本指标和技术指标六种模式，如表 13-1 所示。模式选股整个选股过程自动完成。

表 13-1

模 式	释 义
低进模式	庄家处于吸筹阶段，此股票处于股价相对较低的位置，可以在放量收阳时伺机买入
高进模式	庄家处于高度控盘阶段，此股票处于价位相对较高位置，可能随时再次拉升，可以考虑买入
高出模式	庄家有意高位出货，此股票处于高位，有下降趋势时应考虑出货
低出模式	庄家已经快速出货，此股票股价可能会跳水般不断下跌，考虑出货避险
基本指标	从股票盘子大小、是否刚上市不久、股票业绩分类出的各种股票类型
技术指标	通过各种交易技术指标，选出满足买入条件的股票

模式选股的具体操作步骤如下。

❶ 选择【公式】→【模式选股】菜单命令，弹出模式选股的日期设定界面，如图 13-32 所示。

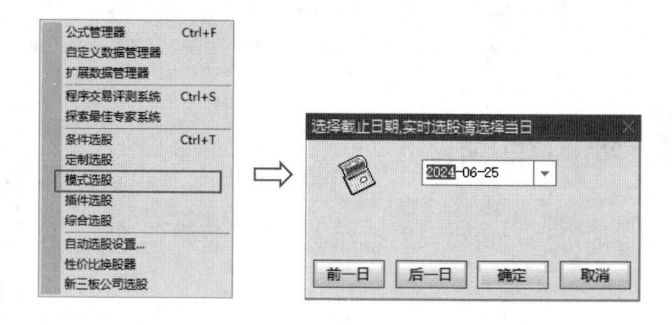

图 13-32

❷ 选定日期后单击【确定】按钮，弹出【模式选股】对话框，选择一种模式的选项卡，然后选择不为灰色的形态，如图13-33所示。

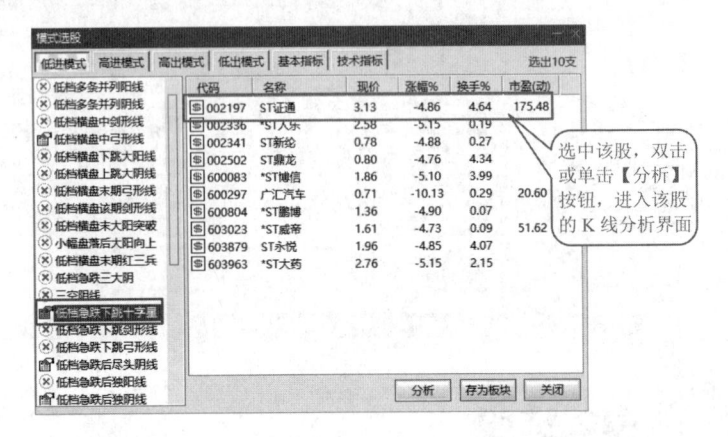

图13-33

> 灰色部分表示没有满足此形态的股票；如果不为灰色，表示有满足此形态的股票。双击选出来的股票，可以查看该股K线分析界面。

❸ 选择某只股票，双击或单击【分析】按钮，进入该股的K线分析界面，如图13-34所示。

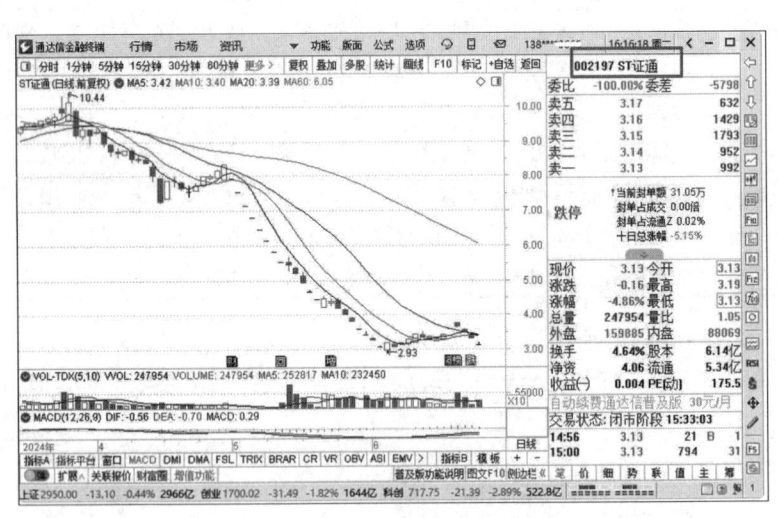

图13-34

13.4 综合选股

综合选股通过用户自己设置指标、财务、行情、条件、K线等条件，来筛选出满足投资者需求的股票。

综合选股的操作步骤如下。

❶ 选择【公式】→【综合选股】菜单命令，如图 13-35 所示。

❷ 在弹出的【综合选股】对话框中选择【条件组】选项卡，在该选项卡中可以通过技术指标、最新财务、行情数据、条件选股以及五彩 K 线来筛选股票。例如，选择【技术指标】→【超买超卖型】→【KDJ 随机指标】选项，并对指标参数和条件进行设置，然后单击【加入条件】按钮，即可将设置好的指标添加到【组合选股条件列表】中，如图 13-36 所示。

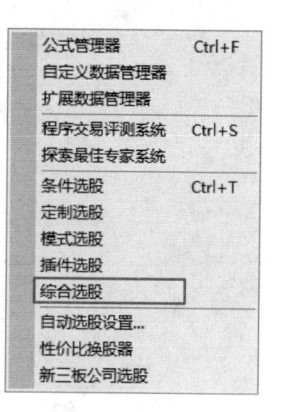

图 13-35

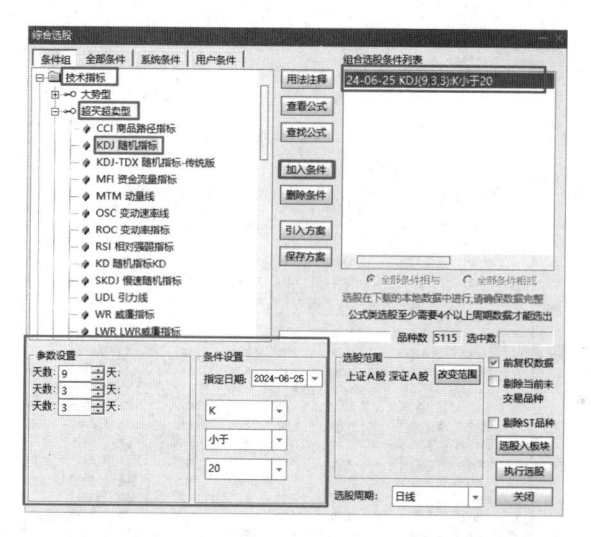

图 13-36

❸ 单击【用法注释】按钮，可以对所选指标进行解释，如图 13-37 所示。

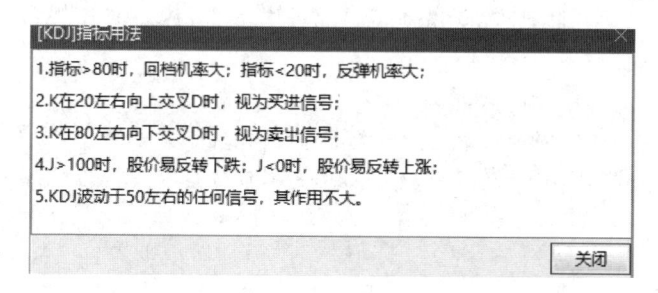

图 13-37

❹ 选择【五彩 K 线】→【KSTAR1—十字星】选项，然后单击【加入条件】按钮，即可将其添加到【组合选股条件列表】中，单击【执行选股】按钮，如图 13-38 所示。

❺ 符合条件的股票行情列表如图 13-39 所示。

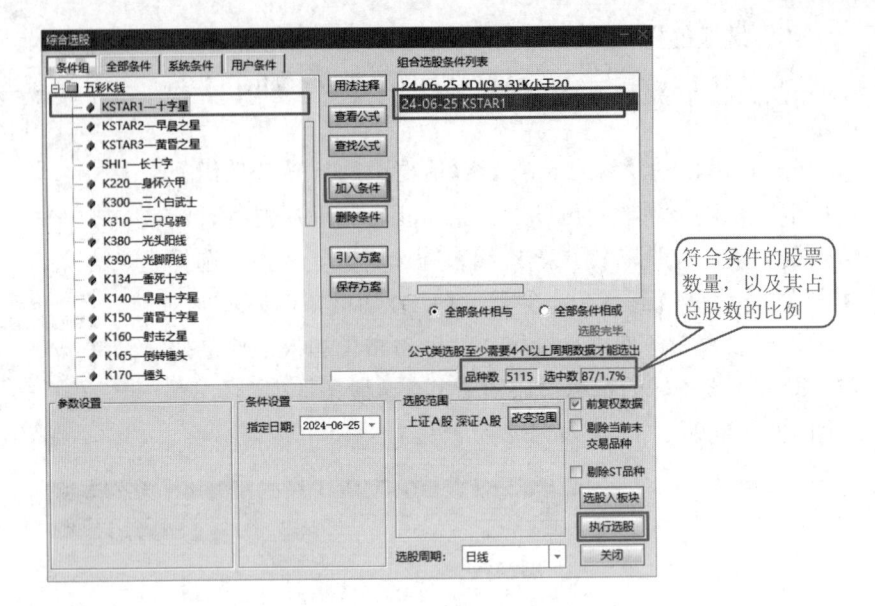

图 13-38

图 13-39

> 【全部条件】、【系统条件】和【用户条件】选项卡的操作与【条件组】选项卡的操作相同，这里不再赘述。

13.5 性价比选股器

性价比选股器可以通过对比某只股票在特定时间段的振幅大小，来判断该股票在其所属概念、行业及地区中的相对表现，从而确定是否持有该股票。

性价比选股的操作步骤如下。

第 13 章 选股如选美——通达信智能捕捉潜力股

❶ 打开通达信金融终端，在行情界面选择某只股票，如图 13-40 所示。

图 13-40

❷ 选择【公式】→【性价比换股器】菜单命令，如图 13-41 所示。

❸ 在弹出的【性价比换股器】对话框中显示了该股的基本信息，然后设置所属范围、时间段以及振幅大小等比较条件，最后单击【执行换股】按钮，结果如图 13-42 所示。

> 从上面的比较结果来看，在过去一年同行业中有多只股票的表现优于所选股票，如果比较结果最优，则显示如图 13-43 所示的提示信息。

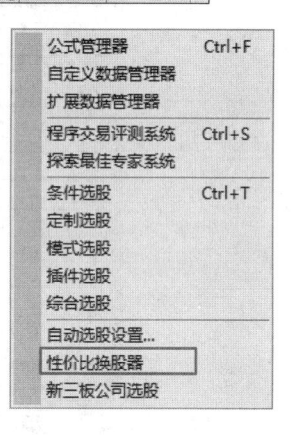

图 13-41

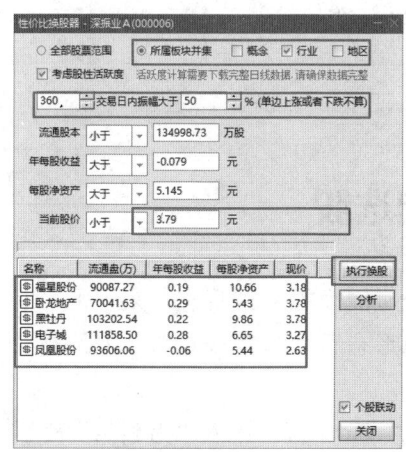

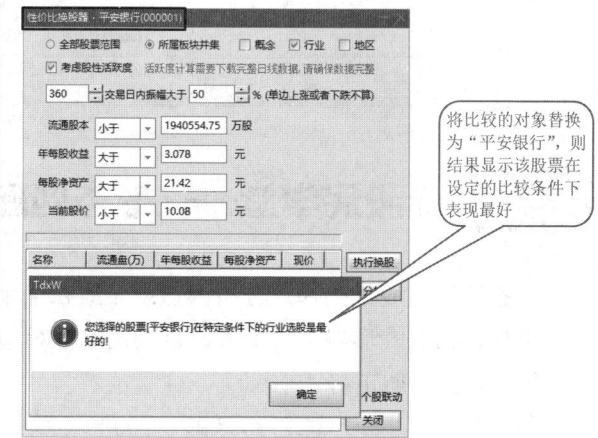

图 13-42

图 13-43

将比较的对象替换为"平安银行"，则结果显示该股票在设定的比较条件下表现最好

283

13.6 新三板公司选股

新三板公司选股功能可以从基本指标、行情指标、所属行业、主办券商以及交易方式等多角度选股。

新三板公司选股的操作步骤如下。

❶ 选择【公式】→【新三板公司选股】菜单命令，如图 13-44 所示。

❷ 在弹出的【新三板公司选股】对话框中设置选股条件，然后单击【执行选股】按钮，结果如图 13-45 所示。

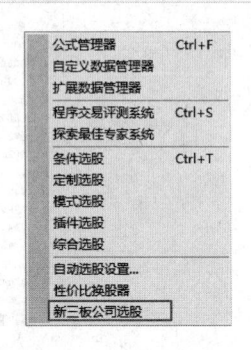

图 13-44

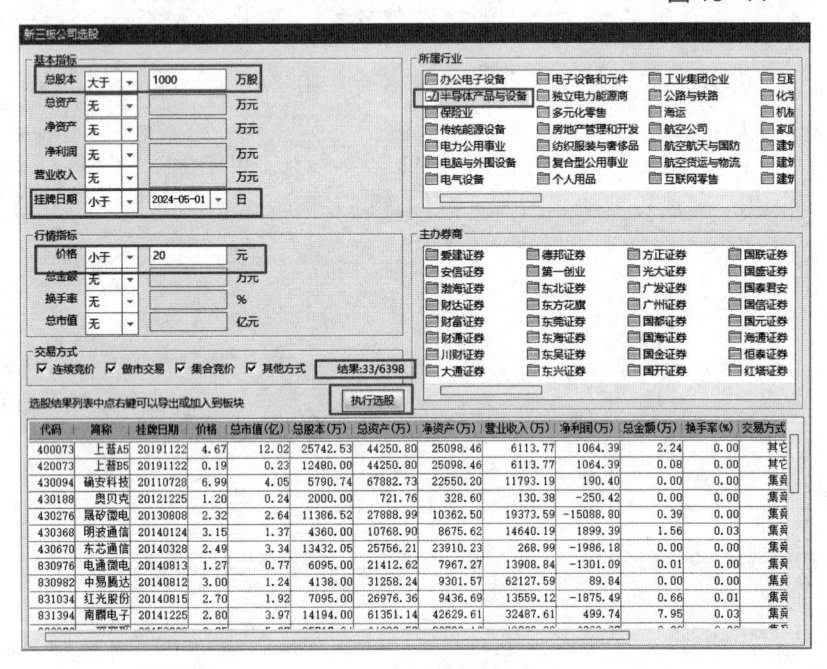

图 13-45

13.7 新股民学堂——形态匹配选股

形态匹配选股是指通过分析大盘或个股在某个时间段的 K 线形态，来识别近期市场中与之相似的形态。投资者可以利用这些相似形态后续的 K 线走势，来预测当前个股未来的可能走势。

❶ 打开通达信金融终端，输入"000002"并按 Enter 键，进入"万科 A"K 线图，如图 13-46 所示。

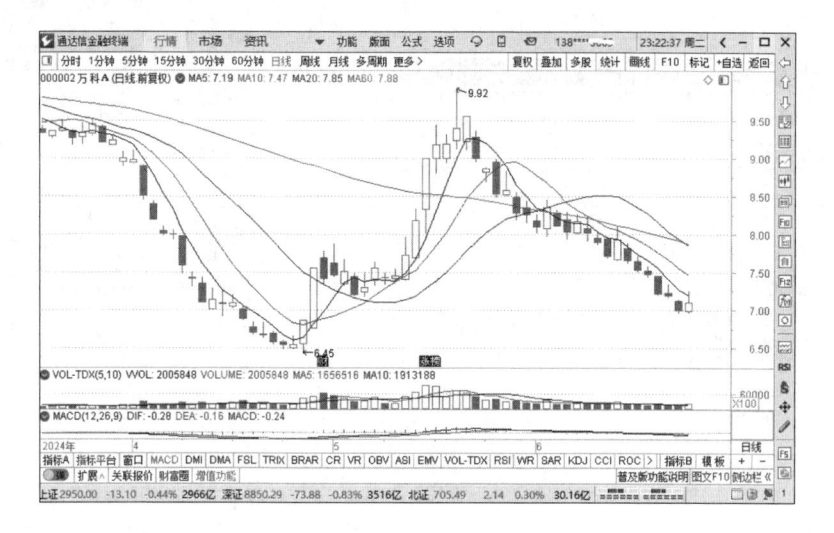

第 13 章 选股如选美——通达信智能捕捉潜力股

图 13-46

❷ 按住鼠标右键拖动选择匹配的时间周期，如图 13-47 所示。

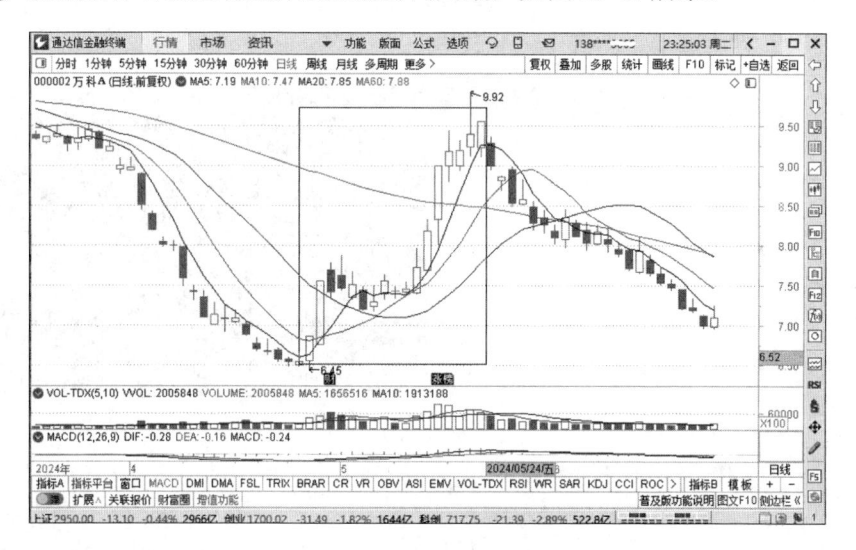

图 13-47

❸ 松开鼠标后，弹出如图 13-48 所示的快捷菜单。

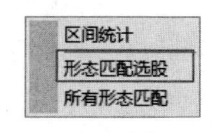

图 13-48

❹ 选择【形态匹配选股】命令，弹出【形态方案设置】对话框，设定方案名称、形态匹配度以及形态匹配条件等，如图 13-49 所示。

❺ 单击【确定】按钮，弹出符合条件的股票列表，如图 13-50 所示。

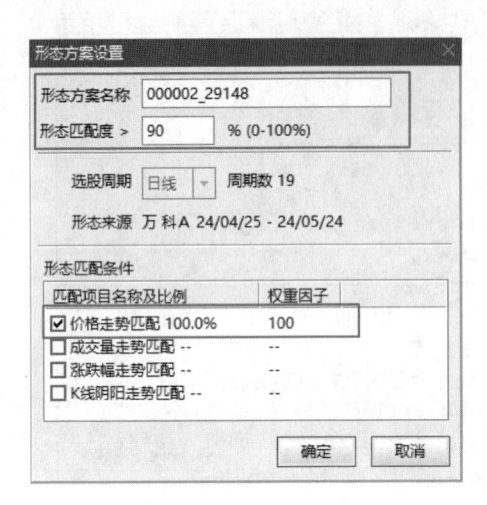

图 13-49　　　　　　　　　　　　　图 13-50

❻ 单击【所有形态匹配】按钮，刚才设置好的形态选股方案即可保存到【形态匹配选股】对话框中，如图 13-51 所示。

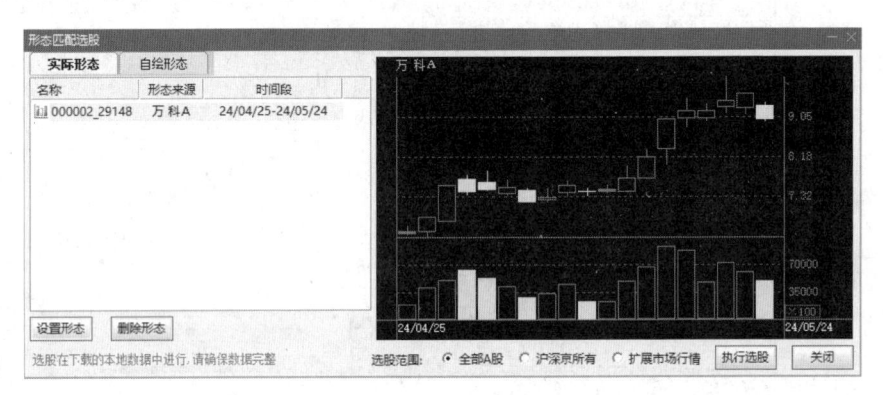

图 13-51

第 14 章

股事不决问小达——通达信 AI 问答

任何能带来优于人类智能的东西，都会在改变世界的竞赛中占据领先地位。"再没有什么能与此相提并论。"——埃利德·尤德考斯基

通达信 AI 问答是一款智能化的投资系统，它集成了人工智能技术，使用户只需输入简单的检索语句，就能实现智能选股、资讯检索和答疑解惑等功能。

14.1 智能选股

用户可以在检索栏中输入选股条件,来查找想要的股票。如果是多个条件,则每个条件之间应用逗号分开。

14.1.1 智能选股支持的选股内容

智能选股支持的选股内容非常丰富,包括基本行情、衍生行情、资金主力、板块指数、热门主题投资等,具体选股内容及功能说明如表 14-1 所示。

表 14-1

选股内容	功能说明
基本行情	实时/历史行情:成交量、成交额等
衍生行情	衍生统计行情:强弱度、活跃度、攻击波、回头波、贝塔系数、自由换手率、涨停分析等。 主力监控精灵:主力买入/卖出、加速拉升/下跌、竞价试买/试买、单笔冲涨/冲跌、大单托压锁盘、低位反弹、高位回落、撑杆跳高、平台跳水、区间放量等
资金主力	资金流向、资金博弈、资金驱动力等
板块指数	行业板块、风格板块、概念板块、地区板块等
热门主题投资	跟踪市场热点,挖掘对经济变迁具有大范围影响,将驱动经济体长期发展趋势的因素作为"主题",1700 多个子主题投资
精选选股指标	技术选股类:经典技术分析模型生成。 形态特征类:经典形态特征分析模型生成。 财务选股模型类:经典财务分析模型生成。 阶段表现类:阶段表现数据合计 800 多个选股指标
专业财务数据	全面的公司财报数据:资产负债表、利润表、现金流量表等详细指标。 系统的财务分析体系:偿债能力、经营能力、发展能力、获利能力、资本结构、现金流量结构。 其他特色财务数据:财务重要指标、单季度财务指标、股本股东、机构持股等
精选价值发现	重点关注、财经日历、强弱分析、基准分析、一致预期、龙虎榜单、融资融券、大宗交易、增发送配、股东增减持、财报披露、并购重组、股权质押、持股分析、投资参股、调研互动、证券变更、事件驱动、资讯精选等
详尽公司明细	主营业务、经营范围、实控人、法人代表、股权变动、股权分置、高管明细、城市省份等

续表

选股内容	功能说明
深度个股信息	公司概况、最新提示、高管管理、股本结构、股本变动、限售解禁、参股控股、控股关系、机构持股、十大流通股东、热点题材、持股变动、大宗交易、资金流向、股权投资、项目投资、关联交易、行业排名、盈利预测、机构评级、龙虎榜、主营收入构成等
丰富海量数据	特色数据、宏观数据、统计数据等
系统技术指标	KDJ、MACD、BOLL、CCI、RSI、WR、BIAS、SKDJ、VR、MTM、OBV等

14.1.2 AI问答选股

通达信的AI问答智能选股操作非常简单，只需要输入选股条件，然后单击【搜索】按钮即可完成选股。如果有多个选股条件，每个条件应用逗号隔开。

AI问答智能选股的具体操作步骤如下。

❶ 单击【问小达】按钮，进入AI问答界面，如图14-1所示。

图14-1

❷ 在输入框中输入"5日内涨停次数≥2"，然后单击【搜索】按钮，搜索结果如图14-2所示。

❸ 继续输入搜索条件"收盘价≥5日均线"，然后单击【搜索】按钮，搜索结果如图14-3所示。

❹ 除了手动输入搜索条件外，单击搜索条件后面的【添加】按钮，可以直接添加AI问答自带的条件。例如，单击【添加】按钮，在弹出的界面中选择【行情信息】→【5元～20元】选项，如图14-4所示。

❺ 单击【关闭】按钮，然后单击【搜索】按钮，结果如图14-5所示。

❻ 单击【导数据】按钮，可以将搜索的股票以Excel表格的形式导出，如图14-6

所示。

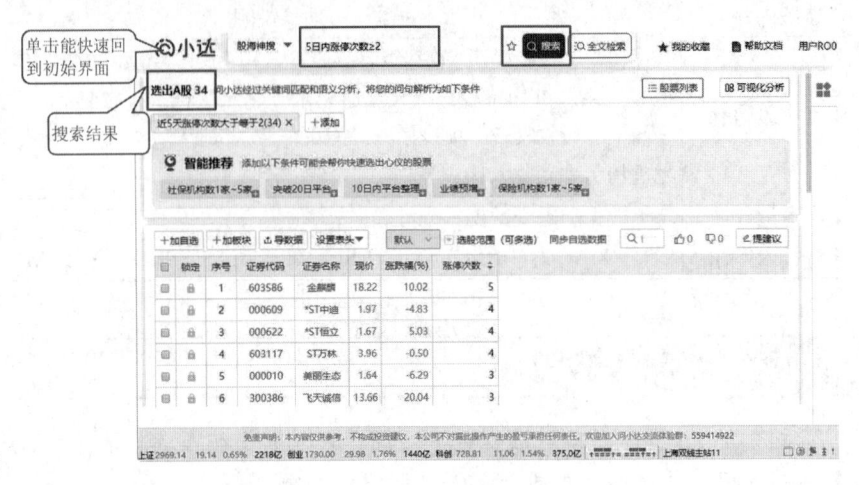

图 14-2

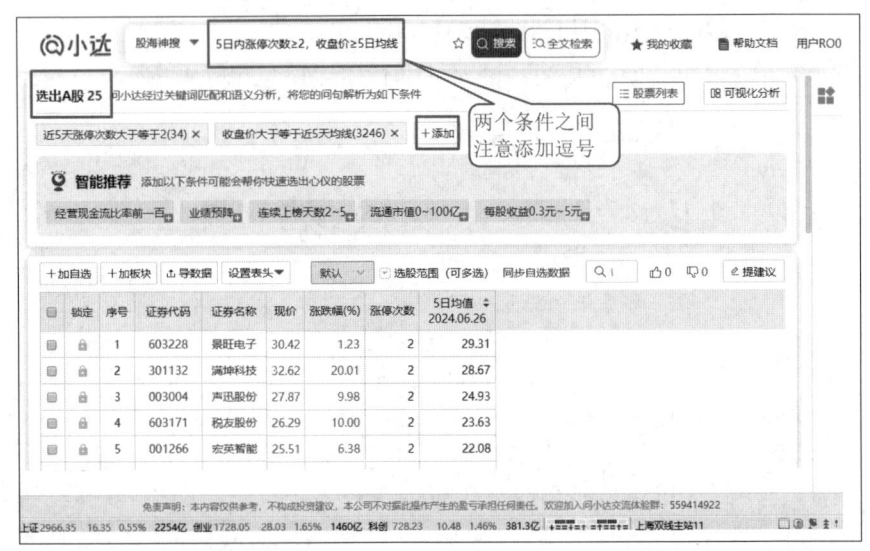

图 14-3

图 14-4

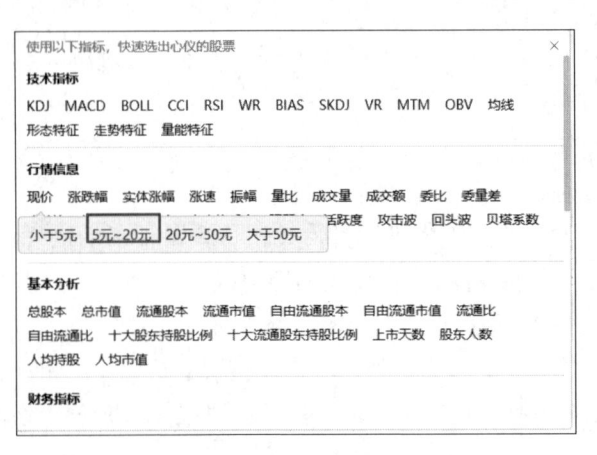

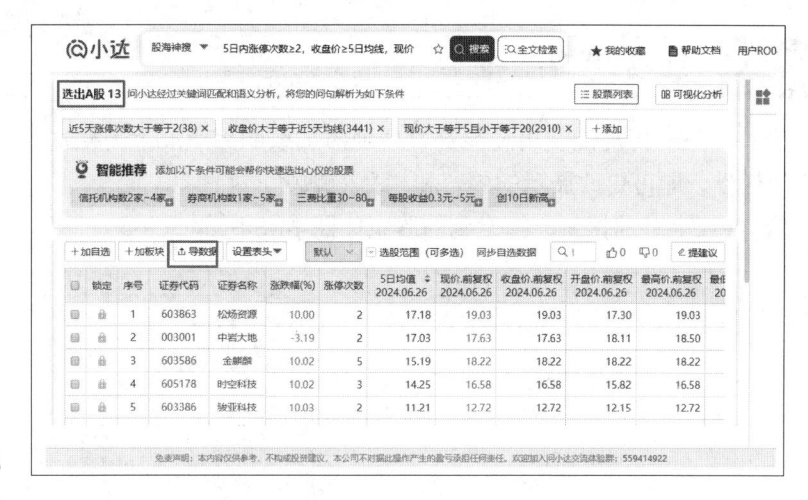

第 14 章 股事不决问小达——通达信 AI 问答

图 14-5

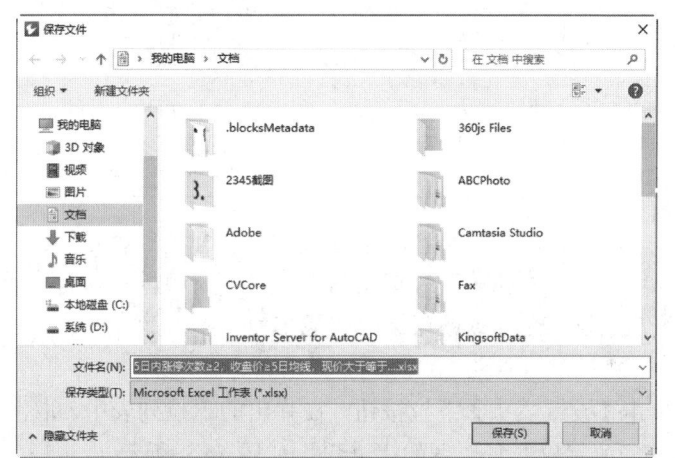

图 14-6

❼ 打开保存的 Excel 表格，显示结果如图 14-7 所示。

图 14-7

291

14.1.3 表头栏目调整

表头调整栏目功能使用户能够方便地添加或删除所展示的栏目。用户只需勾选相应的栏目，即可更改展示的内容和栏目的顺序。

❶ 继续上节的搜索，搜索到的股票如图 14-8 所示。

图 14-8

> 需要注意的是，股市数据是实时更新的，所以相同的搜索条件，相差几分钟，搜索到的结果有可能不同。

❷ 单击【设置表头】下拉按钮，在弹出的下拉列表中，取消【最高价.前复权】和【最低价.前复权】复选框的"√"，如图 14-9 所示。

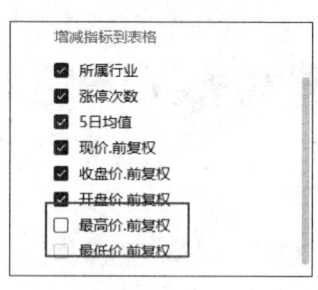

图 14-9

❸ 取消这两项显示内容后，效果如图 14-10 所示。

❹ 分别选择【概览】、【表现】和【技术】选项卡，显示不同的内容。例如，单击【表现】选项卡，选中的个股在各个时间段的显示如图 14-11 所示。

❺ 单击【展开】下拉按钮，在弹出的下拉列表中有估值、财务和资金三个选项，选择不同的选项，将显示不同的内容。例如，这里选择【估值】选项，结果显示最新总市值、市销率、市现率、市盈率、最新流通市值以及量比等，如图 14-12 所示。

第 14 章 股事不决问小达——通达信 AI 问答

图 14-10

图 14-11

图 14-12

14.1.4 可视化分析

通过 AI 问答选出的股票有两种显示方式：一种是股票列表显示，另一种是可视化分析显示。

可视化分析显示的具体操作步骤如下。

❶ 单击【可视化分析】按钮，搜索结果将以可视化图形的形式显示，如图 14-13 所示。

图 14-13

❷ 可视化功能将搜索的股票以可视化图形的形式显示，使用户能够查看股票所属的行业和当前涨幅。将鼠标指针放到所属行业上时，还可以显示该行业板块的现价、昨天收盘价、市值、流通市值、3 日涨幅以及量比等，如图 14-14 所示。

❸ 将鼠标指针放置到所选的股票上，可以显示该股的现价、昨天收盘价、市值、当前涨幅、3 日涨幅、量比、成交额以及主力净额等，如图 14-15 所示。

图 14-14 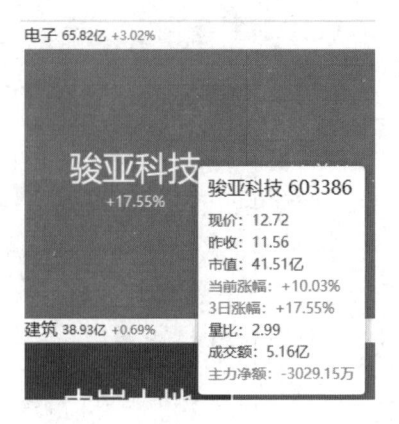　　　　　　　　　图 14-15

❹ 通达信默认面积按总市值降序排列。单击【面积】下拉按钮，从下拉列表中选择【成交额】选项，将以成交额的高低重新排序，如图 14-16 所示。

图 14-16

14.2 股海神搜

通达信将常用的搜索进行分类整理，用户可以通过"股海神搜"功能直接调用这些已整理好的选股条件。

14.2.1 股海神搜的选股分类

股海神搜主要分为技术指标、行情信息、基本分析、财务指标、阶段表现、资金主力、价值发现和市场范围等，具体分类如表 14-2 所示。

表 14-2

选股分类	包含内容
技术指标	KDJ、MACD、BOLL、CCI、RSI、WR、BIAS、SKDJ、VR、MTM、OBV、均线、形态特征、走势特征、量能特征
行情信息	现价、涨跌幅、实体涨幅、涨速、振幅、量比、成交量、成交额、委比、委量差、内外比、换手率、自由换手率、强弱度、活跃度、攻击波、回头波、贝塔系数、涨停相关
基本分析	总股本、总市值、流通市值、流通股本、自由流通股本、自由流通市值、流通比、自由流通比、十大股东持股比例、十大流通股东持股比例、上市天数、股东人数、人均持股、人均市值

续表

选股分类	包含内容
财务指标	价值类、成长类、价值成长类、市盈率、市净率、市销率、市现率、净利润、净利润率、净利润增长率、营业收入、增长率、每股收益、每股收益增长率、每股净资产、每股现金流、每股未分配利润、每股资本公积、销售毛利率、三费比重、资产负债率、净资产收益率、权益比、投资收益率、总资产报酬率、股息率
阶段表现	阶段放量、阶段缩量、平台整理、平台突破、阶段换手、阶段振幅
资金主力	主力异动、净流入额、大宗净流入额、相对流量%、大宗流量%、竞买率%、大单买入%、大单净比%
价值发现	股东增减持、近期关注、价值关注、强势资金、一致预期、龙虎榜单、融资融券、增发送配、小盘成长、并购重组、机构重仓、国家队持股、持股分析、投资参股、盘中精选、关注度
市场范围	沪深A股、主板、上证A股、上证主板、科创板、深证A股、深证主板、创业板

14.2.2 选股

股海神搜选股的操作和 AI 问答选股相似，具体步骤如下。

❶ 单击【问小达】按钮，在弹出的选股界面中单击【股海神搜】按钮，如图 14-17 所示。

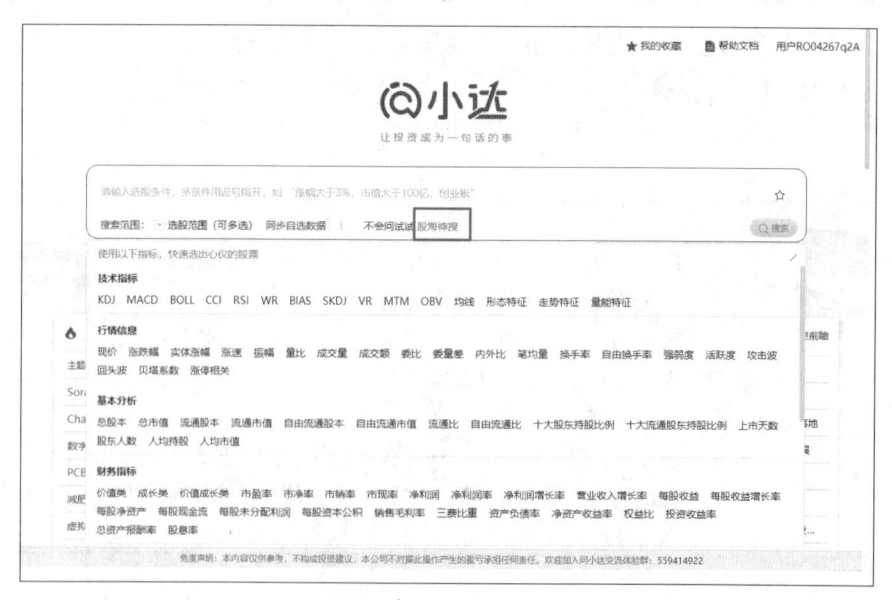

图 14-17

❷ 选择【技术指标】→ KDJ →【KDJ 金叉】选项，如图 14-18 所示。

图 14-18

❸ 选择【行情信息】→【涨跌幅】→【大于 5%】选项，如图 14-19 所示。

图 14-19

❹ 选择【财务指标】→【市盈率】→【25～50】选项，如图 14-20 所示。

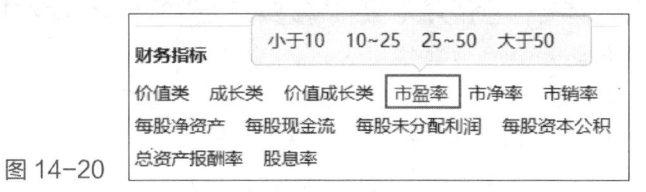

图 14-20

❺ 设置完成后，单击【搜索】按钮，搜索结果如图 14-21 所示。

图 14-21

❻ 在搜索框中输入搜索到的股票代码，可以将排列在后面的股票放到最前列，并高亮显示，如图 14-22 所示。

❼ 单击【提建议】按钮，在弹出的【建议反馈】对话框中可以输入反馈意见，如图 14-23 所示。

❽ 单击【收藏】按钮，可以将设定的搜索条件保存到【我的收藏】中，如图 14-24 所示。

图 14-22

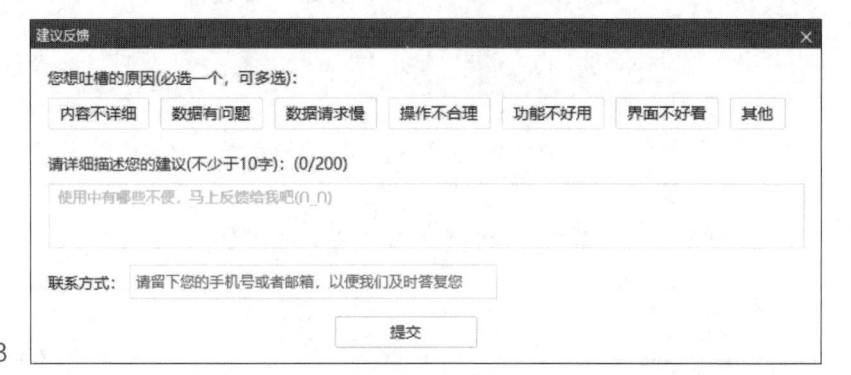

图 14-23

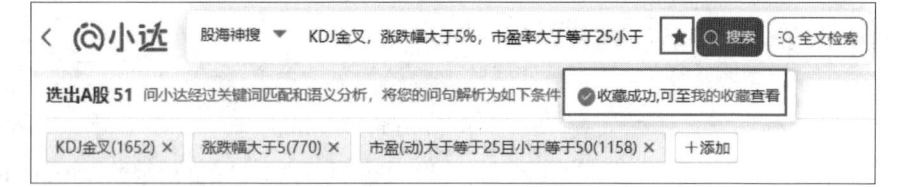

图 14-24

14.2.3 修改选股条件

在原有的检索语句上添加条件，增加股海神搜的选股条件。或者删除某个条件，然后单击重新选股进行检索。

修改选股条件的具体操作步骤如下。

❶ 单击【我的收藏】按钮，显示已收藏的选股条件，如图 14-25 所示。

图 14-25

❷ 单击问句 1 的【编辑】按钮，在弹出的【编辑问句】对话框中添加新的选股条件，也可以对问句进行简短的描述，如图 14-26 所示。

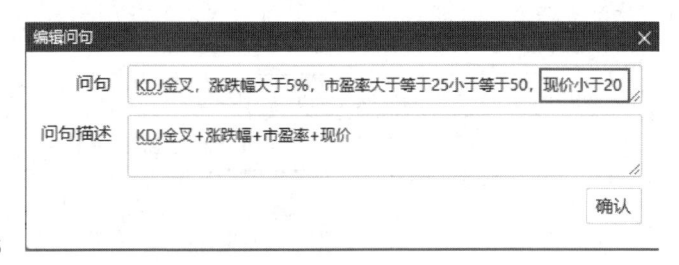

图 14-26

❸ 在问句 1 的搜索条件上单击，重新搜索后结果如图 14-27 所示。

图 14-27

> 单击【添加】按钮，可以继续添加搜索条件；单击 × 按钮，可以删除已有的选股条件，如图 14-28 所示。

图 14-28

14.2.4 推荐问句和历史问句

问小达右侧边栏会记住用户的历史问句，并依据用户的问句推荐相关联的问句。推荐问句包括热门话题、板块主题、价值发现、股票技术形态、股票阶段表现、股票财务指标、资讯检索、个股详情、答疑解惑等。

修改选股条件的具体操作如下。

❶ 历史问句默认是隐藏的，单击右侧边栏的【更多数据】按钮，显示历史问句，如图14-29所示。

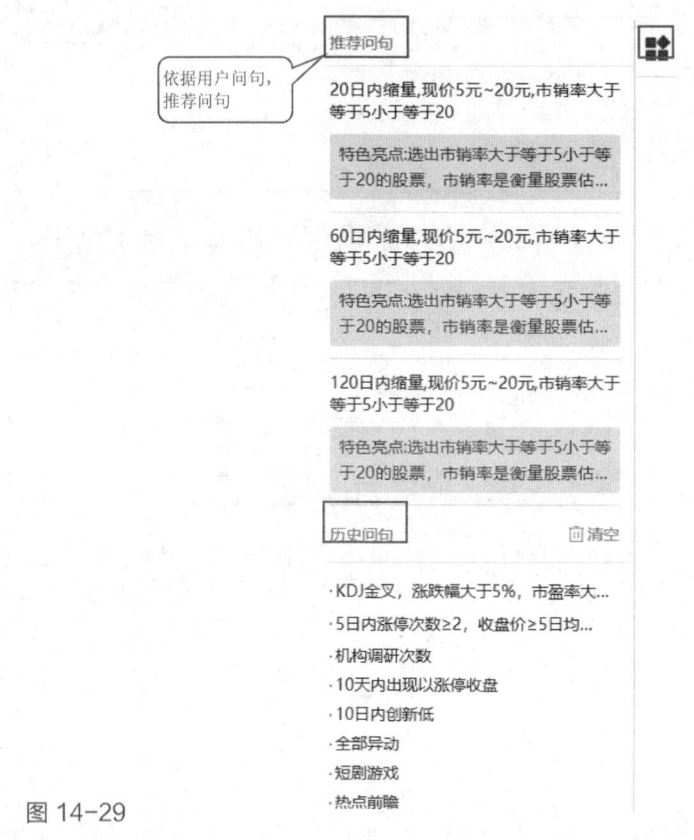

图14-29

❷ 将鼠标指针放置在历史问句上，高亮显示后会出现"×"，单击×按钮可以将该历史问句删除，如图14-30所示。

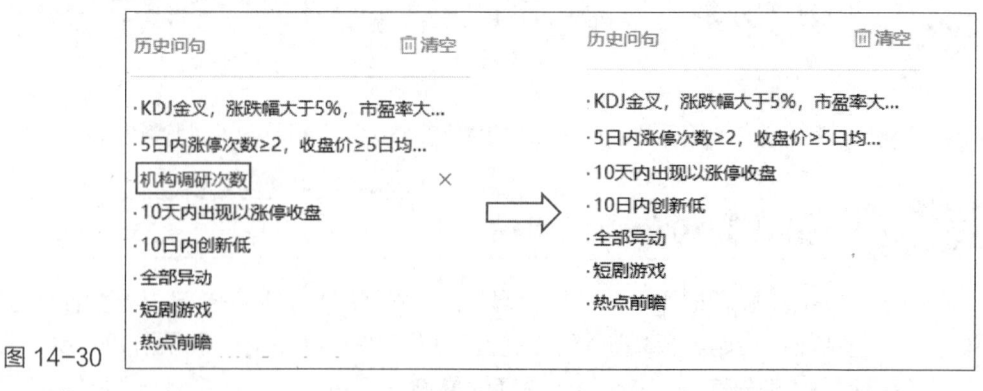

图14-30

❸ 单击【清空】按钮，可以将所有的历史问句删除，如图14-31所示。

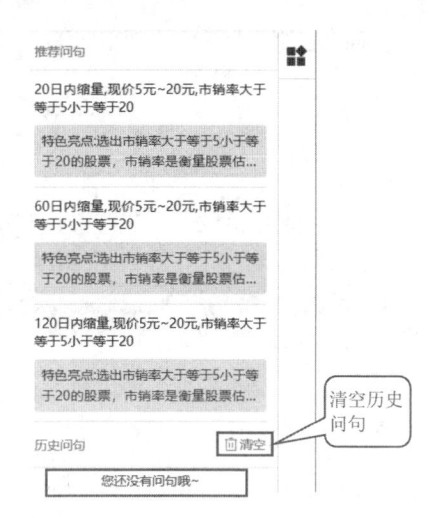

图 14-31

14.3 全文检索

在检索框中输入语句后单击【全文检索】按钮，可以检索新闻、研报、公告等资讯。

全文检索的分类如表 14-3 所示。

表 14-3

检索内容	分 类	包含内容
资讯	个股资讯	行业新闻、行业研报、公司新闻、公司公告、公司研究
	板块资讯	概念、风格、行业、主题的新闻、研报
	综合资讯	要闻精选、焦点新闻、滚动新闻、新闻精华、机构视点、盘前参考、盘中直击、盘后回顾、沪深资讯、产经资讯、新股新闻、基金新闻、港股新闻、宏观新闻、商品新闻、外汇新闻、债券新闻、海外新闻、自选新闻、自选公告、自选研报等

全文检索的具体步骤如下。

❶ 单击【问小达】按钮，在弹出的选股界面输入"区块链"，如图 14-32 所示。

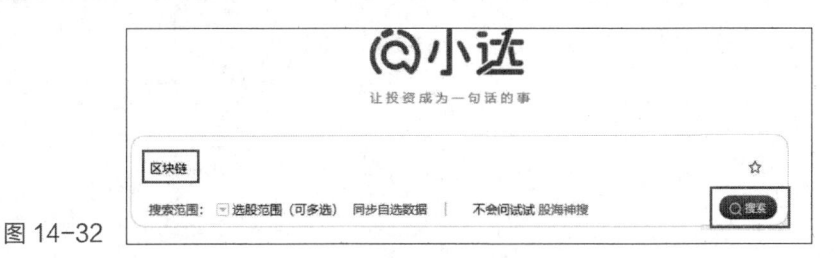

图 14-32

❷ 单击【搜索】按钮，弹出"区块链"板块的基本行情，如图 14-33 所示。

301

图 14-33

❸ 单击【全文检索】按钮，弹出与"区块链"相关的新闻、研报和公告，如图 14-34 所示。

图 14-34

❹ 单击选择左侧的筛选条件，筛选结果如图 14-35 所示。

图 14-35

❺ 单击【研报】选项卡，可以查看"区块链"的研报，如图14-36所示。

图 14-36

14.4 首页推荐问句

用户可以在问答界面查看推荐问句，这些问句由最近的热点时事或者经典选股指标而来，涵盖热点主题、板块异动、技术面、基本面、资金面等方面。

14.4.1 热点专题和主题投资选股

热点专题和主题投资选股方法通过国际国内的最新新闻、政策、资讯、科技发展等素材归纳出新型题材股。这类选股方法的重点是对未来价值的分析。

通过对不同题材股进行详细分类，热点专题和主题投资可以帮助用户快速了解题材股的整体表现以及各个股的行情走势。

❶ 热点专题包括今日热点和热点前瞻两个选项，主题投资包括驱动事件、投资题材和涨价主题三个选项，如图14-37所示。

图 14-37

驱动事件扑捉的是事件的影响，注重事件当前的利空利多效应。

❷ 将鼠标指针放到“主题描述”上，系统会展开该主题描述的详细内容，如图 14-38 所示。

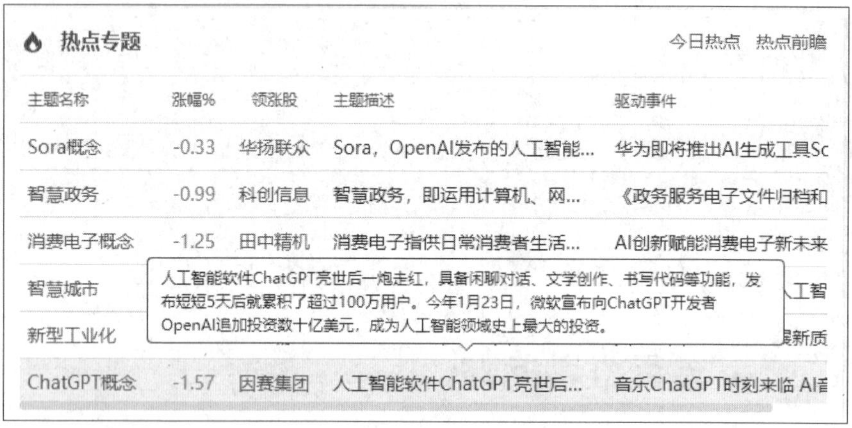
热点专题　　今日热点　热点前瞻

主题名称	涨幅%	领涨股	主题描述	驱动事件
Sora概念	-0.33	华扬联众	Sora，OpenAI发布的人工智能...	华为即将推出AI生成工具Sc
智慧政务	-0.99	科创信息	智慧政务，即运用计算机、网...	《政务服务电子文件归档和
消费电子概念	-1.25	田中精机	消费电子指供日常消费者生活...	AI创新赋能消费电子新未来
智慧城市				人工智
新型工业化				展新质
ChatGPT概念	-1.57	因赛集团	人工智能软件ChatGPT亮世后...	音乐ChatGPT时刻来临 AI音

人工智能软件ChatGPT亮世后一炮走红，具备闲聊对话、文学创作、书写代码等功能，发布短短5天后就累积了超过100万用户。今年1月23日，微软宣布向ChatGPT开发者OpenAI追加投资数十亿美元，成为人工智能领域史上最大的投资。

图 14-38

❸ 切换到【热点前瞻】选项卡，可以查看即将发生的热点事件对行业影响的预判，如图 14-39 所示。

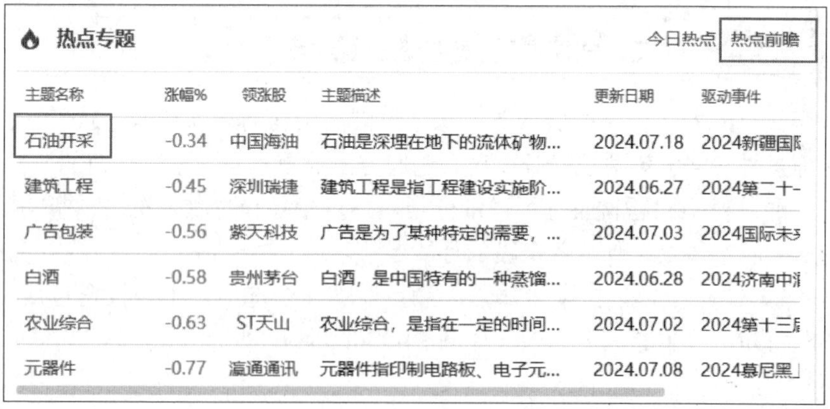
热点专题　　今日热点　热点前瞻

主题名称	涨幅%	领涨股	主题描述	更新日期	驱动事件
石油开采	-0.34	中国海油	石油是深埋在地下的流体矿物...	2024.07.18	2024新疆国际
建筑工程	-0.45	深圳瑞捷	建筑工程是指工程建设实施阶...	2024.06.27	2024第二十-
广告包装	-0.56	紫天科技	广告是为了某种特定的需要，...	2024.07.03	2024国际未来
白酒	-0.58	贵州茅台	白酒，是中国特有的一种蒸馏...	2024.06.28	2024济南中
农业综合	-0.63	ST天山	农业综合，是指在一定的时间...	2024.07.02	2024第十三届
元器件	-0.77	瀛通通讯	元器件指印制电路板、电子元...	2024.07.08	2024慕尼黑

图 14-39

❹ 单击其中任意一主题，可以查看该主题板块的基本行情、相关个股以及要闻精选，如图 14-40 所示。

❺ 切换到主题投资的【投资题材】选项卡，可以查看相关的投资题材，如图 14-41 所示。

❻ 切换到主题投资的【涨价主题】选项卡，如图 14-42 所示。

❼ 单击其中任意一专题名称，可以查看与该专题名称相关的板块的基本行情、相关个股、新闻、研报和主题资讯等，如图 14-43 所示。

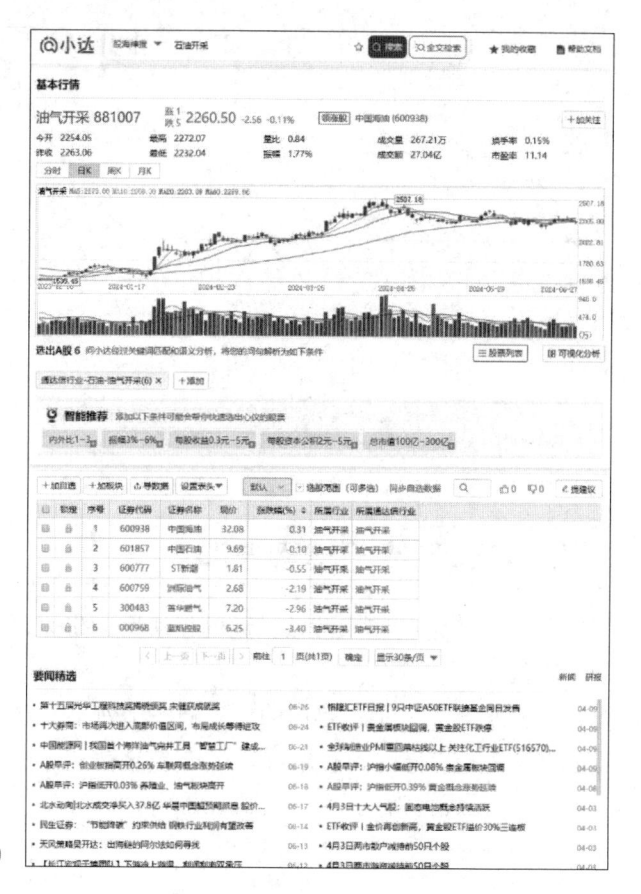

第 14 章 股事不决问小达——通达信 AI 问答

图 14-40

图 14-41

图 14-42

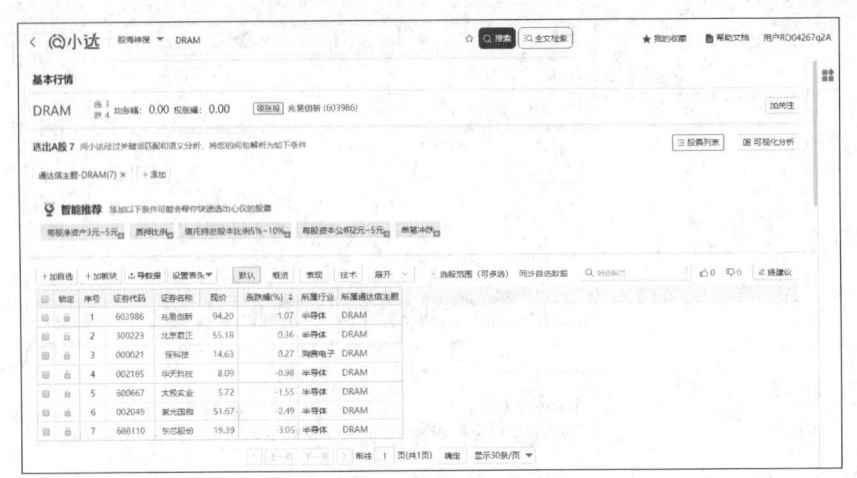

图 14-43

14.4.2 板块异动和热门搜索选股

板块异动功能能够将近一年来涨跌异动的板块罗列出来，包括异动次数以及涨异动和跌异动的次数。

热门搜索如同热搜一般，把最热门的搜索顺序排列，以方便投资者检索。

❶ 板块异动包括全部异动、行业异动、概念异动、风格异动和地区异动五部分，如图 14-44 所示。

图 14-44

❷ 切换到【行业异动】选项卡，可将异动按行业进行分类，分别列出行业的异动涨跌幅、平均周期、异动次数、涨异动数和跌异动数等，如图 14-45 所示。

图 14-45

❸ 在【板块名称】下单击任意一板块名称，可以查看该板块的基本行情、板块内的个股、新闻和研报等，如图 14-46 所示。

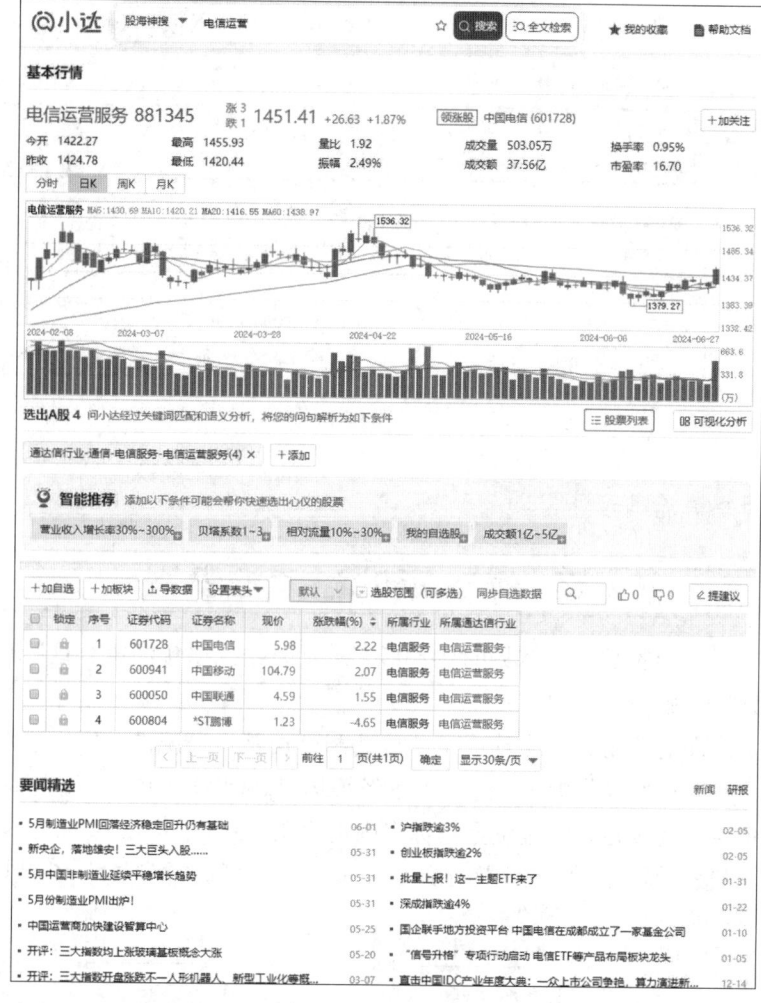

图 14-46

❹ 热门搜索包括最热门的 14 个搜索，如图 14-47 所示。

图 14-47

❺ 单击任意一个热门搜索，即可选出符合条件的股票。例如，单击【小市值活跃股】，结果如图 14-48 所示。

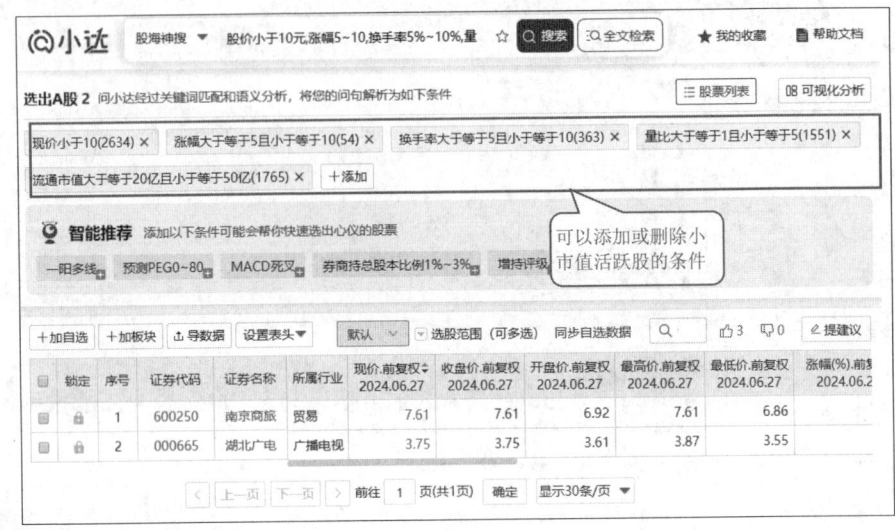

图 14-48

14.4.3 技术面、基本面和资金面选股

技术面选股是指将常见的技术形态进行总结，以预测符合这些形态的股票在后续走势中的涨跌。

基本面选股是指对宏观经济、行业和公司基本情况的分析，包括公司经营理念策略、公司报表等分析。它包括宏观经济运行态势和上市公司基本情况。

资金面选股则是通过资金指标来筛选股票。

❶ 技术面推荐问答如图 14-49 所示，将鼠标放置到技术名称上，可以查看该技术形态的介绍。

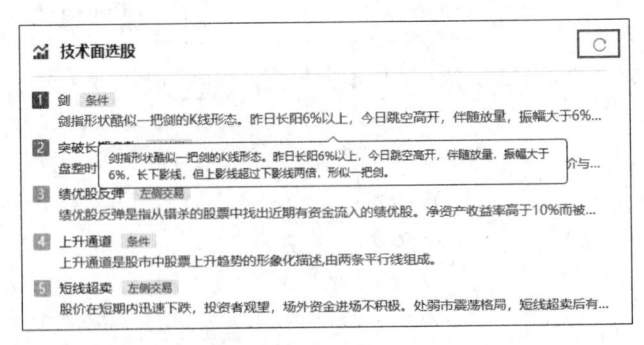

图 14-49

❷ 单击右侧的 C 按钮，可以更新技术指标，如图 14-50 所示。

❸ 单击技术形态名称，弹出符合该形态的股票。例如，单击【仙人指路】选项，弹出符合该技术形态的股票列表，如图 14-51 所示。

第 14 章 股事不决问小达——通达信 AI 问答

图 14-50

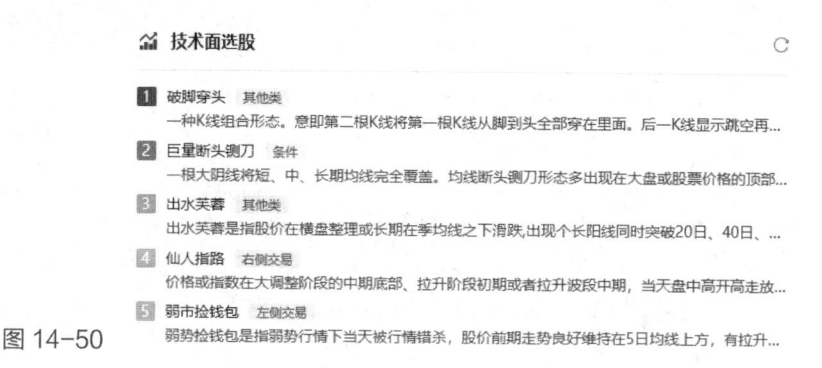

图 14-51

❹ 基本面推荐问答如图 14-52 所示。

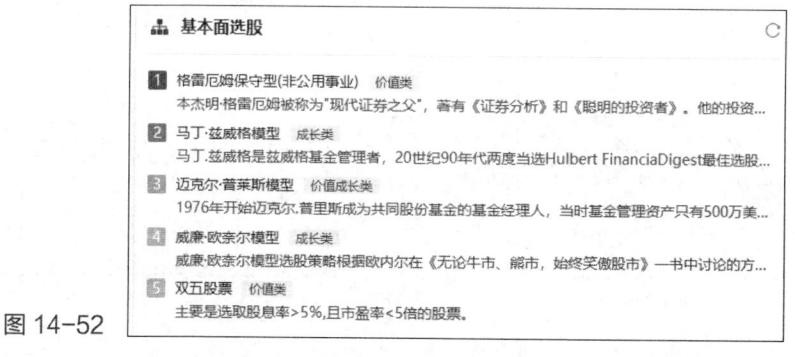

图 14-52

❺ 单击基本面模型,弹出符合该模型的股票。例如,单击【格雷厄姆保守型(非公用事业)】选项,弹出符合该模型的股票列表,如图 14-53 所示。

❻ 资金面推荐问答如图 14-54 所示。

❼ 单击资金面推荐问答中的任意一个选项条件,弹出符合该条件的股票。例如,单击【今年上涨最多的股票】选项,结果如图 14-55 所示。

图 14-53

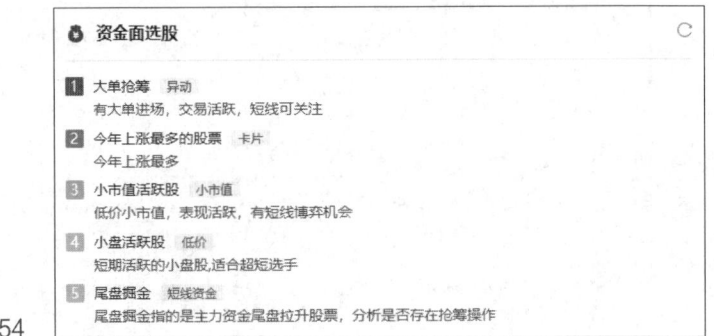

图 14-54

图 14-55

14.4.4 策略为王

策略选股就是个指标的技术形态选股。

❶ 策略选股推荐问答，如图 14-56 所示。

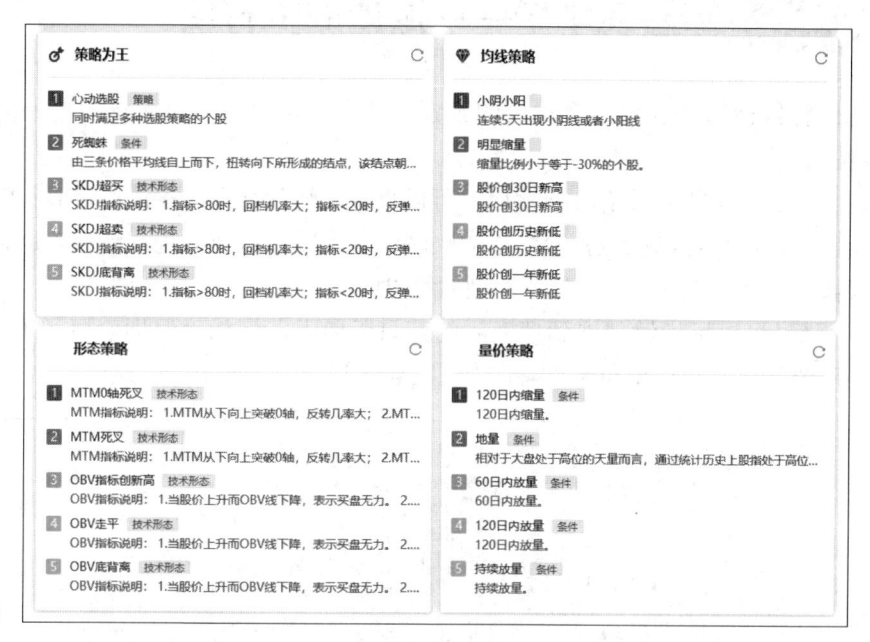

图 14-56

> 单击可以查看各技术形态的解释，这对于学习技术指标非常有益。

❷ 单击【SKDJ 超买】技术形态，弹出符合要求的股票列表，如图 14-57 所示。

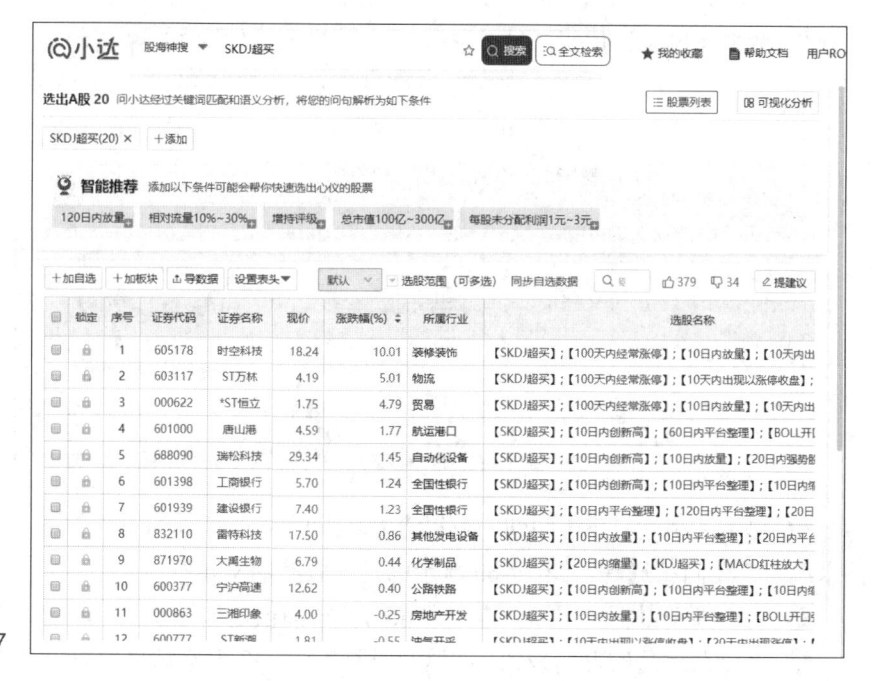

图 14-57

14.5 新股民学堂——滚动浏览行情

将鼠标指针放置到搜索到的股票名称上，可以快速显示该股票的分时图和 K 线图。

单击股票名称或者证券代码，可以直接跳转到金融终端浏览个股行情。通过滚动鼠标，用户可以按照搜索结果的顺序浏览个股，这便于进行添加自选、技术分析等操作。按下 Esc 键，可以返回到问答界面。

❶ 将鼠标指针放置到搜索到的某只股票上，例如"深圳瑞捷（300977）"，显示该股票的分时图和 K 线图，如图 14-58 所示。

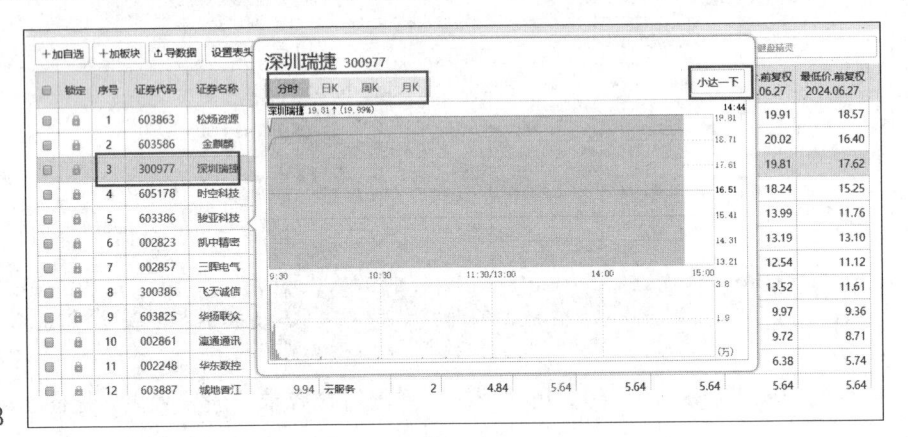

图 14-58

❷ 单击【日 K】按钮，显示该股的日 K 线图，如图 14-59 所示。

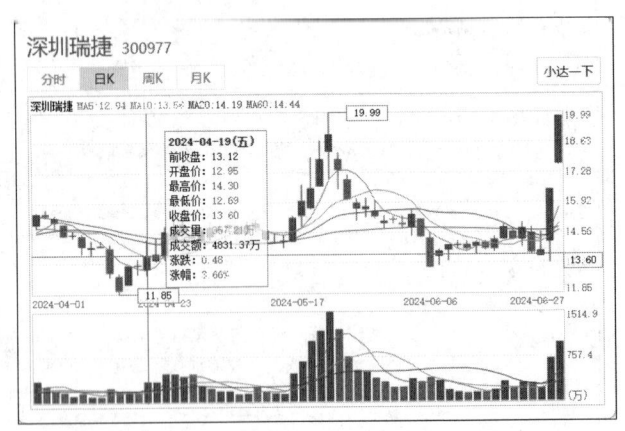

图 14-59

❸ 单击【小达一下】按钮，可以查看该股的基本行情、公司图谱、主题投资、技术风向、要闻精选等。图 14-60 显示的是该股票的基本行情。

❹ 向下滚动鼠标，可以查看该股票的公司图谱，如图 14-61 所示。

❺ 单击左上角的返回按钮 ＜，返回问答界面。在搜索结果中单击某只股票的代

第 14 章 股事不决问小达——通达信 AI 问答

码或名称，即可进入该股票的分时图界面，如图 14-62 所示。

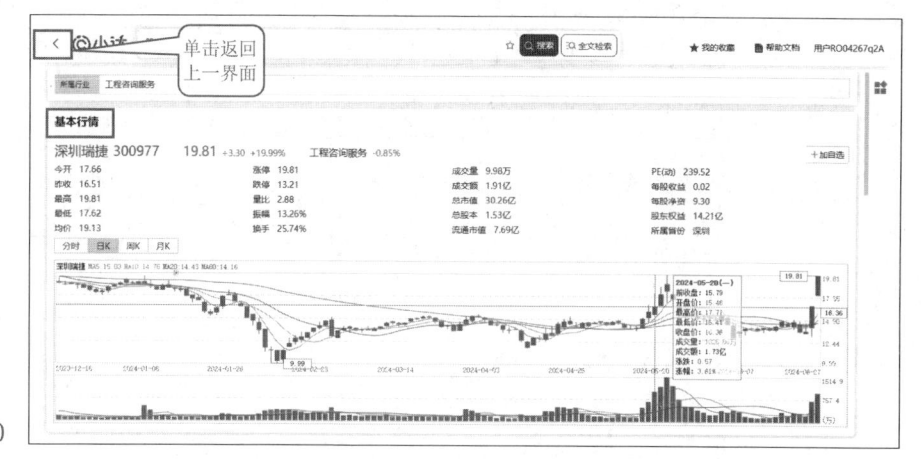

图 14-60

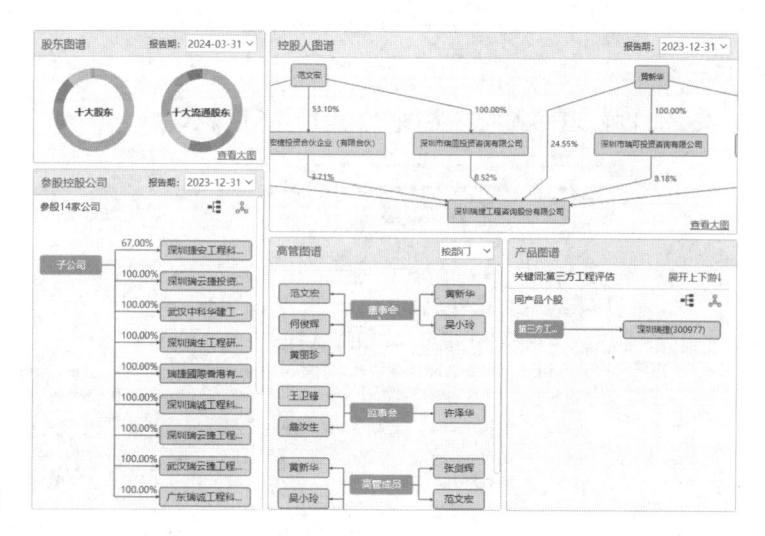

图 14-61

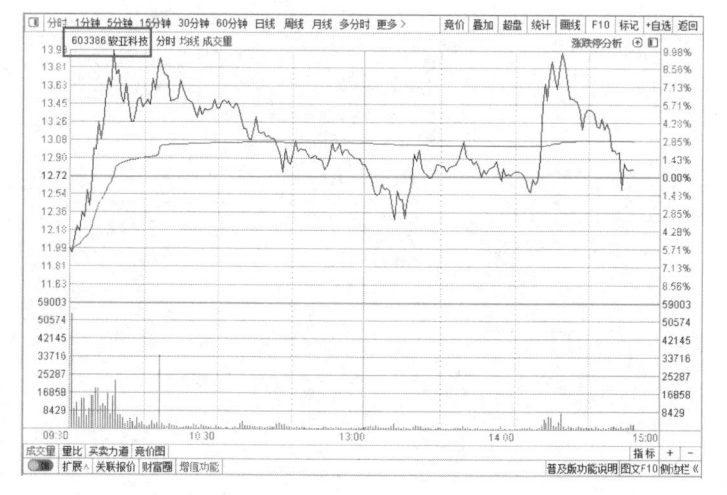

图 14-62

❻ 转动鼠标滚轮，显示列表中紧邻股票的分时图，如图 14-63 所示。

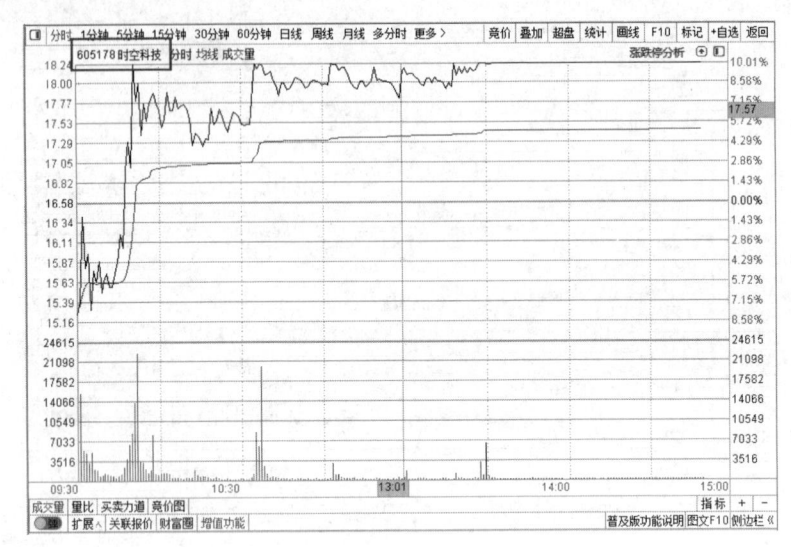

图 14-63

❼ 按 Esc 键，退回到问答界面，如图 14-64 所示。

图 14-64

第 15 章

股市尽在掌中——手机炒股

"机会总是留给有准备的人。"——路易斯·巴斯德

  手机炒股以其无与伦比的方便性和快捷性，在众多炒股方式中脱颖而出，成为广大股民热衷并深受喜爱的炒股方式之一。本章将介绍如何利用手机应用随时随地关注股市动态、进行交易操作，以及如何确保交易的安全性和便捷性。

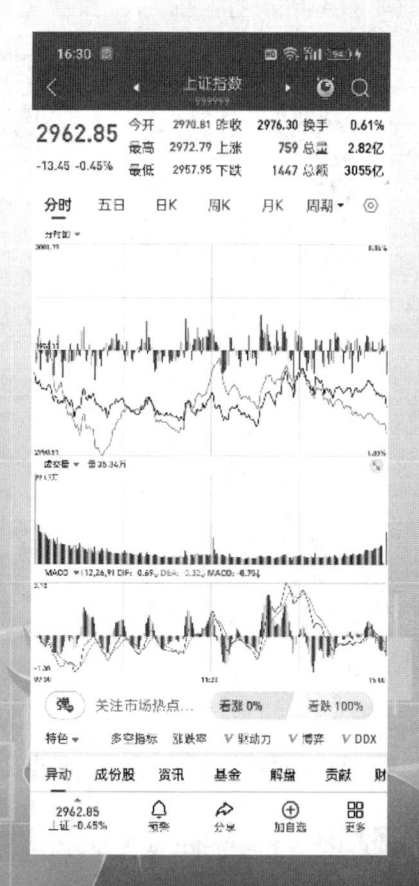

15.1 通达信的下载与安装

"工欲善其事,必先利其器。"要想使用手机版通达信炒股,首先需要下载并安装通达信 App。通达信的下载与安装的具体操作如下。

❶ 进入软件商店,在搜索框中输入"通达信",如图 15-1(a)所示。

❷ 点击【安装】按钮,系统会自动下载并完成软件的安装。

❸ 通达信 App 安装完成后,双击其快捷图标,首次打开通达信 App,将弹出如图 15-1(b)所示的界面。

❹ 没有炒股经验的用户,可以选择【新手小白】选项;有炒股经验的用户,可以点击【股市小将】或【炒股专家】按钮。这里点击【新手小白】按钮,进入如图 15-1(c)所示的界面。

(a)   (b)   (c)

图 15-1

❺ 选择感兴趣的内容,然后点击【开启财富之旅】按钮,进入通达信 App。

15.2 【首页】菜单

通达信 App 的主要功能都包含在【首页】、【自选】、【行情】、【交易】和【资讯】五个选项菜单中,本节我们来介绍【首页】菜单的使用。

15.2.1 搜索股票

在【首页】界面输入股票代码、股票首字母或名称，即可搜索股票。使用通达信手机 App 搜索股票的具体操作步骤如下。

❶ 进入通达信手机 App 后，点击【首页】选项，如图 15-2（a）所示。

❷ 在搜索框中输入想要查看的股票代码，例如输入"600006"，然后点击【搜索】按钮，即可弹出搜索的股票和该股的资讯信息，如图 15-2 所示。

(a) 　　　　　　　(b)

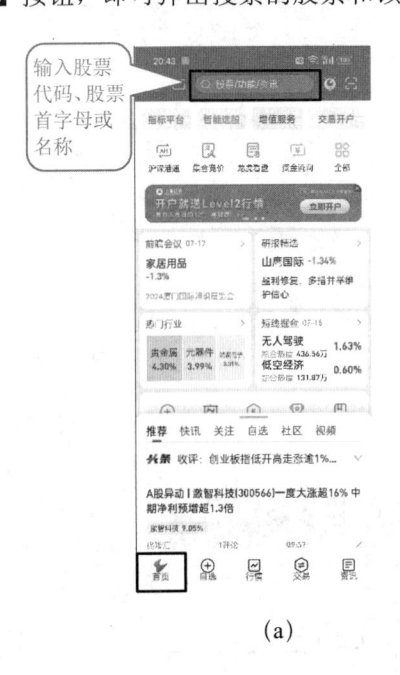

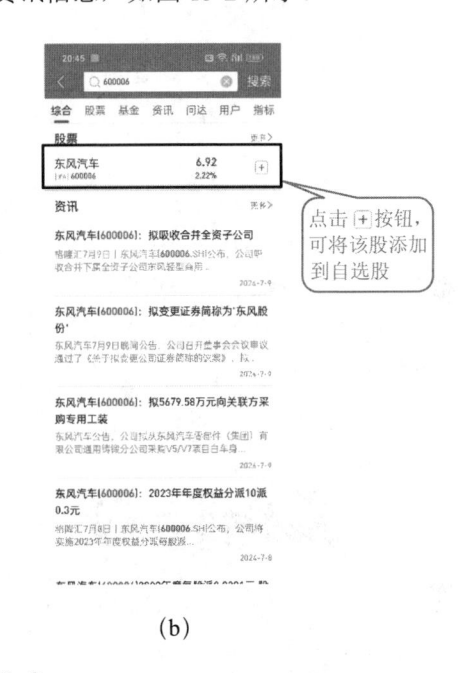

图 15-2

❸ 点击搜索到的股票，即可进入该股的分时图界面，如图 15-3（a）所示。

> 点击搜索框旁边的 图标，可以通过【问小达】输入股票代码或名称，从而查看股票，如图 15-3（b）所示。

15.2.2 查看涨停板

通过"涨停专题"可以查看涨停板的"涨停强度""连板天梯""板块龙头"以及"市场风向"等，通达信手机 APP 查看涨停板的具体操作步骤如下。

❶ 在【首页】界面点击【全部】图标，可以显示全部功能，如图 15-4（a）所示。

❷ 点击【涨停专题】按钮，在弹出的界面中选择【涨停强度】和【主板】选项，将显示今日涨停板个数、涨停封板率和涨停打开个数，如图15-4（b）所示。

(a)　　　　　　　　　　(b)

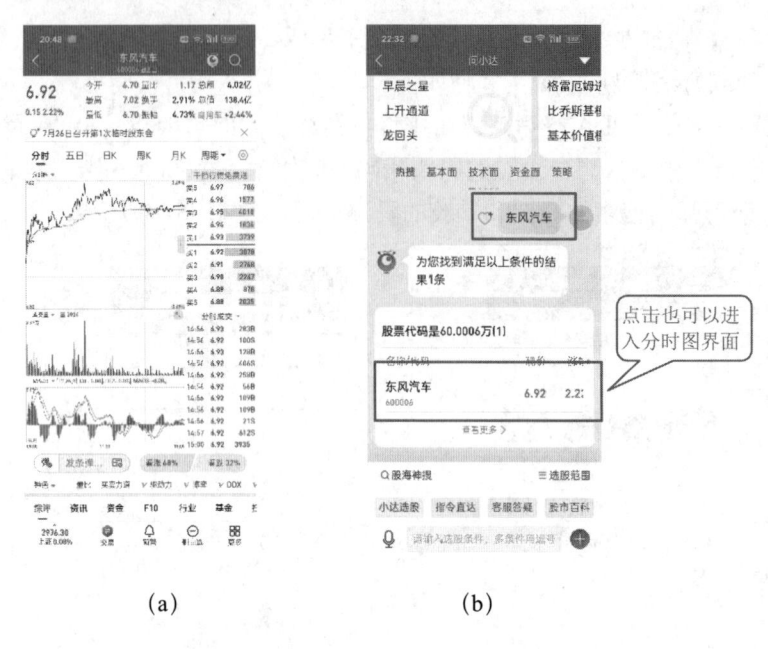

图 15-3

(a)　　　　　　　　　　(b)

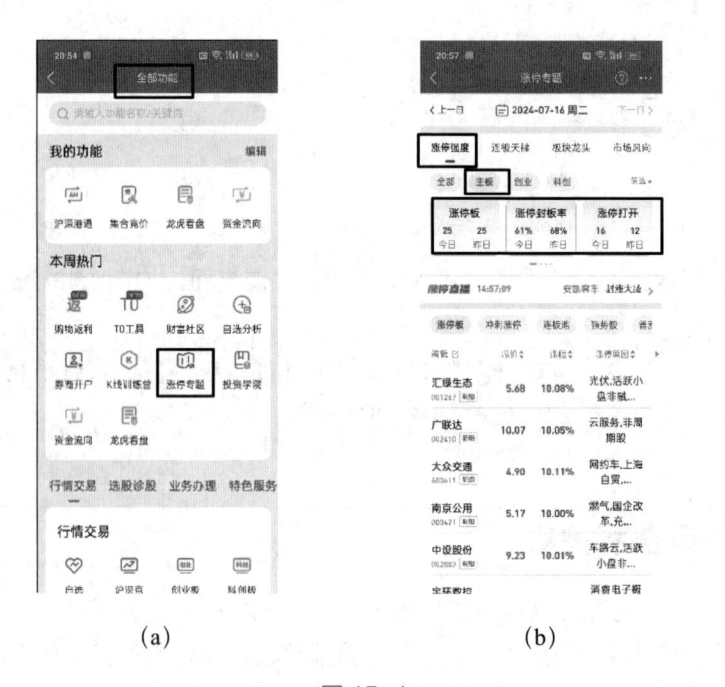

图 15-4

❸ 点击【连板天梯】标签，可以查看连续涨停天数，如图15-5（a）所示。

❹ 点击【锦江在线】选项，日K线显示连续涨停6天，如图15-5（b）所示。

(a)

(b)

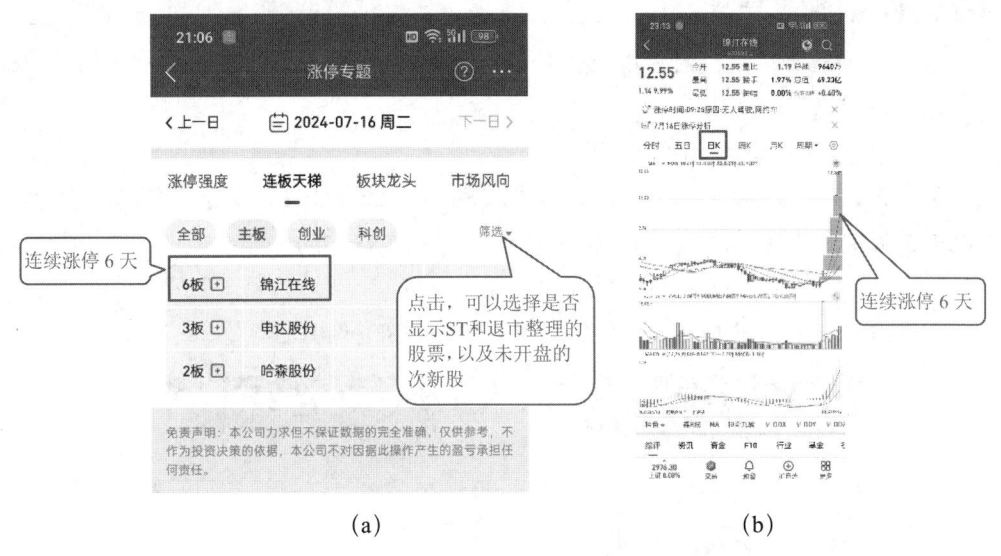

图15-5

❺ 点击【板块龙头】标签，然后选择【行业】和【按涨停时间】选项，则按各行业板块的龙头涨停家数进行排列，如图15-6（a）所示。

❻ 点击【市场风向】标签，可以按日查看涨跌停家数、当日涨跌停走势以及昨日涨停今日表现等，如图15-6（b）所示。

(a)

(b)

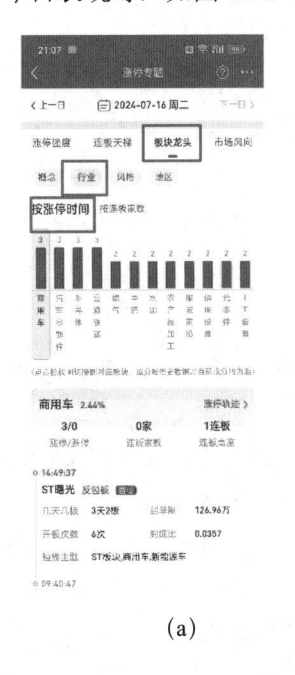

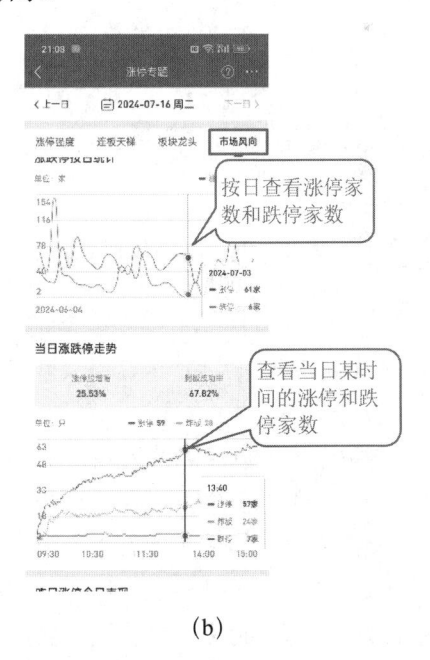

图15-6

15.2.3 龙虎看盘

通过龙虎看盘，可以对龙虎榜进行解读，并可以查看活跃个股、收益排行，为自己投资选股提供参考。

龙虎看盘的具体操作步骤如下。

❶ 在【首页】界面点击【龙虎看盘】图标，或点击【全部】图标，在【全部功能】界面点击【龙虎看盘】图标，如图15-7（a）所示。

❷ 进入【龙虎看盘】界面，可以查看龙虎榜解读、龙虎预测、异常波动、龙虎复盘、龙虎资金、活跃个股、胜率排行以及收益排行等，如图15-7（b）所示。

(a)　　　　　　　　(b)

图 15-7

❸ 点击【龙虎榜解读】图标，显示龙虎榜单股票的资讯信息和动态，如图15-8（a）所示。

❹ 点击 按钮返回到【龙虎看盘】界面，然后点击【活跃个股】图标，可以查看近1月、近3月、近6月和近1年的活跃股，如图15-8（b）所示。

❺ 点击 按钮返回到【龙虎看盘】界面，然后点击【收益排行】图标，可以查看最新、1日、3日、5日和10日的收益排行榜，如图15-9（a）所示。

❻ 点击 按钮返回到【龙虎看盘】界面，按住屏幕向上滑动，可以查看详细的龙虎榜单；长按住某股票，可以弹出到如图15-9（b）所示的快捷菜单。

第 15 章 股市尽在掌中——手机炒股

(a)   (b)

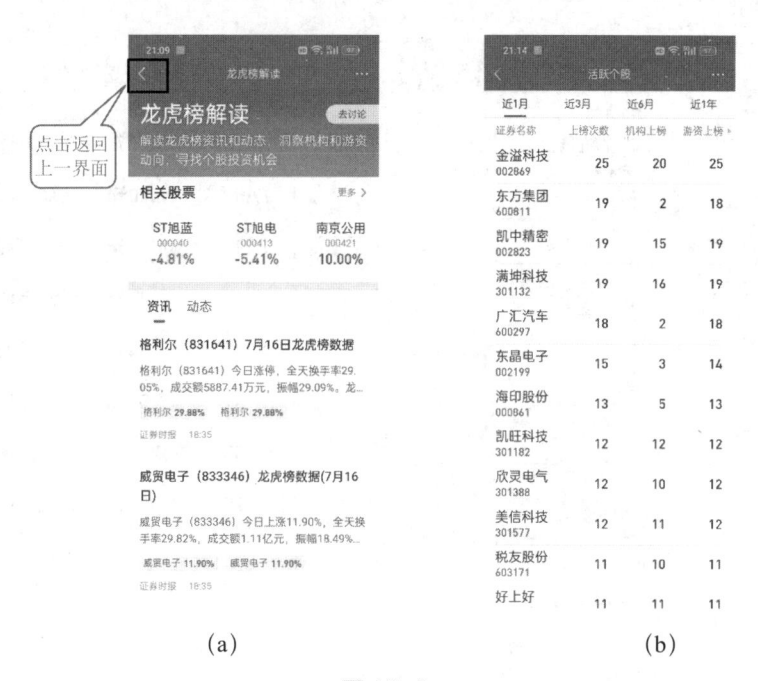

图 15-8

(a)   (b)

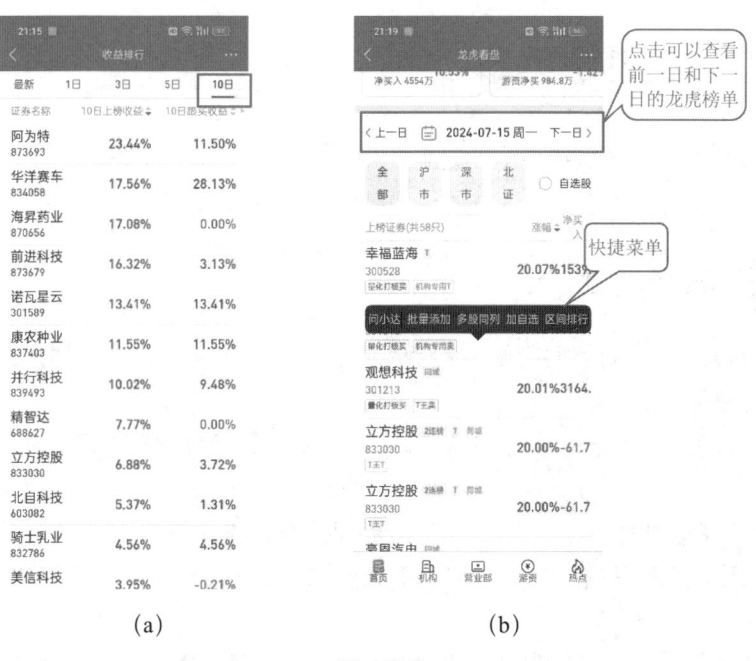

图 15-9

❼ 点击龙虎榜单股票的涨幅，可以查看详情，如图 15-10（a）所示。

❽ 点击【营业部交易明细】图标，可以查看营业部交易明细，如图 15-10（b）所示。

(a)　　　　　　　　　(b)

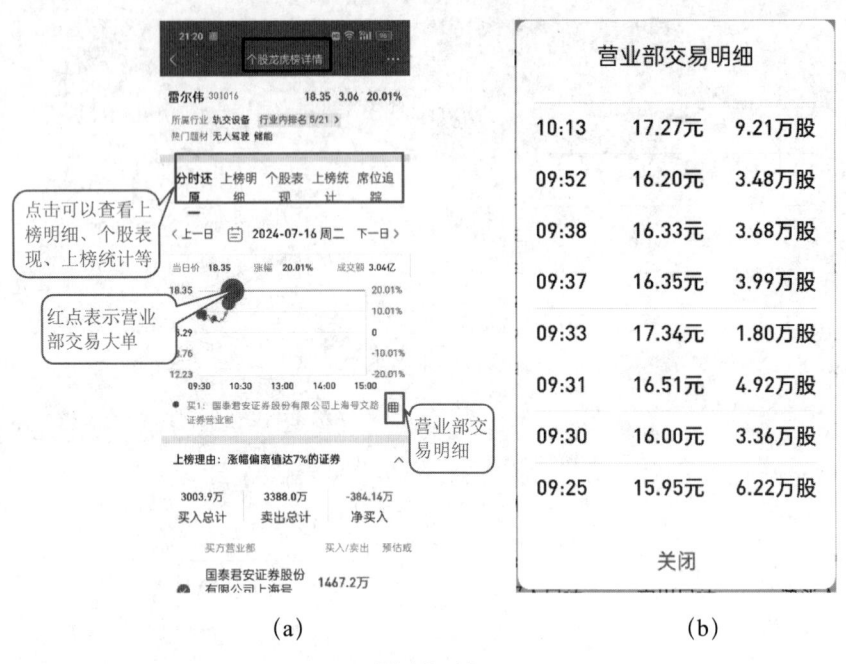

图 15-10

15.3 【自选】菜单

【自选】界面上方默认展示的是上证指数、深证成指和北证 50，下方展示的是我的自选和持仓情况。点击最下方的监控精灵，可以进入治理监控页面。

15.3.1 添加自选股

用户可以通过手动添加股票、心动选股和图片导入三种方法添加自选股，下面就来介绍前两种方法的操作步骤。

❶ 打开通达信 App，点击【自选】菜单，进入【通达信自选】界面，如图 15-11（a）所示。

❷ 点击【添加股票】按钮，在弹出界面的搜索框中输入要添加股票的代码、首字母或简称，搜索完成后点击⊕按钮即可将股票添加到自选股列表，如图 15-11（b）所示。

❸ 点击 ◁ 按钮返回到【自选】界面，点击【心动选股】按钮，进入【心动选股】界面，如图 15-12（a）所示。

❹ 点击【向上跳空缺口】选项，弹出符合条件的股票列表，如图 15-12（b）所示。

❺ 点击【添加】按钮，弹出其他筛选条件，然后点击【亮点与风险】下面的【剔

除风险】选项，在弹出的【删除风险】选项面板中选择【ST股】和【毛利率下降】，如图15-13（a）所示。

❻ 点击【上穿】选项，然后选择【上穿BOLL中轨】按钮，如图15-13（b）所示。

(a) (b)

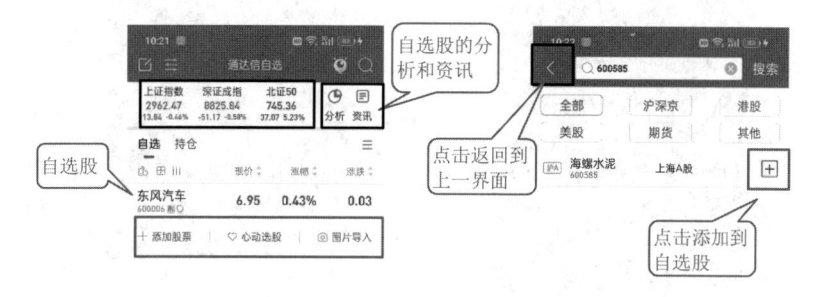

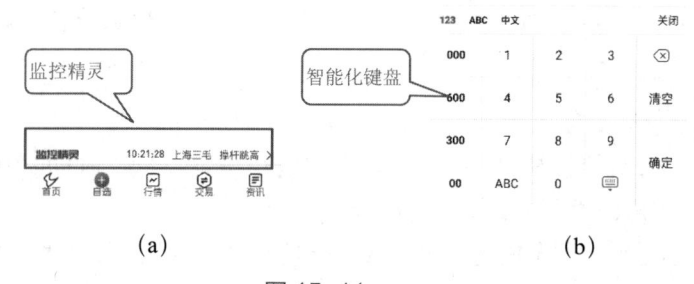

图 15-11

(a) (b)

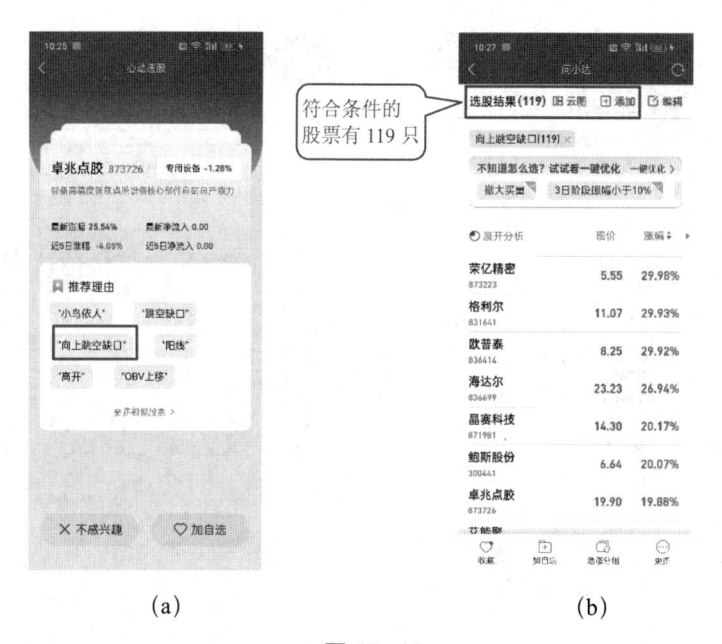

图 15-12

(a)   (b)

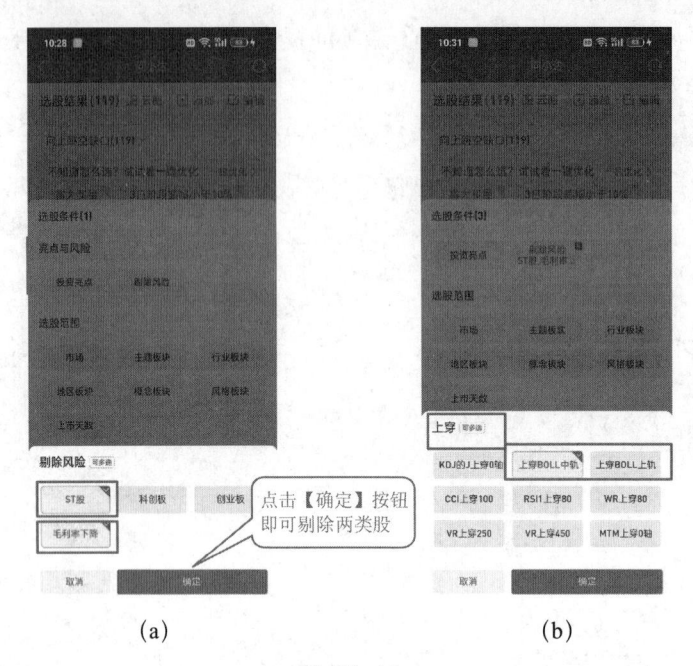

图 15-13

❼ 点击【确定】按钮，即可选出向上跳空缺口、上穿 BOOL 中轨，并剔除 ST 股和毛利率下降的股票，如图 15-14（a）所示。

❽ 点击【加自选】按钮，即可将所选股票添加到自选股列表，如图 15-14（b）所示。

(a)   (b)

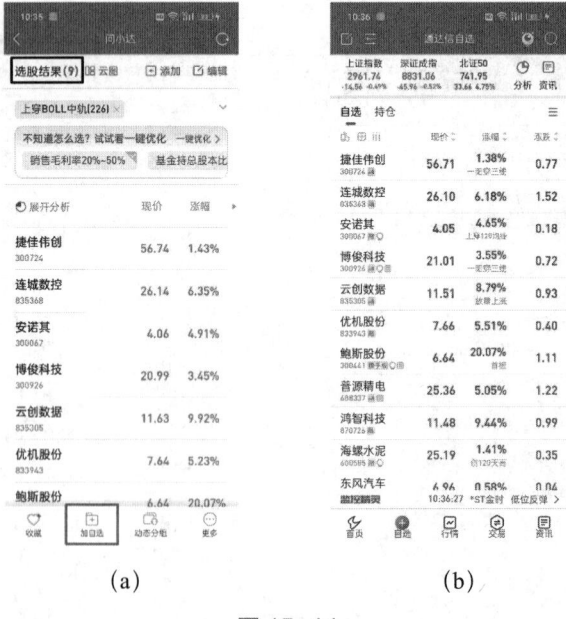

图 15-14

15.3.2 编辑自选股

在【自选】界面，点击左上角的【编辑】按钮，可以进行自选股的删除、置顶、排序和固定等操作。具体操作步骤如下。

❶ 在【自选】界面，点击左上角的【编辑】按钮，进入【编辑股票】界面。

❷ 选择要删除的股票，然后点击【删除】按钮，如图 15-15（a）所示，结果如图 15-15（b）所示。

(a)　　　　　　　(b)

图 15-15

❸ 点击【置顶】图标，可将股票置顶。例如，点击"东风汽车"后面的图标，结果如图 15-16（a）所示。

❹ 按住【拖动】图标并拖动，可以调节股票的位置。例如，按住"海螺水泥"的【拖动】图标，将它拖动到"东风汽车"下面，结果如图 15-16（b）所示。

❺ 点击【固定顶部】图标，可将股票固定在顶部，如图 15-16（c）所示。

> 长按自选股列表，可以进行自选股的删除、置顶、置底、固顶、自选同列、分组和备注等操作，如图 15-17 所示。

(a) (b) (c)

图 15-16

图 15-17

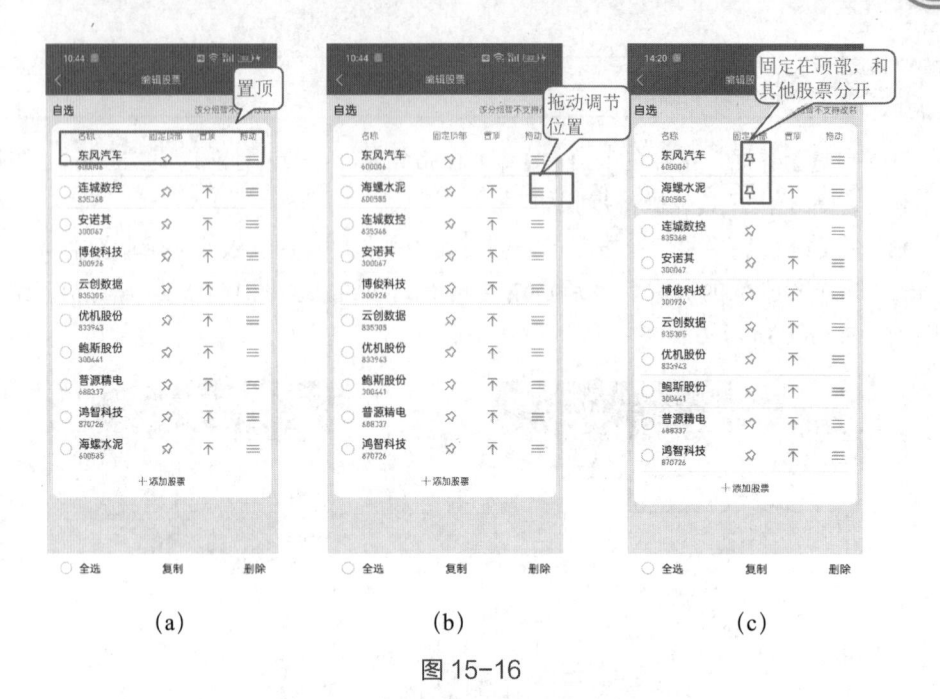

15.3.3 查看自选股

由于手机屏幕有限，自选股行情默认只显示现价、涨幅和涨跌三个综合列，用户可以左右拖动屏幕，显示其他行情，也可以更换默认显示。

查看自选股的操作步骤如下。

❶ 点击【自选】下面的■图标，弹出显示选择列表，如图 15-18（a）所示。
❷ 选择【基本面】选项，结果如图 15-18（b）所示。
❸ 按住行情区域，向左拖动，显示结果如图 15-18（c）所示。
❹ 点击 图标，可以横屏显示，这样可以查看更多的内容，如图 15-19（a）所示。
❺ 点击 图标，多股分时图可以同列显示，如图 15-19（b）所示。

15.3.4 自选界面的其他操作

除了上面介绍的功能，在【自选】界面还可以查看自选分析、自选资讯和监控精灵。

❶ 点击【自选】界面的【分析】图标 ，可以查看自选股的早报和晚报分析，

如图15-20（a）所示。

❷ 点击【自选】界面的【资讯】图标，可以查看自选股的新闻、公告、研报和大事，如图15-20（b）所示。

❸ 点击【自选】界面底部的【监控精灵】，可以显示自选股的预警情况，如图15-20（c）所示。

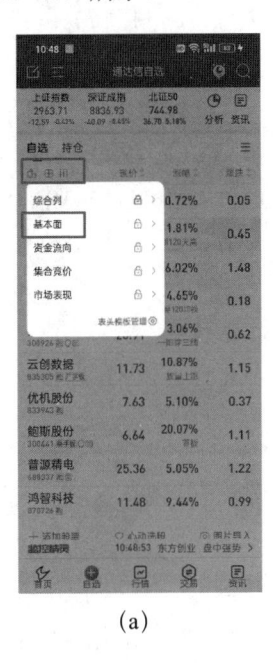

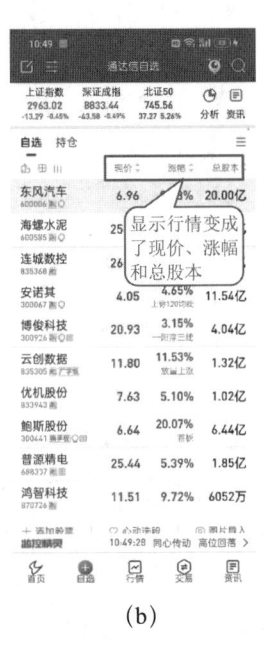

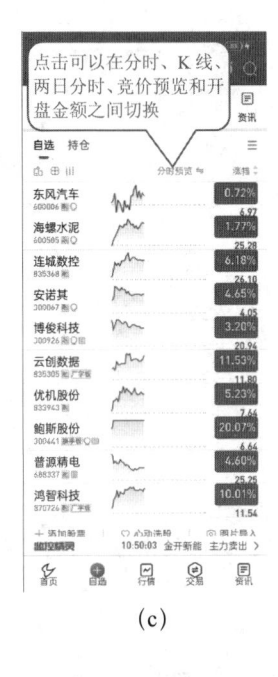

(a)　　　　　　　(b)　　　　　　　(c)

图 15-18

(a)　　　　　　　(b)

图 15-19

(a)   (b)   (c)

图 15-20

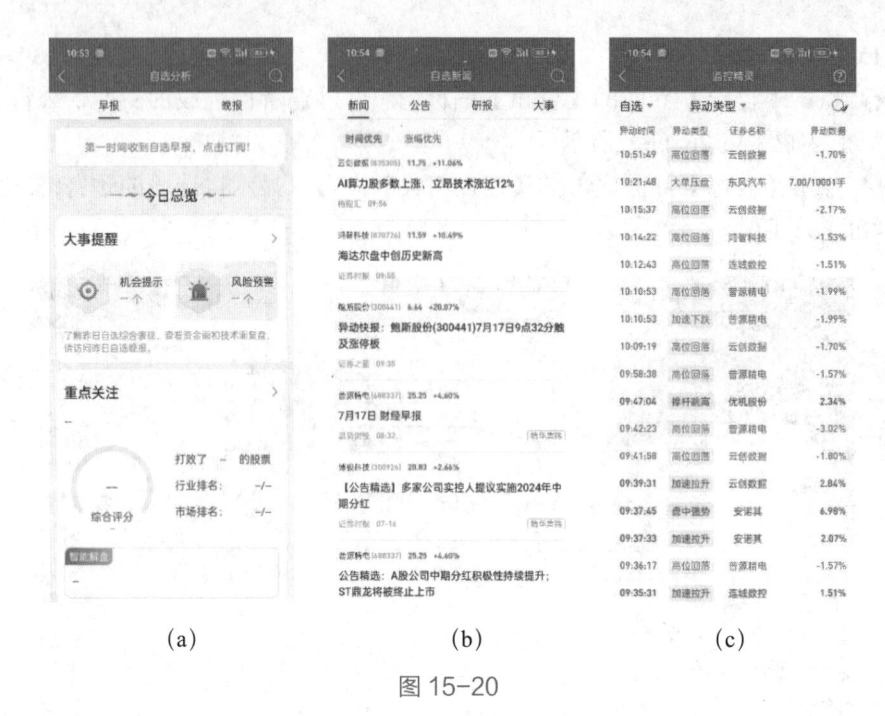

15.4 【行情】分析

通达信的【行情】菜单主要包括市场和选股两部分。市场默认显示12项：A股、全球、基金、港股、美股、期货、期权、新三板、可转债、REITS、德股和更多。点击【更多】按钮，可以查看更多分类市场的行情。

15.4.1 A股市场行情分析

A股市场分为【沪深京】、【板块】、【北交所】、【创业板】和【科创板】，本小节主要介绍【沪深京】的总体市场行情。

❶ 点击【行情】菜单，进入行情的【市场】界面，默认是【A股】的沪深京版面，如图15-21（a）所示。

❷ 通达信指数栏默认显示上证指数、深证成指、北证50等。在指数栏按住屏幕向左拖动，在其最右端有【更多】和【定制】两个按钮。点击【更多】按钮，显示更多指标，如图15-21（b）所示。

❸ 点击【定制】按钮，可以对默认指数栏进行修改，如图15-22（a）所示。

❹ 点击【上证指数】按钮，进入上证指数分时图，如图15-22（b）所示。

❺ 在数据功能栏点击【新股日历】图标，可以查看新股的申购信息、中签

号、缴款日、待上市以及上市表现，如图 15-23（a）所示。

(a)   (b)

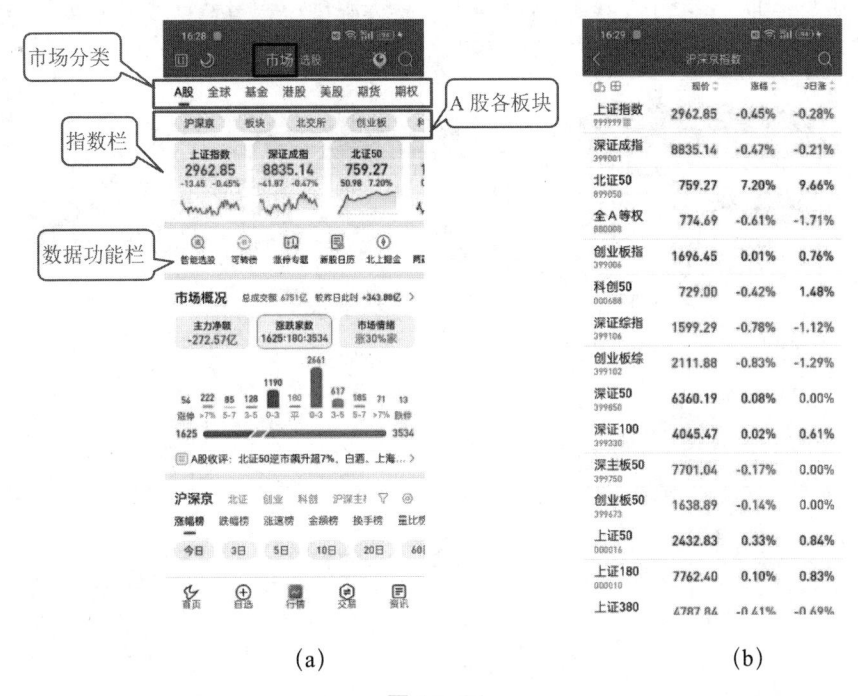

图 15-21

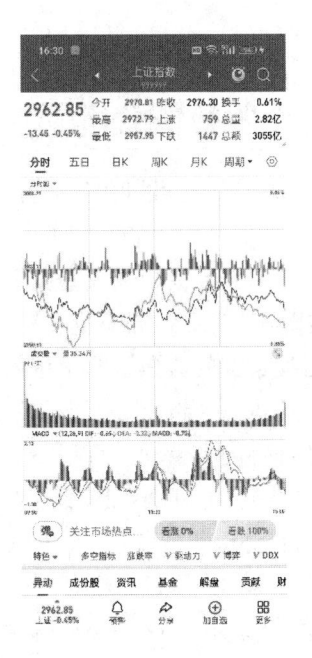

(a)   (b)

图 15-22

❻ 在行情的【市场】界面按住屏幕向上滑动，可以查看沪深京股市的行情排行榜、热门行业、ETF 排行榜、行情异动、涨停强度、龙虎看盘等，如图 15-23（b）所示。

(a)　　　　　　　　(b)

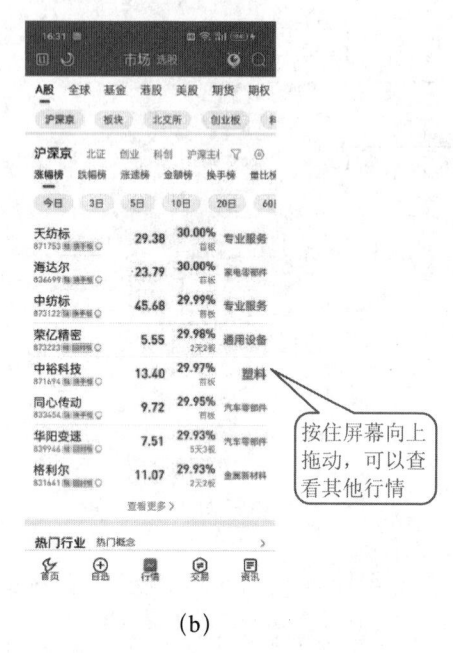

图 15-23

15.4.2 个股行情分析

【行情】菜单除了可以分析大盘的市场行情，还可以分析个股的市场行情。使用通达信 App 分析个股市场行情的具体操作步骤如下。

❶ 在【行情】界面点击【搜索】图标，在弹出的搜索框中输入要搜索股票的代码"002328"，然后点击【搜索】按钮，结果如图 15-24（a）所示。

❷ 点击搜索到的股票，即可进入该股票的分时图界面，如图 15-24（b）所示。

❸ 点击【日K】按钮，可以显示该股的 K 线图，如图 15-25（a）所示。

❹ 按住屏幕向上滑动，可以看到该股的综合评价，如图 15-25（b）所示。

❺ 点击 F10，可以查看该股的股东股本、财务分析、公司概况、经营分析、分红融资以及研报评级等，如图 15-26（a）所示。

❻ 按住屏幕向左拖动，然后点击【AI 分析】按钮，可以查看历史上该股的表现、涨跌基因、龙虎基因、量能基因、K 线基因等，如图 15-26（b）所示。

第 15 章　股市尽在掌中——手机炒股

(a)　　　　　　　　　　　　(b)

图 15-24

(a)　　　　　　　　　　　　(b)

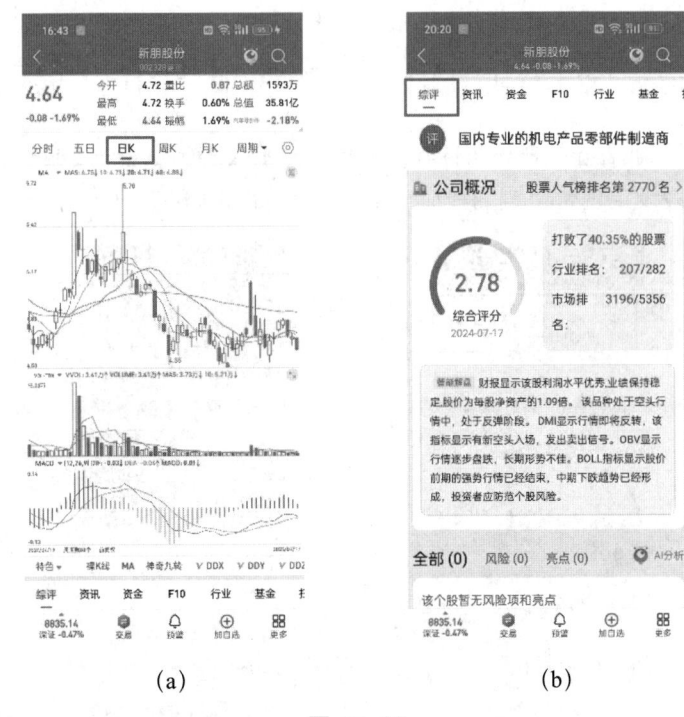

图 15-25

(a)   (b)

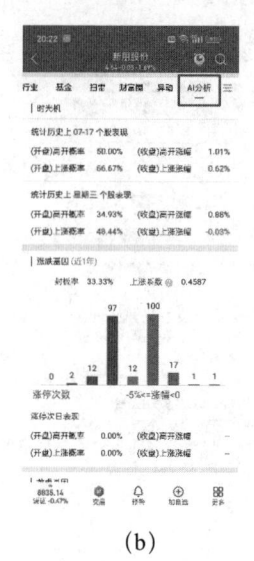

图 15-26

15.4.3 选股

通达信 App 的选股包括选股器选股、策略选股、技术选股、形态选股以及问小达选股。本节主要介绍如何通过选股器来选股。

❶ 点击【行情】按钮，再点击【选股】标签，弹出【选股】选项卡，如图 15-27（a）所示。

❷ 点击【选股器】按钮，在打开的界面中选择【行情面】→【股价表现】→【现价】选项，然后设定现价范围为"5～20 元"，如图 15-27（b）所示。

(a)   (b)

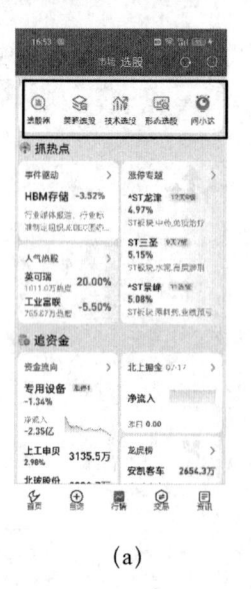

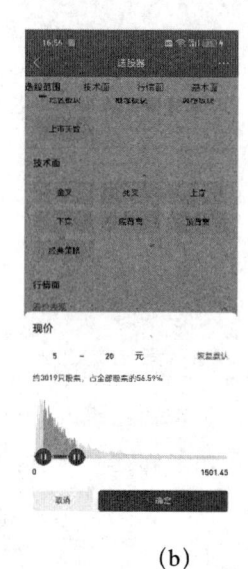

图 15-27

❸ 点击【确定】按钮后，选择【成交情况】→【成交量】选项，将成交量设置为"1000～2000万"，如图 15-28（a）所示。

❹ 点击【确定】按钮，然后点击【查看结果】按钮，选股结果如图 15-28（b）所示。

(a) (b)

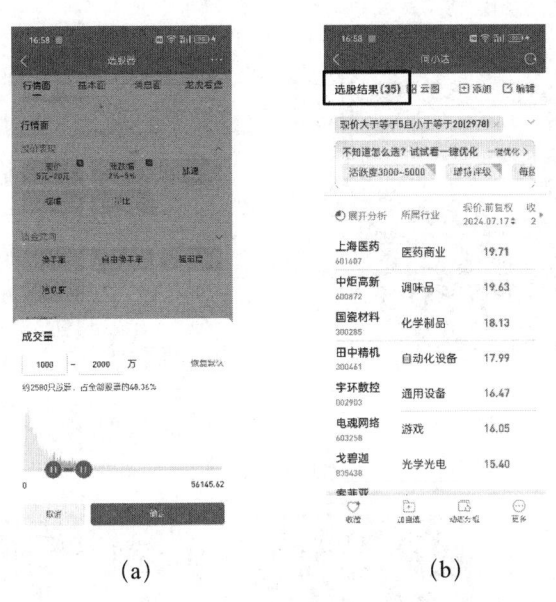

图 15-28

15.5 手机模拟炒股

通达信手机 App 和电脑版通达信炒股软件均提供了实战练习场——模拟炒股功能，对于不熟悉股市或软件的新股民，可以先从模拟炒股练起。

15.5.1 参加模拟比赛

要进行模拟比赛，首先需要登录自己的账号。如果没有账号，可以先注册账号，然后申请参加模拟比赛。

❶ 登录账号后，点击【交易】按钮，再点击【模拟】标签，弹出参加比赛提示框，如图 15-29（a）所示。

❷ 点击【确定】按钮，进入【模拟比赛】界面，如图 15-29（b）所示。

❸ 点击【可报名】标签，选择一个模拟赛，例如选择【官方练习场排名赛】选项。报名后，弹出【赛事详情】提示框，如图 15-30（a）所示。

❹ 点击【立刻参加】按钮，即可进入模拟赛的界面，如图 15-30（b）所示。

零基础学炒股——通达信从入门到精通

(a) (b)

图 15-29

默认起始资金 100 万元

(a) (b)

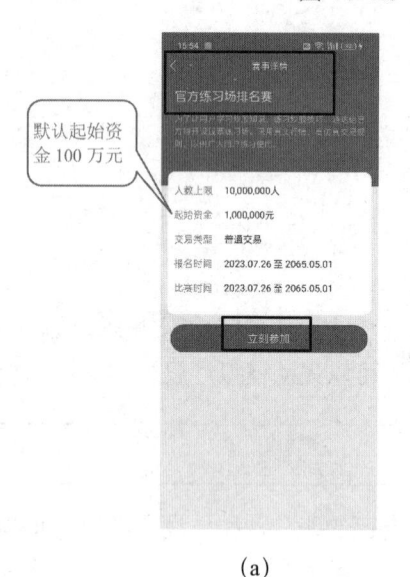

图 15-30

15.5.2 买入股票

通达信 App 的模拟炒股完全按照实际的股票买卖流程进行，交易时间为交易日上午 9:15—11:30，下午 13:00—15:00。

❶ 在【股票交易】界面点击【买入】按钮，在弹出的输入框中输入要买入的

股票代码、买入价格和买入数量，如图 15-31（a）所示。

❷ 点击【模拟买入】按钮，弹出委托买入确认提示框，如图 15-31（b）所示。

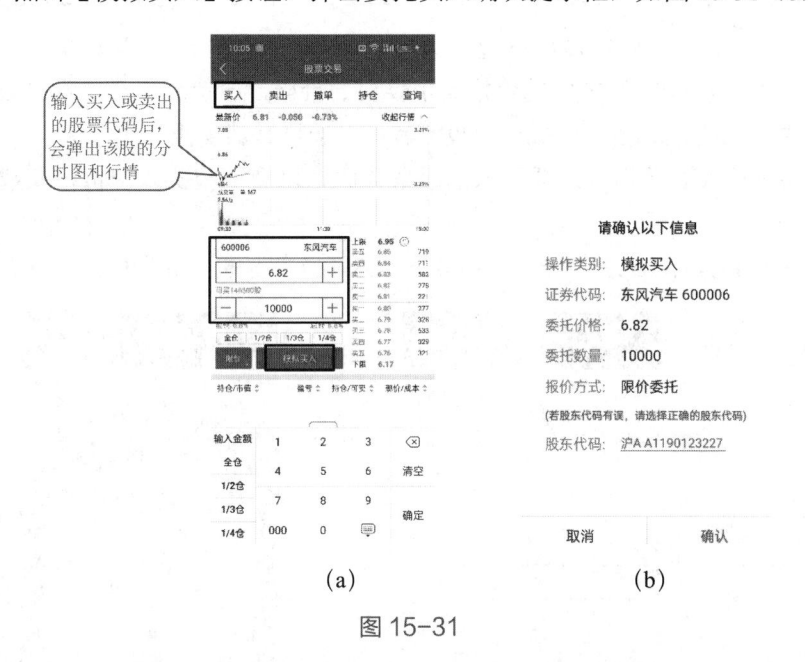

图 15-31

> 输入股票代码后，显示的买入价格就是当前股票的卖盘价格。投资者可以更改这个价格，以低于或高于这个价格购买。此外，买入股票的数量必须是 100 的整数倍。

❸ 点击【确认】按钮，弹出申请已提交提示框，如图 15-32（a）所示。

❹ 点击【确定】按钮，如果交易成功，则会在【持仓】界面中看到买入的股票，如图 15-32（b）所示。

❺ 重复买入，买入 1000 股 "23 国债 27（019730）"，如图 15-32（c）所示。

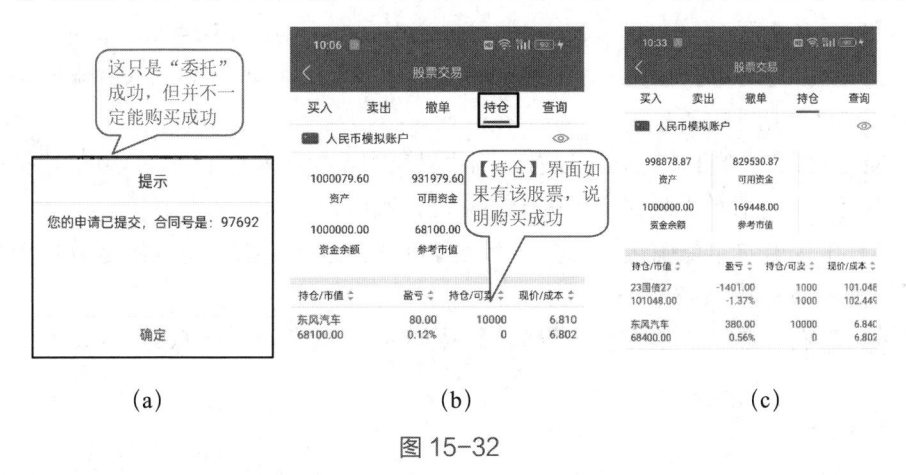

图 15-32

15.5.3 撤单

买入和卖出的价格是可以自行设定的。当委买的价格低于委卖的价格，买入交易就不会发生；同理，当委卖的价格高于委买的价格，股票就不会被卖出去。当买入和卖出委托成功后，若尚未成交，投资者可以选择撤销委托。

❶ 在【买入】界面输入要买入的股票代码，以及期望买入的价格和数量，如图 15-33（a）所示。

❷ 点击【模拟买入】按钮，弹出委托买入确认提示框，如图 15-33（b）所示。

(a)　　　　　　(b)

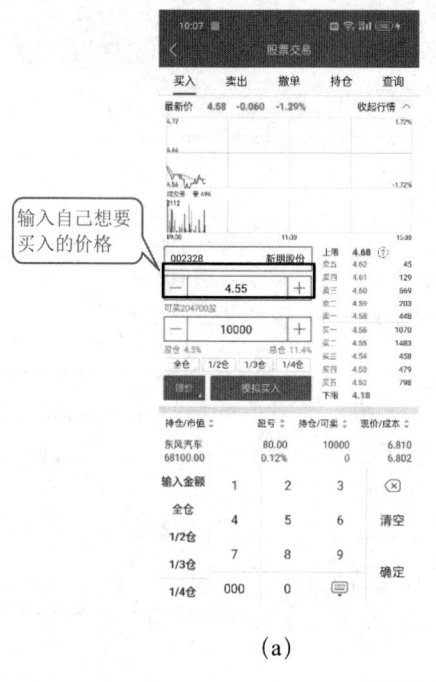

图 15-33

❸ 点击【确认】按钮，弹出申请已提交提示框，如图 15-34（a）所示。

❹ 点击【确定】按钮，然后点击【持仓】按钮，可以看到买入并未成功，如图 15-34（b）所示。

❺ 点击【撤单】按钮，可以看到刚才提交的委托买入订单并未成功。选择该股票，然后点击【撤单】按钮，如图 15-35（a）所示。

❻ 在弹出的撤单确认提示框中点击【确认】按钮。撤单请求发送成功后会弹出提示信息，如图 15-35（b）所示。

❼ 撤单成功后，可以看到【撤单】界面为空，如图 15-35（c）所示。

(a)   (b)

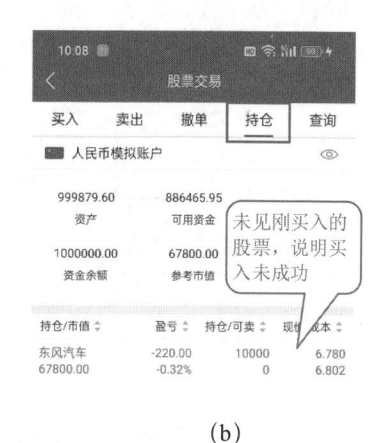

图 15-34

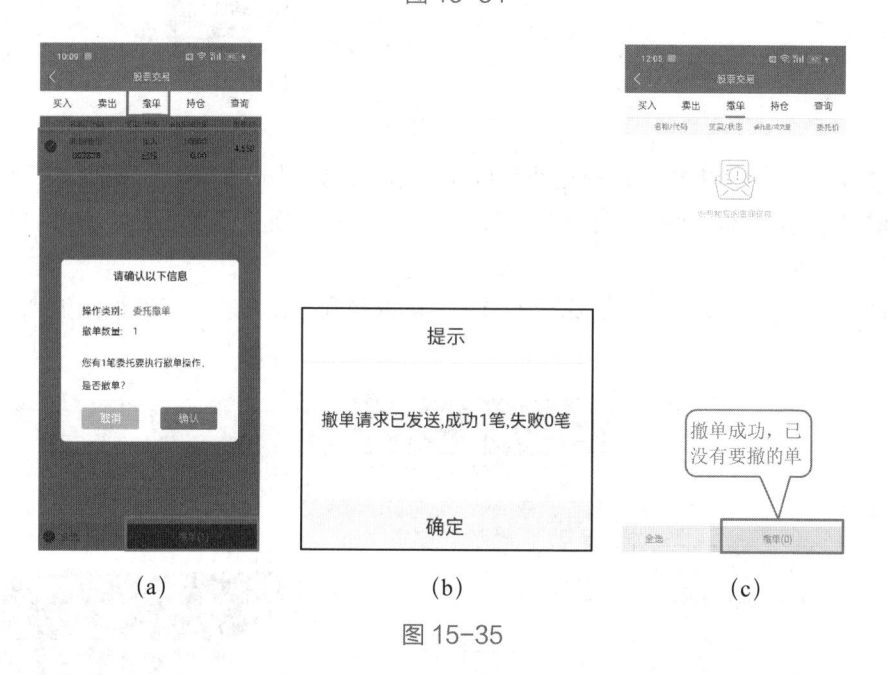

(a)   (b)   (c)

图 15-35

15.5.4　卖出股票

通达信 App 对股票和基金实行"T+1"交易制度，即投资者若在今天买入，至少要等到下一个交易日才能卖出。而对于债券市场，则实行"T+0"交易制度，即投资者在今天买入，当天就可以卖出。

❶ 点击【卖出】按钮，在弹出的【卖出】窗口点击要卖出的股票，然后输入要卖出的价格以及卖出数量，如图 15-36（a）所示。

❷ 点击【卖出】按钮，系统弹出委托卖出确认提示框，如图 15-36（b）所示。

(a)   (b)

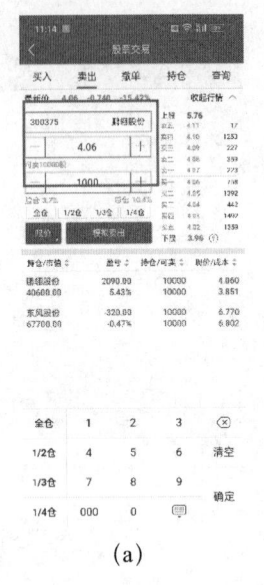

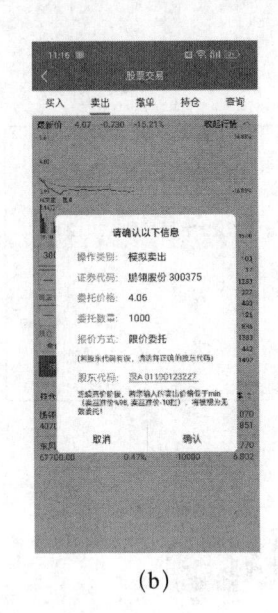

图 15-36

❸ 点击【确认】按钮，弹出委托成功提示框，如图 15-37（a）所示。

❹ 成功卖出后，点击【持仓】选项，可以看到持仓发生了变化，如图 15-37（b）所示。

❺ 点击【查询】→【当日成交】选项，可以看到当日成交记录，如图 15-37（c）所示。

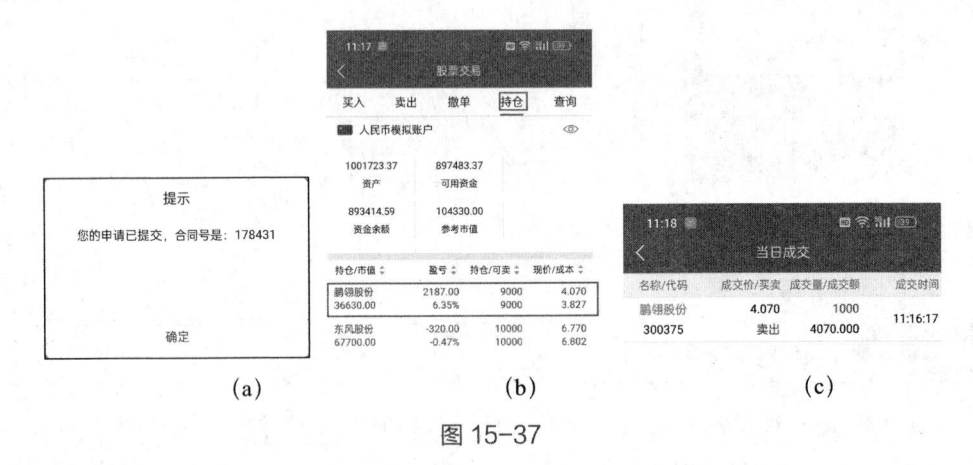

(a)   (b)   (c)

图 15-37

15.6 【资讯】菜单

在通达信的【资讯】菜单中，可以查看股市要闻、快讯、自选股以及大盘的最新消息。

❶ 点击【资讯】菜单，默认进入【要闻】→【头条】页面，如图15-38（a）所示。
❷ 点击【自选】选项，可以查看与自选股相关的新闻，如图15-38（b）所示。
❸ 点击【资讯】界面顶部菜单最右侧的 ⚫⚫⚫ 按钮，在弹出的界面中可以对资讯菜单选项进行设置，如图15-38（c）所示。

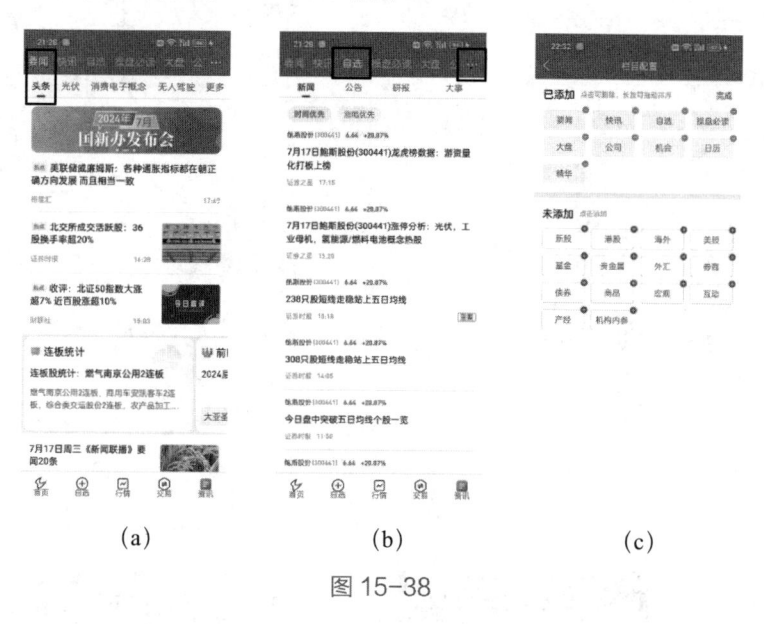

(a)　　　　　　　(b)　　　　　　　(c)

图15-38

15.7 新股民学堂——技术分析

借助通达信手机App的分时图、K线图、成交量以及均线等技术图形和技术指标，投资者可以迅速掌握股市动态，并据此做出明智的决策。

15.7.1 查看分时图和K线

查看分时图和K线的具体操作步骤如下。
❶ 点击【自选】选项，可以显示已加入的自选股，如图15-39（a）所示。
❷ 点击其中某只股票，即可进入该股票的分时图页面，如图15-39（b）所示。
❸ 在分时图上点击，即可查看该时刻的股价，如图15-40（a）所示。
❹ 点击【日K】按钮，进入日K线图页面，如图15-40（b）所示。
❺ 在K线的空白处，上下滑动鼠标可以放大和缩小K线图，左右滑动鼠标可以平移K线。例如，按住屏幕向下滑动可以缩小K线，如图15-41（a）所示。
❻ 在某日的K线上点击，在显示的时间上点击（见图15-41（b）），可以查看该日的分时图，如图15-41（c）所示。

零基础学炒股——通达信从入门到精通

(a)   (b)

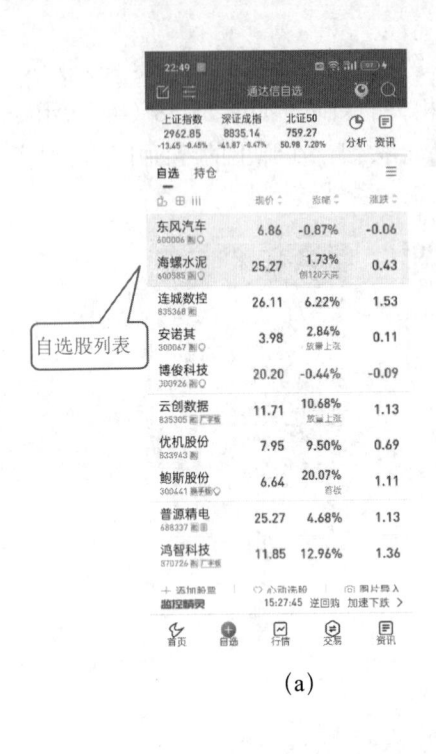

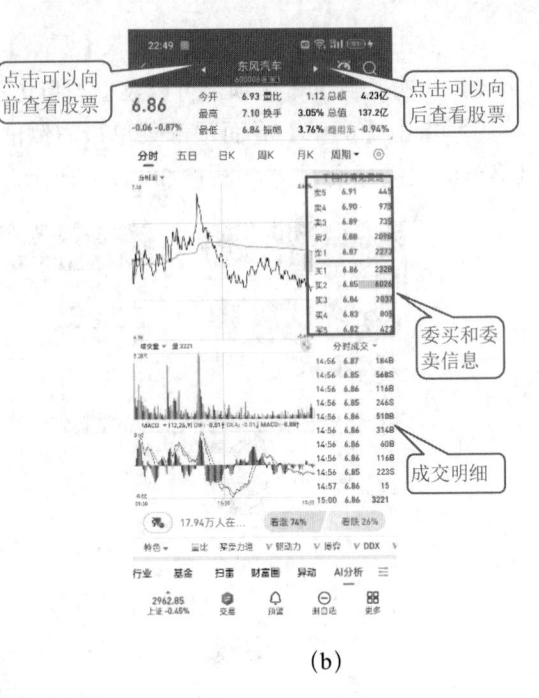

图 15-39

(a)   (b)

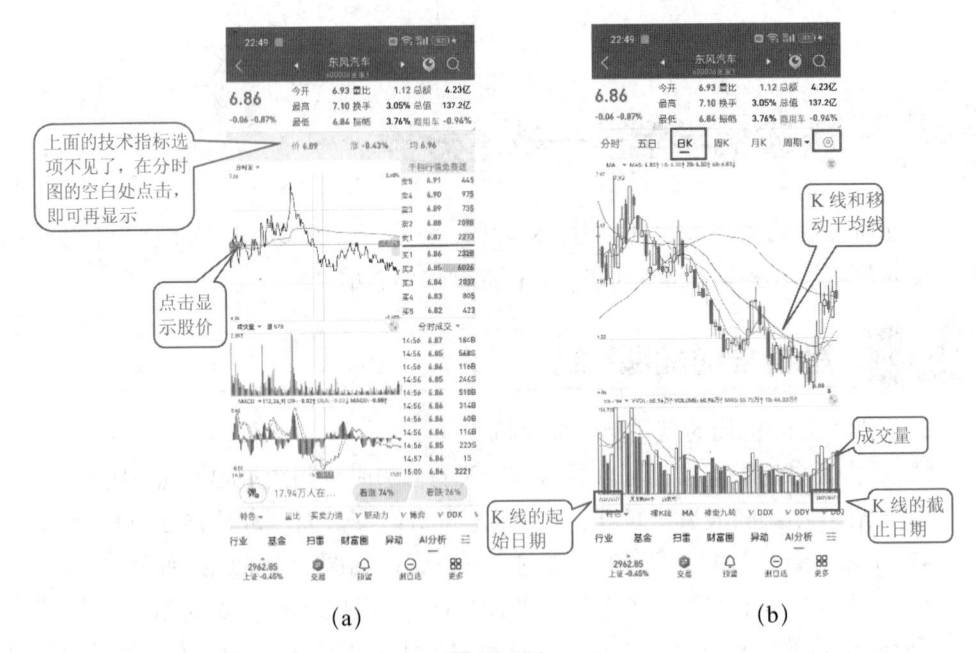

图 15-40

> 两指在 K 线上向外分开，K 线放大，向内合并，K 线缩小。

(a) K线缩小，但显示的日期数却增加了

(b) 显示K线的日期，点击可以显示该日的分时图

(c) 十字光标所指日期的分时图

图 15-41

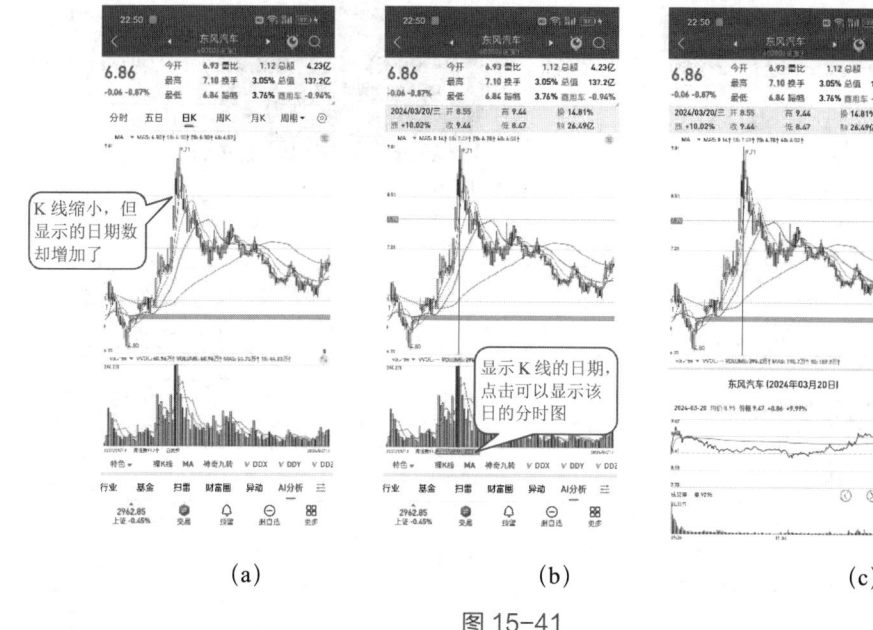

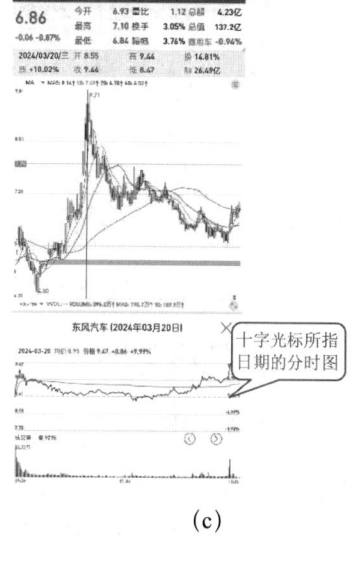

15.7.2 自定义技术指标

通达信手机 App 默认 K 线和均线同时显示，用户可以根据自己的使用习惯，设置是否显示均线，以及显示几个副图，甚至可以对多个 K 线进行叠加。

❶ 点击副图指标窗口下方的【裸 K 线】按钮，可以将 K 线图上的指标（默认是移动平均线）关闭，如图 15-42（a）所示。

❷ 点击 K 线图右上角的【设置】按钮，在弹出的【K 线设置】对话框中可以查看区间统计、筹码分析、画线工具、副图个数、副图点击切换指标、叠加 K 线，以及 K 线类型等，如图 15-42（b）所示。

❸ 将副图个数设置为 2，然后开启副图点击切换指标选项，关闭【K 线设置】对话框，返回到 K 线图页面，如图 15-43（a）所示。

❹ 在副图窗口点击可以切换副图窗口的指标，如图 15-43（b）所示。

15.7.3 更大视角看分析

手机屏幕竖放时，虽然可以展示更多内容，但每个元素相对较小，不便于细致观察。而将屏幕横置后，重点内容会被放大并更加突出，从而更加引人注目，方便用户集中精力进行关注和分析。

❶ 点击 K 线主图窗口下方的功能按钮，即可最大限度地显示 K 线和技术指标，如图 15-44 所示。

(a) 裸 K 线

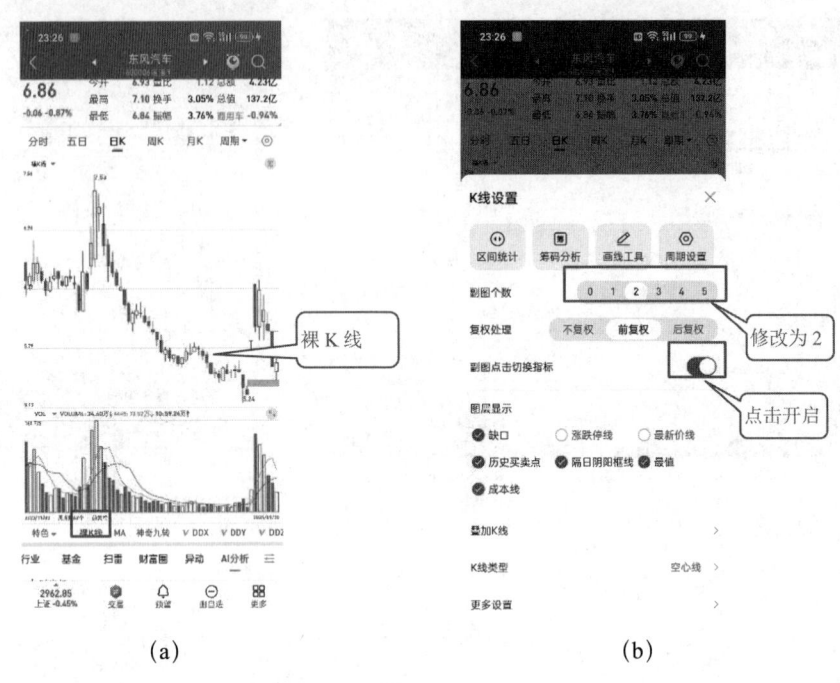

(b) 修改为 2 / 点击开启

图 15-42

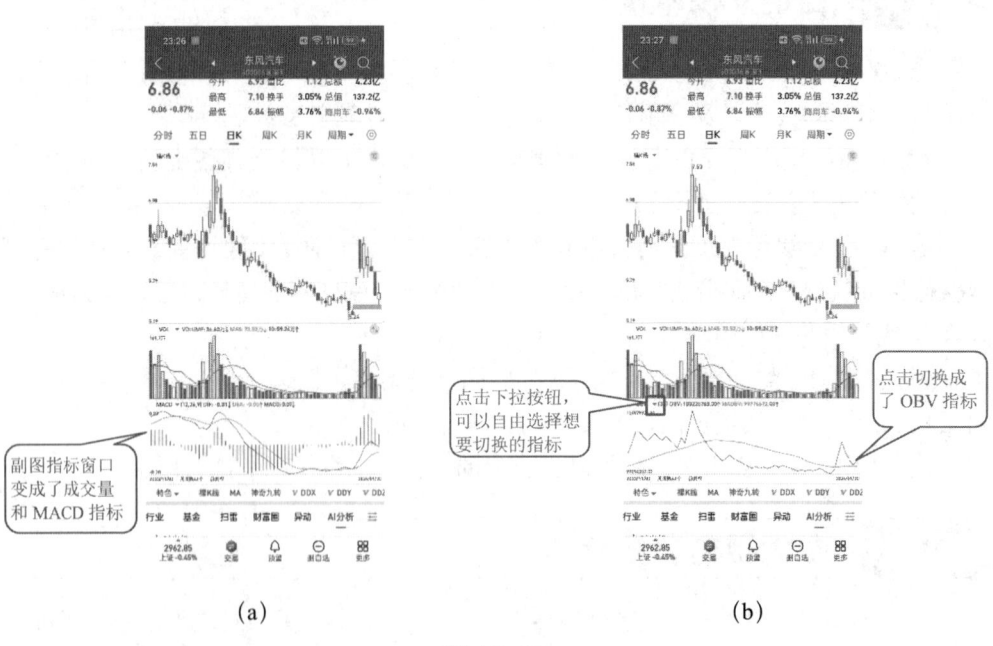

(a) 副图指标窗口变成了成交量和 MACD 指标

(b) 点击下拉按钮,可以自由选择想要切换的指标 / 点击切换成了 OBV 指标

图 15-43

❷ 点击左上角的股票名称,可以将名称栏隐藏,这样将更大限度地显示 K 线和技术指标的界面,如图 15-45 所示。

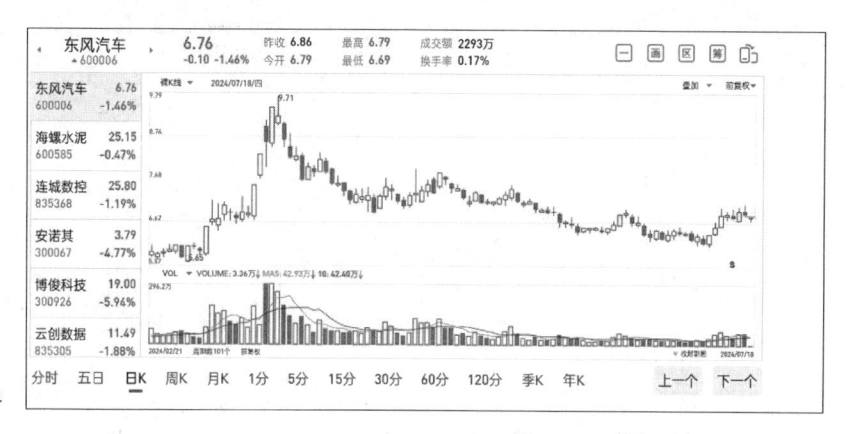

图 15-44

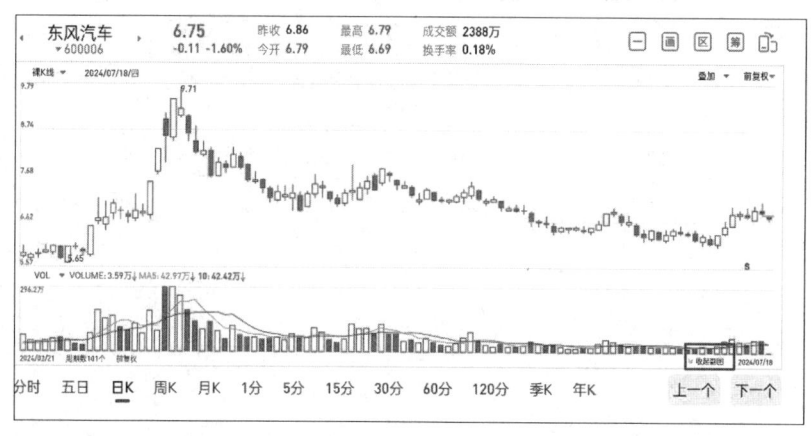

图 15-45

❸ 点击右下角的【收起副图】按钮，可以将副图隐藏，这样可以更大限度地显示 K 线界面，如图 15-46 所示。

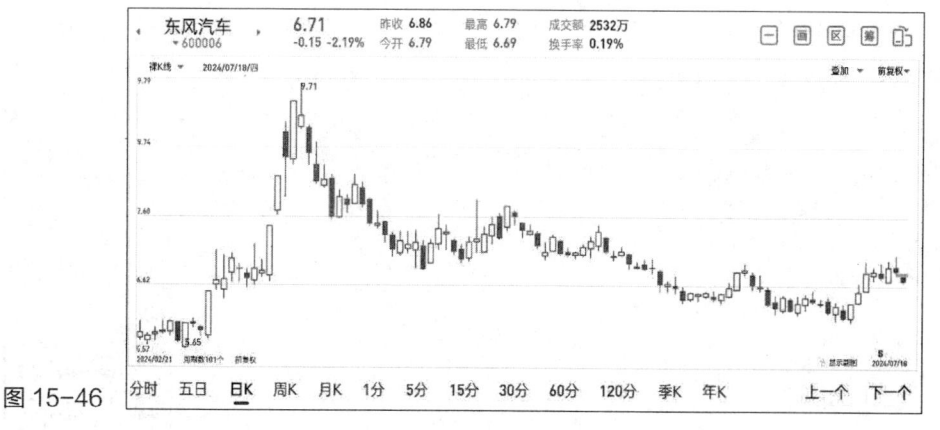

图 15-46

❹ 点击右上角的【画】按钮，弹出画线工具，可以给 K 线添加画线。例如，点击【线段】按钮，即可在 K 线上画一条线段，如图 15-47 所示。

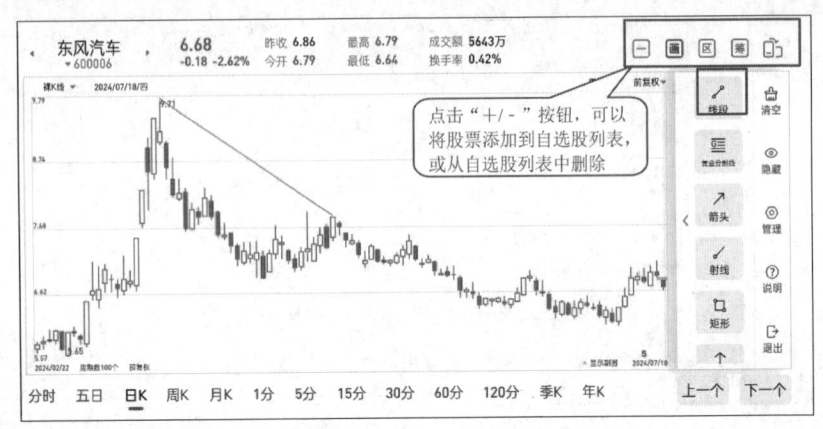

图 15-47

❺ 点击【退出】按钮，退出画线工具后。点击【区】按钮，在 K 线图界面将显示一段区间统计，用户可以根据自己的需要调节区间统计的大小，如图 15-48 所示。

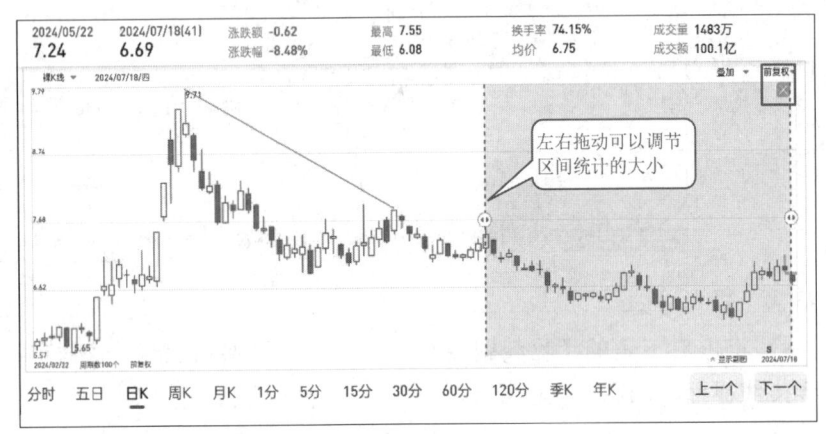

图 15-48

❻ 点击右上角的 × 按钮，即可将区间统计关闭。点击【筹】按钮，可以显示筹码分布，如图 15-49 所示。

图 15-49

第16章

分时图中的金矿——精准捕捉短线买卖时机

"机会总是青睐有准备的人。"——路易斯·巴斯德

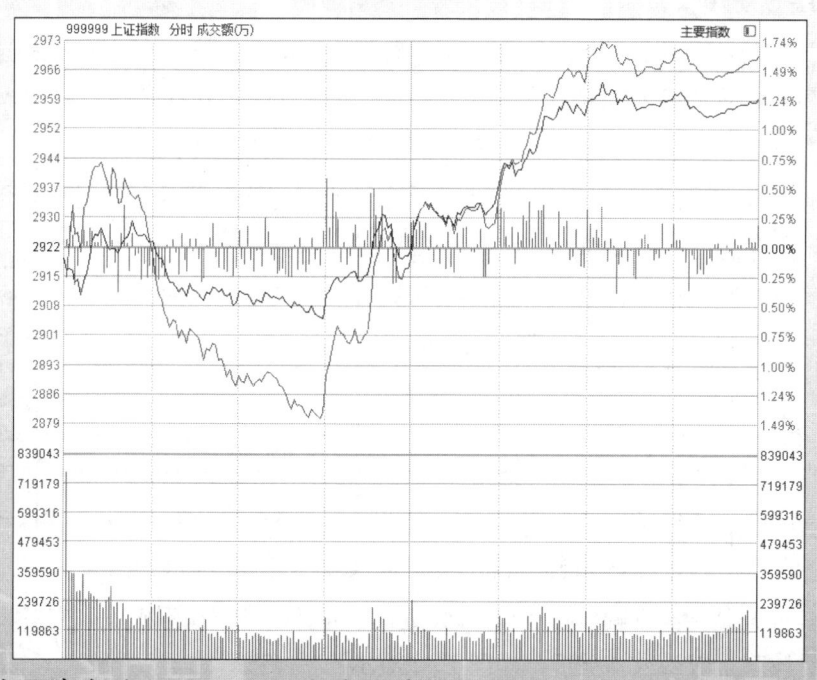

分时图清晰地记录了当天大盘或个股的量价变化,是多空双方力量短期交战的结果。它有助于我们全面认识多空力量的对比,从而选择有利的买卖时机。对于股票投资者而言,研判分时图是盈利的一个重要法宝。本章深入探讨分时图中的交易信号,指导投资者如何在短时间内精准捕捉买卖点,利用分时图的波动规律来增加投资收益。

16.1 分时图看开盘走势

开盘后的 30 分钟被界定为开盘时区，开盘走势主要是指开盘 5 分钟的市场走势，因为这个时区的市场波动往往是当日市场波动的基调，对当日市场走势产生重要的影响。

开盘走势往往是一天交易中波动最强烈的时段，最能体现风险和盈利。如果投资者做对方向，则很容易获得一个较为安全且盈利性较高的加仓点；如果投资者做错方向，则极易被套牢。

1. 高开

高开，表示市场买进意愿强烈，预示着股价可能要上涨。高开又分为普通高开和强势高开。普通高开是指高开幅度在 1%～2% 之间，并且高开回调不破前一交易收盘价或轻微击穿前一交易日收盘价，如图 16-1 所示。

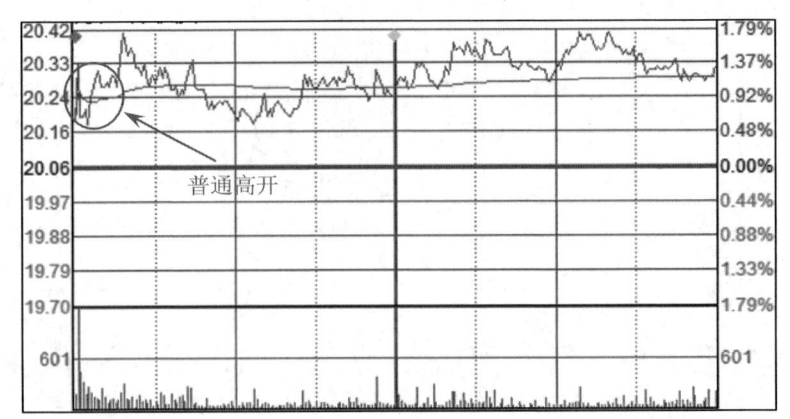

图 16-1

强势高开是指高开幅度在 3%～7% 之间，并且高开回调不破前一交易收盘价、不破均价线或不破当天开盘价，如图 16-2 所示。

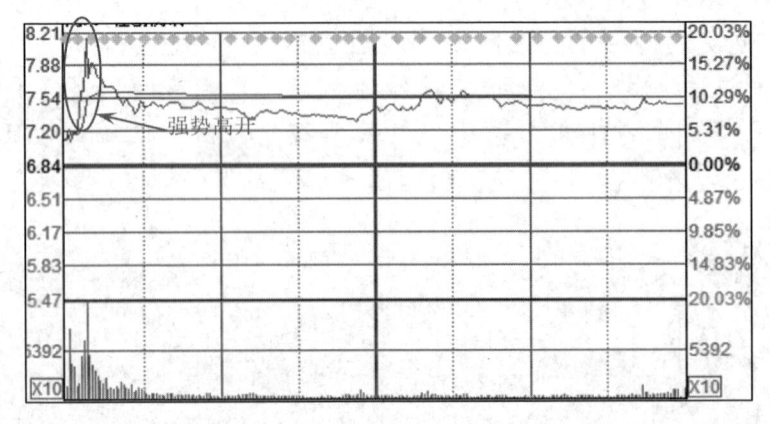

图 16-2

> 巨量高开，可能是主力刻意做盘所致，所以投资者要特别小心。所谓巨量，通常指小盘股成交量在1500手以上，中盘股在2000手以上，大盘股在3000～5000手之间或以上。

2. 低开

低开，表示市场卖出意愿强烈，预示着股价可能要下跌。导致低开的原因可能包括重大利空消息、上市公司业绩恶化、投资者疯狂抛售或者是主力刻意操作市场。但如果出现巨量低开，原因则是主力刻意操作市场。

低开又分为强势低开和弱势低开。强势低开是指低开幅度在1%～2%之间，并且低开反弹突破前一交易收盘价或反弹后回调时不破均价线和当天开盘价，如图16-3所示。

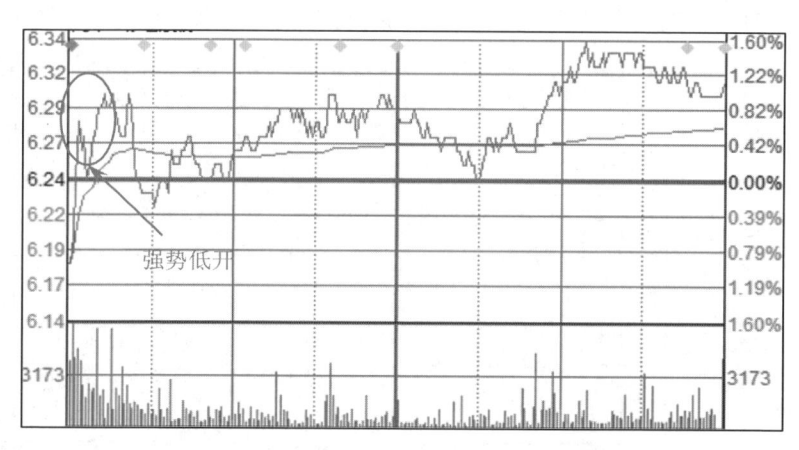

图16-3

弱势低开是指低开幅度在3%～7%之间，并且低开反弹没有突破前一交易收盘价或反弹后回调时跌破均价线和当天开盘价，如图16-4所示。

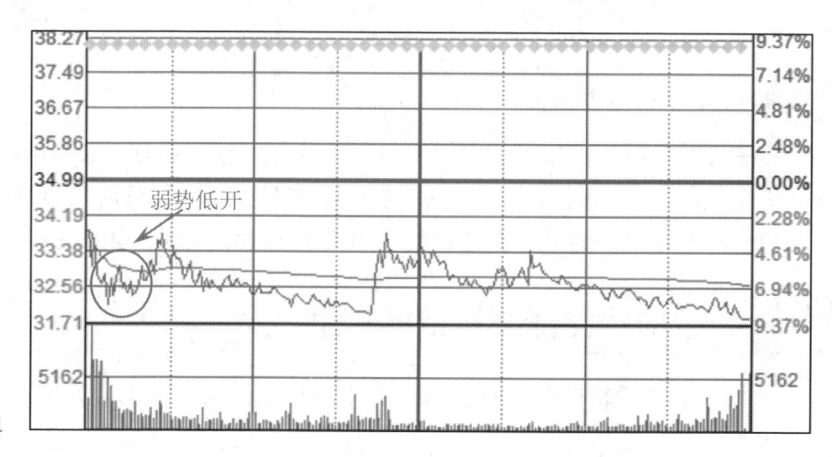

图16-4

16.2 分时图中的买卖时机

每个交易日,除去开盘与收盘各半个小时,其余时间为盘中交易时段。股价在盘中的走势,无论是探底拉升、窄幅震荡还是冲高回落,都会在分时图中得到体现。下面就从分时均价线和分时成交量的角度对这些走势进行分析。

16.2.1 分时均价线看盘技法

1. 股价在均价线上方运行

当股价在均价线上方运行,且分时均价线从低位持续上扬时,表明市场预期提高,投资者纷纷入场,推动股价持续上涨,市场平均持仓成本不断增加。由于分时均价线对股价形成支撑,因此该股未来几日上涨的概率非常大,如图16-5所示。

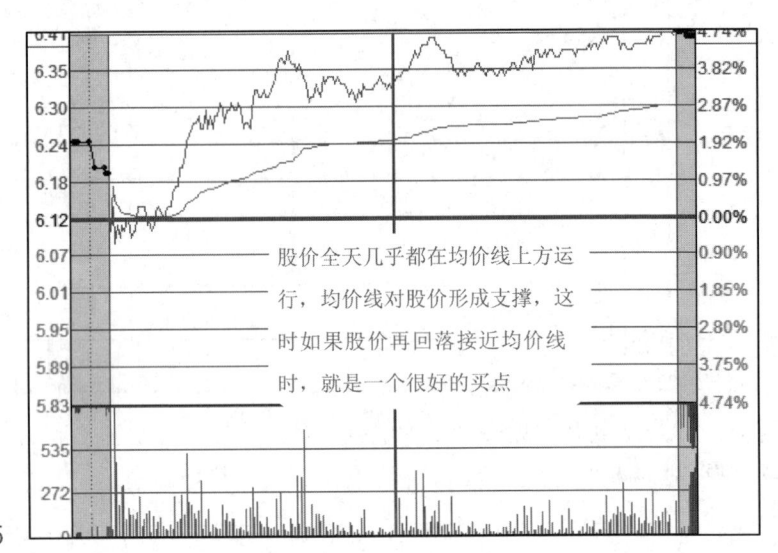

图16-5

2. 股价在均价线下方运行

当股价在均价线下方运行,分时均价线从高位持续下挫时,表明市场预期变差,投资者纷纷离场,导致股价不断下跌。当股价顺势而下跌穿分时均价线时,均价线就会对股价形成压制,因此该股未来几日下跌的概率非常大,如图16-6所示。

16.2.2 分时成交量与价格的关系

在观察指数或股价的分时走势时,利用量价关系来进行综合分析,不仅可以观察到全天盘中分时走势的强弱,还可以捕捉到当天的操作时机。在大盘或个股进入震荡调整或横盘时，短线介入的时机通常是量价配合良好，或者量价关系由反向配合转为同步配合的时候。而短线出局的机会，则是量价关系从同步配合转变为反向配合的时候。

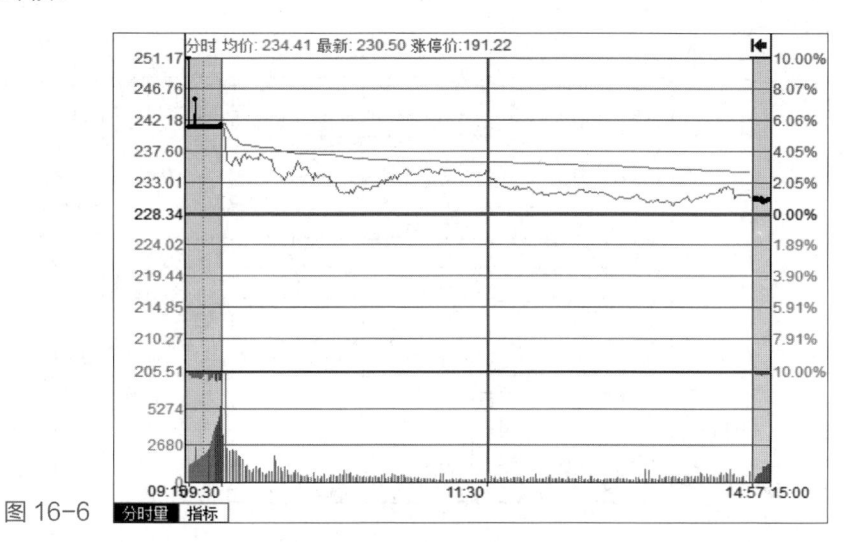

图 16-6

1. 量价同步

量价同步简单来说就是，成交量变化的每一个波峰，对应的都是指数或股价分时走势小波段的高点。局部放量通常对应着指数或股价的冲高波段，而局部缩量对应的则是盘中回调的阶段。

量价同步表示大盘或个股的短线走势处在强势状态中，如图 16-7 所示。

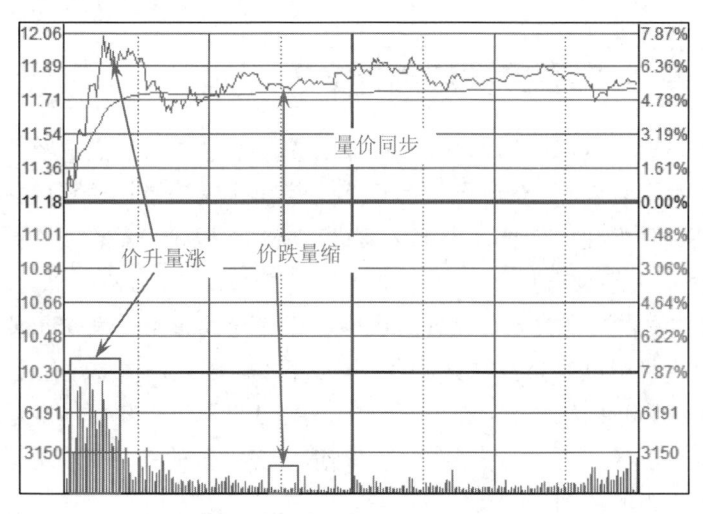

图 16-7

2. 量价反向

所谓量价反向，通常是指在分时走势图中，成交量变化的每一个波峰，对应的都是指数或股价分时走势小波段的低点。局部放量集中在指数或股价盘中下跌的波段，而指数或股价的反弹波段对应的则是缩量。出现这种情况，意味着大盘或个股向上运行的力度减弱，指数或股价处在弱势之中，很可能调头向下或继续向下运行，如图16-8所示。

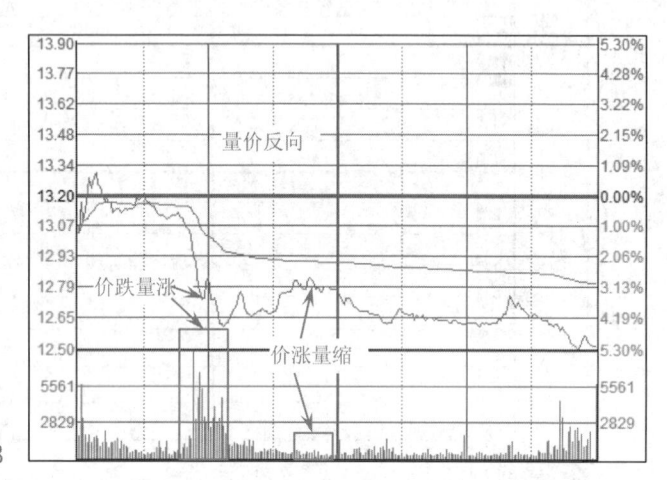

图 16-8

16.3 使用分时图的注意事项与常见问题

分时图包罗万象，初接触分时图时，投资者往往一头雾水，会有这样或那样的问题，下面就从分时图需要注意什么、个股分时图和分时图形态等几个方面来介绍分时图的常见问题。

16.3.1 分时图需要注意什么？

由于分时图的时间周期非常短，因此需要注意以下几点。

（1）观察走势。分时图中的价格走势往往受到市场情绪的影响，因此需要观察市场情绪的变化。例如，当市场情绪高涨时，股价可能会上涨；而当市场情绪低落时，股价可能会下跌。

（2）关注量价关系。在分时图中，成交量和价格是两个重要的因素。当成交量放大时，价格可能会出现明显的上涨或下跌。因此，需要关注量价关系的变化。

（3）判断主力意图。在分时图中，主力的操作意图可能会通过一些特征表现出来。例如，主力可能会在分时图中制造一些虚假的图形来误导散户。因此，需要准确判断主力的意图。

（4）结合其他指标。在分时图中，可以结合其他技术指标进行分析，例如KDJ和RSI等。这些指标可以提供更多的信息，帮助投资者做出更准确的判断。

16.3.2 个股分时图的常见问题

个股分时图常见问题包括分时图的适用范围、看分时图从何入手以及分时图与日 K 线有什么不同。

1. 分时图的适用范围

从盈利模型来看，分时图非常适用于短线交易、超短线交易、日内回转交易、高频交易和波段滚动套利等。

2. 看分时图从何入手

看分时图时可以从以下几个方面入手。

（1）分时图自身的曲线结构，包括各种形状、态势、框架等。

（2）与分时图相对应的技术指标，包括各种主图指标和附图指标。

（3）与分时图相对应的量能结构，包括各种量峰、量柱组合等。

（4）与分时图相对应的明细数据，包括买卖盘、成交明细、逐笔明细、资金流等。

（5）与分时图相关联的扩展数据，包括各种关联报价、关联品种、关联资讯等。

3. 分时图与日K线有什么不同？

分时图的实战技术分析，从本质上来说，和日 K 线分析并无太大差异。如果要说它们之间存在区别，主要在于分析的周期不同。与日 K 线图相比，分时图提供的是更短期的价格变化信息。在分时图中，我们可以看到个股或大盘的实时走势，包括价格、成交量和市场情绪等信息。除此之外，所有适用日 K 线的分析技术，例如趋势线、支撑位、阻力位、MACD 指标等，同样适用于分时图。

16.3.3 分时图形态的常见问题

1. 单日分时图形态可靠还是多日分时图形态可靠？

多日分时图形态比单日分时图形态具有更高的参考价值。多日分时图形态是将多日的分时图作为一个整体进行分析，通过综合观察和分析，能够更清晰地看到股价的走势，更准确地理解主力的操盘意图。因此，多日分时图形态是一种更有效、更实用的分析工具。

2. 分时图形态出现买入信号，是不是立即买进比较合适？

不一定。每个人的风险承受能力不一样，因此，投资者需要根据自己的实际情况制定相应的交易策略，然后根据自己的交易策略来进行交易。如果分时图形态出现买入信号，对比较激进的投资者来说，可以试探性买入部分仓位；而对于比较保守的投资者来说，则可以继续观望，不必急于进场。

16.4 新股民学堂——分时图评估大盘走向

评估大盘走向需要综合考虑多种因素，包括分时图、市场热点和宏观经济环境等。本节主要介绍如何通过分时图来评估大盘走向。

当分时图黄线呈上升趋势，白线呈下降趋势时，说明市场上的小盘股流入资金较多，大盘股流出资金较多，大盘走势可能会下跌；反之，当黄线呈下降趋势，白线呈上升趋势时，则说明市场上的大盘股流入资金较多，小盘股流出资金较多，大盘走势可能会上涨。

> 大盘分时图中的白线代表大市值大盘股，黄线代表小盘股。在白色底的风格界面，蓝线代表大市值大盘股，棕色代表小盘股。

1. 白上黄下，且开口越来越大

白线持续上升，呈现一波高于一波的趋势。然而黄线并未出现相应的增长，反而处于横盘或震荡下跌的状态，导致两线之间的距离逐渐扩大，如图16-9所示。这种现象造成了指数与市场情绪之间的背离。尽管指数在上涨，但实际上下跌的股票数量远超过上涨的股票数量。这种指数的虚假上涨使散户处于一种困境，即便指数上涨，散户却难以获得实际的收益。

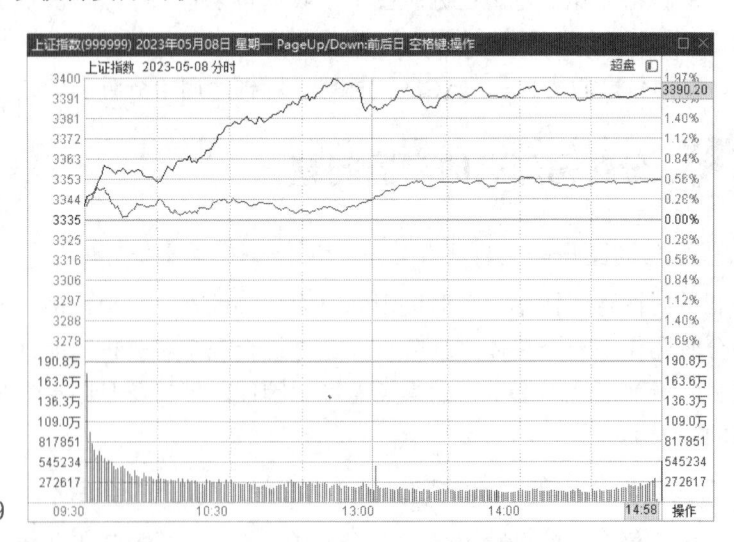

图 16-9

2. 白上黄下，但开口不大

白线呈现震荡上扬的态势，且后一波高于前一波。与此同时，黄线与白线保持紧密的跟随关系，两者之间的距离保持接近，如图16-10所示。尽管白线始终位于黄线的上方，这却是市场权重股和题材股共同飙升的行情。然而，权重股在此期间的热度明显超过题材股。当证券板块出现连续涨停的情况时，这种现象尤为明显，此时市场的赚钱效应也相当显著。

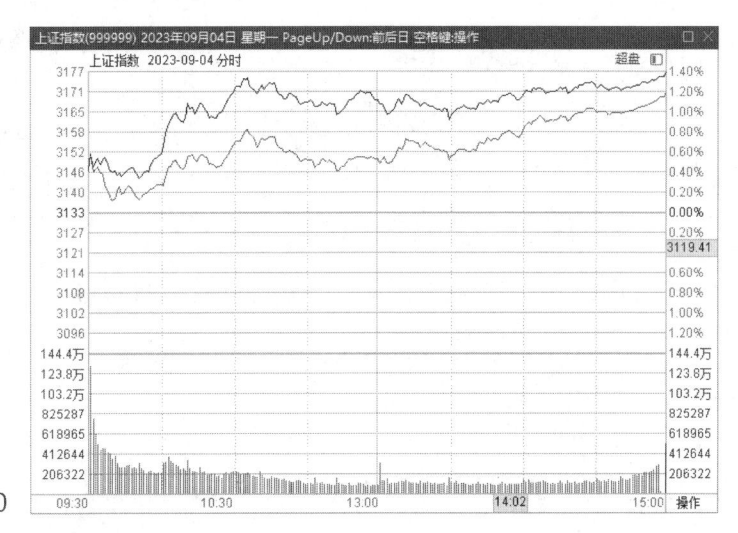

图 16-10

3. 白上黄下，随后黄线上穿白线运行

白线呈现震荡上扬的态势，且后一波高于前一波。与此同时，黄线紧紧跟随白线的涨势，甚至穿越到白线的上方，并在白线的上方运行，如图 16-11 所示。这种情况反映了市场权重股和题材股相互配合的行情，也是散户最容易获利的时候。

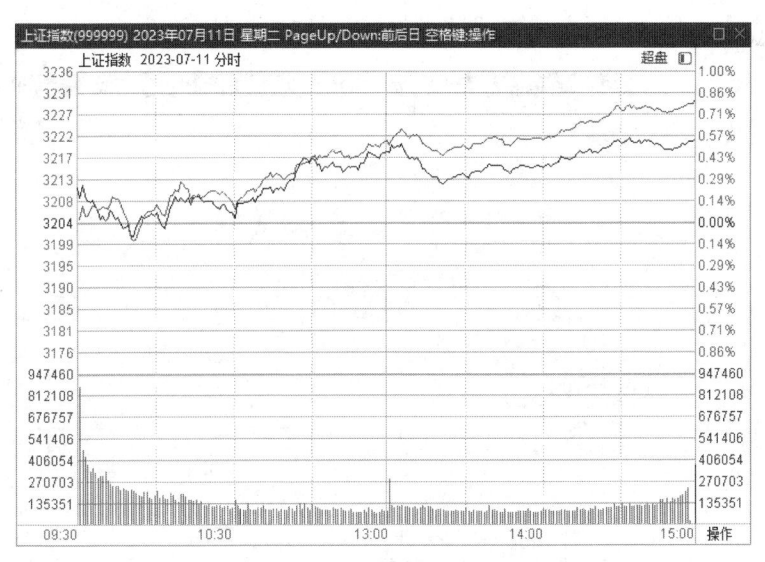

图 16-11

4. 黄上白下，且同时上升

当黄线上升时，白线也跟着上升，两者之间没有出现背离的情况，如图 16-12

所示。这种情况表明市场情绪良好，小股票表现活跃。只要没有出现白线大幅下跌，导致黄白线之间的距离持续扩大，就说明指数走势与市场情绪没有出现背离。因此，投资者可以继续持有股票，或者选择合适的时机参与市场交易。

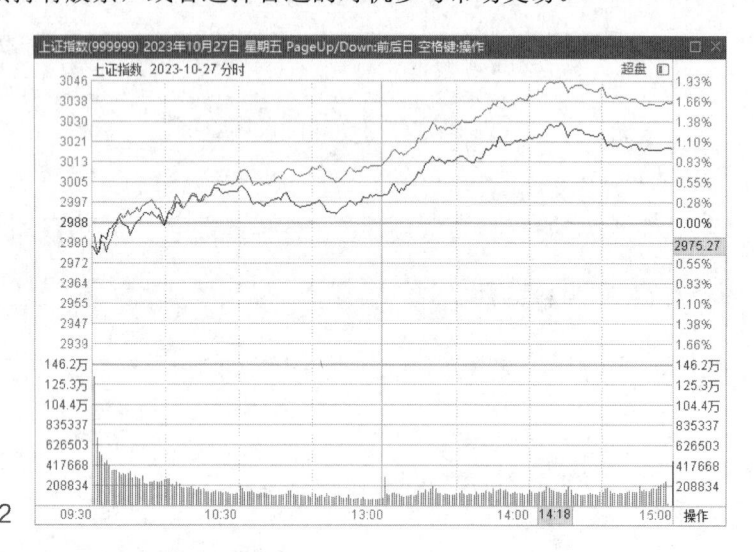

图 16-12

5. 黄上白下，且开口越来越大

当黄线上升时，白线却呈现横盘或下跌的趋势，导致黄白线之间出现了背离，如图 16-13 所示。这种情况表明市场情绪依然良好，小股票仍受到市场的青睐。然而，此时风险已经悄然而至。由于指数走势与市场情绪出现了背离，这种上涨行情可能不会持久。因此，投资者需要谨慎对待，切勿盲目跟风。

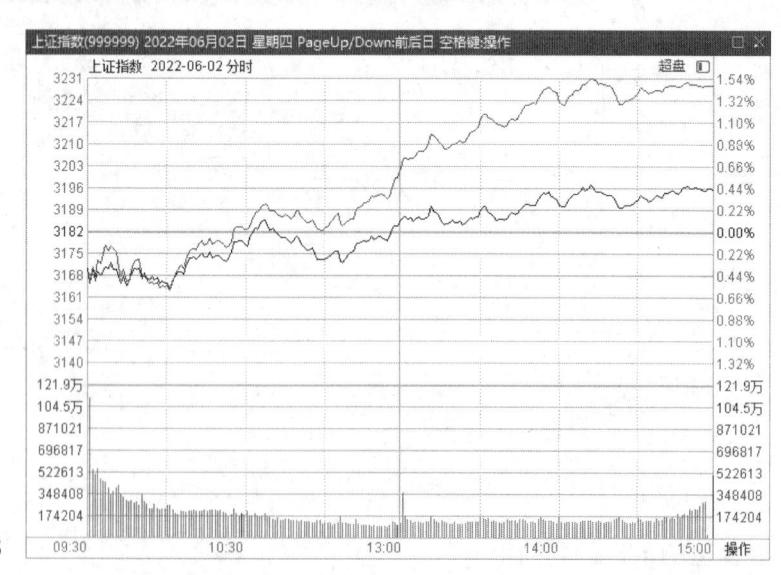

图 16-13

第 17 章

分时曲线的奥秘——洞悉庄家意图

> "知彼知己，百战不殆；不知彼而知己，一胜一负；不知彼，不知己，每战必殆。"——《孙子·谋攻篇》

分时曲线记录了股票每一个最小的交易时间节点的走势轨迹。在目前五档普通行情软件中，通常是每3秒撮合一笔成交，因此，可以认为，分时走势图就是无数个3秒成交轨迹连接起来的曲线图。本章通过分析分时曲线的形态，帮助投资者洞悉市场庄家的操作意图，从而更准确地把握市场整体走势和节奏。

17.1 解析分时图的波长奥秘

所谓波长，就是指每一个波形结构中从起点到终点的长度。一般来说，如果股价波动的幅度不超过3%，可视为短波；如果在3%～5%，则属于中波；如果超过了5%，则可以视为长波。

17.1.1 短波

在分时图上，短波通常出现在操盘力度比较小的区间。无论是上涨还是下跌，极小的波长都表明主力操盘的力度不大，还属于试探或谨慎操作阶段，如图17-1所示。

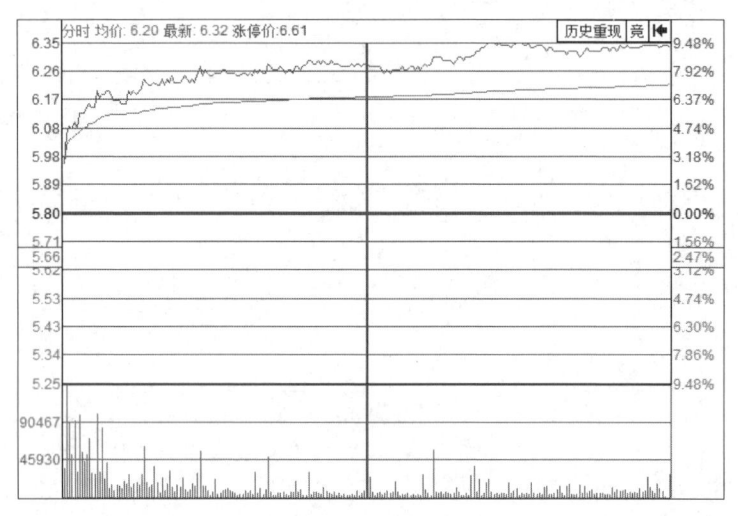

图 17-1

短波是主力为了掩盖自己的操盘意图而刻意做出来的。其目的一是压制股价的波动幅度，用来吸纳更多的低位筹码；二是抑制股价的上涨幅度，用来清洗获利盘，诱使他们出局。

短波可以出现在不同的位置，如果出现在低位，则是建仓时常用的波形；如果出现在高位，则是引导跟风盘时常用的波形。

短波的密度与主力的操盘频率有关，密度越大，操盘的频率就越大。

17.1.2 中波

个股分时图包括上个交易日收盘价、分时价位线、平均价位线和成交量柱状线，如图17-2所示。

中波的操盘力度强于短波。中波出现的位置不同，其含义也各不相同。如果出现在低位，通常是主力大力度建仓的常见波形。如果出现在高位，则可能是为了清洗浮筹或准备出货。如果出现在盘头阶段，则通常是滚动出货的常用波形。

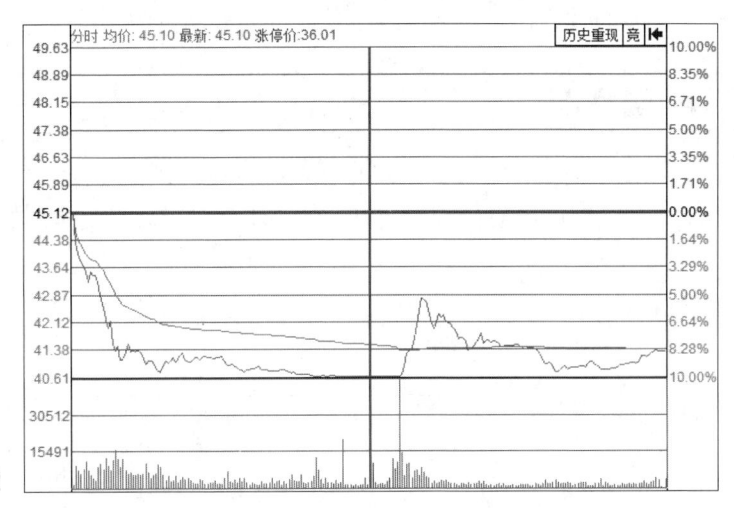

图 17-2

中波的使用频率非常高，尤其是在震仓阶段，反复使用中波，可以获得拉升股价、清洗浮筹的操盘效果。因此，不少控盘主力经常使用这种波形。

中波经常和短波结合使用，以达到理想的操盘效果。

17.1.3 长波

长波可以是向上运行，也可以是向下运行，它是主力做盘时最常用的波形之一，如图 17-3 所示。长波的特点是从起始价位到终止价位的波动幅度很大，能够有效激活盘面，打破原有的沉闷格局。

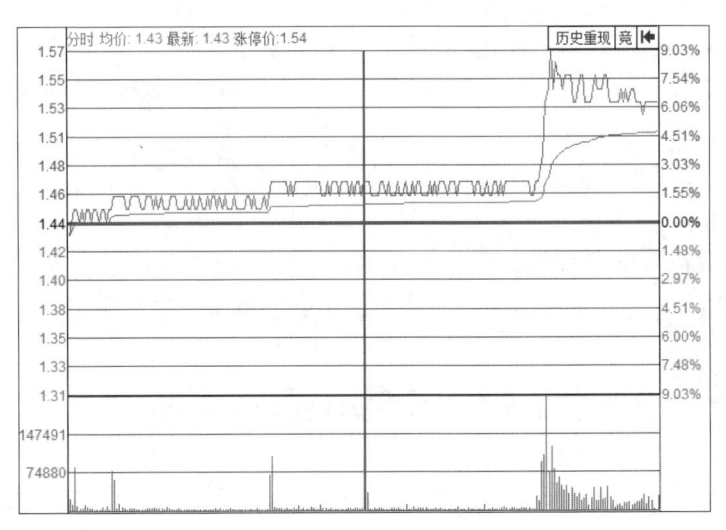

图 17-3

长波可以出现在不同的交易时段，也可以出现在不同的位置。如果出现在早盘阶段，那么主力操纵股价的意图更为明显。如果长波出现在盘中，则更多是为了造势。如果长波出现在尾盘，则是为了投机。

在分析长波的时候，一定要结合当前股价的波动范围来进行。

17.1.4 混合波

所谓混合波，是指将短波、中波和长波结合使用，并根据盘面的情况，不断调整使用的次序，以期达到最佳操盘效果。混合波是主力做盘最常用的一种组合波形。

如图 17-4 所示，上午的交易比较疲软，股价在前收盘价之下围绕均价线反复震荡，以短波为主。在 10:30 ～ 11:30 之间，成交量非常稀少。结合该时段的股价表现来判断，这可能是主力洗盘的行为。

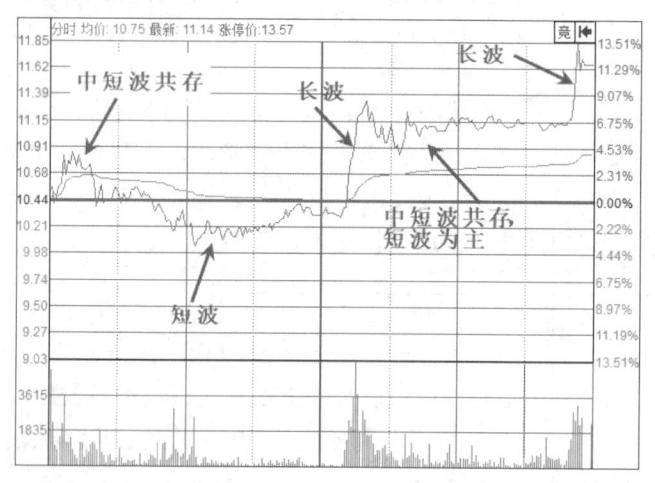

图 17-4

午后开盘不久，股价突然以长波拉升，但快速推高后却没有能够封住涨停板，而是缓缓回落并震荡。在这一过程中，以短波和中波为主，这可能是主力的诡计，那些追高买入的跟风盘，当天就被套住了。从以往的实战经验来看，盘中长波拉升往往带有欺诈性质。

尾盘阶段，主力再次使用长波快速拉升股价，直至最高点，这标志着阶段性洗盘的结束。

从午后不到两个小时内出现的两次大长波来看，主力急于获利了结，甚至在最后的拉升中也未能完全封板，这暴露出主力的急切情绪。

17.2 解读股市分时图角度的内涵

分时图中的角度，就是分时图曲线与股价启动点的水平延长线之间的倾斜度。股价的启动点向上移动叫作上涨启动点，预示股价即将上涨。股价的启动点向下移动叫作下跌启动点，预示股价即将下跌，如图 17-5 所示。

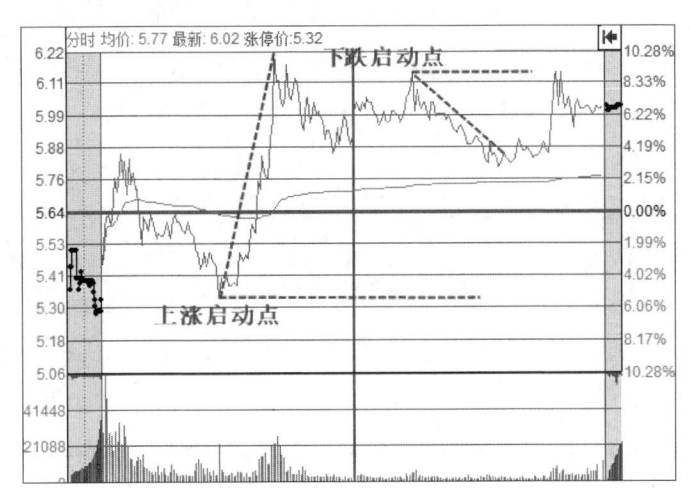

图 17-5

17.2.1 分时图中角度的分类

分时图中的角度一般可分为三种：30°以下的，属于小角度；30°～70°的，属于中角度；70°以上的，属于大角度。不同的角度反映了主力不同的操盘力度，而不同的操盘力度则揭示了不同的操盘思路和操盘意图。具体可参考图 17-6。

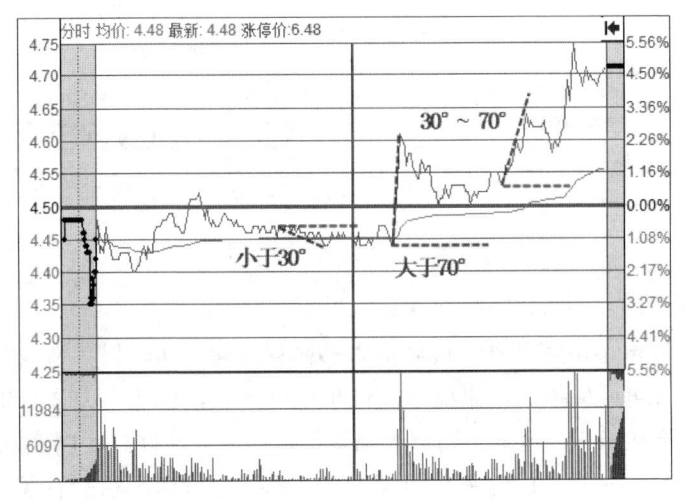

图 17-6

17.2.2 小于30° 上涨

如图 17-7 所示，这是弱势拉升的常见定式。股价在拉升之前，已经呈现出弱势震荡的特征，但震荡的幅度不大，成交量也不活跃，说明此时主力的操盘力度不大。
启动拉升的时候，股价上涨缓慢，分时图曲线与均价线之间偏离不大。这种情况属于典型的盘中小角度上涨，说明此时攻击性拉升的能量不足，主力做多的意愿很小。

再从成交量的角度来看，量峰矮小、稀少。很明显，主力的参与程度不深。从实战的角度来说，盘中小角度上涨不构成短线交易机会，此时投资者宜保持观望态度。

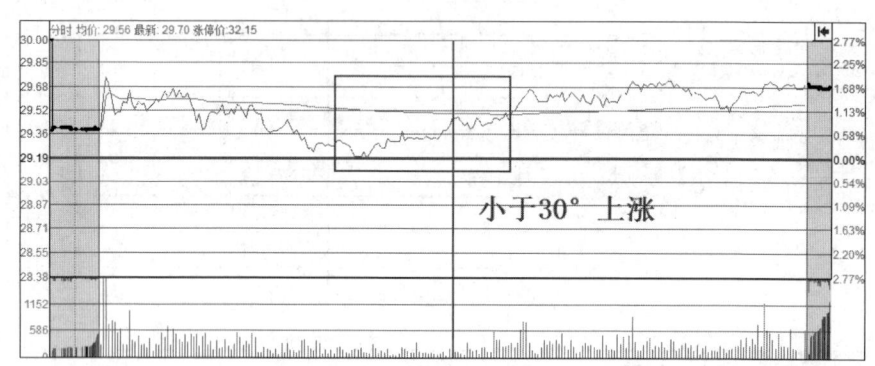

图 17-7

17.2.3 小于30°下跌

小于 30°的下跌和小于 30°的上涨正好相反，盘中小角度下跌是很常见的弱势整理态势，是主力洗盘的时候主动示弱的表现，如图 17-8 所示。

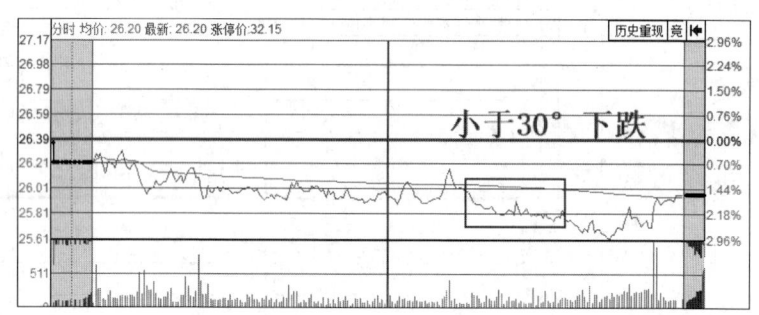

图 17-8

盘中低位小角度下跌，说明主力不愿意大幅打压，以免造成筹码松动，或波动过大，导致盘面失控。如果盘中高位小角度下跌，说明主力虽有出货意愿，但对手盘不多，无法出货，但又不愿意大幅杀跌，因此只能硬扛，以抵抗性下跌来应对。

无论是哪种类型的盘中小角度下跌，都属于方向不明的表现，此时投资者应当保持观望态度。

17.2.4 30°～70°上涨

中等角度的拉升最为常见，也最为稳定、健康、长久，行情的持续时间比较长，如图 17-9 所示。

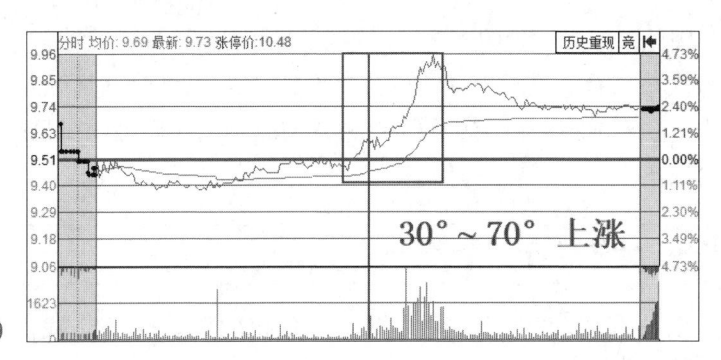

图 17-9

在分时图上，中等角度上涨通常出现在下午的第四、第五时间段，偶尔也会出现在上午的第二、第三时间段。如果出现在第一时间段，那么全天拉升的概率就比较大。

在判断股价走势时，要特别注意观察拉升之前的酝酿时段。如果酝酿时间很长，那么后市拉升的空间可能就比较大；反之，则空间比较小。

在分时图上，中等角度上涨是主力最常用的拉升方式，也是中小投资者最容易理解和看懂的操盘模式。这种上涨方式通常表明主力有足够的动力和信心推动股价上涨，同时也表明市场对该股票的认可度较高。因此，对于中小投资者来说，如果能够读懂和看懂这种操盘模式，那么就能够在股票市场中获得更好的收益。

17.2.5 30°～70°下跌

在分时图上，中等角度下跌是最为常见的下跌定式，是洗盘和出货常用的做盘手法，如图 17-10 所示。

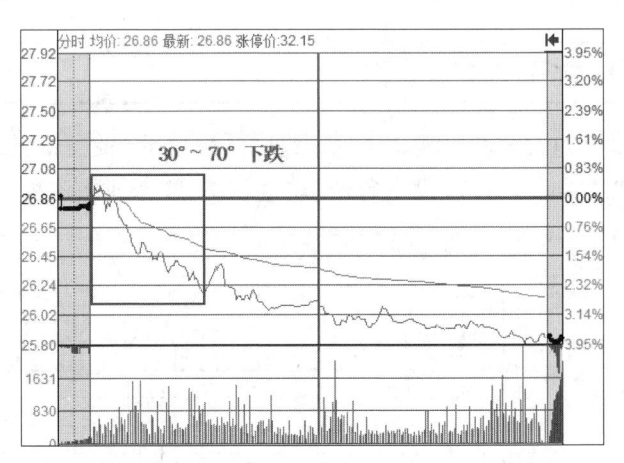

图 17-10

在股价的走势图上，我们可以观察到一种比较平和的下跌趋势。这种下跌并非迅猛急促，而是在下跌过程中伴随着一些小反弹，具有一定的欺骗性。然而，仔细分析分时图的趋势，我们可以发现，股价的高点和低点都在不断下移，整体趋势是向下的。因此，面对这种的走势时，不要抱任何幻想。

从成交量来看，呈现出逐渐放大的趋势，这说明随着时间的推移，抛盘的压力越来越大。在实战中，对于这种下跌模式的股票，我们可以在盘中寻找合适的机会进行减仓操作。

17.2.6 大于70° 上涨

70°以上的大角度上涨是主力操纵股价的常用手法之一。我们平时所说的急拉，或者盘中出现的快速拉升，就属于这种类型，如图 17-11 所示。

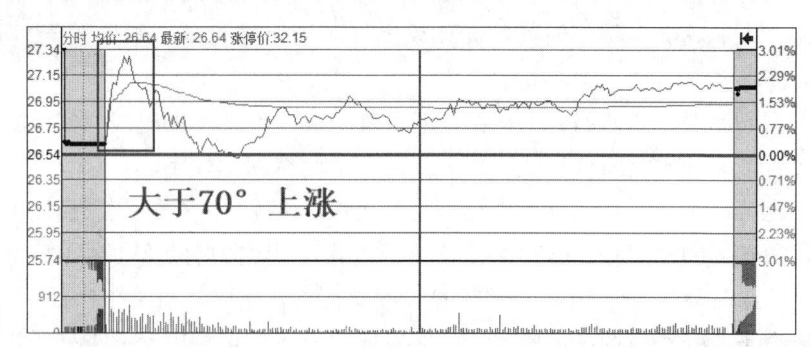

图 17-11

70°以上的大角度上涨可以出现在任何交易时间段，但如果这种走势出现在开盘后，可能表明主力急于求成，随后出现调整的可能性很大。此时，投资者应该考虑适当卖出以规避风险。如果此时股价已经处于高位，那么这种快速拉升很可能是主力为了制造足够的出货空间而使用的策略。随后，股价可能会慢慢下跌，主力则逐渐出货。

17.2.7 大于70° 下跌

70°以上的大角度下跌是主力砸盘时常用的手法之一。在技术分析中，我们经常提到的快速杀跌、急跌、盘中急跌、尾盘急跌等，都属于这种类型，如图 17-12 所示。

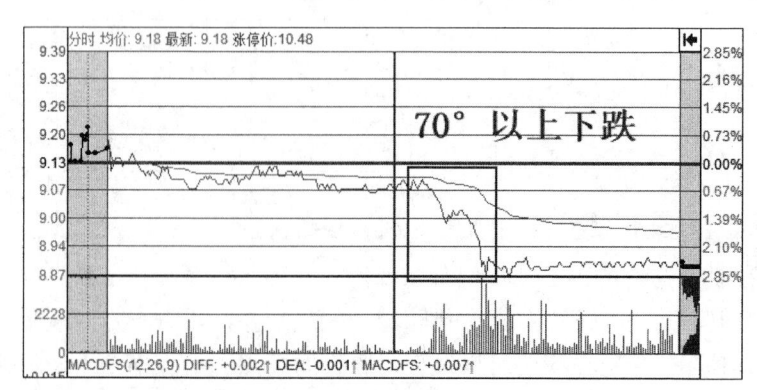

图 17-12

这种大角度下跌可以出现在任何交易时间段，图 17-12 所示为盘中出现的加速下跌，是主力为了打破原有的均衡态势而采取的极端手段。在实战中，如果遇到这种走势，而股价此时已处于低位，那么很可能是主力在诱空。因此，在急速放量下跌之后，投资者可以选择低点买入。

17.2.8 分时图中角度的疑问

1. 分时走势图上的角度越大越好吗？

分时图的角度不存在好坏之分，它只是主力操纵股价留下的痕迹。这些可以揭示主力的行踪，反映主力的操盘意图。

2. 分时走势图上的角度跟涨跌有什么关系？

两者之间没有直接关系，不是因为角度本身而涨跌，而是先有涨跌后有角度。因此，分时走势图上的角度只是我们分析主力行为的原始材料，我们可以借此来跟踪和分析主力的动向。

3. 为什么有些分时图走势很突兀？

分时走势图从本质上来说是主力行为的反映，可以将其视为主力的"脑电图"。分时走势图的突兀变化，不管是向上还是向下突兀，都体现了主力的操盘思路。

17.3 看透分时图量柱背后的意图

分时图上的量柱也叫分时成交量，是指分时走势图的每 6 秒成交撮合而成的手数。分时图的曲线走势向上，表示主动买盘，成交量以红色柱线显示；曲线走势向下，表示主动卖盘，成交量以绿色柱线显示。

不管是哪种成交情况，都是主力操纵的结果，成交量的大小，跟主力的操盘节奏有关。研究分时图量柱的核心是透过表面成交量，看到其背后隐藏的主力操盘意图。

17.3.1 上升密集型量柱

分时图上密集堆量，呈价升量增的态势，如图 17-13 所示。遇到这种情况，一定要冷静，因为这种情况有两种可能：一种是自然成交的结果；另一种则可能是人为操纵的结果，是主力为了迎合大多数人认为的先见量后见价的思路。

遇到密集堆量，一是从厚度来考量，查看厚度是否足够。二是从高度来考量，查看高度是否足够。如果既有厚度也有高度，说明量柱厚实，气势非凡，往往为股价的进一步上涨打下了坚实的基础。

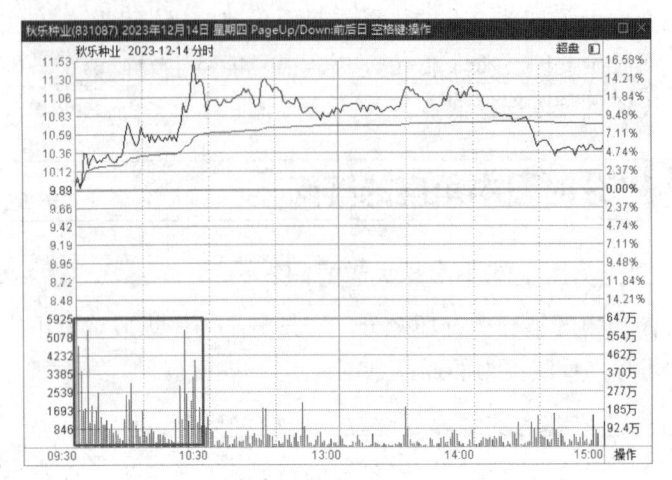

图 17-13

17.3.2 下跌密集型量柱

不同时间段、不同价格位置的下跌密集型量柱所包含的市场含义和技术含义通常不相同，需要仔细甄别，不能教条地理解。这部分内容是最重要的，也是最难理解的。如果低位出现密集型堆量下跌，且没有重大的利空配合，则很可能是一种诱空行为，估计股价很快就会恢复到原来的位置。如果股价处于高位，出现这样的密集堆量，则可能是主力快速出货，如图 17-14 所示。

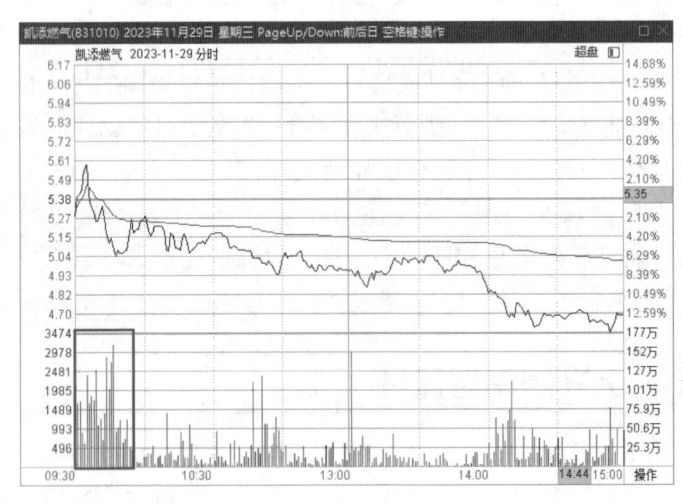

图 17-14

17.3.3 上升稀疏型量柱

分时图上成交量稀少的原因是多方面的：一是跟风不足，导致成交量稀少；二是筹码高度集中，主力暂时无出货计划，或者对手盘太少，无法出货。不管是哪一种类型，量柱稀少都说明市场不够活跃。

如果量柱稀少而股价能够不断上升，说明盘口很轻。如果股价继续攀升，量柱依旧稀少，则说明筹码锁定性良好，如图 17-15 所示。

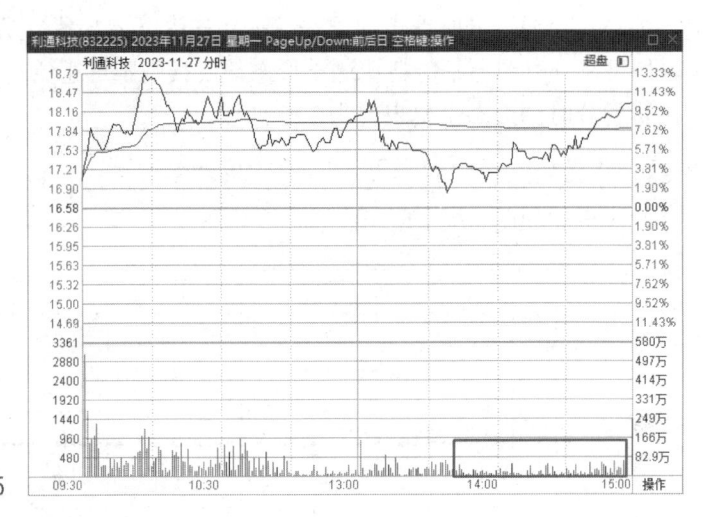

图 17-15

17.3.4 下跌稀疏型量柱

分时图上的缩量下跌可以出现在任何交易时间段和任何价位，只是其市场含义和技术含义可能不相同。下跌的过程中如果出现成交量稀少，说明抛盘比较稀少。如果这种情况出现在上升趋势的回调过程中，可以理解为缩量洗盘，这往往是一个买入的好时机，投资者可以逢低介入。

分时图上股价的下跌伴随着成交量的稀少，和日线图上的缩量下跌属于同一类型，它们的技术含义和市场意义大体上相同，可以对照分析，如图 17-16 所示。

图 17-16

17.4 通过分时图解读庄家出货意图

从理论上来讲，任何一种分时形态都可以反映资金的意图。无论是建仓、洗盘还是出货，都必然会通过分时图表现出来。如果庄家开始出货，那后面的下跌便是一种必然。如果在分时图上不能把握这一形态，亏损则不可避免。

庄家出货的分时图形态主要表现为以下几点。

1. 开盘成交量很大，分时图显示股价冲高回落

这种分时图形态如图17-17所示。

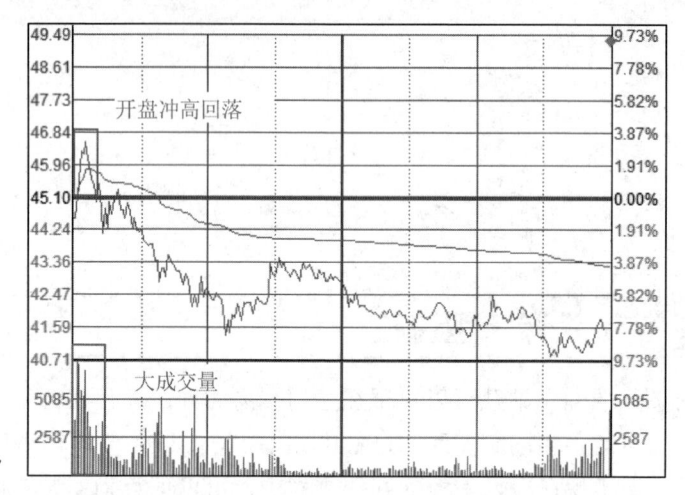

图17-17

2. 分时图显示股价振幅很大，成交量也很大但是涨幅却不成比例

分时图出现大幅的波动并有杀跌拉升的情况出现，这种情况多是庄家出货造成的，如图17-18所示。

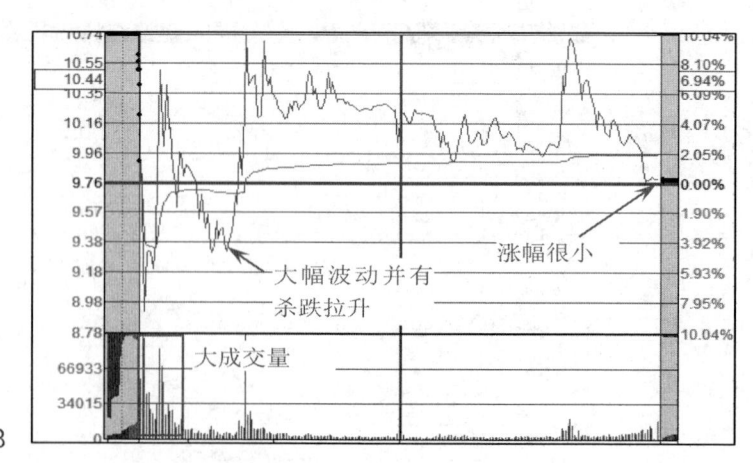

图17-18

3. 低开，盘中突然拉升到高位回落，并出现大成交量

这种情况大概率是庄家故意做出来的，目的是为了引起投资者关注，以利于庄家出货。对于庄家来说，就是要让分时走势图中的出货行为看起来像在吸货，让关注的投资者有更强烈的买入意愿。在实际操作中，几乎所有的成功出货都是通过这种方式来实现的，如图 17-19 所示。

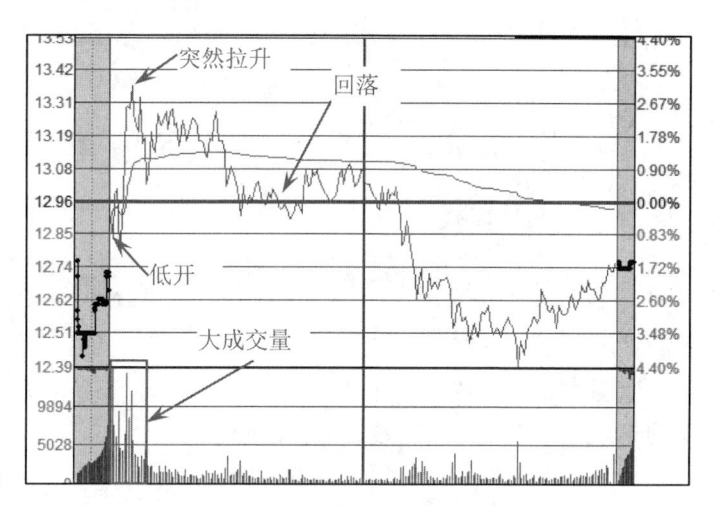

图 17-19

17.5 新股民学堂——分时图捕捉涨停股

涨停是股票价格的运动过程，分时图记录了当天交易的数量、金额、主力资金的运作意向、运作力度等各种信息。运用分时图记录的这些信息，可以对涨停个股进行捕捉。

1. 涨停股分时图的特定特征

（1）分时图走势攻击性强，上涨则快速拉高，同时成交量放大。在推高股价的过程中，一般会呈现加速上攻的态势，而不是拱形上涨，如图 17-20 所示。

（2）在成交量方面，在无推升动作时，应保持平稳温和。尤其在横盘整理阶段，成交量呈现出阶梯状的逐渐缩减，且缩减过程有序而不杂乱。

2. 涨停股分时图中隐藏的陷阱

涨停股有时候可能是庄家设置的陷阱。例如，如果近期成交量以及 K 线都显示出某只股明显走弱，那么此时突然的放量大涨就应该引起警惕，这可能是庄家在诱多出货。这类股票即使涨停，多半也会在涨停的过程中，先是成交量暴增，随后在第二天便低开下跌。

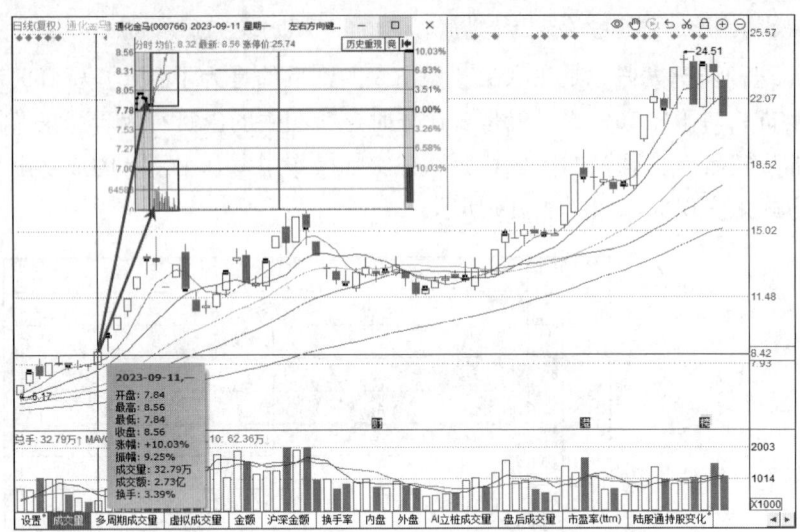

图 17-20

强势涨停个股的分时图呈现以下形态时，应该引起投资者的重点关注。

（1）成交量有规律地放大，并且随着股价的走高而不断放大。

（2）分时线运行非常顺滑，没有曲折的迹象。

（3）股价上涨的时候，分时线的上涨角度较大。

（4）股价上涨的时候，上涨的趋势非常明显。

第18章

支撑与压力的博弈——分时图中的力量对比

"一力降十会。"——古武谚语

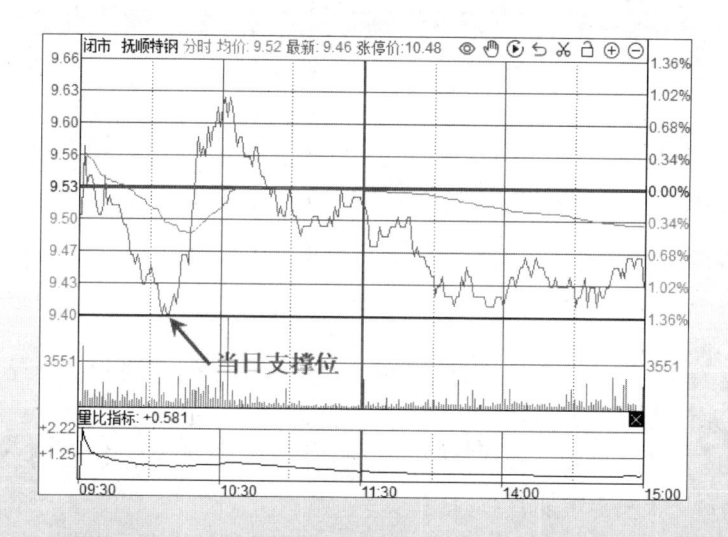

分时图中显示的支撑位和压力位就是股价在下跌或上涨过程中可能遇到反弹或回调的位置。当股价下跌到支撑位附近时,买盘力量可能会占据优势,从而推动股价反弹;而当股价上涨到压力位附近时,卖盘力量可能会占据优势,从而推动股价回调。本章讲解如何通过分时图来识别支撑位与压力位,并通过分析市场力量的对比来制定交易策略,以便在市场博弈中占据优势。

18.1 寻找分时图中股票最佳买入点

分时图上的支撑位是指在股价曲线回落的过程中，由于大量买盘的介入而停止下跌的价位或者区域。支撑位的延长线称为支撑线。

18.1.1 分时图的支撑位

当日分时图的支撑位可从以下四点寻找：一是当天的开盘价，二是当天的均价线，三是当天的最低点，四是前一交易日的收盘价。如图18-1所示。

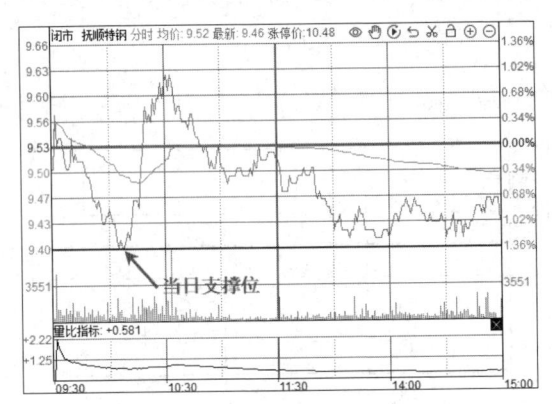

图 18-1

第一步，判断开盘价是否被打破。如果被打破，说明开盘价的支撑力度不够，预示着接下来的走势会更加复杂多变，以震荡为主。

第二步，观察均价线是否被打破。如果被打破，需要关注其是否能够迅速收回。如果不能，则当天走势可能存在问题。

第三步，考虑当天的低点。如果后续走势不断刷新低点，表明支撑力度不够，如果不再刷新低点，则可以认为获得了短暂的支撑。

第四步，查看前一日收盘价是否被打破。如果没有被打破，可以认为支撑力度较大。

18.1.2 均线强力支撑和弱势支撑

分时图上的均价线强力支撑是盘口分析技术中的关键要素之一。所谓均价线强力支撑，是指股价每次回落到均价线附近，都被快速拉起，如图18-2所示。均价线的强力支撑可视为短线的买入点。

所谓均价线弱势支撑，是指股价在均价线上下不断"拉锯"，最终击穿均价线。通常情况下，分时图上的弱势支撑不构成买入依据，此时需要保持观望态度，如图18-3所示。

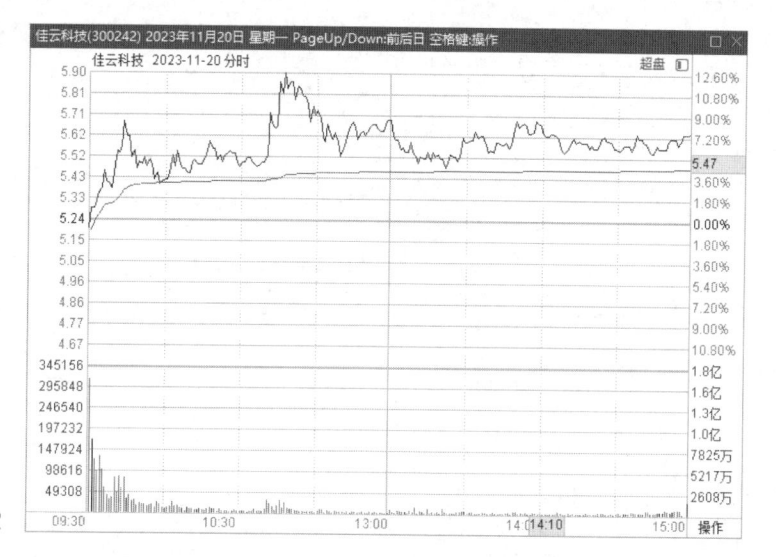

图 18-2

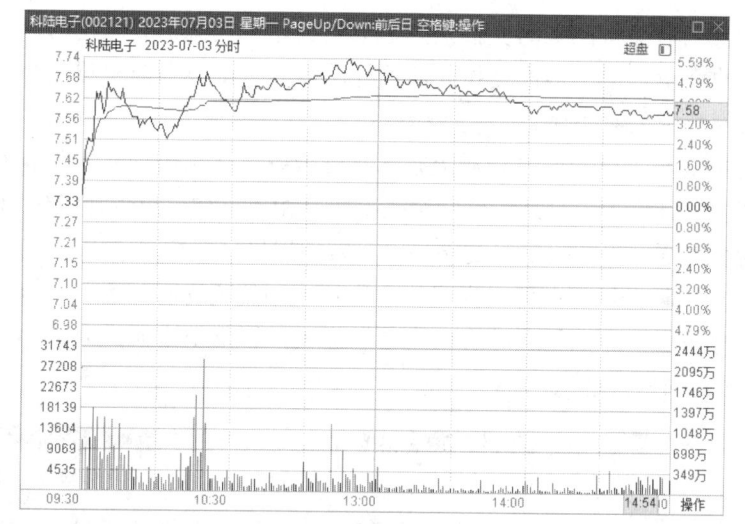

图 18-3

均价线的强力支撑可以出现在不同的交易时间段和价格位置，同理，均价线的弱势支撑也可以出现在不同的交易时间段和价格位置。

18.1.3 前收盘价的强力支撑和弱势支撑

前一日收盘价的强大支撑是盘口分析技术中的一个重要因素。在当日的分时走势图中，一旦股价跌到前一日收盘价附近，便会被强大的购买力量推动回升，形成坚实的支撑。如果全天的股价都保持在前一日收盘价之上，这通常意味着走势强劲，投资者可以在低点买入。

前收盘价的强势支撑可以出现在不同的交易时间段，也可以出现在不同的价格位置，如图 18-4 所示。

图 18-4

前一日收盘价的弱势支撑是盘口分析技术中的关键要素之一。当股价多次跌破前一日收盘价，但又多次被拉起，这样的反复发生，但前一日收盘价始终没有被击破，支撑特征依然明显。

这种弱势支撑表明主力操盘技术不够成熟。如果出现在股价相对较低的位置，它可能被解读为主力刻意制造的空头陷阱。相反，如果出现在股价相对较高的位置，这种走势就需要引起投资者的警惕，以防被误导。

前一日收盘价的弱势支撑可以出现在不同的交易时间段和不同的价格位置。因此，在分析盘口时，需要综合考虑各种因素，以便更准确地判断主力的意图和市场走势。如图 18-5 所示。

图 18-5

18.2 寻找分时图中股票最佳卖出点

分时图上的压力位是指分时图的股价曲线在拉升的过程中被强大的卖盘压制，股价滞涨或者难以上升甚至不再上升的价位或者区域。压力位的延长线称为压力线。

18.2.1 拉升过程中的压力位

当股价拉升到一定的高位之后，出现回落，那么前面的高点就成了后续走势的压力点，也称压力位。如图18-6所示。

图 18-6

压力位是分时图分析技术的核心内容之一。在分析上升趋势压力位的时候，要注意观察当天分时图上明显放量的位置和放量的时间节点。放量的位置和时间节点不同，反映主力不同的操作意图。如果出现在近期股价的低位，属于诱空动作；反之，则可能是主力在出货。

> 当股价回落到一定的低位并开始反弹时，当天的均价线就首先转变为压力线，成为最主要的压力位之一。

18.2.2 均线强势压力位和弱势压力位

当股价下行，穿透均价线后不再回升，且股价虽上下波动但高点始终被均价线压制，这时均价线就构成了一个强势的压力位，如图18-7所示。

图 18-7

强势均线压力位形成后，应注意观察此时成交量的放量位置。如果成交量总是在低位出现大笔成交，那么全天的分时图必然是逐波下行，呈现为一泻千里的走势。

强势均线压力位如果出现在近期股价的低位，可能是主力在诱空；如果出现在近期股价的高位，则可能是主力在出货。

所谓弱势均线压力位，是指在分时走势图中，股价虽然跌破了均价线，但成交量并不大，在随后的强力买盘加持下，股价屡创新高，使得原先的压力位转变成了支撑位。如图 18-8 所示。

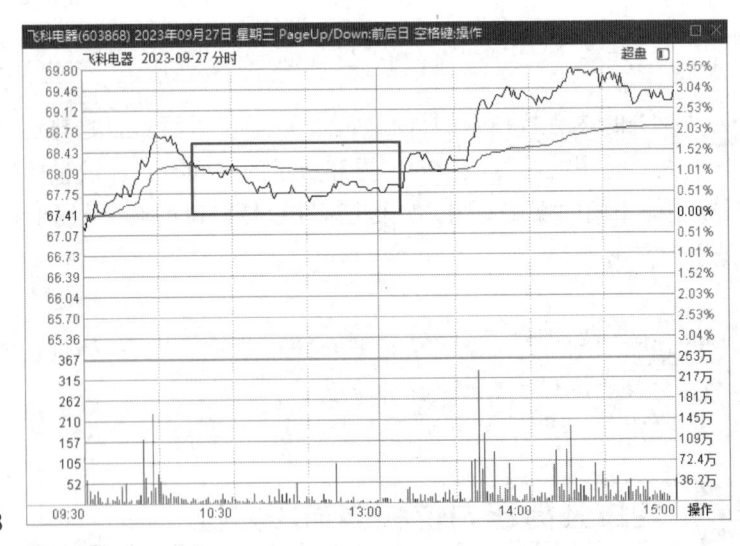

图 18-8

弱势均线压力位出现的时间节点不同，其代表的含义也不同。如果弱势均线压力位出现在近期股价的低位，这可能是市场示弱的信号，随后的走势多半会出现冲击波形态。如果弱势均线压力位出现在近期股价的高位，则很可能是诱多的信号，随后的走势多半会边拉边出。

18.2.3 前收盘价的强力压力和弱势压力

前收盘价的强力压力作用，也可以理解为前一日的收盘价对当天的股价产生了强大的抑制作用。当股价接近前一日的收盘价时，往往会遭遇阻力，导致股价回落。即使股价试图反弹，也很难突破前一日的收盘价，如图18-9所示。

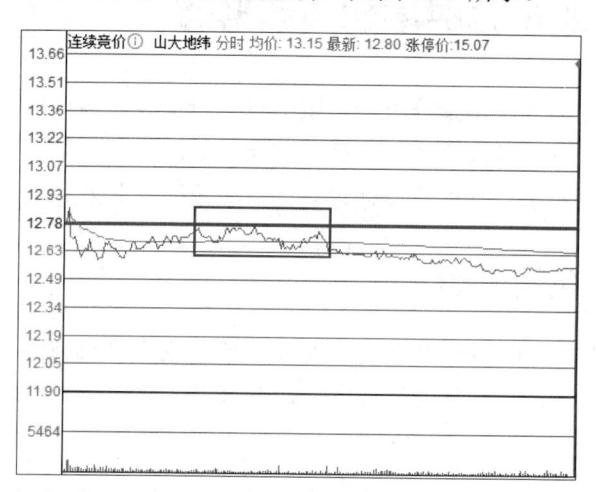

图 18-9

如果股价在整个交易日内都低于前一日的收盘价，这表明前收盘价对股价产生了强大的压力。如果股价既低于前收盘价，又低于当天的均价线，则表明市场非常弱势。如果这种情况出现在股价的低位区域，可能是主力在洗盘；相反，如果出现在高位区域，则可能是主力在压低出货，如图18-10所示。

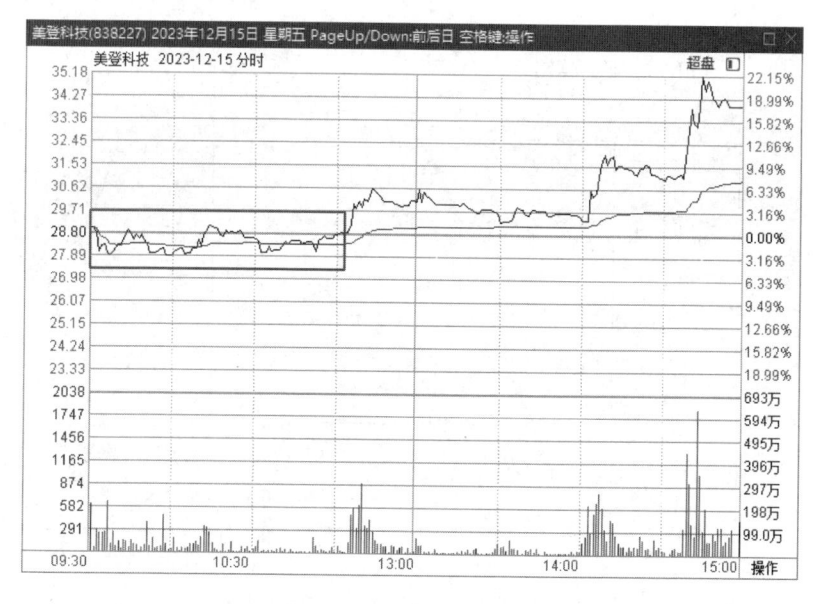

图 18-10

前收盘价的弱势压力是指,虽然前一日的收盘价对当天的股价产生了一定的压力,但是这种压力并不强烈,而且经常会被打破。

这种弱势压力通常出现在早盘或者盘中。如果弱势压力出现在早盘,可能是主力在拉升之前的一次洗盘动作,以示弱来吸引更多的散户卖出,从而降低拉升的难度。如果这种弱势压力出现在盘中,那么随后出现强力拉升的可能性比较大。

18.3 股市分时图的典型形态

分时图上的形态是指分时走势图的波形所构成的各种形状的图形。这些图形可以是局部的,也可以是整体的;可以是当天的,也可以是连续几天的。分时图的形态与日K线图有关,我们可以通过对比日线图的形态来进行分析。

18.3.1 反转形态

分时图的反转形态是指分时走势中,股价由上升形态转为下跌形态,或由下跌形态转为上升形态。常见的反转形态如表18-1所示。

表18-1

序号	名 称	顶部反转	底部反转
1	V形顶/底		
2	圆顶/底		
3	头肩顶/底		
4	双重顶/底		

续表

序号	名　称	顶部反转	底部反转
5	三重顶/底		
6	菱形顶		
7	矩形顶/底		
8	楔形顶/底		
9	上升/下降三角形		

> 菱形反转通常只出现在顶部，矩形反转出现在底部比出现在顶部的情况要多。表中1～6形态通常是反转形态，7～9形态没有走完前可能是反转形态，也可能是整理形态。

由于篇幅原因，我们这节主要介绍V形、双重底形、圆底形、头肩顶形和双重顶形等几种形态。

1. V形反转

V形反转是指股价在快速下跌或上涨的过程中，突然出现反向的走势，形成一个类似于"V"字形的形态，如图18-11所示。这种形态的出现往往是由于市场情绪的突然变化，或者是重大利好或利空消息的刺激。

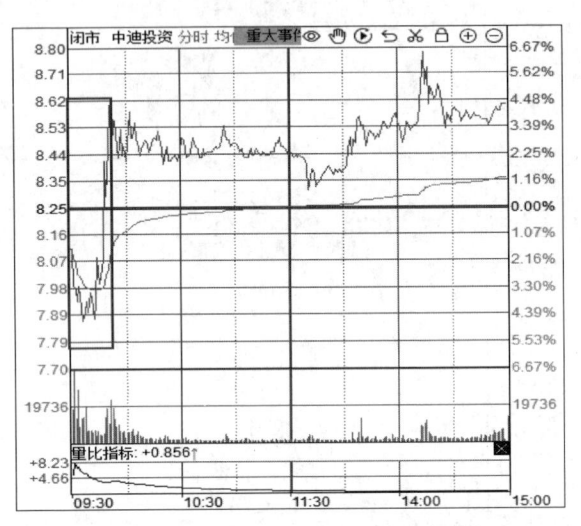

图 18-11

分时图中股价开盘就一泻千里，10分钟左右跌至谷底，下挫4.73%，然后极速拉升。在短短20分钟内，股价犹如坐过山车般，在放量过程中完成了V字形反转。

在短线股价的快速下跌中，V形反转的走势表明主力是有备而来的。这种快速杀跌的走势表明主力并不希望股价在底部停留太久，因为这样会减少其未来的操作空间。在实战中，如果分时图中的这种探底回升的走势能够延续，那么它很可能会成为买入点。因此，投资者需要密切关注这种走势，以便及时把握买入机会。

2. 双重底

双重底形态也叫W底形态，其形态特征是股价在连续下跌的过程中，形成了两个底部，且两个底部的最低点大致在同一水平线上，如图18-12所示。这种形态通常出现在股价的底部区域，是市场主力资金进场抄底的表现。

双重底形态的出现通常伴随着成交量的放大。因为在股价下跌过程中，大量筹码被套牢，而市场主力资金进场抄底需要大量的资金。当股价在底部区域企稳后，市场主力资金通过拉升股价来吸引散户跟风买入，从而推动股价上涨。

在双重底形态中，第一个底部通常是主力资金进场抄底的位置，而第二个底部则是主力资金继续拉升股价的位置。当股价突破颈线（连接两个低点的水平线）时，标志着W底形态的完成，这也是市场主力资金开始拉升股价的信号。

3. 圆底

对于价格反转形态，其规模越大，对价格上涨的推动作用越显著。如果反转形态在整个交易时段内持续存在，那么对应的反转走势就更加可靠。圆底就是这类形态的一个例子，如图 18-13 所示。投资者如果能够有效识别圆底，其盈利空间将会大大提高。

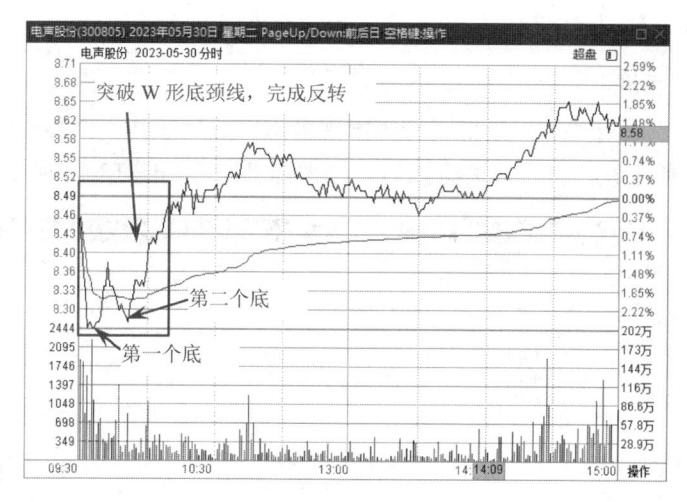

图 18-12

> 双重底形态并不是绝对的底部形态，有时也可能是主力资金出货的表现。因此，投资者在操作时需要结合其他技术指标和市场信息进行综合分析，以确定是不是真正的双重底形态。

股票价格在开盘期间一度出现冲高的情况，但是涨幅不大。盘中价格在持续回落的过程中，跌幅一度达到了 1.99%。从整体形态上来看，该股分时图中完成了圆弧底形态的反转。该反转形态几乎占据了分时图中大部分交易时间，投资者有足够的时间发现这一反转形态。当价格突破圆底颈线的时候，表明反转形态已经完成。

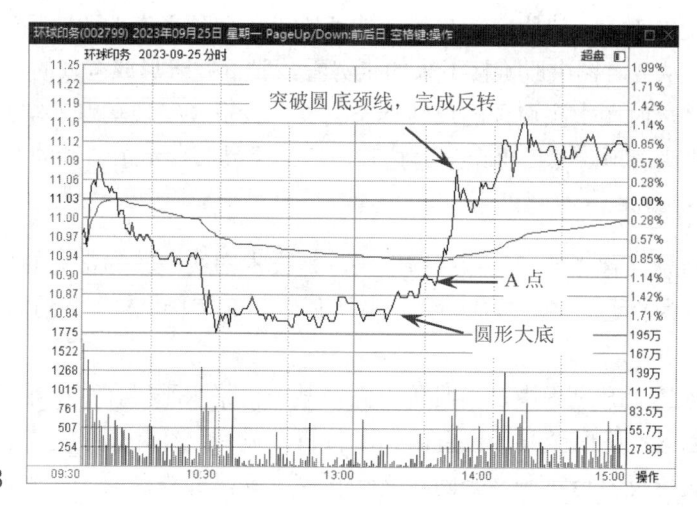

图 18-13

从价格走势来看，投资者不必等到圆形底的颈线形成再考虑买涨交易。如果已经判断出该股能够完成圆弧底的反转形态，那么投资者可以在盘中开始建仓。图中的 A 点位置是价格企稳后的支撑点，位于均价线附近。若股价能够达到这个位置，表明多方力量较强，投资者可以在这个位置考虑买入。

4. 头肩顶

所谓"头肩顶"，是指股价先出现上涨，然后短暂下跌后继续上涨，在到达最高点后开始下跌，并在短暂上涨后开始大幅下跌，如图 18-14 所示。

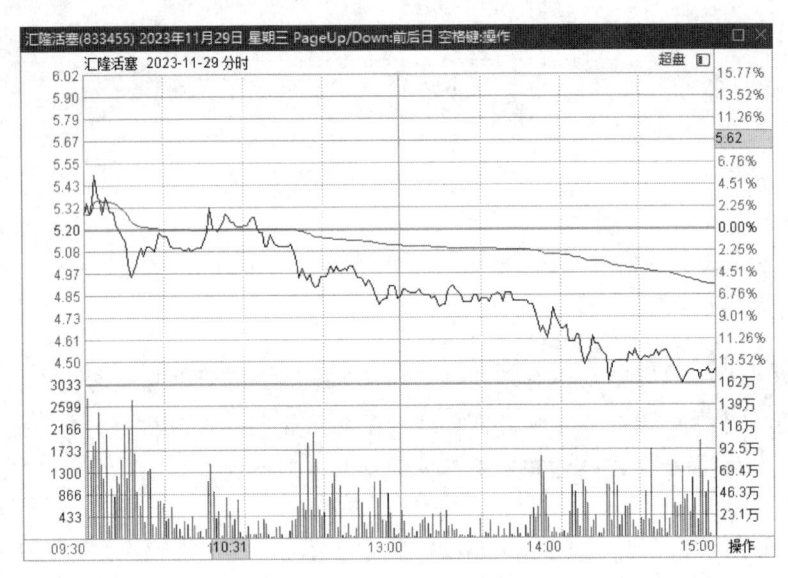

图 18-14

从分时图的走势可以看出，当日该股高开，然后小幅下跌后上扬。从成交量上看，此阶段的成交量非常大，应该是主力在诱空。7 分钟后股价跌破头肩顶颈线，头肩顶形成。

从图中来看，该股空头趋势中快速跌破头肩顶形态的颈线后，盘中空头趋势就此展开。从分时图中股价接下来的走势看，股价并未形成有效的反弹。

单从分时图中头肩顶的反转形态来看，投资者发现卖点其实并不困难。股价开盘即形成头肩顶，然后再无强力拉升，这已经显著揭示了该股的基本运行趋势。

5. 双重顶

双重顶又称"双顶"或"M"头，是技术图线中较为常见的反转形态之一。它由两个较为相近的高点构成，其形状类似于英文字母"M"，因而得名，如图 18-15 所示。

在连续上升过程中，当股价上涨至某一价格水平时，成交量显著放大，股价开始掉头回落；下跌至某一位置时，股价再度反弹上行，但成交量较第一高峰时略有收缩。股价反弹至第一高峰附近之后再度下跌，并跌破第一次回落的低点，股价的移动轨迹像 M 字，双重顶形成。

图 18-15

18.3.2 横盘形态

横盘又称盘整，是指股价在一段时间内波动幅度小，无明显的上涨或下降趋势，股价呈牛皮整理形态。该阶段的行情振幅小，方向不易把握，是投资者最迷惑的时候。

横盘不仅出现在顶部或底部，还会出现在上涨或下跌途中。当出现横盘形态时，投资者不应参与操作，应注意观察，待形态走好后，再顺势介入。

1. 高位横盘

高位横盘形态的基本特征是：股价在开盘后短暂上涨，然后在一个相对较高的位置稳定下来，并在均价线附近横向波动，直到收盘时仍保持这种状态，如图 18-16 所示。

高位横盘形态的出现，意味着在开盘时，该股吸引了大量买方，股价因此上涨。然而，随着时间的推移，买方力量逐渐减弱，而卖方也没有显著增加，导致股价在高位保持稳定，形成了横盘整理的态势。

高位横盘隐藏的机遇如下。

（1）在行情上涨阶段的初期或相对底部区域，如果出现高位横盘形态，并且 K 线图下方的成交量明显放大，那么后市股价上涨的概率较大。

（2）如果高位横盘形态出现在股价长期下跌走势中，那么主力利用这种形态进行诱多出货的可能性较大。

（3）当高位横盘形态出现时，如果股价以阳线或大阳线收盘，且行情正处于 K 线图中的均线系统上方运行，这表明股价已经进入上涨趋势，行情持续上涨的概率较大。

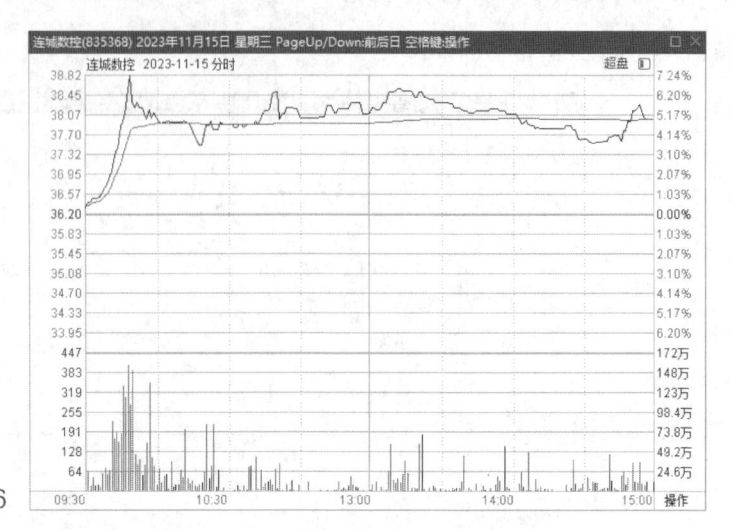

图 18-16

> 股价位于短期均线上方时，短期内持续上涨的概率较大；位于中期均线上方时，中期内持续上涨的概率较大；位于长期均线上方时，长期内持续上涨的概率较大。

2. 低位横盘

低位横盘形态的基本特征：股价开盘即下跌，价格线跌破均价线；在随后的整个交易日中，行情基本保持在低位整理，直到收盘时，股价依然在低位横向运行，如图 18-17 所示。

图 18-17

低位横盘形态的出现，通常表明该股存在大量的主动卖盘，这是后市看跌的信号。

低位横盘隐藏的风险如下。

（1）如果市场价格已经大幅上涨，并在相对高位出现其他顶部形态，那么未来价格下跌的可能性较大。

（2）如果股票价格短期内出现超买现象，并且大盘走势呈现疲软，那么该股票下跌的概率会增加。

（3）如果市场正处于一个向下的阻力区域，那么未来价格持续下跌并创新低的可能性会增加。

（4）如果股价以阴线或大阴线收盘，且当日下跌时成交量放大，同时当日股价跌破了短期均线，这可能意味着该股票已经进入短期下跌趋势，未来持续下跌的可能性较大。

> 股价位于短期均线下方时，短期内持续下跌的概率较大；位于中期均线下方时，中期内持续下跌的概率较大；位于长期均线下方时，进入熊市的概率较大。

18.3.3 反复震荡调整分时图

反复震荡形态的基本特征是横盘震荡整理。股价自开盘之后就涨跌不定，价格线围绕均价线时而上涨、时而下跌，具体方向无法确定。在随后的整个交易日内，行情均保持这种状态，如图18-18所示。

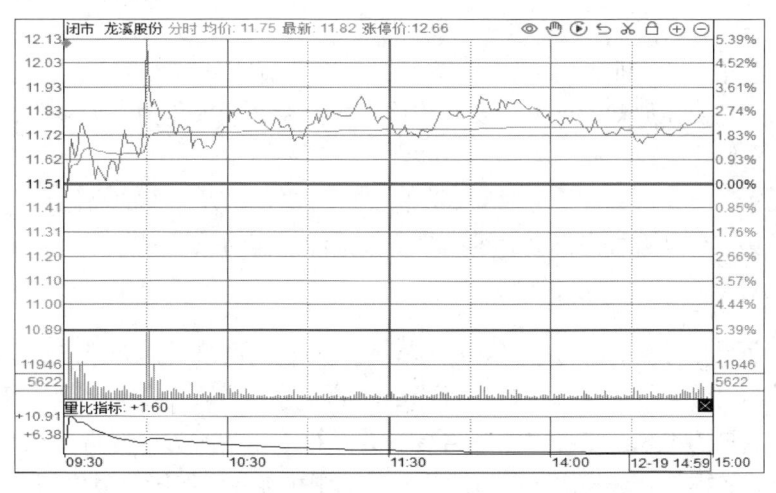

图18-18

反复震荡形态的出现，意味着该股票当日的买卖双方力量相对均衡，市场走势尚未明朗。因此，这种形态出现在股价低位和高位时，其代表的含义截然不同。

如果在上涨阶段出现反复震荡形态，这可能表明市场正在消化获利盘，后市持续上涨的概率较大。然而，如果在股价已经大涨的顶部区域出现反复震荡形态，并伴随着日 K 线图中成交量的突然放大，投资者应提高警惕，防止主力出货导致股价下跌。一旦股价下跌，应及时平仓或减仓。

由于反复震荡形态是一种不确定的走势形态，投资者必须根据日 K 线图中的长期趋势对其进行综合评估，才能作出准确的判断。

反复震荡形态隐藏的机遇与风险如下。

（1）在上涨行情中，若行情明显超买且日 K 线出现顶部形态，则后市走低的概率较大；在下跌行情中，若行情明显超卖且日 K 线出现底部形态，则后市走高的概率较大。

（2）如果股价在日 K 线图中的短期均线上方运行，说明股价已经进入了短期上涨趋势，短期内行情持续上涨的概率较大；反之，短期内持续下跌的概率较大。

> 如果反复震荡形态出现在中期或长期均线的上方，则中长期内行情持续上涨的概率较大；反之，中长期内行情持续下跌的概率较大。

18.4 新股民学堂——多日分时图的支撑与压力

多日分时图的支撑位和压力位，也是盘口分析的关键要领之一，多日分时图不仅包含了当日分时图的技术特点，还增加了一些新的技术特点。

1. 多日分时图的支撑位

分析多日分时图支撑位的第一步是查看前面分时图明显放量的地方是什么位置。凡是明显放量的地方，要么构成支撑，要么构成压力。如果股价突破了这些地方，它们就成为支撑，如图 18-19 所示。

第二步是查看前面分时图走势的主要波形，以及它们的高低点。

第三步是查看当日分时图的量价关系和前面的分时图之间的关系。

2. 多日分时图的压力位

多日分时图的压力位和量能关系十分密切。在分析时，需要注意观察前面分时图放量的位置，特别是那些最大量峰出现的位置。当股价在某一天或某一时段内出现明显放量的现象，这通常意味着该位置存在大量的卖盘或买盘，从而构成了一个压力位或支撑位。这些位置在后续的分时图中可能会继续影响股价的走势，如图 18-20 所示。

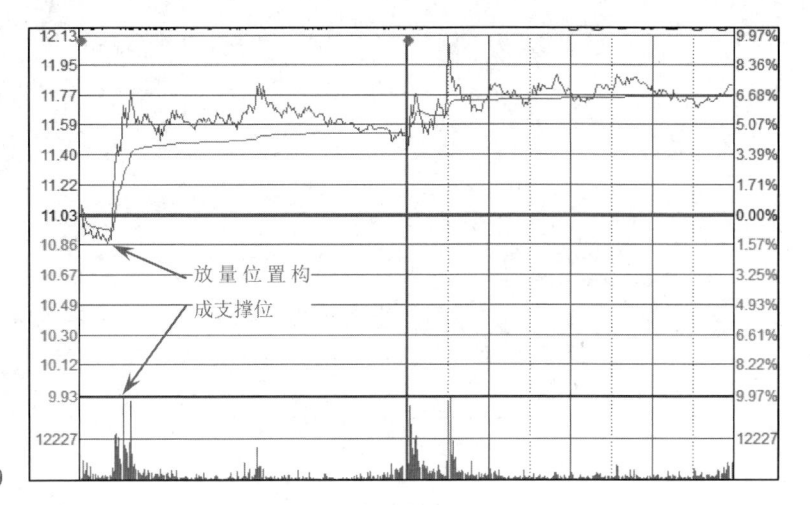

第18章 支撑与压力的博弈——分时图中的力量对比

图 18-19

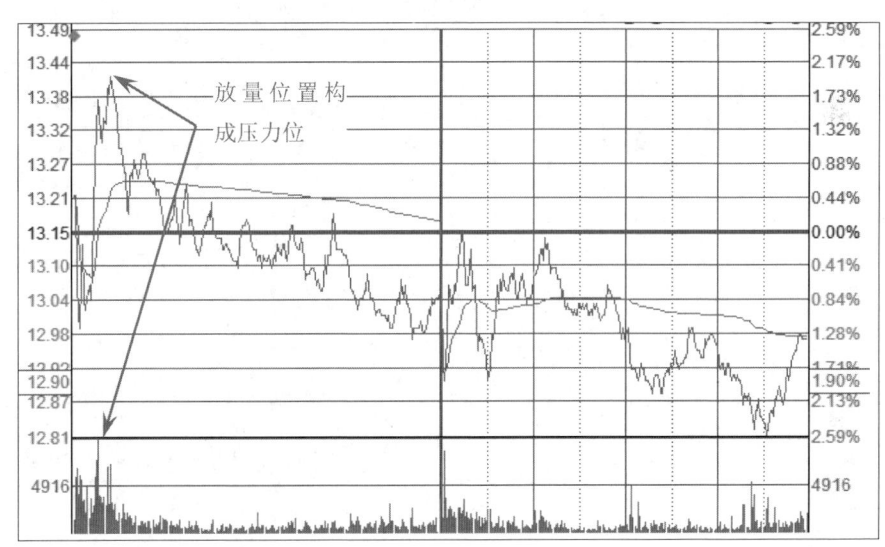

图 18-20

第19章

精准建仓——分时图建仓与卖出的艺术

"买卖不争毫厘。"——古商业谚语

分时图建仓与出货主要是为短线或超短线投资者提供买入或卖出的启动点，以及通过分时图捕捉庄家主力的意图。本章将向投资者传授在分时图中精准建仓与卖出的技巧，并强调在合适的时机进行买卖操作的重要性。

19.1 分时图中股票买入卖出要领

分时图分析的核心在于买入卖出要领，它关乎如何在分时图上精准选择买卖点。分时图的买入卖出点从不同的角度来看有不同的说法，由于篇幅所限，我们只选择一些常见的买入卖出技术进行讲解。

19.1.1 分时图的买入要领

分时图的买入要领可简单概括如下。

一是当日的均价线支撑力度，这是分时买入的关键。

二是关键时间节点的支撑位，如早盘开盘三线、上午第二时段、下午整点时段和尾盘阶段都是重要的买入时间点。这些节点经常出现良好的买入机会，因此需要重点关注。

三是当日分时形态的支撑力度。

四是前收盘价的支撑力度。

1. 早盘均线买入要领

早盘的走势对全天有着重要影响。早盘股价屡次回调而不能击穿均价线，就可以认为均线支撑比较有利。

如果均线不断向上倾斜，而分时曲线高点和低点也如影随形地不断上移，则表明强势特征明显。

符合以上条件，就可以认为短线买点已经出现，投资者可以在均价线附近适当建仓，如图19-1所示。

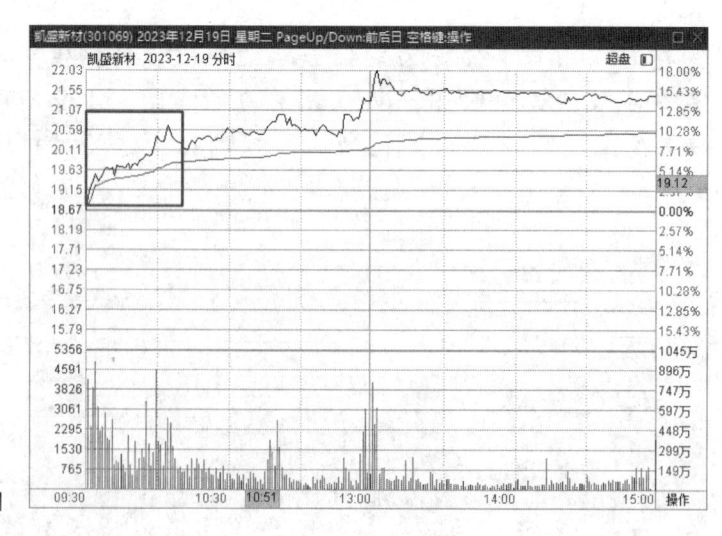

图 19-1

2. 盘中均线买入要领

盘中分时图建仓点很容易识别，如果均线不断向上倾斜，而分时曲线高点和低点也如影随形地不断上移，表明强势支撑特征明显，买盘强大，攻击力十足，可以逢低建仓，如图 19-2 所示。

图 19-2

3. 盘尾均线买入要领

如果尾盘阶段均价线开始向上倾斜，且成交量柱出现密集堆量拉升，说明有主力入场，股价的交易重心即将上涨，此时可以在均价线附近选择低点适当买进，如图 19-3 所示。如果是首次建仓，建议仓位不要超过 30%。尾盘是很多稳妥短线投资者买入的时间点。

图 19-3

如果尾盘阶段均价线虽然向上倾斜，但量柱单一，这可能是有人故意制造虚假交易量和股价波动，此时应持观望态度。

19.1.2 分时图的卖出要领

一是当日的均价线压力力度，这是分时卖出的关键。

二是关键时间节点的压力位，如早盘开盘三线、上午第二时段、下午整点时段和尾盘阶段都是重要的卖出时间点。这些节点经常出现良好的卖出机会，因此需要重点关注。

三是当日分时形态的压力力度。

四是前收盘价的压力力度。

1. 早盘均线卖出要领

早盘分时图卖出形态主要包括双顶、头肩顶、尖刀顶和平顶等。如果这些形态出现在近期股价的高位，则是典型的出货信号。相反，如果这些形态出现在近期股价的低位，则可能是洗盘操作。洗盘后，股价可能会沿着原来的趋势上涨，如图19-4所示。

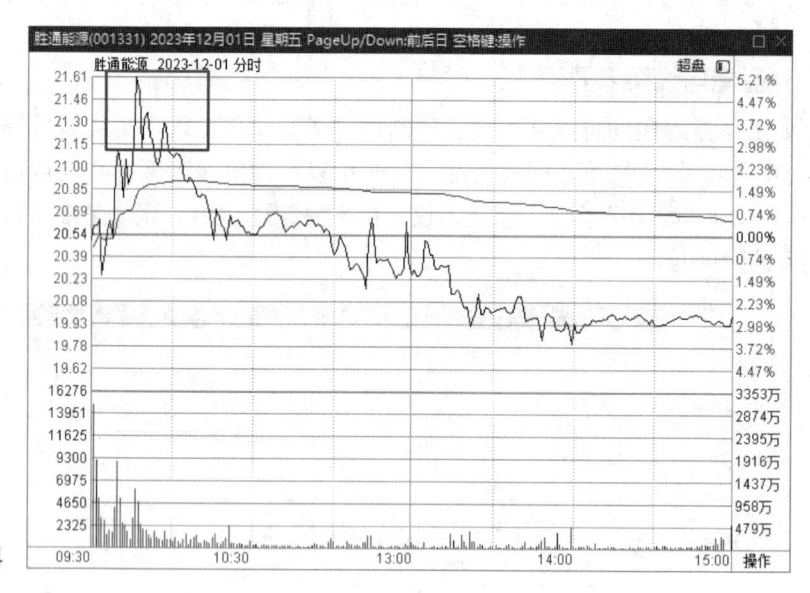

图 19-4

2. 盘中均线卖出要领

图19-5是典型的盘中顶背离形态。所谓盘中顶背离，是指在盘中出现明显的量价背离，股价创出了新高，而成交量柱却出现了萎缩。

如果盘中出现明显的顶背离，投资者需要坚决减仓，甚至直接清仓，以确保资金安全。如果仓位比较重，则需要分批减仓。如果仓位比较轻，可以选择尾盘或者

下一个交易日寻找低位适当回补，以保持适当的仓位。

图 19-5

3. 盘尾均线卖出要领

图 19-6 所示的技术形态被称为"尾盘回头波"，也可以称为"尾盘反抽"或"尾盘冲高回落"。所谓尾盘回头波，是指在尾盘阶段，股价出现放量冲高，然后迅速回落，形成类似于波浪状的走势。这是典型的阶段性出货走势。

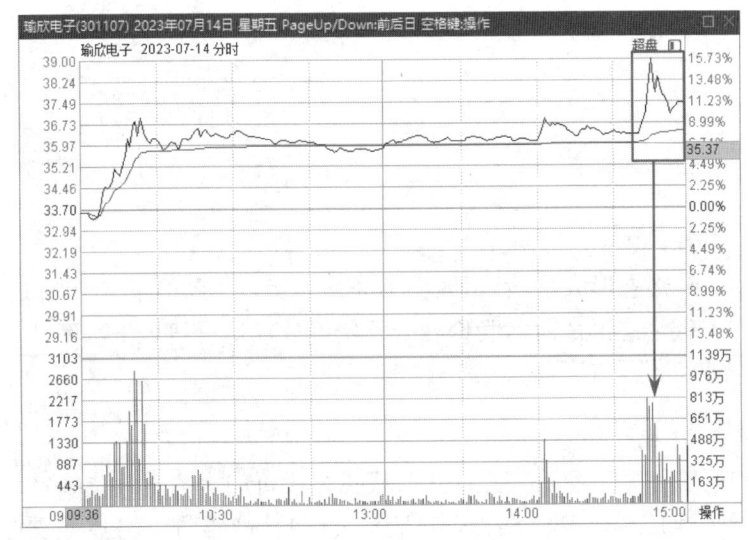

图 19-6

尾盘回头波形态如果出现在近期股价的低位，通常是典型的洗盘动作，反之，如果出现在近期股价的高位，则是阶段性出货动作。

任何时候出现尾盘回头波走势，都预示着随后可能会出现低点。因此，在这种情况下，选择适当减仓并回笼资金，才是明智之举。

19.2 分时图中股票买入建仓信号

分时图给短线投资者建仓出货提供了有力的技术支持，比如前面介绍的均线支撑位、均线压力位、V形反转、双重底、圆底、头肩顶、双重顶都是建仓或出货的信号，这节我们再介绍一些常见的分时图建仓形态。

19.2.1 三重底

三重底是指股价线经过一段时间深跌后，先后出现了三个差不多处在同一水平线上的低点，这三个低点叫作"三重底"，如图 19-7 所示。

图 19-7

1. 三重底的形态特征

（1）该形态形成前，股价必须是下跌走势，下跌的幅度一般大于 2%。

（2）该形态形成时，股价线必须始终处在均价线之下，而且"颈位线"要始终保持在均价线之下。

2. 买入技巧

（1）三重底有两个买点：第一买点是股价向上突破颈位线时，买入的前提是颈位线低于均价线；第二买点是在股价突破颈线后回抽颈线受到支撑，再度放量上攻时，这是一个相对安全的买入信号。

（2）当股价线与均价线之间的距离较近时形成的三重底，不宜进行操作。较为理想的情况是，股价线与均价线之间的距离（乖离率）应该小于 -0.5%。它们之间的距离越大，收益就越大。

（3）开盘后股价线下跌的幅度超过 1.5% 时形成的三重底较为可靠。

（4）如果出现多次"三重底"形态，最后一次最可靠。

（5）在经历多次波动后出现的"三重底"形态，是最可信的买入信号。

19.2.2 步步高

步步高形态是指，股价经过一段下跌后，在低位形成多个底部，且一底高于一底，如图 19-8 所示。

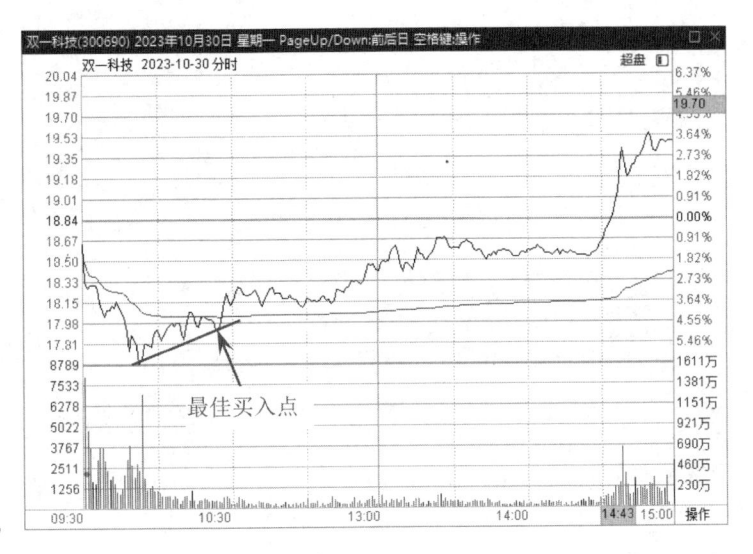

图 19-8

1. 形态特征

（1）在该形态出现之前，股价通常经历了一段较长时间的下跌趋势，且跌幅超过 2%。

（2）在该形态形成过程中，所有的底部都必须位于均价线以下，且股价一般不在中途上穿均价线。

（3）在该形态中，多个底部的低点应该只是略微抬高，且后续低点的总升幅不能超过 5%。

2. 买入技巧

（1）步步高形态的最佳买点通常出现在股价线向上穿越均价线时的交叉点，这通常发生在形态中的后面低点形成之后。

（2）步步高形态要求股价线在均价线之下，并且股价线在上升到均价线之前，已经形成步步高的低点。

（3）标准的步步高形态要求底部一个比一个高。非标准的步步高形态可以允许前面的几个低点相同，但最后一个低点必须高于前面的低点。

19.2.3 对称涨跌

对称涨跌是指，开盘后，在短时间内股价大幅上涨，达到某一高度后（上涨大于 2%），股价突然向下，在短时间内，跌幅等于前面上涨的幅度，如图 19-9 所示。

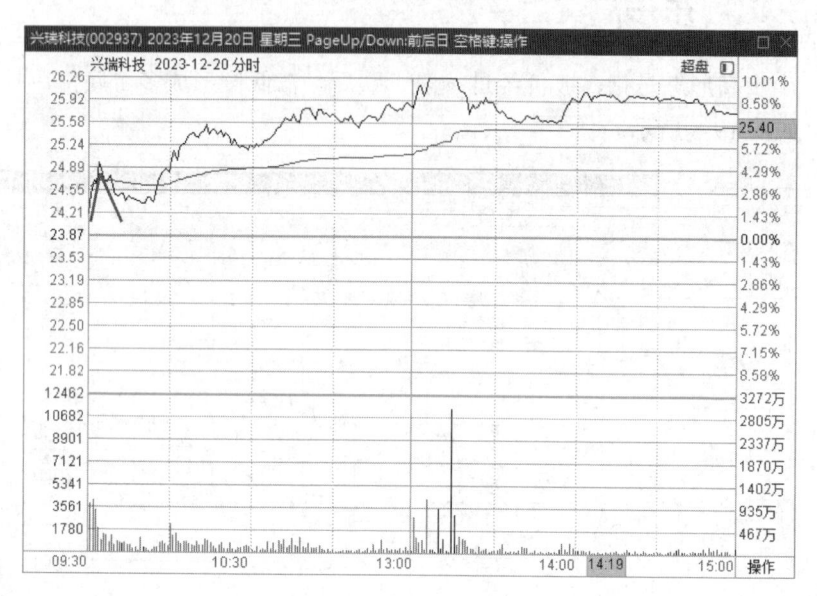

图 19-9

该形态的买入技巧如下。

（1）股价上涨幅度必须大于 2%，且涨跌幅度大致相等。

（2）只有在上午出现时才能操作，在下午出现时不可买入。

（3）股价的当前位置必须在低位才能操作。

19.2.4 突破整理平台

突破整理平台是指股价线向上突破前面横向整理期间形成的平台，如图 19-10 所示。

1. 形态特征

（1）股价线在某一特定价位需要进行长时间的横向整理，这个过程应持续至少 30 分钟。

（2）股价线应与均价线保持密切接触，波动幅度较小，同时形成的高点基本在同一水平线上。

（3）在整理期间，均价线应保持基本水平，没有明显的波动和起伏。

（4）股价线需要向上突破平台的最高点，这是判断股价上涨的重要标志之一。

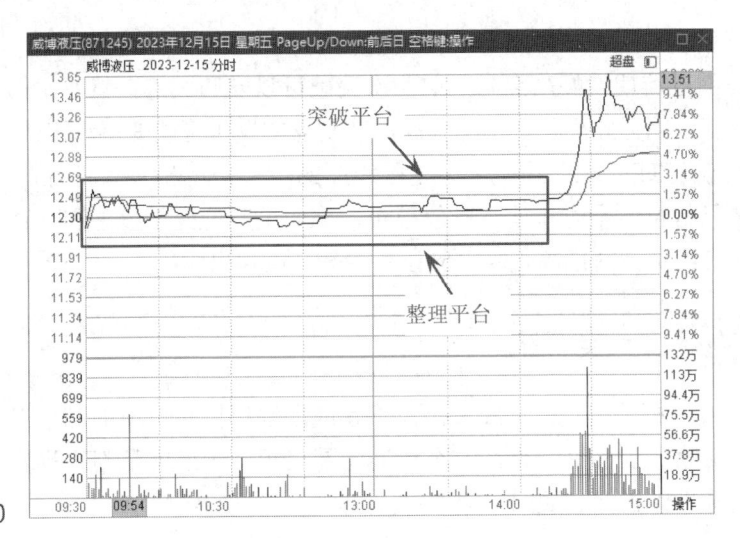

图 19-10

2. 买入技巧

一个交易日中，可能会出现多次"突破整理平台"的情况。首次出现这种情况时，应当立即买入。第二次出现时，如果涨幅并不显著，同样可以考虑买入。然而，当第三次出现"突破整理平台"时，应该拒绝买入。

19.2.5 突破前期高点

突破前期高点是指，股价在上升途中超越之前的高点。图 19-11 所示的分时图多次突破前期高点。其中，第一次突破时可以果断买入，第二次突破时也可以买入，第三次突破时需要谨慎买入，第四次、第五次突破时不建议买入。

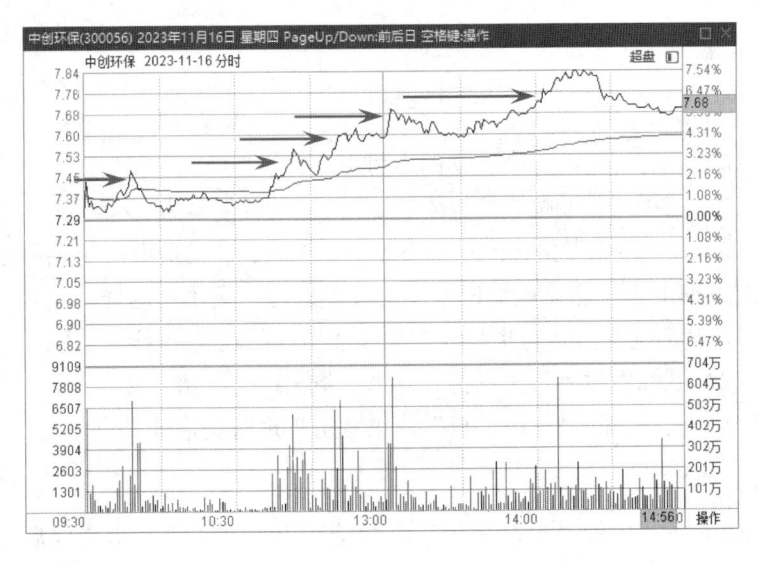

图 19-11

该形态的买入技巧如下。

在超过前期波峰高点时，前两次突破可以安心买入。然而，第三次突破时则需谨慎行事，因为此时价位已经较高，获利盘的抛压可能变得沉重。

突破前期高点的买入点与日 K 线图的走势密切相关。只有在日 K 线图显示上升趋势且价位适中时，才可以放心买入。如果股价处于盘整和下跌趋势的高位，那么在第三次突破前期高点时，应该考虑平仓或卖出。

19.2.6 一波三折

一波三折是指，股价线在一段下跌或上涨行情中出现的三个下降或三个上升的波浪。一个波浪称为一折，三个波浪就是三折。该形态是判断行情是否见底或见顶的"航标"性指标，如图 19-12 所示。

图 19-12

1. 形态特征

（1）要有明显的三个波动的走势形态。

（2）三折的总波幅不能少于 3%，波动的幅度越大，买进的收益就越大。

（3）三折只能发生在同一价格波动范围内。也就是说，当股价跌破某一均线时，其后的下跌走势只能在该均线所在的波动范围内发生；同样，当股价向上突破某一均线时，其后的上涨走势也只能在该均线所在的波动范围内发生。

（4）下降中的"一波三折"，第三折出现时是最佳买点。

（5）上涨中的"一波三折"，第三折出现时是最佳卖点。

2. 买入技巧

（1）下降中的"一波三折"，最佳买点出现在第三折形成后，股价刚开始向上勾头时的第一档价位。买入时最好分批买入，待股价上穿均价线时再加仓买入。

（2）上涨中的"一波三折"，最佳卖点出现在第三折形成后，股价刚开始向下掉头时的第一档价位。

（3）不论是下降或上涨中的"一波三折"，总跌幅或总升幅都不应少于3%，如果不满足这一条件，则不应进行操作。

19.3 分时图中股票卖出信号

上一节介绍了分时图建仓买入信号，本节来介绍分时图卖出信号。

19.3.1 一顶比一顶低

一顶比一顶低是指股价上升到高位后，先后出现三个以上的顶峰，且顶峰一个比一个低，如图19-13所示。

该形态具有以下特征。

（1）股价线和均价线必须位于前收盘线之上。

（2）第一个顶出现时，当天的股价上升的幅度不小于5%。

（3）三个顶和所夹的两个谷底的股价线，均在均价线之上。

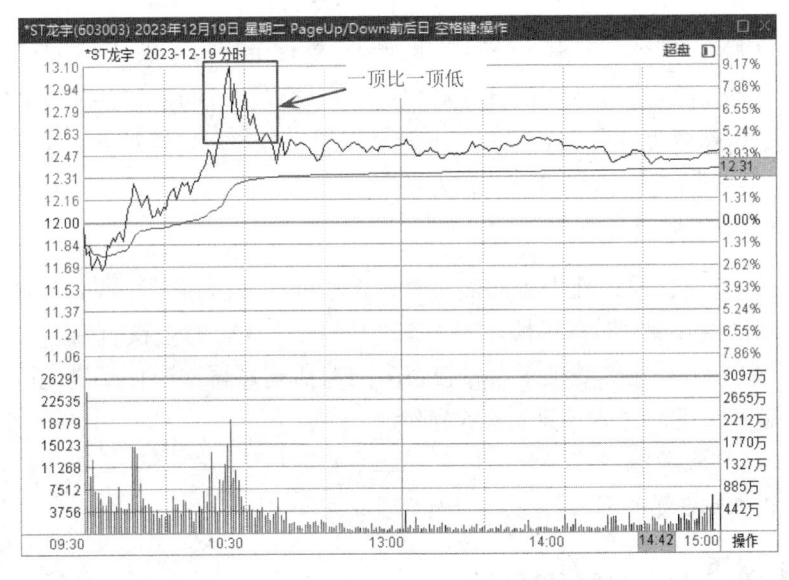

图19-13

> 依据一顶比一顶低形态卖出后，如果当天出现急跌的走势，跌幅超过5%以上且有止跌迹象，投资者还可以买进。在以后反弹到一定高度时卖出。

19.3.2 跌破整理平台

跌破整理平台是指，股价线在离均价线较近的地方进行长时间的横向盘整后向下跌破平台，如图 19-14 所示。

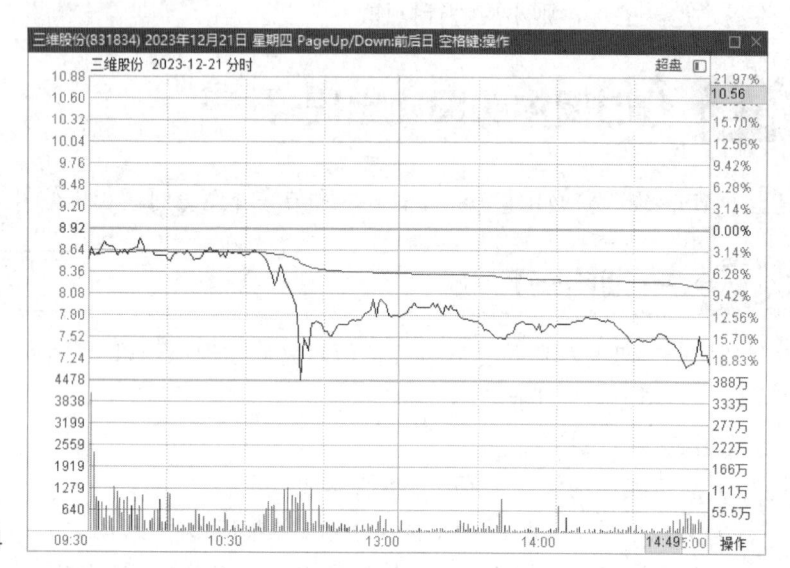

图 19-14

1. 形态特征

（1）跌破平台之前，必须先出现一段横盘走势，形成一个明显的盘整平台。

（2）当股价线跌破平台低点后，通常会在短时间内反弹至平台低点附近，然后再一次跌破平台低点。此时可以确认跌破平台形态已经形成，这是最佳的卖出时机之一。

2. 卖出技巧

（1）要把握跌破平台的卖出时机。最好在股价第一次跌破平台时卖出。当股价第二次跌破平台时需谨慎，因为此时跌幅已较大，有杀跌的风险。

（2）一旦股价跌破平台，投资者应避免当日再次逢低买进，因为这可能意味着在追逐市场，这是一种危险的操作。

（3）应考虑跌破平台的位置。如果平台位于低位区，投资者不仅应卖出，反而可以考虑在破位时买进，第二天可逢高点卖出。

19.3.3 跌破前期低点

跌破前期低点是指，股价在下降途中，跌破了前期谷底的低点。如果出现"跌破前期低点"形态，则预示着股价会有不小的跌幅，如图 19-15 所示。

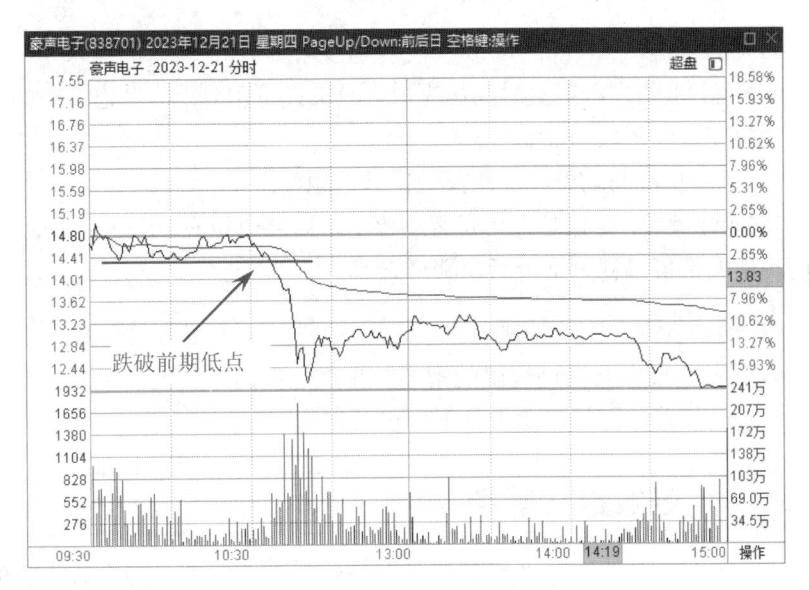

图 19-15

该形态的卖出技巧如下。

（1）跌破前期低点形态只有在 K 线位于高位区域时才可以卖出。

（2）在一个交易日中，有时会有多个"跌破前期低点"形态出现，建议投资者在第一次跌破前期低点时卖出。

19.3.4 开盘急涨

开盘急涨是指一开盘就向上急涨，上涨的过程在短时间内完成。一般情况下会在当天出现急跌，急跌后开始卖出，如图 19-16 所示。

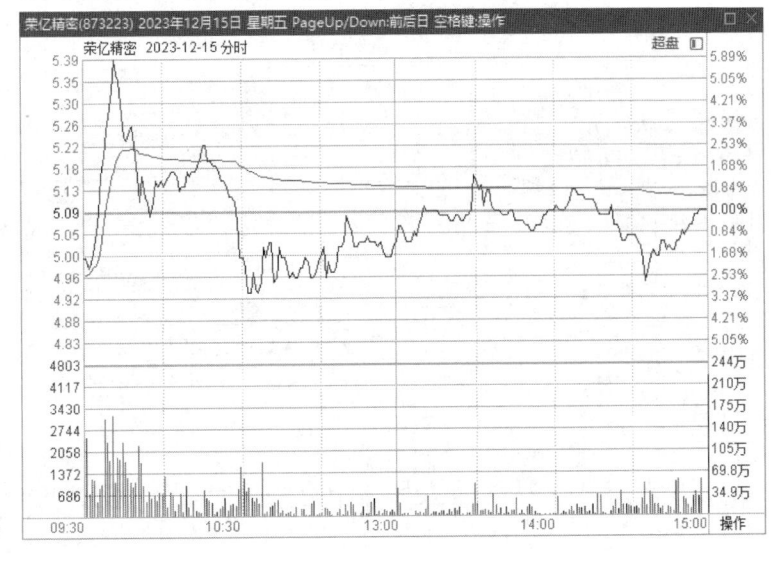

图 19-16

1. 形态特征

（1）上涨的过程在短时间内完成，股价线呈垂直上升状态，中间不能有波折，上涨的幅度一般不低于3%。

（2）股价线与均价线的距离拉得越远越好。

（3）开盘后，无论是经历短暂小幅下跌后急速拉升，还是短暂横盘后急速拉升，这两种情况都可以视为开盘后急涨形态。

2. 卖出技巧

投资者应采取要快进快出的策略，在高位卖出，在低位买入。但是，如果股价已处于较高位置，则只可卖出，不可买入。

19.3.5 前收盘线阻挡

前收盘线阻挡是指前收盘线阻挡股价线向上涨升的一种走势。股价线在开盘后有一段下跌的过程，跌幅不少于3%。下跌的幅度越大，后市获利的可能性就越大。

股价线、均价线、收盘线三线必须出现过"股价线在下，均价线居中，收盘线在上"的走势。

收盘线阻挡可以分为接近式、接触式和略超式三种情况。

1. 接近式阻挡

接近式阻挡是指分时线离前收盘线还有一点距离时就停止前进。如图19-17所示，接近式前收盘线阻挡，每个高点是最佳卖出点。

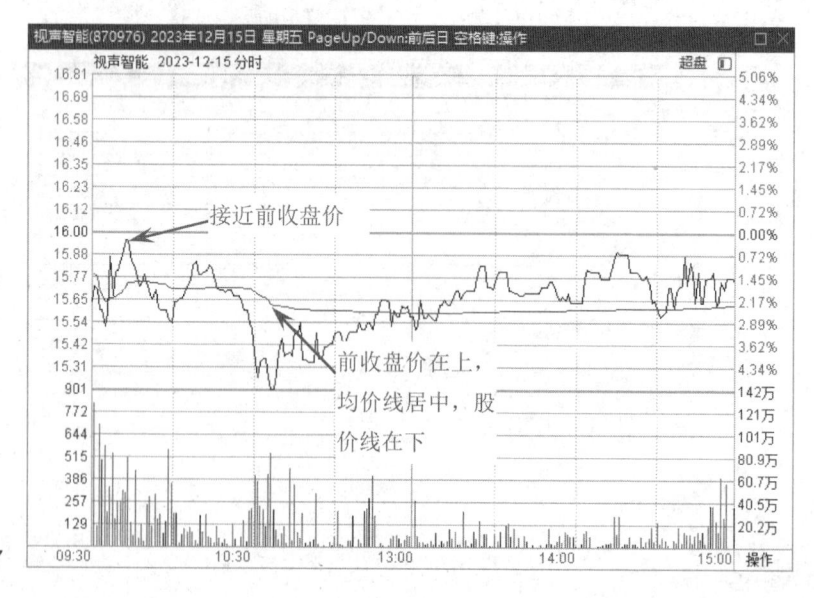

图 19-17

2. 接触式阻挡

接触式阻挡是指股价线与前收盘线刚一接触就掉头下行。如图19-18所示，接触式前收盘线阻挡，在接触点或接近前股价线时卖出。

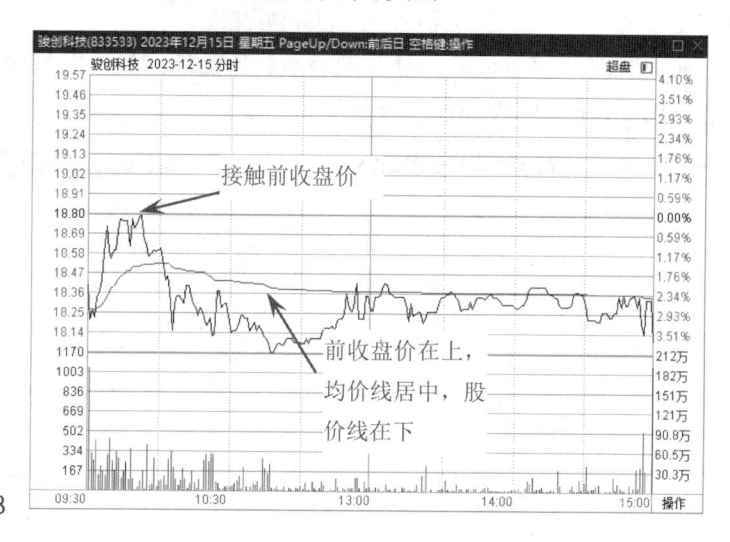

图 19-18

3. 略超式阻挡

略超式阻挡是指股价线上穿昨日收盘线后才掉头下行。如图19-19所示，略超式前收盘线阻挡，投资者在股价线上穿收盘线时卖出为好。

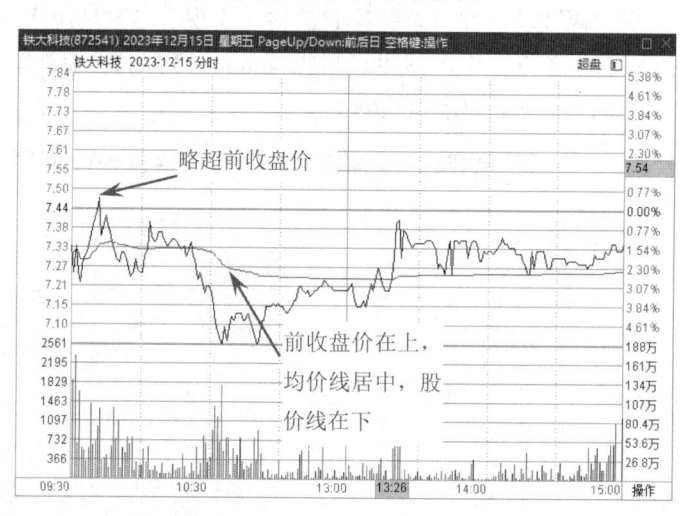

图 19-19

> 前收盘线阻挡卖出时，投资者应注意该股的K线图，只有当K线图上的股价处于高位或下降途中时，才可以卖出。如果股价处于调整后的低位，投资者要谨慎操作。

19.4 新股民学堂——分时图解读庄家出货

庄家出货的分时图形态最常见的有以下两种。

第一种是开盘成交量很大，分时图显示股价迅速冲高，然后快速回落，这是庄家出货的表现，如图19-20所示。

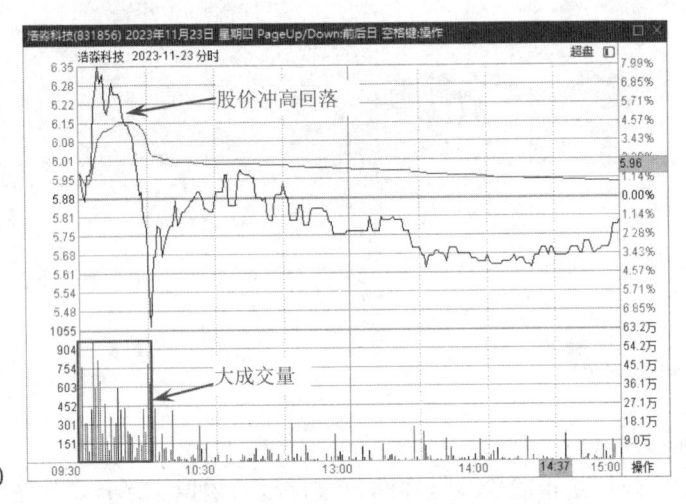

图 19-20

第二种是分时图显示的股价振幅很大，成交量也很大，但是涨幅却不成比例。分时图上出现大幅波动，并有杀跌拉起的情况出现，这种情况多是庄家出货造成的，如图 19-21 所示。在该图中，该股当日振幅高达 13.36%，而涨幅仅为 2.56%，成交量为 76.44 万手，成交金额达到 9.68 亿。

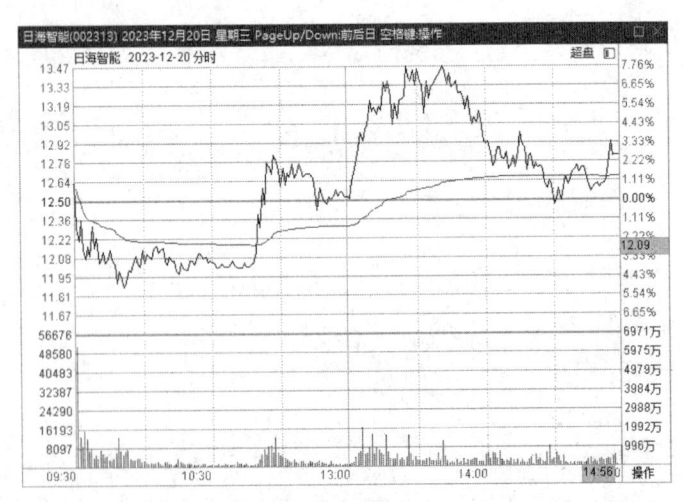

图 19-21

第 4 篇

交易实战篇

本篇聚焦于K线图和均线理论在股市交易中的应用。通过解读K线图中的智慧,识别各种K线买卖信号和组合攻略,帮助交易者在股市中把握趋势,决胜千里。此外,还深入探讨了均线稳健盈利策略,解密了均线形态与趋势关系,并揭示股市趋势的秘密。

- ✧ 21种K线买卖信号——把握趋势,决胜股市
- ✧ 14种K线组合攻略——买入信号的精准识别
- ✧ 卖出不迷茫——18种K线卖出信号的判断与执行
- ✧ 选股有道——K线图助力发掘潜力股
- ✧ 均线稳健盈利策略——股票买卖的制胜法宝
- ✧ 均线形态与趋势——股市趋势揭秘
- ✧ 均线特殊组合——高手解锁股市盈利新模式

第20章

21种K线买卖信号——把握趋势，决胜股市

"顺势而为，事半功倍。"——道家哲学

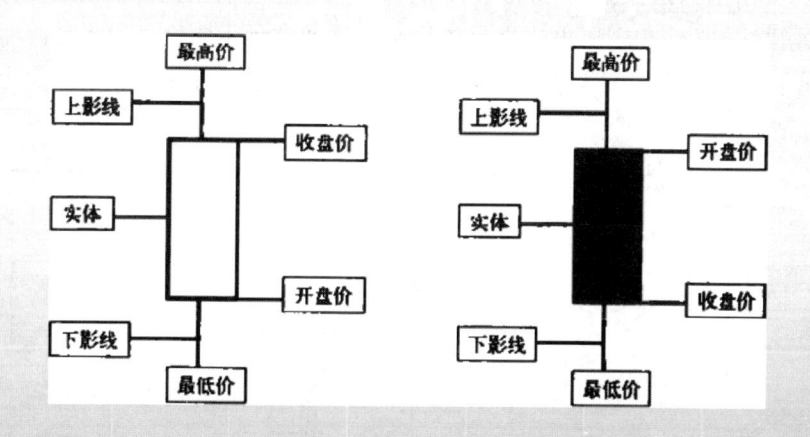

单根K线主要依据实体的长度和上下影线的长度来衡量多空双方的力量。本章将教授投资者如何根据K线图中的买卖信号来把握市场趋势，以便在股市买卖过程中做出明智的决策。

20.1 单根阳线的股票买卖技法

阳线表示多方占优势，阳线实体的大小决定了多方力量的强弱。根据实体的大小和有无影线，阳线可分为极阳线、小阳线、中阳线、大阳线、光头阳线、光脚阳线和光头光脚阳线。

20.1.1 极阳线

极阳线是指收盘价略高于开盘价，且股价波动范围在 0.5% 左右的阳线。当极阳线出现时，通常意味着目前处于不明确的状态，未来趋势难以预测。

图 20-1 所示为国脉文化（600640）的 K 线图，该股前期处于大幅上涨行情中。在股价创出新高后，出现了射击之星的形态，这通常预示股价见顶下跌。而在下跌初期出现了极阳线的 K 线形态，意味着股价将继续下跌。随后，该股确实走出了一波下跌行情。

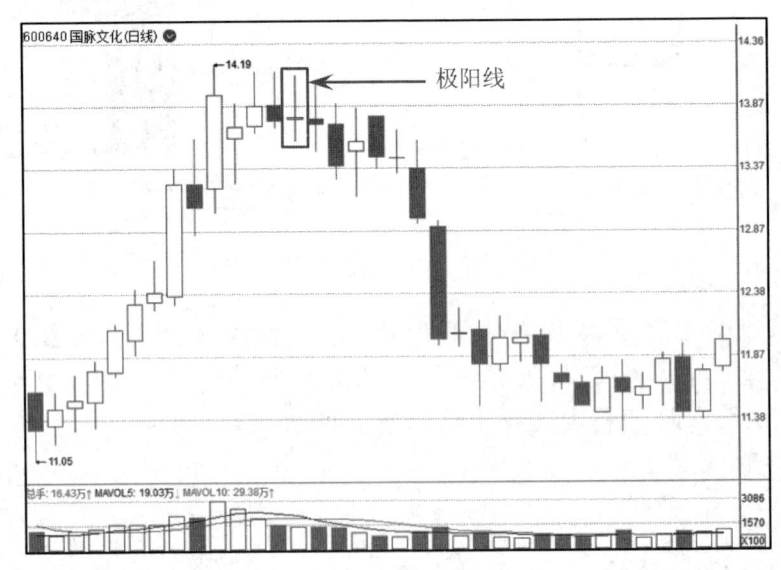

图 20-1

20.1.2 小阳线

小阳线是阳线的一种，其实体部分较短，股价波动范围通常在 0.6% ~ 1.5% 之间。这表明多空双方在进行小型对抗，最终多方以微弱优势获胜。当小阳线出现时，通常意味着行情不明朗，股价涨跌难测。然而，单独一根小阳线的研判价值并不大，投资者应结合其他 K 线形态或技术指标来进行更准确的判断。

图 20-2 所示为信达地产（600657）的 K 线图，该股在前期经过一轮下跌后，已逐渐呈现出稳步上涨的趋势。在上涨途中，该股于 2023 年 7 月 20 日收出一根小阳线，说明多方势力比较强，而空方势力比较弱，这就预示着股价还将延续先前的上涨行情。随后，股价持续上涨了十多天。

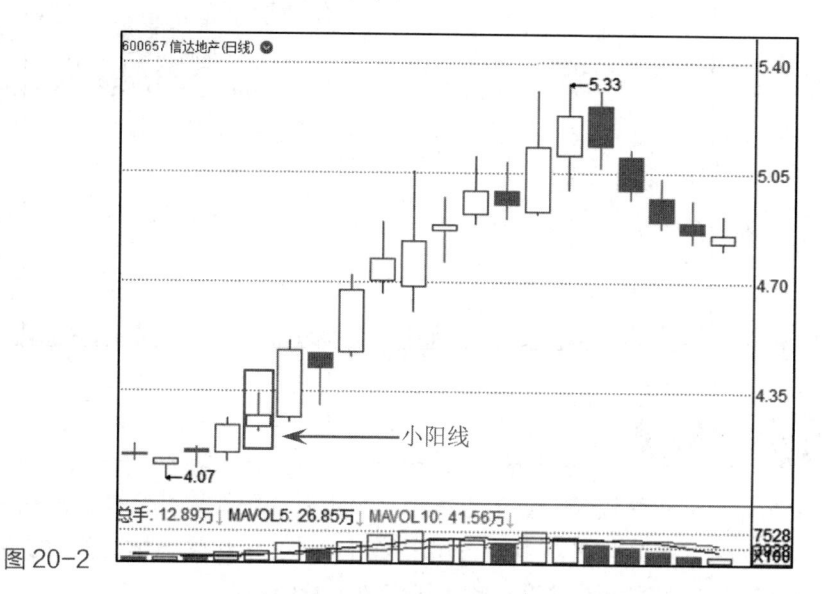

图 20-2

> 如果小阳线出现在上涨行情的初期，并伴随着成交量放大，通常意味着股价仍将上涨一段时间。

20.1.3 中阳线

中阳线是收盘价比开盘价高出 1.6%～3.5% 的阳线。虽然它没有大阳线那么明显，但依然能够清晰地显示出多方占优。如果在上涨行情中出现了中阳线，意味着上涨行情可能会继续；如果中阳线出现在下跌行情中，则可能预示着市场将出现向上反弹。

图 20-3 所示为中华企业（600675）的 K 线图，该股在 2023 年 5 月 30 日经历了一轮阴跌之后，走出阴霾开始上涨。到了 6 月 14 日，在连续两天下跌后，走出了一个中阳线，当日涨幅为 3.19%，说明前两天虽有小挫但多方力量依然较强。之后，整体趋势依然上涨，这轮涨势持续了两个多月。

同年 10 月 24 日，股价经历了一轮下跌后，于当日走出了一个中阳线，当日涨幅为 2.36%，之后股价有所回调，多空双方形成了拉锯战。

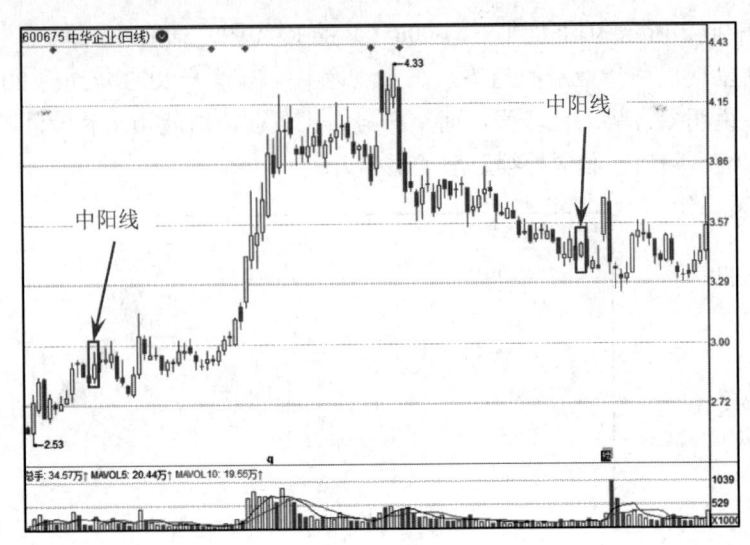

图 20-3

20.1.4 大阳线

大阳线是一种实体较长、上下影线短甚至没有的阳线，其实体的波动幅度超过 3.6%。这表明从开盘到收盘，多方占据了绝对优势，市场呈现出强烈的上涨趋势，股市情绪高涨。阳线实体的长度，代表了多方力量的强弱。

图 20-4 所示为金牛化工（600722）K 线图，该股在经历了一轮下跌后，于 2023 年 10 月 24 日走出了一根大阳线，当日涨幅达 4.6%。在底部出现大阳线，预示着多方明显看好后市，果然在之后的两个月该股一直处于上涨趋势。

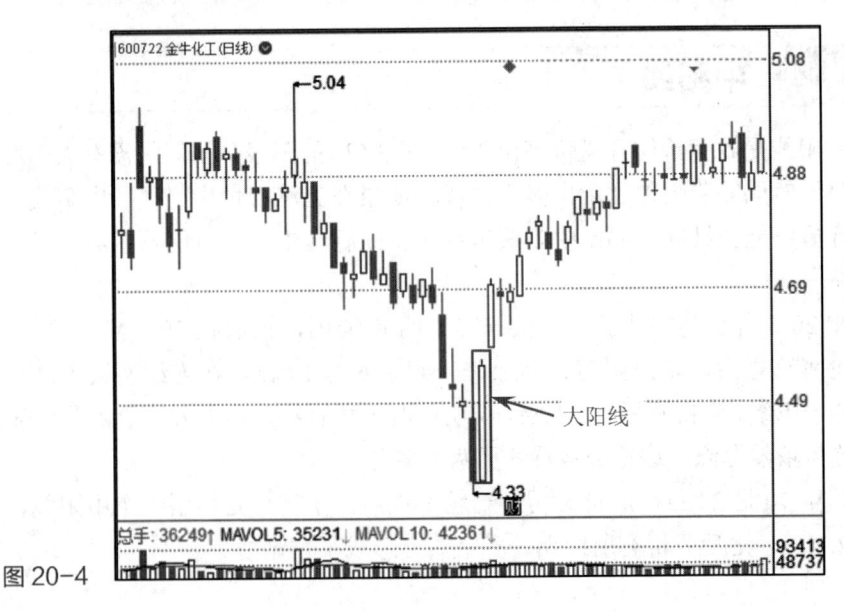

图 20-4

> 虽然大阳线通常象征着上涨趋势，但它出现在底部区域、顶部区域、上涨途中或是下跌途中时，代表的意思并不相同，不可一概而论。

20.1.5 光头阳线

光头阳线的重点不在于是大阳线还是小阳线，而在于它是以当日最高价收盘的。光头阳线的次要点在于其幅度。小光头阳线通常用于预判一两日行情，而大光头阳线可用于预判一周甚至更远的行情。

光头阳线若出现在低价位区域，在分时走势图上表现为股价探底后逐渐走高且成交量同时放大，预示着新一轮上升行情的开始。如果出现在上升行情途中，表明后市继续看好。参考图如图 20-5 所示。

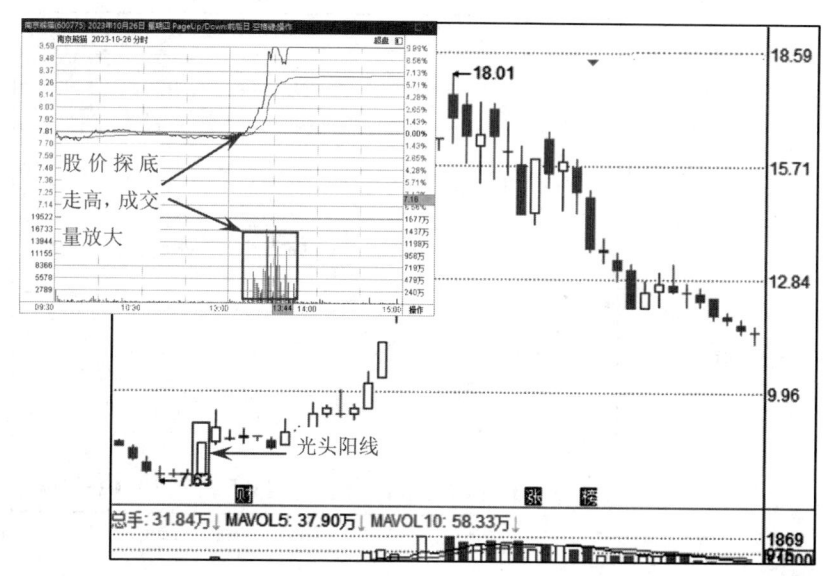

图 20-5

20.1.6 光脚阳线

光脚阳线是一种特殊的阳线形态，只有上影线而没有下影线。当光脚阳线出现时，通常预示着市场走势先涨后跌，多方强但空方在高位施压。虽然光脚阳线通常象征着上涨趋势，但也有分歧。因此，当出现光脚阳线时，投资者需谨慎。

如果光脚阳线出现在高价位区，并且上影线长于实体，说明卖方的力量不断增强，行情看跌，如图 20-6 所示。

如果光脚阳线出现在低价位区，并且实体长于上影线，说明买方开始准备上攻，行情看涨，如图 20-7 所示。

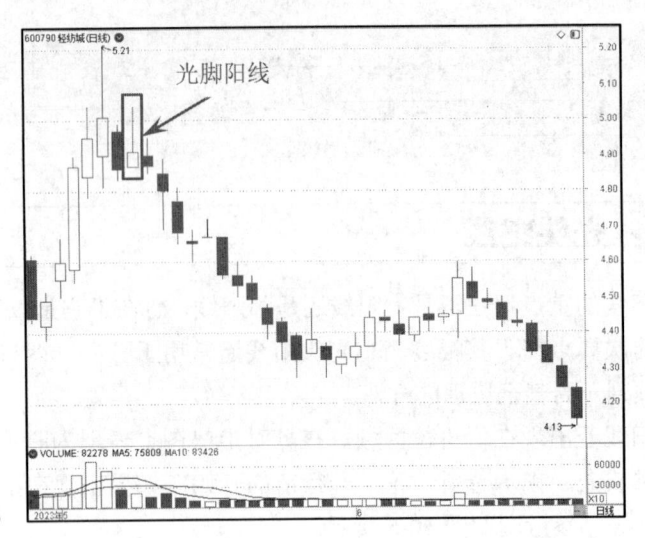

图 20-6

图 20-7

20.1.7 光头光脚阳线

　　光头光脚阳线是指从开盘一路扬帆高涨直至收盘的 K 线形态，这是一种极强的 K 线信号，通常被认为是牛市的继续或熊市反转的信号之一。

　　光头光脚阳线分为光头光脚中大阳线和光头光脚小阳线。

　　光头光脚中大阳线，强势尽显，K 线实体厚重。股价的上下震荡和宽幅波动，显示出多方力量强大，空方无力抗衡。在股价上涨或高位拉升的阶段，这种形态经常出现，意味着多方已掌握主导权，空方难以组织有效反击。而其后的 K 线可能呈现跳空阳线或高位十字星形态，预示着市场的动态变化。如图 20-8 所示，在股价拉升阶段，出现了一系列的光头光脚中大阳线。

图 20-8

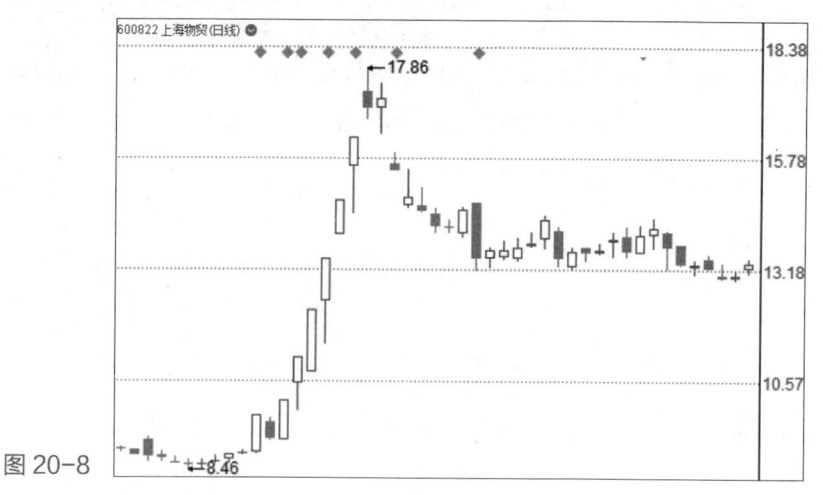

光头光脚小阳线，K 线实体短小，意味着股价波动幅度有限。这种形态通常出现在股价上涨的初期、回调结束或横盘整理阶段，表明多方力量正在逐渐增强，如图 20-9 所示。

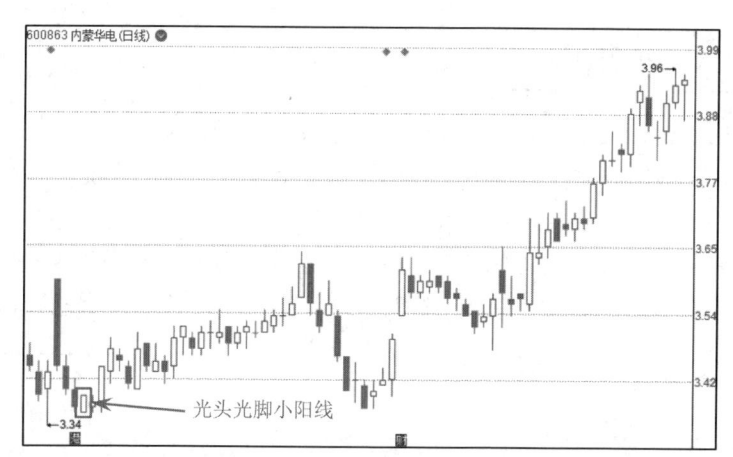

图 20-9

20.2 单根阴线的股票买卖技法

阴线表示空方占优势，阴线实体的大小决定了空方力量的强弱。根据实体的大小和有无影线，阴线可分为极阴线、小阴线、中阴线、大阴线、光头阴线、光脚阴线和光头光脚阴线。

20.2.1 极阴线

极阴线是指开盘价略低于收盘价，且股价波动范围在 0.5% 左右的阴线。这种形态表明市场目前处于不明确的状态,未来趋势难以预测。

如图 20-10 所示,极阴线出现在该股震荡行情中,说明多空双方力量相差不大,后市走强走弱都有可能。投资者需要结合其他技术指标来作出决策。

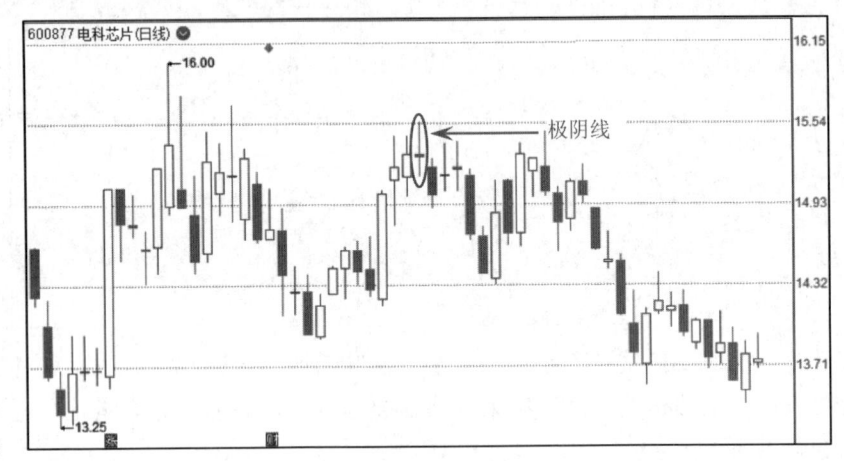

图 20-10

20.2.2 小阴线

小阴线是阴线的一种,其实体部分较短,股价波动范围通常在 0.6%～1.5% 之间。这表明多空双方在进行小型对抗,最终空方以微弱优势获胜。当小阴线出现时,通常意味着行情不明朗,股价涨跌难测。

如图 20-11 所示的 K 线,该股在下跌途中出现小阴线,说明空方略占优势,未来市场走势不是很明朗。后期,该股呈现出了小幅震荡下行的走势。

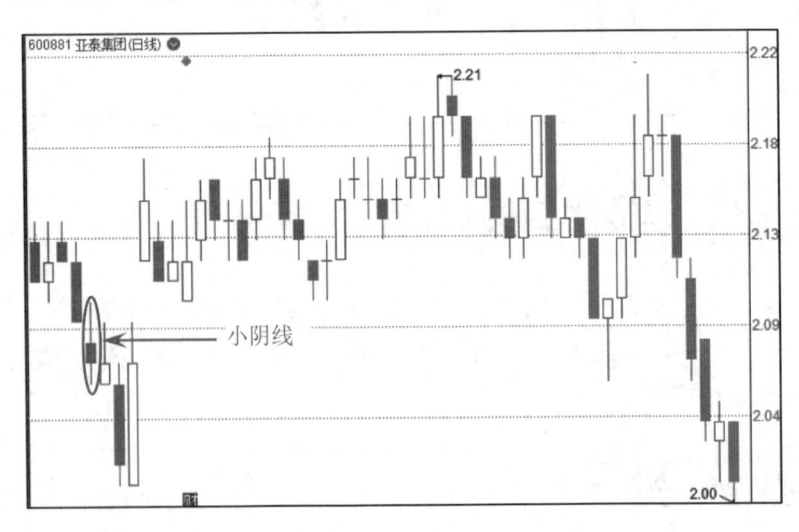

图 20-11

20.2.3 中阴线

中阴线是开盘价比收盘价低 1.6% ～ 3.5% 的 K 线，虽然它没有大阴线那么明显，但依然能够清晰地显示出空方占优。

如果在上涨行情中出现了中阴线，意味着上涨行情可能会掉头向下，如图 20-12 所示。

图 20-12

如果在下跌行情中出现了中阴线，则可能会加速下跌，如图 20-13 所示。

图 20-13

20.2.4 大阴线

大阴线是实体较长、上下影线很短甚至没有的阴线，其实体波动幅度超过3.6%。这表明从开盘到收盘，空方占据了绝对优势，市场呈现出明显的下跌趋势，股市情绪低迷。阴线实体的长度，代表空方力量的强弱。

阴线出现在不同的位置，表示的含义不同。如果大阴线出现在上升行情中，预示着行情可能会向下回调。如果大阴线出现在下跌行情中，则预示着行情可能会加速下跌。

图 20-14 所示为无锡银行（600908）的日 K 线图，该股在 2023 年 12 月 6 日达到一个小高峰后，第二天出现了一个大阴线，当日股价下挫 8.53%，之后股价一路下行。

图 20-14

20.2.5 光头阴线

光头阴线表明一开盘卖方力量就特别强劲，导致价位持续下跌。不过，在低价位上，遇到买方的支撑，后市可能会反弹。

光头阴线实体的长度代表着空方抛出的坚决态度。

◇ 当实体长于下影线时，表明卖方压力比较大，卖方优势明显。

◇ 当实体等于下影线时，表示卖方占优，但买方的抵抗非常强烈。卖方虽然把价格拉低，但买方也在积极应对。尽管如此，整体上卖方仍占优势。

◇ 当实体短于下影线时，说明买卖双方实力相当。卖方试图将价格压低，但在低位遭遇买方的有力反击。尽管最终以阴线收盘，卖方只获得了微弱优势。这种形态预示着后市买方可能会全力反攻，完全收复失地。

除了 K 线实体和影线的长度比例，光头阴线的位置也影响着市场的未来趋势。如果光头阴线出现在股价的高位，可能预示着股价即将盘整或下跌。相反，如果光头阴线出现在低位，可能是抄底资金的介入使股价呈现反弹迹象，但反弹不一定立即发生，如图 20-15 所示。

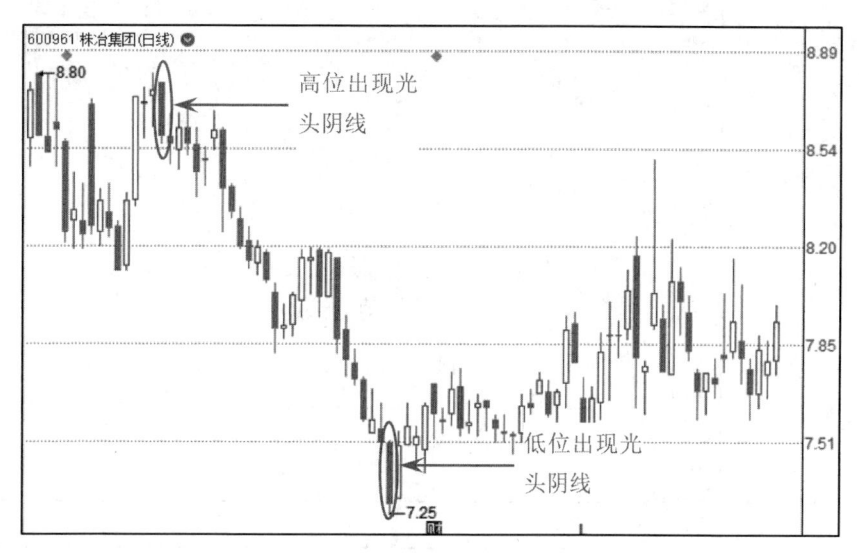

图 20-15

20.2.6 光脚阴线

光脚阴线是一种没有下影线的特殊阴线，其收盘价是全天最低价。

光脚阴线也可以分为实体长于影线，实体等于影线，实体小于影线三种类型。具体可以理解为：

- ◇ 当实体长于上影线时，表明空方优势明显，打压使得多方的推高意图落空。
- ◇ 当实体等于下影线时，多空双方交战后，最终空方占主导地位。
- ◇ 当实体短于下影线时，空方略占优势，不过很有可能被多方反扑。

除了 K 线实体和影线的长度比例，光脚阴线的位置也影响着市场的未来趋势。在下跌途中或盘整末期出现光脚阴线，后市走低的概率较大；但在持续大跌之后的低价位区域出现光脚阴线，股价可能会出现转势，如图 20-16 所示。

在股价大幅下跌后，当底部低位区域出现了实体短小且上影线显著的光脚阴线，形成了倒锤子线形态，这通常预示着市场行情可能即将发生逆转。

20.2.7 光头光脚阴线

光头光脚阴线是一种只有实体而没有上下影线的阴线。其开盘价是最高价，收盘价是最低价，如图20-17所示。

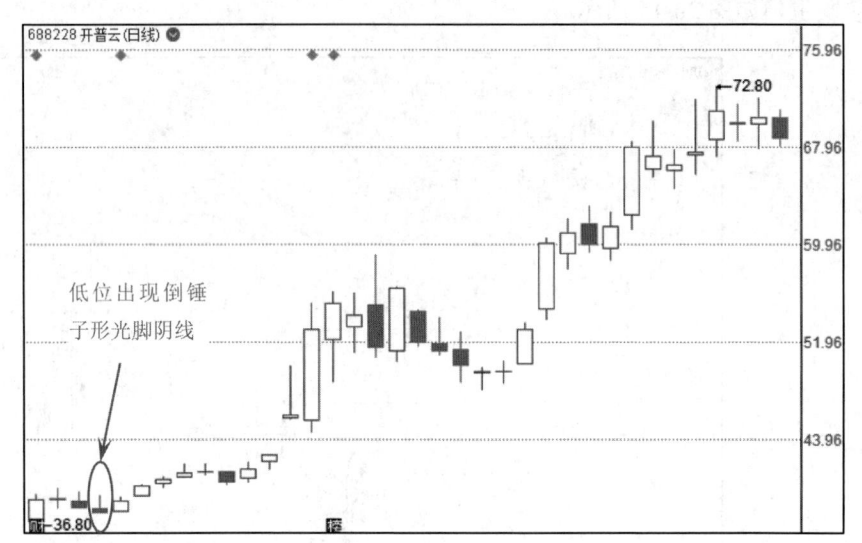

图 20-16

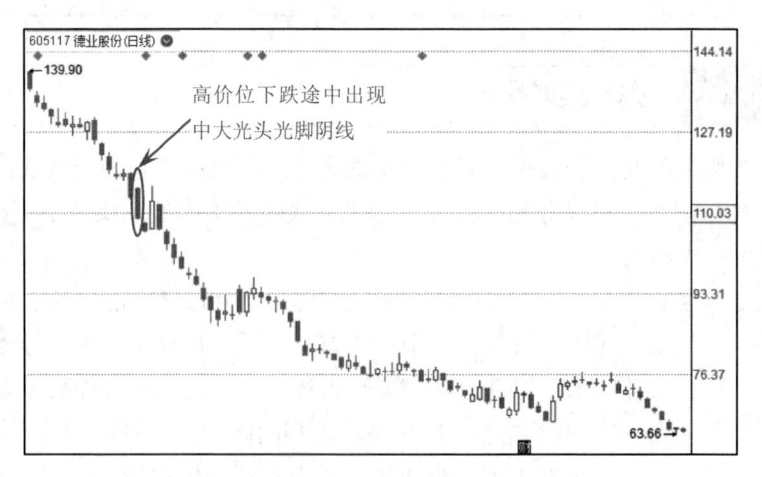

图 20-17

光头光脚阴线分为光头光脚中大阴线和光头光脚小阴线。

当光头光脚中大阴线出现在低价位区时，如果此时成交量在萎缩之后出现价涨量升的情况，预示着后市可能要走高。如果光头光脚中大阴线出现在盘整末期或下跌趋势中途，这通常意味着股价继续探底的可能性较大。

当光头光脚中大阴线出现在连续上涨之后的高价位区时，并且此时成交量急剧放大，说明主力很可能在出货。

在下跌末期的低价位区，若出现光头光脚小阴线，并且其最低价高于昨日最低价，这可能预示着未来股价走势可能发生逆转，如图 20-18 所示。

在上升途中，光头光脚小阴线的出现只是暂时的调整，股价继续上升的可能性仍然很大。

当光头光脚小阴线出现在大幅上涨之后的高价位区，若后续连续收出阴线，并跌破最高价的 5%，这很可能是主力正在进行出货操作。

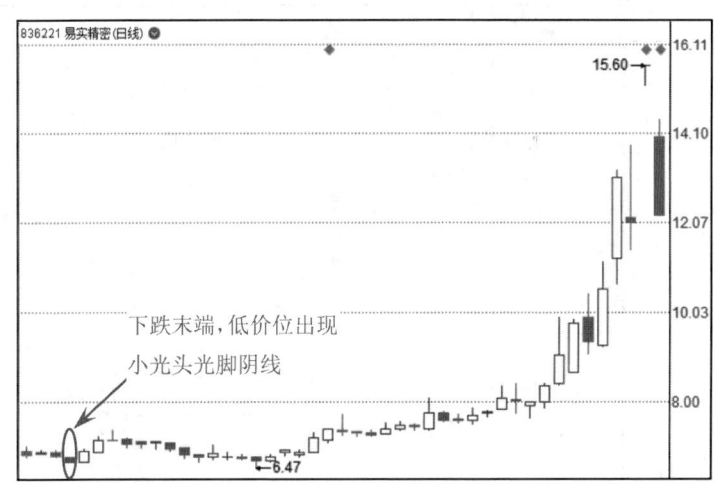

图 20-18

20.3 特殊形状的单根K线

在单根 K 线中，存在着一些形状特殊的线型，它们因为独特的形态而被赋予了富有特色的名字，比如：锤子线、十字星、射击之星、螺旋桨等。

20.3.1 锤子线和上吊线

锤子线和上吊线是形态完全相同，意义完全不同的两种形态。

> 上吊线也称吊颈线或绞刑线。

相同点：实体很小，下影线很长，一般等于或大于实体的 2 倍，没有上影线或上影线很短，形状如图 20-19 所示。

不同之处：它们的不同之处主要在于出现的位置不同和表征的意义不同，如果出现在股价大跌之后的位置就叫锤子线，是见底的信号；如果出现在股价大涨之后的位置就是上吊线，是见顶的信号。参考图如图 20-20 所示。

图 20-19

> 单根锤子线或上吊线只能作为参考，不能作为交易的唯一标准，它只是提醒投资者转机即将到来。从实战来看，阳锤子线的转势信号比阴锤子线更强烈，阴上吊线的转势信号比阳上吊线更强烈。

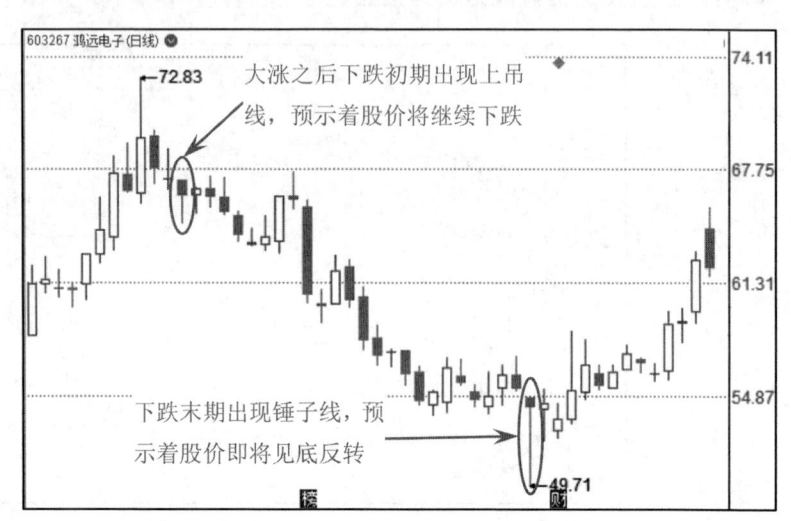

图 20-20

20.3.2 倒锤子线和射击之星

倒锤子线，顾名思义，就是锤子线倒过来，实体很小，上影线很长，一般等于或大于实体的 2 倍，没有下影线或下影线很短，如图 20-21 所示。

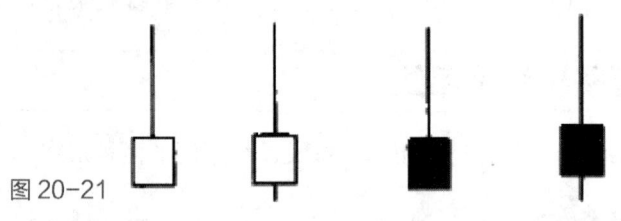

图 20-21

射击之星的形状和倒锤子线完全相同，区别在于出现在股价大跌之后的位置就是倒锤子线，出现在股价大涨之后的位置就是射击之星。

> 射击之星也称流星或扫帚星。

倒锤子线是见底信号，预示着接下来股价即将走高；射击之星是见顶信号，预示着未来股价可能下挫，参考图如图 20-22 所示。

单根倒锤子线或射击之星只能作为参考，不能作为交易的唯一标准，它只是提醒投资者转机即将到来。从实战来看，阳倒锤子线的转势信号比阴锤子线更强烈，阴射击之星的转势信号比阳射击之星线更强烈。

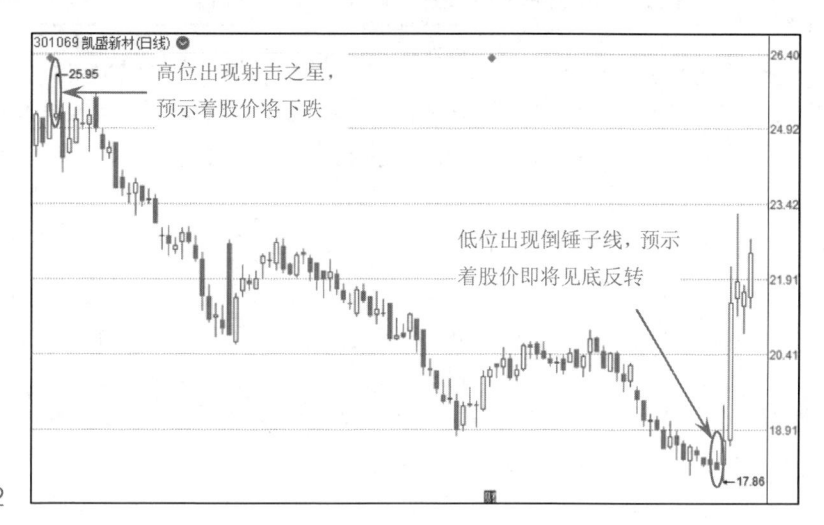

图 20-22

20.3.3 一字线

一字线是指开盘价、收盘价、最高价和最低价都相同的 K 线。沪深股市几乎所有的一字线都是涨停板或跌停板。一字线因 K 线形状像汉字的"一"而得名，如图 20-23 所示。

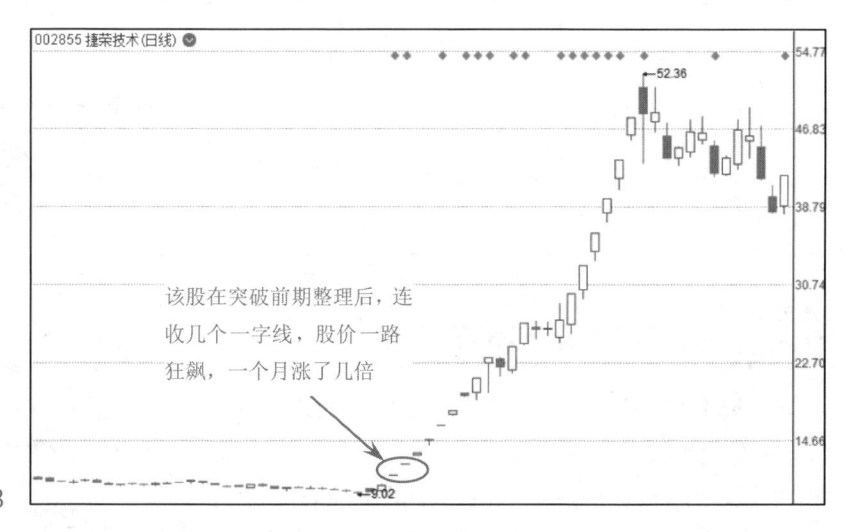

图 20-23

单凭散户投资者的力量，很难在开盘时就将股价推至涨停板或打压至跌停板，并且维持这种走势直到收盘。因此，一字线通常是大庄家强力操盘的结果。

无论是上涨还是下跌行情，都可能出现一字线。如果一字线出现在上涨初期，通常表示走强趋势的开始；如果出现在下跌初期，则可能预示着大跌的开始。

20.3.4 T字线和倒T字线

T字线是指只有下影线而没有上影线，或上影线非常短的K线。T字线因为形状像英文字母"T"而得名，又称蜻蜓线。倒T字线是指只有上影线而没有下影线，或下影线非常短的K线。倒T字线因为形状像倒写的英文字母"T"而得名，如图20-24所示。

T字线和倒T字线转势信号的强弱与影线的长短成正比，影线越长，转势信号越强烈。

T字线和倒T字线若出现在波段高位，是主力试盘出货的见顶信号；若出现在波段低位，则是探底回升、趋势转好的信号；若出现在上升或下降趋势中，则预示着股价将基本保持原来的态势，如图20-25所示。

图20-24

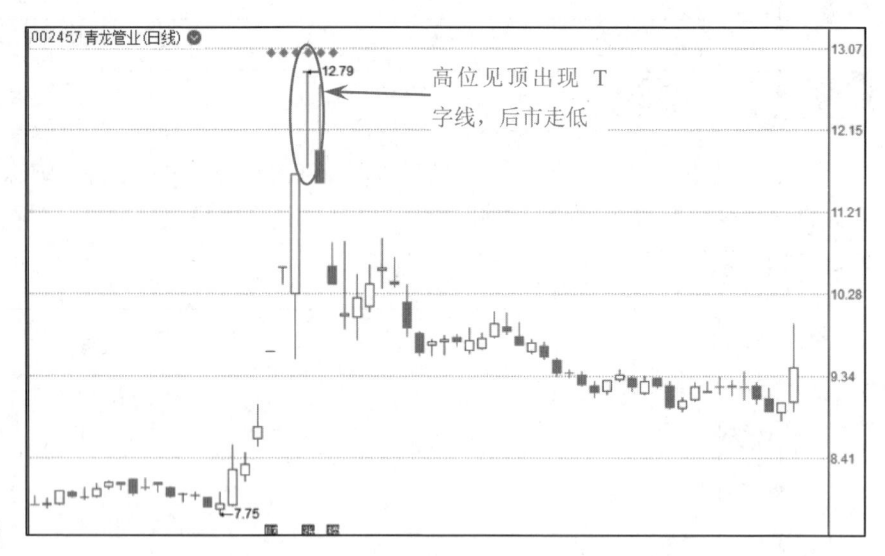

图20-25

20.3.5 十字星和十字线

十字星是指实体长度和上下影线长度都很短的K线。十字线是指上下影线都很短的同价位线。十字星和十字线非常相似，两者的差别在于前者当日开盘手牌价略有浮动；后者则完全相同，如图20-26所示。

图20-26

十字星和十字线既可能出现在上涨行情中，也可能出现在下跌行情中。

如果十字星或十字线出现在上涨途中，预示着涨势将继续；如果出现在大涨之后，则可以视为见顶信号。

如果十字星或十字线出现在大跌途中，预示着股价会继续下跌；如果出现在大跌之后，则可以视为见底信号，如图 20-27 所示。

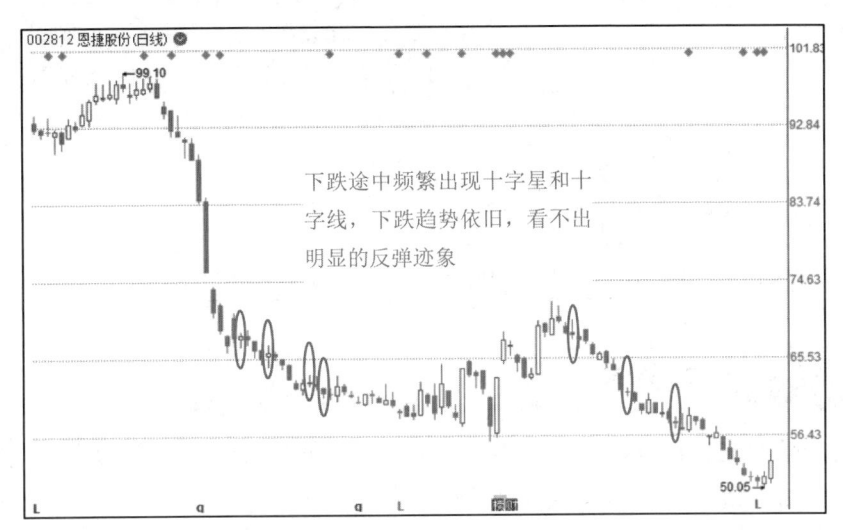

图 20-27

> 十字星和十字线都不是很强的转势信号，如果没有其他明显的转势信号出现，单根十字星和十字线不能作为判断转势的依据。

20.3.6 长十字线

长十字线是上下影线都很长的同价位线，如图 20-28 所示。上影线越长，表示卖盘压力越重；下影线越长，表示买盘越激烈。

长十字线是转势形态，如果出现在高价位区域，表示股价可能即将见顶，很快就会走向跌势；如果出现在低价位区域，则表示股价可能即将见底，很快就会走向涨势。

图 20-28

需要特别注意的是，单根长十字线不能作为判断股价上涨还是下跌的依据，要想更加准确地判断未来走势，必须结合其他形态共同研判。例如，长十字线出现的同时，是否伴有中阴线、大阴线、中阳线、大阳线等，出现的位置是在压力位还是支撑位等，如图 20-29 所示。

> 如果长十字线出现在上涨或下跌途中，则继续看涨或看跌。

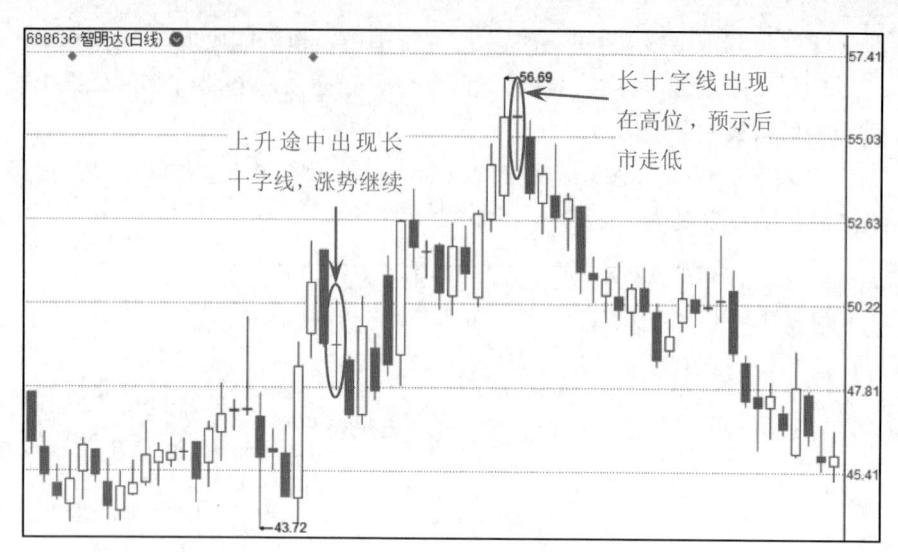

图 20-29

20.3.7 螺旋桨

　　螺旋桨 K 线是指实体很小，上下影线都很长的十字星线，因其形状像飞机的螺旋桨而得名，如图 20-30 所示。

　　螺旋桨的上下影线在技术含义上与长十字线相同。螺旋桨和长十字线都是转势信号，但螺旋桨 K 线的转势信号更为强烈。

　　当螺旋桨出现在高价位区域时，通常表示股价可能即将见顶，很快就会走向跌势。如果它出现在低价位区域，则表示股价可能即将见底，很快会走向涨势。如果螺旋桨出现在上涨或下跌途中，则表示继续看涨或看跌，如图 20-31 所示。

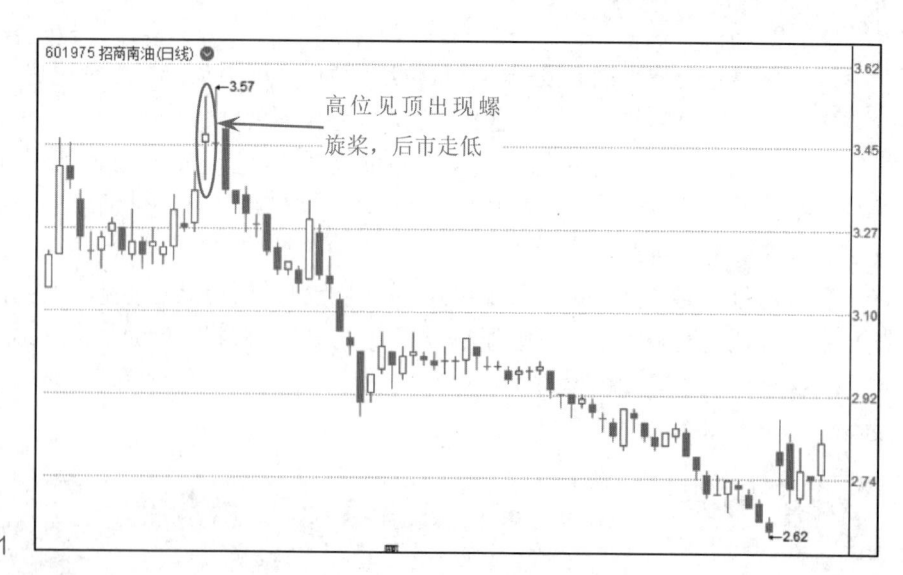

图 20-30

图 20-31

在技术分析中，十字星、十字线、长十字线和螺旋桨都是重要的转势信号，但它们的可靠程度有所不同。其从弱到强的顺序是：十字星、十字线、长十字线和螺旋桨。

在上涨趋势中，阴线的螺旋桨转势信号比阳线螺旋桨更强烈；在下跌趋势中，阳线的螺旋桨转势信号比阴线螺旋桨更强烈。

20.4 新股民学堂——单根阴阳线的强弱演变

本章我们主要介绍了各种单根K线的涨跌幅度，以及特殊形状K线所表示的市场含义，那么这么多K线它们之间的强弱关系如何呢？这一节我们就来探讨一下这些K线的强弱演变。

1. 阳线由强到弱的演变（见图20-32）

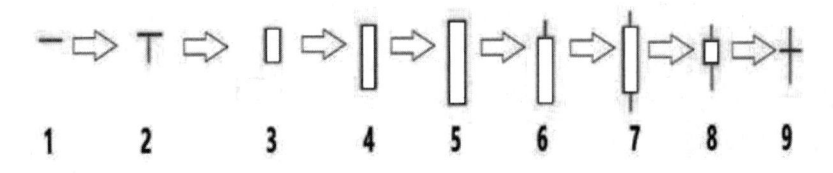

图 20-32

（1）一字板涨停K线。
（2）T字涨停K线。
（3）小阳线涨停K线。
（4）大阳线涨停K线。
（5）光头光脚大阳线。
（6）带长上影线的大阳K线。
（7）普通的大阳线。
（8）普通的中小阳线。
（9）十字星。

2. 阴线的由强到弱的转变（见图20-33）

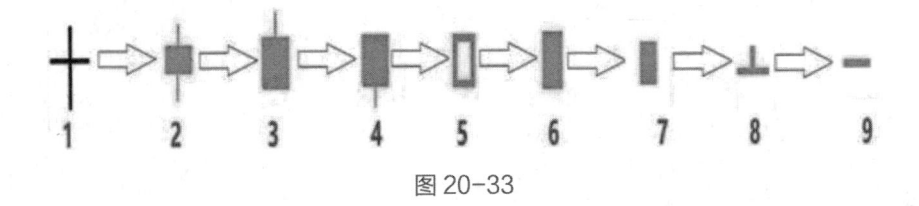

图 20-33

（1）十字星。

（2）小阴线。

（3）带上影线的阴线。

（4）光头大阴线。

（5）光头光脚大阴线。

（6）跌停大阴线。

（7）低开跌停阴线。

（8）倒 T 字的跌停 K 线。

（9）一字板跌停 K 线。

第21章

14种K线组合攻略——买入信号的精准识别

"细节决定成败。"——民间谚语

表示见底的两根K线组合	好友反攻			曙光初现	
	旭日东升				
	平底				
表示见底的多根K线组合	早晨之星			红三兵	
	上涨两颗星			低位并排阳线	
	高位并排阳线			跳空上扬	
	上升三部曲			塔形底	
	两阳夹一阴				
	圆底				

买入信号的K线组合通常出现在股价的底部，它们是市场即将发生反转的信号，用以提醒投资者建仓入场。本章深入探讨了K线组合的形态和意义，指导投资者精准识别买入信号，提高投资成功率。

21.1 股票买入信号的双K线组合

股价经过一轮下跌行情后，如何在谷底买入，成功抄底，是很多投资者梦寐以求的事情。接下来介绍几种典型的表见底形态的两根K线组合，以供参考。

21.1.1 好友反攻

好友反攻是指在下跌过程中先出现一根中阴线或大阴线，接着出现一根低开中阳线或大阳线，阳线收盘价与阴线收盘价相同或相近，如图21-1所示。

好友反攻是见底信号，但信号较弱，预示着后市有可能止跌回升。如果出现好友反攻，投资者可暂时持币观望，切莫匆忙入场。

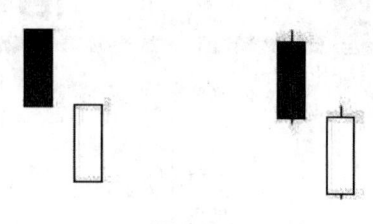

图21-1

好友反攻出现时，如果第一天出现的是缩量中长阴线，第二天出现的是放量中长阳线，可在好友反攻形成当天收盘前少量买入；如果没有出现价跌量缩、价升量增的情况，则需要观察和等待。在出现好友反攻K线组合后的第二天，如果股价表现强势，稳步上涨，这通常是买入的良机，参考图21-2。

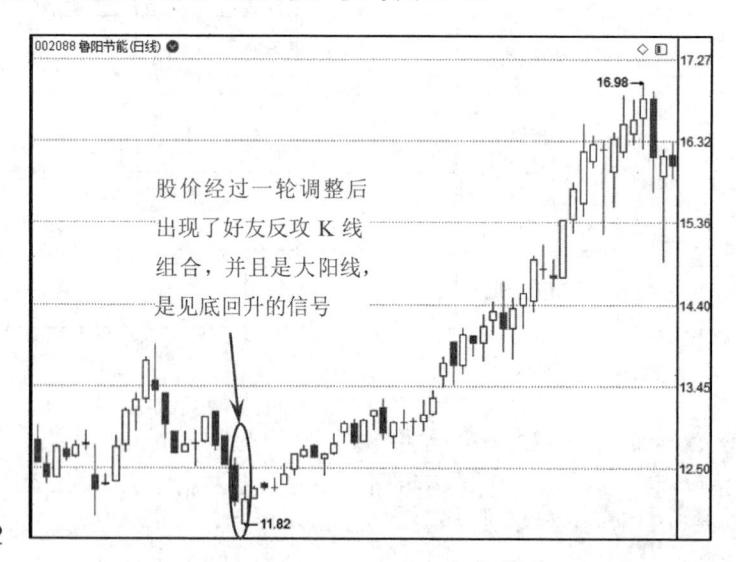

图21-2

21.1.2 曙光初现

曙光初现，顾名思义，在长夜之后出现一线曙光，是见底回升的信号。

曙光初现是指下跌趋势中先出现一根大阴线或中阴线，然后再出现一根低开高走的大阳线或中阳线，且阳线实体深入阴线实体一半以上的两根 K 线的组合，如图 21-3 所示。

曙光初现是见底信号，但整体上趋势可能依然是下降的。为稳妥起见，曙光初现出现后，投资者可耐心等待一段时间，等股价稳定后再入场。参考图如图 21-4 所示。

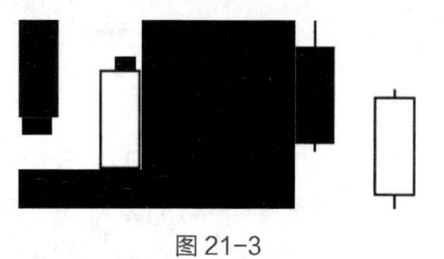

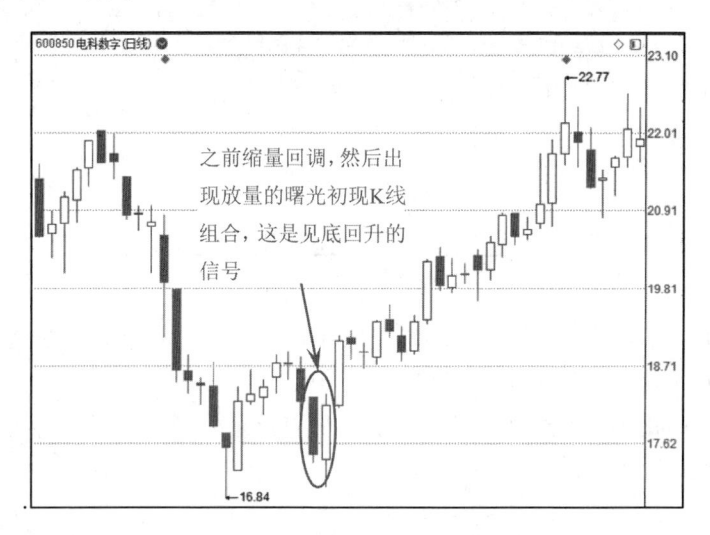

图 21-3

图 21-4

投资者运用曙光初现时，还需要注意以下几点。

（1）曙光初现形态出现前，一定要伴随着成交量的萎缩。

（2）涨幅过大时出现的曙光初现，可能是庄家的骗线行为，需要警惕。

（3）曙光初现形成后，如果股价有一个短暂的蓄势整理过程，随后可能会出现强劲的上涨行情；而如果股价立即上涨，其上涨的力度会相对较小。

> 曙光初现的阳线实体和阴线实体重合得越多，其转势信号越强烈。

21.1.3 旭日东升

旭日东升，顾名思义，黑夜即将过去，光明就要到来。

旭日东升是指在下跌过程中先出现一根中阴线或大阴线，接着出现一根高开中阳线或大阳线，且阳线的收盘价高于阴线开盘价，如图 21-5 所示。

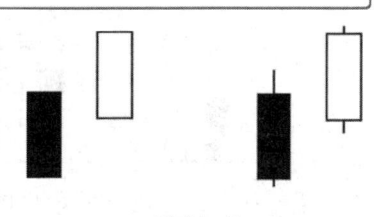

图 21-5

旭日东升是见底信号，预示后市看涨，参考图如图 21-6 所示。

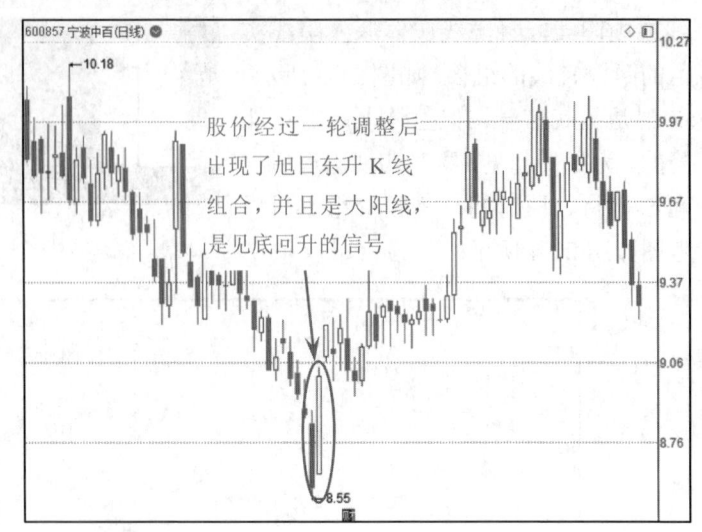

图21-6

需要注意旭日东升出现的时机。

（1）如果在相对高位震荡盘整时出现旭日东升形态，投资者只能短线做多，并且要时时警惕，防止在高位被套牢。

（2）如果在明显的下降趋势中出现旭日东升形态，投资者可以暂时观望，等趋势明朗后再入场。

（3）如果在上涨初期或回调过程中出现旭日东升形态，投资者可果断加仓跟进。

> 阳线实体高出阴线实体越多，转势的信号就越强烈。转势信号强度：旭日东升＞曙光初现＞好友反攻。

21.1.4 平底

平底又称钳子底，是在下跌趋势中最低价都相同的两根或两根以上的K线组合，如图21-7所示。

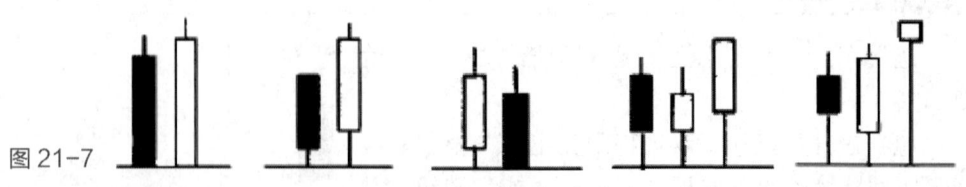

图21-7

当平底形态出现在阶段性的相对低点时，通常预示着空方力量正在减弱，而多方力量则开始汇聚。平底可以是两根K线组合，也可以是多根K线组合，组合数量越多，反弹信号越强烈。参考图如图21-8所示。

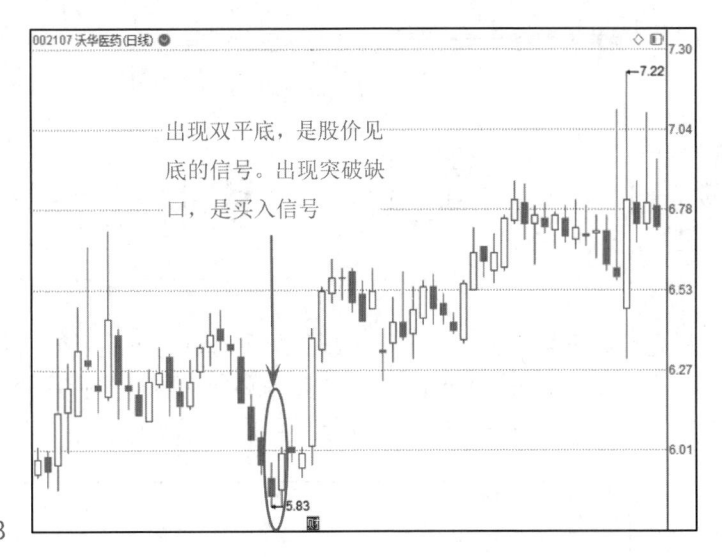

[图 21-8 K线图,标注:出现双平底,是股价见底的信号。出现突破缺口,是买入信号]

图 21-8

> 投资者不能仅根据平底信号就买入,必须有其他上升趋势信号佐证。

21.2 股票买入信号的多根K线组合

表示买入的多根 K 线组合是指一系列的 K 线组合在一起,形成一个明显的底部形态,这通常预示着股价可能已经见底并开始回升,是入场的好时机。

常见的表示买入形态的多根 K 线组合有:早晨之星、红三兵、上涨两颗星、跳空上扬、两阳夹一阴等。这些形态的出现往往标志着市场多空力量的转变,是投资者进行买入或加仓的重要信号之一。

21.2.1 早晨之星

早晨之星,也称为希望之星或启明星,它由三根 K 线组成,形成了一个清晰的倒三角,如图 21-9 所示。第一根 K 线是一根阴线,表示市场的下跌趋势。第二根 K 线是一根小阴线或小阳线,位于第一根阴线的下方。第三根 K 线则是一根深入第一根阴线实体的阳线,标志着市场的反转,股价由跌转升。

> 当第二根 K 线是十字线时,该组合形态又叫早晨十字星、希望十字星,是早晨之星的特殊形态。早晨之星、早晨十字星的阴线和阳线之间也可以是两根小 K 线,早晨十字星如图 21-10 所示。

图 21-9　　　　　　　　　　图 21-10

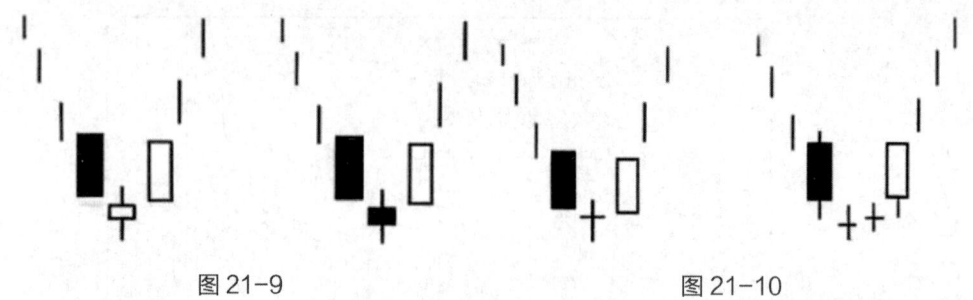

当早晨之星或早晨十字星出现在下跌趋势中时，是见底反转信号。

图 21-11 是东方钽业（000962）的日线走势图，股价经过一轮下跌后，在底部形成了早晨之星形态，随后股价触底反弹，开始了一波大涨。

图 21-11

早晨之星的技术要点如下。

（1）第一根 K 线对应的成交量越小，第三根 K 线对应的成交量越大，反转信号越强。

（2）阳线实体深入阴线实体的部分越多，转势信号的作用就越可靠。

（3）第二根 K 线和第三根 K 线之间如果出现向上跳空缺口，则趋势反转的概率更大。

（4）早晨十字星的转势信号比早晨之星更强烈，也更可靠。

21.2.2　红三兵（三个白武士）

红三兵是在上涨行情初期或横盘之后，连续收出三根创新高的小阳线，如图 21-12 所示。

红三兵如果出现在下降趋势中，一般是市场的强烈反转信号；如果股价在较长时间的横盘后出现红三兵形态，并且伴随着成交量的逐渐放大，则是股票启动的前奏。

> 当3根小阳线收于最高或接近最高点时，称为三个白武士。三个白色武士拉升股价的作用要强于普通的红三兵。三个白武士如图21-13所示。

图21-12

图21-13

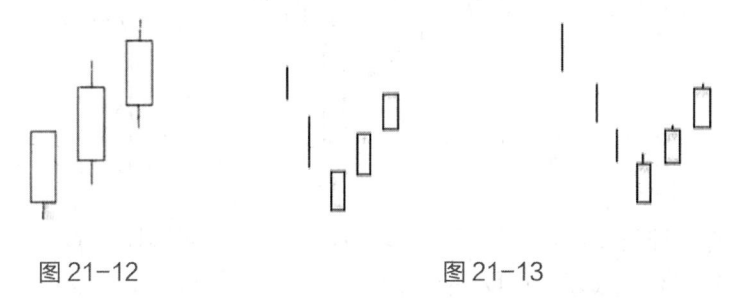

图21-14是口子窖（603589）的日K线图，在股价见底之前，出现了三连阳。仔细观察可以发现，尽管这些K线都是阳线，但股价并未显著上涨，几乎是在原地踏步，因此不满足红三兵的定义。

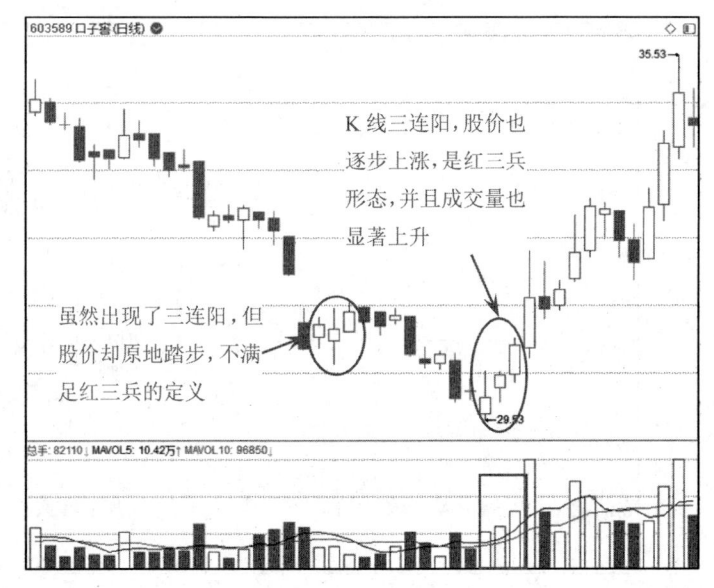

图21-14

股价继续下探，终于在底部又出现了连续三天阳线，这个三连阳和之前的三连阳完全不同。三天K线呈现出持续上涨的态势，因此，这个组合形态是红三兵。红三兵形成之后，股价开始了一波有力的中线反弹，这也进一步证实了红三兵作为市场反转信号的准确性和可靠性。

21.2.3 上涨两颗星

上涨两颗星虽然名称是两颗星，实际上它是由三根 K 线组成的，先是收出一根实体较长的阳线，随后出现两颗并排的实体较短的 K 线或十字星。上涨两颗星 K 线形态如图 21-15 所示。

图 21-15

无论是在上涨途中，还是连续下跌之后，出现上涨两颗星，都是上涨信号。遇到这样的 K 线组合，投资者可以考虑买入。

图 21-16 是鹏翎股份（300375）的 K 线走势图。在经过一个多月的调整后，股价以一根大阳线收盘，接着连续两天收出小阳线。这三天的 K 线组合形成了上涨两颗星形态，股价借着上涨两颗星结束调整，开启了一波上涨行情。

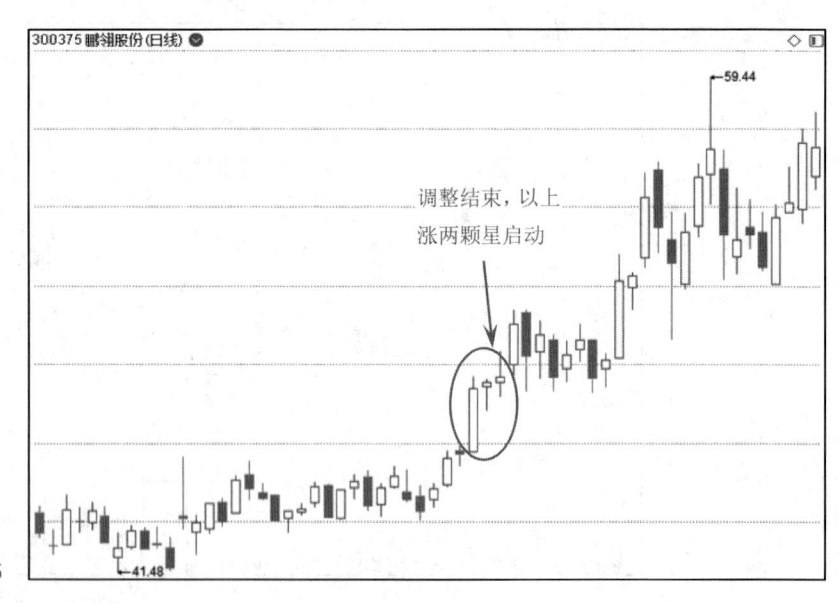

图 21-16

通过上涨两颗星买入时，要注意以下两点。

（1）第一根长阳线成交量应放大，两颗星对应的成交量应萎缩。

（2）股价突破两颗星的高点，可以加码买入。一旦股价跌破第一根阳线的低点，应该及时止损。

21.2.4 低位并排阳线

低位并排阳线是指下跌趋势中，在股价的相对低位，先收出一根阴线，然后出现两根并肩而立的阳线，且第一根阳线与前面 K 线留有跳空缺口的 K 线组合。低位并排阳线形态如图 21-17 所示。

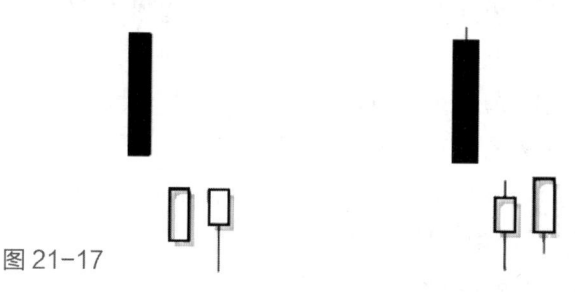

图 21-17

低位并排阳线可能由主力资金在低位吸筹或做超短线交易所形成，也可能是市场情绪波动导致的技术性反弹。

图 21-18 是光正眼科（002524）的日 K 线图，在下跌横盘中出现了"低位并排阳线"K 线组合，这表明股价已经筑底完成，而后股价一路开始上涨。

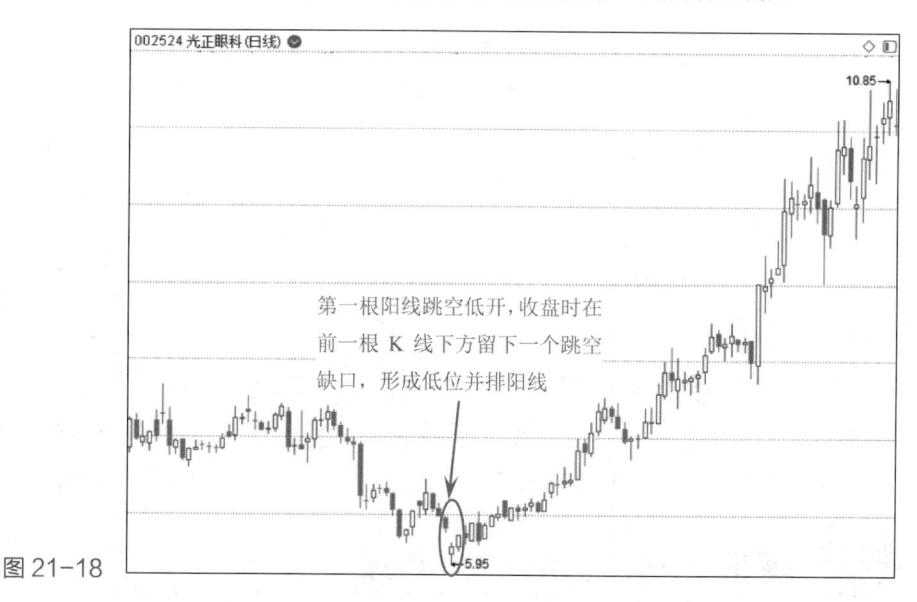

第一根阳线跳空低开，收盘时在前一根 K 线下方留下一个跳空缺口，形成低位并排阳线

图 21-18

低位并排阳线不是强烈的见底信号，如无其他看涨信号相互印证，投资者应谨慎介入。

21.2.5 高位并排阳线

高位并排阳线由两根开盘价基本相同的跳空阳线组成。第一根阳线跳空向上，收盘时在前一根 K 线上方留下一个跳空缺口。第二根阳线与第一根阳线并排，开盘价与第一根阳线的开盘价基本相同。高位并排阳线形态如图 21-19 所示。

高位并排阳线一般出现在上涨趋势中，是一种强烈的看涨信号，表明多方力量强劲，后市继续看好。

图 21-20 所示是亚翔集成（603929）的 K 线图。股价在上涨过程中，连续三日跳空高开收出阳线，后两日形成的 K 线与前一日形成高位并排阳线形态，并最终在 K 线图上留下缺口，之后股价略做调整便展开一轮持续性较强的上涨行情。

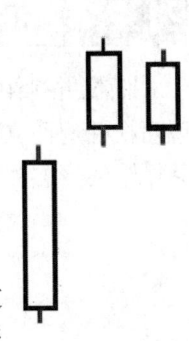

图 21-19

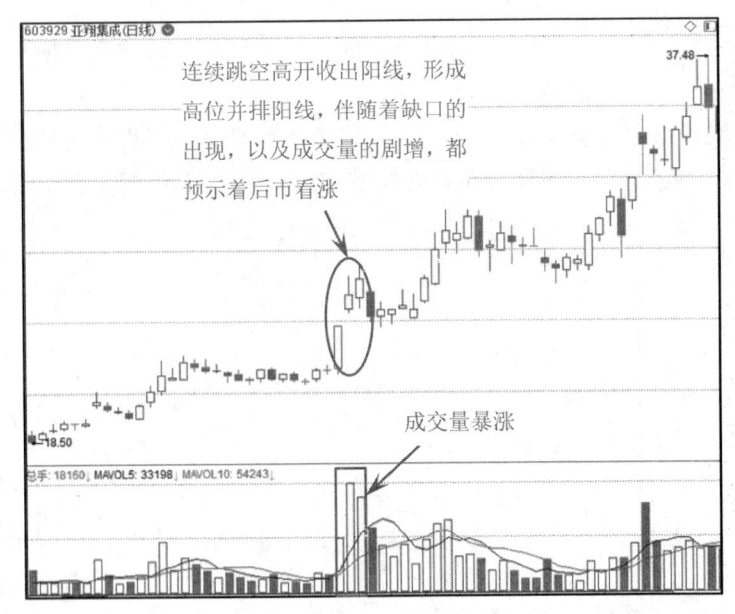

图 21-20

当高位并排阳线出现后，投资者应该密切关注股价走势。如果股价回落不补缺口，则可以买入做多；如果股价回调并回补缺口，则表明股价走势已经转弱。

21.2.6 两阳夹一阴（两红夹一黑/多方炮）

两阳夹一阴由三根 K 线组成，第一根为阳线，第二根为阴线，第三根为阳线。两阳夹一阴又称为两红加一黑，或多方炮，是看涨的信号，如图 21-21 所示。

在上涨趋势中出现的两阳夹一阴，通常是上升过程中多方主力洗盘的结果。在上涨初期收出两阳夹一阴后，洗掉了一部分套牢盘和获利盘，股价继续上涨。

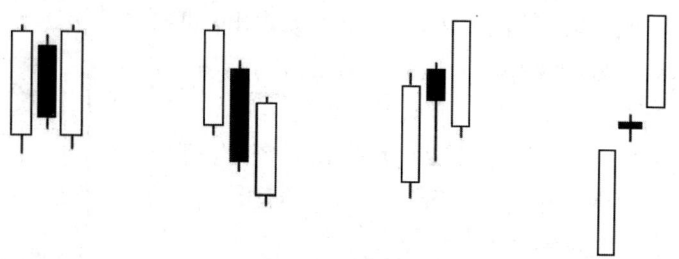

图 21-21　标准两红加一黑　　弱势两红加一黑　　强势两红加一黑　　超强两红加一黑

两阳夹一阴形态如果出现在股价低位，且伴随着量能的递增，一般是上涨的信号。如果两阳夹一阴出现在股价的高位，且量能在递减，一般是最后冲刺的信号，是短线到头的信号，投资者要特别注意。

图 21-22 是三一重工（600031）的 K 线图。图中出现了两次两阳夹一阴，第一次出现在股价刚开始上涨，且成交量呈递增之时；而第二次出现在股价的高位，且成交量明显缩量时。所以，第一处是建仓入场的时机；第二处则要特别注意，随时准备清仓离场。

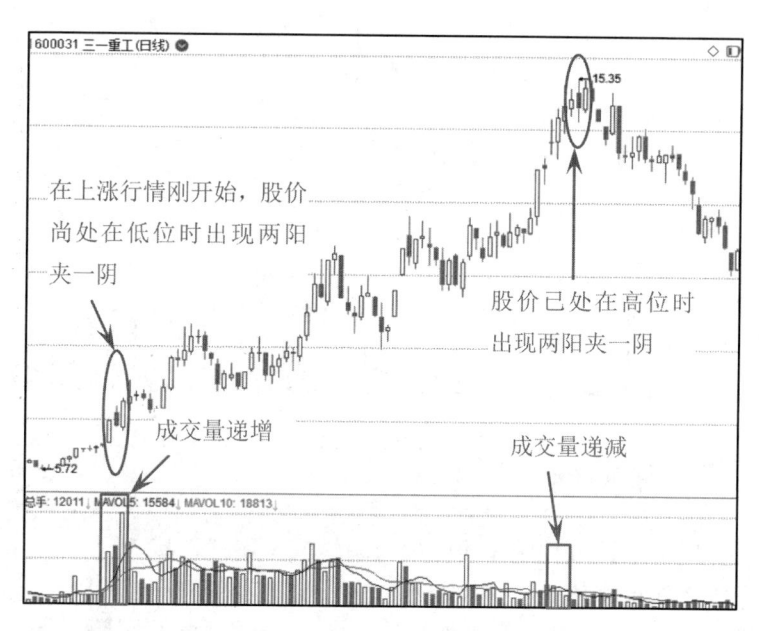

图 21-22

21.2.7　上升三部曲（升势三鸦/上升三法）

上升三部曲又称升势三鸦，或上升三法，一般出现在上涨途中，是由两根中阳线或大阳线，中间夹着三根没有跌破第一根阳线开盘价的小阴线组成的。上升三部曲的形态有点像英文字母"N"，如图 21-23 所示。

上升三部曲是买入信号。在上升趋势中，股价先收出一根大阳线，这预示着多方力量强大，股价可能继续上扬。接着连续收出三根小阴线，意味着空方的反扑。而后的大阳线再创新高，意味着股价仍处强势上涨阶段，此时是买入的信号。

图 21-24 是盛新锂能（002240）的 K 线图。在股价上涨过程中，出现了标准的上升三部曲，并且伴随成交量的配合，之后股价继续上涨。

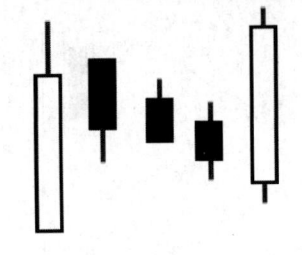

图 21-23

上升三部曲的 K 线组合，也需要观察成交量的配合。比较理想的成交量变化：第一根中阳线或大阳线放量上攻，而随后回调整理的小阴线成交量呈现逐渐萎缩的态势，最后一根 K 线成交量再次放大。

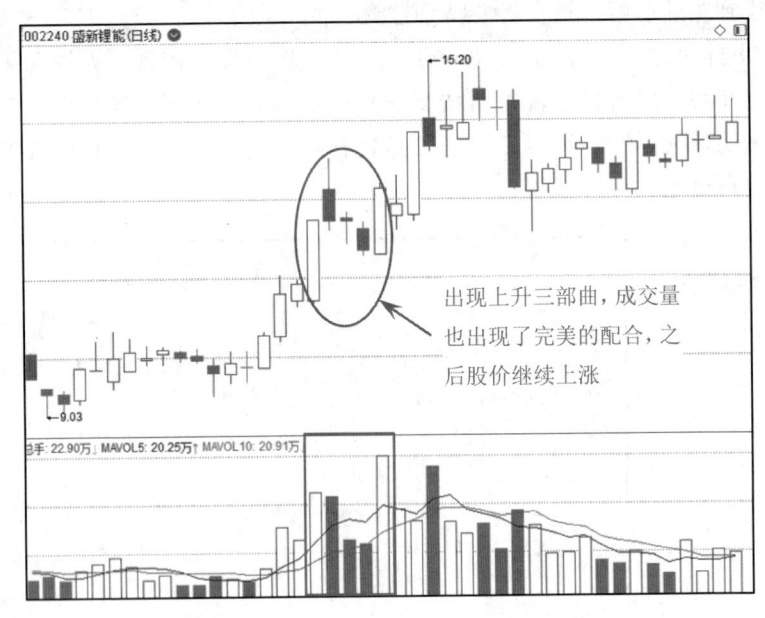

图 21-24

21.2.8 塔形底

塔形底是下跌过程中先收一根大阴线或中阴线，接着在阴线底部收出几根小阴线和小阳线，最后收出一根大阳线或中阳线。塔形底因其形状像一个倒扣的塔顶而得名，其形态如图 21-25 所示。

一般来说，塔形底的出现预示着市场可能会出现一波反弹或反转行情。在塔形底形态中，股价在低位区域反复震荡，形成一个相对平坦的底部，同时成交量也呈现逐渐放大的趋势。当股价突破塔形底的顶部时，通常会伴随着成交量的进一步放大，这时投资者可以考虑跟进做多。

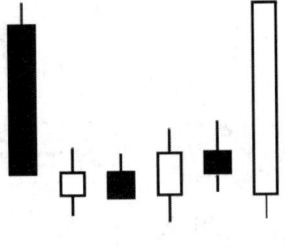

图 21-25

图 21-26 是外运发展（600270）的日 K 线图。股价下跌一段时间后，在底部出现了塔形底 K 线组合形态，这表明股价已经筑底完成，而后股价一路开始上涨。投资者可以在塔形底形成后买入。

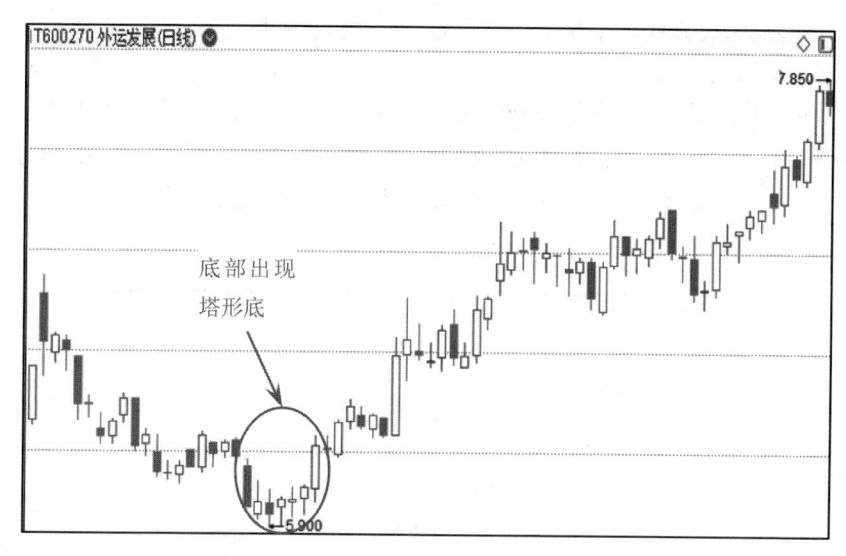

图 21-26

塔形底的形态特征如下。

（1）在高位出现塔形底形态时，投资者必须保持警惕，防止主力进行诱多。此时，适宜进行短期做多操作，或观察分批入场。

（2）塔形底不仅传达了见底的信号，而且确立了一个支撑线。一旦股价跌破这个最低点，预期后市将呈现下跌趋势。

（3）大阴线、大阳线的实体越长，小阴线、小阳线的实体、振幅越小，见底信号越强烈。

（4）塔形底之前的跌幅越大，下跌时间越长，见底信号越强烈。在整理行情中，塔形底没有特殊含义，需结合当时的走势进行综合判断。

21.2.9 圆底

圆底是指在下跌过程中或横向整理时，先出现一根大阴线或中阴线，接着在阴线底部收出若干走势呈向上圆弧形的小阴线和小阳线，最后以一根向上跳空缺口形式的 K 线收尾的组合形态。

圆底形态如图 21-27 所示。

圆底 K 线组合表示在一段时间内，股价先是下跌或横向整理，随后在底部形成一个类似圆弧形的反转形态。当

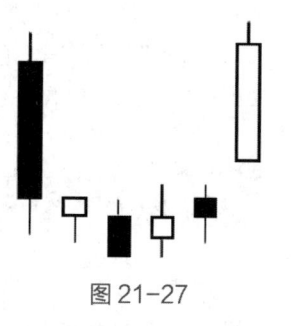

图 21-27

股价向上突破这个圆弧形的顶部时，通常会伴随着成交量的放大，这表明市场开始出现买入力量，从而形成一轮上涨行情。

一般来说，圆底K线组合的出现意味着市场上空方力量已经逐渐减弱，多方力量开始占据主导地位。因此，投资者在见到这种组合时，可以考虑适量买入，等到后市上涨时再卖出。

图 21-28 是大唐电信（600198）的日K线图。从图上看，股价进入了一个下跌趋势，当股价从最高点处跌至 3.6 元时，走出了一个圆弧底的K线形态。在圆弧底形成的过程中，可以看到成交量也在温和放大，这是资金持续流入的结果。因此，可以判断后市看涨，投资者可以逢低买入。

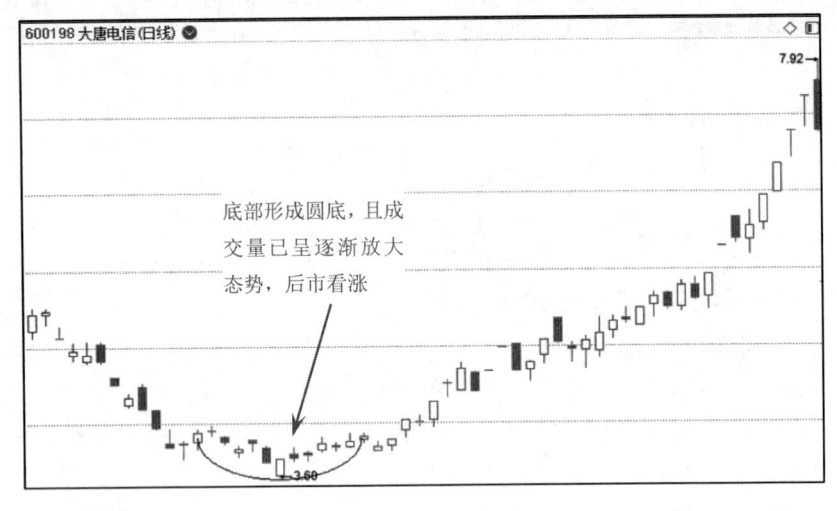

图 21-28

圆弧底形态的特征如下。

（1）在低价区，股价呈现平稳的连续变动，初始阶段缓慢下滑，然后转为平稳上升。K线连接成的轨迹呈现出圆弧形状。

（2）成交量的变化与股价变化相呼应，先是逐步减少，随后随着股价的回升，成交量也逐步增加，同样呈现圆弧形状。

（3）圆弧底形态形成的后期，股价迅速向上突破，同时成交量显著放大，股价上涨迅猛且少有回调。

（4）圆弧底形态的形成时间具有不确定性，有些形态的形成时间较短，但也存在长达半年的情况。

21.3 新股民学堂——跳空上扬（升势鹤鸦缺口）

跳空上扬又称升势鹤鸦缺口，多出现在上涨初期或上升趋势途中。它由三根K线组成。第1根K线是大阳线或中阳线；第2根K线是跳空高开的阳线；第3根K

线是高开低走的阴线，但收盘价在高开缺口附近获得了有效支撑，未回补缺口。

一般情况下，跳空上扬形态是看涨信号，预示着股价可能仍会继续往上攀升。跳空上扬形态如图 21-29 所示。

图 21-30 是 600150（中国船舶）的 K 线图。股价在上涨过程中出现跳空上扬 K 线组合，跳空高开留下的缺口，在之后股价上涨过程中，是重要的支撑位。股价在缺口上方盘整一段时间后继续上涨。

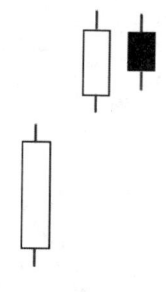

图 21-29

> 第 3 根阴线有可能只是股价上升途中的震仓洗盘，后市只要不回补缺口，上涨趋势都维持较好。

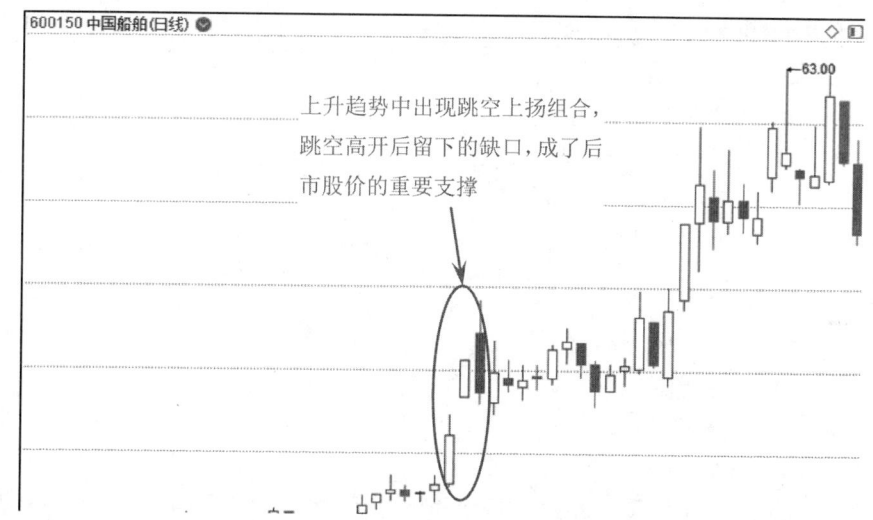

图 21-30

> 跳空上扬的缺口一般而言是股价的重要支撑位，如果股价跌破这个缺口，走势就可能会转弱，此时应考虑离场。

第22章

卖出不迷茫——18种K线卖出信号的判断与执行

"知足不辱，知止不殆。"——《老子》

卖出信号的两根K线组合	淡友反攻		乌云盖顶初现	
	倾盆大雨			
	平顶			
卖出信号的多根K线组合	黄昏之星		黑三兵	
	双飞乌鸦		两阴夹一阳	
	下降三部曲		跛脚阳线	
	三只乌鸦		倒三阳	
	塔形顶		圆顶	
买入卖出皆可表的K线组合	尽头线			
	穿头破脚			
	身怀六甲			
	镊子线			

　　卖出信号K线组合是一种重要的技术分析指标，这些K线组合的出现往往意味着股价在短期内可能达到顶峰，是提醒投资者卖出的重要信号。

22.1 股票卖出的两根K线组合

股价的涨跌是股市的基本规律，经过一轮大涨后，如何能在见顶前夕变现是很多投资者最关注的事情，而通过观察一些特定的K线组合形态，我们或许能提前发现股价可能见顶的信号。

22.1.1 淡友反攻

淡友反攻是指在上升行情中，先出现一根中阳线或大阳线，次日再出现一根与阳线收盘价相同或相近的中阴线或大阴线。淡友反攻形态如图22-1所示。

淡友反攻与好友反攻是一对冤家，二者形态相同，颜色、方向和技术含义却相反，前者是见顶信号，后者是见底信号。

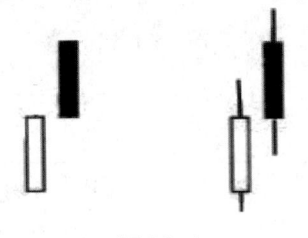

图 22-1

一般情况下，与阴阳线方向相反的同一种K线形态，其见顶的信号往往比见底信号更为强烈。比如，淡友反攻见顶信号的可靠性就比好友反攻的见底信号强。

图22-2是汉钟精机（002158）的K线图。从图上看，淡友反攻出现在该股震荡行情的高点。第一天在股价顶部区域拉出一根大阳线，第二日股价高开低走，并以前一日的收盘价收盘，最终走出一根中阴线，这就形成了淡友反攻形态。虽然淡友反攻是较弱的见顶信号，但接下来该股又低开并收出一根阴线，因此，可判断该股已形成下行趋势。

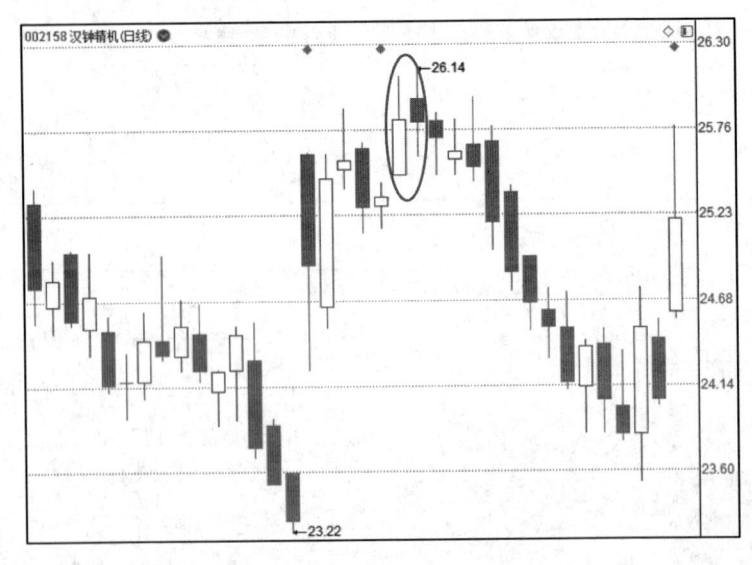

图 22-2

第 22 章　卖出不迷茫——18 种 K 线卖出信号的判断与执行

> 淡友反攻的可靠性弱于乌云盖顶，但如果伴随着大的成交量，其可靠性和乌云盖顶相当，甚至超过后者。

22.1.2　乌云盖顶

乌云盖顶是在上涨过程中出现的一种信号，第一天为一根中阳线或大阳线，第二天为一根高开中阴线或大阴线，且阴线实体深入到阳线实体的二分之一以上，阴线与阳线实体重合得越多，见顶回落的转向趋势愈可靠。

顾名思义，乌云盖顶象征着天空被阴云覆盖，随时可能下雨。此形态也是一种见顶回落的转向信号，如图 22-3 所示。

图 22-4 是广电运通（002152）的 K 线图。该股经过前期的连续高走，在出现乌云盖顶前，连收两个涨停板，并且第二根阳线跳空高开，这些都是见顶的表现。果不其然，第二天该股跳空高开低走，出现乌云见顶形态，之后股价一泻千里，短短一个月，该股暴跌近 60%。

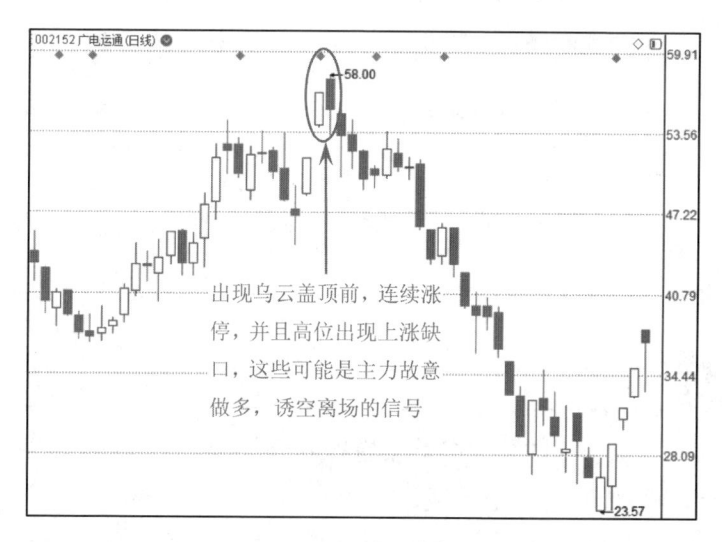

图 22-3

图 22-4

乌云盖顶形态本身并不足以作为趋势反转和清仓离场的唯一决定因素。然而，如果乌云盖顶之后连续出现四根阴线，这一信号的重要性将逐步加强，在这种情况下，投资者可以考虑在第一根阴线出现时开始逐步减仓或清仓。连续的阴线进一步强化了乌云盖顶的警告信号，投资者应根据这一信号调整自己的交易策略。

22.1.3　倾盆大雨

倾盆大雨是在上涨过程中先出现一根中阳线或大阳线，接着是一根低开中阴线或大阴线，且阴线的收盘价低于阳线的开盘价。倾盆大雨形态如图 22-5 所示。

倾盆大雨的见顶信号要强于乌云盖顶，且阴线实体部分深入阳线实体部分越多，转势信号就越强，其可靠性也就越高。

图 22-6 是汉钟精机（002158）的 K 线图。该股经过一波上涨行情后，在波段顶部区域收出了一根中阳线，第二日股价低开并以大阴线收盘，这就形成了倾盆大雨形态的 K 线，预示股价已见顶。此后的一段时期内，该股股价暴跌。

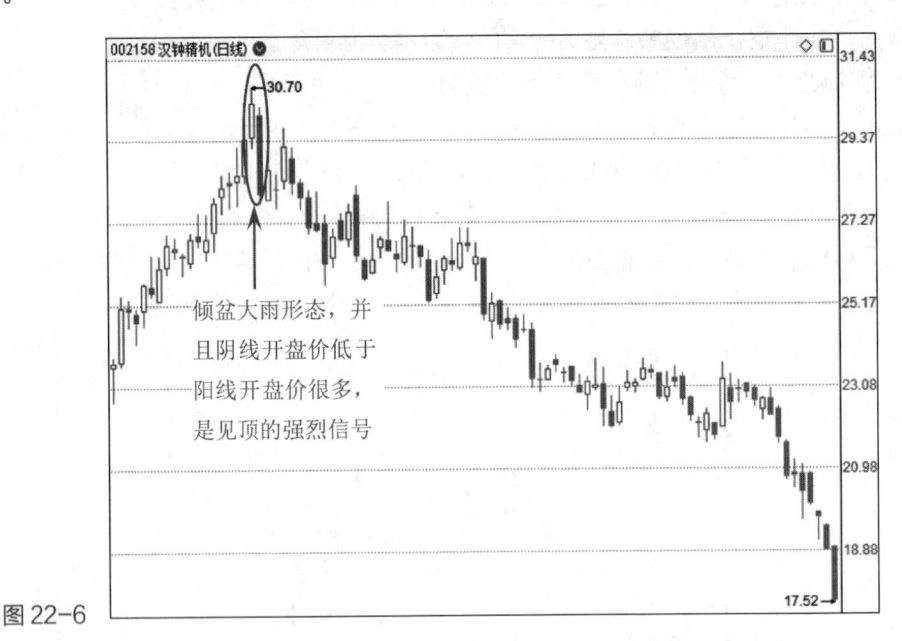

图 22-5

图 22-6

22.1.4 平顶

平顶又称镊子顶，是指在上涨趋势中最高价相同的两根或两根以上的 K 线组合，如图 22-7 所示。

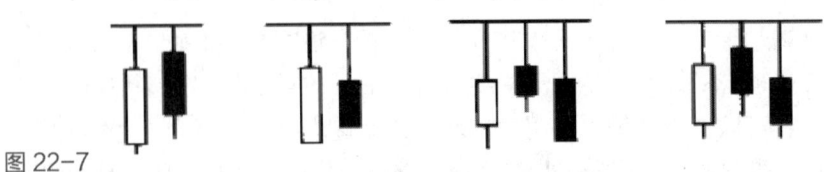

图 22-7

平顶和平底 K 线形态，都是预警的反转信号，所不同的是平顶形态预示着股价见顶，而平底形态则表示股价见底。

图 22-8 是常铝股份（002160）的 K 线图。该股之前经历了一次显著的上涨，

但当股价达到顶部时，K 线形态呈现平顶，这表明多方在尝试继续上涨时遭遇了空方的强烈抵抗，导致股价无法进一步突破，随后开始回落。这一现象暗示了该股未来可能的下跌趋势。之后，该股走势确实发生了转变，股价大幅下跌。

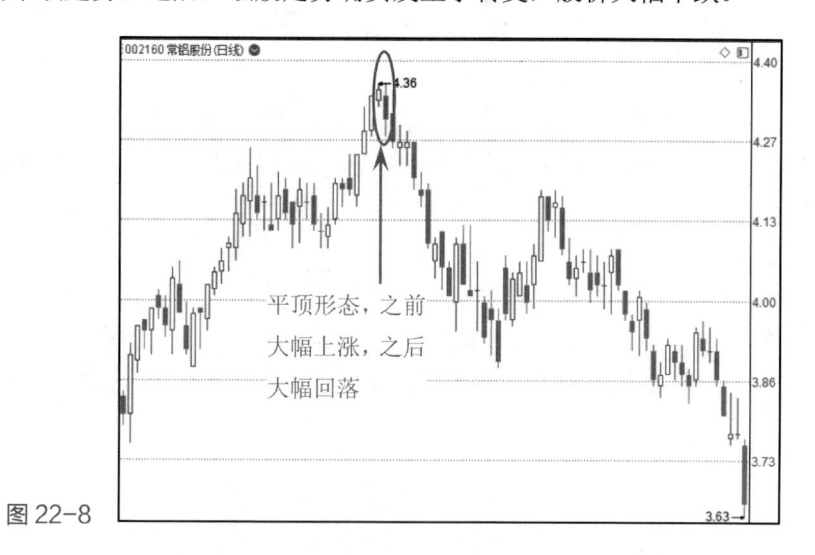

图 22-8

22.2 股票卖出的多根K线组合

表示卖出信号的多根 K 线组合是指一系列的 K 线组合在一起，形成一个明显的顶部形态，这通常预示着股价可能已经见顶，投资者应及时卖出。

常见的表示卖出的多根 K 线组合有：黄昏之星、黑三兵、双飞乌鸦、两阴夹一阳、下降三部曲、跛脚阳线、三只乌鸦、倒三阳、塔形顶、圆顶等。这些形态的出现往往代表了市场多空力量的转换，是投资者进行卖出或减仓的重要信号之一。

22.2.1 黄昏之星

黄昏之星是三根 K 线的组合，第一根是阳线，第三根是深入第一根阳线实体的阴线，第二根是在阳线和阴线上方的小阴线或小阳线。

黄昏之星 K 线形态如图 22-9 所示。

> 第二根 K 线是十字线时又叫黄昏十字星，是黄昏之星的特殊形态。
> 黄昏之星、黄昏十字星的阴线和阳线之间也可以是两根甚至多根小 K 线，如图 22-10 所示。

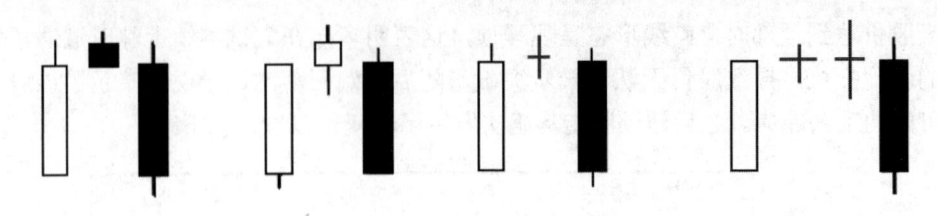

图 22-9　　　　　　　　　　图 22-10

黄昏之星经常出现在市场一波上涨的末端，最初多方占主导，然后多空双方平衡，最后空方占据主导体现了多空力量的转变。投资者遇到此种 K 线时，要及时减仓或清仓出局。

图 22-11 是兴民智通（002355）的 K 线图。股价持续上涨后，收出黄昏之星 K 线形态，这通常预示着后市看跌，投资者应当尽快离场。该股后市果然走低，并在一个月后出现断崖式下跌跳空，即使之后多次上涨，但依然难达到黄昏之星之前的股价。

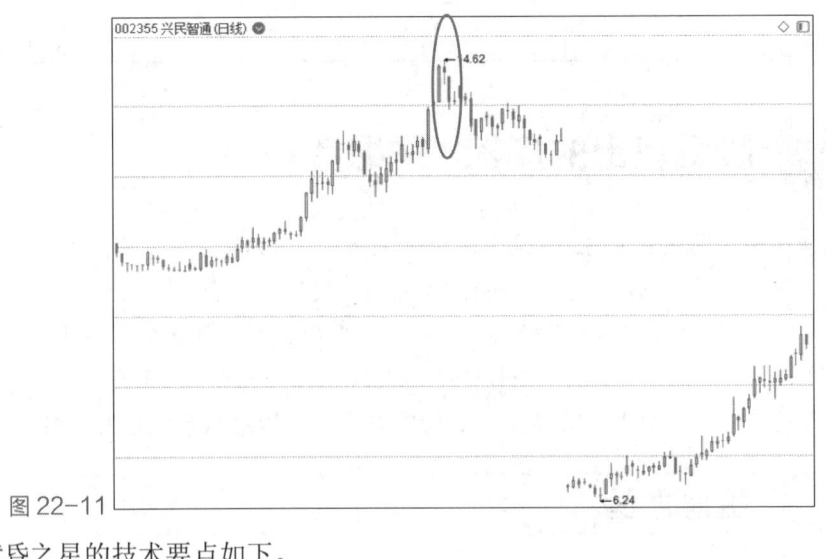

图 22-11

黄昏之星的技术要点如下。

（1）如果阴线实体深入阳线实体的部分很深，那么这种转势信号就会非常强烈。

（2）第一根 K 线对应的成交量越小，第三根 K 线对应的成交量越大，那么这种信号的可靠性就越强。

（3）第二根 K 线如果是阴线的话，那么它的转势作用会比阳线更强。

22.2.2　黑三兵

黑三兵 K 线组合也被称为"绿三兵"，由三根小阴线组成，其特点在于三根 K

线的开盘价、最高价、最低价和收盘价均依次降低。在形态上，这三根小阴线就像三个穿着黑色服装的卫兵在列队，因此得名。

黑三兵的形态如图22-12所示。

与红三兵不同，黑三兵既可以出现在上涨趋势中，也可以出现在下跌趋势中。如果黑三兵出现在上涨趋势中，通常预示着行情即将转为跌势。因此，投资者在见到这种形态时，应考虑做空。如果黑三兵出现在一波下跌行情之后，由于连续做空，空方力量得到释放，这时极有可能进入反弹行情，此时的形态准确来说更可能是上升三部曲。

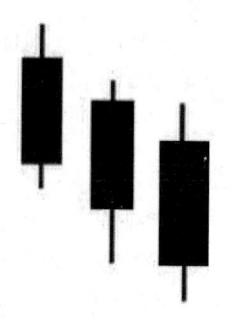

图 22-12

此外，值得注意的是，阴线实体部分的大小也是判断的重要依据。如果实体部分较大，则可能转化为"三只乌鸦"或"下跌三连阴"形态，表示下跌的信号更强烈。

图22-13是华联股份（000882）的K线图。该股经过前期的连续走高后开始震荡整理，之后收出黑三兵，这通常预示着后市看跌，投资者应及早清仓离场。

图 22-13

22.2.3 双飞乌鸦

双飞乌鸦出现在上涨趋势中，由三根K线组成。其中，第一根是阳线，第二根是高开低走且收盘价高于阳线收盘价的阴线，第三根是完全包覆了前一根阴线的阴线。

双飞乌鸦K线形态如图22-14所示。

双飞乌鸦是见顶信号，其技术特征如下。

（1）第一根阴线的实体部分与阳线形成缺口，构成起飞的形状，但后继无力，出现低收的情形。

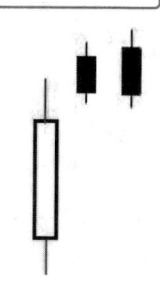

图 22-14

447

（2）第二根阴线的实体部分较长，较为理想的是第二根阴线开盘价高于第一根阴线开盘价，然后低收，将第一根阴线完全包覆，形成类似于穿头破脚的图形。

双飞乌鸦出现在上升趋势中，表现为连续两日高开但最终全部都以低价收市，形成两只阴线，使多头对后市产生疑虑，开始获利了结，从而造成向下调整的压力。作为一种见顶回落的信号，一旦双飞乌鸦出现，投资者可先获利了结或止损出局。其较好的获利点与止损点为第二根阴线之后一两天之内的小阴小阳时。

图22-15是易普力（002096）的K线图。该股经过一波上涨行情后，在波段顶部区域收出一根光脚中阳线，然后连续两日跳空高开低走，收出两根光头大阴线，至此形成了双飞乌鸦形态的K线，预示着股价已见顶。此后，股价经过短暂的盘旋震荡之后，一路暴跌。

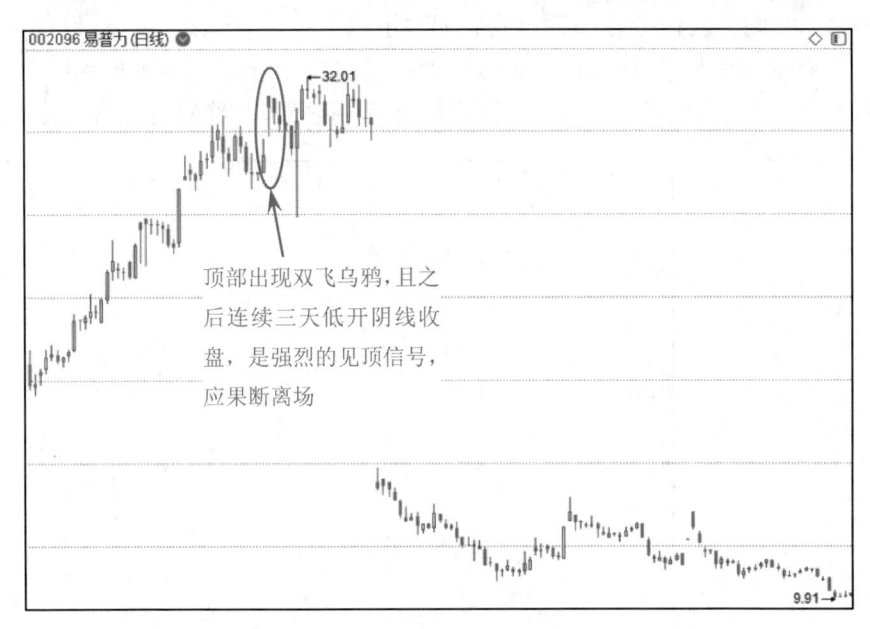

图 22-15

22.2.4 两阴夹一阳（两黑夹一红）

两阴夹一阳，又名两黑夹一红，由两根较长的阴线夹着一根较短的阳线组成。

两阴夹一阳形态中，连续的阴线表示卖方力量强大，而阳线则代表买方在抵抗但最终失败。

两阴夹一阳形态如图22-16所示。

两阴夹一阳大多数出现在上涨行情中，是见顶卖出的信号。两阴夹一阳出现在跌势中的情况较少，如果出现，应继续看跌。

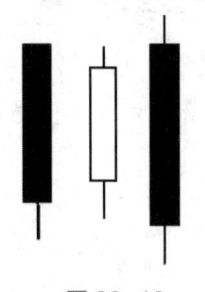

图 22-16

图22-17是青海华鼎（600243）的K线图。该股之前经历

了一段震荡上涨，但当股价达到顶部后，出现了两阴夹一阳 K 线组合形态，这表明多方在尝试继续上涨时遇到了空方的强烈抵抗，导致股价无法进一步突破，随后开始断崖式回落。

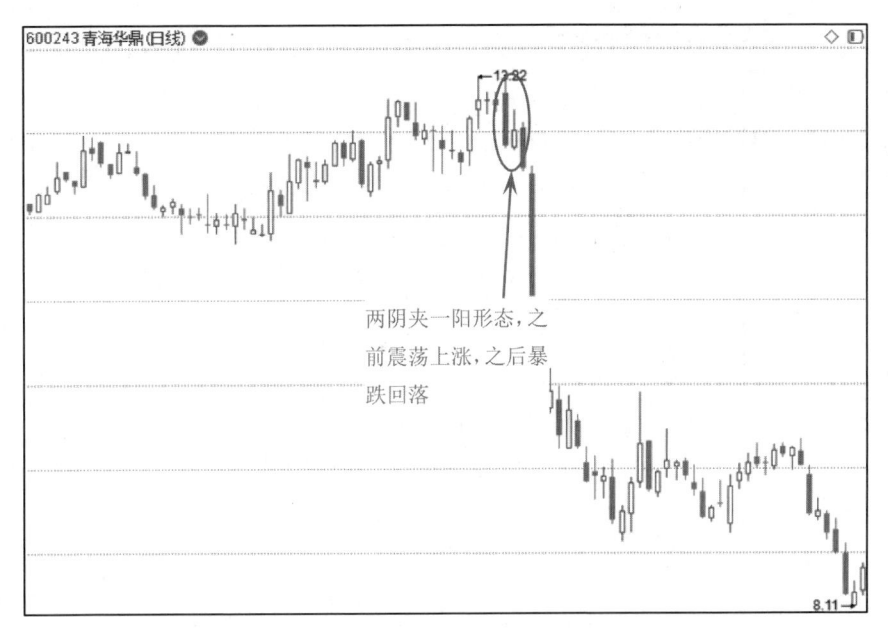

图 22-17

22.2.5 下降三部曲（降势三鹤/下跌三部曲/三阳做客）

下降三部曲又称降势三鹤、下跌三部曲或三阳做客，是指股价在下跌过程中首先出现一根实体较长的阴线，随后连续收出三根向上攀升的小阳线。但最后一根阳线的收盘价仍低于前一根长阴线的开盘价。之后，紧接着又出现一根长阴线，把前面三根小阳线全部或大部分都包围住。

下降三部曲的 K 线形态如图 22-18 所示。

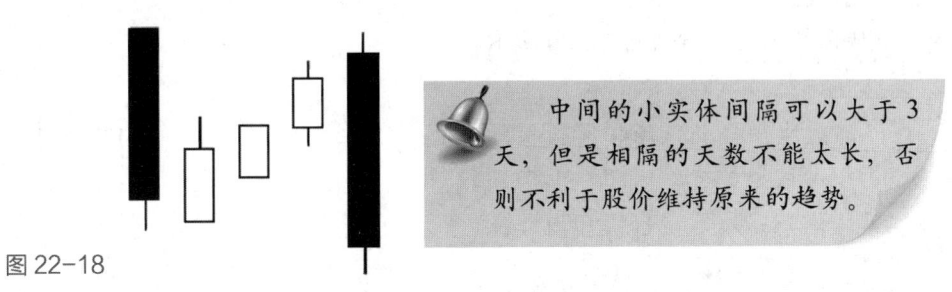

图 22-18

中间的小实体间隔可以大于 3 天，但是相隔的天数不能太长，否则不利于股价维持原来的趋势。

下降三部曲的出现表明多方虽然想反抗，但最终在空方的打压下落荒而逃。这表明股价还会进一步向下滑落。因此，投资者见此 K 线形态后应顺势而为，减持手中的仓位。

图 22-19 是黔源电力（002039）的 K 线图。股价在形成阶段头部之后，低点不断下移，在下跌过程中出现下降三部曲形态。在下跌趋势中出现下降三部曲，预示着后市继续看跌，此时投资者应该及时止损离场。

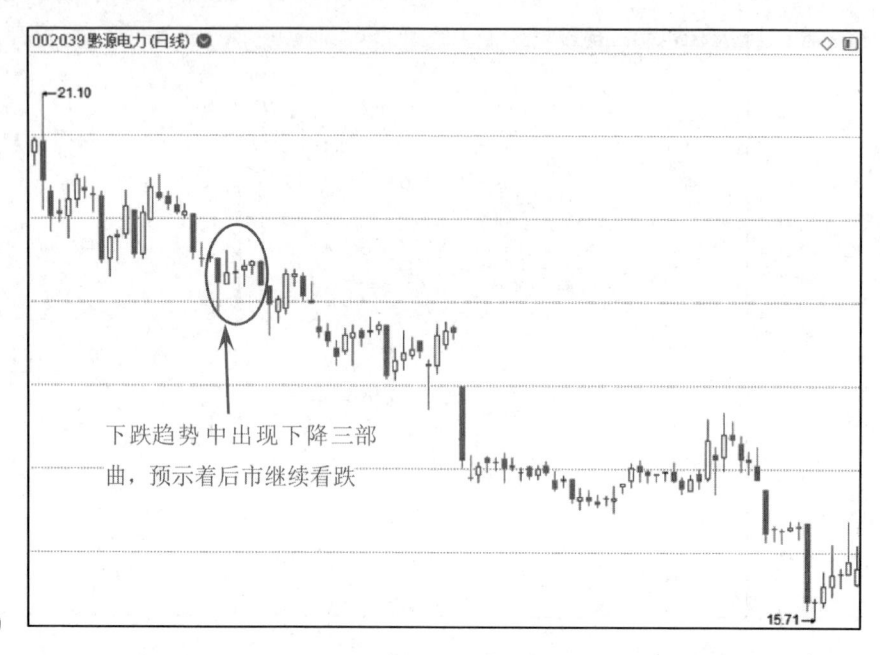

图 22-19

下降三部曲如果出现在下跌行情的整理区，通常意味着主力在诱多出货。所以，遇到这种情况时，投资者首先要考虑的是适时离场，以确保资金的安全。

22.2.6 跛脚阳线

跛脚阳线通常出现在上涨行情中，由三根阳线组成。其中，第一根和第二根一般是大阳线或中阳线，第二根和第三根是低开阳线，且第三根阳线实体很小，被第二根阳线包覆住。

跛脚阳线 K 线形态如图 22-20 所示。

> 跛脚阳线的后两根阳线实际上已经形成了"身怀六甲"形态。跛脚阳线可以是三根以上阳线组成，但不能少于三根。

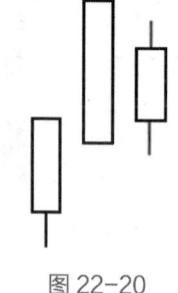

图 22-20

跛脚阳线形态的出现通常意味着多方遭遇到上方沉重的抛压，是滞涨的信号，后市看跌。

图 22-21 是三峡水利（600116）的 K 线图。该股经过一轮上涨，在股价头部出现了跛脚阳线形态，随后紧接着收出一根低开中阴线。这是股价下跌的信号，表明多方力量已经耗尽，空方的反攻已经开始。因此，投资者应在该形态完成后的次日，出现中阴线确认股价已经走低时卖出股票，以规避风险。

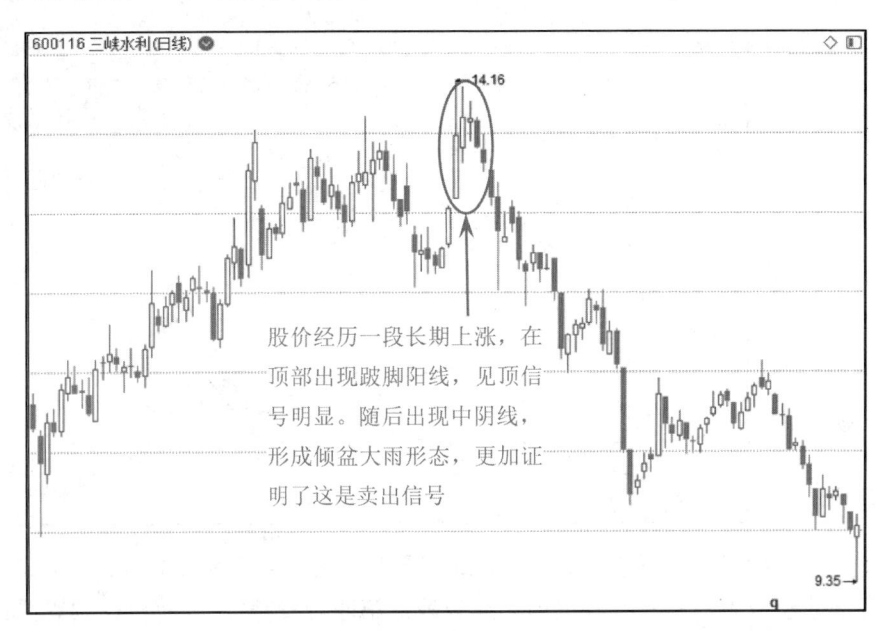

股价经历一段长期上涨，在顶部出现跛脚阳线，见顶信号明显。随后出现中阴线，形成倾盆大雨形态，更加证明了这是卖出信号

图 22-21

在交易过程中，如果看到跛脚阳线形态，投资者应做好离场准备。此外，跛脚阳线之后如果出现中阴线，形成倾盆大雨 K 线形态，这是见顶反转信号，投资者应当减仓或清仓。

22.2.7 三只乌鸦（暴跌三杰）

三只乌鸦又叫暴跌三杰，是在上涨趋势中出现的 K 线形态，由跳高开盘的三根大阴线或中阴线组成。三只乌鸦的 K 线形态如图 22-22 所示。

图 22-22

当股价在高位出现三只乌鸦的 K 线组合形态，表明一波行情已走到尽头，巨大的获利筹码等待着套现出局，这是暴跌的前兆，也是卖出信号。

图22-23 是中国建筑（601668）的 K 线图，将上图中的 K 线图分成六段来分析主力是如何一步一步筑底、吸筹、洗盘、拉高出货的。

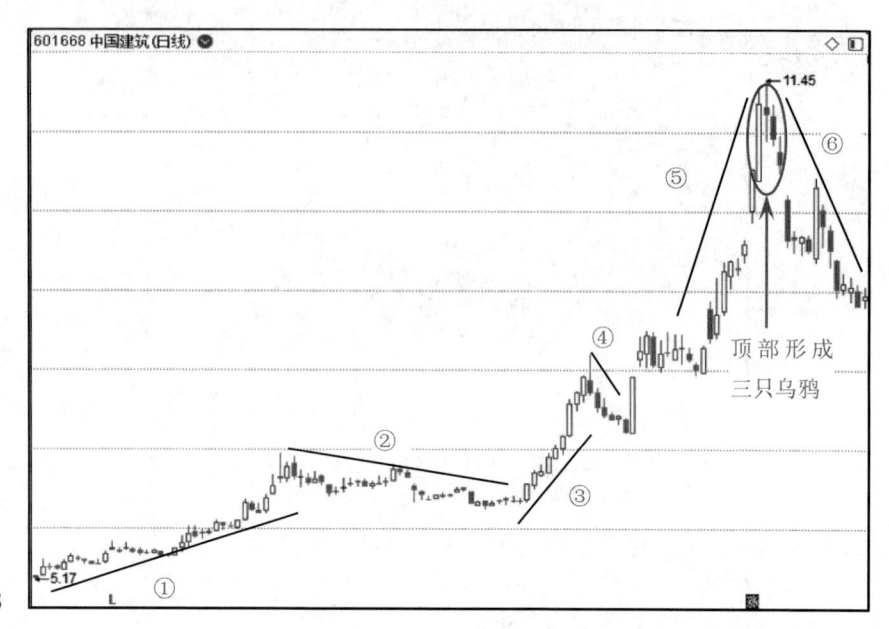

图 22-23

第一阶段主力资金不断进场，底部不断抬高；第二阶段主力利用利空打压吸筹，降低建仓成本；第三阶段主力加速吸筹；第四阶段是主力在洗盘；第五阶段股价到了顶峰，主力在拉高出货；第六阶段出现了三只乌鸦，暴风雨开始了，没有赶在三只乌鸦形态前卖出的投资者，将被套牢。

22.2.8 倒三阳

倒三阳是指在下跌初期，由三根低开阳线组成的 K 线组合。这三根阳线均为低开，且收盘价接近或低于前一天收盘价。

倒三阳 K 线组合形态如图 22-24 所示。

倒三阳 K 线组合与通常的三连阳线的走势完全不同，股价虽然连续三天收阳线，但走势像连续收阴线一般，股价一天比一天低。

图22-25 是罗牛山（000735）的 K 线图。该股经过一段时间的横盘整理后出现了倒三阳形态，股价虽然连续收出阳线，但都是跳空低开，且收盘也留出了巨大缺口，此时暴跌已经开始，投资者应该在倒三阳之前就清仓离场。

图 22-24

倒三阳一般出现在股票走势下跌的初期，是庄家为了出逃而放出的烟雾弹。出现这种 K 线组合意味着股价已步入了跌势，投资者不应受阳线所迷惑，应趁早落袋为安。

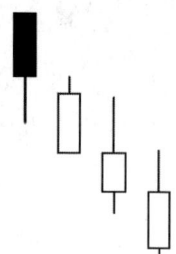

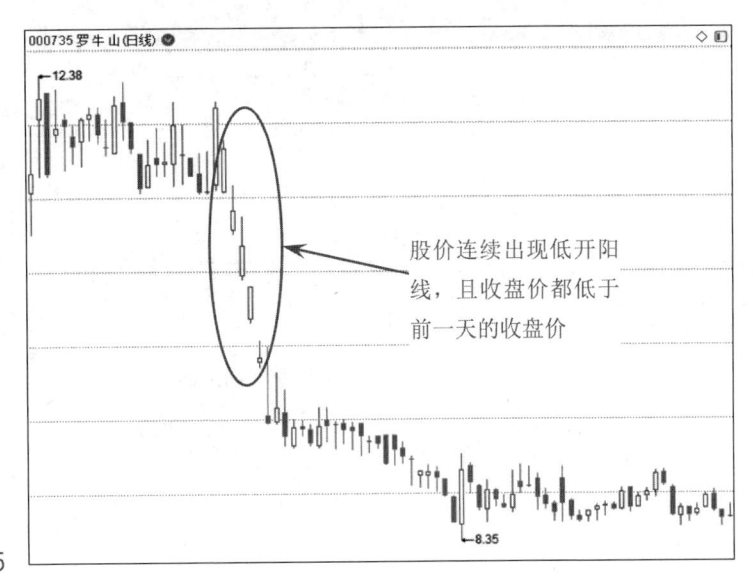

图 22-25

22.2.9 塔形顶

塔形顶是在上涨过程中，在头部先收出一根大阳线或中阳线，随后经过几天的高位盘整，在阳线顶部收出几根小阴线和小阳线，最后收出一根大阴线或中阴线，并且大阴线的收盘价接近或超过大阳线的开盘价。

塔形顶因形状酷似宝塔顶部而得名，其形态如图 22-26 所示。

塔形顶形态预示着股价阶段顶部的形成，是即将反转的信号。一般来说，出现这种形态，大概率是空头即将到来，后市看跌，投资者应清仓离场。

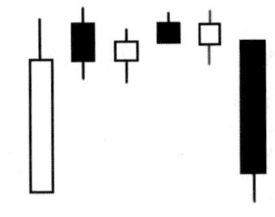

图 22-26

图 22-27 是万科 A（000002）的 K 线图。该股经过一段时间的上涨，在顶部收出一根大阳线，然后多空双方在高位展开了激烈竞争，最后以收出一根大阴线，形成塔形顶宣告空方胜出，整盘结束后股价开始大幅下跌。

对于投资者在前期高速拉升阶段已经获利，高位整盘阶段情况不明，应该见好就收，逐步清仓。

22.2.10 圆顶

圆顶是指在上涨过程中或横向整理阶段，一根大阳线或中阳线后，在阳线顶部收出若干走势呈向下圆弧形的小阴线和小阳线，最后以向下跳空缺口确认成立的 K 线组合形态。

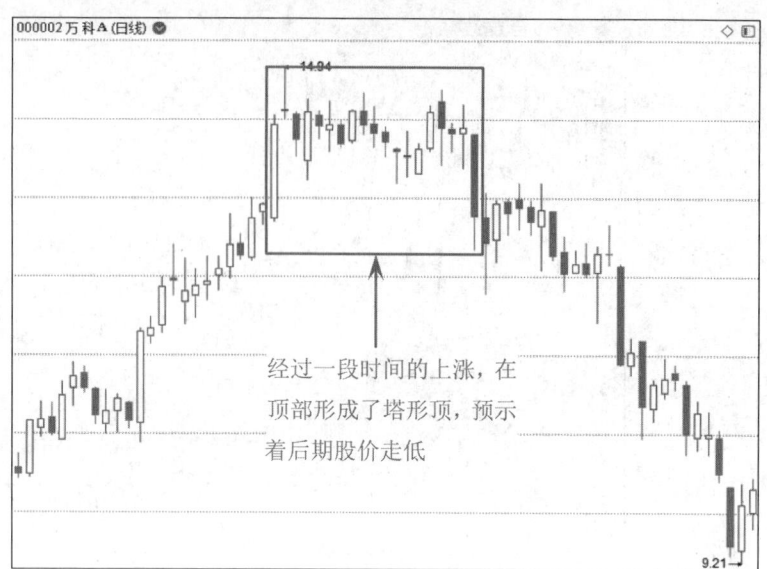

图 22-27

圆顶形态如图 22-28 所示。

圆顶是一种见顶反转信号，后市看跌，是卖出信号。

图 22-29 是锡业股份（000960）的 K 线图，股价在上涨途中，先收出一根大阳线，然后阴线、阳线轮流上场，这表明多空双方发生了激烈的竞争，最终空方胜出。在收出一根大阴线后，股价进入了长期的下跌轨道。在圆顶形成的过程，完美展现了股价快速上涨、上涨减速、停止上涨、缓慢下跌、加速下跌的全过程。

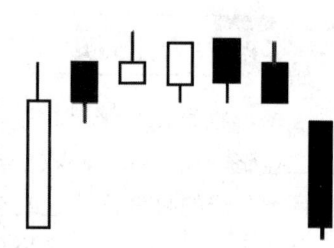

图 22-28

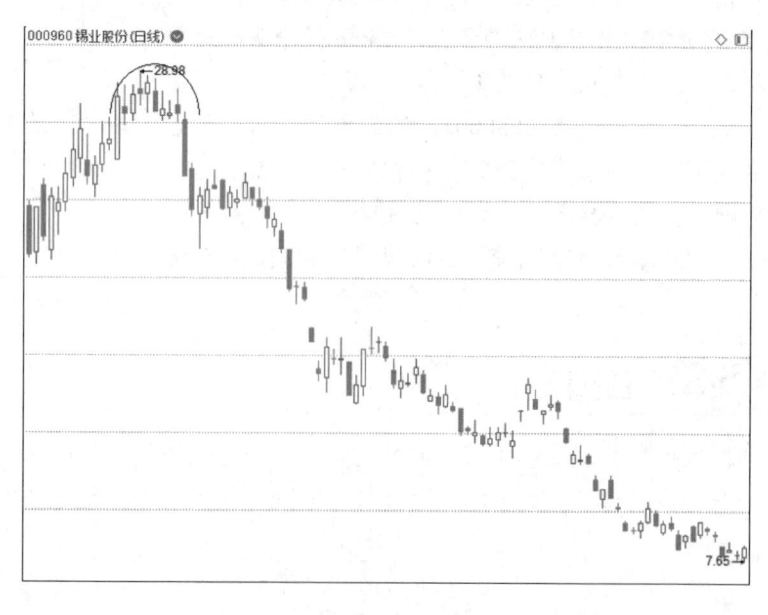

图 22-29

值得注意的是，大多数时候圆顶的形成需要非常长的周期，有的甚至需要数月之久，因此，为了能顺利找到圆顶，很多时候需要用周K线图进行观察。

22.3 新股民学堂——买入卖出皆可表的K线组合

在众多的K线组合形态中，有几个既可以是买入信号，也可也是卖出信号，比如：尽头线、穿头破脚、身怀六甲、镊子线和下跌三连阴等。

22.3.1 尽头线

尽头线是指在第一根K线的上影线或下影线的右侧藏一根小K线。尽头线既可能出现在涨势中，也可能出现在跌势中。尽头线在涨势中出现，为见顶信号；在跌势中出现，为见底信号。

若出现在上涨趋势中，第一根K线为带有上影线的大阳线或中阳线，第二根K线是完全涵盖在上影线范围之内的十字星、十字线、小阴线或小阳线。

若出现在下跌趋势中，第一根K线为带有下影线的大阴线或小阴线，第二根K线是完全涵盖在下影线范围之内的十字星、十字线、小阴线或小阳线。

> 无论是上涨趋势还是下跌趋势，第二根K线越小，反弹信号越强。

尽头线的K线形态如图22-30所示。

图22-30

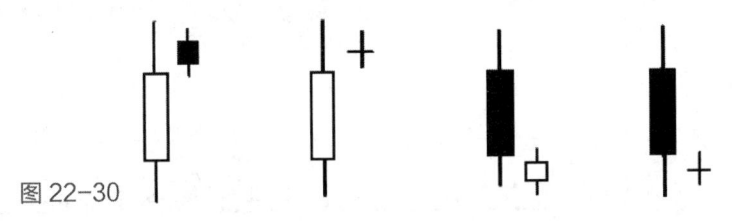

图22-31是新益昌（688383）的K线图。该股之前经历了一次疯狂大逃亡，股价一路从130.68元下挫至72.86元，并在此价位收出尽头线。在经过近3个月的下跌后，尽头线之前已连续收小阳线和中阳线，显示出多方已经开始蓄力，而空方略显乏力，股价已有回升之势。此外，股价在此之前早已跌破支撑位，而收出尽头线之后连续两日飘红，并伴随着成交量的大增。至此，我们可以判断股价即将迎来反弹。

图22-32是ST数源（000909）的K线图。该股在顶部走出了一大波下降趋势形态。首先，整个上升趋势形成扩散三角形，并且股价已经跌破了扩散三角形的下边线，这是清仓离场的标志一。在经历了一波大幅涨势之后收出尽头线，这是见顶并开始下行趋势的标志二。此外，股价在收出尽头线的前一天也收了一根中阳线，这

根中阳线和尽头线一起形成了"声势停顿"形态K线组合，这是见顶下降趋势的标志三。

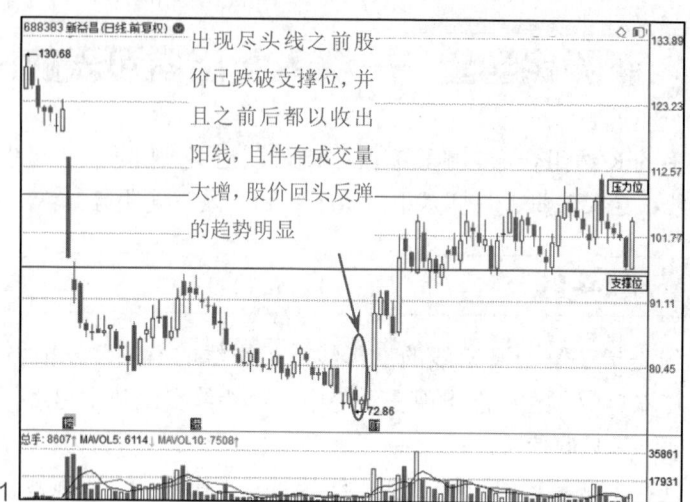

图 22-31

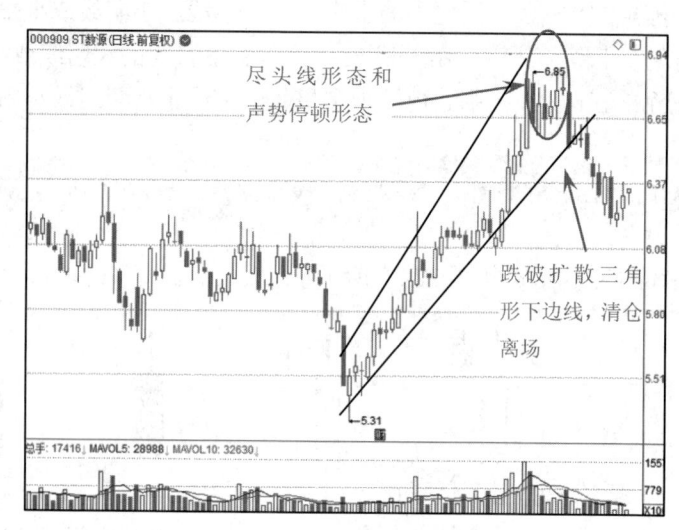

图 22-32

22.3.2 穿头破脚

穿头破脚是由阴阳两根K线组合而成，其中第二根K线的实体部分将第一根K线的实体部分完全覆盖（不包括影线部分）。

穿头破脚形态如图 22-33 所示。

穿头破脚K线组合既可能出现在上涨行情中，也可能出现在下跌趋势中。出现在上涨行情中时，第一根K线为阳线，第二根K线为阴线。出现在下跌趋势中时，第一根K线为阴线，第二根K线为阳线。

图 22-33

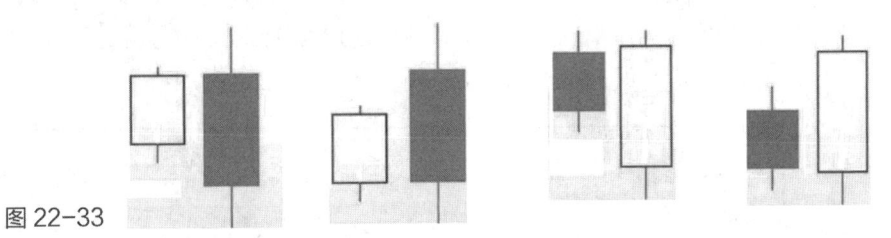

图 22-34 是深康佳 A（000016）的日 K 线走势图。该股经过连续阴跌后，股价直线下滑。一波下行趋势之后，谷底收出一根小阴线，已有止跌之势，这表明空方已显疲态。紧接着，第二天收出一根大阳线，将前一日的小阴线实体完全包覆，形成穿头破脚形态，且两根 K 线实体相差较大，这是反弹的信号。

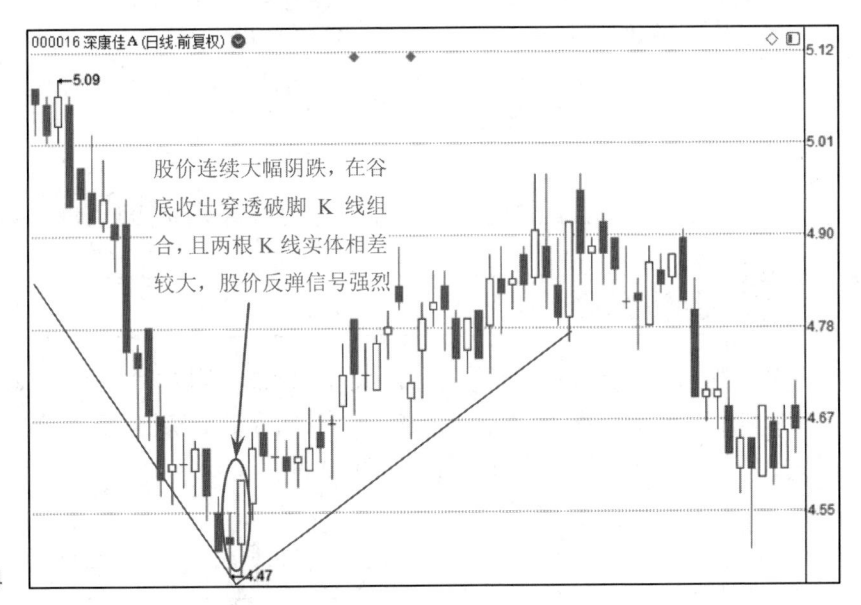

图 22-34

从 K 线整体走势来看，已形成 V 形底，这是明显的转势信号，果然之后股价开始回升反弹。为稳妥起见，建议投资者在穿头破脚形态出现后先观察 1～2 个交易日，当确认股价回升后再入场。

图 22-35 是赛伍技术（603212）的日 K 线图。图中出现了两次穿头破脚形态。一次是在谷底，股价经过一段时间的大跌之后，在谷底形成了穿头破脚形态，两根 K 线实体相差较大，与此同时，成交量放大，这说明多方正在蓄势发力，是股价上涨的前兆。

第二次出现穿头破脚形态是在股价的高位点，并且此时股价即将突破近期压力位，同时伴随着成交量的大增，这说明股价已见顶，投资者此时可考虑减仓。随后观察几日，股价依然阴跌不休，这时投资者可进一步减仓，或者清仓。

当穿头破脚形态形成时，如果伴有下列情况出现，则转势信号更强烈。

（1）股价涨跌幅度大、时间长或者速度快，转势的信号就越明显。

（2）两根 K 线的实体长度越悬殊，转势的力度就越强，信号就越可靠。

（3）如果第二根 K 线的成交量异常放大，则转势信号更加可靠。

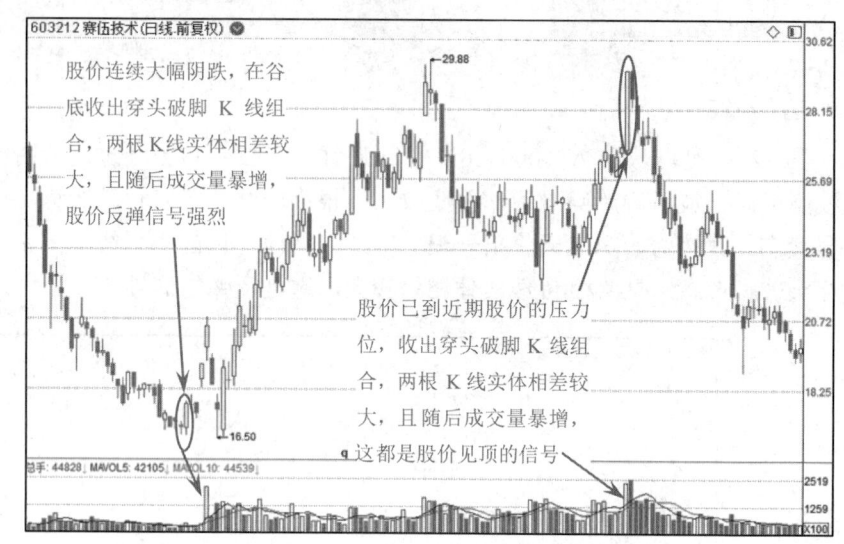

图 22-35

22.3.3 身怀六甲

身怀六甲也称为孕线或母子线，由两根 K 线组成，其中第一根 K 线实体较长，第二根 K 线实体较短，并且第一根完全包覆了第二根 K 线实体。身怀六甲 K 线组合，因其形态好像一个怀胎的孕妇而得名，如图 22-36 所示。

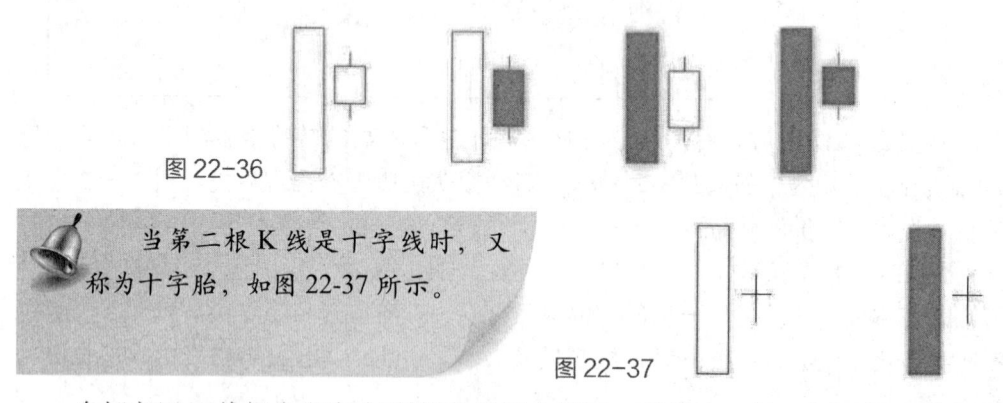

图 22-36

> 当第二根 K 线是十字线时，又称为十字胎，如图 22-37 所示。

图 22-37

身怀六甲 K 线组合和穿头破脚 K 线组合相同，都是由一长一短两根 K 线组合而成，且都既可能出现在上升行情中，也可能出现在下跌趋势中。两者的不同之处在于身怀六甲 K 线组合中，第一根 K 线长，第二根 K 线短，且两根 K 线可以是阴阳组合，也可以是阴阴组合，还可以是阳阳组合。

图 22-38 是渤海租赁（000415）的日 K 线图。在一片火红的阳线上涨趋势后，

收出了身怀六甲 K 线组合，身怀六甲的第一根 K 线依然是大阳线，这表明仍旧是多方在主持大局，而成交量的高企也印证了这一点。但接下来一根小小的阴线实体，给红火的牛市带来了一丝凉意，反映出市场参与各方都开始变得犹豫不决。多空双方突然都变得谨小慎微，这表明推动牛市的动力正在衰退。成交量的萎缩也进一步证实了转势的信号。

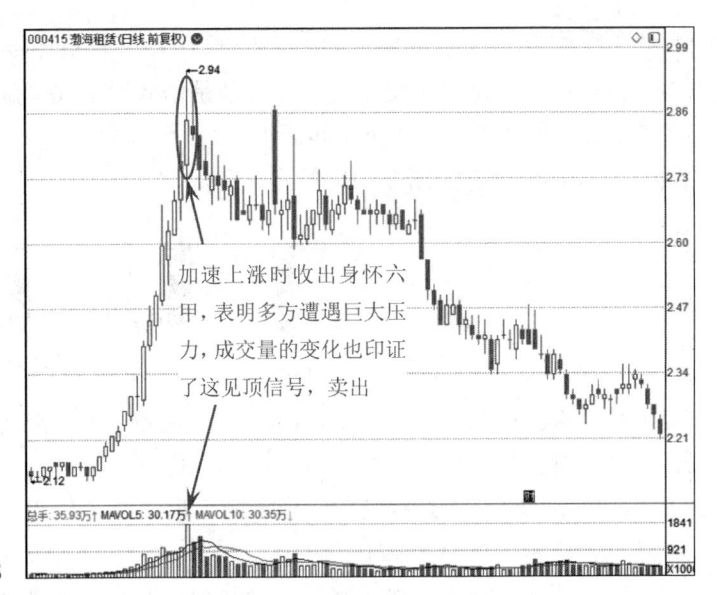

图 22-38

图 22-39 是飞亚达（000026）的日 K 线图。经过一段时间的震荡整理后，股价形成了十字胎形态，预示着这一段多空博弈，以空方胜出收尾。接下来股价进入了下滑期，虽然期间也有起伏回弹，但整体趋势依然是下跌的。

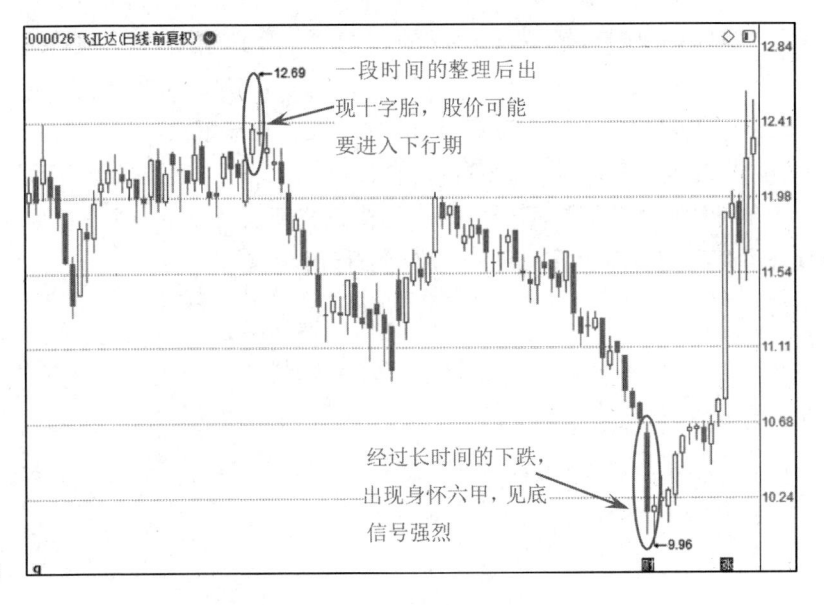

图 22-39

在下降趋势中，出现了身怀六甲形态，第一根巨大阴线表明空方压力依然沉重，多方似乎无法抵抗。但随后的阳线小实体却表明多方顶住了空方的压力，这也预示着行情正在转变，前面巨大阴线也许已是空方的强弩之末，此时投资者应当提高警惕，时刻捕捉抄底机会。

22.3.4 镊子线

镊子线有两种：一种是平头镊子线，另一种是平底镊子线。镊子线因其形状像有人拿着镊子小心翼翼地夹着一块小东西而得名。

镊子线的 K 线组合形态如图 22-40 所示。

图 22-40　　平头镊子线　　　　　平底镊子线

平头镊子线经常出现在上升行情中，由一阳一阴两根 K 线夹着一根小阴线，且三根 K 线的最高价基本处于同一水平位置。

平底镊子线经常出现在下跌行情中，由一阴一阳两根 K 线夹着一根小阳线，且三根 K 线的最低价基本处于同一水平位置上。

镊子线是典型的转势信号，如果出现在上涨行情初期，是建仓的好机会；如果出现在上涨行情中期，应以观望为主；如果出现在上涨行情末期，是见顶信号，则应果断卖出离场。若下跌行情中出现镊子线形态，其买入、卖出操作应与上涨行情相反。

图 22-41 是中国石化（600028）的 K 线图。为了清除浮码，股价边攀升边震荡洗盘。经过多轮震荡后，股价最后一次拉升，创下了 14.35 元的新高。然后主力开始出货，连续两根阴线形成了平头镊子线，之后股价迅速下跌。

图 22-42 是卓郎智能（600545）的 K 线图。股价在经过一轮下跌后，先是收出了一个单针探底形态，随后经过短暂的横盘整理，形成了一个平底镊子线。股价在经过一段时间的震荡之后，迎来一波上涨行情。

第 22 章　卖出不迷茫——18 种 K 线卖出信号的判断与执行

图 22-41

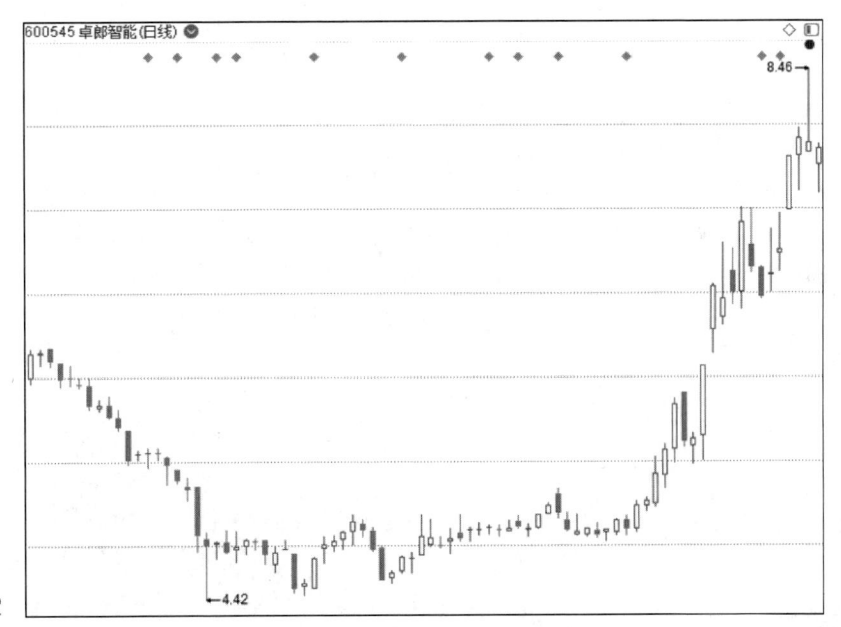

图 22-42

第23章

选股有道——K线图助力发掘潜力股

"千里马常有,而伯乐不常有。"——韩愈《马说》

K线技术分为两种,一种是K线形态组合,另一种是K线技术图形。它们都是通过研究K线的排列和变化来预测市场走势的。形态组合更注重K线的位置和形态,而技术图形更注重图形的结构和功能。本章通过K线图的分析,指导投资者如何发掘具有潜力的个股,为选股提供有力支持。

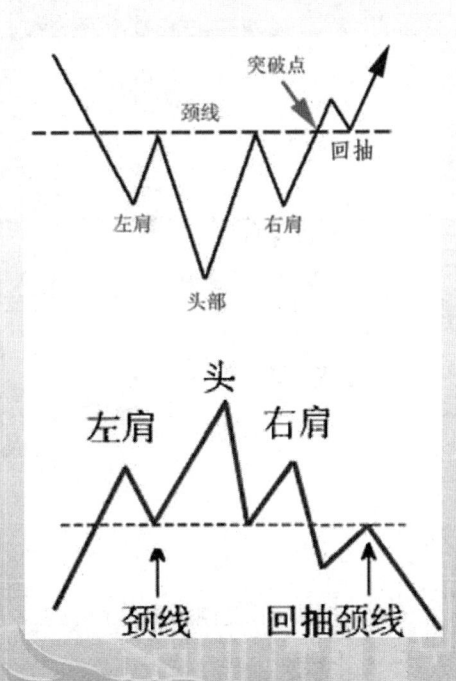

23.1 股票买入的K线图形

趋势由下跌转为上升是买入的信号，由下跌转为上升的K线图形被称为表示买入的K线图形，这类K线主要有：头肩底、W底（双重底）、三重底、V形底等。

23.1.1 头肩底

头肩底是一种典型的趋势反转形态，通常出现在市场下跌的尾声，表现为三个明显的中间略低于两边的低谷。三个低谷从左往右依次称为左肩、头部和右肩。标准的头肩底如图23-1（a）所示。

> 头肩底有时候突破颈线后还会反抽回调，遇到颈线的强力支撑后再上涨的情况，如图23-1（b）所示。

（a） （b）

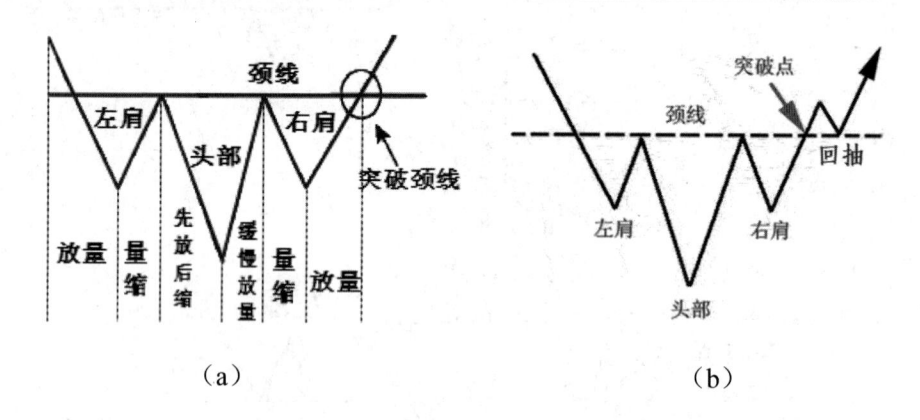

图 23-1

头肩底的出现预示着后市看涨，是买入的信号。其具体形成过程如下。

1. 形成左肩

当股价接近底部时，下跌速度突然加剧，随后开始止跌并反弹，形成第一个波谷，这就是所谓的左肩。在左肩形成的过程中，成交量呈现出放大的趋势，这表明卖方力量在增强。

当股价从左肩的最低点开始反弹时，成交量却有减少的迹象，这意味着买方力量开始逐渐占据主导。

2. 形成头部

形成左肩后，股价反弹受阻后再次下跌，并且跌破了前一次的低点，之后股价再次止跌反弹，从而形成第二个波谷，这就是所谓的头部。形成头部的时候，成交量会有所增加。

3. 形成右肩

股价在头部第二次反弹时，再次在第一次反弹的高点遇到阻力。这两次反弹的高点相连，形成的线就是颈线。

遇颈线受阻后，股价又开始第三次下跌，但当股价下跌到接近第一个波谷的低点时就跌不下去了，成交量极度萎缩。此后，股价再次上涨，从而形成第三个波谷，这就是所谓的右肩。股价第三次反弹时，一般会伴随着成交量的显著增加。当第三次反弹突破颈线后，头肩底形成。

> 有时候，头肩底的头肩并不是一次形成的，可能需要反复多次才能形成，这就是复合头肩底，如图23-2所示。

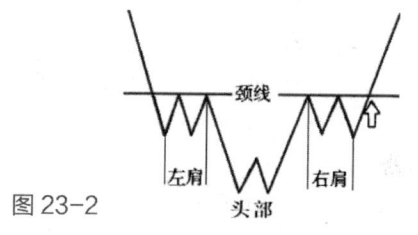

图23-2

股价只有向上成功突破颈线后，头肩底才算真正形成，由下跌转为上升趋势才明朗，而右肩突破颈线的点就是第一买入点。

图23-3是中炬高新（600872）的K线图，该股经过一段时间的下跌，在3.6元上下长时间震荡。

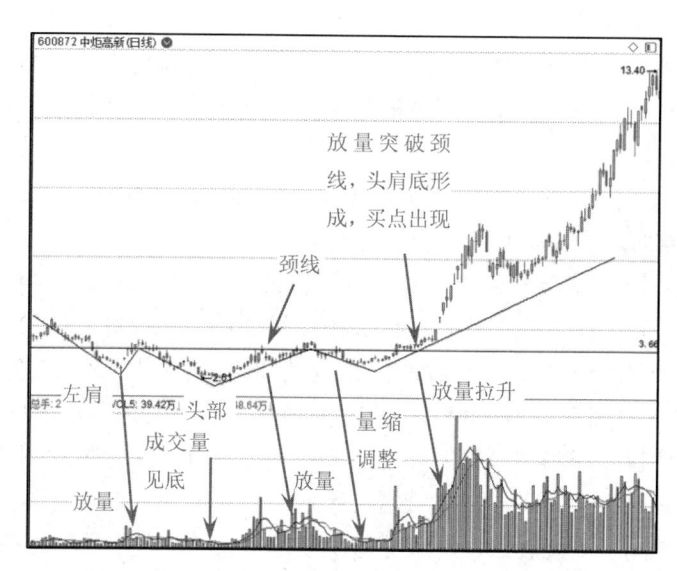

图23-3

伴随着成交量的不断放大和缩小，股价也一轮轮地上涨和下跌，当股价突破颈线位置后，头肩底形态正式成立。股价突破颈线的点就是买入点，投资者可将颈线位置设为止损位。

> 股价突破颈线的位置，通常被称为第一买入点。股价突破颈线回抽，与颈线接触的点，通常被视为第二买入点。但是，第二买入点不一定会出现。

23.1.2 W底（双重底）

W底又称双重底，由两个价位相近的低点构成，其形状类似于英文字母"W"，因而得名。

在W底形态中，股价先是大幅下跌，之后止跌并开始回升。但此时，空头仍占据主导地位，导致股价再次回落。当股价跌至前一个低点附近时，做多热情再次被点燃，股价掉头直上并一举突破颈线。

W底形态如图23-4所示。

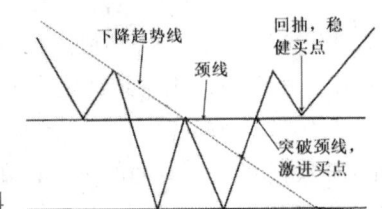

> 左右两侧的底不一定在同一水平线上，有时是前高后低，有时则是前低后高。

图 23-4

W底一般都出现在股价的底部或阶段性底部区域。在形成第二个底部时，成交量通常较小，但在股价突破颈线位时，成交量一般都会放大。股价突破颈线位后，一般都会有一个回抽动作，回抽的位置会在颈线处，之后股价止跌回升，以此确认向上突破有效。

两个低点形成的时间跨度不能太短，因为时间太短的话，形成的W底信号不太可靠，这时就需要随时注意股价的回落。

W底是一个底部的转势信号，但由于它使股价二次探底，其见底信号没有头肩底强烈。所以，在双底形成且股价突破颈线位后，在股价回抽颈线位的位置买进股票是比较稳健的操作。但需要注意的是，如果股价不回抽，就没有该点。

图23-5是国新健康（000503）的K线图。该股经过一段时间的下跌后，在3.6元附近触底反弹，形成了第一个底。第一次反弹至4.5元时受到空方的强烈抵抗，导致股价再次回调，并奇妙地在3.6元附近再次反弹，这次反弹多方聚集能量，一举突破了颈线，该突破点也是激进型投资者的入场点。

成功形成W底后，股价上涨一段时间后回抽至颈线位置，该位置是稳健型投资者的买入点。之后，股价一路上涨。

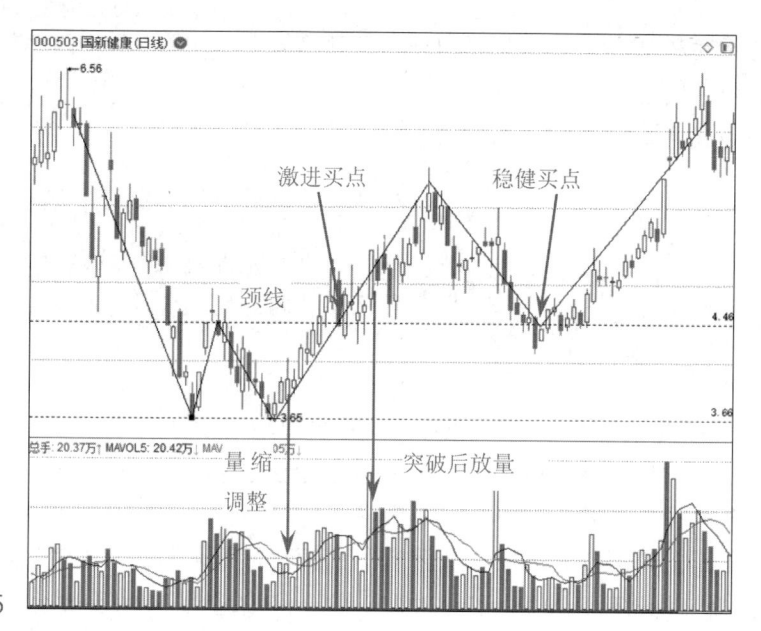

图 23-5

W 底的技术要点如下。

（1）W 底确认的关键在于颈线的突破。W 底的颈线是指穿过两个低点之间的最高点的水平线。如果颈线没有被突破，即使 K 线形态看似 W 底，也不能确认为 W 底形态。W 底形态构筑失败，最后变为三重底形态。

（2）如果颈线被突破后即可确认 W 底形态。但是，在实际的行情走势中，颈线被突破后经常会有个回抽确认的过程。如果回抽后，股价继续上升的趋势，同样意味着 W 底形态成立。反之，则为假突破。

（3）W 底只有出现在低位，才是重要的反转信号。如果 W 底形态出现在高位，就不能按照反转形态进行操作。

（4）在 W 底形成之前，股价下跌的幅度越大，其相应的上涨幅度也会越大。两个底应该有一定的时间间隔，通常时间间隔越大，转势的可靠性越高。

（5）W 底形态分为标准形和复合形两种类型。标准形只有两个底部，复合形除了两个明显低点之外，还会出现多个小底部。无论是标准形还是复合形，它们都是市场反转的信号。

23.1.3 三重底

三重底实际上是 W 底的复合形态，三重底比 W 底多了一次探底过程。所以，三重底的形成过程和 W 底一样，其技术含义也相同。

在三重底的形成过程中，成交量通常会减少，直至股价从第三个低点开始反弹时，成交量才随之温和放大。当股价有效突破颈线时，三重底才能被确认。

三重底和 W 底一样，通常出现在下跌趋势中，只是三重底的底部形态更牢靠，反转信号更强烈。

三重底形态如图 23-6 所示。

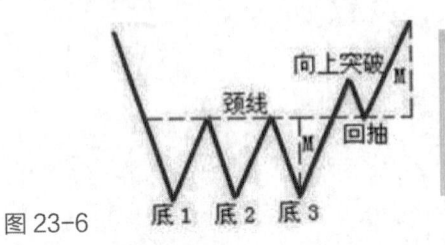

图 23-6

> 左图中的 M 为理论最低目标位。也就是说，突破颈线后，上涨幅度不能低于颈线与最低点的价差。

图 23-7 是瑞泰科技（002066）的 K 线图，该股分别在 A 点、B 点、C 点形成了三次探底过程。该股三次探底的低点位置比较接近，在 11.7 元左右，完全符合三重底的基本技术要求。

在 D 点，股价突然放量突破了形态的颈线位置。此后，该股强劲上涨，在突破颈线 25 个交易日后，股价上涨了 40%，这一涨幅超过了颈线到最低点的跌幅 18%。

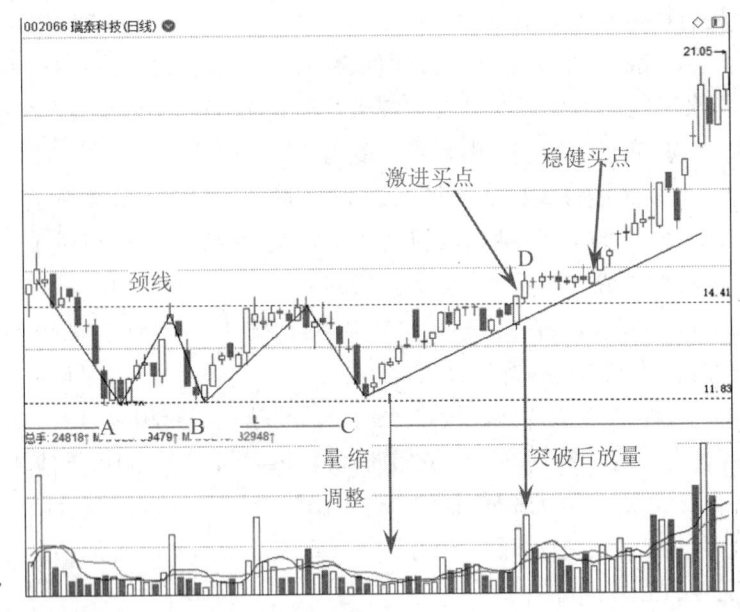

图 23-7

三重底的技术要点如下。

（1）三重底形态的三次低点时间，通常要保持在 10 个交易日以上。如果时间间隔过小，通常说明行情只是处于震荡整理中，底部形态的构筑基础不牢固。即使形成了三重底形态，由于其形态过小，后市上攻力度也会有限。

（2）在三重底形态的三次上攻中，成交量都应呈现出逐次放大的趋势，尤其特别是最后一次，不仅要放量，还要有增量资金的积极介入。这些因素不仅决定了三重底是否能形成，还影响着后市的反弹力度。

（3）三重底形态的低点到颈线位的距离越远，形态形成后的上攻力度越强。股价在底部的盘旋时间越久，其上涨力度越大。

23.1.4 V形底

V形底是指股价或指数在快速下跌时突然止住，接着在成交量的配合下快速向上反弹的形态。V形底由跌转升的时间非常短，一般在两三个交易日内完成，有的甚至当日反转，由于其走势很像英文字母"V"，因此称为V形底。有一部分V形底形态，在上升或下跌阶段可能会出现时间很短暂的整理区域。

V形底形态如图23-8所示。

图23-8

V形反转是转势技术图形，但逆转的大多是中期趋势，很少有以V形反转方式结束的短期趋势和长期趋势。

图23-9是利民股份（002734）的K线图。从图中可以看到，该股股价从48元附近暴跌至20元，期间成交量萎缩。之后股价掉头向上，一口气涨回49元，期间成交量也很配合地放大。

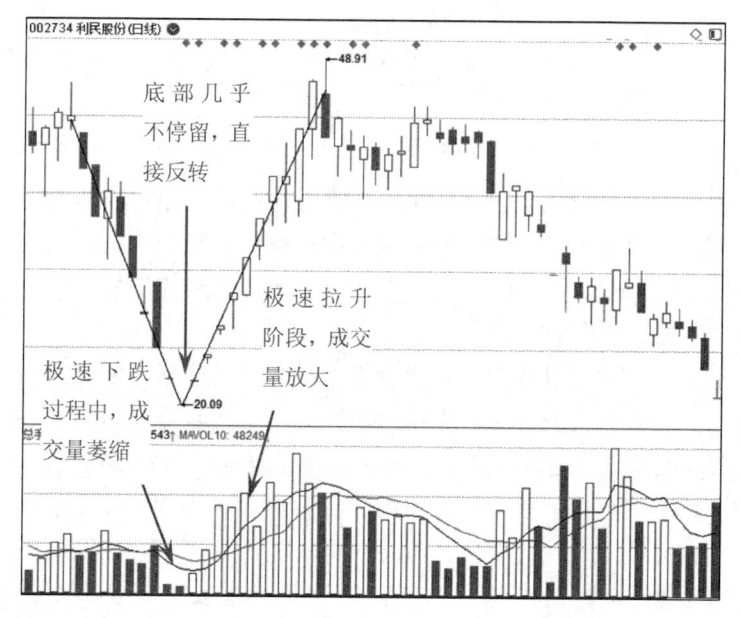

图23-9

从山峰到低谷，再从低谷到山峰，只用了短短20个交易日，期间没有任何的停顿，从而形成一个V形。

V形底的技术特征是：在下跌趋势中，股价下跌速度越来越快，触底后随即开始反弹，反弹的高度接近或高于前期下跌的幅度。

V形底在实际操作中很难把握，因为它变化太快。当你意识到形态反转时，股价早已脱离了底部，而一旦你追进去，很有可能追在山顶。因此，对于保守的投资者来说，在股价出现剧烈波动时要避免进行仓位上的大幅调整。而对于激进型投资者来说，如果能够准确判断，就要果断入场。

23.2 股票卖出的K线图形

趋势由上升转为下跌是卖出的信号，由上升转为下跌的K线图形被称为表示卖出的K线图形，这类K线主要有：头肩顶、M底（双重顶）、三重顶、见顶（倒V形）等。

23.2.1 头肩顶

"头肩顶"形态一共有三个顶，也就是会出现三个局部高点。中间的高点比另外两个都高，称为头；左右相对较低的两个高点分别称为左肩和右肩。

头肩顶形态如图23-10所示。

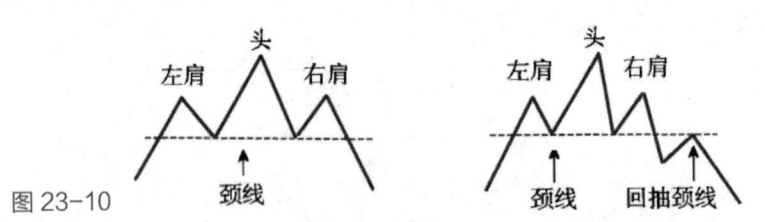

图23-10

头肩顶的形态特征与头肩底相似，都是最出名、最可靠的走势反转形态之一。只不过头肩底的出现是止跌上涨的信号，是投资者建仓买入的标志形态。而头肩顶经常出现在上涨行情的末端，是牛市结束，熊市到来的信号，也是投资者清仓逃顶的标志性形态之一。

在形成头肩顶的过程中，将股价第一次从高处回落时的低点作为第一个起点，然后再找下一个有代表性的低点连接，这一水平线就是所谓的颈线。当股价第三次上冲失败并回落后，这根颈线就会被突破，于是头肩顶就形成了。

在形成头肩顶的过程中，左肩的成交量最大，头部的成交量略小，右肩的成交量最小，成交量呈递减的现象。随着成交量的不断缩减，这表明在股价上升时，市场追涨的力量逐渐减弱。这种递减的成交量暗示着股价上涨可能已接近顶点。因此，头肩顶是市场见顶的信号，一旦这一形态正式形成，股价下跌的趋势基本确定。

当头肩顶的形态初现时，投资者需要提高警惕。即使此时股价尚未跌破颈线，投资者也可以考虑减持部分筹码以降低仓位。一旦确认股价跌破颈线位，应果断清仓离场。

图 23-11 是晋控电力（000767）的周线图，股价经过长周期的上涨后开始回调，伴随着交易量的巨幅增长，左肩形成。

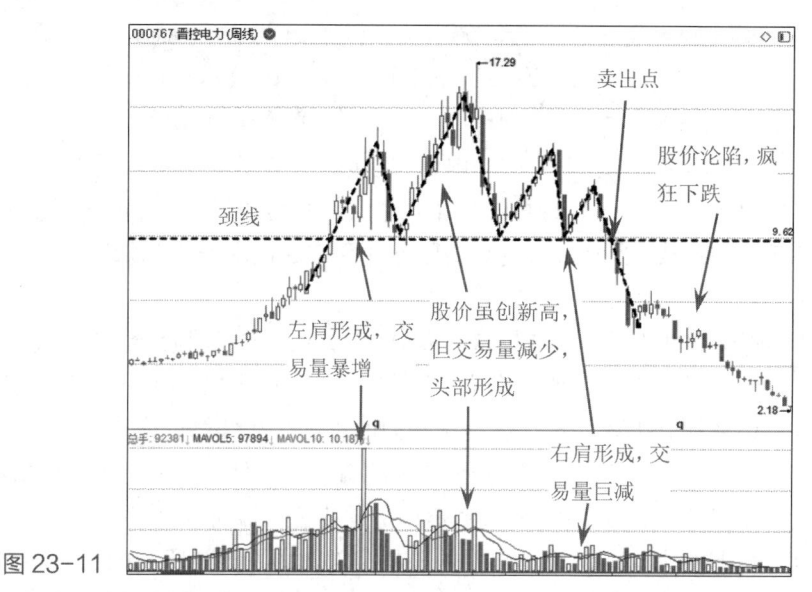

图 23-11

随后股价开始反弹，反弹力度较大，超过了前期的高点，但此时的交易量却相比之前出现了下滑。股价在达到阶段性高点后，再次回调，并且回调到与第一次回调相同的低点时，开启了第二波反弹，至此头部形成。

第二次反弹到几乎与第一次反弹相同高点的位置时，价格出现了第三次回调。神奇的是，这次回调再次到达前两次的低点位置，受到强力支撑。三次回调几乎都在同一价位，说明该颈线非常牢靠。

第三次反弹，多方显得明显信心不足，很快股价就开始下跌。这次终于跌破了颈线，至此头肩顶形成。随后股价一泻千里，从最初的突破点 9.62 元（颈线）附近一路跌到最低的 2.18 附近，下跌了 77.3%。

头肩顶操作中的技术要点如下。

（1）头肩顶的形成以有效突破颈线为准，这也是交易者卖出离场的标准。

（2）一般情况下，头肩顶的左肩成交量最大，头部次之，右肩最少。不过，成交量只能作为辅助参考，头肩顶的形成以有效突破颈线为准，而确认跌破颈线有效与否，仅以价格为准，与成交量是否放大无关。

23.2.2 M顶（双重顶）

M 顶也称双重顶，因其形状像英文字母 M 而得名。M 顶常出现在上升趋势的末端，股价先是在成交量的配合下上涨至某一高点，随后开始回落；当跌至某一位置时，股价再次反弹上行，但成交量较第一个高点时有所萎缩，而且股价在前一高点附近再次掉头向下，并一举跌破第一次回落的低点。

"M 顶"形态如图 23-12 所示。

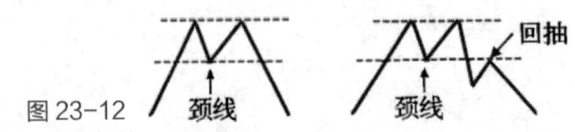

图 23-12

理论上，M 顶两个高点应基本相同，但实际的 K 线走势中，两峰相差 3% 左右比较常见。另外，在第一个高峰（左锋）形成后回落的低点处画一条水平线，就形成了通常所说的颈线。当股价再度冲高回落并跌破这根水平线（颈线）的支撑时，"M 顶"形态正式宣告形成。

在 M 顶形成的过程中，左锋成交量比右峰大，这表明股价在第二次反弹过程中资金追涨力度越来越弱，股价有上涨到尽头的意味。"M 顶"形态形成后，股价在下跌过程中往往会出现回抽，但是回抽力度不强，在颈线位置构成强阻力。

M 顶有两个卖点：第一个卖点是 M 顶的右顶转折处，此处是 M 顶的最佳卖点，但这个卖点很难把握。M 顶的第二个卖点是颈线位，股价跌破颈线后，表明一轮较大的下跌行情即将来临，此时将手中的股票全部卖出，为最明智的操作。

图 12-13 是中国船舶（600150）的周线图，该股在高位区走出了双重顶形态，这是股价滞涨的明显信号。由于该股前期涨幅巨大，双重顶形态时间跨度长（图中为周线，所以看着没那么长，实际时间跨度有 21 个多月），因此我们认为这是顶部的到来和趋势反转的预示。

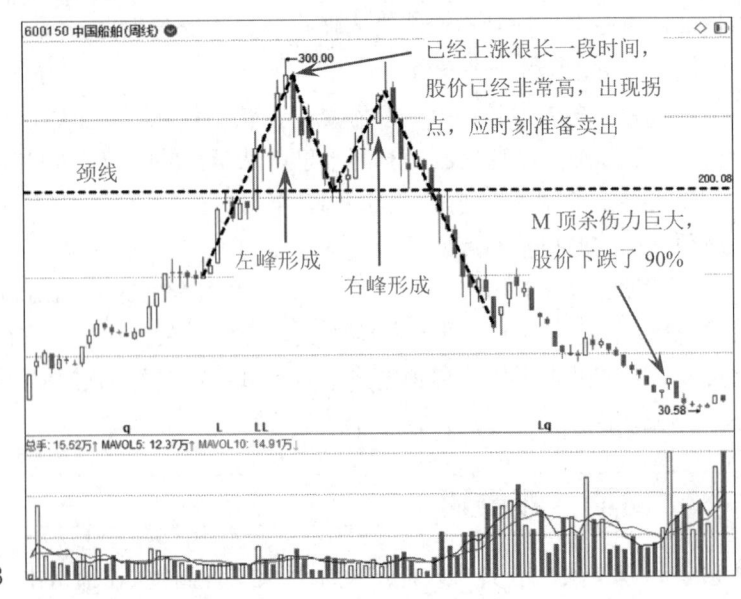

图 23-13

双重顶形态是常见的见顶信号，对普通投资者而言，一旦出现在个股累计涨幅巨大的背景下，其后期的杀伤力极大，应及时卖出，切勿盲目抄底。此股在双重顶形成后，从最高点 300 元跌至最低点 30 元，跌幅达 90%。

23.2.3 三重顶（三尊头）

"三重顶"形态又称为三尊头形态，是三重底形态的倒影。

从某种程度上来讲，三重顶是头肩顶和 M 顶形态的结合体。它既可以被视为头肩顶的一般形态（只是没有头部），又可以被视为 M 顶的扩散形态（只不过多了一个波峰（波谷）而已）。

三重顶形态如图 23-14 所示。

三重顶形态一般出现在上涨趋势中，三个高点基本处在同一位置，两个低点也基本处在同一位置，这两个低点的连线就是颈线。三重底突破颈线后，是卖出的信号。

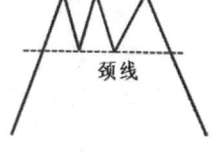

图 23-14

三重底从左往右成交量依次减少，但三重顶向上反弹时成交量显著放大；三重底向上突破颈线时，如无成交量的配合，则突破的有效性需要观察。

图 23-15 是创新新材（600361）的周线图，该股于 26.19 元高位区附近三次冲高未果而产生了三重顶形态。

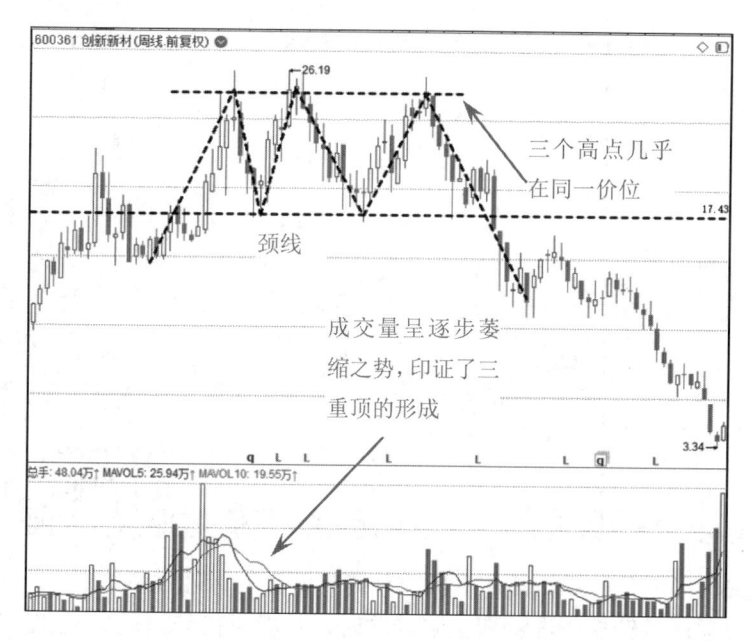

图 23-15

由于该股前期累计涨幅巨大，因此，当三重顶形态出现时，也预示着股价已见顶，即将迎来反转。该股随后的走势果然呈下跌趋势。

三重顶形态是比较可靠的卖出信号，一旦形成投资者应果断离场，以规避损失。

23.2.4 尖顶（倒V形）

尖顶（倒V形）反转和V形反转的图形一样，但方向和技术含义相反。

尖顶是指股价在快速拉升后，随即出现快速下跌的走势，在图形上呈现出尖尖的顶部。因其形态像一个倒置的英文字母"V"，所以尖顶也被称为"倒V形"，如图23-16所示。

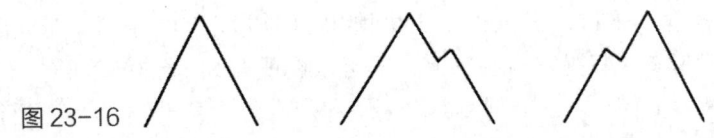

图 23-16

尖顶一般出现在中长期牛市的末期，该形态的出现，多半是短线追涨所致。当多方力量后续跟不上时，空方开始呈现强势，这时多空双方形势反转，股价随即开始急速下跌。

图23-17是仁智股份（002629）的K线图。该股股价从18元附近，伴随着成交量的巨大放量，迅速拉升到30.30元，之后掉头向下，一口气跌至16元，期间没有任何像样的反弹，在走势上形成一个尖顶。

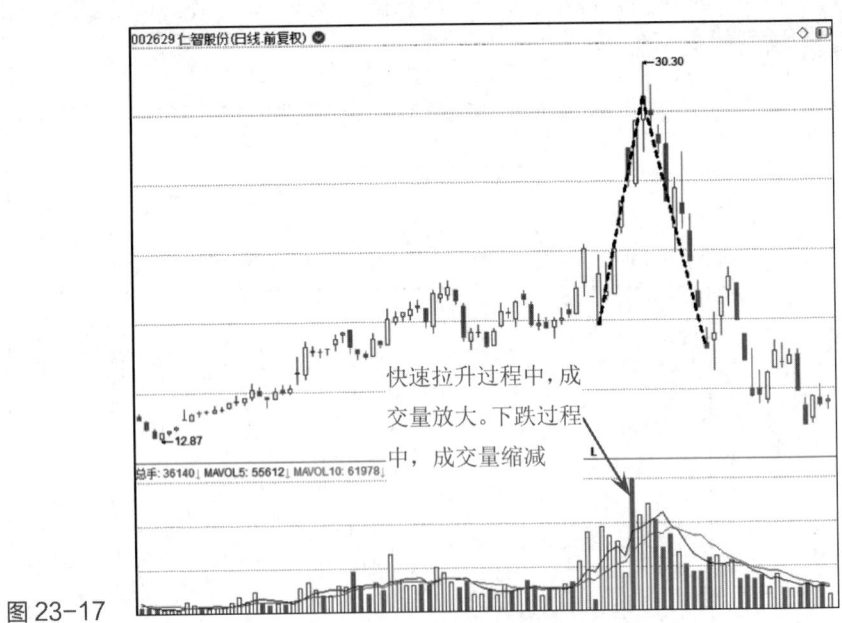

图 23-17

尖顶形反转涨得越猛烈，则下跌同样凶狠的可能性越大。

尖顶形反转放量滞涨和由涨转跌时，是卖出信号。但尖顶形反转走势却非常难把握，所以当股价快速上涨时，千万不能错过任何一个见顶形态给出的减仓机会。

23.3 整理技术图形

整理技术图形又称为整理形态，可以分为向上整理和向下整理两种类型。常见的整理技术图形有：上升三角形、下降三角形、扩散形三角形上升（下飘）旗形、下降（上飘）旗形、上升楔形和下降楔形等。

23.3.1 上升三角形

三角形整理形态是指股价变动进入密集区，有时上下振荡幅度大，有时则愈来愈窄，渐渐失去弹性。从线路图上看，股价走势呈现出三角形形状。这种盘旋状态不会持续太久，当股价接近三角形尖端时，表示整理形态结束。

指数或股价进入三角形整理形态后，上面始终有一条水平压力线，压力不变，而支撑的力量在逐渐加大，使得三角形有强烈的上升意识。这种形态的三角形形态称为上升三角形形态，如图 23-18 所示。

上升三角形形态一般出现在上涨过程中，少数出现在下跌过程中。每一次上升的高点基本处在一个水平线上，下跌的低点却逐渐升高。连接这些高点就形成了水平压力线，连接这些低点就形成了支撑线。当股价突破压力线时，后市看涨，是买入的信号。

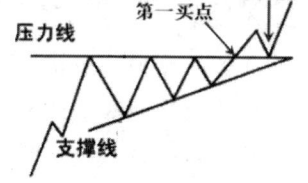

图 23-18

> 在上升三角形成形的过程中，成交量沿着三角形尖端方向逐渐萎缩。

图 23-19 是新华锦（600735）的 K 线走势图。该股在经历前期的下跌后，于图中 A 处点触底回升，至 B 处涨幅已超过 1 倍。若此时出现上升三角形形态，大概率是上涨中继。

该股在 B 点处经过短暂的下挫回调后，在 C 点处开始上升，上涨至 D 点价位处受阻。随后出现缩量回调，但是在高于前低点的位置 E 点止跌回升。经历了一波放量上涨后，股价又在前高点（D 点价位）附近受阻。

第二次回调又在更高的位置 F 点处止跌回升，如此往复，直到 G 点处放量突破水平压力位。至此，上升三角形形态形成。

G 点处也被认为是买点，该股突破压力位后便强势攀升，在随后的一个月股价涨幅高达 77%。

需要注意的是，上升三角形只有在股价突破水平压力线后，才视为买入信号。如果股价跌破上升三角形的支撑线，后市看跌，则是卖出信号。

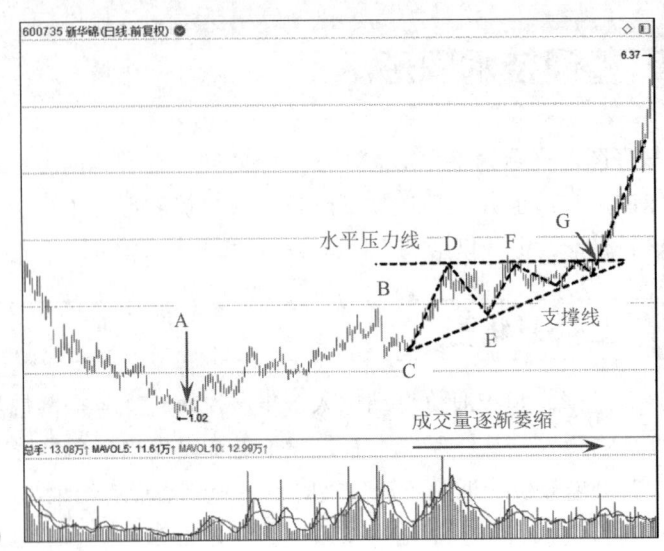

图 23-19

23.3.2 下降三角形

下降三角形的形状与上升三角形恰好相反，股价在某特定的水平线形成支撑位，因此股价每次回落至该水平线便反弹回升。随着买方力量的不断减弱，股价每一次波动的高点都较前一次低，于是形成了一条向下倾斜的压力线。成交量在整个形态的完成过程中一直是十分低迷，直至股价跌破该水平支撑位，此时下降三角形形态才正式形成。

下降三角形形态如图 23-20 所示。

下降三角形一般出现在下跌趋势中，少数出现在上涨趋势中。每一次下跌的低点基本处在一个水平线上，上升的高点却逐渐降低。连接这些低点就形成了水平支撑线，连接这些高点就形成了压力线。当股价突破支撑线时，后市看跌，是卖出的信号。

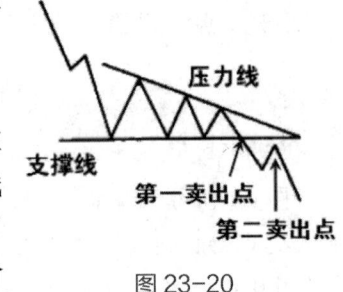

图 23-20

> 在下降三角形成形的过程中，成交量沿着三角形尖端方向逐渐萎缩。

图 23-21 是三一重工（600031）的日 K 线走势图。该股经历前期的震荡上升，于图中 A 点处触顶回落，跌至 B 点处受到支撑并开始反弹。在 C 点处再次受到空方的压力，股价开始下跌。连接 A、C 两个高点，就形成了下降三角形的压力线。股价再次跌至 D 点处受到支撑，然后开始反弹。B、D 两点的价位处于同一水平，连接这两点的水平线，形成了支撑线。

股价从 D 点处成震荡式上升，但很快受到压力线的阻挡，股价第三次下跌。这次上升的高点 E，明显低于前两次，表明多方力量殆尽，空方蓄势待发。果然，这次下跌，股价终于跌破了水平支撑线。至此，下降三角形形态形成。

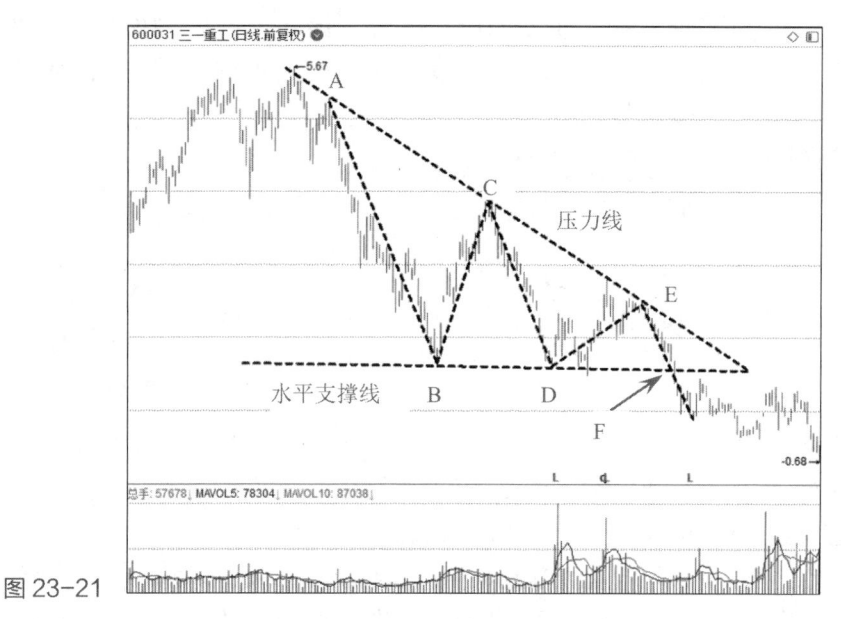

图 23-21

最后一次下跌与水平支撑线的交点 F，被认为是卖点。

需要注意的是，下降三角形只有在股价跌破水平支撑线后，才被视为卖出信号。如果股价突破下降三角形的压力线，后市看涨，则是买入信号。

> 三角形整理形态成形的过程中，如果每次反弹的高点逐渐降低，而每次下跌的低点逐渐升高，那么最终生成的三角形形态叫对称三角形，如图 23-22 所示。其实，上升三角形和下降三角形是对称三角形的特殊形态。

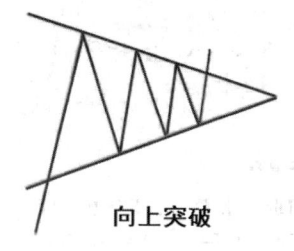

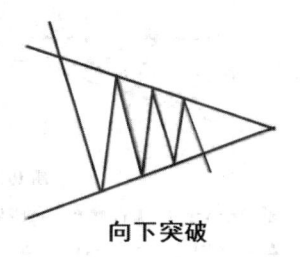

图 23-22

23.3.3 扩散形三角形（喇叭形）

无论是上升三角形、下降三角形，还是对称三角形，它们都有一个特点，就是压力线和支撑线随着时间推移，最终形成一个收敛尖端。因此，这三种三角形形态也被称为收敛三角形形态。

与收敛三角形形态相对的，还有一种三角形形态，它的压力线和支撑线随着时间推移，开口逐渐扩散变大。因此，这类三角形形态叫作扩散形三角形形态，因其形状酷似喇叭，又称为喇叭形。

扩散形三角形形态如图 23-23 所示。

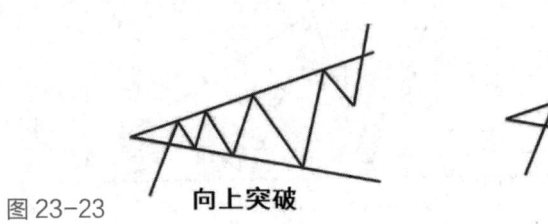

图 23-23　　　　向上突破　　　　　　　　　　向下突破

扩散三角形是在股价或指数整理时，上升的高点逐渐升高，下跌的低点逐渐降低，整个走势的波动幅度越来越大。将高点连接起来形成压力线，将低点连接起来形成支撑线，从而可以画出一个尖端朝左的开口三角形。

扩散三角形大多出现在上涨趋势中，下跌趋势中比较少见，底部几乎不出现扩散三角形形态。在扩散三角形形成过程中，成交量活跃，但无明显规律性变化。

在扩散三角形形态中，如果股价或指数向下突破扩散三角形的下边线，后市看跌，是卖出信号。反之，向上突破上边线，后市看涨，是买入信号。

图 23-24 是浦发银行（600000）的日 K 线图。该股股价在经过前期的大幅拉升后，在高位形成扩散三角形的整理形态。经过几次上下波动，振幅越来越大。之后，股价走低并击穿三角形下轨，然后一路下跌。

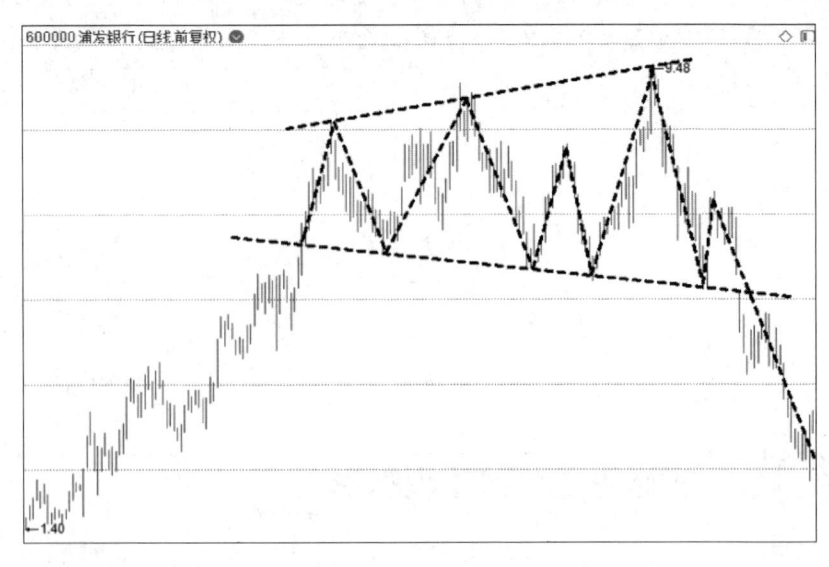

图 23-24

23.3.4 旗形

旗形因股价的走势形似旗杆上的旗帜而得名。从几何学来看，它其实是上倾或者下倾的平行四边形。旗形分为上升旗形和下降旗形，如图 23-25 所示。

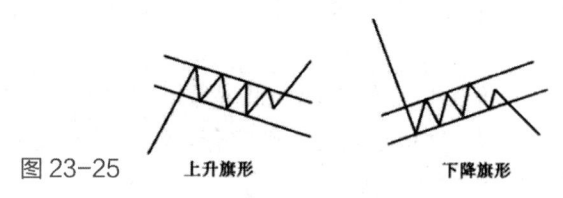

图 23-25　上升旗形　下降旗形

在旗形形态中，成交量从左往右整体逐渐下滑，股价经历一段紧密的波动，形成与原趋势相反方向倾斜的平行四边形。旗形出现前，价格直线上涨或直线下跌形成的轨迹是旗杆。旗形的上下两条平行线起着压力和支撑作用，其中一条线被突破即意味着旗形正式形成。

> 旗杆向上是上升旗形，旗杆向下是下降旗形。

1. 上升旗形

上升旗形经常出现在上涨行情中，股价经过整理后，大多会选择向上突破并继续上涨，因此得名上升旗形。因为上升旗形旗面向下飘，所以又称下飘旗形。

图 23-26 是新坐标（603040）的日 K 线图。该股股价经过微调后开始加速上涨。在图中 A 点处，收出一根带长上影线的小阳线，然后股价掉头向下，这一天的最高价成了该股走势的短期高点。这段时间的上涨形成了旗杆。

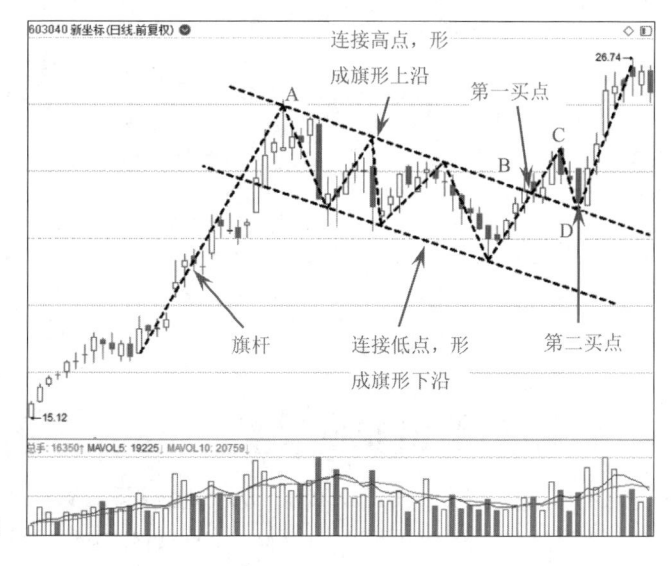

图 23-26

A 点之后，股价走出了一段震荡下跌走势，成交量也逐渐萎缩。将股价逐渐下降的高点和低点分别连接，形成了一个向下倾斜的平行四边形，这是典型的上升旗形形态，预示后市将会上涨。看到这种形态后，投资者应保持观望，不宜着急卖出股票。

在 B 点处，股价成功突破上升旗形的上边线，上升旗形构筑完成。投资者此时可以逢低买入。

几个交易日后，股价在 C 点处出现回调现象。在 D 点处，股价在旗形的上沿获得支撑后重新开始上涨，确认了之前突破的有效性。对于投资者来说，这又是一次绝好的买入机会，投资者可以实施加仓操作。

2. 下降旗形

下降旗形与上升旗形的市场含义正好相反，经常出现在下跌行情中，股价经过一波快速下跌后，形成了一个稍微向上倾斜的平行四边形调整形态。由于该形态像一个倒过来的旗杆上的旗帜，所以称之为下降旗形。

一般来说，旗形形态的形成与成交量关系密切。在形态内的成交量逐渐减少，由于旗形属强势整理，所以成交量不能过度萎缩，而要维持在一定的水平。但股价一旦完成旗形整理，向上突破上沿那一刻，股价会伴随巨大的成交量大幅上涨；相反，如果股价跌破下沿那一刻，股价会伴随着极小的成交量大幅下跌。

图 23-27 是新疆火炬（603080）日 K 线走势图，该股经过一波阴雨连绵的技术下跌后，于 A 点处反弹，A 点处的股价也就成了该股近期的低点。

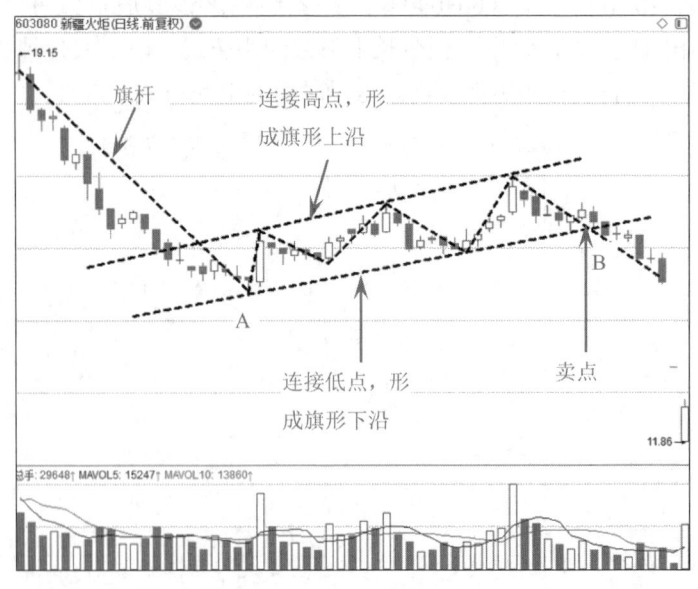

图 23-27

反弹之势并未真正形成，而是开启了一波小幅振荡上涨行情。将其逐渐升高的高点和低点分别连接，就形成了一个向上倾斜的平行四边形，这是典型的下降旗形形态。

终于在 B 点处股价以中阴线跌破了下降旗形的下沿，该点也是投资者的卖出点。此后，该股股价出现了一波加速下跌走势。

23.3.5 楔形

楔形整理形态是指股票价格或指数在两条收敛的直线中变动。不同于三角形整理形态的是，楔形的两条边线同时上倾或下斜。楔形成交量的变化和三角形一样，都是向顶端逐级递减。

楔形整理形态可分为上升楔形和下降楔形。

1. 上升楔形

上升楔形形态如图 23-28 所示，股价或股指经过一段时间的下跌后，在 A 点受到支撑并开始反弹，股价升至 B 点后掉头下落至点 C，但 C 点较前次的低点高。随后，股价再次上升至新高点 D，D 点较 B 点高，其后股价再度回落，形成一浪高过一浪的走势。

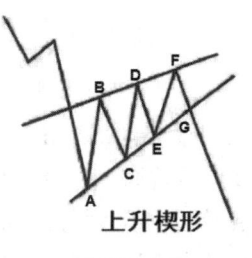

图 23-28

把短期高点 B、D 相连，形成一条压力线。同时把短期低点 A、C 相连，形成一条支撑线，最后就形成两条同时向上倾斜的直线。下面的支撑线比压力线陡峭些，成交量是越接近端部越少。

图 23-29 是 CSSW 电子（399811）的日线图，该股股价从 4712.49 元的高点开启了一波下跌行情。该股在 A 点处收出一根中阳线，随后股价进入了整理行情。在波动中，该股反弹的高点和回落的低点都有逐渐上升的趋势，且高点的连线和低点的连线呈收敛状，从而形成了一个上升楔形形态。

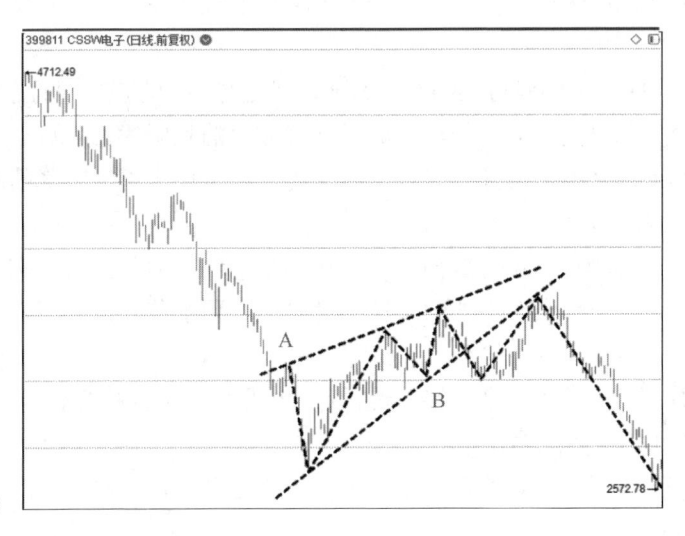

图 23-29

该股股价在 B 点处开始连续向上拉升，给人一种即将大涨的感觉。但当股价向上触及楔形的上沿后，立即反转向下，并跌破楔形的下沿。

跌破下沿 5 个交易日后股价再次反弹，只不过这次反弹碰到楔形下沿后，立即直线向下，这说明这次反弹只是上升楔形形成后的反抽。

上升楔形和三角形一样属于修复整理形态，常出现在下跌行情的整理阶段，整个下行趋势并未发生改变。如果后市向下跌破支撑线，股价会急速下跌，一般会将整理阶段上涨的价格全部跌掉，甚至还可能跌得更多。

上升楔形的形成时间一般会比较长，而且时间越长，未来股价跌破楔形后下跌的幅度会越大。上升楔形整理的幅度越大，跌破楔形后的下跌幅度也就越大。

2. 下降楔形

下降楔形形态如图 23-30 所示，股价或股指数经过一段时间的上涨后，在 A 点受到压力，股价下降至 B 点后转而上攻至 C 点，但 C 点较前次的高点低。随后，股价受到压力再次回落，这次回落的新低点 D，较前低点 B 更低，其后股价再次反弹，形成一浪比一浪弱的走势。

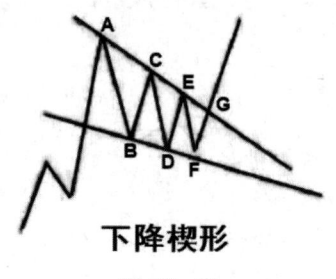

下降楔形

图 23-30

把短期高点 A、C 相连，形成一条压力线。同时把短期低点 B、D 相连，形成一条支撑线，最后就形成两条同时向下倾斜的直线。上面的压力线比支撑线陡峭些，成交量是越接近端部越少。

下降楔形经常出现在上升行情的整理阶段，整个上行趋势并未发生改变。如果后市向上突破压力线，后市看涨，投资者可以考虑买入。

与上升楔形一样，下降楔形的形成时间也比较长，而且时间越长，未来股价突破楔形后上涨的幅度会越大。下降楔形整理的幅度越大，突破楔形后的上涨幅度也越大。

图 23-31 是联创股份（300343）日 K 线走势图，随着前期的连续上涨，在 A 点位置，股价呈现出巨大的波动，形成了一根显著的长阴线。随后，该股进入了整理阶段。在这个过程中，反弹的高点和回落的低点呈现出逐渐下降的趋势，形成一个明确的下降楔形形态。

这个下降楔形的下边线明显比上边线更平缓，而且随着形态的发展，成交量逐渐萎缩。这进一步表明下方的支撑力度较大，预示着股价在调整结束后很可能会重新上升。

在 B 点，出现了一个重要的转折点。这里，股价成功突破了下降楔形的上边线，明确地发出了买入信号。

突破上边线后，该股出现了短暂的横盘整理，但并没有出现预期的回抽。经过短暂的调整后，股价重新步入了上升通道。

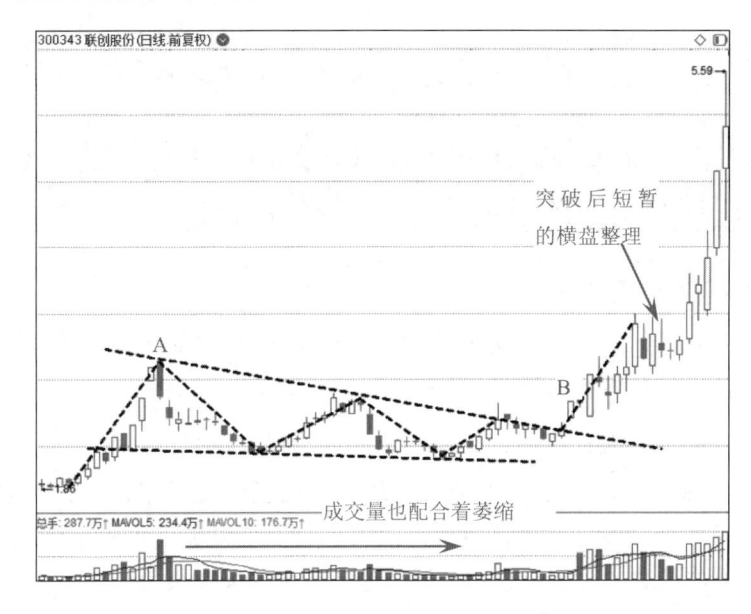

图 23-31

23.4 新股民学堂——缺口

缺口，又称为跳空，当股票价格在快速大幅变动中，有一段价格区间没有任何交易，显示在 K 线图上便是一个真空区域，这个区域就是缺口。缺口是主力资金在次日坚决买进或坚决抛售形成的。

按缺口出现时的行情发展趋势，缺口可以分为向上缺口和向下缺口。向上缺口又叫跳空高开，向下缺口又叫跳空低开。

向上缺口和向下缺口形态如图 23-32 所示。

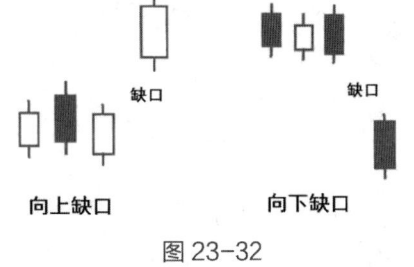

图 23-32

23.4.1 向上缺口

向上缺口是指股价或指数见底或整理之后，向上突破留下的缺口。向上缺口又分为向上突破缺口、向上持续缺口和向上竭尽缺口，前两个是买入信号，最后一个是卖出信号。

1. 向上突破缺口

向上突破缺口经常出现在转势技术图形或整理技术图形中，如头肩底、上升旗形、下降楔形等形态突破时出现。向上缺口通常伴随着较高的成交量，如果成交量萎缩，则缺口有可能很快被封闭，突破缺口一旦被封闭，意味着趋势并没有逆转。

> 缺口的封闭又叫回补，是指股价出现缺口后，经过几天甚至更长时间的变动，回到原来缺口的价位。
>
> 股价或指数以缺口的方式突破整理或转势技术图形，要比那些没有缺口的走势更有力。

2. 向上持续缺口

向上持续缺口通常出现在突破缺口之后的上涨中途。向上持续缺口，顾名思义，是指股价仍然会沿着原来的上涨势头持续下去。

3. 向上竭尽缺口

向上竭尽缺口预示着股价或指数的上涨已经接近尾声。收出缺口的当日或次日，如果成交量较之前显著放大，但随后的价格和成交量却没有持续增加，那么基本可以判定该缺口是竭尽缺口，股价随后见顶的概率很大。

> 需要注意的是，持续缺口和竭尽缺口可能不止一个。

图 23-33 是国新健康（000503）的日 K 线图，该股经历了长期的下跌后，股价于 5.29 元见底后开始反弹，期间一共出现了四个缺口。

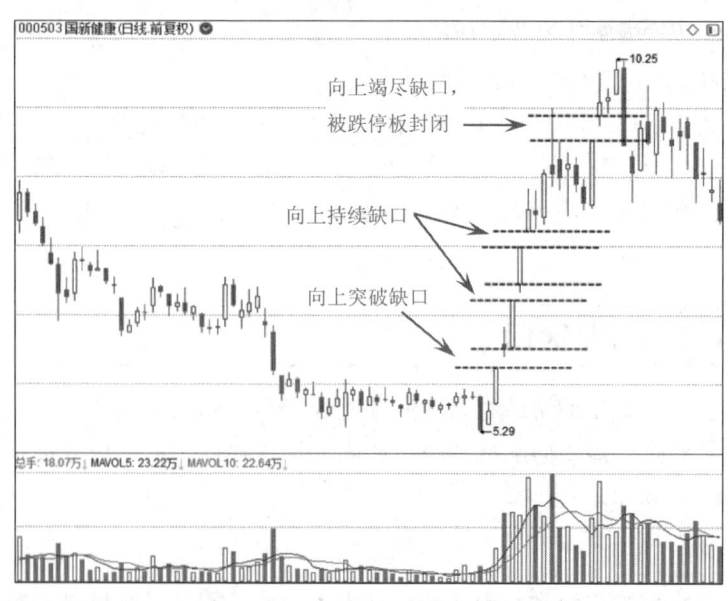

图 23-33

该股以涨停板走出第一个缺口，并且当日和之后的成交量都陡增，因此可以判定此缺口是向上突破缺口。两日、三日后，该股再次以涨停板走出第二个、第三个缺口，之后股价并没有马上回调，而是横盘整理，与此同时伴有大的成交量，这是上升趋势的延续，因此可以判断这两个缺口是向上持续缺口。

第四个缺口出现后，虽然接下来的两日股价依然上涨，并以阳线收盘，但成交量却出现萎缩，并且第三日以跌停板将该缺口封闭，因此可以判定此缺口为向上竭尽缺口，后市看跌。从K线图上看，果然之后股价上涨乏力，转为跌势。

23.4.2 向下缺口

向下缺口是指股价或指数见顶或整理之后，向下突破留下的缺口。向下缺口又分为向下突破缺口、向下持续缺口和向下竭尽缺口，前两个是卖出信号，最后一个是买入信号。

1. 向下突破缺口

向下突破缺口经常出现在转势技术图形或整理技术图形中，如头肩顶、下降旗形、上升楔形等形态突破时出现。向下缺口前后一般伴随着较高的成交量，如果缺口形成后成交量萎缩，则缺口有可能很快被封闭，突破缺口一旦被封闭，意味着趋势并没有逆转。

2. 向下持续缺口

向下持续缺口通常出现在突破缺口之后的下跌中途。向下持续缺口，顾名思义，是指股价仍然会沿着原来的下跌势头持续下去。

3. 向下竭尽缺口

向下竭尽缺口预示着股价或指数的下跌已经接近尾声。向下竭尽缺口的成交量没有向上竭尽缺口那么规律，缺口形成后成交量可能放大也可能缩小。

图23-34是英力特（000635）日K线图，股价见顶回落时，收出向下突破缺口形态，这预示着下跌才刚刚开始，投资者要果断卖出离场。

此后，股价又多次出现缺口，但股价整体趋势仍是下降的，因此可以判断图中中间几个缺口均为向下持续缺口。

图中最后又一次出现缺口，但在该缺口之前和之后，多次收出阳线，并且该缺口出现前，股价处于横盘整理阶段，说明此时空方已经力竭，多空双方实力正在悄然发生改变。因此，后市看涨，投资者可以买入进场。

> 除了上面介绍的缺口外，还有一种普通缺口，这种缺口不具有转势的技术含义。这种缺口通常出现在密集成交区域，例如三角形、矩形等整理技术图形中。这种缺口和其他缺口最大的区别在于，出现后一般3～5个交易日就会被补回封闭。普通缺口和其他缺口的比较如图23-35所示。

图 23-34

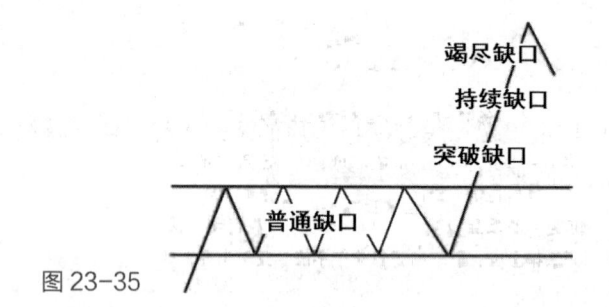

图 23-35

第24章

均线稳健盈利策略——股票买卖的制胜法宝

"稳中求胜。"——中国古语

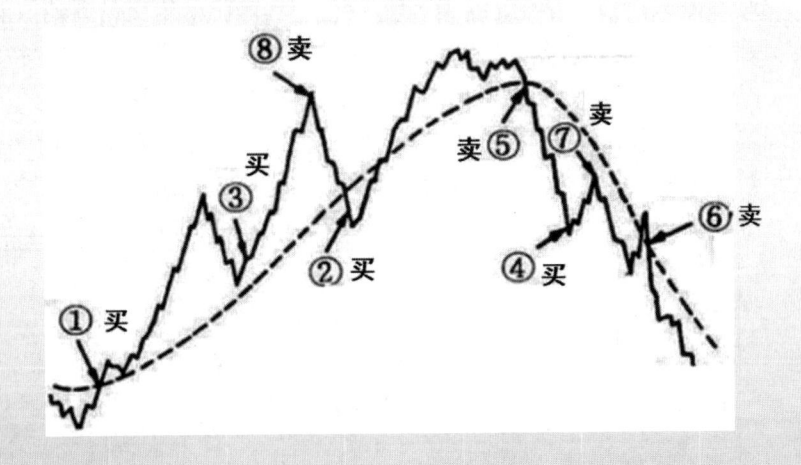

移动平均线也称均线,是投资者决策过程中的关键要素。在股票市场中,移动平均线是一盏指引航向的明灯,它以一种简洁而有效的方式,揭示了市场的趋势和动量。本章将介绍如何利用均线策略进行稳健的投资决策,强调在稳定中寻求胜利的重要性。

24.1 移动平均线（MA）概述

移动平均线（Moving Average，MA），简称均线，是指将一定周期内的价格平均值连成曲线，用来显示它的历史波动情况，进而反映价格未来发展趋势。

24.1.1 移动平均线的意义

移动平均线是美国投资专家葛南维提出的，由道氏股价分析理论的"三种趋势说"演变而来，它将道氏理论和波浪理论具体地加以数字化，从数字的变动中去预测股价未来短期、中期和长期的变动方向。

移动平均线是采用统计学中的"移动平均"原理，将一定交易周期内的股价或指数平均值连接而形成的曲线。由于是一群数组的平均值组成的，所以移动平均线可以最大限度地避免短期人为操纵市场股价导致的失真，因此移动平均线能够比 K 线更加明确地指示、确认和预测某一时间周期内股价或指数的变动方向。

通达信默认显示 5 日、10 日、20 日和 60 日均线，如图 24-1 所示。

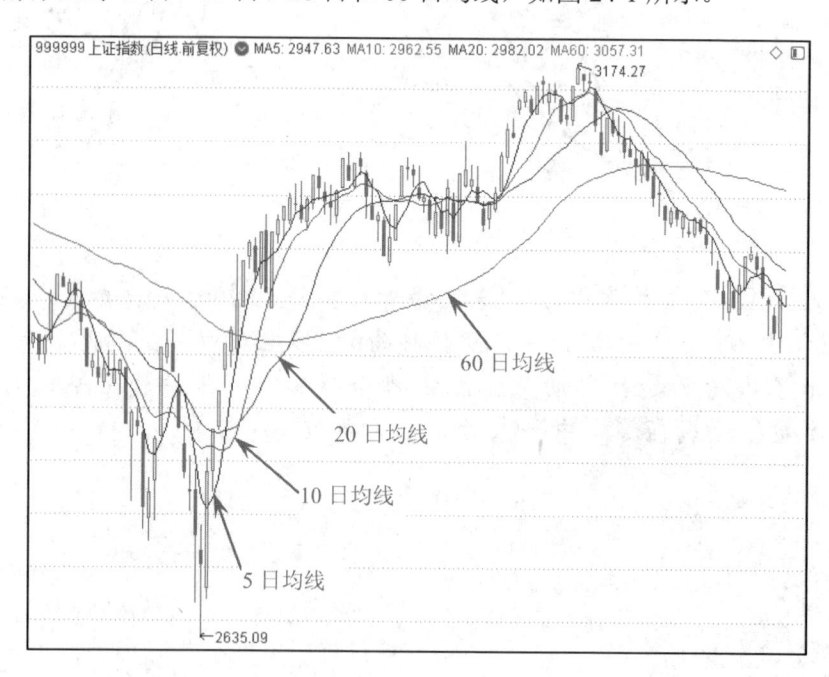

图 24-1

24.1.2 自定义均线的显示及参数

除了软件默认的均线之外，我们还可以根据自己的习惯和交易需要，自行选择和调整均线的显示数量和时间周期。

自定义均线的方法如下。

❶ 进入上证指数（999999）的 K 线界面，单击指标选项下拉按钮，在弹出的下拉菜单中选择【调整指标参数】选项，如图 24-2 所示。

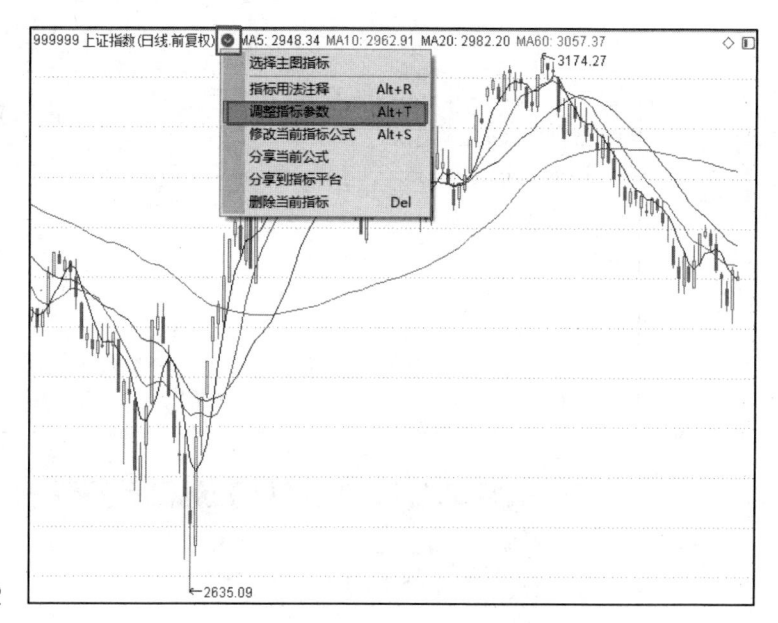

图 24-2

❷ 在弹出的【[MA] 指标参数调整（日线）】对话框中，添加 120 日移动平均线，结果如图 24-3 所示。

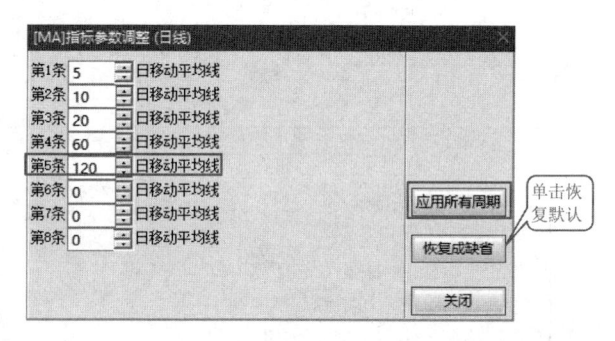

图 24-3

❸ 单击【应用所有周期】按钮，弹出确认对话框，如图 24-4 所示。

❹ 单击【确定】按钮，K 线图上出现 120 日均线，如图 24-5 所示。

❺ 重复步骤 1～2，将 10 日均线删除，如图 24-6 所示。

❻ 设置完成后结果如图 24-7 所示。

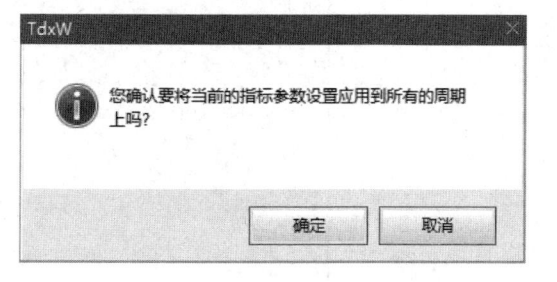

图 24-4

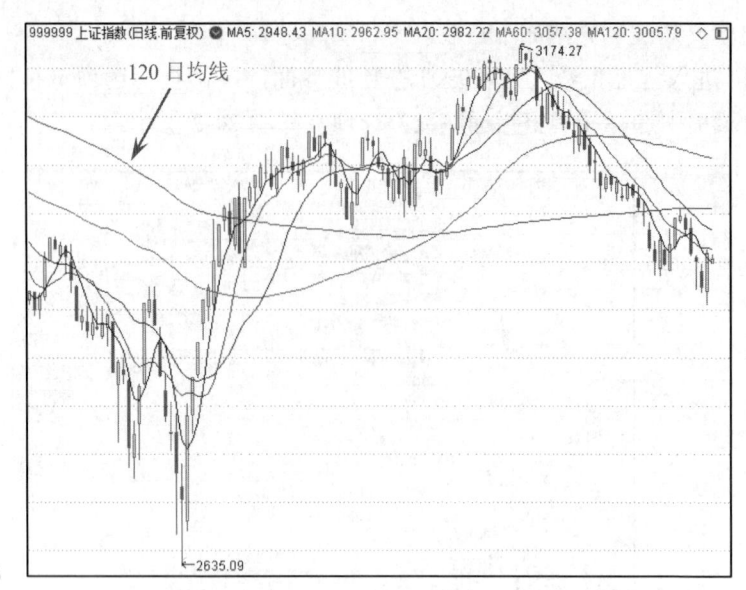

图 24-5

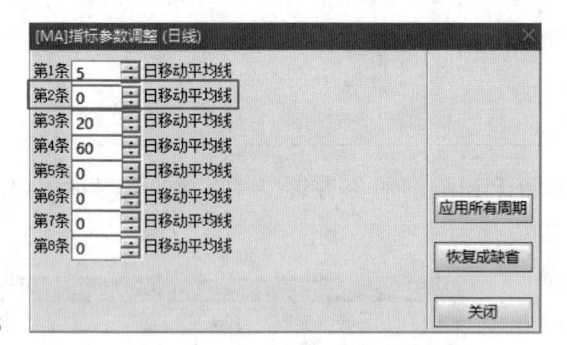

图 24-6

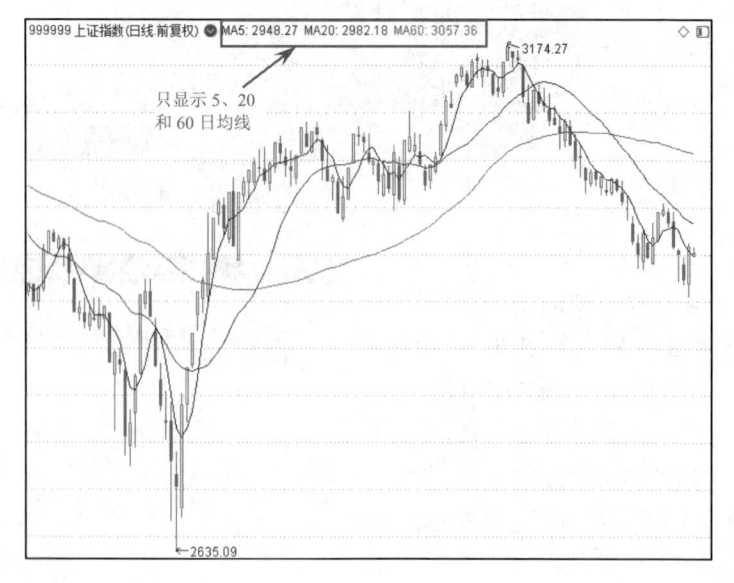

图 24-7

24.1.3 移动平均线的计算方法

移动平均线的计算方法很多，最常用的是算数式移动平均线。

算数式移动平均线公式如下：

$$MA=(C_1+C_2+\cdots+C_n)/N$$

其中：C 为某日收盘价；N 为移动平均周期。

例如，某只股票从第 1 天到第 10 天的收盘价依次为：5、6、7、8、9、10、11、12、13、14。如果计算 5 日收盘价的移动平均线，则计算如下：

第 5 天移动平均线数值 =（5+6+7+8+9）÷5=7

第 6 天移动平均线数值 =（6+7+8+9+10）÷5=8

第 7 天移动平均线数值 =（7+8+9+10+11）÷5=9

第 8 天移动平均线数值 =（8+9+10+11+12）÷5=10

第 9 天移动平均线数值 =（9+10+11+12+13）÷5=11

第 10 天移动平均线数值 =（10+11+12+13+14）÷5=12

将上述数值在图中以曲线的形式连接起来，就可以绘制出 5 日移动平均线。从计算过程中可以看到，时间周期是向前推进的，所取的样本相应地会向前移动，所以这种平均线叫作移动平均线。

> 移动平均线反映的是一段时间内的平均成交价格，是通过对历史数据计算得出的。由于计算方法的原因，移动平均线具有天生的滞后性，所以它无法及时反映当前的市场变化。

24.2 移动平均线的分类

移动平均线的分类方法有很多，但最常用的是根据周期进行分类。根据运行周期，可将移动平均线分为短期均线、中期均线和长期均线。

24.2.1 短期均线

常用的短期均线数值有 5 日、10 日、20 日等。短期均线反映的是短期趋势，灵敏度较高，滞后性较小，但当股价上下震荡剧烈时，均线的起伏会很大，稳定性较差，不容易看清中长期趋势的方向。

因为一周有 5 个交易日，所以 5 日均线又叫周均线。一个月去除法定节假日，交易日为 20 天左右，因此，20 日均线也叫月均线。10 日均线正好是 20 天的一半，故 10 日均线也被称为半月线。

> 20 日均线介于短期均线和中期均线之间，有些资料将 20 日均线归类为中期均线。由于每个月的实际天数是 30 日，所有很多投资者也习惯性地把 30 日均线叫月均线。

图 24-8 是科陆电子（002121）的日线图，股价在震荡整理过程中，上下波动起伏较大。5 日、10 日、20 日均线紧紧跟随股价上下起伏，显示了短期均线反应灵敏、滞后性小的特点，但同时，也不容易看出中长期的趋势和方向。

5 日、10 日、20 日均线都是短期均线，其中，5 日均线灵敏度最高，滞后性最小，但稳定性最差；20 日均线稳定性最好，但灵敏度最差，滞后性最大；10 日均线的特点介于 5 日均线和 20 日均线之间。

图 24-8

24.2.2 中期均线

中期均线用于观察和判断中期趋势的延续和转折，我们最常用的中期均线有 30 日均线和 60 日均线。

1. 30 日均线

30 日移动平均线又称为生命线，对股价有极强的支撑和压制作用。

30 日均线是一轮大波段上涨或下跌行情的生命基础。当股价突破 30 日均线，且均线呈大角度向上攻击状态时，意味着中线大波段行情已经启动，此时中线投资者应积极做多。

在一轮中级大波段行情中，当股价击穿生命线，生命线呈现下降趋势时，意味大级别调整或下跌行情已经展开，中线投资者应积极做空。

图 24-9 是福石控股（300071）的日线图，从图上可以看出股价随均线变化有四个阶段。

第一阶段，当股价向上触及 30 日均线就会受到强力的压制。

第二阶段，股价突破了 30 日均线，将会迎来一波中波上涨行情。

第三阶段，股价回落会受到强大的支撑。

第四阶段，股价跌破 30 日均线，均线大角度向下的同时股价也大幅下跌。

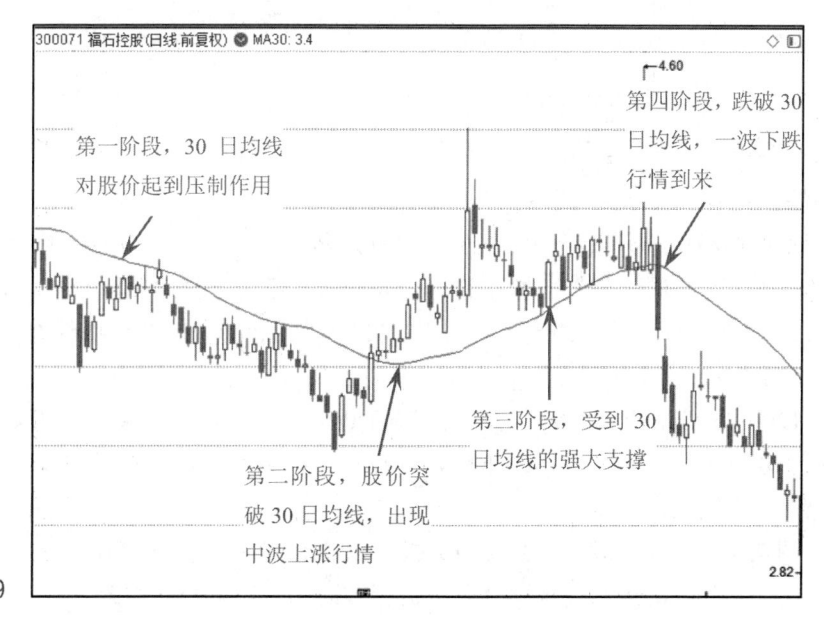

图 24-9

2. 60 日均线

60 日移动平均线又称为决策线。60 日均线的主要作用是考察股价中期反转趋势，当股价放量向上突破或向下突破，说明一轮较大的反转行情已经启动。

当股价向上突破 60 日均线后，如果均线呈上升态势，后市看涨；相反，当股价向下跌破 60 日均线后，如果均线呈下降趋势，后市看跌。

股价突破 60 日均线后，一般情况下会沿突破前的状态，在 60 日均线之上或之下至少运行 10 个交易日才会反转。与 30 日均线相同，60 日均线也有极强的支撑和压制作用。

图 24-10 是森远股份（300210）的周线图。从图上看，不论股价向上突破 60 日均线，还是向下跌破 60 日均线，都没有在短期内反弹，而是至少沿着原趋势上涨或者下跌了 10 个以上交易日。

图 24-10

24.2.3 长期均线

长期均线用于判断指数或股价的长期趋势，长期趋势一般持续几个月至几年。因为均线滞后的原因，长期均线的时间周期通常略短于长期趋势的时间周期。

比较常用的长期均线有 120 日均线和 240 日均线。120 日均线是半年线，240 日均线是年线。

120 日均线和 240 日均线主要用来判断大盘趋势。通常认为，指数运行在 120 日和 240 日均线之下，且均线下降，是熊市；指数运行在 120 日均线和 240 日均线之上，且均线上升，是牛市。

图 24-11 是深证成指（399001）的日线图，深证成指一直在 120 日和 240 日均线下运行，并且两条均线也同时向下运行，因此，后市依然看衰。

图 24-11

24.3 移动平均线的特性

均线作为重要的技术指标，在股票市场中具有广泛的应用。其主要特性包括：平稳性、滞后性、趋势特性、助涨作用、助跌作用以及吸附功能等。

24.3.1 平稳性和滞后性

由于移动平均线采用的是"平均"价格，所以它不会像K线图那样高高低低震荡，而是更加平稳。通常，周期越长的移动平均线，稳定性越强。

移动平均线的滞后性是与稳定性相伴而生的。由于均线是通过对历史数据计算得出的，所以它无法及时反映当前的市场变化。

图 24-12 是维维股份（600300）2011 年 12 月 9 日至 2012 年 3 月 19 日的日线图。股价前期上涨缓慢，但突破 60 日均线之后，股价突然以一字涨停的方式向上突破 120 日均线的压力，接着连续涨停。在短短 6 个交易日，股价涨幅就高达 70% 以上，但是 120 日和 240 日均线仅仅由走平转为略微上翘，30 日均线和 60 日均线刚开始转为上行。5 日、10 日和 20 日均线虽然紧紧追随股价上行，但却被股价远远地抛在下面。

这种走势显示了均线的稳定性和滞后性，并且均线周期越长，稳定性和滞后性也越强。

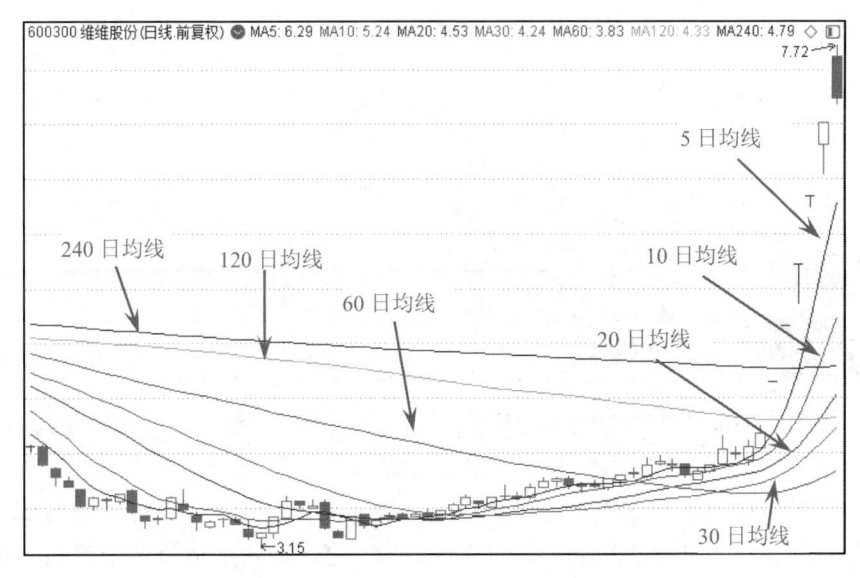

图 24-12

24.3.2 趋势特性

股价或指数常常出现短期波动，这些波动可能掩盖了市场的主要趋势。而均线通过其稳定性能够平滑这些短期波动，帮助我们更清晰地识别和判断当前和未来的趋势。

均线方向指示趋势运行的方向，均线运行角度代表趋势运行的力度，均线运行的角度越大，表明趋势力度越强。

图24-13是云赛智联（600602）2022年11月14日至2023年6月20日的日线图。上升阶段高点和低点不断抬高，即使股价滑落到移动平均线下方，但由于移动平均线的方向没有改变，故移动平均线将发挥支撑作用，保持原上升趋势。

下降阶段高点和低点不断下降，即使股价突破移动平均线上方，但由于移动平均线的方向没有改变，故移动平均线将发挥压制作用，保持原下降趋势。

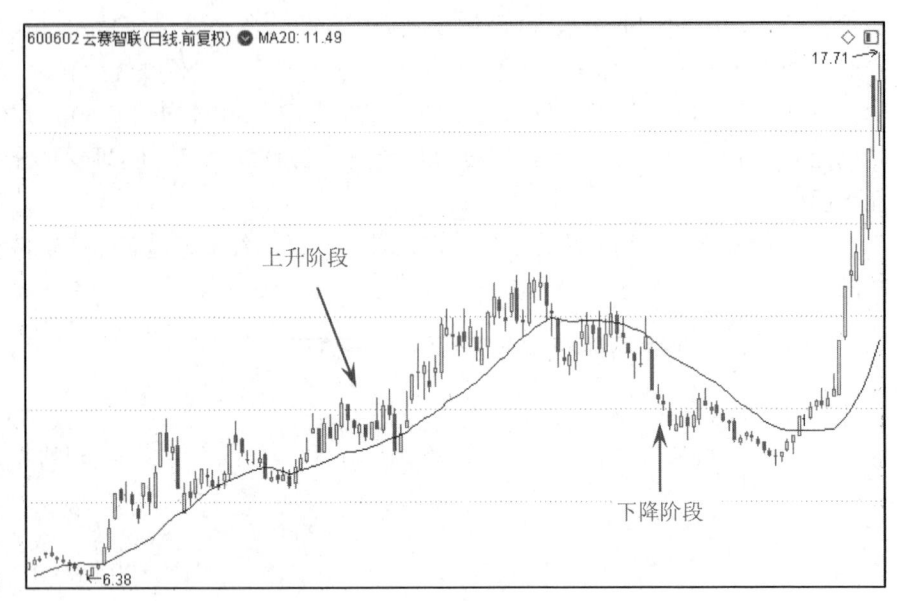

图24-13

24.3.3 助涨作用

均线的助涨作用分为两种情况：一种是股价在均线之上运行，受到均线的支撑；另一种是股价向上突破均线后，促使股价加速上涨。

当股价运行在均线之上时，均线对股价具有支撑作用。这是因为市场平均成本在股价之下，市场筹码稀缺，而市场资金充裕，容易形成资金抢筹码的局面，从而推动股价进一步上涨。

当股价突破均线时，通常意味着市场开始看好该资产，买盘增加通常会促使其他投资者继续买入，从而加速股价的上涨。

图 24-14 是上证指数（999999）2014 年 7 月至 2015 年 6 月的周线图。从图上可以看到，指数一直沿着 10 日均线上升，每次回落至 10 日均线时，都会得到支撑而再度上涨。

图 24-14

24.3.4 助跌作用

均线的助跌作用分为两种情况：一种是股价在均线之下运行，受到均线的压力，使股价难以突破均线；另一种是股价向下跌破均线后，促使股价加速下跌。

当股价运行在均线之下时，均线对股价具有压力作用。这是因为市场平均成本在股价之上，市场筹码充裕，而市场资金不足，容易形成抛筹兑现的局面，从而推动股价进一步下跌。

当股价跌破均线时，通常意味着在该时间段内买进该资产的投资者全部被套。因此，当股价跌破某一均线时，通常会促使其他投资者继续卖出，从而加速股价的下跌。

图 24-15 是上证指数（999999）2018 年 2 月至 2019 年 1 月的周线图。从图上可以看到，指数一直沿着 20 日均线下跌，每次接近 20 日均线时，都会遇到压力而再度下跌。

图 24-15

24.3.5 吸附功能

当股价或指数偏离均线过远时，市场会出现一种自然的回调现象，使股价或指数向均线靠拢，这就是均线的吸附功能。

均线之所以具有吸附功能，是因为股价或指数的过度上涨或下跌会导致市场投资者产生卖出的欲望，从而引发回调。同时，均线作为市场平均成本的体现，对股价或指数具有稳定的作用，使得它们在偏离均线过远时产生回归的倾向。因此，从图形上看，市场似乎有一种向心力，将股价或指数拉回到均线附近。这种向心力是市场自然调整的结果，是均线稳定性的表现之一。

图 24-16 是市北高新（600604）的日线图，在一波震荡趋势中，股价经历了数次快速下跌和一次迅速上涨。尽管股价一度远离 20 日均线，但很快又受到一股无形力量的牵引，被吸附到均线附近。这表明，尽管股价在短期内可能受到各种因素的影响而产生大幅波动，但均线作为市场平均成本的体现，对股价具有稳定的作用。因此，在长期趋势中，股价往往围绕着均线波动，并最终回归到均线附近。这不仅是均线稳定性的表现，也是市场自然调整的结果。

> 均线吸附是均线对股价或指数的吸引，助涨助跌则是均线对股价或指数的排斥。

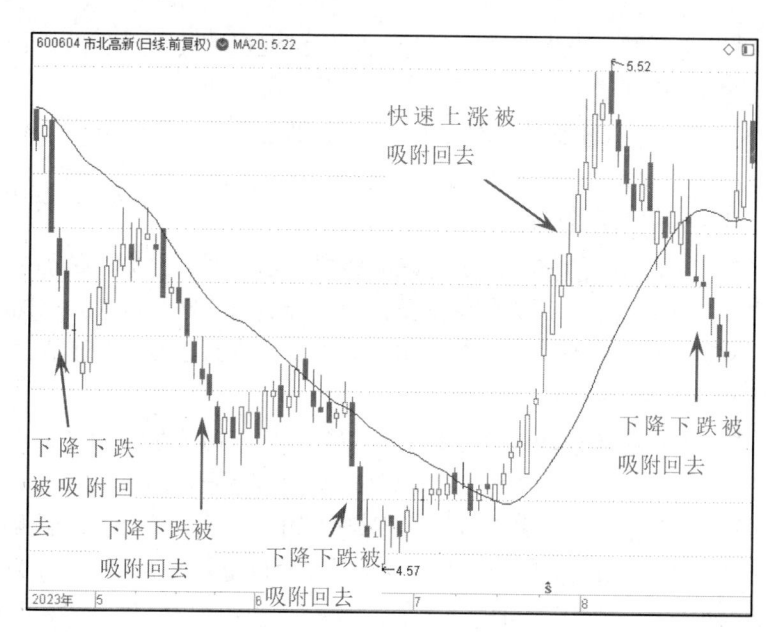

图 24-16

24.4 新股民学堂——葛南维八大买卖法则

美国投资专家葛南维对移动平均线的研究颇有造诣,并提出了移动平均线八大法则,其中四条为买进信号,另外四条为卖出信号,如图 24-17 所示。

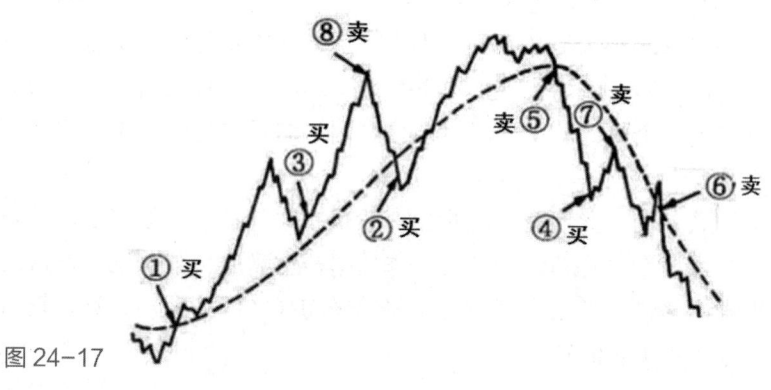

图 24-17

葛南维八大法则如下。

(1)当平均线从下降变为水平并开始上升时,这通常意味着市场转好。如果股价此时从均线下方突破均线,这就是一个明确的买入信号。简单来说,就是均线抬头、股价突破,买进(如上图①所示)。

(2)当股价跌落到平均线下方,同时平均线仍然保持上升趋势,这通常是一个买入信号(如上图②所示)。

（3）当股价在平均线之上运行，即使出现短暂的下跌但未跌破平均线，随后又再次上升，这也是一个买入信号（如上图③所示）。

（4）当股价趋势处于平均线之下时，如果出现突然暴跌并且远离平均线的情况，这通常意味着乖离过大，随后极有可能向平均线回归。在这种情况下，同样是一个买入信号（如上图④所示）。

（5）当平均线的波动从上升趋势转变为水平线时，如果股价从平均线上方跌破平均线，这表明卖方压力逐渐加重，是一个卖出的好时机（如上图⑤所示）。

（6）当股价在平均线附近徘徊，而平均线继续呈现下降趋势时，这是一个卖出信号（如上图⑥所示）。

（7）当股价在平均线之下运行，并且在回升时未能超过平均线，同时平均线也开始从水平趋势转为再次下降，这是一个卖出信号（如上图⑦所示）。

（8）当股价在上升趋势中并且位于平均线之上，但与平均线的距离逐渐拉大（连续数日大涨），这表明近期购买该股票的投资者都获得了可观的利润。随着获利回吐的出现，卖方压力可能会增加，因此应考虑卖出（如上图⑧所示）。

葛南维认为，第二条与第六条法则实际运用起来较具风险，不熟悉平均线的投资者，最好放弃这两条原则，以免承担不必要的风险。

如果将第一条与第三条、第五条与第七条合并使用，我们会发现：当移动平均线从下降转为水平并有上升趋势时，这表明市场趋势正在发生变化。如果股价从移动平均线下方向上突破平均线，并且在回落时没有跌破移动平均线，这可能是一个很好的买入时机。这是因为这种趋势表明市场正在积聚力量，并有可能继续上涨。

同样地，当移动平均线从上升转为水平并有下降趋势时，这表明市场趋势正在逆转。如果股价从移动平均线上方向下突破平均线，并且在回升时无力穿越移动平均线，这可能是一个很好的卖出时机。这是因为这种趋势表明市场已经达到顶峰，并有可能开始下跌。

虽然第四条、第五条没有明确指出在股价距离移动平均线多远时应该买卖，但可以通过观察乖离率来弥补这一缺陷。乖离率是测量股价与移动平均线之间距离的指标。如果乖离率过大，则表明股价与移动平均线之间的距离过远，这时候可能是一个卖出信号或者买入信号。

第 25 章

均线形态与趋势——股市趋势揭秘

"凡事预则立,不预则废。"——《礼记·中庸》

多条不同周期的均线交织在一起时,它们之间的组合排列便构成了一幅生动的市场画面,为投资者揭示了市场短期的波动、中期的调整和长期的走向。本章通过探讨均线的形态和趋势变化,揭示市场未来的走向,为投资者提供预测市场趋势的方法。

25.1 双均线组合的概念与分类

双均线组合是由一条时间周期较短的均线和一条时间周期较长的均线组合而成的均线分析系统。

单条均线难以同时满足灵敏性、稳定性和及时性的要求。为了克服这些局限性，在操作中常采用双均线组合策略，通过结合不同时间周期的均线来优化交易决策。

双均线组合虽然只包括两条均线，但根据短周期、中周期、长周期进行排列组合，就会产生无数种组合方式。一般按照不同的时间周期，双均线组合可分为短周期组合、中周期组合和长周期组合。

1. 短周期组合

常见的短周期组合有 5 日和 10 日均线组合、5 日和 20 日均线组合、5 日和 30 日均线组合，以及 10 日和 30 日均线组合。

2. 中周期组合

常见的中周期组合有 5 日和 60 日均线组合、10 日和 60 日均线组合、20 日和 60 日均线组合，以及 30 日和 30 日均线组合。

3. 长周期组合

常见的长周期组合有 20 日和 120 日均线组合、20 日和 240 日均线组合、30 日和 120 日均线组合，以及 30 日和 240 日均线组合。

25.2 双均线组合的股票买入原则

双均线组合的买入和持仓原则如下。

买入和持仓原则	股价向上突破上行长周期均线，买入。
	股价下跌，遇长周期均线上行支撑止跌回升，买入。
	突破短周期线，并在上行长周期线上方运行，买入。
	短期均线下行，遇长期均线支撑止跌反弹，买入。

25.2.1 股价向上突破上行长周期均线，买入

图 25-1 是中天火箭（003009）的日 K 线图，图中的两条均线分别是 5 日均线

和 20 日均线。

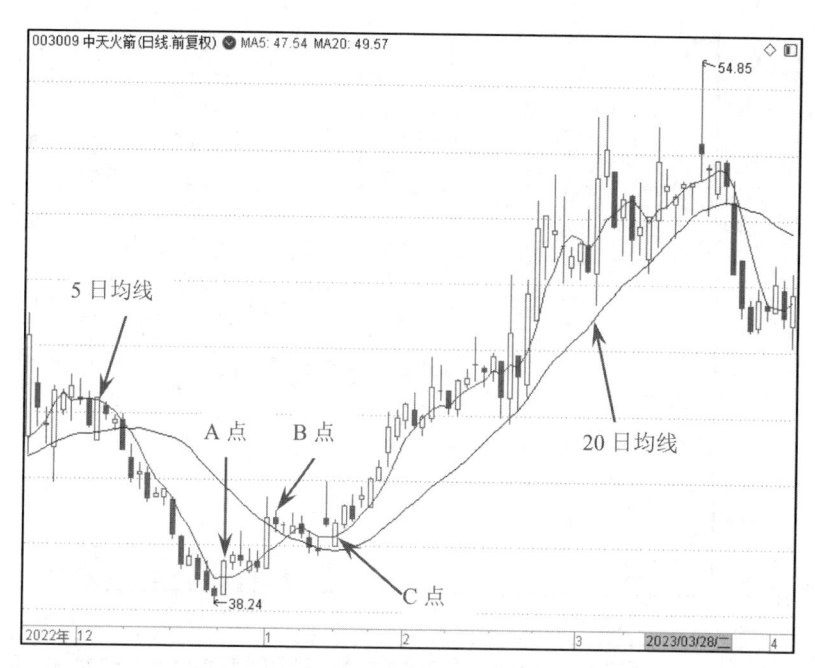

图 25-1

股价在经过一轮下跌之后，在 A 点处收出大阳线，并突破 5 日均线开始反弹，但因为此时股价仍在 20 日均线下方，所以不是稳妥的买入点。

随后股价继续上行，虽然在 B 点处突破了 20 日均线，但因为 20 日均线呈下行趋势，所以该点也不是理想的介入点，应继续观望，果然之后股价掉头下跌。

股价在 C 点处止跌反弹，与此同时，5 日均线和 20 日均线皆向上运行，因此，该点是理想的买入点。

25.2.2 股价下跌，遇长周期均线上行支撑止跌回升，买入

图 25-2 是淮北矿业（600985）的日 K 线图，图中的两条均线分别是 5 日均线和 30 日均线。

股价沿着 5 日均线上行，呈现出一种上山爬坡的均线技术形态。这种形态表明市场正在积累力量，为接下来的上涨行情作准备。在这个阶段，股价会在多次的调整中寻找支撑，而 30 日均线成了一个重要的支撑线。每当股价在调整过程中触及或接近这条均线时，都会受到支撑并止跌回升，这给了投资者一个明确的信号：市场的买盘力量正在逐渐增强。

对于投资者来说，这是一个非常好的买入或加仓的机会。当股价在调整之后再次启动上涨，并且成功突破 5 日均线时，这通常是一个明确的买入信号。突破 5 日均线意味着市场短期的动能已经转向多头。

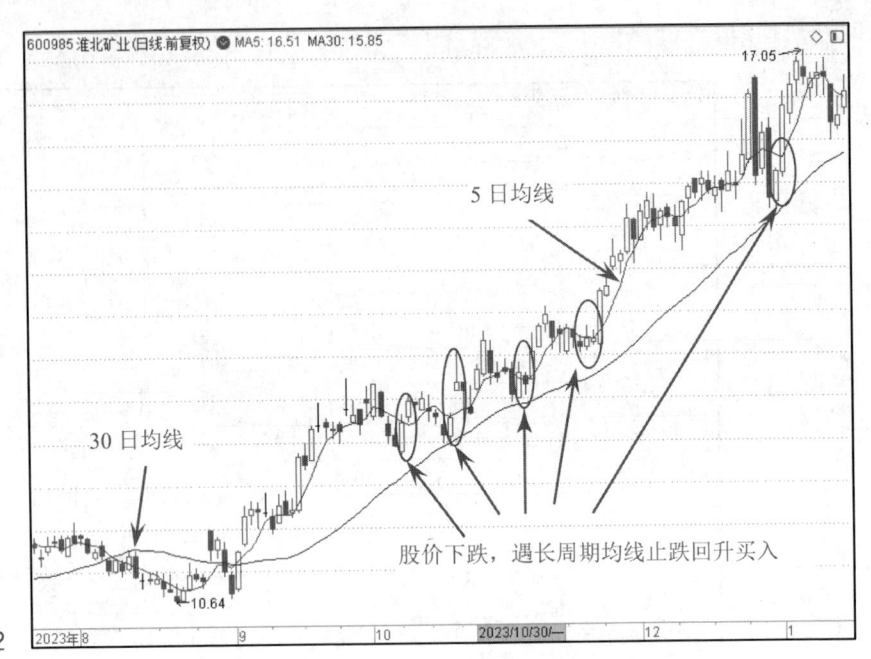

图 25-2

25.2.3 突破短周期线，并在上行长周期线上方运行，买入

图 25-3 是特宝生物（688278）的日 K 线图，图中的两条均线分别是 10 日均线和 60 日均线。

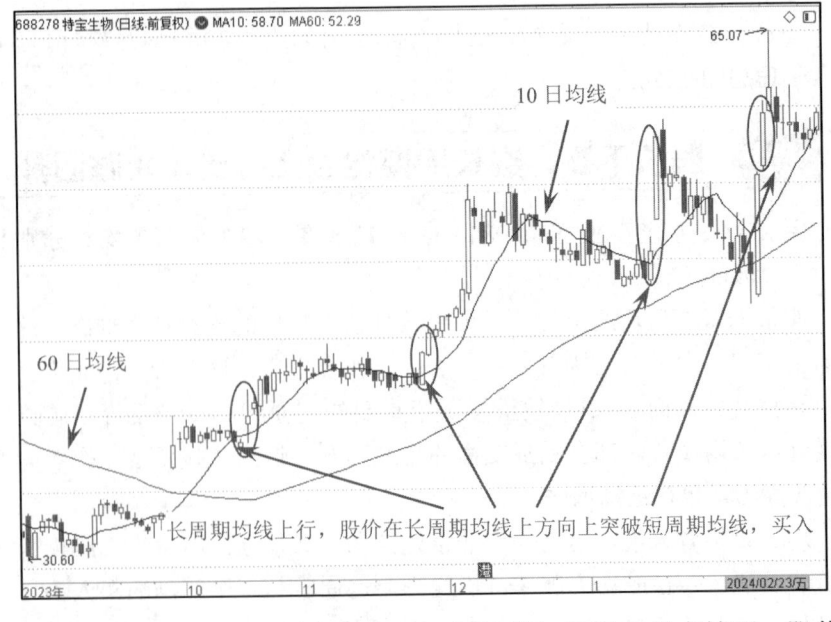

图 25-3

从图 25-3 中可以看出，在长周期均线（60 日均线）呈现上行支撑下，股价表

现出更为稳健的上涨趋势。当股价四次向上突破短周期均线（10日均线）时，每次都伴随着加速上涨的行情，这进一步验证了向上突破短周期均线是一个值得关注的买入点。

短周期均线（如图中的10日均线），通常能够更敏感地反映股价的短期波动。当股价成功突破这条均线时，往往意味着市场短期的动能已经转向多头，这为投资者提供了一个明确的买入信号。特别是在长周期均线（如图中的60日均线）提供坚实支撑的情况下，这种突破往往更可靠，因为长期的上涨趋势为短期的上涨提供了坚实的基础。

25.2.4 短期均线下行，遇长期均线支撑止跌反弹，买入

图 25-4 是中煤能源（601898）的日K线图，图中的两条均线分别是20日均线和120日均线。

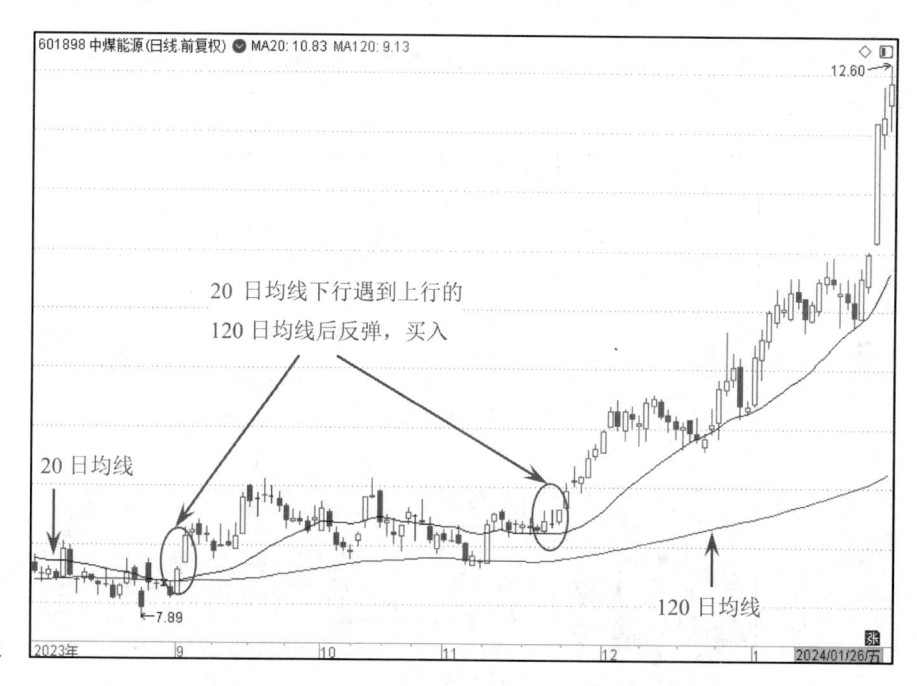

图 25-4

20日均线作为短期趋势的指示器，它的起伏波动直接反映了短期内市场情绪的变化。而120日均线，作为中长期趋势的支撑线，它的稳定性更强，更能够反映市场的长期走势。

从图 25-4 中可以看到，股价多次下探120日均线，但每次都在其附近得到支撑并重新转头向上。这种走势表明，虽然市场短期内经历了一些波动和调整，但中长期趋势仍然保持稳健。

因此，基于上述分析，可以认为市场正在经历短期的调整，但中长期趋势仍然

向好。对于投资者而言，这可能是一个买入的良机。

25.3 双均线组合的股票卖出原则

双均线组合的卖出和空仓原则如下。

卖出和空仓原则	股价跌破长周期均线，随后长周期均线下行，卖出。
	股价急速飙升，远离长周期均线，减仓。
	长周期均线下行，空仓。

25.3.1 股价跌破长周期均线，随后长周期均线下行，卖出

图 25-5 是金石资源（603505）的日 K 线图，图中的两条均线分别是 5 日均线和 30 日均线。

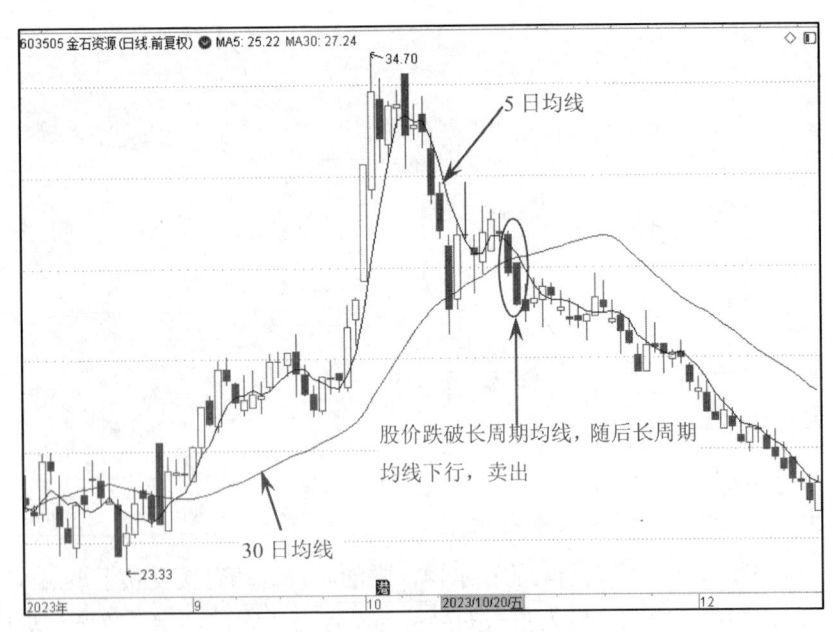

图 25-5

金石资源的股价暴涨后迅速回落，最终跌破 30 日均线，这通常意味着短期的市场情绪已经发生了转变。随后不久，30 日均线上行转为下行的变化，进一步验证了市场上升趋势的结束。

尽管 30 日均线在跌破时依然保持上行趋势，投资者也应该选择清仓出局而非简单的减仓。因为在趋势转变的初期，往往伴随着较大的不确定性，清仓出局可以

避免因股价进一步下跌带来的更大损失。

25.3.2 股价急速飙升，远离长周期均线，减仓

图 25-6 是渤海轮渡（603167）的日 K 线图，图中的两条均线分别是 10 日均线和 60 日均线。

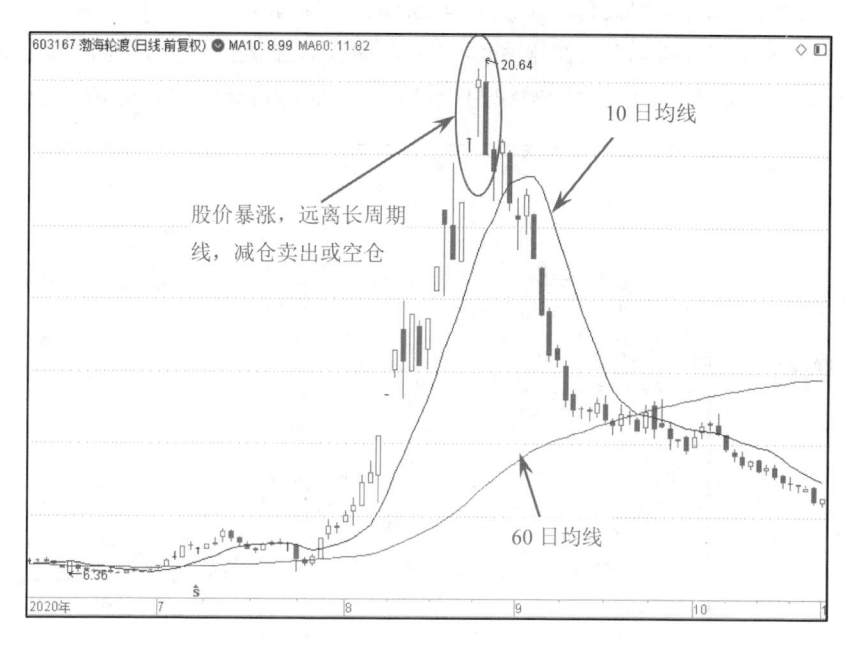

图 25-6

从 K 线图中可以看到，渤海轮渡的股价确实经历了一段显著的上涨行情，股价沿着 10 日均线迅速上升，并与 60 日均线之间的距离逐渐扩大。

这种股价走势通常被视为短期上涨的信号，会吸引部分投资者的关注。然而，当股价远离 60 日均线时，这意味着股价已经超出了其长期趋势。在这种情况下，60 日均线往往会像一个"磁铁"一样，对股价产生牵引作用，引导其回调。这是因为许多投资者和交易系统都会将 60 日均线视为一个重要的参考线，当股价偏离这条均线过远时，可能会引发一些卖盘，从而导致股价回调。

因此，在这种情况下，投资者应该保持警惕，不宜盲目追高。相反，应该考虑减仓或空仓，以应对可能出现的股价回调。

25.3.3 长周期均线下行，空仓

图 25-7 是中熔电气（301031）的日 K 线图，图中的两条均线分别是 20 日均线和 120 日均线。

从中熔电气的 K 线图来看，股价以大阴线的方式跌破了下行的 120 日均线，这

是一个非常重要的技术信号。120 日均线，也被称为半年线，通常被视为股价的长期趋势线。当股价跌破这条均线时，往往意味着市场对该股的长期看好程度已经发生了变化，或者至少短期内市场对股价的支撑力量已经减弱。

对于投资者来说，面对这种情况，最安全的做法是采取防御措施。如果还没有建仓，那么此时应该避免买入，因为股价可能还有进一步下跌的空间。如果已经持有该股票，那么考虑减仓卖出或清仓离场是明智的选择。

其实，在股价跌破 120 日均线之前，如果收出大阴线，这通常意味着市场情绪已经发生了显著变化。对于敏锐的交易者，此时就应该做好减仓或空仓的准备。

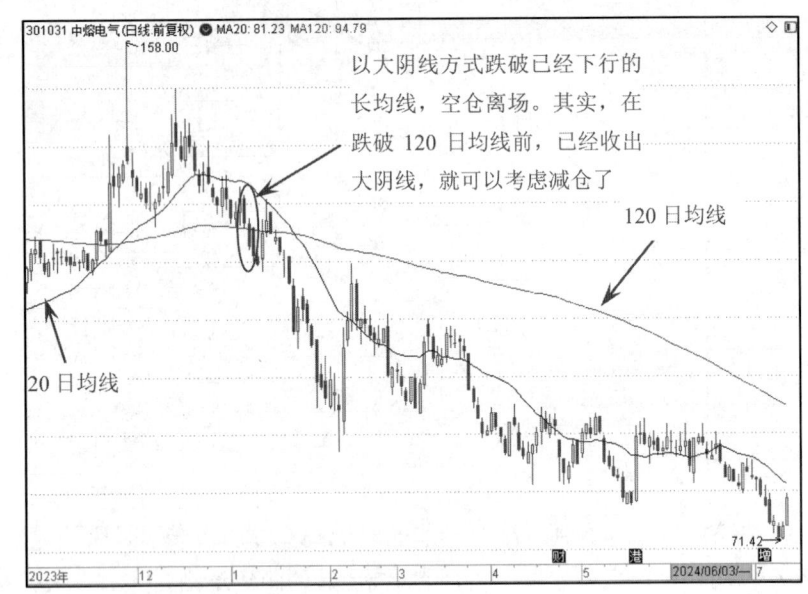

图 25-7

25.4 多根均线组合解密

相较于双根均线，多根均线可以提供更多的信息，帮助投资者更全面地了解市场的趋势和动态，从而能更准确地判断市场的走向。

多根均线的缺点是可能导致信息过载，并且多根均线之间可能会产生相互矛盾的信号，使投资者难以做出决策，增加交易的复杂性。

25.4.1 多头排列

多头排列是指在行情走势图中，短期均线、中期均线、长期均线依次从上到下排列且方向向上。多头排列出现在涨势中，是一种做多信号，表明后市继续看涨。多头排列的示例如图 25-8 所示。

图 25-8

图 25-9 是国债指数（000012）的日 K 线走势图，K 线、5 日均线、10 日均线、20 日均线、60 日均线由上至下以上升的势头依次排开，形成了一个几乎完美的多头排列走势。

多头排列表明一轮大行情来临，股价或指数将会持续上涨一大段时间，是投资者重要的持股期。此时，没有进场的投资者应及时建仓，已经入场的投资者应保持信心，继续持仓或加仓。

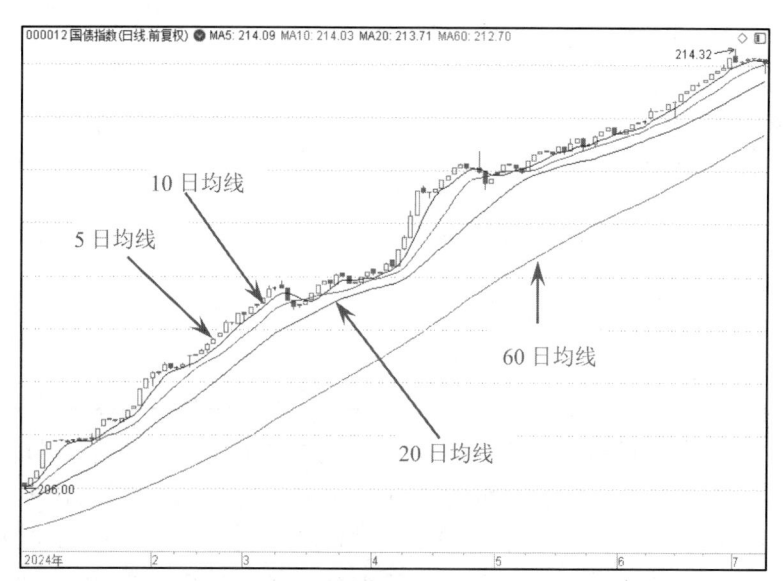

图 25-9

由于均线存在滞后性，形成多头排列时，股价往往已经上涨了很长一段时间，所以投资者很难在多头排列形成初期捕捉住买入点。但好在，多头排列一旦形成，往往会持续较长的时间，因此，投资者可以在形成多头排列后观察一段时间再入场。

25.4.2 空头排列

空头排列是指在行情走势图中，短期均线、中期均线、长期均线依次从下到上排列且方向向下。空头排列出现在下跌趋势中，是一种做空信号，表明后市继续看跌。空头排列的示例如图 25-10 所示。

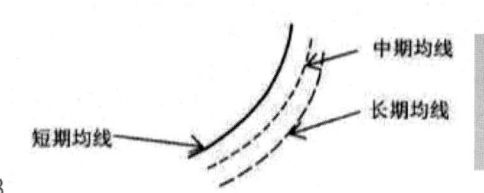

图 25-11 是埃科光电（688610）的日 K 线走势图，K 线、5 日均线、10 日均线、20 日均线、60 日均线由下至上以下降的势头依次排开，形成了空头排列形态。

图 25-10

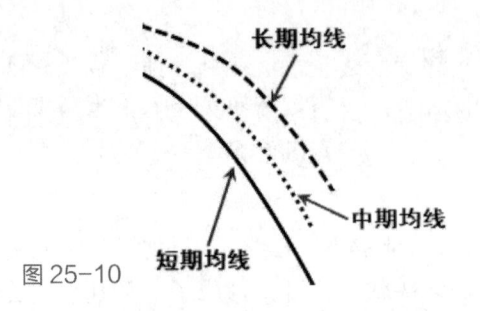

> 在空头排列初期和中期，投资者应尽快离场。

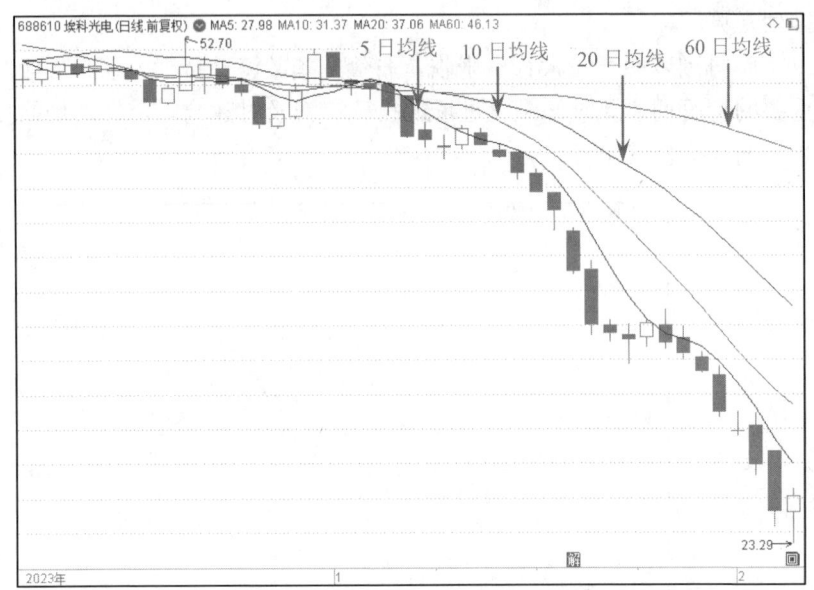

图 25-11

这样的形态说明市场已经进入空方主导的下跌行情中，这是市场处于弱势行情中，并且这种弱势行情还将继续的信号，此时投资者应该尽快卖出手中的股票。

和多头排列一样，运用空头排列看趋势时，可以只选择短期均线结合中期均线的组合方式，比如 5 日、10 日、20 日和 60 日均线组合。使用中短期均线组合，可以减少信号太迟的问题，又可以利用均线组合的稳定性，得出较为可靠的趋势判断。

> 均线空头排列形态的完成可能是以 5 日均线跌破 10 日均线为标志，也可能是以 10 日均线跌破 20 日均线为标志。如果未来 5 日均线突破了 10 日均线，或者 10 日均线突破了 20 日均线，则空头排列被破坏，这是下跌行情即将结束的信号。

25.4.3 均线粘合盘整和发散

均线粘合是指数或股价在长时间内的横向整理过程中，多条均线相互交织、接近或重叠的一种技术形态。这种形态在指数或股价的底部构建、调整、顶部形成以及反弹过程中较为常见。

均线粘合现象可以出现在趋势运行的任何阶段，但经常出现在一段显著的上升或下降趋势之后。如图 25-12 所示，克来机电（603960）的周 K 线图显示，股价经过大跌之后，进入了长期的震荡整理阶段，期间 5 日、10 日、20 日、60 日均线交织在一起，形成均线粘合状态。

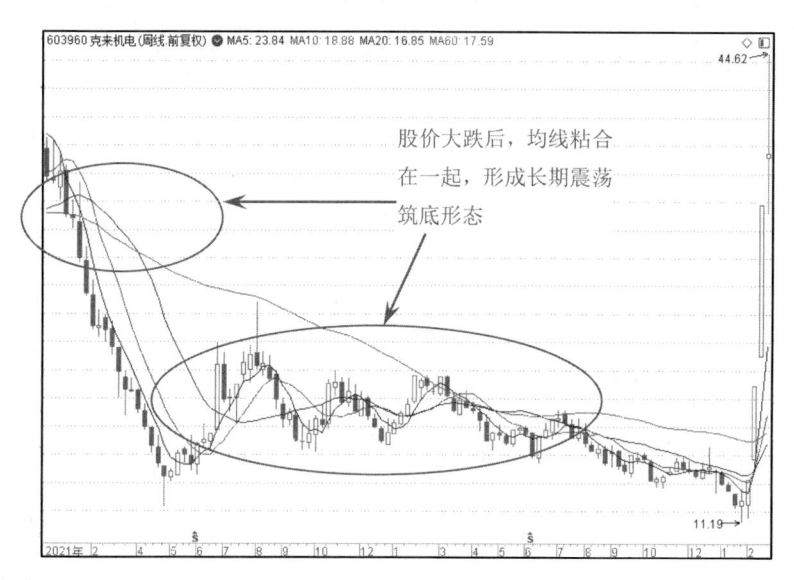

图 25-12

均线如果粘合表明多空双方存在严重的分歧，均线粘合的过程，就是筹码堆积和转换的过程。多空双方一旦分出胜负，不管行情是上涨还是下跌，均线均会从粘合缠绕状态转变为发散状态。

当均线从缠绕状态开始向上发散，说明股价开始向上运行。如果均线从粘合、缠绕的状态开始向下发散，就说明股价将步入下跌的走势行情中。图 25-13（a）为向上发散的示例，图 25-13（b）为向下发散的示例。

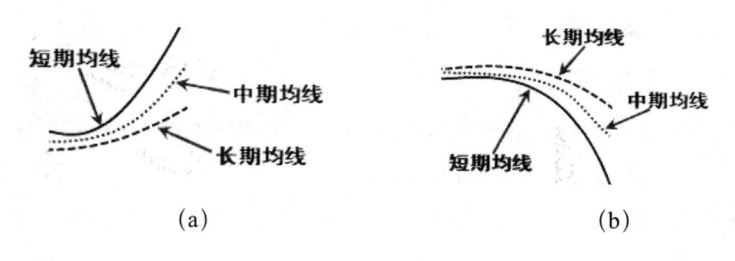

图 25-13

1. 粘合后向上发散

粘合后出现向上发散也被称为多头发散，这意味着市场内不同周期的持仓者都看好后市，这是一个重要的持股或建仓信号。

从图 25-14 宁沪高速（600377）的周 K 线图上可以观察到，多条不同周期的均线紧密地交织在一起，形成了一个明显的均线粘合形态。这种形态表明，经过长时间的横盘整理，股价已经在一个相对狭窄的区间内进行了充分的蓄势。在这个过程中，市场多空双方的力量达到了相对的平衡，为后续的行情发展奠定了基础。

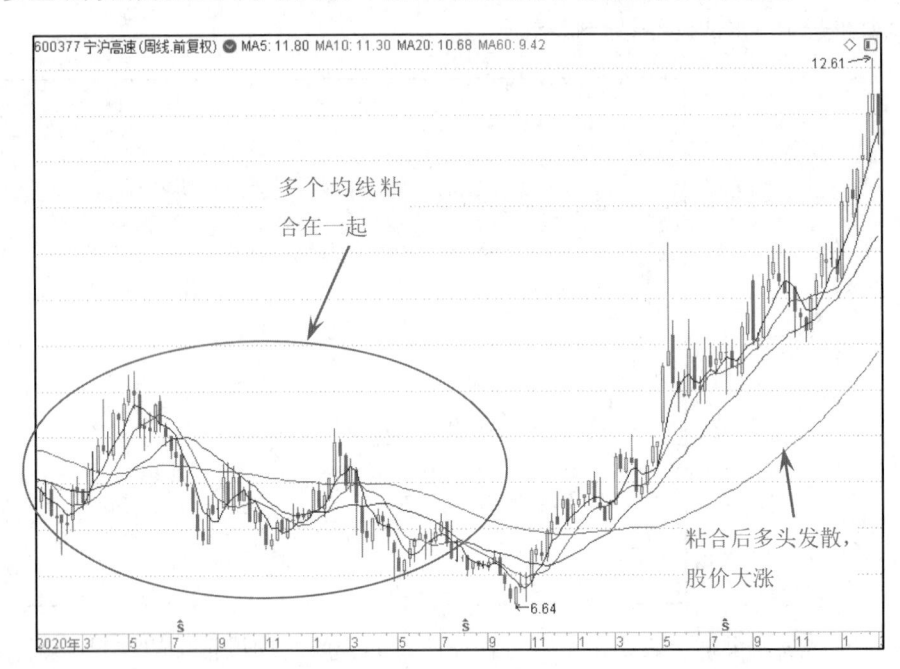

图 25-14

随着市场的逐步回暖，该股的股价开始逐渐向上突破这些相互缠绕的均线，均线系统也逐渐由粘合状态开始向上发散。这种多头发散的格局，预示着股价未来有望继续上涨。

对于投资者而言，这种均线粘合后的多头发散格局是一个重要的买入信号。它表明市场已经摆脱了之前的盘整状态，开始进入一个新的上涨周期。此时，投资者可以考虑建仓或持股待涨。

2. 粘合后向下发散

粘合后出现向下发散也被称为空头发散，这意味着市场内不同周期的持仓者都看跌后市，这是一个重要的出货离场信号。

在梦网科技（002123）的日 K 线图上，我们可以观察到股价在横盘整理的过程中呈现出窄幅震荡的形态，如图 25-15 所示。

均线粘合并不意味着股价会就此止跌回升。从 K 线图上看，这种粘合状态只是空头在积蓄力量，一旦空头力量集中完成并再次发力，股价往往会迎来新一轮的下跌。

粘合结束后，随着均线向下发散，股价也开始向下大幅跳水，呈现出明显的下跌趋势。因此，投资者在此时应该保持谨慎，避免盲目追高或抄底。

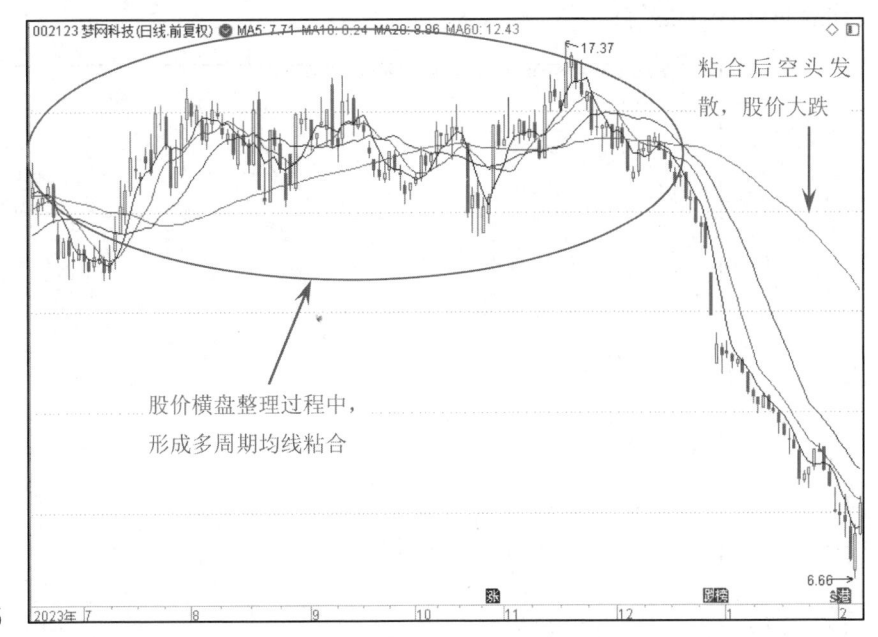

图 25-15

25.5 新股民学堂——均线的背离与修复

均线的背离是指股票价格走势与均线走势方向相反的情况。均线背离多出现在暴涨或者暴跌之后。

均线修复又称均线回补。正常情况下，股价会围绕均线上下波动。当股价偏离均线太远时，造成股价与市场平均成本差距过大的情况，此时股价易向均线回补，即均线修复。

在牛市中，均线修复表现为上升途中的回调；而在熊市中，则表现为下跌过程中的反弹。

25.5.1 均线的背离

均线背离可分为底部均线背离和顶部均线背离。

1. 底部均线背离

底部均线背离是指在股价经过长期下跌见底之后，股价开始拉升，而中长期均线仍向下运行的情况。当股价突破一条均线后，股价的运行方向与所突破的均线的方向相反，即交叉并相反。这是空头均线背离，是短线投资者买入的好时机。

在南京银行（601009）的日 K 线走势图（见图 25-16）中，A 点处出现了一个明显的底背离形态。在这一点，股价由下向上成功穿越了 60 日均线，尽管此时 60 日均线的方向仍然是向下的。

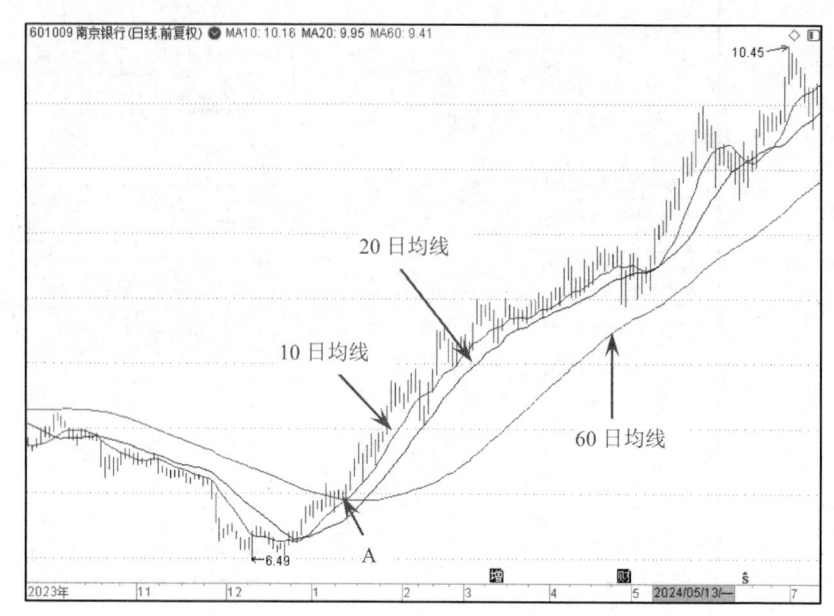

图 25-16

底背离表明，尽管中长期均线仍然保持着下跌的趋势，但股价已经开始显示出反弹的迹象。对于投资者来说，底背离是一个值得密切关注的信号。这种短期趋势与中长期趋势之间的矛盾，往往预示着市场即将发生重要的变化，未来股价有望出现反转并开启上涨行情。

2. 顶部均线背离

顶部均线背离发生在股价上涨见顶后开始快速下跌的阶段，此时的中长期均线的运行方向仍然向上。当股价迅速跌破一条中长期均线时，股价的方向向下，而该均线的方向却是向上的，即股价与均线的方向也是交叉并相反的。这是多头均线背离，是短期投资者卖出的信号。

图 25-17 是湘电股份（600416）的日 K 线走势图，股价在经过 23.8 元的高位之后，开始逐渐下调回落。而在 A 点处，股价与 60 日均线发生了交叉。然而，此时 60 日均线的方向仍然是向上的。这种股价与均线运行方向交叉且相反的现象，正是顶背离的典型表现。

顶背离是市场趋势即将发生转变的重要信号。尽管中长期均线仍然保持着上涨的趋势，但股价已经开始出现下跌的迹象。这种短期与中长期趋势之间的矛盾，往往预示着市场即将发生重要的变化。

对于投资者而言，在识别到顶背离形态后，应该及时卖出股票，以避免可能的损失。

图 25-17

25.5.2 均线的修复

均线修复分为主动修复和被动修复。

1. 主动修复

主动修复通常出现在股价短期均线显著偏离中长期均线之后。在这种情况下，股价可能会经历一段剧烈的波动期。随后如果短期成交量明显减少，短期均线可能会迅速地向中长期均线靠拢。这种修复方式一般发生在股价的阶段性顶部或底部，是市场力量主动调整的结果。

图 25-18 是苏州银行（002966）的日 K 线图。该股股价出现暴跌，远远甩开 60 日均线，由于均线无法跟上股价的下跌，产生了对股价的吸引力，于是股价上涨进行了主动修复。

有趣的是，该股经过修复后股价出现暴涨，再次将 60 日均线远远抛在身后。同理，由于均线无法跟上股价的上涨，产生了对股价的吸引力，于是股价下跌进行了主动修复。

2. 被动修复

被动修复通常发生在股价与均线之间的偏离程度较小，或者市场成交不活跃的情况下。此时，股价的波动相对较小，均线通过缓慢的移动逐渐与股价形成一致。这种修复方式更多地反映了市场的自然调整，而非市场力量的主动行为。

图 25-19 是广信股份（603599）的日 K 线走势图。该股股价连续跌停，接着 5 日和 10 日均线粘合。这种均线粘合通常表明市场在短期内的买卖力量达到了一种

相对平衡的状态。

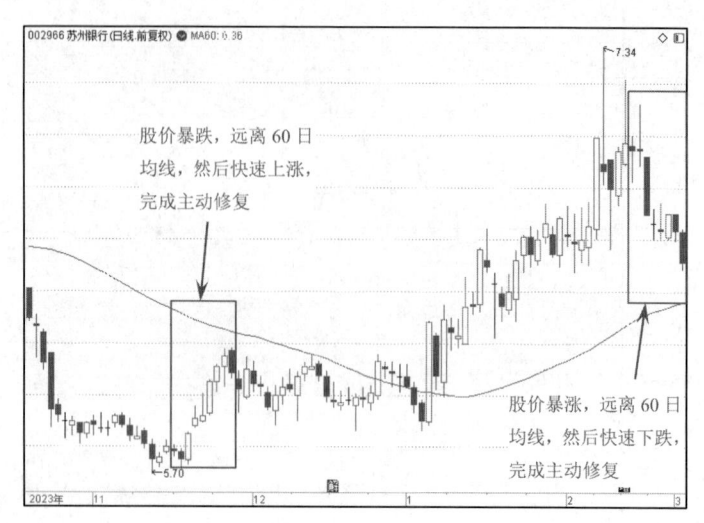

图 25-18

随后，20 日均线开始逐渐下行靠拢，与短期均线形成了一定的乖离。在这个过程中，股价并没有出现明显的反弹或企稳迹象，而是继续受到压制。这表明市场的空头力量仍然占据主导地位，股价短期内难以改变下跌趋势。

随着时间的推移，这种均线间的乖离得到了修复，我们称之为"被动修复"。与主动修复不同，被动修复更多的是市场自然调整的结果，而非市场力量的主动行为。在被动修复完成后，20 日均线对股价形成了明显的压制作用。在这种压制下，股价再度加速下跌，进一步确认了市场的空头趋势。

图 25-19

第26章

均线特殊组合——高手解锁股市盈利新模式

"穷则变，变则通，通则久。"——《周易·系辞下》

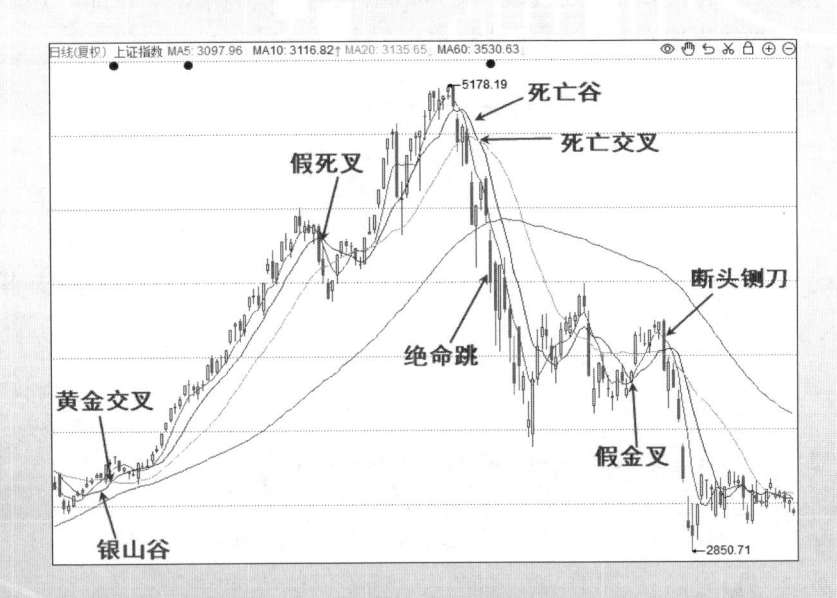

股价与移动平均线的互动，就像是一场没有硝烟的战争，每一个交叉点都蕴含着市场的智慧和力量。均线不仅可以反映趋势，也可以像K线那样，通过特殊的组合形态，给投资者传递买卖的信号。本章将介绍均线的特殊组合形态，旨在为投资者解锁新的盈利方式提供思路和方法。

26.1 高手炒股买入信号的特殊均线形态

买入信号的特殊均线形态是指通过不同周期的均线相互交叉或特定排列,来预示股票价格可能即将上涨的一种技术指标。

常见的买入信号的特殊均线形态有:黄金交叉、银山谷、金山谷、蛟龙出海、鱼跃龙门、旱地拔葱、金蜘蛛等。

26.1.1 黄金交叉

黄金交叉是指一条短期均线成功上穿一条长期均线的形态。例如,5日均线成功上穿20日均线形成黄金交叉,如图26-1所示。

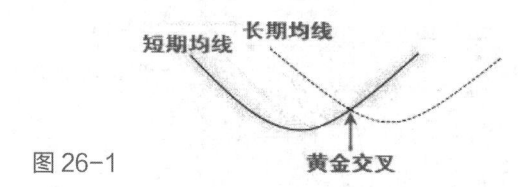

图26-1

均线出现黄金交叉往往意味着趋势由坏转好,后续通常会出现一段时间的强势上涨行情。

> 黄金交叉必须同时满足两个条件:①短期均线由下而上穿越长期均线;②短期均线和长期均线都在向上移动。
> 只满足第一个条件的属于普通交叉。

图26-2是渝农商行(601077)的日K线图,图中的两条均线分别是10日均线和60日均线。

从图中可以看出,股价呈现出逐浪上升的技术形态,显示出市场的上涨趋势正在逐步增强。在这个过程中,股价一度跌破10日均线,不过,不久之后,股价成功止跌回升,这显示了市场的买盘力量正在逐渐增强。

随着股价的上涨,它最终成功突破了60日均线,这是一个非常重要的信号。60日均线通常被视为一个重要的支撑和阻力位,当股价突破这条均线时,通常意味着市场的中长期趋势已经发生转变。在这种情况下,10日均线也随之转头向上,这进一步验证了市场的上涨趋势。

值得关注的是,10日均线上穿60日均线形成了黄金交叉,这是一个非常强烈的买入信号。它意味着短期均线已经突破了长期均线,并且正在向上发散。这通常预示着市场的上涨趋势将会持续,从而为投资者提供了一个非常好的入场机会。

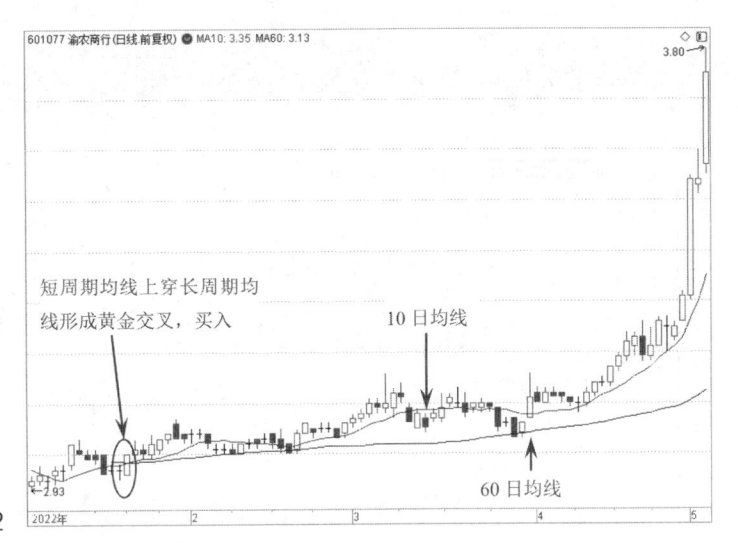

图 26-2

26.1.2 银山谷

银山谷由三根均线交叉组成，形成一个尖头向上的不规则三角形，如图 26-3 所示。

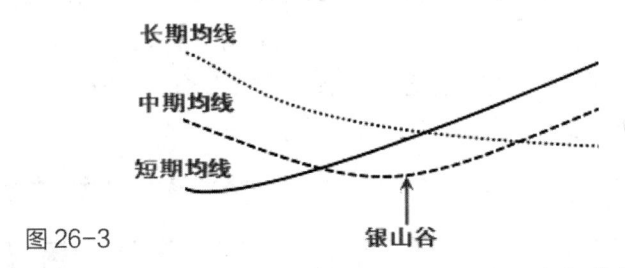

图 26-3

银山谷是三根均线形成金叉后造成的形态，短期均线与中期均线和长期均线分别形成交叉，中期均线与长期均线形成交叉。

银山谷通常出现在上涨行情的初期，是一种见底信号，表明后市看涨，适合投资者在低位建仓。

图 26-4 是赛力斯（601127）的日 K 线图，股价经过一轮小幅下跌后开始反弹。先是 5 日均线上穿 10 日均线，形成了第一个黄金交叉。这一信号预示着股价可能会在短期内继续上涨。紧接着，5 日均线继续上扬并成功穿越 20 日均线，形成了第二个黄金交叉。这一连续的交叉动作进一步强化了买入信号，表明市场短期内的上涨动能正在逐渐增强。

与此同时，10 日均线也紧随其后，向上穿越 20 日均线，形成了第三个黄金交叉。这一系列的均线交叉不仅展现了市场短期内的强势，更形成了"银山谷"均线形态。这种形态的出现预示着股价已经完成了筑底过程，未来有望开启一波上涨行情。

🔔 银山谷的三个交叉中，至少要有两个是黄金交叉。

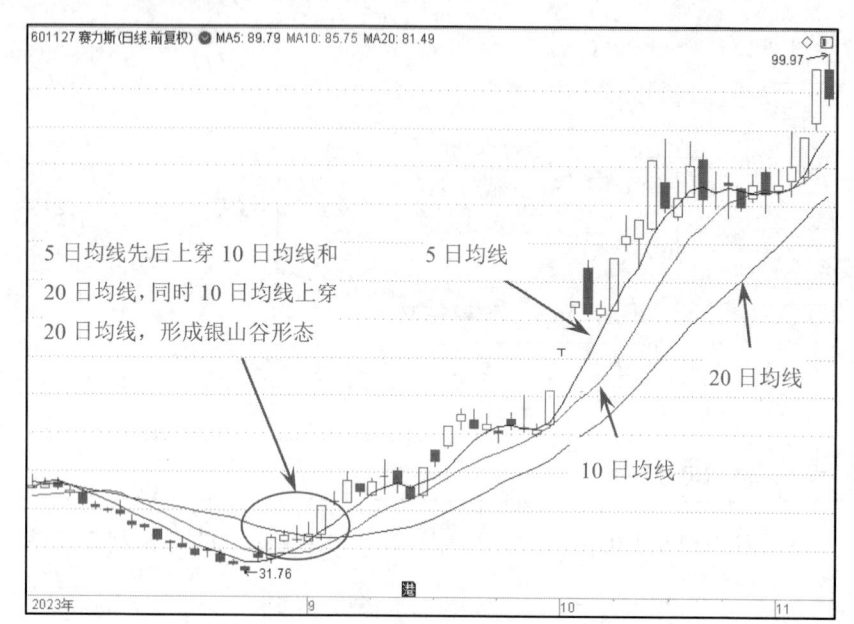

图 26-4

5 日均线先后上穿 10 日均线和 20 日均线，同时 10 日均线上穿 20 日均线，形成银山谷形态

银山谷均线形态的形成，是市场多方力量逐渐积累并占据优势的结果。它表明股价在经过一段时间的调整后，已经具备了再次上涨的动力。对于投资者来说，这是一个值得关注的买入机会。

26.1.3 金山谷

金山谷出现在银山谷之后，它的不规则三角形的构成方式和银山谷相同，如图 26-5 所示。

之所以将第二次出现的这种均线技术形态称为金山谷，一是为了和银山谷相区分，二是第二次出现同样的技术形态，再次确认了上涨趋势，使得买入信号更强烈和可靠。因此，银山谷适合激进型投资者，而金山谷更适合稳健型投资者。

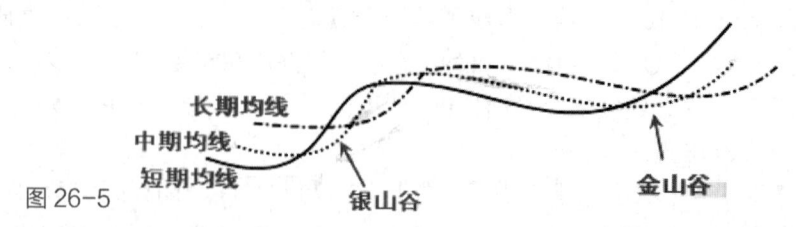

图 26-5

金山谷既可以处于与银山谷相近的位置，也可以高于银山谷，但不能低于银山谷。

第 26 章 均线特殊组合——高手解锁股市盈利新模式

如果金山谷的位置与银山谷的位置基本持平，这表明股价刚刚开始，金山谷形态是对银山谷买入信号的确认。这时在银山谷形态没有买入的投资者，不应再迟疑，应立刻考虑进场。

如果金山谷的位置高于银山谷，则表明股价虽然已经经历了一定的涨幅，但上涨趋势依然强劲。投资者还可以买入股票，追逐后半段的上涨利润。

> 金山谷和银山谷相隔的时间越长，所处的位置越高，股价的上升潜力就越大。

图 26-6 是恒源煤电（600971）的日 K 线图。该股的股价经过一段时间的下跌后开始反弹，随即 5 日均线上行分别穿越 10 日均线和 20 日均线，之后 10 日均线也穿越了上行的 20 日均线，形成了银山谷形态。

形成银山谷形态后，股价进入了一段窄幅盘整阶段，与此同时 5 日、10 日、20 日均线开始收敛粘合在一起。最终，多方战胜空方，股价开始走高。

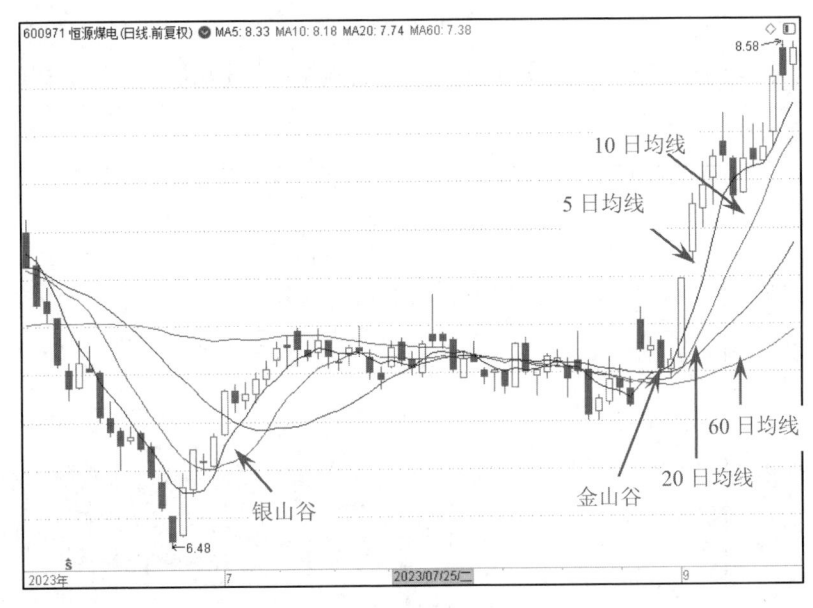

图 26-6

从图中可以看到，横盘整理后，很快形成了一个和银山谷相似的三角区，即金山谷。由于两个山谷间隔的时间比较长，且金山谷的位置高于银山谷，加之金山谷形成时股价和均线呈多头排列，这预示着后市看涨，因此这是一个明确的买入信号。

银山谷形态形成时，股价正处在 60 日均线下行压力之下，并且股价上行一段时间后就进入较长时间的盘整期，说明股价后期走向不明，这就是为什么说银山谷是激进型投资者的买入点。

相较于银山谷经常出现在长期下降趋势中，金山谷则更多地出现在中长期上升趋势中,或者中长期上升趋势前的调整末期。因此,金山谷的上涨信号更可靠,是稳健型投资者的买入点。

26.1.4 蛟龙出海

蛟龙出海也称为潜龙出渊、一阳洞穿,是指一根大阳线向上突破短期均线、中期均线和长期均线,如图 26-7 所示。

该形态常常出现在下跌趋势或者调整行情的末期,多头向上推动股价的力量十分强大,是即将大涨的前兆。

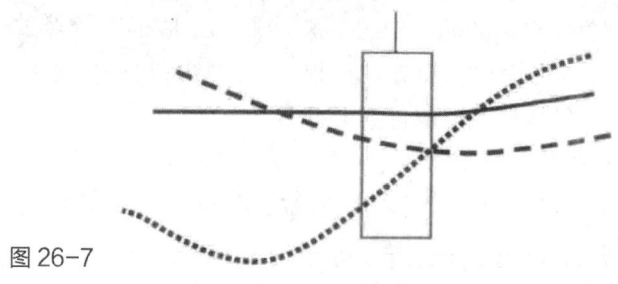

图 26-7

图 26-8 所示的三星医疗(601567)日 K 线走势,向我们展现了典型的"蛟龙出海"形态。

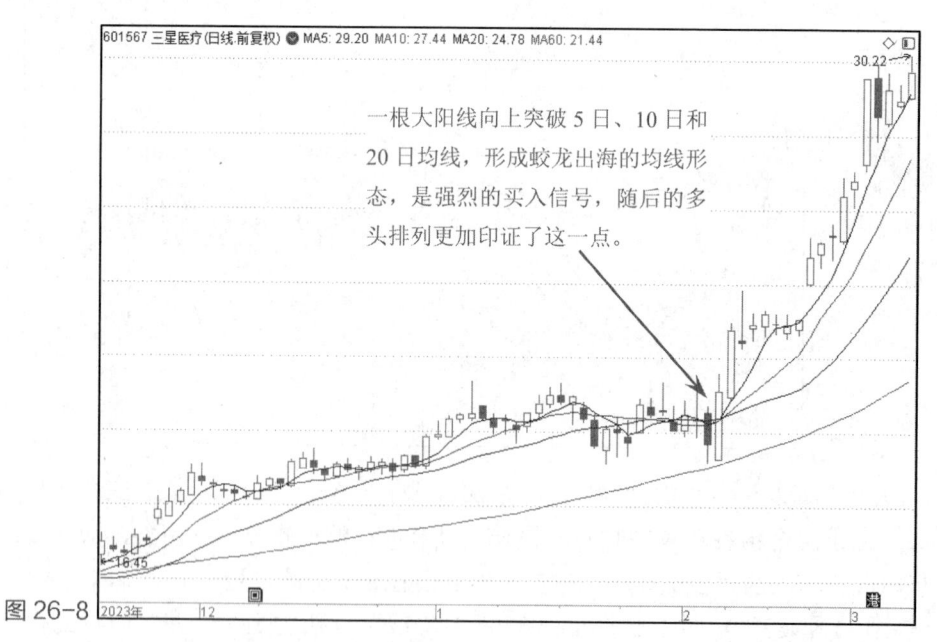

一根大阳线向上突破 5 日、10 日和 20 日均线,形成蛟龙出海的均线形态,是强烈的买入信号,随后的多头排列更加印证了这一点。

图 26-8

该股股价在一个相对狭窄的区间内波动,形成了横盘整理形态,在这个阶段,多空双方的力量相对均衡。但随着多方力量的逐渐积累,压抑已久的情绪终于爆发,在末端走出一根大阳线,这不仅是对之前横盘整理的突破,更是多方力量的强势展示。

这根大阳线贯穿 5 日、10 日、20 日均线，形成了"蛟龙出海"的形态。这种形态的出现，意味着多方已经占据了市场的主导地位。后期股价、5 日均线、10 日均线、20 日均线和 60 日均线由上至下依次排开，形成了多头排列，进一步印证了上涨趋势已经形成，投资者这时可以考虑入场了。

26.1.5 鱼跃龙门

"鱼跃龙门"形态的形成可以分为两步，即股价或指数先形成"龙门"，然后再跳空越过"龙门"，如图 26-9 所示。

"龙门"形成过程是指股价先出现中长阳线，形成左门柱，之后缩量调整，形成一个门洞，而后再次出现中长阳线，形成右门柱。跳过"龙门"是指，之后的走势出现一根跳空高开的中长阳线，并越过 5 日、10 日和 20 日均线。

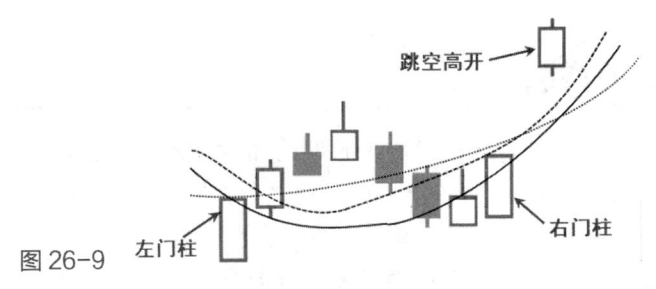

图 26-9

这种走势就像一条溯流而上的鲤鱼，在最后关头奋起一跳，凌空跃过龙门，因此得名鱼跃龙门。

鱼跃龙门是买入信号，其形态具有以下特点。

（1）出现在中长期上升趋势初期，或上升趋势中调整行情末期。

（2）5 日、10 日和 20 日均线由逐渐收敛、粘合转为缓慢发散。

（3）门柱的阳线越长，放量越大，后期上涨信号越强烈。

（4）股价最后放量跳空高开的大阳线要越过所有周期均线。

图 26-10 是潞安环能（601699）的日 K 线图。该股股价在 A 处出现一根放量大阳线，形成左门柱。之后，随着成交量的萎缩，股价也开始震荡调整，终于在 B 处调整结束，再次出现一根放量大阳线，形成右门柱。至此，"龙门"形成。

"龙门"形成后的第二天，出现一根放量跳空高开的大阳线，该阳线越过了 5 日、10 日、20 日和 60 日均线，"鱼跃龙门"形态就此形成。之后均线有收敛、粘合变成多头排列态势，这预示着股价即将上涨，投资者可以进场了。

从图 26-10 中可以看到，随着股价的上涨，该股迎来了第二个"鱼跃龙门"形态，错过第一个"鱼跃龙门"形态的投资者，可以在这里抓住机会上车。

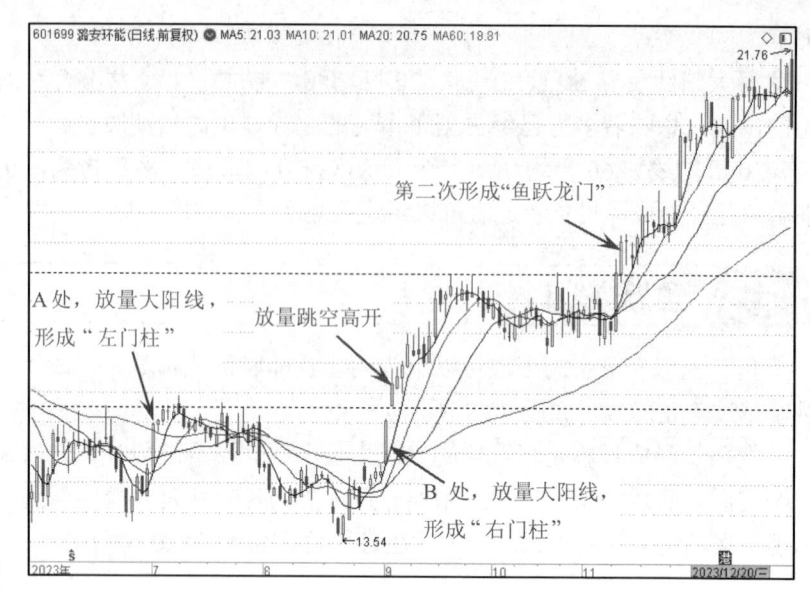

图 26-10

26.1.6 旱地拔葱

"旱地拔葱"形态是指股价经历了长期的缩量窄幅调整之后，突然出现一根放量中长阳线。这根中长阳线形成一阳穿三线之势，穿过 5 日均线、10 日均线和 20 日均线。

"旱地拔葱"形态通常出现在中长期下降趋势的尾声，或是长期上升趋势的中期调整行情结束时。在这个时间点，主力已完成了包括吸筹洗盘在内的多项操作，成功地将那些心浮气躁的散户逐出市场。随后，主力将全力以赴，以迅猛之势拉升股价，迅速脱离低成本区域，借助市场的力量，掀起一轮波澜壮阔的主升浪！

旱地拔葱是强势看涨信号，在其横盘整理阶段，以小阴线和小阳线为主，成交量呈萎缩态势。

克来机电（603960）日 K 线走势（见图 26-11）向我们展现了典型的"旱地拔葱"形态。

经过长时间的横盘整理，该股的股价逐渐显露出上升之势。均线的粘合与扩散，以及银山谷和金山谷的相继形成，为股价的上涨趋势提供了有力的证据。此后，股价以惊人的气势，以一字涨停板的方式强势穿越了 5 日、10 日、20 日和 60 日均线，形成了"旱地拔葱"的形态，上涨趋势变得十分明朗，这为投资者提供了绝佳的买入机会。

从后续的市场表现来看，该股的涨势异常强劲。在短短 12 个交易日内，竟然出现了 8 个一字涨停板，股价从谷底的 11.19 元飙升到了 44.62 元，涨幅接近惊人的 300%。这一表现不仅验证了"旱地拔葱"形态的有效性，也充分展示了主力资金强大的操盘能力和市场的积极响应。对于那些把握住这次机会的投资者来说，无疑获得了丰厚的回报。

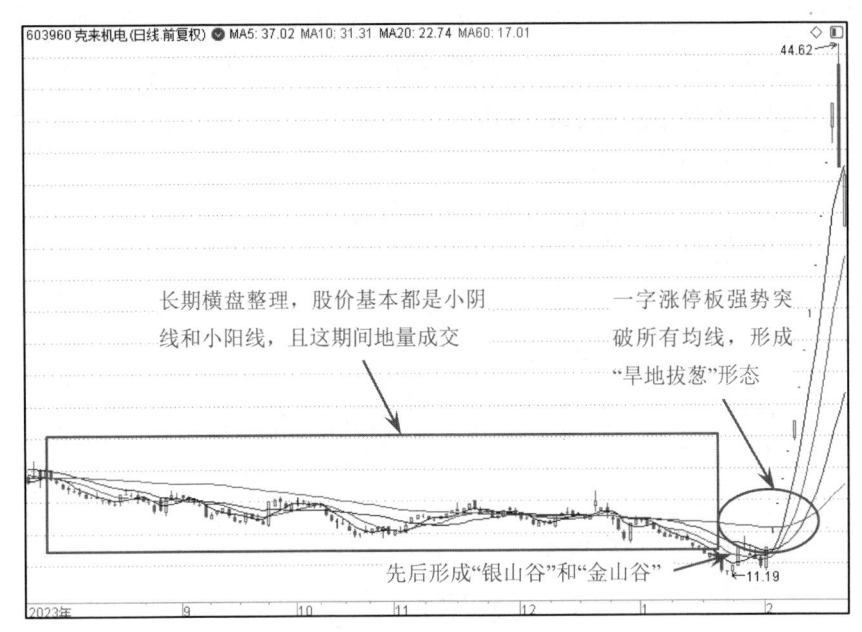

图 26-11

26.1.7 金蜘蛛

金蜘蛛是指 5 日、10 日和 20 日均线黄金交叉于一点，股价或指数站在交叉点之上的均线技术形态。因为均线缠绕在一起，像蜘蛛的身体，延伸的均线像蜘蛛的脚，股价站在交叉点之上向上走，从外形上看就像一只蜘蛛，因为均线黄金交叉形成该形态，所以称为"金蜘蛛"，如图 26-12 所示。

图 26-12

金蜘蛛的三条均线交叉至少要有两条是黄金交叉，最好三条都是黄金交叉。三条均线普通交叉甚至死亡交叉形成的均线形态，不是金蜘蛛形态。

因为股价是站在黄金交叉之上，所以"金蜘蛛"形态是上涨信号。

图 26-13 是上海银行（601229）的日 K 线图。该股经过一段时间的下跌后开始反弹，反弹伊始，就出现了 5 日均线上穿 10 日、20 日均线，10 日均线上穿 20 日均线，形成三个黄金交叉，且三个黄金交叉凝聚于一点，这是后市看涨信号。

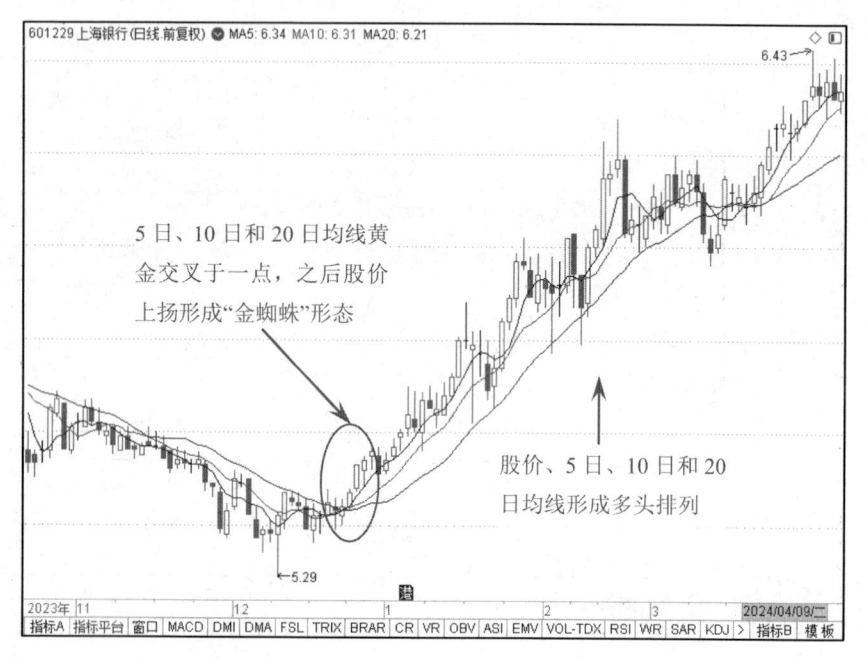

图 26-13

在三条均线黄金交叉于一点后，股价开始上扬，站在了交叉点之上，形成了所谓的"金蜘蛛"均线形态。随后，股价、5 日均线、10 日均线和 20 日均线从上至下依次排开，形成多头排列之势，股价也一路高歌猛进。

26.2 高手炒股卖出信号的特殊均线形态

卖出信号的特殊均线形态是指通过不同周期的均线相互交叉或特定排列形态，来预示股票价格可能即将下跌的一种技术指标。

常见的卖出信号的特殊均线形态有：死亡交叉、死亡谷、断头铡刀、绝命跳、毒蜘蛛等。

26.2.1 死亡交叉

死亡交叉是指一条短期均线成功下穿一条长期均线的形态。比如 5 日均线成功下穿 20 日均线形成死亡交叉，如图 26-14 所示。

均线出现死亡交叉往往意味着趋势由好转坏，后续通常会出现一段时间的强势下跌行情。

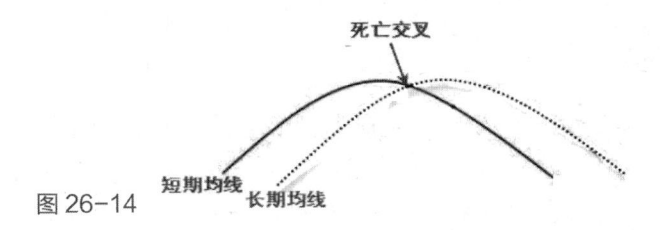

图 26-14

死亡交叉必须同时满足两个条件：①短期均线由上而下穿越长期均线；②短期均线和长期均线都在向下移动。

只满足第一个条件的属于普通交叉。

图 26-15 是志邦家居（603801）的日 K 线图。在这张图中，60 日均线的持续下滑如同一个醒目的指标，暗示着该股长期内正处于下降趋势。

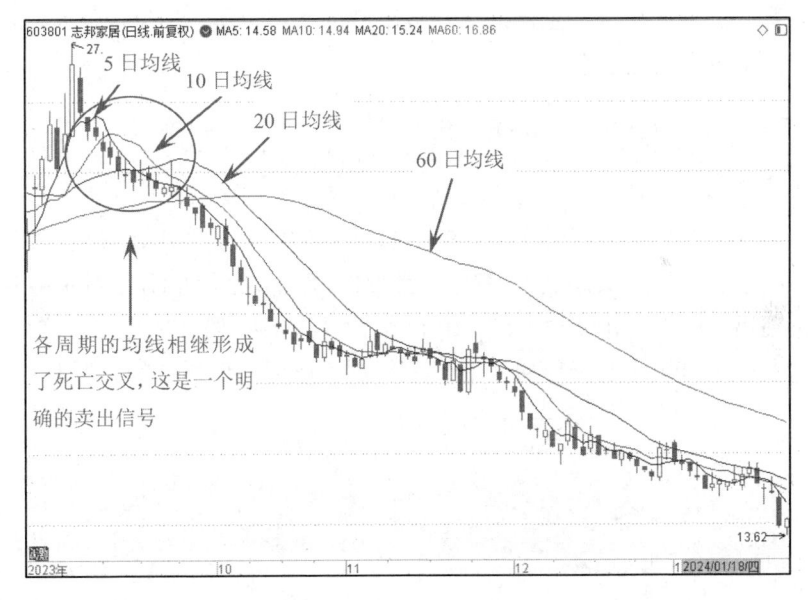

图 26-15

在顶部，股价向上突破 60 日均线后迅速掉头下行，不仅连续跌破了 5 日、10 日、20 日均线，更是跌破了具有重要支撑作用的 60 日均线。这一跌破，根据葛南维第八大法则，正是最佳的卖出点，因为它意味着股价已经失去了最后的支撑，接下来的下跌可能会更为猛烈。

更为令人警惕的是，随着股价的下跌，各周期的均线也相继形成了死亡交叉。这是一个明确的卖出信号，表明市场的短期、中期和长期趋势都已经转为下跌。对于投资者来说，这无疑是一个危险的信号，建议在第一时间清仓，以避免进一步的损失。

随后，股价的走势验证了上述判断，股价一路下行，没有出现任何像样的反弹。

26.2.2 死亡谷

死亡谷由三根均线交叉构成，形成一个尖头向下的不规则三角形，如图 26-16 所示。

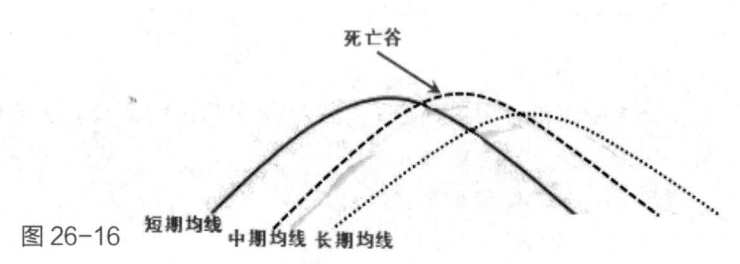

图 26-16

死亡谷是三根均线形成死亡交叉后造成的形态，短期均线与中期均线和长期均线分别形成交叉，中期均线与长期均线形成交叉。

死亡谷通常出现在上涨的末期或下跌的初期，是一种见顶信号，表明后市看跌，适合投资者在高位清仓。

> 死亡谷的三个交叉中，至少要有两个是死亡交叉。

图 26-17 是致远互联（688369）的日 K 线图。从图中，我们可以清晰地看到，股价在经历一段上涨行情后，突破了重要的 60 日均线。然而，这种突破并未持续多久，股价便迅速回撤，并带动 5 日、10 日和 20 日均线纷纷掉头向下。这种快速的转变，不仅打破了市场的上涨预期，更在 K 线图上形成了"死亡谷"形态。

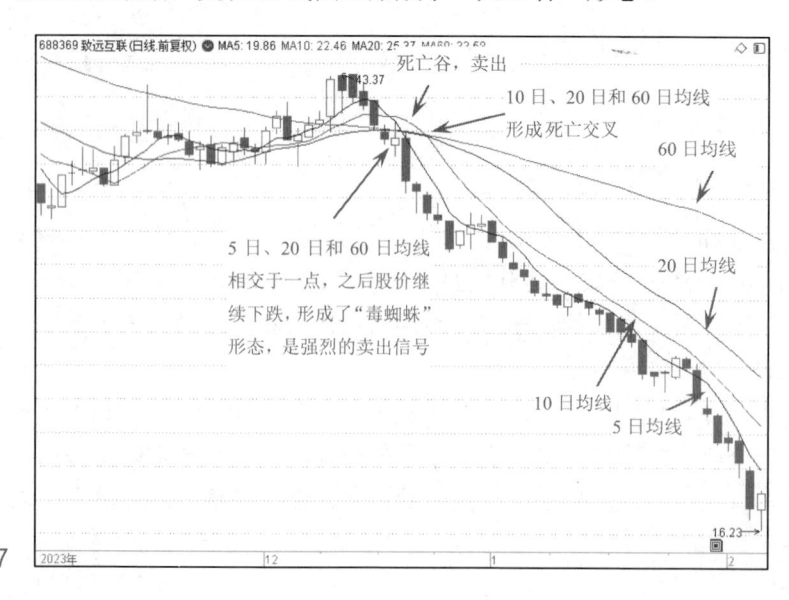

图 26-17

第26章 均线特殊组合——高手解锁股市盈利新模式

"死亡谷"形态是一个强烈的卖出信号,它预示着上涨行情可能已告一段落,而下跌趋势或许正在悄然到来。在这个形态中,5日、20日和60日均线在下行过程中在某一点交汇,形成了所谓的死亡交叉。随着股价的进一步下跌,如果形成了"毒蜘蛛"均线形态,这将进一步强化卖出信号。此外,如果10日、20日和60日均线也在后续的下行过程中相交,再次形成"死亡交叉",这将是对卖出信号的又一次确认。

投资者在面对这样的K线图时,应该果断采取行动,清仓离场。

26.2.3 断头铡刀

"断头铡刀"形态是指一根大阴线向下跌破短期均线、中期均线和长期均线,就像断头台上凌空落下的铡刀,断送了多方的上升之路。"断头铡刀"形态如图26-18所示。

该形态常常出现在上升趋势的末期或者调整行情末期,空头向下推动股价的力量十分强大,是即将大跌的前兆,是一种典型的见顶卖出信号。

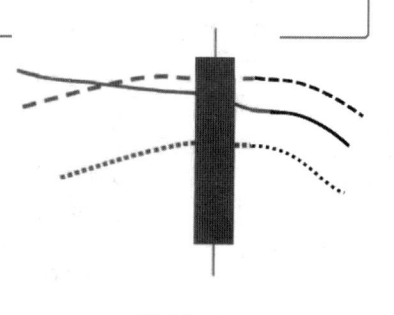

图26-18

图26-19是菲林格尔(603226)日K线走势图,均线在收敛、粘合后向上发散,形成了股价以及5日、10日和20日均线的多头排列,看似一片繁荣。然而,细心观察会发现,股价与60日均线的偏离度逐渐增大,这预示着潜在的回调风险。由于均线的滞后性,当前股价尚未与60日均线收敛。

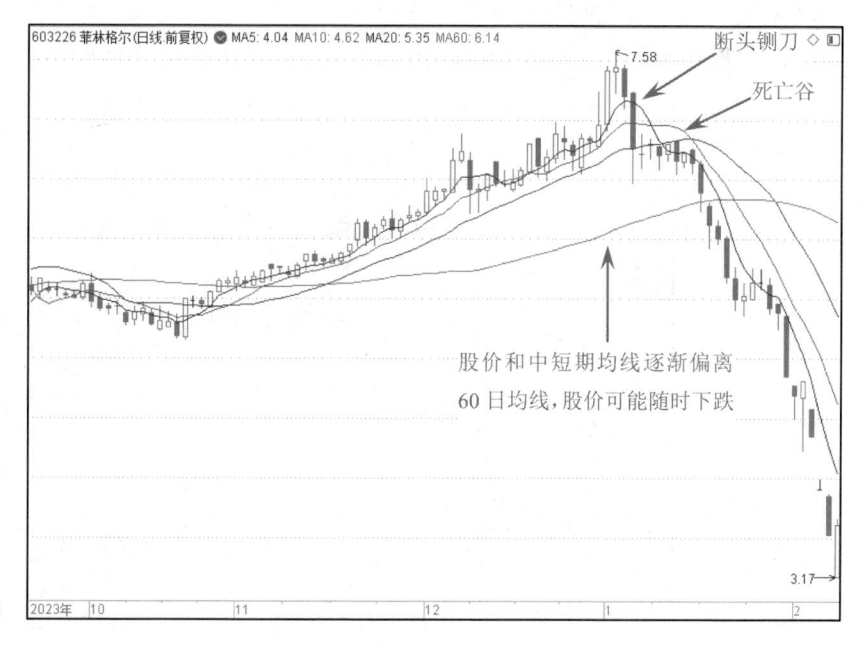

图26-19

当股价攀升至 7.58 元时，突然连续出现两根大阴线，特别是第二根，它斩断了 5 日、10 日和 20 日均线，形成"断头铡刀"的均线形态，这通常预示着下跌趋势的开始。

"断头铡刀"形态确立后，5 日、10 日和 20 日均线迅速形成"死亡谷"，这是另一个强烈的下跌信号。随后，股价在短短一个月内暴跌近 60%，从而验证了这一趋势的严峻性。

26.2.4 绝命跳

绝命跳是指原本处在均线组合之上或之中的股价，有一天突然向下越过 5 日、10 日和 20 日均线，跳空低开，直至收盘时依然未能重回均线之上，如图 26-20 所示。

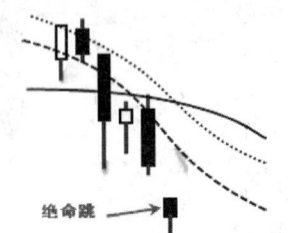

图 26-20

> 绝命跳的 K 线不管是阴线还是阳线，都不会影响其技术含义，但若是阴线，则看跌信号会更加强烈。

因其形状像一个人从万丈悬崖上一跃而下，其后果必是粉身碎骨无疑，所以称为"绝命跳"。它象征着后市看跌的信号非常强烈，是一个明确的卖出信号。

图 26-21 是 ST 合泰（002217）日 K 线走势图。该股股价经历了一段艰难的爬坡后，开始转为下跌趋势。下跌初期，便出现了"死亡谷"的均线形态，随后均线开始纠缠并粘合在一起。尽管后市股价一度出现抬头迹象，但紧接着出现了一根跳空低开的阳线，该阳线在收盘时并未与任何均线接触，这标志着"绝命跳"均线形态的形成。此形态预示着后市股价可能会长期下跌，投资者应当考虑离场。

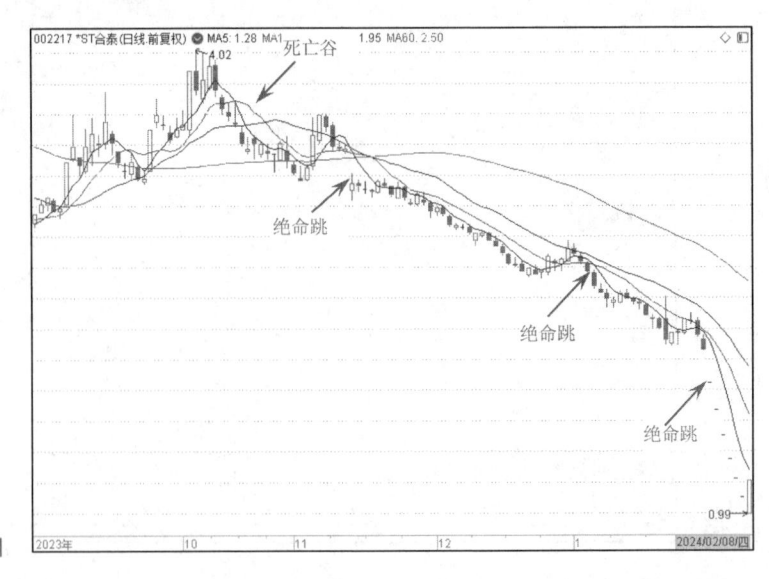

图 26-21

在随后的走势中，股价虽然短暂波动，但"绝命跳"的再次出现迅速扼杀了涨势的苗头。此后，股价进入了漫长的下跌期，再无回升之力。最终，在连续 6 个低开跳空一字跌停板后，股价已跌至不足 1 元。在这段熊市期间，股价跌幅高达 75%。

26.2.5 毒蜘蛛

毒蜘蛛是指 5 日、10 日和 20 日均线死亡交叉于一点，股价或指数处于交叉点之下的均线技术形态。因为均线缠绕在一起，像蜘蛛的身体，延伸的均线像蜘蛛的脚，股价处于交叉点之下并下跌趋势，从外形上看就像一只蜘蛛，因此得名"毒蜘蛛"。同时，由于这种形态是由均线的死亡交叉形成的，所以又称为"死蜘蛛"。毒蜘蛛形态如图 26-22 所示。

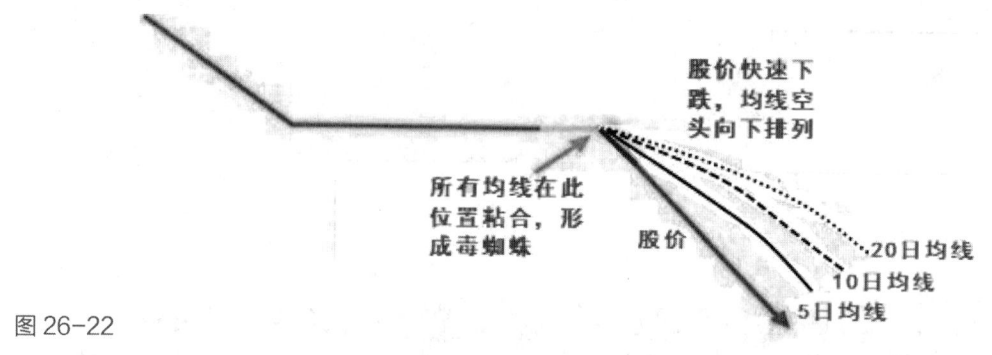

图 26-22

"毒蜘蛛"因为股价处于死亡交叉之下，所以该形态是下跌信号。

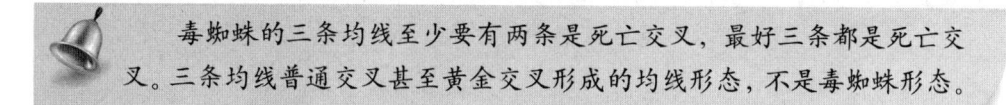

> 毒蜘蛛的三条均线至少要有两条是死亡交叉，最好三条都是死亡交叉。三条均线普通交叉甚至黄金交叉形成的均线形态，不是毒蜘蛛形态。

图 26-23 展示了 ST 左江（300799）的日 K 线图。在 5 日、10 日和 60 日均线粘合后向下扩散之前，先后出现了两组均线交汇的情况：首先是 5 日、10 日和 60 日均线交汇于一点，接着是 5 日、10 日和 20 日均线交汇于另一点，形成了"毒蜘蛛"均线形态。随后，股价以及 5 日、10 日、20 日和 60 日均线形成了空头排列，预示着下跌趋势。

尽管之后股价出现了短期上涨，但始终未能突破 60 日均线的压制，表明市场上涨动力不足。在股价起伏不定的过程中，均线再次粘合在一起。当均线再次分开并向下扩散后不久，便出现了低开跳空一字跌停板的"绝命跳"均线形态，随后连续几天的一字跌停板，使股价彻底崩盘。

经过这一轮剧烈的下跌，股价从高峰值 299.8 元暴跌至谷底的 13.9 元，跌幅高达惊人的 95%。

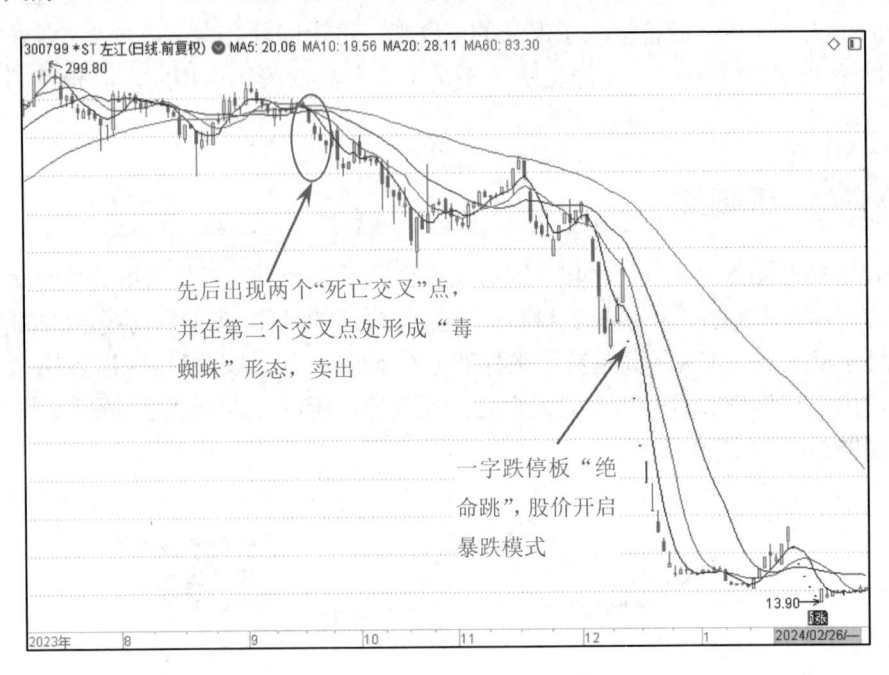

图 26-23

26.3 新股民学堂——假"金叉"和假"死叉"

黄金交叉和死亡交叉是均线技术分析中非常重要的两个形态，很多投资者会根据这两个信号进行买入和卖出操作，然而很多人不知道的是，"黄金交叉"和"死亡交叉"也有真假之分。

26.3.1 假"金叉"

假"金叉"，是指当短期均线向上穿越长期均线之时，有一根更长期均线处于向下移动的状态。例如，5 日均线向上穿越 10 日均线之时，作为更长周期的 20 日均线却在向下移动，这种交叉就是假"金叉"。

假"金叉"不能作为投资者买入的信号，它是主力欺骗散户的一种常见手法。

图 26-24 是名臣健康（002919）的日 K 线图。从图中可以看出，股价正处于一个长期的下跌趋势之中。尽管在下跌过程中出现了 5 日均线上穿 10 日均线的情况，但 20 日均线依然保持着下行状态。因此，这个交叉点并不能被认定为"黄金交叉"，它可能是庄家为了欺骗散户入场、进一步做空吸筹而设置的假象。

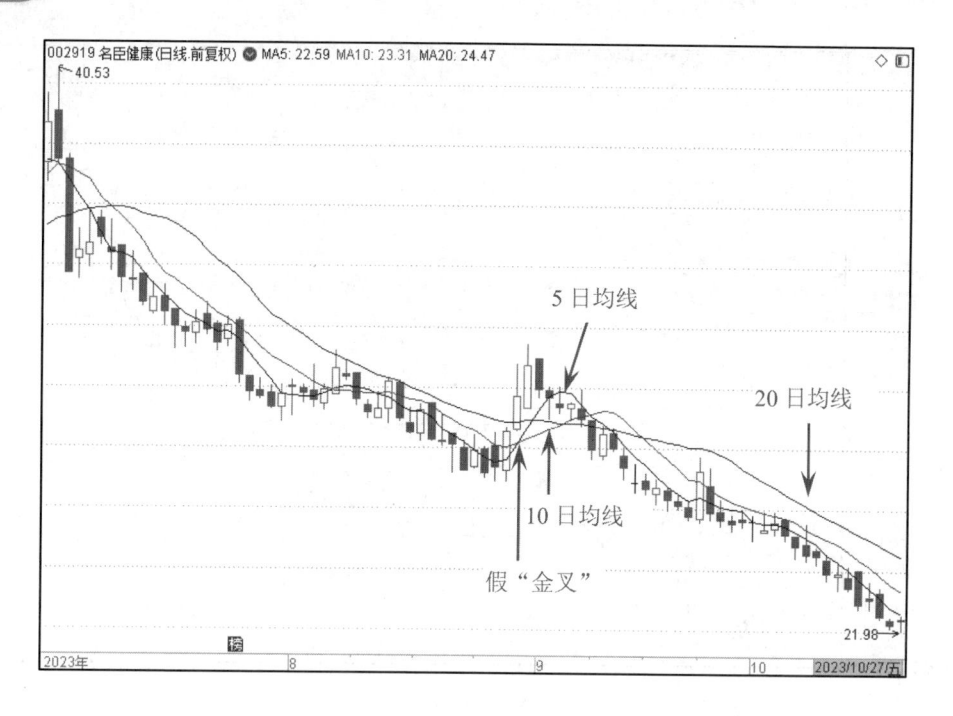

图 26-24

从后续的市场走势来看，这次反弹并未能持续，只是短暂的昙花一现。尽管在假"黄金交叉"后股价连续上涨了两日，但随后便迅速掉头重新下跌，而且下跌的幅度远大于之前的上涨。这一走势再次证明了这一交叉点的虚假性。

26.3.2 假"死叉"

假"死叉"，是指当短期均线向下穿越长期均线之时，有一根更长期的均线处于向上移动的状态。例如，5日均线向下穿越10日均线之时，作为更长周期的20日均线却在向上移动，这种交叉就是假"死叉"。

假"死叉"不能作为投资者卖出的信号，它是主力欺骗散户的一种常见手法。

图 26-25 是华明装备（002270）的日K线图。从图中可以看出，股价正处在一个稳健的上涨趋势之中。尽管在上涨过程中一度出现了5日均线下穿10日均线的情况，但20日均线依旧保持着稳步上升的态势。这表明，5日均线和10日均线的这次交叉并不能简单地定义为"死亡交叉"，而更可能是庄家为了诱骗散户抛售而设置的陷阱。

从后续的市场走势来看，这次短暂的回调并未对股价的上涨趋势造成实质性影响。在经历了一次假"死亡交叉"后，股价很快便企稳回升，并且后续的上涨幅度明显超过了回调时的跌幅。这一走势充分证明了这次交叉点的虚假性。

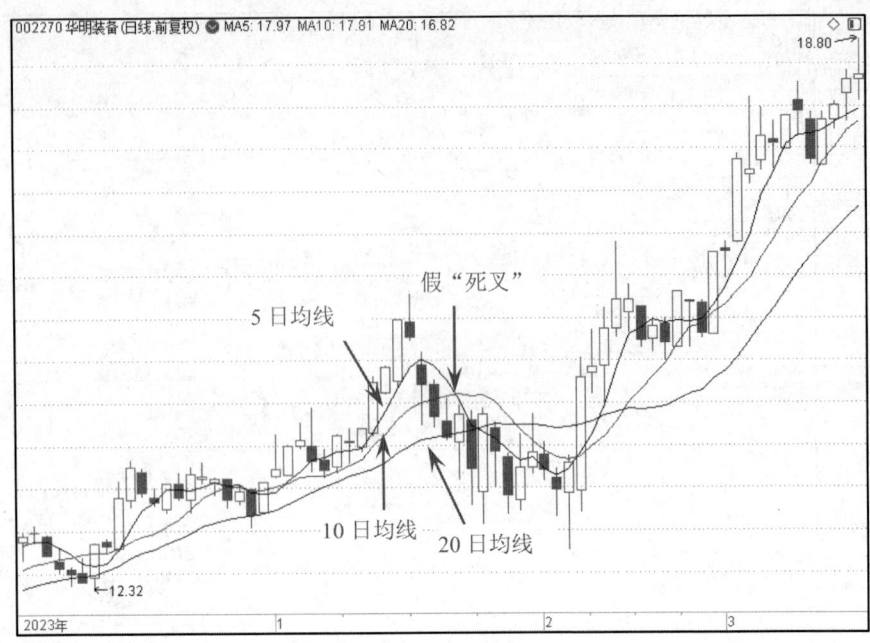

图 26-25

第 5 篇

实战策略篇

　　本篇以实战为出发点，详细阐述了趋势为王策略、趋势分析实战策略以及趋势深入解析实战策略，揭秘了股市交易技术的实战应用和黑马股的实战策略，包括如何利用指标精准捕捉市场领头羊，发掘黑马股的实战策略。通过本篇的学习，读者将能够在实际操作中更加游刃有余，提高盈利能力。

- ◇ 趋势为王策略——发现并骑上黑马股
- ◇ 趋势分析实战策略——掌握股市涨跌的金钥匙
- ◇ 股市交易技术解密——股票交易技术理论的实战应用
- ◇ 锁定龙头，决胜股市——利用指标精准捕捉市场领头羊
- ◇ 黑马股的实战策略——揭秘能量指标发掘潜力股技法

第27章

趋势为王策略——发现并骑上黑马股

"时势造英雄。"——中国古语

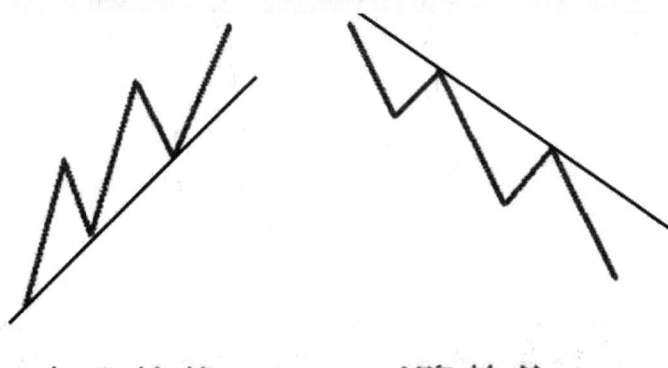

上升趋势　　下降趋势

股市有句名言："顺势者昌，逆势者亡。"这里的"势"指的是趋势。趋势是股价运动的轨迹，它反映了资金的流向，而把握趋势就等于跟随了市场的主导力量。本章强调趋势在股市中的重要性，并指导投资者如何发现并抓住黑马股的机会。

27.1　在支撑线和压力线中发现黑马股

支撑线和压力线是趋势分析的支柱之一。支撑线是指股价下跌到某一点位时，买盘转旺而卖盘减弱，从而使股价停止下跌。压力线是指股价上升至某一高度时，有大量的卖盘抛出或是买盘接手，从而使股价的继续上涨受阻。

简单来说支撑线是某一段时间内的股价下线，而压力线则是股价上线，如图 27-1 所示。

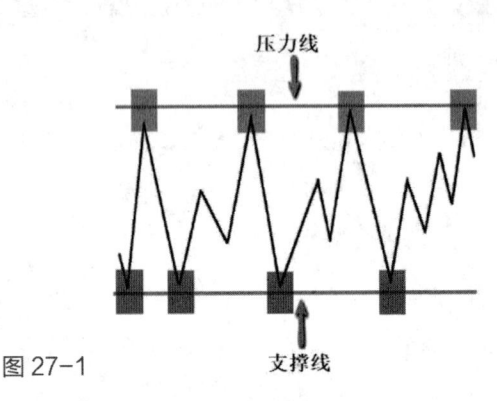

图 27-1

> 我们通常所说的支撑线和压力线，是指相对高点或相对低点的连线。但趋势线、通道线、黄金分割线、技术图形的边线和颈线从广义上来说也属于支撑线和压力线。

27.1.1　支撑线

支撑线是一条直线，它连接了股价或指数的两个或多个相对低点，且在中间没有任何股价或指数能够有效地穿越过去。当股价或指数在下跌过程中遇到这条支撑线时，通常会停止下跌并开始回升。换句话说，支撑线为股价或指数提供了一种安全网，使其在下跌到一定程度时能够反弹。

按照运行方向，支撑线可分为三种：上升支撑线、水平支撑线和下降支撑线，如图 27-2 所示。支撑线的画法很简单，将两个相对低点连线即可。

1. 上升支撑线

上升支撑线是指运行方向向上的支撑线。上升支撑线大多出现在上升趋势中，少数出现在整理行情中。

图 27-3 是重庆啤酒（600132）的日线图，过两个相对低点画一条上升支撑线，

后市股价遇到支撑线止跌回升。

图 27-2　　　　上升支撑线　　　　　水平支撑线　　　　　下降支撑线

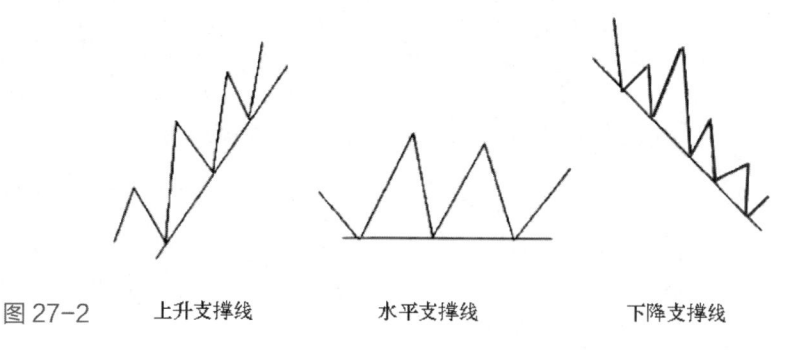

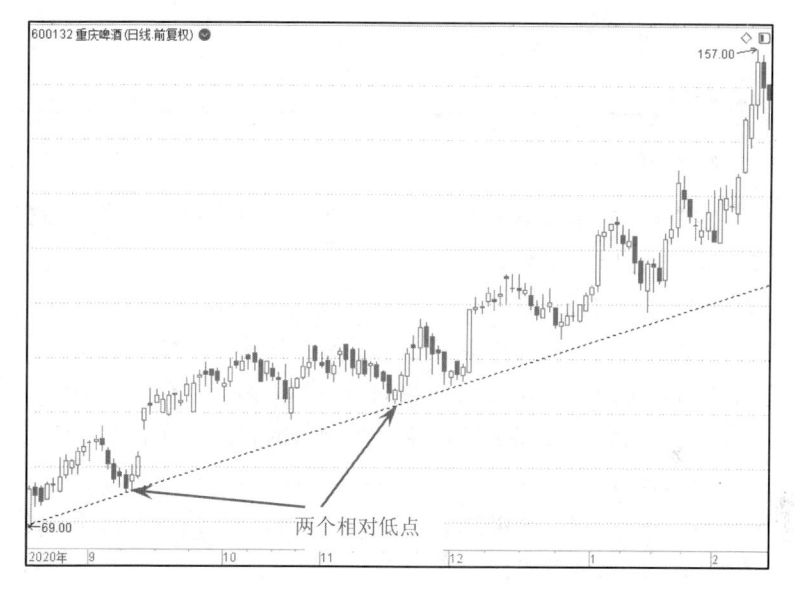

图 27-3

2. 水平支撑线

连接股价或指数在横盘调整过程中形成的两个或多个低点，这些低点基本在同一水平线上，形成水平支撑线。

当股价或指数多次获得水平支撑，通常表明正在构筑一个中期或长期的底部区域，投资者可择机介入。当股价或指数跌破水平支撑线时，意味着空方的力量转强，投资者宜清仓离场。

图 27-4 是铜峰电子（600237）的周线图。因为是周线图，图上看似较近的两个点，实际长达 7 个月之久，连接这两个（图上 A 点和 B 点）差不多在同一价位的相对低点，可以画出一条水平支撑线。

从图上投资者可以看到，后市股价多次遇到水平支撑线的支撑而止跌回升，表明支撑线的支撑力度很强。最终空方在多方的强势下败下阵来，之后股价一路狂飙，走出了长达一年的大牛市，俗称黑马股。

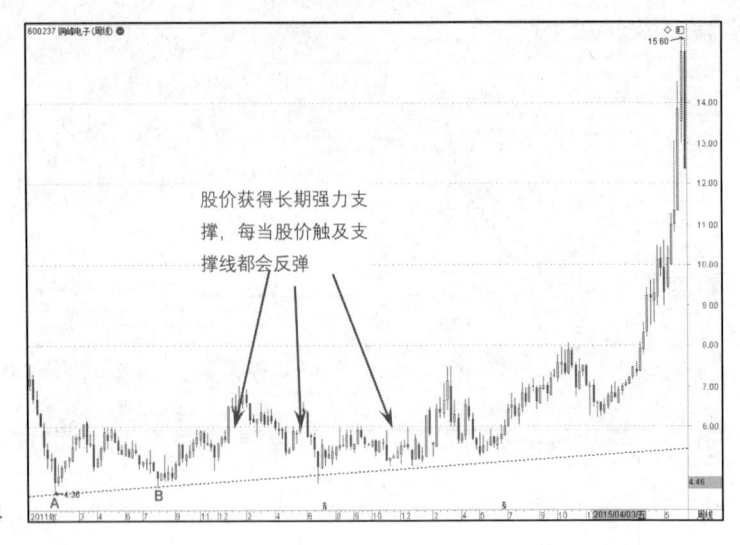

图 27-4

3. 下降支撑线

下降支撑线是指运行方向向下的支撑线。下降支撑线大多出现在下降趋势中，少数出现在整理行情中。

下降支撑线表明股价或指数每次跌至某一程度就会有资金在逢低进场，维持股价或指数的反弹。将这些低点相连，就形成了下降支撑线。

下降支撑线虽然表明股价或指数的低点越来越低，但并不具备指示和确认趋势的作用。因为，当股价或指数跌破下降支撑线时，趋势可能会进一步减弱，也可能调转马头，触底反弹。

图 27-5 是北方股份（600262）的日 K 线图。该股处于长期下跌趋势中，但每次触及支撑线时，都受到了强力支撑而又重新反弹。

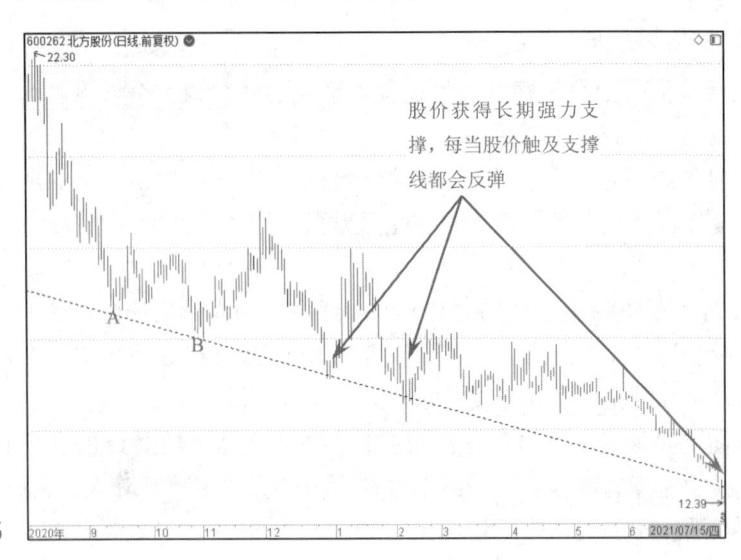

图 27-5

27.1.2 压力线

压力线又称阻力线，是连接股价或指数两个或两个以上的相对高点，中间不被任何股价或指数有效穿越的直线。当股价或指数上涨，再度遇到压力线时，就会转涨为跌。

支撑线按照运行方向可分为三种：上升压力线、水平压力线和下降压力线，如图27-6所示。压力线的画法很简单，将两个相对高点连线即可。

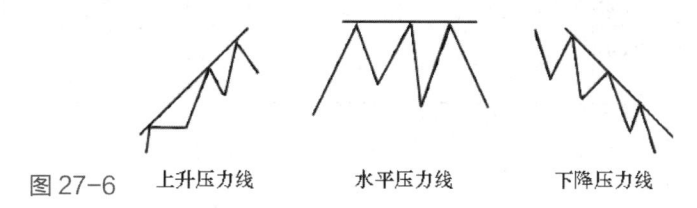

图27-6　上升压力线　水平压力线　下降压力线

1. 上升压力线

上升压力线是指运行方向向上的压力线。上升压力线大多出现在上升趋势中，少数出现在整理行情中。

上升压力线表明股价或指数每一次上涨到一定程度，就会有大量的抛盘涌出，令股价或指数转涨为跌。将这些高点相连，就形成了上升压力线。

与下降支撑线一样，上升压力线虽然表明股价或指数上涨的高点越来越高，但同样不具备指示和确认趋势的作用。

当股价或指数突破上升压力线时，后市可能会加速上涨，也可能是强弩之末，特别是当有效突破长期上升压力线时，股价或指数经常会反转下行。

图27-7是瀚蓝环境（600323）的日线图。过两个相对高点画一条上升压力线，该压力线多次阻止股价的突破，形成了强压力线。后来，多方和空方在压力线附近展开拉锯战，经过多轮交手之后，最终以多方获胜宣告结束，随后股价扬帆起航。

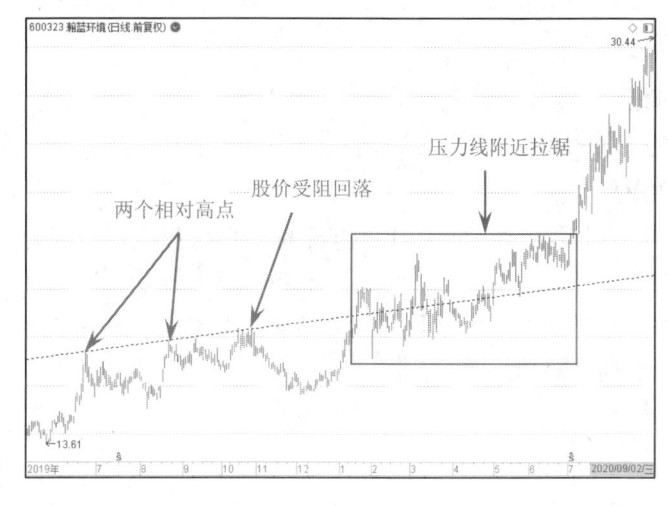

图27-7

2. 水平压力线

连接股价或指数在横盘调整过程中形成的两个或多个相对高点，这些高点基本在同一水平线上，形成水平压力线。

当股价或指数多次遇到水平压力线时，这通常表明压力较重，不易突破。在这种情况下，投资者通常可以在压力线附近逢高减仓。但没有什么是绝对的，一旦股价或指数突破了水平压力线，则意味着多方的力量转强，投资者可趁机入场。

图 27-8 是山东药玻（600529）的周线图。连接这两个（图上 A 点和 B 点）差不多在同一价位的相对高点，可以画出一条水平压力线。

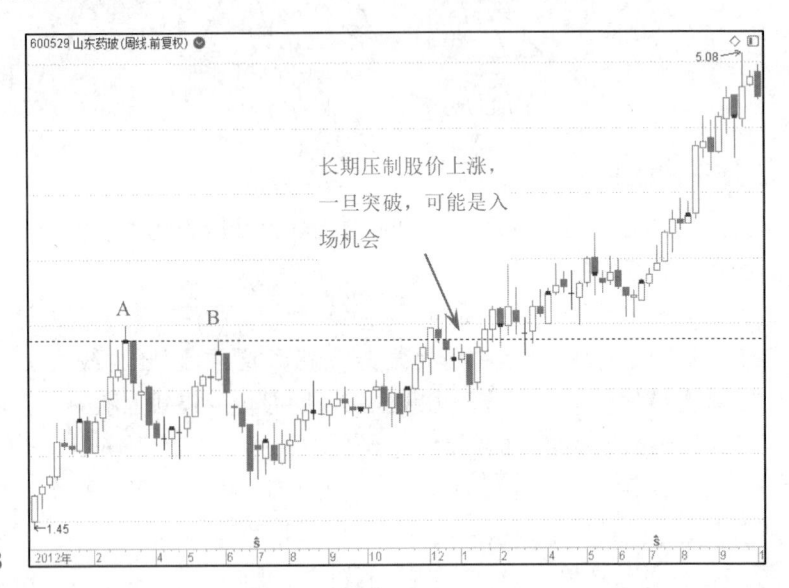

图 27-8

该水平压力线非常强大，近一年时间一直压制着股价。对于这种长期的强压力线，当股价被强压下去，远离压力线时，可以建仓或清仓；当股价接近压力线时，可以持币观望；如果股价突破成功，极有可能是一波大涨行情，这时候待股价稳定后可以逐步入场。

3. 下降压力线

下降压力线是指运行方向向下的压力线。下降压力线大多出现在下降趋势中，少数出现在整理行情中。

图 27-9 是兴发集团（600141）的日 K 线图。该股股价经过一段时间的上涨之后达到了近期高点（25.45 元），之后由盛转衰，开始下跌。连接下跌行情中的两个高点，形成一条压力线。从图中可以看到，股价每次反弹至压力线附近时，都受到了强力压制而又重新下跌。

图 27-9

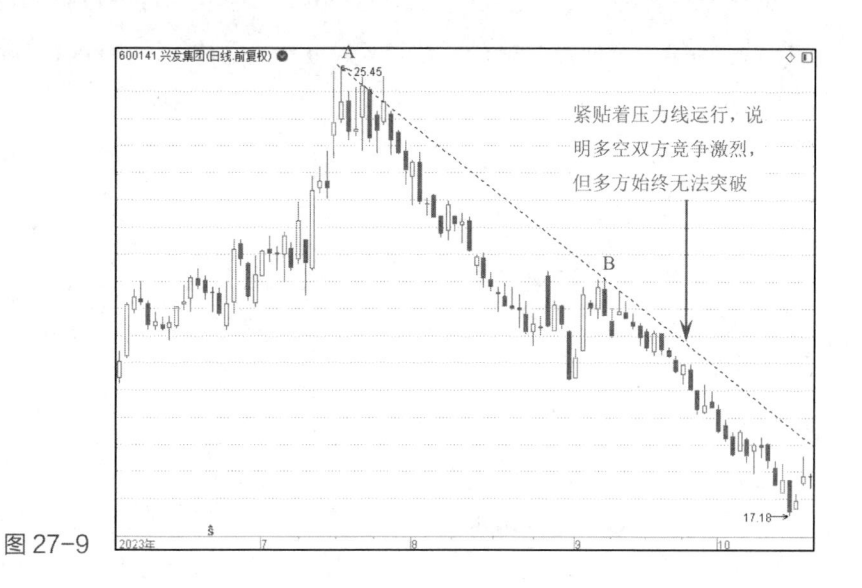

27.2 在趋势线中发现黑马股

为了更直观、更方便地观察趋势运动的路径和轨迹，人为地画出了一条趋势运动方向和角度的直线，这条直线就是趋势线。

根据趋势运行的方向不同，趋势线可以分为上升趋势线和下降趋势线，如图 27-10 所示。

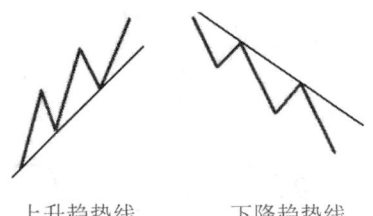

图 27-10　上升趋势线　下降趋势线

> 按不同的分类标准，趋势线有不同的分法。除了按运行方向划分外，还可以根据运行时间的周期长短，将趋势线分为短期趋势线、中期趋势线和长期趋势线。

27.2.1 上升趋势线

上升趋势线是指在某一时间段内，连接股价或指数最低点（或相对低点）与该时间段内最高点之前的任意低点，中间不被任何股价或指数有效穿越的直线。

上升趋势线的第二个低点必须在该时间段内最高点之前，这一点与上升支撑线不同，如图 27-11 所示。

图 27-11

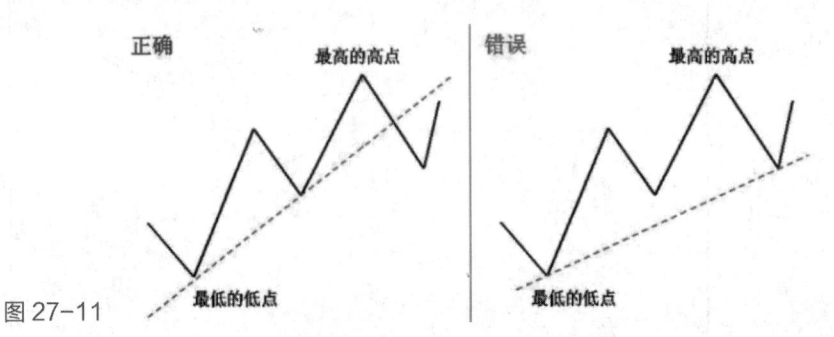

图 27-12 是天康生物（002100）的日 K 线图。从 2023 年 10 月 13 日到 2024 年 1 月 12 日，该股股价经过一字板出水芙蓉形态后，就进入了上升趋势，并沿着趋势线稳步上升。每当股价回调到趋势线时，就会受到趋势线的强力支撑；每当股价偏离趋势线太远时，也会回调。

图 27-12

如果趋势线连接的是最高点之后的低点，则说明股价于新高之后没有继续创出新高，且回落的低点已经低于之前的低点，股价有可能已经步入下降趋势。因此，上升趋势线不应连接最高点之后的低点。

上图中正确的趋势线认为上升趋势已经结束，一旦上升趋势线被跌破，它将对后市股价产生压力。而错误的上升趋势线则认为，股价依然运行在上升趋势当中，后市继续看涨，趋势线止跌回升，是加仓信号。

27.2.2 下降趋势线

下降趋势线是指在某一时间段内，连接股价或指数最高点（或相对高点）与该时间段内最低点之前的任意高点，中间不被任何股价或指数有效穿越的直线。

下降趋势线的第二个高点必须在该时间段内最低点之前，这一点与下降压力线不同，如图 27-13 所示。

图 27-13

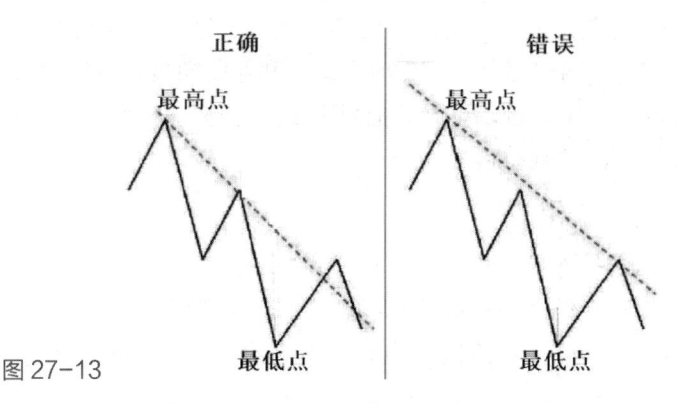

图 27-14 是莱宝高科（002106）的日 K 线图。该股经过一段时间的暴涨，股价连续收出大阳线后，于 19.07 元达到了阶段性的高峰。之后股价进入下跌趋势。连接 19.07 元（A 点）与后市高点 B，即可画出正确的下降趋势线。

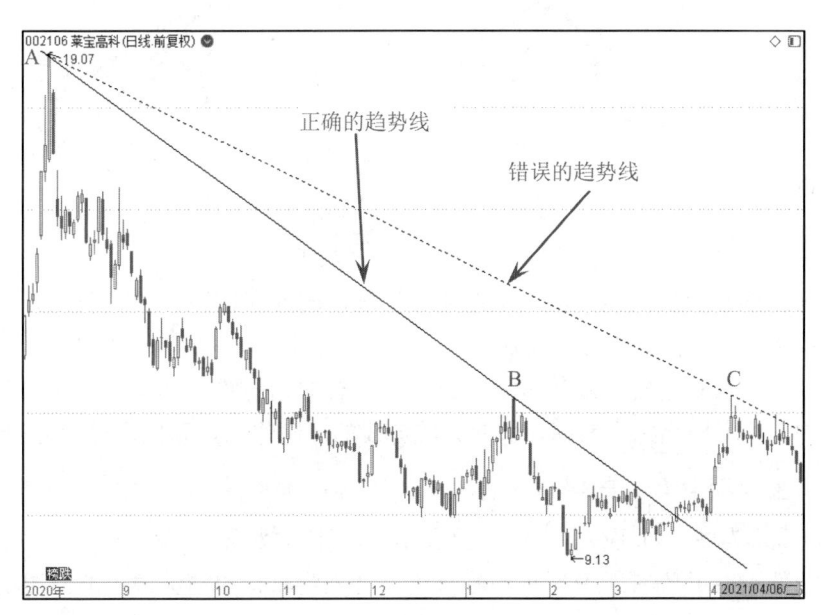

图 27-14

如果连接 19.07 元（A 点）与后市高点 C，画出的下降趋势线是错误的。

从两条趋势线来看，正确的趋势线认为股价已经突破趋势线，趋势线成为支撑线，股价已经开始上涨，这时候可以逢低买入。而错误的趋势线则认为股价仍然处于下跌阶段，不宜建仓，但从 K 线走势来看，这显然是错误的。

27.3 新股民学堂——趋势线的修正

修正趋势线主要是为了应对股票走势中经常出现的突然加速、减速或毫无规律的情况。修正趋势线可以涉及不同的时间周期和倾斜角度，以适应市场的不同变化。通过修正趋势线，投资者可以更好地把握市场的走势，从而做出更明智的交易决策，最大限度地获取利润并减少损失。

1. 下降趋势线的修正

图 27-15（a）是下降趋势线，随着行情的发展，当价格在 D 点处开始回调时，回调的高点 E 并没有触及原有的趋势线，随后价格继续下跌。当价格再次下跌并接近或超过 D 点时，我们可以连接 C 点和 E 点来绘制新的下降趋势线。

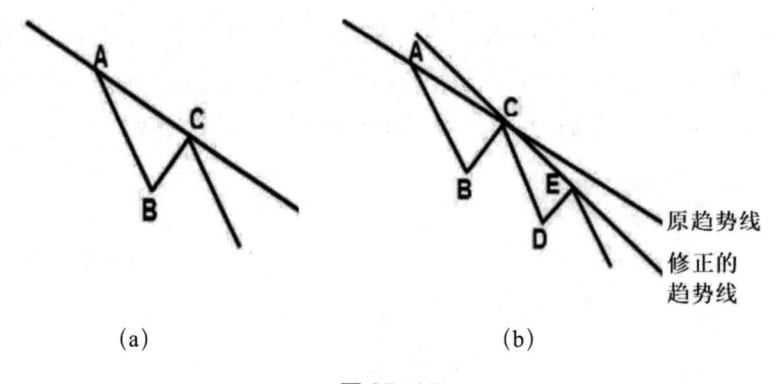

图 27-15

新的趋势线更能反映市场的实际情况，因此我们应当更加关注它对价格的压制作用，并利用它来进行交易决策。

虽然我们进行了趋势线的修正，但原有的趋势线仍具有一定的参考价值。在交易中，我们应当综合考虑新旧两条趋势线的压制作用，以做出更为明智的决策。

2. 上升趋势线的修正

图 27-16（a）图是上升趋势线，随着行情的发展，当价格在 D 点处回调时，回调的低点 E 并没有触及原有的趋势线，这表明原有的趋势线可能已经不再准确反映市场的走势。

为了更好地反映市场的变化，我们需要修正上升趋势线。当价格再次上涨并接近或超过 D 点时，我们可以连接 C 点和 E 点来绘制新的上升趋势线。这个新的趋势线更能反映市场的实际情况，因此我们应当更加关注它对价格的支撑作用，并利用它来进行交易决策。

(a) (b)

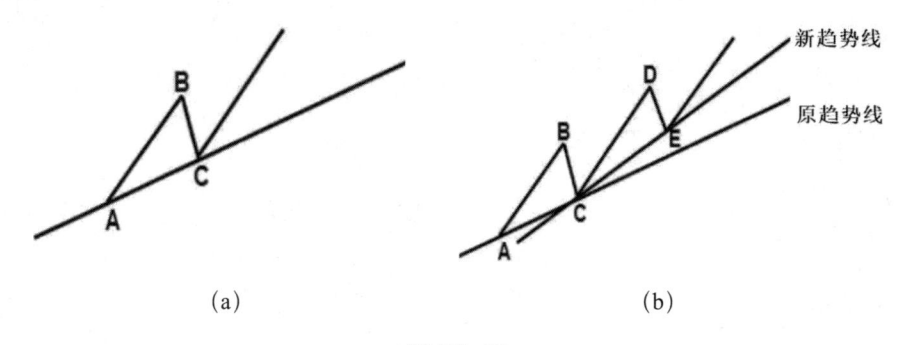

图 27-16

虽然我们进行了趋势线的修正，但原有的趋势线仍具有一定的参考价值。在交易中，我们应当综合考虑新旧两条趋势线的支撑作用，以做出更为明智的决策。

> 需要注意的是，趋势线的修正是有前提条件的，不能过早进行，否则可能会出现错误的趋势线修正。图 27-17 就是错误的趋势线修正。

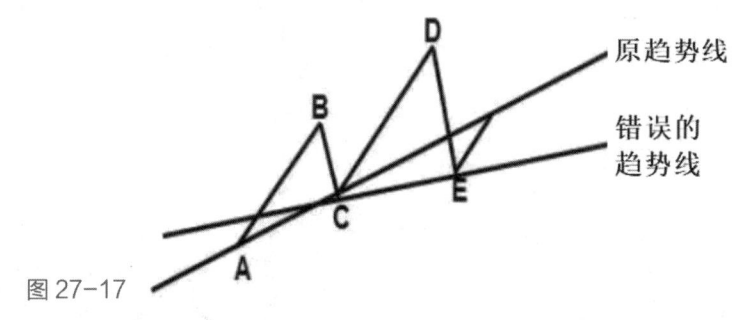

图 27-17

当价格跌破上升趋势线并在 E 点企稳时，我们应关注其表现。在价格未回到原上升趋势线内并接近 D 点前，我们不能修正趋势线。

一旦价格跌破上升趋势线，即使趋势未明确反转，我们也要关注其反压作用。如果价格受到反压并再次跌破 E 点，趋势可能由多头转为空头。错误的趋势线修正可能导致对趋势的误解。

第28章

趋势分析实战策略——掌握股市涨跌的金钥匙

"察己则可以知人，察今则可以知古。"——《吕氏春秋》

趋势形态是股市的一种规律性现象，它表现为市场价格的连续运动模式。常见的趋势形态包括上升趋势、下降趋势、横盘趋势、三角形趋势、矩形趋势等。这些形态可以通过软件画线工具中的价格通道线、八浪线、五浪线、三浪线、斐波拉契线、周期线、江恩角度线等来直观体现。

28.1 通过趋势通道类找寻买卖时机

趋势通道类技术形态主要包括：价格通道线、线性回归线和线性回归带等。

28.1.1 价格通道线

通达信的价格通道线通常由三条线组成：中线代表基准价格，上线和下线分别代表价格的上限和下限。这种指标能够帮助投资者判断股票价格的走势和交易机会。

1. 上升价格通道线

上升趋势中的股票价格总会在一定时期内相对稳定地运行在上升价格通道中，上升通道的宽窄取决于庄家震仓洗盘的剧烈程度，很多投资者已习惯于在上升通道内高抛低吸做波段。

上升通道出现跌破下轨的情况意味着上升趋势可能结束。而当上升通道出现放量向上突破时，这通常意味着头部即将来临。这是因为此前在上升通道中，已经累积了一定的获利盘，一旦向上突破，反而缺乏进一步上涨的动力。

图 28-1 是洛阳钼业（603993）的 2014 年 9 月 1 日至 2015 年 3 月 31 日的 K 线图。连接图中的 A 点和 B 点作为基准价格，然后拖动鼠标绘制价格的上下限。之后的股价基本在这两条线之内上下波动。投资者可以结合均线做高抛低吸。

图 28-1

2. 下降价格通道线

下降价格通道实际上是一个压力区，上轨线成为一个强压力位，因为股价往往很难突破这个区域。在首次（甚至前 3 次）尝试触碰上轨时，股价往往会遭受打压并重新回到下轨线附近。这不仅仅是因为上轨线的压力大，还因为市场信心不足，投资者普遍持悲观态度。

然而，当股价有效突破上轨线时，这可能意味着市场的格局正在发生变化。这并不一定意味着立即的反转，但至少表示当前的趋势可能即将结束。此时，投资者应密切关注该股票的基本面变化和市场情绪的变化，以判断是否应该进行买入或卖出操作。

图 28-2 为慧博云通（301316）2023 年 8 月 29 日至 2023 年 12 月 27 日的 K 线图。连接 A 点和 B 点作为基准价格，然后拖动鼠标绘制价格的上下限。之后的股价基本在这两条线之内上下波动。投资者可以结合均线轻仓做高抛低吸，并等待有效突破上轨时买入。

图 28-2

28.1.2 股市线性回归线

线性回归的核心理念是"让数据自己说话"，它通过深入研究历史数据的走势规律，来预测未来的数据走势。这种方法在股市预测中具有重要意义。通过分析股价的历史数据，线性回归可以揭示隐藏的规律和趋势，帮助投资者预测未来的股价走势。

在股市分析中，线性回归通常使用两个基准点来生成一条线性回归线。这条线被视为未来股价变动的基准。股价通常会围绕这条基准线进行波动。当股价偏离基准线过多时，会被一种力量拉回到基准线附近。这种力量可能是市场调整、投资者心理或其他因素的综合作用。通过观察股价与基准线的偏离程度，投资者可以判断市场的走势和潜在的交易机会。

线性回归分析为股市投资者提供了一种客观、量化的预测工具。它有助于投资者更好地把握市场动态，并做出更明智的决策。

图 28-3 是武汉控股（600168）2023 年 6 月 2 日至 2023 年 11 月 23 日的 K 线图。通过连接 2023 年 6 月 27 日（A 点）与 2023 年 8 月 28 日（B 点）这两个点（一波上涨），我们可以绘制一条线性回归线。之后的股价基本围绕这条线运动。投资者可以结合均线做高抛低吸。

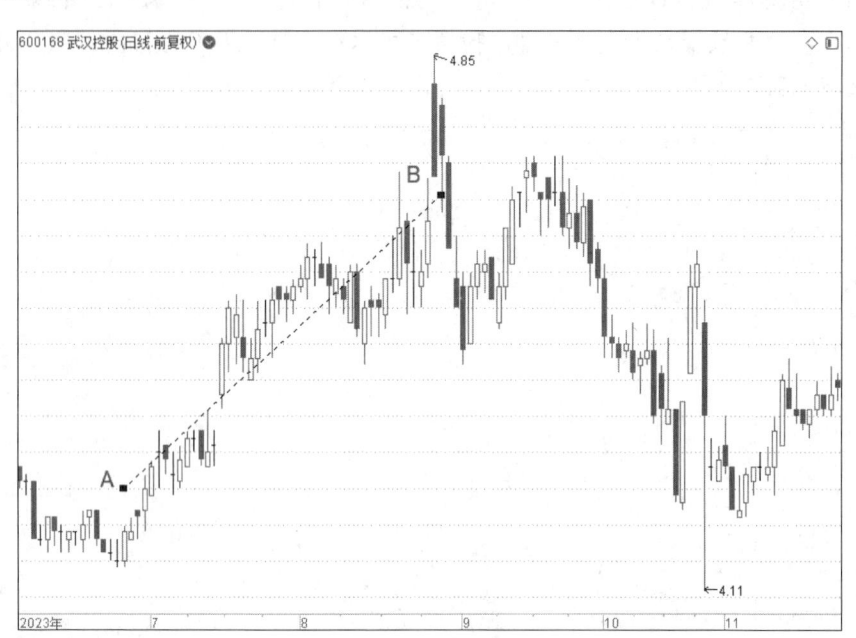

图 28-3

28.1.3 股市线性回归带

线性回归带是对线性回归线的进一步扩展。线性回归线是通过选择两个基准点并连接它们形成一条直线，作为预测未来股价的基准线。股价通常会围绕这条基准线进行波动。当股价偏基准线过多时，会被一种力量拉回到基准线附近。但对于股价大概会偏离线性回归线多少并未说明，而线性回归带则解决了这个问题。

在基准线的基础上，线性回归带增加了两条通道线。这两条通道线是由基准线向上和向下平移产生的，平移的距离根据所选的 K 线而定，直至完全包含这些 K 线。这两条通道线的引入，使得投资者能够更准确地判断股价的波动范围和可能的反转点。

当股价接近通道线时，这意味着即将回归基准线。这是一个重要的信号，提醒投资者关注市场的走势。一旦通道线被有效突破，这通常意味着股价将出现反转。这种预测方法不仅提供了关于股价与基准线偏离程度的更多信息，还为投资者提供了更准确的交易信号和决策依据。

图 28-4 为华能水电（600025）2022 年 12 月 12 日至 2023 年 6 月 13 日的 K 线图。通过连接 2022 年 12 月 26 日（图中 A 点）与 2023 年 3 月 17 日（图中 B 点）这两个点（一波小幅上涨），我们可以绘制一条线性回归线和对应的两条标准差通道线。之后的股价基本围绕该线运动，并在接近通道线的时候出现反转。投资者可以结合均线做高抛低吸。

图 28-4

28.2 波浪理论线选股实战

波浪理论是艾略特（Elliott）于 20 世纪 30 年代提出的一种市场分析理论。该理论认为，推动浪和调整浪是价格波动的两个最基本形态。推动浪即与大市走向一致的波浪，可以划分为五个小浪；调整浪即与大市走向相反的波浪，可以划分为三个小浪。

28.2.1 八浪线

在波浪理论中，一个完整的市场循环由八个波浪组成，通常被称为八浪线。这八个波浪可以分为五上三落，即五个上升浪和三个下降浪。

在八浪线的上升过程中，第一浪通常标志着市场趋势的开始。第二浪和第四浪是调整浪，用于修正和调整主升浪（第三浪）的涨势。第三浪，是推动价格上升的主要力量，也是投资者关注的重点和追求的主要目标。第五浪是延伸浪，它是对主升浪的进一步延伸和补充。

在八浪线的下跌过程中，后三浪是一个连续的下跌周期，通常发生在市场趋势的反转点。第六浪是下跌的开始，通常是由市场多头力量逐渐减弱引起的。第七浪是下跌的中继，是对前一波下跌的修正和调整。第八浪是下跌的结束，通常是由市场空头力量完全占据主导地位引起的。

在实际应用中，投资者可以根据八浪线的规律进行买入和卖出操作。在上升过程中，可以在第二浪、第四浪和第五浪的调整浪低点买入，以期享受后面的主升浪带来的涨幅；在下跌过程中，可以在第六浪和第七浪的反弹高点卖出。

> 通常来说，第三个浪（即 C 浪）是最具爆炸性的，经常成为最长的一个浪，因此，第三浪也称为主升浪。

在光大银行（601818）的 K 线走势图（见图 28-5）中，基于波浪理论的观点，我们将这一波八浪线的起点设定在 A 点，即第一浪的起点。随后，当股价在 B 点达到阶段高点并开始回调，我们将其确定为第一浪的终点。

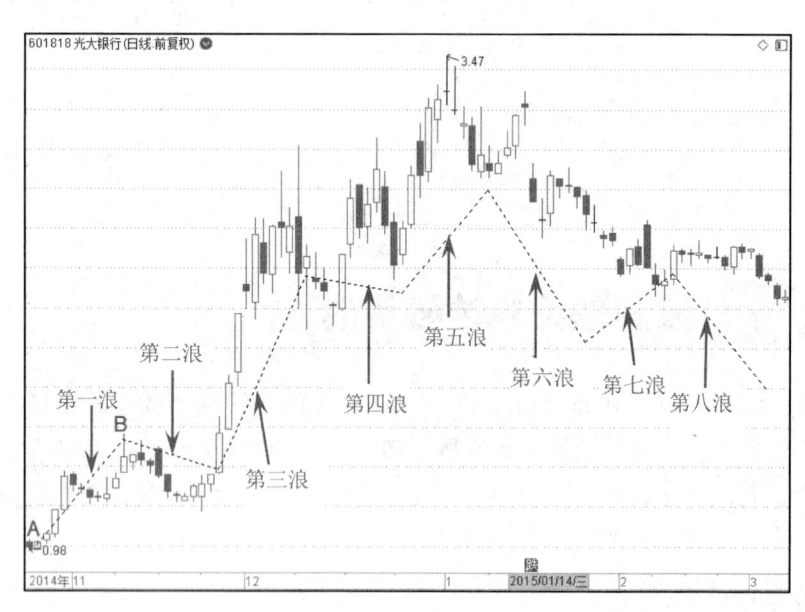

图 28-5

在完成第一浪起点和终点的设置后，软件系统自动生成了对应的八浪线。通过观察后续的走势，我们注意到第三浪的起点与股价的快速拉升起涨点几乎一致，只是预测的涨幅略低于实际涨幅。同样地，第五浪的起点也与股价的起涨点几乎吻合，预测的涨幅同样略低于实际涨幅。

这些观察结果表明，尽管在预测涨幅方面存在轻微差异，但八浪线在预测股价上涨的时间和幅度方面显示出较高的准确性。这种准确性的来源是波浪理论中对市场心理和行为模式的周期性规律总结。

八浪线的注意的事项如下。

1. 第一浪起始点的设置

在 K 线图上，第一浪的起点应选在股价开始上涨的位置。在股价经过一段时间的筑底或盘整后，如果股价在筑底或盘整阶段未展现出明确的上涨趋势，那么即使在筑底或盘整阶段出现了阶段性的最低价，也不能作为第一浪的起始点。这是因为我们希望捕捉到市场上涨趋势的起点，而非下跌趋势的延续。

2. 第二浪最低点的要求

第二浪的最低点必须高于第一浪的起始点。这一要求是为了确保波浪理论的完整性，避免因错误的起始点导致预测偏差。

3. 第六浪在交易中的意义

第六浪作为衰竭浪的起始浪，在交易中具有重要的指导意义。它能帮助投资者判断何时是卖出的合适时机。相比于第六浪、第七浪和第八浪在交易决策中的重要性相对较低。因此，在分析后三浪时，投资者应重点关注第六浪及其对市场趋势的影响。

28.2.2 五浪线

五浪线是波浪理论中经典八浪的简化形式，由五个波浪组成，即三个上升浪和两个下降浪。

在五浪线的结构中，第一浪是整个趋势的启动位置。第二浪是第一个调整浪，通常出现在趋势的早期阶段，它的回调幅度较小。第三浪是主升浪，也是五浪线中涨幅最大的部分。第四浪是第二个调整浪，通常出现在趋势的中期阶段，它的回调幅度较大。第五浪是趋势的结束部分，通常涨幅较小，有时甚至出现反转信号。

五浪线可以用于预测市场趋势的转折点。当市场价格完成五浪线的形态时，往往意味着市场趋势即将发生逆转。但需要注意的是，五浪线并不是每个周期都会出现，市场的波动有时会呈现不同的形态。

在图 28-6 中，宁波港（601018）的股价在 A 点启动了一波快速上涨行情，并在 B 点达到阶段高点后进入震荡盘整阶段。根据波浪理论，我们使用软件画线工具中的"五浪线"，将 A 点设为第一浪的起点，将 B 点设为第一浪的终点。设置完成后，软件会自动生成五浪线。

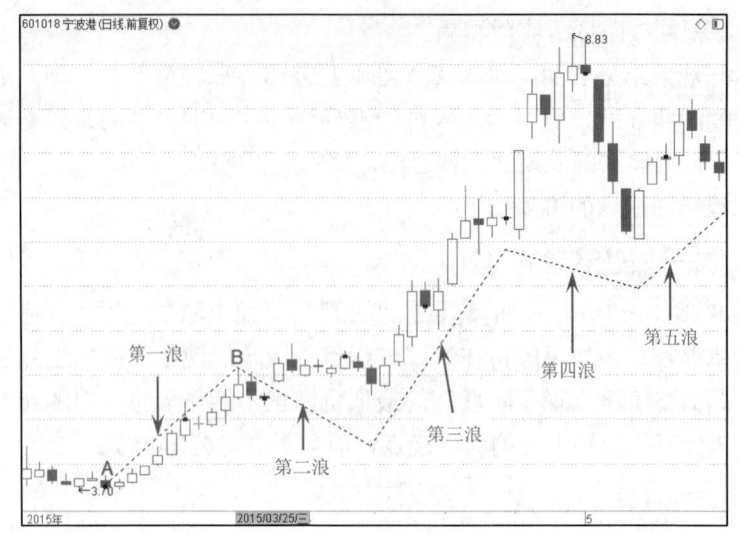

图 28-6

观察后续走势，我们注意到第三浪的起点和股价快速拉升的起涨点有较高的重合度，只是预测的涨幅略低于实际涨幅。同样地，第五浪的起点与股价的起涨点也呈现出较高的重合度，预测的涨幅同样略低于实际涨幅。虽然预测涨幅与实际涨幅存在一定的差异，但五浪线的准确度仍具有较高的参考价值。

在实际交易中，投资者可以利用五浪线来判断股价回调的位置、再次上涨的时机以及涨幅等，从而做出更为准确的交易决策。

五浪线与八浪线的相同之处和不同之处如下。

1. 相同之处

五浪线的第一浪起始点位置的选择以及第二浪最低点的要求都与八浪线相同。

2. 不同之处

由于五浪线以第五浪作为终点，与八浪线在上升浪结束后的明显拐点（第五浪与第六浪的转接点）不同，所以在实际应用中，投资者需要对第五浪的终点（即卖出点）进行仔细的研讨。

28.2.3 三浪线

三浪线通过简化的方式，将经典的八浪结构精简为更为简洁的三波走势，形成 N 字形。

在上升过程中，第一浪是整个趋势的启动位置，这一浪通常代表市场主力资金的介入，是市场趋势形成的起点。

第二浪是调整浪，这一浪的作用是对前一浪的涨幅进行调整和修正。在这一过程中，市场可能会发生回调整理，对之前的涨幅进行巩固或修正。

第三浪是主升浪，这一浪是整个上升趋势中涨幅最大的一浪，也是投资者最关注的阶段。在这一阶段，市场往往会呈现加速上涨的态势，吸引大量投资者跟风买入。

三浪线的核心在于抓住上升初期的反弹机会，即在第二浪调整结束后、第三浪启动前的低点买入，享受后续更大的涨幅。这一策略的关键在于准确判断第二浪的结束时机和第三浪的启动时机。

中科电气（300035）在创下 1.06 元的阶段性新低后，开始呈现回升态势。利用软件画线工具中的"三浪线"，我们可以清晰地识别出这一趋势中的三个波浪。首先，从 1.06 的低点出发，连接到回升后的高点（图中 A 点），这是第一浪，之后软件自动生成第二浪和第三浪，如图 28-7 所示。

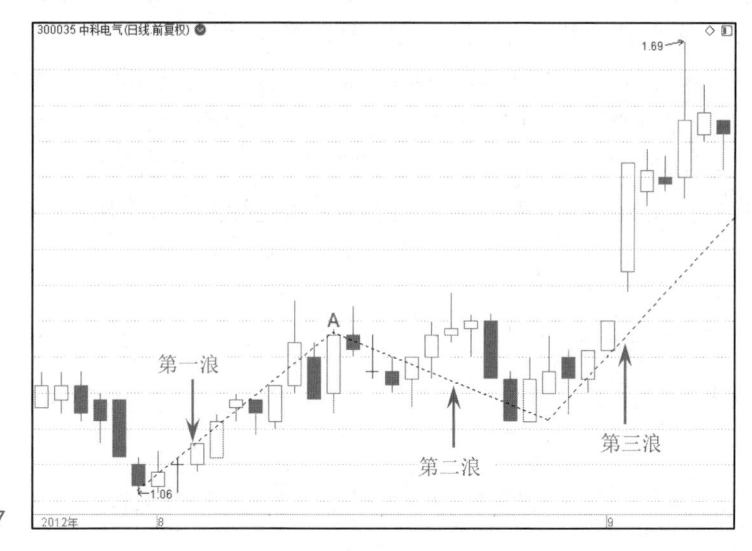

图 28-7

在股价达到 A 点后，市场开始回调，在连续收出两根中阴线后，第二浪的走势已接近尾声。

第一个买入点出现在第二浪结束时。由于第二浪通常是回调浪，当它走完时，意味着市场可能即将迎来新的上涨周期。因此，逢低买入是一个不错的策略。第二个买入点则是在股价突破第一浪的高点（A 点）时。这一突破意味着市场趋势的进一步确认，也是投资者加仓的好时机。

至于何时卖出，最佳的时机通常是在第三浪的终点。第三浪通常是推动浪，其涨幅通常会超过第一浪。当这一涨幅被充分释放后，市场可能会出现疲态，此时是卖出的好时机。

28.3 周期分割理论选股实战

趋势形态分析中的周期分割主要包括：斐波拉契线、自由费氏线和周期线等。

28.3.1 斐波拉契线

斐波拉契线是一种基于斐波拉契数列的周期分析方法，广泛应用于股票、外汇和期货等金融市场的技术分析中。

斐波拉契数列由 0 和 1 开始，之后的每个数字都是前两个数字之和，如 0、1、1、2、3、5、8、13、21 等。在市场分析中，斐波拉契线通常用于预测市场趋势的转折点。

具体来说，先选择好基准点（即基准日期，通常为创了新高或新低的日期），然后斐波拉契线以斐波拉契的时间间隔 1、2、3、5、8、13、21、34 等画出的许多垂直线，这些数字对应着重要的市场转折点和高点。通过观察这些点位，投资者可以判断市场趋势的变化，并据此进行交易决策。

图 28-8 是西安旅游（000610）的 K 线走势图。根据斐波拉契周期理论，我们选择创近期股价新高的 9.39 元作为基准日，之后的 13 天、21 天、34 天、55 天、89 天都较为准确地找到了阶段性高点或低点。因此，投资者可以在一段下降或上升趋势的周期中，选择斐波拉契数字出现的时点进行买入或卖出操作。

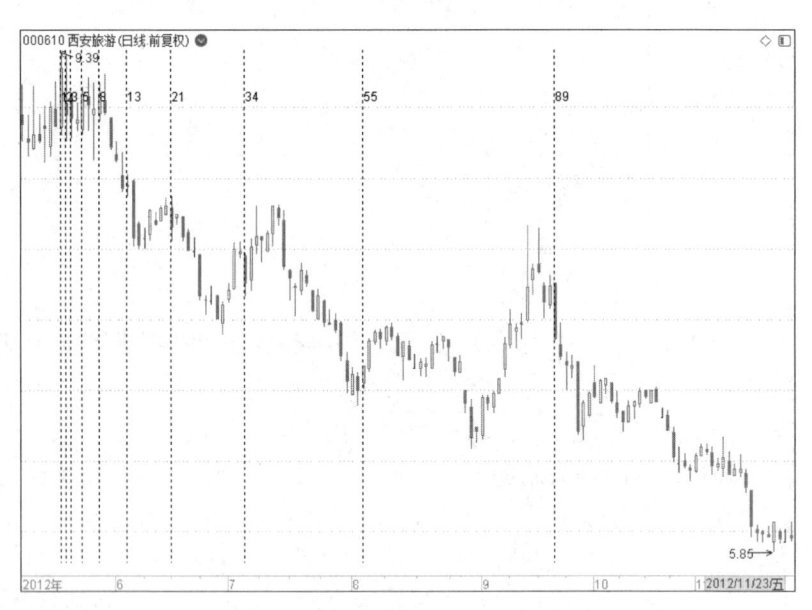

图 28-8

28.3.2 自由费氏线

自由费氏线是一个在斐波拉契数列上衍生出来的线，其内在含义是当时间达到特定的数值时，价格会发生大的波动。在股票市场中，自由费氏线被用来预测市场趋势的转折点。

选择一个显著波段（如上涨波段）的起点与终点，再选择一个回调的低点后，软件系统会自动按照斐波拉契数列的原理向后衍生出特定的时间点。在这些时间点，股价出现反转的概率较大。

图 28-9 是东华科技（002140）的 K 线走势图。该股在图中 A 点处创出股价近期的新低，16 个交易日后，股价经过一轮上涨到达阶段性高点，再之后经过 7 个交易日（图中 23 日所示位置）的回调后，股价再次反弹，一路蹿升到阶段高点。

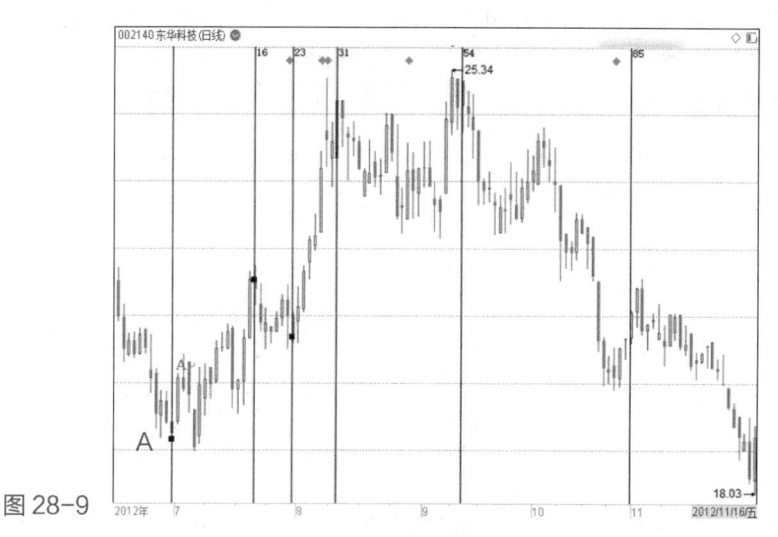

图 28-9

根据自由费氏线的画法要求，我们选择图中的 A 点、16 日线和 23 日线作为基准点，然后向后衍生出其余的费氏线。从图中可以看出，当时间运行到费氏线时，价格确实发生了明显的反转。例如，第 31 日线和第 54 日线完全和股价最高点重合，而第 85 日线基本和股价高点重合。

从该案例中可以看出，通过自由费氏线来判断阶段性的反转点是可靠的。当然，这种可靠性的前提是要选择好准确的基准点。

28.3.3 周期线

周期线是依据自由费氏线衍生出来的一种趋势分析手段，它根据对称原理，将 K 线或指标线按照投资者指定的时间周期等距离分割，使其长度相同，以此来判断和分析指数、股价可能发生大波动的时间。

周期线的画法：首先确定一个阶段性高点和一个阶段性低点，之后系统会计算这两个点之间的天数，然后根据这个天数向后衍生出相同的天数。

在上涨行情中，每当股价运行到周期线附近时，都有可能出现回调。每当股价回调到周期线附近时，都有可能结束回调而重新上涨。

在下跌行情中，每当股价运行到周期线附近时，都有可能出现反弹。每当股价反弹到周期线附近时，都有可能结束反弹而重新下跌。

> 周期线的波段低点与波段高点之间的时间跨度不应过短，否则将无法反映出股价的周期运动规律。

图 28-10 是工业指数（000004）的 K 线走势图。该指数从 2236.53 点开始下跌，在经历了一波 36 天的下跌后，开始回升。在上涨了 36 天后，指数果然到达阶段性的顶部。之后的 36 天，指数又离阶段性的顶部只有 4、5 天。再之后的两个周期内，都准确地判断出了阶段性的顶部。

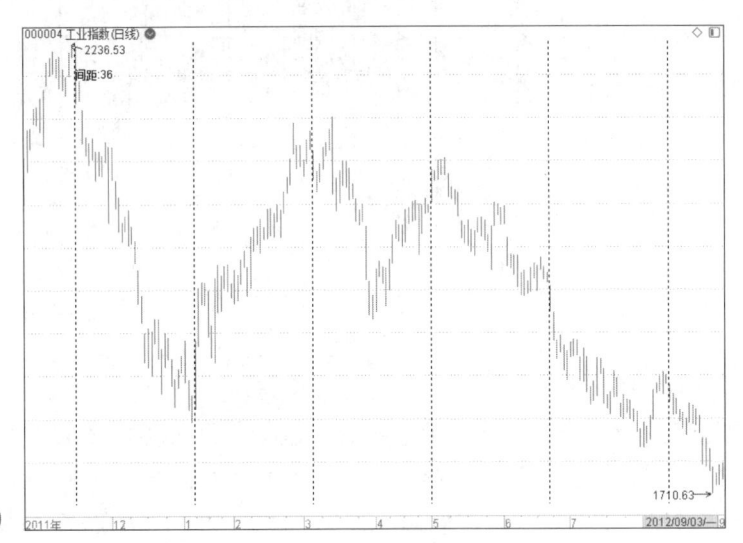

图 28-10

28.4 在江恩技术线中找寻买卖时机

投资大师威廉·江恩通过对数学和几何学的综合运用建立的独特分析技术，江恩认为股票、期货市场的价格运行趋势不是杂乱的，而是可通过数学方法预测的，这种数学表达有两个基本要素，即价格和时间。

28.4.1 江恩角度线

江恩角度线（Gann Fan），也称为江恩线、甘氏线或角度线。它是通过特定的高点和低点，基于角度和百分比线的组合来分析市场的趋势和可能的转折点的。

在江恩角度线图中，每一条直线都有特定的角度，这些角度与百分比线中的数字紧密相关。这些直线不仅为市场趋势提供了可视化的参考，而且每条线都具有支撑和压力的功能。

在江恩角度线图的 9 条线中，比较重要的角度线有：1×1 线（45 度线）、1×2

线（26.25 度线）和 2×1 线（63.25 度线）。这些线具有支撑和压力功能，当市场价格从下方接近这些直线时，会受到相应的压力；而当价格从上方接近这些直线时，则会受到相应的支撑。其中，45 度线被认为是最重要的线，因为它代表了一种动态平衡的状态。这种平衡不仅反映了市场的稳定性，还预示着未来可能的趋势变化。

在图 28-11 所示的健友股份（603707）的 K 线走势图中，可以看到股价沿着 45 度线攀升和下跌，显示了强大的支撑和压力。当股价触及上方的压力线时，会出现短暂的回调，这是市场的一种自然调整。而在触及下方的支撑线时，股价又会反弹，显示出强大的买盘力量。这种在一定区间内的震荡上升，实际上是一种健康的上涨模式，表明市场参与者的信心和预期。

江恩角度线的上涨和下跌模式为投资者提供了良好的入场和离场机会。

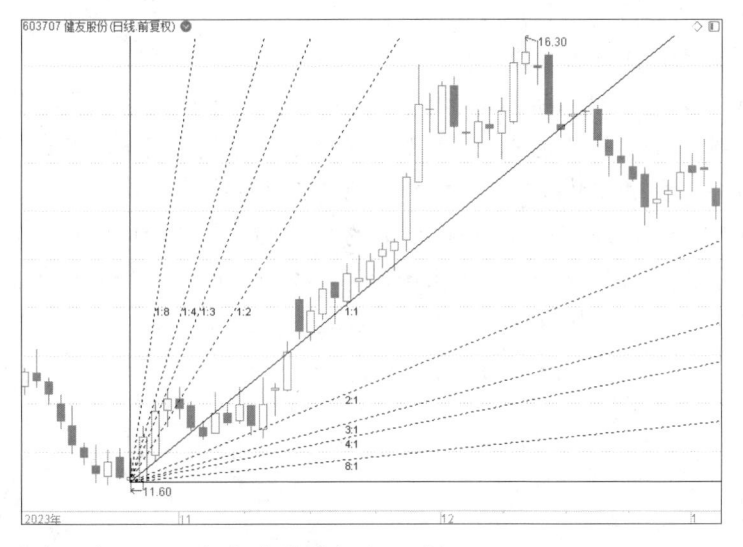

图 28-11

江恩角度线共有 9 条，这 9 条角度线的解释见表 28-1。

表 28-1

江恩角度线	时间变动	价格变动	对应的几何角度
8：1	8 个单位	1 个单位	7.5
4：1	4 个单位	1 个单位	15
3：1	3 个单位	1 个单位	18.75
2：1	2 个单位	1 个单位	26.25
1：1	1 个单位	1 个单位	45
1：2	1 个单位	2 个单位	63.25
1：3	1 个单位	3 个单位	71.25
1：4	1 个单位	4 个单位	75
1：8	1 个单位	8 个单位	82.5

当市场趋势由降转升时，大多数情况价格会沿着1∶1线（45度线）上升；如果上升趋势缓和时，价格会沿着2∶1线上升；如果反弹有力，上升趋势会提高至1∶2、1∶3或1∶4线。相反，下降趋势时则套用下降江恩线。

28.4.2 对称角度线

对称角度线是江恩空间法则中的一个重要工具，它通过判断前期股价运行的角度，利用空间的对称性因素，预测后期股价可能的运行趋势。具体来说，投资者可以根据前一波段的运行角度，推断出后一波段可能的运行方向，从而确定未来股价运行的阻力位或支撑位。

对称角度线对判断市场走势非常有帮助。在股价运行过程中，角度的变化往往预示着趋势的转折或延续。通过观察角度线的交叉和变化，投资者可以提前预判市场的关键点位和趋势变化，从而更好地制定投资策略。

图 28-12 是福成股份（600965）的 K 线图。从图中可以看到，该股股价在 6.91 元见顶。为了分析这一阶段的市场走势，我们将 6.91 元作为基准点，并向前寻找一个阶段性的低点。根据图示，这个低点大致在 5.61 元处。

图 28-12

基于这两个关键点，我们可以绘制出一条压力线。这条压力线代表了股价在特定时期内受到的强压力。当股价反弹到这一压力线附近时，会明显受到压制，并重新向下调整。

这一分析过程揭示了江恩空间法则的应用。通过观察压力线的形成和作用，投资者可以更好地理解股价在特定时期的运行规律和阻力位。在实际操作中，投资者可以利用这些信息制定相应的交易策略。例如，在压力线附近设置止损点或止盈点，以降低风险并提高投资回报。

28.5 新股民学堂——速阻线

速阻线是由埃德森·古尔德提出的一种分析工具，全称为速度阻挡线。当价格上升或下跌的第一波形态完成后，利用第一波的展开幅度可推测出后市发展的几条速阻线，这些线可作为支撑和阻力位置。速阻线的原理与甘氏线类似，也是试图通过一些特殊的角度来界定价格的变化方向。速阻线具有一些百分比线的思想，它将每个上升运动或下降运动的幅度进行三等分处理。

速阻线通俗点讲，就是在一段上涨（下跌）行情的最高价和最低价之间画一条垂直线，然后将该线三等分。从最低点（如果是下跌行情的话就是从最高点）开始，连接垂直线上从高到低的三个点，就形成了速阻线。

在上升趋势中，如果市场开始调整，价格通常会在回调到第一根速阻线时得到支撑。而当价格回调到第二根速阻线时，会得到更强的支撑。一旦价格有效地跌破第二根速阻线，这通常意味着上升趋势可能即将反转。

在下跌趋势中，如果市场开始调整，价格反弹到第一根速阻线时受到压力。而当价格反弹到第二根速阻线时，会受到更强的压力。一旦价格有效地突破第二根速阻线，这通常意味着下跌趋势可能即将反转。

> 在速阻线的不同波段选取中，如果速阻线出现重叠现象，那么这条线在未来的趋势判断中会有重要的参考价值。在速阻线的不同波段选取中，如果速阻线出现相交现象，那么该交点将有时间预示作用，投资者可以在此处进行变盘操作。

图28-13是智微智能（001339）的K线走势图。该股股价在经历了一波下跌后，在A点21.77元附近创下了阶段新低。而后，该股走出阴霾，股价开始了一波强劲的反弹。

一个月后，股价触及了B点，这是一个相对的高位。连接A点和B点，可以画出两条速阻线，这两条线代表了市场的支撑位。

当股价在随后的交易中触及这两条速阻线时，都得到了明显的支撑。这表明市场中的多方力量仍然占据主导地位，他们有能力阻止股价进一步下跌并推动其反弹。

图28-14是首开股份（600376）的K线图。该股股价在经历了一波上涨后，在A点附近创下了阶段新高。而后，该股开始连续阴跌。8个交易日后，股价开始回

抽。在第 9 个交易日，股价收出一根阳线，之后开始反弹。

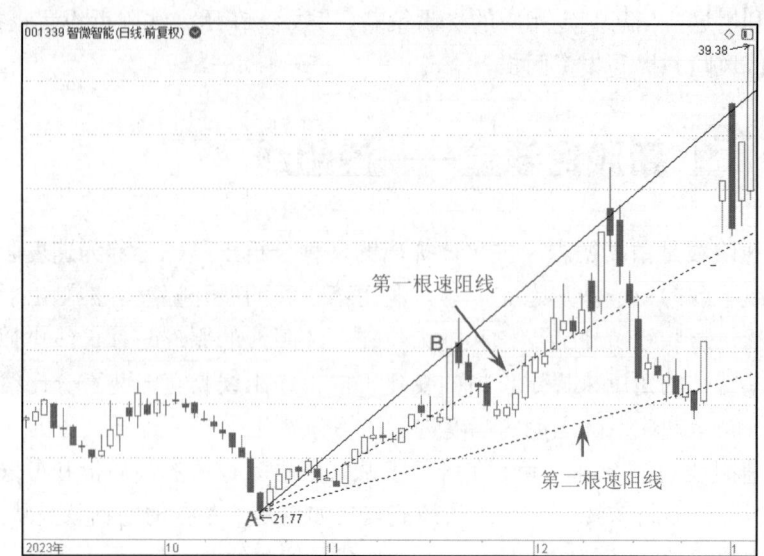

图 28-13

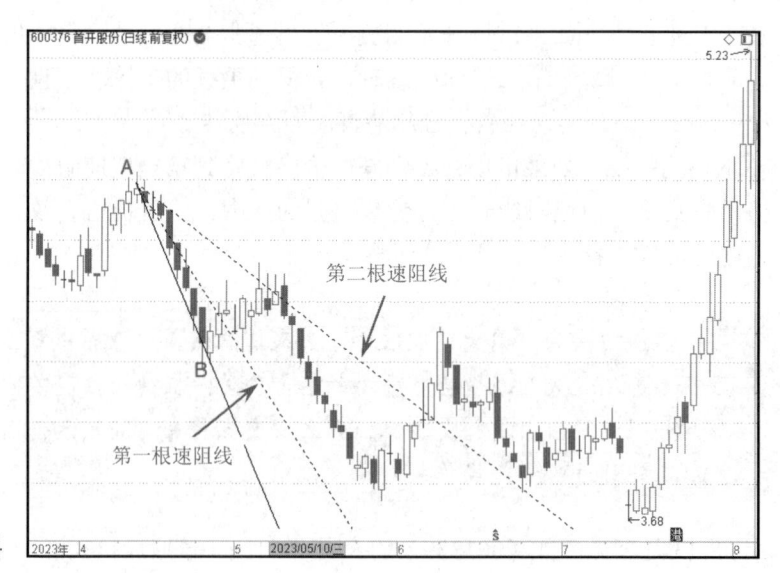

图 28-14

第 9 个交易日的开盘价为近期的低点，即图中的 B 点。连接 A 点和 B 点，可以画出两条速阻线，这两条线代表了市场的压力位。

在随后的交易中，当股价触及第二条速阻线时，受到了强烈的压力，这表明市场中的空方力量仍然占据主导地位。但随后随着多方发力，一举突破了第二根速阻线，之后在第二根速阻线附近与空方形成拉锯战。

经过一个多月的拉锯战，最终以多方的胜出告终。之后股价扬帆起航，一路高歌猛进，仅仅 13 个交易日，股价涨幅竟达 38.37%。

第29章

股市交易技术解密——股票交易技术理论的实战应用

"以市场为师,践学不悔,敏学不倦,谦学不怠。"——股市谚语

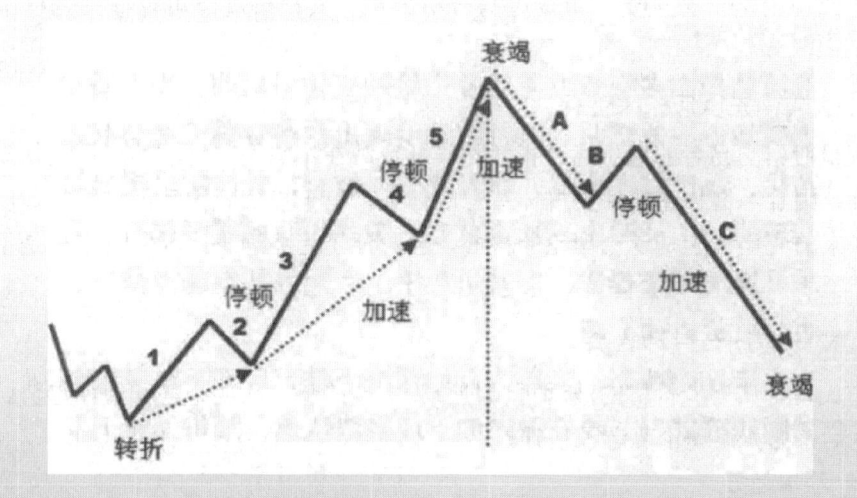

股票理论,作为投资领域的核心智慧,对于投资者而言具有不可替代的作用。它们不仅是把握市场趋势、预测价格波动的有力工具,更是投资者制定投资策略、规避风险的重要指南。本章将股票交易理论与实际操作相结合,指导投资者如何将理论知识转化为实际操作技能。

29.1 股票交易中的道氏理论

东方的 K 线图和西方的道氏理论，构成了技术图表分析的两大基石。

道氏理论旨在反映市场总体趋势，它由查尔斯·道（Charles Dow）提出。然而，"道氏理论"这一名称，是在他去世后形成的。威廉姆·皮特·汉密尔顿（William Peter Hamilton）和罗伯特·雷亚（Robert Rhea）等人继承了他的交易理论，并在后续的股市评论写作中，对这些理论进行组织与归纳，从而形成了如今的道氏理论。

29.1.1 道氏理论的五大核心

道氏理论是一种重要的市场趋势分析方法，其核心观点可以概括为以下五个方面。

1. 指数预先反应未来变化

大量股票交易者的思想通过指数传导并反映在走势中。目前的价格已体现未来的不确定因素，这种超前性是群体智慧的体现，单个投资者无法做到。指数能提前反映未来的变化，这是道氏理论的核心，也验证了趋势理论。因此，市场是不可战胜的。

2. 市场波动有三种趋势

道氏理论认为，价格的波动可以划分为主要趋势、次要趋势和短期趋势。这一分类为后来的波浪理论奠定了基础。

1）基本趋势

持续 1 年或 1 年以上，影响大部分股票，涨跌幅度一般超过 20%，趋势看起来像大潮。形成多头或空头市场。

2）修正趋势

持续 3 周至 3 个月，是对基本趋势的调整或修正，涨跌幅度为基本趋势的 1/3 至 2/3，趋势看起来像波浪。

3）短期变动

持续不超过 3 周，波动幅度小，只反映短期变化，趋势看起来像波纹。

图 29-1 是上证指数（999999）2016 年 8 月 15 日至 2018 年 1 月 29 日的日线图，从日线走势图上看，基本趋势是上涨的，中期趋势有涨有跌。

3. 基本趋势分三个阶段

从参与者角度分析，基本趋势可分为三个阶段：积累阶段、大众参与阶段和派发阶段，如图 29-2 所示。

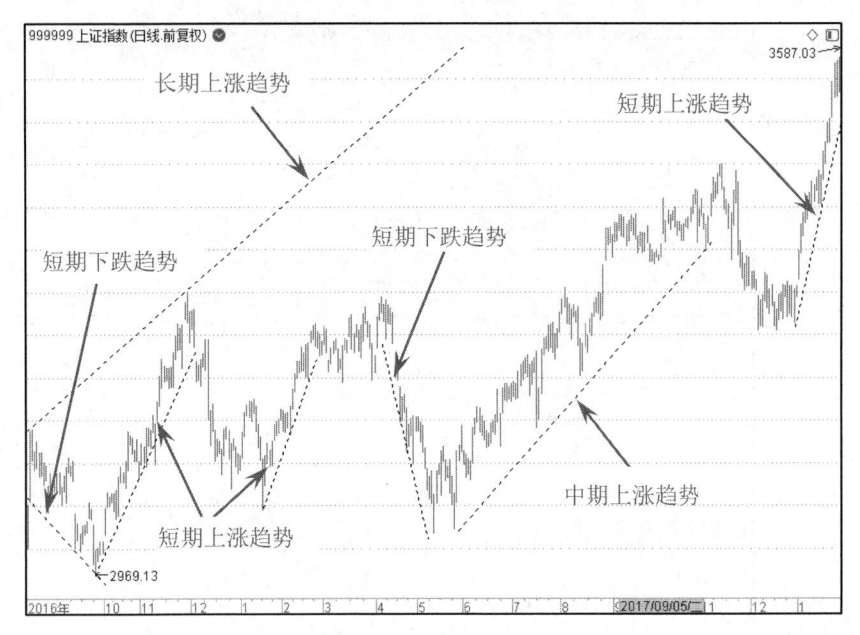

图 29-1

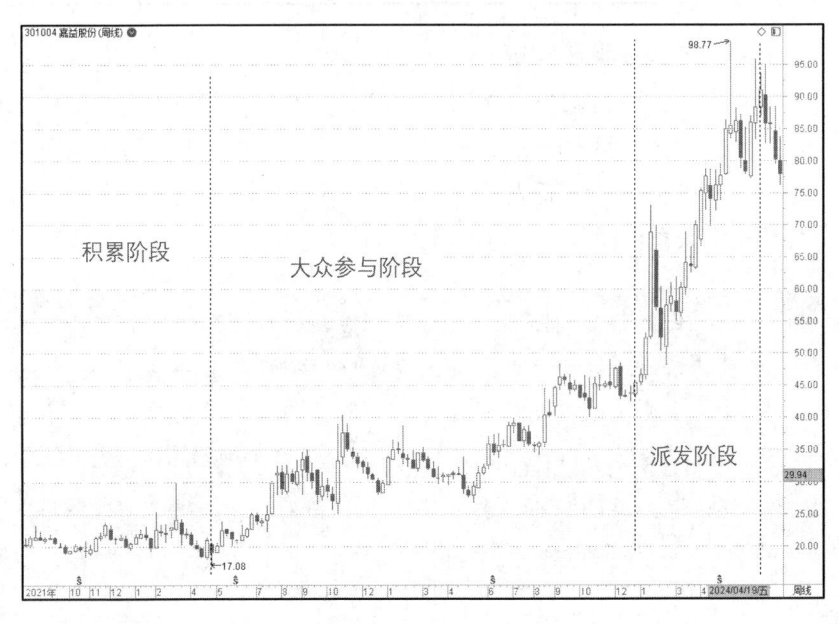

图 29-2

4. 指数必须相互确认

指数必须相互确认，才是基本趋势的展开。牛市需要不同的平均价格都越过前期的高点。例如，只有像中小板指数和上证指数这样的指数同时出现上涨，才能确定为一轮较大的牛市即将到来。像 2009—2010 年权重股的滞涨与中小板指数的活跃，是缺乏相互确认的两个指数，在这种情况下，牛市难以全面展开，参考图 29-3。

图 29-3

5. 依据成交量判断趋势变化

在股市中，成交量和价格之间的关系被视为判断趋势的重要指标。一般来说，当价格上涨时，成交量也会相应增加，这表明投资者对市场的看好和购买意愿的增强。相反，如果价格上涨而成交量却减少，或者价格下跌而成交量增加，这种反常的成交和趋势关系可能预示着市场趋势的转变。

> 道氏理论在判断大趋势方面有效，但对短期波动的预测能力有限。由于其结论滞后于价格变动，这限制了它在某些场景下的广泛应用。道氏理论主要用来判断趋势变化，并假设趋势会持续下去，直至反转。但它未说明趋势持续的时间和价格位置，这可能导致投资者错过最佳时机。此外，由于道氏理论侧重于分析长期趋势，它在提供具体的投资策略方面不够明确。

29.1.2 道氏理论的趋势终结验证

在道氏理论中，趋势终结的验证是一个复杂而关键的过程，它涉及多个方面的观察和判断。

1. 趋势的终结通常伴随着反转信号的明确出现

趋势反转信号可能包括价格突破重要支撑或阻力位、形成特定的技术形态（如头肩顶、双顶等），或者出现异常的成交量变化。投资者需要密切关注这些信号的出现，并结合其他市场信息进行综合判断。

2. 趋势的终结验证还需要考虑市场的整体状况

如果多个市场指数或相关资产类别都出现类似的反转信号，那么这往往意味着市场的主要趋势可能即将发生变化。此外，宏观经济数据、政策变化以及市场情绪等因素也可能对趋势的终结产生影响。

3. 成交量的变化

成交量的增加通常意味着市场参与者对价格变动的认可度提高，这有助于确认趋势的终结。相反，如果成交量在趋势终结时没有明显增加，那么这可能意味着市场的动能不足，趋势的终结可能并不稳固。

此外，投资者还需要意识到市场趋势的终结往往是一个逐步的过程，而不是一蹴而就的。在趋势终结的过程中，市场可能会出现短期的回调或震荡，这是市场参与者对新的趋势进行确认和调整的过程。因此，投资者在验证趋势终结时需要有足够的耐心和信心，避免过早做出判断。

29.1.3 道氏理论的不足之处

道氏理论提供了对市场趋势的深入理解，然而，任何理论都不是完美无缺的，道氏理论也不例外，它存在一些固有的缺陷和局限性。

（1）道氏理论只推断股市的大趋势，但无法预测趋势内的涨跌幅度。

（2）道氏理论需要两种指数相互确认，这样做固然稳妥，但对市场的反应却慢了半拍，往往会错失最好的入场和出货机会。

（3）道氏理论注重长期趋势，对中期趋势，特别是在牛市还是熊市不清晰的情况下，不能为投资者提供明确的指导。

（4）道氏理论对选股没有帮助。

29.2 股票交易中的波浪理论

波浪理论是技术分析大师艾略特（Elliot）从道氏理论中精炼出来的一种价格趋势分析工具，因此波浪理论中的大部分观点和道氏理论是相互吻合的。

艾略特认为，股票价格的波动，与大自然的潮汐、海里的波浪一样，一浪跟着一浪，周而复始，具有相当程度的规律性，展现出周期循环的特点，任何波动均有迹可循。因此，投资者可以根据这些规律性的波动来预测价格未来的走势，在买卖策略上加以应用。

29.2.1 波浪形态的划分

波浪的形态可划分为上升五浪和下跌三浪，如图29-4所示。

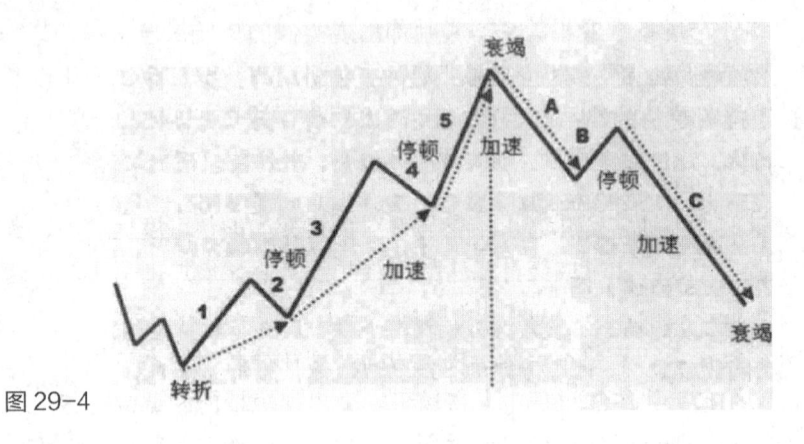

图 29-4

1. 第1浪

第1浪通常出现在市场转势的筑底阶段或长期盘整之后。

若第1浪在筑底阶段显现，其上升往往源于空头市场跌势后的反弹或反转。此时，买方力量相对较弱，同时空头卖压依然存在。因此，当第1浪上升后随之而来的第2浪调整回落时，其回调的幅度通常较为显著。

如果第1浪出现在长期盘整结束之际，那么第1浪的行情上涨幅度相对较大。根据经验，第1浪的涨幅通常是整个五浪行情中最小的。

2. 第2浪

第2浪的特点是成交量逐渐萎缩，波动幅度逐渐变小，这反映出抛盘压力逐渐减弱。在这一阶段，可能会出现传统的转向图形，例如常见的头肩顶、双重底等。

由于第2浪是下跌浪，因此投资者常误以为熊市尚未结束。

3. 第3浪

第3浪的涨势往往非常迅猛，是众多波浪中最大、最具爆发力的上升浪。

第3浪的行情走势通常极为激烈，随着市场投资者信心的逐渐恢复，成交量会显著增加，传统图表中的突破信号也会频繁出现。特别是当第3浪成功冲破第1浪的高点时，是最为强烈的买入信号。由于第3浪的涨势非常迅猛，市场上经常会出现"延长波浪"的现象。

4. 第4浪

从形态的结构来看，第4浪通常是以三角形的调整形态运行的。第4浪的运行结束点，一般都较难预测。

5. 第5浪

在股市中，第 5 浪的涨势通常小于第 3 浪，且经常出现失败的情况。

6. A浪

A 浪的调整形态主要以两种形式展现：平坦形形态与三字形形态。它与 B 浪之间，经常以交叉的形式进行形态上的交换。

在上升循环中，由于 A 浪的调整是紧随第 5 浪之后出现的，因此，投资者往往认为上升趋势依旧未变，容易放松警惕，仅将其视为一次短暂的回调。

7. B浪

B 浪的上升往往给投资者造成一种上升趋势依旧未结束的错觉。但观察图表会发现，成交量相当小，这与价格的上涨形成了明显的背离。这种价量背离现象表明，上升的动力已经不足，量能无法支撑价格的进一步上涨。

8. C浪

C 浪通常表现为一段破坏力较强的下跌浪，其跌势强劲，跌幅较大，持续时间也相对较长。在这个阶段，整个市场往往呈现出全面下跌的态势，显示出明显的下行趋势。

29.2.2 波浪理论的过程划分及特点

波浪理论实际上揭示了趋势发展的几个过程：行情的转折、停顿、加速和衰竭。股价波动的顶部和底部是市场失衡的关键点位，推动股价前行。这些关键点在后期被突破时，会对投资者产生心理震撼，影响价格走势。

> 波浪理论的标准波形是由 8 个不同的波浪形构成的，在实践中经常简化为 5 波浪或 3 波浪。

1. 折返

波浪理论中上涨和下跌通常是交替进行的，而且涨跌折返的位置倾向于 38.2%、61.8% 或 50% 等这些比例靠拢。

波浪理论中的第 3 浪，大的折返很难出现，有的只是微幅的调整，随后便是继续大幅上涨或下跌。

2. 价格目标

在一个 5 浪序列中，第 1 浪和第 5 浪的幅度应趋向等同，或呈现 0.618 的倍数关系。使用相对法计算幅度更为合适，即以百分比衡量升幅。例如，若第 1 浪从 10

元上升到 15 元，升幅为 5 元，第 5 浪按相同幅度计算则为 35 元，但 35～40 元的上升比例与第 1 浪不同。因此，第 5 浪的上升幅度应与第 1 浪趋向一致，即 52.5 元，升幅均为 50%，而非简单叠加为 40 元。时间周期可按比例测算，如第 1 浪持续了 30 个交易日，那么第 5 浪则为第 1 浪的 0.618 倍或等同。

3. 推动浪和调整浪

浪形结构可以分为推动浪和调整浪。推动浪是与主趋势相同的浪形，主导着行情的主趋势；调整浪则与主趋势的走向相反。

在上涨趋势中，主推浪是上升浪，调整浪是下跌的；在下跌趋势中，主推浪是下跌浪，调整浪是上涨的。

29.2.3 浪型使用的基本规则

波浪理论中浪型使用的基本规则如下。

（1）第 2 浪的下跌最低点不能击穿第 1 浪的起点，通常从该点也可以预测第 3 浪的到来。随着第 3 浪向上突破第 1 浪的顶点，这标志着第 3 浪的正式开始。

（2）第 3 浪是主升浪，所以不能是最短的浪。在八个子浪中，第 1、3、5 浪都是上升浪。第 3 浪的特征明显，其升幅、持续时间和成交量都迅猛。在数浪时，不能将短促的上升阶段视为第 3 浪，这是错误的数浪方法。

（3）在 8 浪的上升结构中，第 4 浪的低点不得低于第 1 浪的高点。

（4）第 2 浪和第 4 浪的形态结构经常发生交替。

在实际操作中，如果第 2 浪急速下跌，则第 4 浪往往会缓慢下跌；如果第 2 浪是陡直调整，则第 4 浪是之字形调整。这种交替出现的原因是投资者的情绪随市场的变化而变化。如果第 2 浪是陡直下跌，表明较多投资者看空后市并卖出，随后的第 3 浪暴涨让这些投资者认识到自己的错误。在接下来的第 4 浪调整中，这些投资者会采取缓慢卖出的行为，导致第 4 浪出现。相反，如果第 2 浪是缓慢下跌，表明投资者看好后市且卖压不大。第 3 浪暴涨后，这些投资者获得暴利并在 4 浪调整中快速卖出，导致价格快速回落。

图 29-5 是沃森生物（300142）的日 K 线走势图。从图中可以看出，由于主力资金的介入，扭转了股价的下跌趋势。股价在 30°～45°左右的轨道上高速运行了几日之后，进入了短暂的调整期，形成了上升浪的第 1 浪和调整浪的第 2 浪。

当第 2 浪洗盘结束，就开始了向上急速拉升，如图中第 3 浪所示。第 3 浪是最迅猛的加速过程，股价运行在 60°～75°的趋势轨道上，市场人气鼎沸，股价暴涨。

进入第 4 浪后，经过一段无序调整之后，虽然第 5 浪再次出现反弹，但已是强弩之末。略作调整之后，股价迅速进入下降通道。

股价就是在这样的涨跌中随波循环往复，完成了筹码和资金的转移。

图 29-5

29.3 股票交易中的箱体理论

箱体理论是一种技术分析理论，由尼古拉斯·达瓦斯（Nicolas Darvas）提出。该理论的核心思想是，股票在运行过程中，股价通常会在一个特定的价格区间内波动。最高点的连线与最低点的连线会围成一个长方形区域，这个区域被称为箱体。股价在箱体内运行时，在触到顶部区（或箱体的高位区）附近即回落，触到底部区（或箱体的低位区）附近即反弹。箱体示意图如图 29-6 所示。

图 29-6

29.3.1 箱体是会变化的

股票箱体是阶段性的，它达到特定的条件会产生变化。当股价有效地突破箱体的顶部时，这通常意味着原有的强阻力已经转变为强支撑，股价也进入了上升阶段。相反，当股价跌破箱体底部时，意味着原有的强支撑已经转变为强阻力，股市即将进入下降阶段。

在上升行情中，股价创出新高后，由于投资者的惧高心理，股价可能会回跌，然后再上升，形成新箱体。在下跌行情中，当股价跌至新低时，基于抢反弹心理，股价可能会回升，然后再下跌，形成新箱体。

🔔 股价突破箱体顶部强压力位，或跌破箱体底部强支撑位时，如果伴随着成交量的巨变，则意味着反转信息更强、更可靠。

29.3.2 通过箱体确定买入点/卖出点

当股价在第一个箱体内起伏波动时，不要贸然采取行动，而要等到股价确定上升到第二个箱体甚至第三个箱体时，再买进入场。在买进股票之后，只要股价不回跌至前一个箱体顶之下，就不卖出。

这样操作的好处在于不买震荡走势中的股票，要站上箱体之上，只买上涨的股票。

箱体理论不仅可以帮助投资者寻找买入点，还可以帮助投资者找到比较客观的止损位，如图 29-7 所示。当股价碰触到止损位时，要毫不犹豫立刻卖出。当股价由一个箱体下跌到前一个箱体附近时，前一个箱体的顶部称为跌回止损线，前一个箱体的底部称为跌破止损线。一般当股价跌破前一个箱体顶部时，应止损卖出；跌破前一个箱体底部时，应坚决卖出。

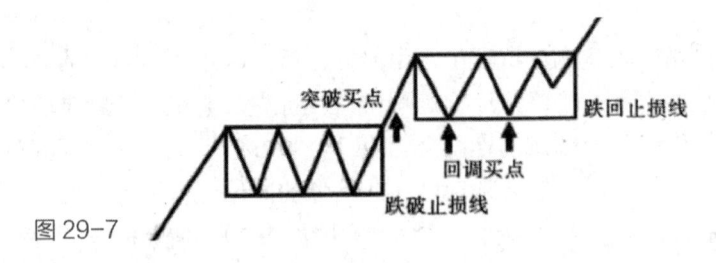

图 29-7

🔔 股票箱体只是股价长期变动中在某一个阶段临时停留的空间，因此它不能长期制约股价。

29.3.3 箱体的风险区

箱顶和箱底是风险区，应谨慎对待。当股价接近这些区域时，应密切关注其变动方向。当股价在箱顶时，如果买盘多，应继续关注并分析，看股价是否会进入新箱体。如果有回落的迹象，应及时退出以避免损失。同样，箱底也是可能转折的区域，需要谨慎对待。

在牛市中，如果市场看好且股价未大涨，股价通常会站稳新箱体。但如果股价已大涨并处于箱顶或箱底，应小心判断。若股价直接跌回原箱体，应迅速离场。因为箱底被跌破后可能成为下层箱体的箱顶，下跌惯性可能使其快速跌至箱体中心轴。如果市场无明确的方向，股价可能在箱体内反复运行，直至外部因素打破原有规律。

29.4 股票交易中的江恩理论

威廉·江恩（William D. Gann）是美国证券、期货业最著名的投资家，是极具神奇色彩的技术分析大师、20世纪20年代初期的传奇金融预测家、20世纪最伟大的投资家之一。

江恩理论是江恩结合其在股票和期货市场上的骄人成绩和宝贵经验提出的，是综合运用数学、几何学、宗教、天文学建立的独特分析方法和测市理论。

江恩理论的数学表达有两个基本要素，这两个基本要素是价格和时间。江恩通过江恩圆形、江恩螺旋正方形、江恩六边形、江恩"轮中轮"等图形将价格与时间完美地融合起来。

29.4.1 江恩理论的五大时间法则

在江恩理论中，时间周期是第一位的，其次是比例关系，最后才是形态。江恩理论时间法则的主要内容如下。

1. 时间是循环周期的参考点

江恩认为，时间循环可以分为短期循环、中期循环和长期循环。

短期循环为24小时、12小时甚至可缩小到4分钟，因为一天有1440分钟，地球自转1度为1440除以360，得出4分钟。

中期循环为1年、2年、3年、……、15年等。

长期循环为20年、30年、60年以上。其中，30年最重要，因为它共含有360个月，是一个完整圆形的度数。

2. 5年循环

在5年的升势中，先升2年，跌1年，再升2年。到第59个月注意转折。在5年的跌势中，先跌2年，升1年，再跌2年。处于长期上升（下跌）时，一般不会超过3年。

3. 10年是一个重要的循环

由10年前的顶部（底部）可预测10年后的顶部（底部）。此外，7年也是一个转折点，因为7天、7周、7个月都很重要。

4. 月和周做单位

在上升的趋势中，如果以月为单位，调整不会超过两个月。如果以周为单位，调整一般在2~3周。在大跌时，短期的反弹可以维持3~4个月。

5. 按月份分割圆

将360度圆形按月份分割来计算股市循环。

29.4.2 江恩的价格带

江恩的时间法则和价格法则在股市分析中起着重要作用。时间法则主要用于揭示价格何时将发生回调，而价格法则则用于揭示价格回调的幅度。

江恩的价格法则将价格分割成不同的区间，形成价格带。这些价格带是以相对时间的最高价和最低价为标准来划分的，分析期间可以是一日、数日、周、月、年或更长时间。这些价格带通常按照前一个价格趋势的百分比来划分，一般会通过价格水平线均分成8条或3条价格带。这些水平线不仅代表了价格运动的层次，更重要的是，它们表示了未来价格运动中可能的支持位或阻力位。在价格上升的趋势中，1/8或3/8的价格水平线可能构成较小的阻力位；而在价格下降的趋势中，这两个价格水平线则可能形成较小的支持位。

29.4.3 江恩"轮中轮"理论

江恩深信，自然界的四季更迭、阴阳转换同样适用于股票市场。他观察到市场中存在短期、中期和长期循环，这些循环之中还有循环，恰如圣经中所描述的"轮中之轮"。基于这一理念，江恩创立了市场循环中的"轮中轮"理论，该理论旨在统一描述市场循环，并将价位与江恩几何角相融合。因此，"轮中轮"不仅是江恩理论的精华所在，更是其思想的高度概括。

江恩将圆细致地划分为24等分，从0度开始，逆时针每旋转15度即增加一个单位。如此，历经24个单位便完成了首个循环，并以此类推，直到48个单位完成第二个循环。最终，通过360个单位完成整个大循环，即第15个循环，从而形成了江恩独特的"轮中轮"理论。

在江恩的"轮中轮"理论中，数字循环不仅代表时间的流转，也映射出价格的变动。时间的循环可以是以小时、天、周、月等为单位，而价格的循环则是以元或汇率等为单位。

"轮中轮"的核心在于角度线。市场的顶部、底部或重要的转折点，通常会出现在特定的角度线上，如0度、90度、180度等。

29.5 股票交易中的通道理论

通道理论是一种重要的技术分析手段，它通过观察和分析价格图上的通道形态，来揭示市场趋势和价格运动的规律。

通道由两条平行线构成：一条是支撑线，另一条是压力线。

在上升趋势中，两个相对低点的连线构成支撑线，两个相对高点的连线构成压力线，这两条线平行延伸，就形成了上升通道。在下降趋势中，情况正好相反，两个相对高点的连线构成支撑线，两个相对低点的连线构成压力线，这两条线平行延伸，就形成了下降通道。

图29-8是下降趋势的两条通道线。

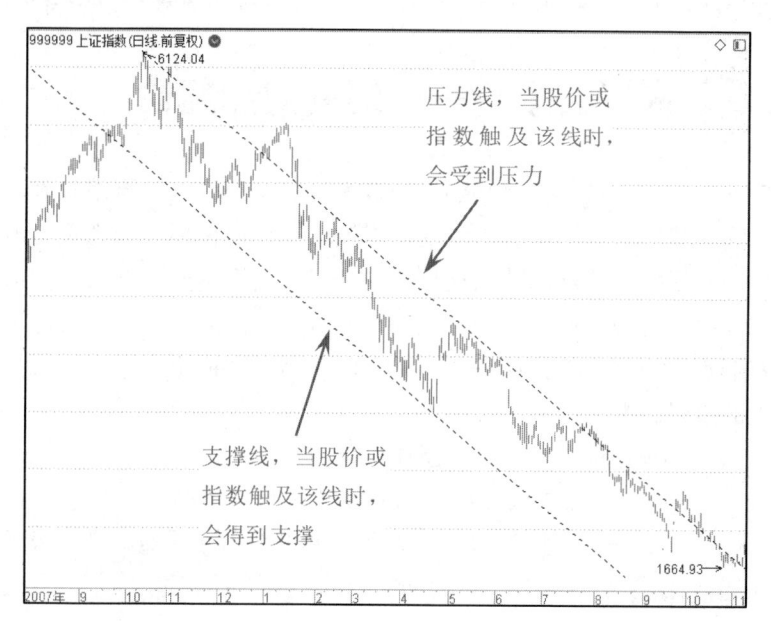

图 29-8

通道的宽窄和斜率可以提供关于市场趋势强度的线索。较宽的通道意味着市场波动较大，投资者情绪较为分散；而较窄的通道则表示市场即将发生突破，趋势将变得更为明确。通道的斜率则可以反映市场趋势的速度和力度，斜率越陡峭，趋势越强烈。

通道理论的主要应用包括以下几个方面。

1. 趋势识别

通过观察和绘制通道，投资者可以识别出市场的上升趋势或下降趋势。如果通道呈现向上倾斜的态势，通常表示市场处于上升趋势；反之，如果通道向下倾斜，则表示市场处于下降趋势。

2. 买卖信号

当价格触及通道的上轨（压力线）时，可能意味着市场存在超买的风险，投资者可能会考虑卖出；而当价格触及通道的下轨（支撑线）时，可能表示市场存在超卖的机会，投资者可能会考虑买入。

3. 风险控制

通道理论也可以帮助投资者设定止损位。例如，投资者可以在价格跌破通道下轨时设定止损，以限制潜在损失。

4. 预测未来价格

通过观察和分析通道的形态和变化，投资者可以预测未来价格的可能走势。例如，如果通道的宽度逐渐缩小，可能预示着即将发生突破，市场将出现新的趋势。

29.6 新股民学堂——时间周期理论

时间周期理论认为，事物的发展遵循一种由小到大，再由大到小的循环过程。这种循环规律同样适用于股市中的价格波动。任何价格活动都不可能永无止境地朝一个方向发展。在价格的波动过程中，必然会出现阶段性的高点和低点，并且这些高点并非随意出现，而是遵循一定的时间规律。因此，投资者可以根据这些规律，选择在低点出现时入市，而在高点出现时离市，从而更为精准地把握市场节奏，获得更大的投资回报。

时间周期理论的五大核心思想如下。

（1）股价波动的高低点出现的周期通常呈现"基本等长"的特点。这些周期根据时间长短可分为三种类型：短周期、中周期和长周期。具体来说，短周期的时间间隔通常在 13 个月以下；长周期的时间间隔一般超过 55 个月；而中周期的时间间隔则介于 13 至 55 个月之间。

（2）股价的循环周期与其涨跌幅度没有必然联系，通过股价小波动的高、低点周期出现时间，就可以预测大波动的高、低点的周期。

（3）在时间周期理论计算股价波动周期时，波谷被作为主要的参考点。这是因为波峰的形成往往受到多种复杂因素的影响，导致其表现出较大的不稳定性。

（4）若股价出现连续的上涨或下跌，持续时间接近一个循环周期的长度时，投资者就应该提前提防可能出现的反转。

（5）时间周期理论关注的重点是时间因素，即注重入市和清仓的时机选择，而对价格和成交量的因素则考虑得不够。在使用时间周期理论时，应与其他技术分析方法相结合，以提高判断的准确性。

第30章

锁定龙头，决胜股市——利用指标精准捕捉市场领头羊

"股市没有超凡神人，股票酬懒，股道酬勤；股市之道至简至易，运用之妙存乎一心"——股市谚语

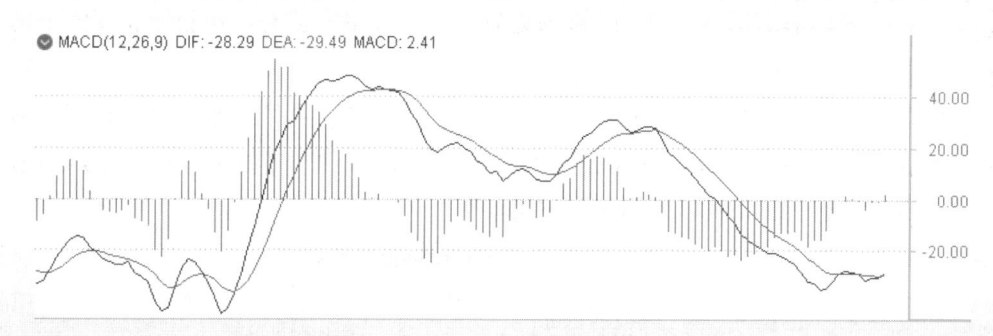

MACD(12,26,9) DIF: -28.29 DEA: -29.49 MACD: 2.41

技术指标是过去的数据和信息的反映，在投资决策中扮演着关键角色。本章将深入探讨如何在复杂的股市中精准锁定那些具有引领市场潜力的"领头羊"股票。我们将详细介绍如何利用各类技术指标，如移动平均线、相对强弱指标（RSI）、成交量等，来分析和判断个股的走势，并结合市场动态、行业政策以及公司基本面，从而捕捉到那些最有可能引领市场上涨的龙头股票。另外还介绍了如何精准捕捉市场中的领头羊，即那些在行业中具有领导地位、市场表现突出的股票。通过锁定这些龙头股，投资者将有机会获得更高的投资收益。

30.1 股票指标的定义和分类

技术指标就是按事先规定好的方法对原始数据进行处理，将处理之后的结果制成图表，并用制成的图表对市场进行行情研判。原始数据是指开盘价、最高价、最低价、收盘价、成交量和成交金额，有时还包括成交笔数。对原始数据进行处理，是指对这些数据的部分或全部进行整理和加工，使之成为一些数值信号。

技术指标反映了市场某一方面深层的内涵，这通过原始数据是很难看出来的。投资者对市场有一些想法，可能只停留在定性的程度，没有进行定量的分析，而技术指标可以进行定量的分析，使得具体操作时的精确度得以提高。

对数据不同的处理方式就产生了不同的技术指标。根据技术指标的设计原理和应用状况，它们大致可以分为：趋势类指标、超买超卖类指标、能量类指标、量价类指标、大盘类指标和压力支撑类指标等。

打开通达信股票行情分析软件，选择【公式】→【公式管理器】菜单命令（或者按 Ctrl+F 组合键），在弹出的【公式管理器】对话框中选择【技术指标公式】选项，即可查看所有的技术指标，如图 30-1 所示。

图 30-1

> 由于篇幅所限，我们只对其中的部分技术指标进行介绍。

30.2 通过趋势类指标锁定龙头股

趋势类技术指标引入趋势分析的指导思想，以波段操作为主要特征。常见的趋势类指标有 MACD、DMI、DMA 等。

30.2.1 MACD（平滑异同移动平均线）

MACD 是由杰拉尔得·阿佩尔（Gerald Ap-pel）于 1979 年根据移动平均线的原理设计出来的一种趋势型指标，英文全称为"Moving Average Convergence and Divergence"，中文译名为"平滑异同移动平均线"。

MACD 由正负差（DIFF）和异同平均数（DEA）两部分组成，其中 DIFF 是核心，DEA 只起辅助作用。DIFF 是快速平滑移动平均线与慢速平滑移动平均线的差，快速平滑移动平均线采用的是短期时间（通常设定为 12 日）参数，慢速平滑移动平均线采用的是长期时间（通常设定为 26 日）参数。

除了 DIFF 和 DEA 外，MACD 还有一个辅助指标——柱状线（BAR）。柱状线在 0 轴以下时呈现绿色，在 0 轴以上时呈现红色。前者代表趋势较弱，后者代表趋势较强。参考图如图 30-2 所示。

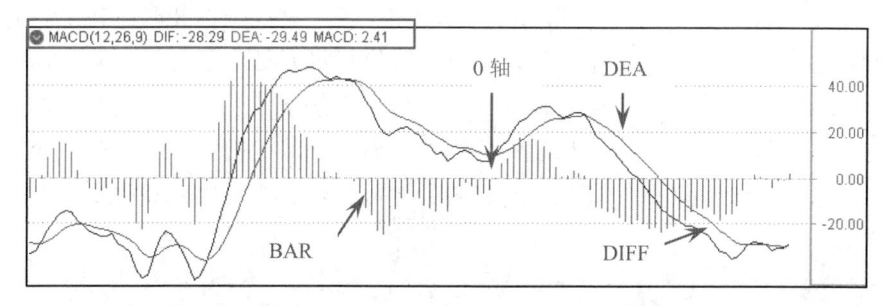

图 30-2

当 MACD 值从负数转为正数，是买入信号。当 MACD 值从正数转为负数，是卖出信号。当 MACD 以大角度变化，表示快的移动平均线和慢的移动平均线的差距非常迅速地拉开，代表了一个市场大趋势的转变。

> 关于如何设置自己想要的指标，参见 6.2.7 节的内容。

MACD 指标主要用于对中长期的上涨或下跌趋势进行判断，这是因为 MACD 的移动相对缓慢，所以即使股价在短时间内上下波动较大，MACD 也不会立即产生买卖信号。MACD 指标给出买卖信号的原则如下。

1. 多头市场

所谓多头市场，就是 DIFF 和 DEA 处于 0 轴以上。此时，如果 DIFF 线由下向上突破 DEA，形成黄金交叉，为买入信号。如果 DIFF 线自上而下穿越 DEA 线，则不能确定趋势的转折，此时是否卖出还需要借助其他指标来综合判断。

2. 空头市场

所谓空头市场，就是 DIFF 和 DEA 处于 0 轴以下。此时，如果 DIFF 由上向下突破 DEA，形成死亡交叉，为卖出信号。如果 DIFF 线自下而上穿越 DEA 线，则不能确定趋势的转折，此时是否买入还需要借助其他指标来综合判断。

3. 柱状线收缩和放大

一般来说，柱状线的持续收缩表明趋势运行的强度正在逐渐减弱。当柱状线颜色发生改变时，这通常标志着趋势的转折。

4. 形态

当 DIFF 线形成头肩底、W 底或 V 形底时，应考虑抄底买入；相反，当 DIFF 线在高位形成头肩顶、M 顶或尖顶等形态时，应当保持警惕，时刻准备逃顶离场。

5. 背离

当股价指数逐波下行，而 DIFF 及 DEA 不是同步下降，而是逐波上升，与股价走势形成底背离，这通常预示着股价即将上涨。如果此时出现 DIFF 两次由下向上穿过 DEA，形成两次黄金交叉，则表明股价即将大幅度上涨，是买入信号。

当股价指数逐波升高，而 DIFF 及 DEA 不是同步上升，而是逐波下降，与股价走势形成顶背离，这通常预示股价即将下跌。如果此时出现 DIFF 两次由上向下穿过 DEA，形成两次死亡交叉，则表明股价将大幅下跌，是卖出信号。

> 当股价处于盘整或震荡阶段时，DIFF 线与 DEA 线会频繁交叉，同时柱状线的收放以及颜色的转变也将频频出现，此时 MACD 指标处于失真状态，会释放出虚假的买卖信号，投资者应特别注意。

图 30-3 展示了四川长虹（600839）的日 K 线走势与 MACD 指标图。股价在经历了一轮下跌后，出现了 MACD 的底背离现象，即尽管股价仍在下跌，但 MACD 指标线却呈现出不降反升的趋势。这种背离现象预示着股价在短期内可能会止跌回升，因此，投资者不应再盲目做空，持币的投资者则应做好买入的准备。

随后，在 MACD 指标的上升过程中，DIFF 线和 DEA 线出现了多次粘合的情况。最终，DIFF 线成功向上穿越 DEA 线。但值得注意的是，此时 MACD 线仍位于 0 轴下方，这表明市场仍处于空头主导的状态。因此，后市的走势尚不明朗，投资者应以反弹操作为主。

随着股价的反弹上升，MACD 线成功上穿 0 轴，这标志着市场由空头市场转变为多头。在这种情况下，投资者可以逢低买进并持有，以期待股价的进一步上涨。

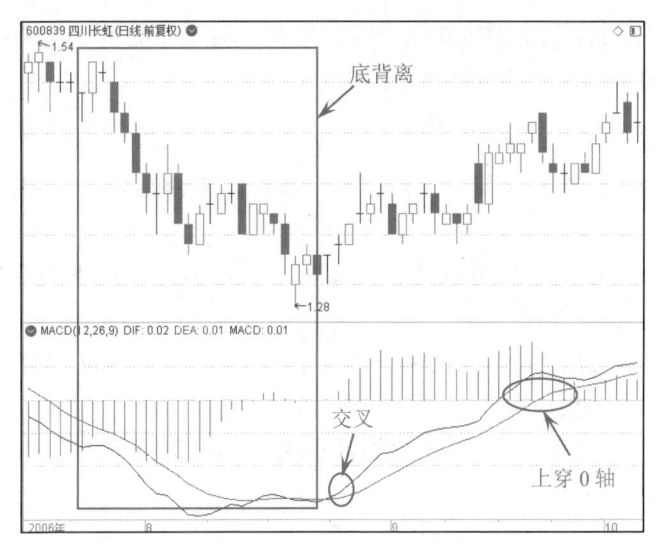

图 30-3

30.2.2 DMI（动向指标/趋向指标）

DMI（Directional Movement Index）指标，又称为动向指标或趋向指标，是由美国技术分析大师威尔斯·威尔德（Welles Wilder）创造的。该指标通过计算买卖双方力量的变化情况来预测股价的变动方向，它关注的是价格上升和下跌过程中买卖力量的平衡与失衡。

DMI 指标由 PDI 线（+DI 线）、MDI 线（-DI 线）、ADX 线和 ADXR 线四条线组成，如图 30-4 所示。

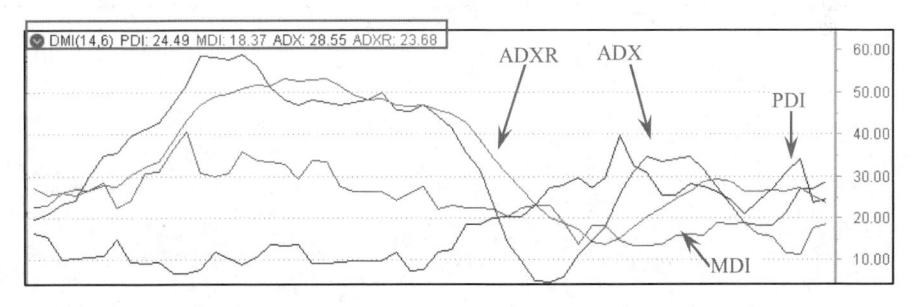

图 30-4

> PDI 线表示上升方向的力量强度；MDI 线表示下跌方向的力量强度；ADX 线用于衡量市场趋向的强弱程度，数值越高表示趋势越强，数值越低表示市场无明显趋势；ADXR 线是 ADX 的平滑值，用于减少短期波动的影响，从而提供更稳定的趋势判断依据。

DMI 指标的买卖技巧主要集中在 PDI、MDI、ADX 和 ADXR 这四条曲线的交叉情况，以及 PDI 曲线所处的位置和运行方向这两个方面。当市场处于震荡盘整时，DMI 指标可能无法准确反映市场趋势。

1. DMI指标的买入技巧

（1）在上涨行情中，PDI 线由下向上突破 MDI 线，说明股价会持续上涨，买入。

（2）ADX 线从 MDI 线上方回落时，表明股价将由下跌行情转为上涨行情，买入。

（3）在下跌行情中，ADX 线从高位由升转降，且 ADX 线的值达到 50 以上时，说明底部即将到来，买入。

（4）股价处于高位，MDI 线和 ADX 线的峰值同时出现，且 MDI 的值处于 50 以下时，买入。

（5）PDI 值 5 以下，MDI 值 50 以上同时出现时，买入。

（6）股价上升到高位后，MDI 线和 ADX 线的峰值同时出现，且 MDI 的值处于 50 以下时，买入。

图 30-5 是皇庭国际（000056）的日 K 线和 DMI 指标图。在股价下跌的过程中，ADX 线和 MDI 线曾一度紧密粘合，这种情形对于 DMI 指标在判断市场趋势时并无实质性帮助。然而，随着市场的演变，当 ADX 线持续攀升并稳稳地站在 MDI 线之上，随后在 A 点开始回落时，这一变化清晰地表明市场已由下跌趋势转为上升趋势。值得注意的是，在 A 点，ADX 线的数值达到了 73.68，远超 50 的临界值，这进一步印证了市场转势的临近。因此，A 点无疑是一个极佳的买入点。

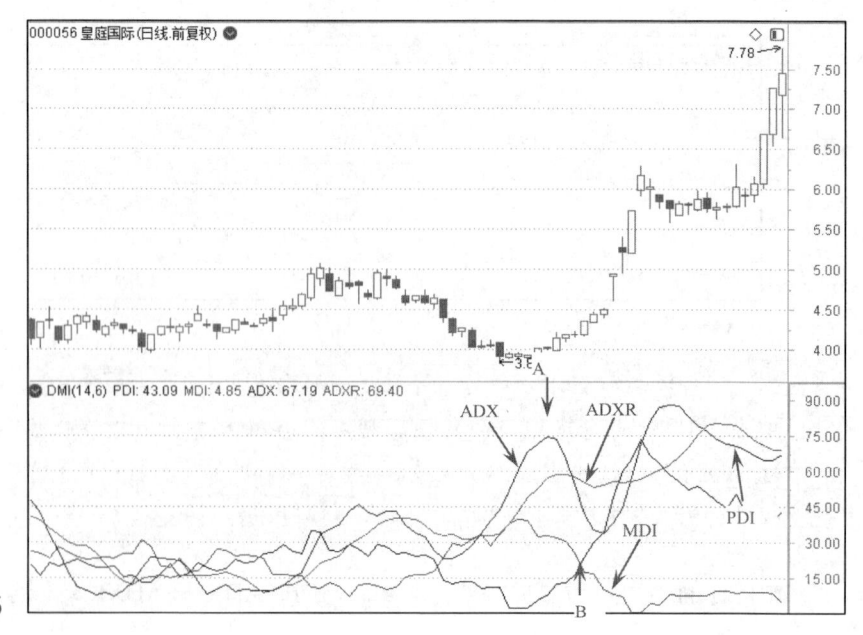

图 30-5

随后，当股价正式进入上涨趋势后，在 B 点位置，PDI 线成功地从下方穿越 MDI 线，这一动作明确地预示着股价将持续上涨。因此，B 点同样是一个值得抓住的入场时机。

2. DMI指标的卖出技巧

（1）在下跌行情中，PDI 线由上至下跌破 MDI 线时，说明股价将会持续下跌，卖出。

（2）ADX 线从 PDI 线上方回落时，表明股价将由上涨行情转为下跌行情，即使股价继续上涨，也是强弩之末，卖出。

（3）在上涨行情中，ADX 线从高位由升转降，且 ADX 线的值在 50 以上时，说明顶部即将到来，卖出。

（4）PDI 值 50 以上，MDI 值 5 以下同时出现时，卖出。

图 30-6 是天音控股（000829）的日 K 线和 DMI 指标图。该股在经历了一段上涨行情后，达到了阶段性的高点。在 A 点位置，ADX 线从 PDI 线的上方开始回落，这一变化清晰地指示着股价即将由上涨趋势转为下跌趋势。对于投资者而言，这是一个明确的卖出信号，应果断卖出。

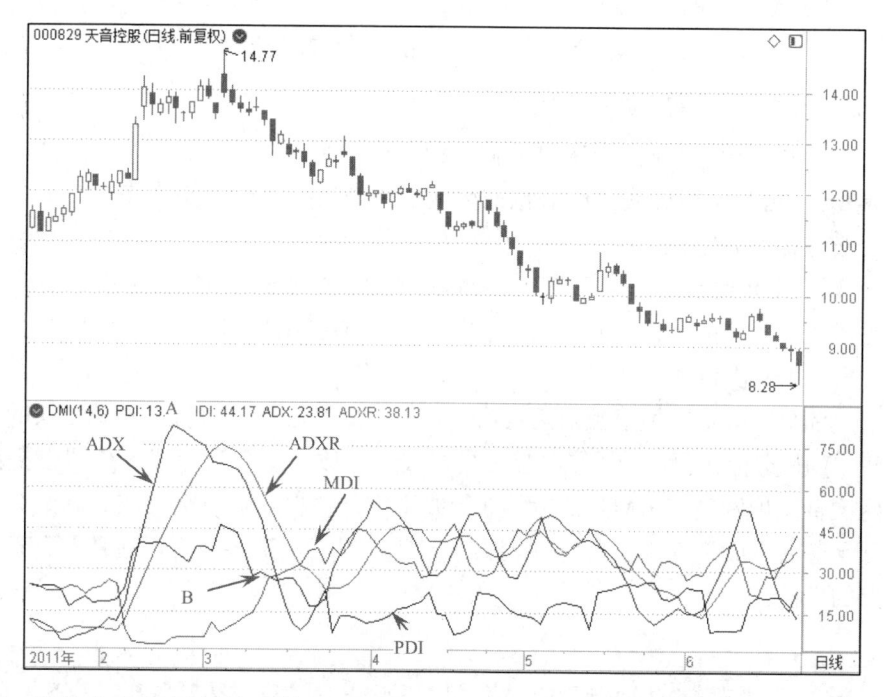

图 30-6

随后，股价在经过短暂的调整后开始进入下跌通道。在下跌的过程中，在 B 点处，PDI 线向下穿破了 MDI 线，这一动作进一步验证了股价将开始新一轮的下跌。面对这样的市场走势，投资者应当迅速反应，及时卖出股票以避免进一步的损失。

30.2.3 DMA（平均差）

DMA（Different of Moving Average，平均差）是一种用于趋势分析的指标，它通过计算两条时间周期不同的移动平均线之间的差价来判断当前买卖力量的强弱，并分析预测价格的未来走势。

在 DMA 指标窗口中，有两条指标线，即 DIF 指标线与 DIFMA 指标线。其中，DIF 指标线的数值直接反映了短期均线与中长期均线之间的差值，DIFMA 指标线为 DIF 指标线的移动平滑值曲线，如图 30-7 所示。

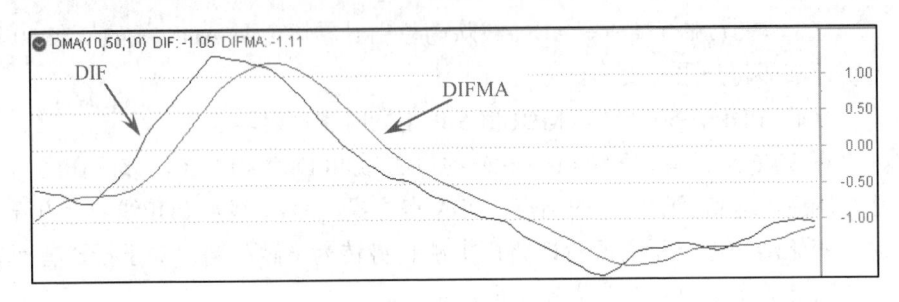

图 30-7

DMA 指标的值可以是正数或负数。正值一般表示多头市场，表明市场强势特征明显；负值一般表示空头市场，表明市场弱势特征明显。

1. DMA 指标的买入技巧

当 DIF 指标线向上突破 DIFMA 指标线形成黄金交叉时，买入。尤其当 DIF 指标线和 DIFMA 指标线在中低位产生两次或两次以上的黄金交叉时，说明股价此后上涨的概率比较大。

图 30-8 展示了金龙汽车（600686）的日 K 线走势与 DMA 指标图。该股在经历了一段时间的下跌之后，在低位区 A 点，DIF 指标线成功上穿 DIFMA 指标线，形成了第一次金叉。

随后，股价在横盘数日后再次下跌，达到最低点 5.19 元后迅速掉头向上。紧接着，DIF 指标线再次上穿 DIFMA 指标线，形成了第二次金叉。值得一提的是，这两次金叉均发生在 DMA 指标的 0 轴线下方，并在此后不久突破 0 轴继续向上，这预示着后市股价上涨的可能性较大。因此，对于投资者而言，这是一个果断买入股票的良机。

> 如果 DIF 指标线和 DIFMA 指标线在 0 轴下方形成黄金交叉后不久，两条线先后向上突破 0 轴，说明股价有强劲的动力，股价将进入短线拉升阶段，投资者可以加仓。

图 30-8

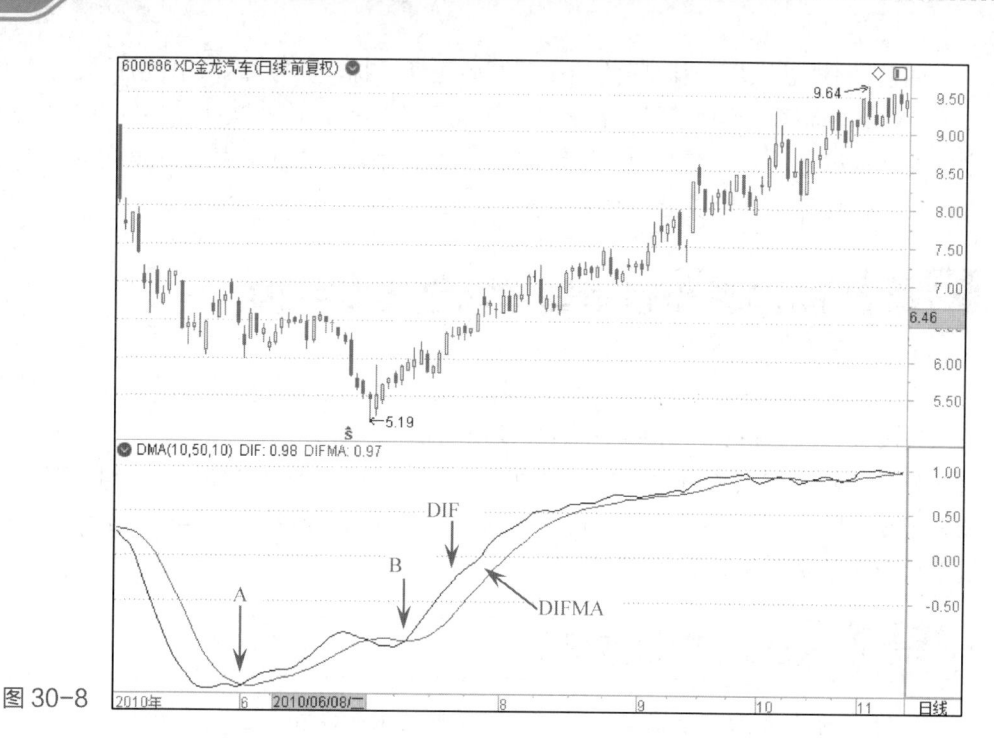

2. DMA指标的卖出技巧

当 DIF 指标线向下跌破 DIFMA 指标线时，卖出。尤其当 DIF 指标线和 DIFMA 指标线在高位产生两次或两次以上的死亡交叉时，说明股价此后下跌的概率比较大。

图 30-9 展示了五粮液（000858）的日 K 线走势与 DMA 指标图。该股在经历了一段时间的上涨之后，在高位区 A 点，DIF 指标线成功下穿 DIFMA 指标线，形成了第一次死叉。

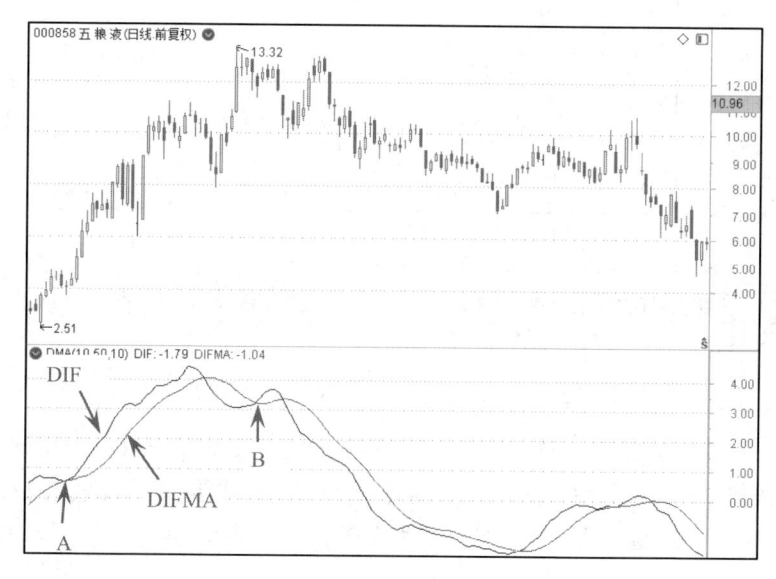

图 30-9

随后，股价经过一段时间的震荡后开始迅速下探，紧接着，DIF 指标线再次下穿 DIFMA 指标线，形成了第二次死叉。值得一提的是，这两次死叉均发生在 DMA 指标的 0 轴线上方，并在此后不久跌破 0 轴继续向下，这预示着后市股价下跌的可能性较大。因此，对于投资者而言，在出现死叉后应果断卖出离场。

30.3 通过超买超卖类指标锁定龙头股

超买超卖类指标，也称为反趋向指标，这类指标属于中短线指标。股市中对股票的过度买入称为超买，对股票的过度卖出则称为超卖。

常见的超买超卖类指标有 KDJ（随机）指标、WR（威廉）指标、RSI（相对强弱）指标、BIAS（乖离率）等。这些指标各有其特点，但基本原理都是基于市场的过度反应来预测价格的未来走势。

30.3.1 KDJ（随机指标）

KDJ 指标由乔治·莱恩首创，它主要是通过 K、D 和 J 这三条曲线所构成的图形来分析股市中的超买超卖，以及 K、D、J 三线相互交叉、突破和走势背离等现象，对股票的趋势进行预测。

在 KDJ 指标的三条线中，K 线被称为快速确认线，它主要用来反映股价的短期波动趋势；D 线被称为慢速主干线，它主要用来反映股价的中长期走势；J 线被称为方向敏感线，它是对 K 线和 D 线的补充，如图 30-10 所示。

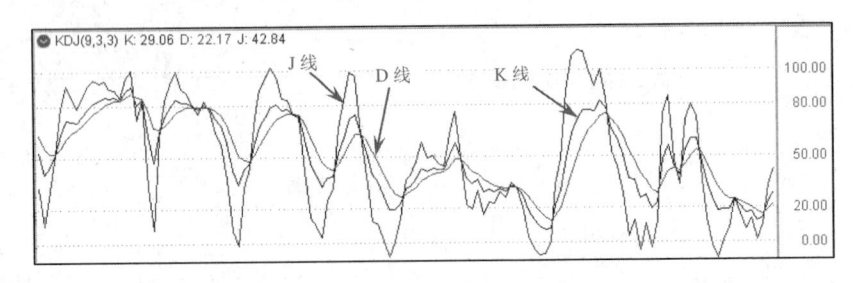

图 30-10

当价格波动剧烈或者瞬间变化幅度较大时，KDJ 信号的失误率会提高。

1. 通过随机指标数值大小判断买卖点

一般来说，当 K、D、J 三值在 50 附近时，表示多空双方力量处于均衡状态，所以数值 50 为多空均衡线。在实盘操作中，我们主要关注 K 线与 D 线脱离均衡位置 50 的程度。通常情况下，K、D 值都在 25 以下为超卖区，是买入信号；K、D 值都在75以上为超买区,是卖出信号;K、D值都在25～75之间为徘徊区,宜观望。

图30-11展示了海尔智家(600690)的日K线走势与KDJ指标图。该股在经历了一波显著的下跌行情之后,K线与D线都呈现出迅速下跌的态势。在这个过程中,K值和D值均跌落至25以下,这明确地表明市场短期内处于超卖状态,发出了强烈的买入信号。

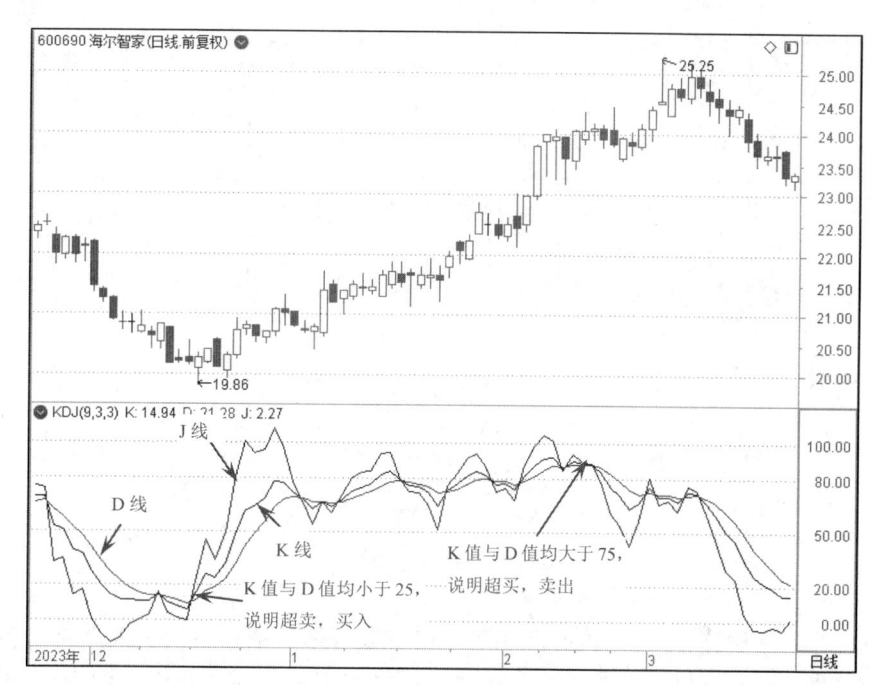

图30-11

随后,该股的走势发生逆转,股价迅速反弹上涨。在经历了一段强劲的拉升行情后,K线与D线又迅速上扬,K值与D值均攀升至75以上,这表明市场已处于超买状态,发出了明确的卖出信号。尽管之后股价仍有所上涨,但上涨势头明显不足。经过短暂的上涨之后,股价便迅速进入了急速下跌的通道,这一走势也进一步验证了之前卖出信号的准确性。

2. 通过随机指标交叉形态判断买卖点

当J线从下方上升,成功穿越K线与D线时,这种形态被称为KDJ指标线的金叉形态。通常而言,若金叉形态出现在个股经历短期的快速下跌走势后,如上升过程中出现的回调、下跌趋势中的短期大幅下跌,或是盘整震荡期间的震荡下跌,这往往被视为短期内的一个买入信号,提醒投资者可考虑介入。

相反,当J线从上方下降,穿越并低于K线与D线时,这样的形态被称为KDJ指标线的死叉形态。一般而言,若死叉形态出现在个股经历短期的快速上涨走势后,如上升途中的快速上涨、下跌途中的反弹上涨,或是盘整震荡中的震荡上扬,这通常被视为短期内的一个卖出信号,提醒投资者可能需要调整持仓或考虑卖出。

图 30-12 是金圆股份（000546）的日 K 线走势与 KDJ 指标图。该股在经历前期的连续上涨行情后，在相对高位区域进入了盘整震荡阶段。经过一波震荡回调后，在高位 A 点，KDJ 指标呈现出 J 线由上向下穿越 K 线与 D 线的死叉形态，这是短线卖出的良机。

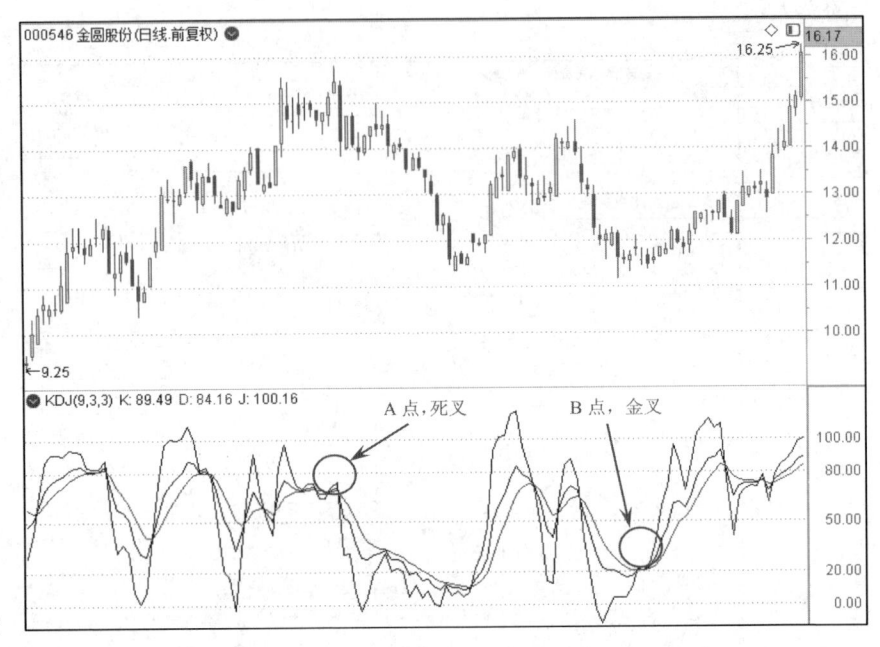

图 30-12

死叉形态出现后，该股经历了一段下跌行情，随后再次进入震荡回调模式。经过多次波动，最终在相对低位 B 点，KDJ 指标出现了 J 线由下向上穿越 K 线与 D 线的金叉形态，这标志着短线买入的明确信号已经出现。

30.3.2 WR（威廉指标）

WR（威廉指标）是由美国人拉里·威廉姆斯（Larry Williams）发明的，它与随机指标（KDJ）类似，也是一种用于分析市场短期内超买超卖情况的摆动类指标。

WR 指标往往会先于股价出现反转信号，同时 WR 指标将当前市场价格和周期内的高低点进行比较，显示目前价格在价格区域中的位置，从而直观地反映市场的强弱。

> WR 指标的缺陷在于其敏感性相对不足，这导致买卖信号的发生较为频繁，增加了产生误导性信号的风险。因此，在使用 WR 指标时，建议结合其他指标综合分析，如 RSI、MACD 和 DMI 等，以提升判断的准确性。

WR 指标由 WR1 线和 WR2 线组成，用于预测股市行情的涨跌变化。一般来说，当 WR1 值和 WR2 值在 50 附近时，表示多空双方的力量处于均衡状态，因此数值 50 为多空均衡线；当 WR1 值和 WR2 值小于 20 为超买，是卖出信号；当 WR1 值和 WR2 值大于 80 为超卖，是买入信号。

图 30-13 是保税科技（600794）日 K 线和 WR 指标图。该股经历了一段时间的下跌后，当 WR1 和 WR2 两值均超过 80 时，表明市场已处于超卖状态，这是一个明显的买入信号。随后，股价从底部反弹并持续攀升，而在股价达到高位时，WR1 和 WR2 两值均降至 20 以下，这表明市场处于超买状态，是一个明显的卖出信号。

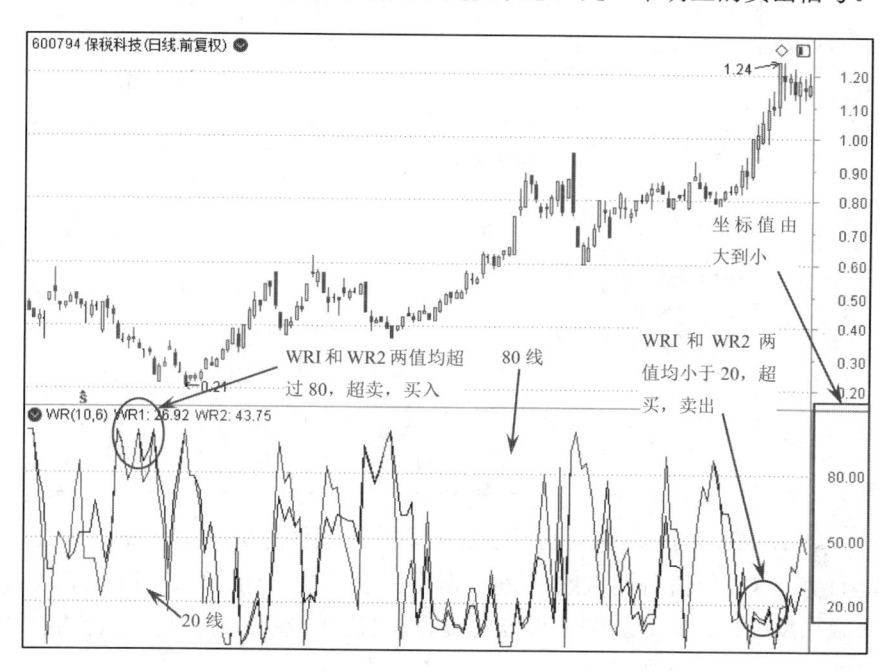

图 30-13

30.3.3 RSI（相对强弱指标）

RSI（Relative Strength Index，相对强弱指标），也称力度指标，由技术分析大师威尔斯·威尔德发明。它通过分析市场某一段时间内的上涨或下跌的幅度，来判断多空双方力量的相对强弱，进而预测价格的短期走势。

RSI 指标的主要优势在于它能够提前揭示买卖双方力量的对比情况，因此，RSI 指标的变化通常会比市场行情的变动更为提前。其最大缺点在于，当股价出现大涨或大跌时，RSI 指标可能会出现钝化现象，导致发出的信号不再可靠。为了避免因 RSI 指标钝化而产生的误判，投资者应当结合其他技术指标进行综合判断。

RSI 指标理论认为，任何市价的大涨或大跌都会在 0～100 之间变动。一般来说，当 RSI 值等于 50 时，表示多空双方力量处于均衡状态，因此数值 50 为多空均衡线；当 RSI 值大于 80 时，市场处于超买状态，是卖出信号；当 RSI 值跌至 20 以下时，市场处于超卖状态，是买入信号。

图 30-14 是卧龙地产（600173）日 K 线和 RSI 指标图。该股经历了一段上涨行情后，RSI1 和 RSI2 的数值均突破了 80，这明确地显示出市场处于超买状态。这一信号往往预示着阶段性高点的到来，因此是投资者考虑卖出的时机。

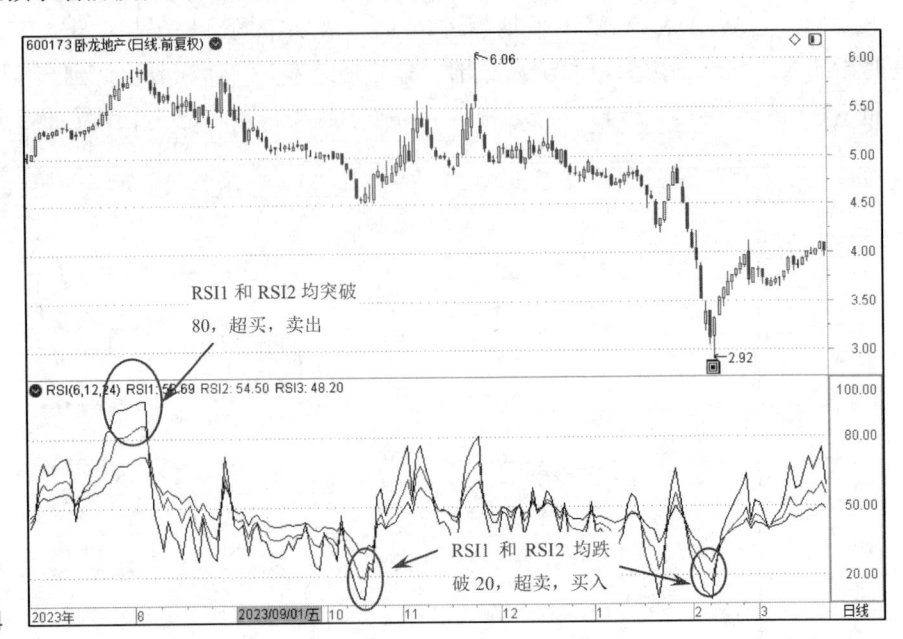

图 30-14

随后，尽管股价经历了一定的波动，但整体趋势转为下跌。在这一过程中，RSI1 和 RSI2 的值曾两次跌破 20。值得注意的是，在这两次跌破 20 之后，股价都出现了反弹，这恰好验证了市场处于超卖状态的判断。同时，这也预示着阶段性低点的出现，为投资者提供了买入的参考信号。

30.3.4　BIAS（乖离率）

BIAS（乖离率）也称为偏离度，它是由移动平均线派生出来的，其主要功能在于测量（或计算、评估）市场或个股在运行过程中与移动平均线的偏离程度，并利用这种偏离程度来预测价格的后期走势，从而指导买卖操作。

一般而言，当乖离率曲线在上方远离 0 轴时，就可以卖出；当乖离率曲线在下方远离 0 轴时，就可以买进。

图 30-15 是通达信的 BIAS 指标窗口，默认情况下，有 3 条乖离率曲线，分别是 6 日、12 日和 24 日乖离率。

当乖离率由负值变为正值时，如果移动平均线也向上移动，可以跟进做多；当乖离率由正值变为负值时，如果移动平均线向上移动，可以持股待售，如果移动平均线向下移动,则要坚决卖出。

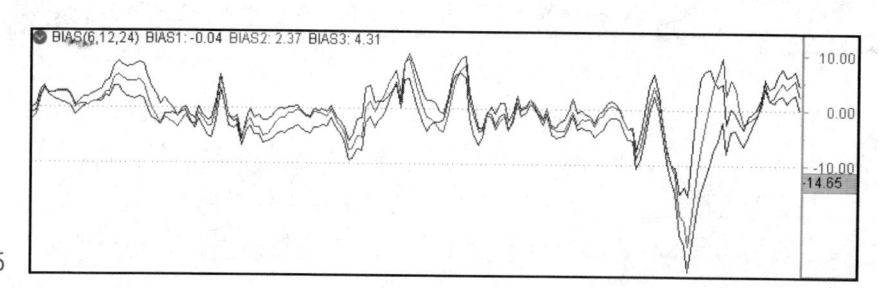

图 30-15

当乖离率接近历史最大值时,预示着多方威力已接近极限,行情随时都可能向下,投资者应减仓,而不能盲目追高。当乖离率接近历史最小值时,预示着空方威力已接近极限,行情随时都可能掉头向上,投资者不应再割肉出局,而应逢低吸纳。

图 30-16 是金融街(000402)一年来的日 K 线和 BIAS 图。在 A 点和 C 点,乖离率触及了最低点,这明显显示出空方力量的衰竭,预示着市场趋势即将发生反转,向上攀升的可能性大增。因此,对于投资者而言,此时是考虑买入的良机。

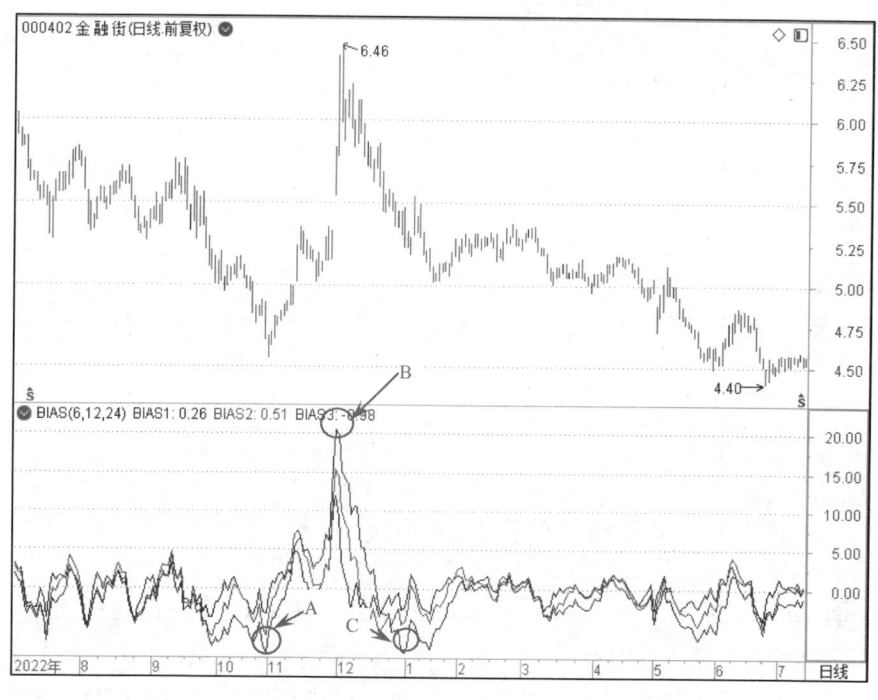

图 30-16

而在 B 点,乖离率达到了峰值,这强烈地暗示多方力量已接近极限,市场行情随时可能出现剧烈下跌。鉴于此,投资者应提高警惕,随时准备卖出离场,以避免潜在的风险。

总结来说,乖离率的变化为投资者提供了重要的市场信号。

30.4 新股民学堂——KDJ指标和MACD指标组合应用

KDJ指标以其超前性而著称，主要适用于短线操作策略。而MACD指标则反映了市场平均成本的离差值，为投资者提供了中线整体趋势的参考。

将这两者结合运用，能够带来显著的好处：不仅可以更加精准地捕捉KDJ指标所发出的短线买入与卖出信号，而且凭借MACD指标所展现的中线趋势特征，我们可以更全面地判定股票价格的中、短期波动情况。这种结合应用，使得投资者能够在复杂的市场环境中，更加从容地把握买卖时机，提高投资决策的准确性和有效性。

图30-17是洛阳钼业（603993）的日K线、成交量、KDJ指标和MACD指标图。从图中可以清晰地看到，该股的KDJ指标与MACD指标几乎在同一时刻触及低位。随后，这两个指标同步呈现出向上发散的态势，这标志着市场买入力量的增强，为投资者提供了最佳的买入时机。

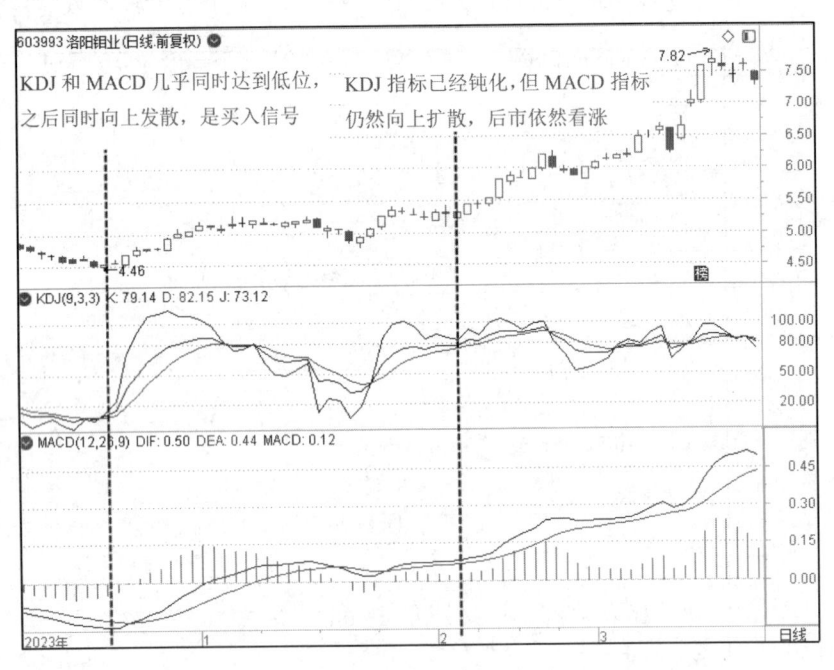

图30-17

之后，随着股价经历了一段时间的稳步攀升，KDJ指标开始出现钝化迹象，这意味着短线上可能会有一定的调整。然而，值得注意的是，MACD指标仍然保持向上移动的趋势，这显示出该股上升的动能并未消失，只是短期内可能会面临一些波动。

从后续的走势来看，股价上涨趋势依旧，这也体现了两个指标组合分析的全面性和可靠性都要优于单一指标。因此，投资者在决策时，应综合考虑这两个指标的变化，以便更加准确地把握市场动向。

第31章

黑马股的实战策略——揭秘能量指标发掘潜力股技法

"在别人贪婪时要保持警惕,而在别人警惕时就要贪婪。"
——沃伦·巴菲特

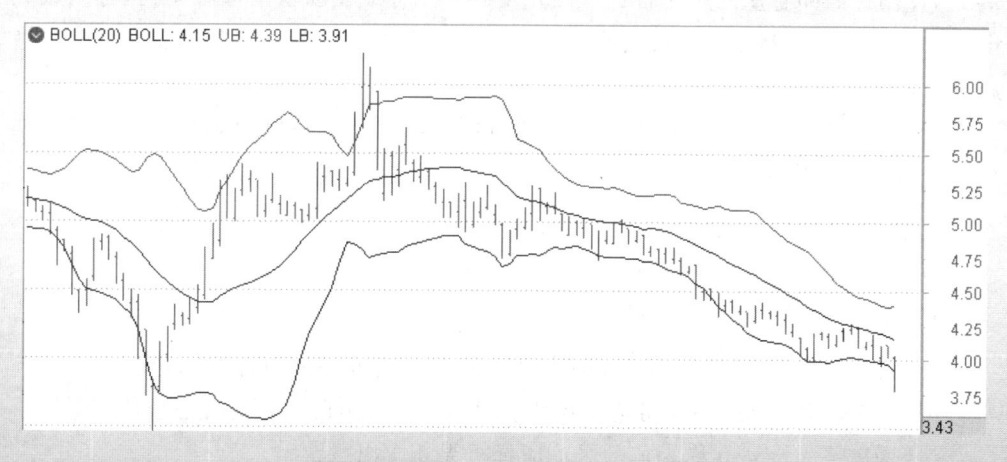

能够影响和判断价格走势的各种因素,除了基本面因素,以及各种消息、政策、心理等要素外,还有一个很重要的分支,那就是技术面。上一章我们介绍了趋势类指标、超买超卖类指标和量价类指标,本章我们将继续介绍能量类指标、大盘类指标和压力支撑类指标。本章揭秘潜力股通过指标的发掘方法,帮助投资者掌握筛选黑马股的技巧和策略。通过学习本章内容,投资者将有机会发掘并投资那些具有巨大潜力的黑马股。

31.1 通过能量指标找寻黑马股

能量指标是用来分析股市中买卖双方力量对比以及把握买卖时机的工具。这些指标通过考虑股价涨跌幅度、成交量、换手率等因素，帮助投资者判断股票市场的趋势和可能的买卖点。

能量指标能够显示股票上涨或下跌的动能，当动能强劲时，意味着股票将继续上涨或下跌；当动能减弱时，意味着市场即将发生反转。

31.1.1 VR（容量比率）指标

VR指标，即容量比率指标、成交量变异率指标或交易量指标。VR指标从成交量的角度测量股价的热度，表现股市的买卖气势，以利于投资者掌握股价可能的趋势走向。

VR指标的计算方法是：股价在一段时期内，上涨交易日的成交量总和与下跌交易日的成交量总和的比值。

1. VR指标的划分

VR指标可以划分为以下四个区域。

◇ VR值介于40～70之间称为低价区，可择机建仓。
◇ VR值介于70～150之间称为安全区，可持股待涨或择机加仓。
◇ VR值介于150～450之间称为获利区，一旦出现空头信号应当获利了结。
◇ VR值大于450称为危险区，应择机果断卖出股票。

2. VR指标使用中的注意事项

（1）当VR值低于40时，其形态在个股走势上的应用往往导致股价难以形成有效反弹。因此，在VR<40的情况下，更适合将其应用于指数分析，并辅以ADR（涨跌比指标）和OBOS（超买超卖指标）等工具，从而取得更佳的分析效果。

（2）VR指标在低价区域表现较为准确，但当VR值突破160时，其准确性会受到影响，存在失真风险。特别是在VR值处于350～400的高位区间时，有时会出现投资者卖出股票后股价却逆势上涨的现象。为了应对这种情况，建议投资者结合其他指标进行综合研判，如PSY（心理线）指标、CR（带状能量线）指标和DMI（趋向）指标等，以提高决策的准确性和可靠性。

3. 运用VR指标的买入技巧

当VR值处于低位区域时，这往往意味着股价已经过度下跌，出现了严重的超卖现象。在这种情况下，市场随时可能出现反弹行情。因此，对于投资者而言，此时应当密切关注市场动态，把握买入时机。

图 31-1 是伊利股份（600887）的日 K 线和 VR 指标图。从图中可以清楚地看到，前期股价持续处于下跌趋势，VR 值更是在 55～57 的区间内连续几日游走。这一表现明确显示，市场已进入超卖状态，股价已接近底部，果然，之后股价稳步上涨。对于投资者而言，当 VR 值处于低位区时，是一个择机进场的良机。

图 31-1

4. 运用VR指标的卖出技巧

当 VR 值从低位区域攀升至 350 以上的高位区时，这标志着市场已进入超买状态，股价上涨的趋势很可能会发生反转。因此，对于投资者而言，此时应当审慎判断，及时卖出股票，以避免潜在的市场风险。

图 31-2 是冀东水泥（000401）的日 K 线和 VR 指标图。该股经过一段时间的强势上涨后，股价成功创出阶段性新高。与此同时，VR 值也超越 400 的高位，这一数据明确指示该股已进入超买阶段。VR 指标的这一表现，无疑发出了市场即将见顶的预警信号。对于投资者而言，VR 的高位区域不仅是股价上涨的极限，更是获利了结的理想时机。因此，建议投资者在此时果断卖出股票，以锁定利润并规避可能的市场回调风险。

31.1.2　CR（带状能量线）指标

CR 指标是通过对比上涨力量与下跌力量来剖析市场强弱的重要工具，它不仅能有效分析市场趋势的运行状态，更能精准捕捉阶段性的买卖点。

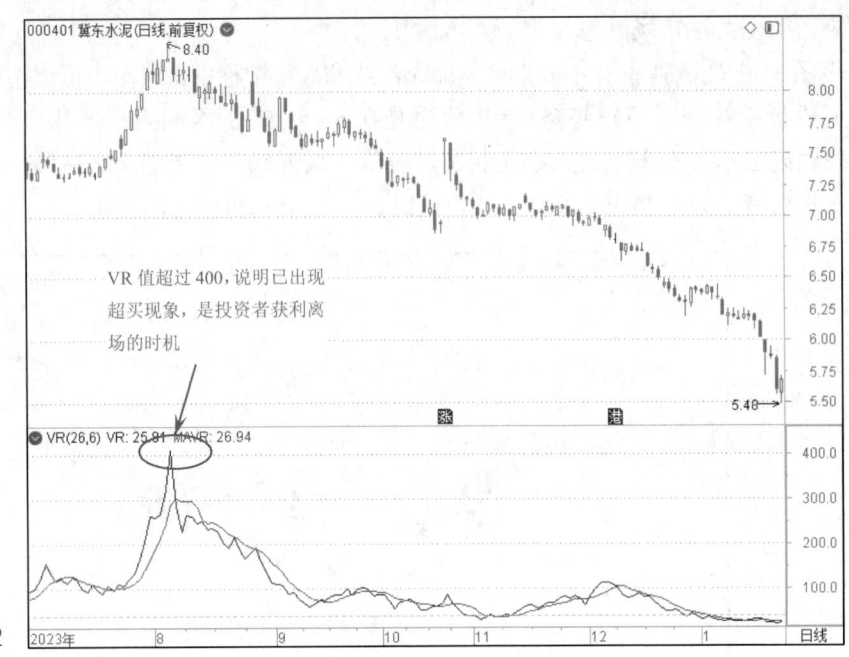

图 31-2

VR 值超过 400,说明已出现超买现象,是投资者获利离场的时机

CR 指标的设计初衷在于,它认为中间价是股市中最具代表性的价格。高于中间价的价位蕴含着较强的上涨能量,而低于中间价的价位则透露出较弱的下跌能量。具体表现为:CR 值越大,反映出多方力量越强劲;而 CR 值越小,则暗示空方力量占据主导。

1. 通过CR指标研判趋势

CR 指标主要通过 CR 曲线与 MA1、MA2、MA3 和 MA4 等关键曲线的交叉情况,以及 CR 曲线所处的具体位置和运行方向这两个方面来研判行情趋势。参考图如图 31-3 所示。

在强势行情中,若 CR 指标的均线呈现上升状态,当 CR 值下降到均线附近时,这通常意味着市场将反弹向上一段时间。投资者可借此机会持有股票,直至股价再次显示下跌趋势。此时,卖出股票的风险相对较小。

若 CR 指标在下降过程中直接向下跌破均线,且未出现明显的反弹迹象,那么这往往是一个明确的卖出信号。投资者应抓住这一时机,及时卖出股票,以避免可能的损失。

2. 运用CR指标的买入技巧

1)CR 曲线同时上穿三条均线,买入

股价处于低位区域时,CR 曲线在此时进行横向整理,当 CR 曲线在同一天向上突破了 MA1、MA2 和 MA3 三条曲线时,是股价反弹行情来临的信号,投资者可及时买入股票。

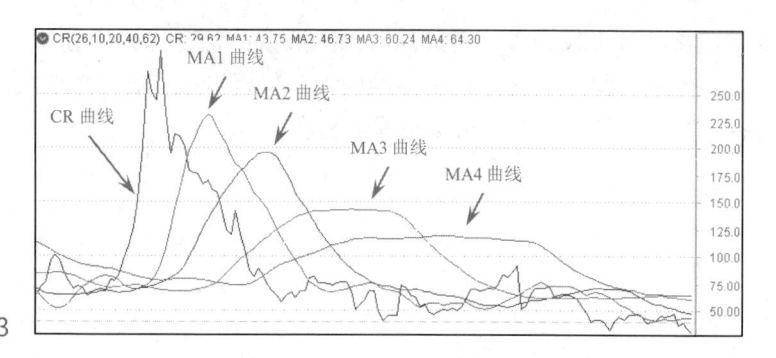

第31章 黑马股的实战策略——揭秘能量指标发掘潜力股技法

图31-3

图31-4是今世缘（603369）的日K线和CR指标图。从图中可以清楚地看到，在股价下跌的过程中，该股展现了一波强劲的反弹行情。特别是在A点处这一日，CR曲线成功上穿了MA1、MA2、MA3和MA4这四条重要的均线，这一信号的出现预示着多方力量的增强，是强烈的上涨信号。随后，股价在多方力量的推动下，呈现出持续上涨的态势，为投资者带来了可观的收益。

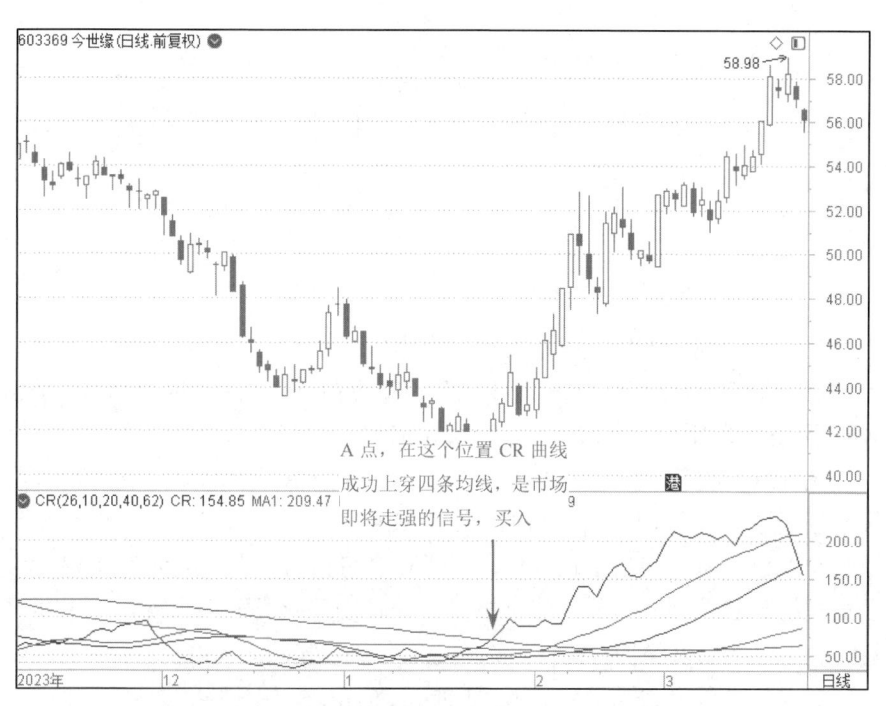

图31-4

2）CR曲线在超低区上穿MA1曲线，买入

股价在超低区位置由下向上突破MA1曲线，说明股价已经接近底部，后市将会有一波反弹，投资者可在CR曲线向上突破MA1曲线时买入股票。

图31-5是申能股份（600642）的日K线和CR指标图。在股价持续下跌的过程中，CR曲线在50附近的区域运行了一段时间后，展现出强劲的向上突破态势，并迅速穿越了MA1曲线。这一现象清晰地表明，股价已经接近底部，市场即将迎来

一波反弹行情。对于投资者而言，此时买入股票的信号已经十分明显。果然，随后股价开始了反弹，验证了这一判断的准确性。投资者应当在 CR 曲线向上突破 MA1 曲线时果断买入股票，以把握市场反弹的机会。

图 31-5

3. 运用CR指标的卖出技巧

1）CR 曲线同时跌破两条均线，卖出

股价上涨到高位后，CR 曲线在高位横盘整理，某日 CR 曲线同时跌破 MA1 和 MA2 两条均线时，为见顶信号，应卖出股票。

图 31-6 是中毅达 B（900906）的日 K 线和 CR 指标图。从图中可以看到，在股价高位区域 A 处，CR 曲线同时跌破了 MA1 和 MA2 曲线。这一现象表明，股价已经触及顶部，即将迎来下跌行情。对于投资者而言，此时是及时卖出股票以避免潜在损失的关键时刻。因此，建议投资者一旦发现此类形态出现，应果断采取行动，及时卖出股票，以保护自己的投资利益。

2）CR 曲线在超高区跌破 MA1 曲线，卖出

当 CR 曲线在高位突然向下跌破 MA1 曲线时，这一信号表明股价已处于极高的价位区域，市场随时可能发生反转，出现下跌趋势。在这种情况下，投资者应当高度警惕，一旦 CR 曲线下穿 MA1 曲线，应及时卖出股票，以规避潜在的市场风险。

图 31-7 是春雪食品（605567）的日 K 线和 CR 指标图。该股在经过一段时间的横盘整理后，突然呈现强势上穿态势。当股价触及 16.14 元的阶段性高点时，CR 值也同步飙升至 251.03 的高位。然而，随后 CR 曲线几乎以直线坠落的速度迅速跌破

MA1 曲线。这一形态的信号表明股价已处于极高的价位区域，市场可能已经发生反转，开始下跌。对于投资者而言，这是一个明确的卖出信号，应该迅速卖出手中的股票以避免潜在损失。从后续市场表现来看，这次下跌具有突然性和强力度，短短两个月内，股价下跌近57%，对于未及时离场的投资者来说，损失可谓惨重。

图 31-6

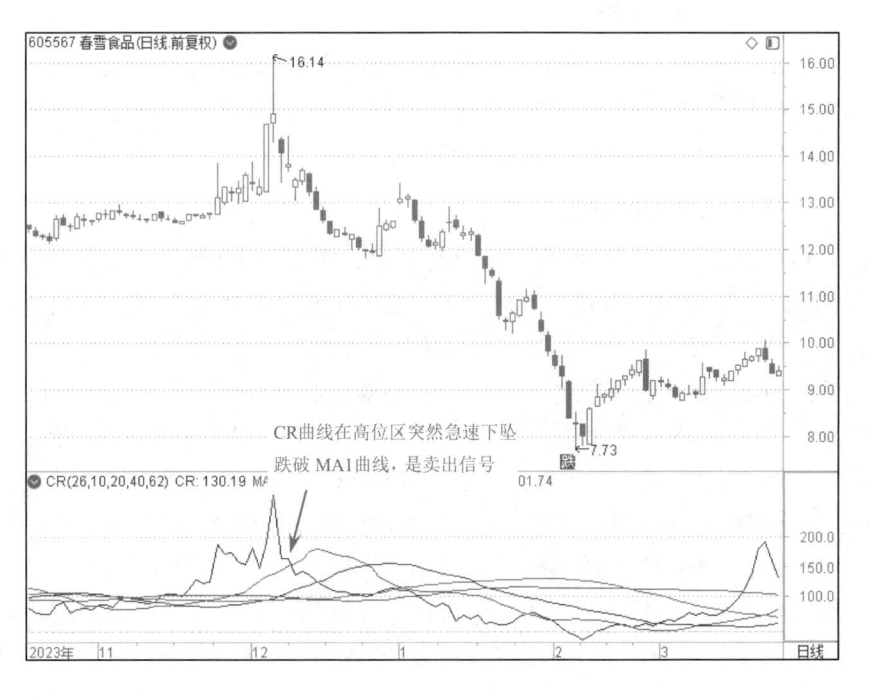

图 31-7

31.2 通过大盘指标找寻黑马股

这类专门针对大盘而设计的专用技术指标的主要作用是对整个证券市场的多空状况进行描述，因此此类技术指标只能用于研判市场的整体趋势，对个股的研判没有意义。常用的大盘指标有：ADR（涨跌比率）指标、OBOS（超买超卖）指标等。

31.2.1 ADR（涨跌比率）指标

ADR（Advance Decline Ratio，涨跌比率）指标，又称回归式的腾落指数、上升下降比指标，主要用于多空双方力量的比值变化，不能用于选股与研究个股的走势。

ADR 指标的计算方法是：ADR=（相应时间段内的上涨股票家数）÷（相应时间段内的下跌股票家数）。

1. 强弱市研判及ADR值的常态分布

当 ADR 值长时间内大于 1 时，就是强势市场，大多数的股票处于上涨状态；反之，当 ADR 值长时间内小于 1 时，就是弱势市场，大多数的股票处于下跌状态。

ADR 值的常态分布为 0.5～1.5 之间。ADR 值在 1.5 之上为超买区，ADR 值小于 0.5 为超卖区。在大牛市和大熊市中，常态分布的上下限将扩大到 1.9 以上，0.4 以下。

2. ADR指标的缺点

ADR 指标有两个不能忽略的缺点：一是对行情的领先反应过于敏感，尤其是在大牛市或大熊市时，极易发出错误的信号；二是指标显示指数已经处于超买或者超卖的状态时，不一定会马上出现反转的形态。

3. 通过涨跌比率识别"牛市"与"熊市"

ADR 指标的主要作用就是分析股市运行中强弱的状态。当股市长时间地处于强势状态时，买盘的力量要显著地大于卖盘的力量，股市会在买盘资金的推动下节节走高。我们将股市的这种趋势运行状态称为"牛市"。

图31-8展示了上证指数（999999）从 2008 年 7 月 18 日至 2009 年 7 月 28 日的走势。在 2008 年 7 月 18 日至 2008 年 11 月 10 日这段时间，股市显著下跌，整体市场处于下跌趋势中。在此情境下，上涨的个股数量明显少于下跌的个股数量，因此，ADR 指标值大部分时间都在数值 1 以下波动。这种运行状态直观地反映了熊市的特征。

而到了 2008 年 11 月 11 日至 2009 年 7 月 28 日，股市则呈现出明显的上升趋势，市场整体处于上涨状态。这时，上涨的个股数量明显多于下跌的个股数量，因此，ADR 指标值大部分时间都在数值 1 之上波动。这种运行状态则直观地展现了牛市的特征。

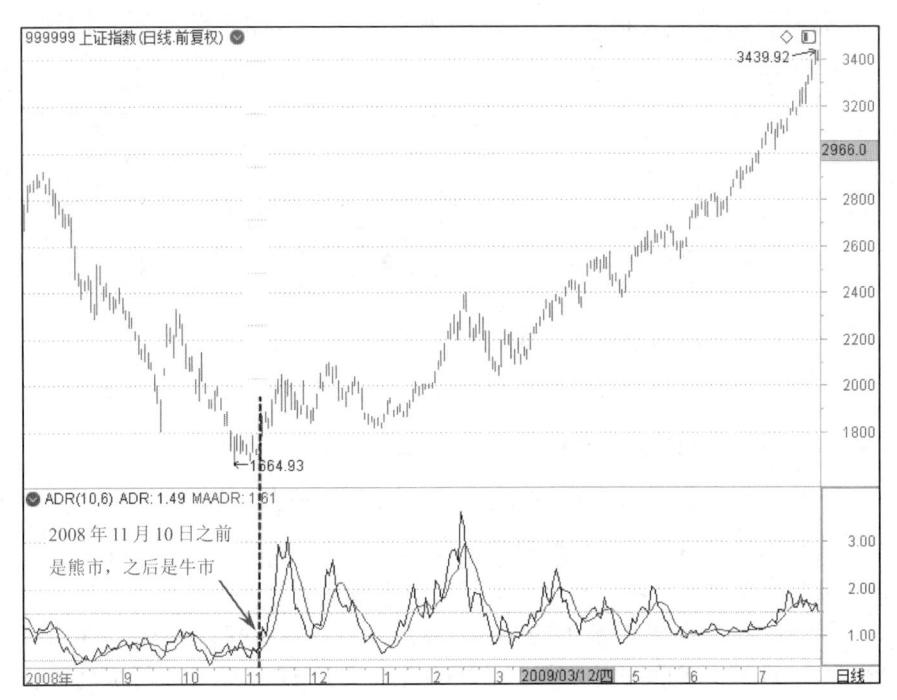

图 31-8

4. 通过涨跌比率判断牛熊转向

ADR 指标不仅能够清晰、直观地展现牛熊市的状态，还能敏锐地捕捉牛熊市的转变信号。具体来说，当 ADR 指标由原先在数值 1 上方稳定震荡转变为贴近数值 1 运行，或者开始在更多时间内运行于数值 1 下方时，这通常意味着牛市即将结束，是上升趋势即将达到顶点的信号。相反地，如果 ADR 指标从数值 1 下方开始上升，并逐渐在数值 1 上方稳定震荡，这通常预示着熊市即将终结，下跌趋势即将触底。

31.2.2 OBOS（超买超卖）指标

OBOS（超买超卖）指标，是一种运用上涨和下跌股票家数的差距来分析大盘走势的技术指标。该指标主要通过对比涨跌股数的差异，来洞察大盘买卖气势的强弱及其未来走向。值得注意的是，OBOS 指标和 ADR 指标一样，只适用于大盘指数的分析。

1. OBOS指标的研判

在大多数情况下，OBOS 指标在 -80 到 80 的范围内以零值为轴线波动。在这一正常波动区间内，该指标并没有特别的研判意义。然而，当 OBOS 进入超买超卖区，甚至是严重超买超卖区时，其所发出的反转信号就变得尤为关键和有效。

特别地，当 OBOS 指标在超买超卖区域出现反转，并成功突破 6 日 MAOBOS 简单移动平均线和 0 轴线时，这通常被视为一个明确的趋势反转信号，参考图如图 31-9 所示。

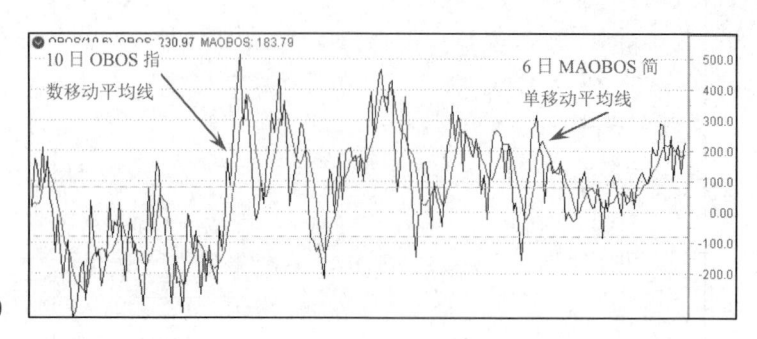

图 31-9

2. OBOS指标向上突破0轴，进入牛市

当股指降至低位时，若 OBOS 指标自下而上穿越 0 轴线，由负值转为正值，这通常表明大盘指数已跌至谷底或已接近底部区域。这一变化预示着多头市场的到来，投资者可据此判断市场即将出现反转，多头力量开始占据主导。

图 31-10 为 A 股指数（999998）的周 K 线及 OBOS 指标在 2006 年 7 月 7 日至 2007 年 5 月 11 日期间的走势图。在 2006 年 8 月 11 日，OBOS 指标成功突破了 0 轴线，这一关键性的变化预示着后市的看涨趋势。随后，A 股指数确实开启了一段明显的上涨趋势，与 OBOS 指标的预测相吻合。这一走势图清晰地展示了 OBOS 指标在指导投资决策中的重要作用。

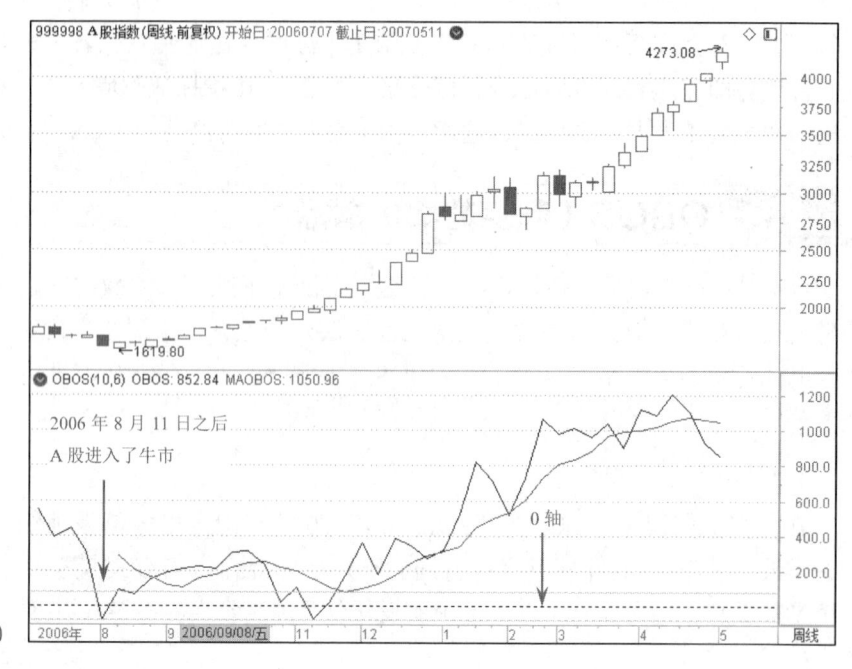

图 31-10

3. OBOS指标向下跌破0轴，进入熊市

当股指升至高位时，若 OBOS 指标自上而下穿越 0 轴线，由正值转为负值，这通常表明大盘指数已升至峰顶或已接近顶部区域。这一变化预示着空头市场的到来，投资者可据此判断市场即将出现反转，空头力量开始占据主导。

图 31-11 为深成指 R（399002）在 2014 年 10 月 31 日至 2017 年 3 月 3 日期间的周 K 线走势图，同时也展示了 OBOS 指标的变化情况。在这段时期内，深证成指经历了一段显著的上涨行情，并于 2015 年 6 月 19 日达到了顶峰。然而，随后市场发生了急剧的逆转，股指开始迅速下跌。特别值得一提的是，2015 年 7 月 3 日，OBOS 指标跌破了重要的 0 轴线，这一关键性的变化无疑为投资者释放了一个明确的看跌信号。随后，深证成指也确实如 OBOS 指标所预测的那样，开启了一段明显的下跌趋势。这张走势图生动地展现了 OBOS 指标在投资决策中的重要作用，为投资者提供了宝贵的市场趋势预测信息。

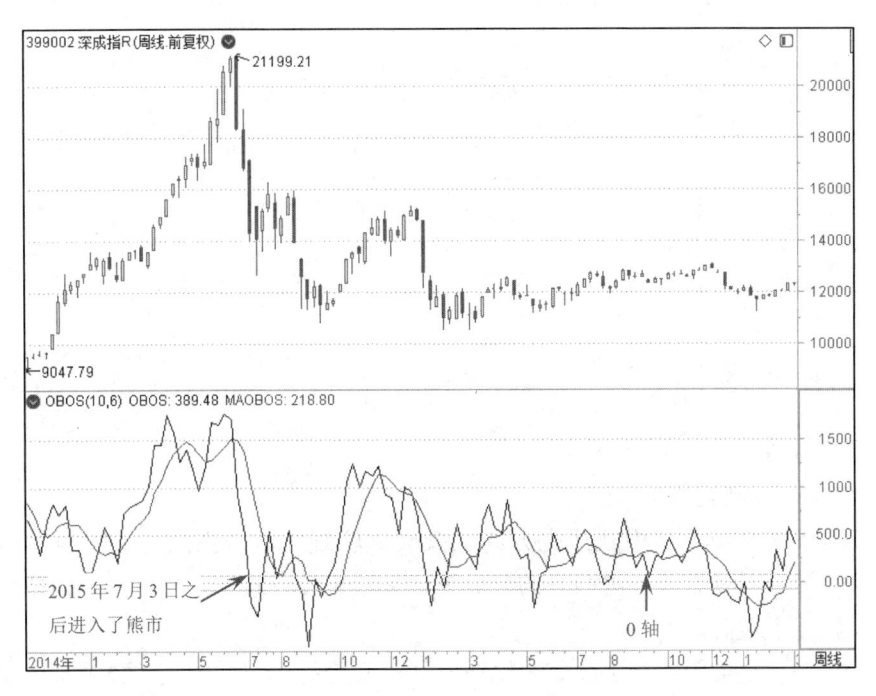

图 31-11

31.3 通过压力支撑指标找寻黑马股

压力支撑类指标通过分析证券价格的运行规律，分析可能的上涨阻力和下跌支撑位置。它们主要用于预测由历史交易形成的密集交易区可能带来的压力和支撑，并以图形形式直观展示，便于观察和判断。相比其他成交量指标，它更简洁易懂。

压力支撑类指标的作用在于，通过计算和分析历史股价数据，为投资者提供有

关未来股价可能上涨或下跌的空间的信息，从而辅助投资者制定投资策略。

31.3.1 BOLL（布林带）

BOLL 是由约翰·布林发明的一种压力支撑类技术指标，由三条轨道线组成。一般情况下，价格线在由上下轨道组成的带状区间游走。当股价涨跌幅度加大时，带状区会变宽；当股价涨跌幅度缩小时，带状区会变窄。参考图如图 31-12 所示。

BOLL 带指标能够清楚地指示出股价的支撑位、压力位，显示超买、超卖区域。一般认为，BOLL 带指标具有以下四大功能。

（1）可以指示支撑和压力位置。

（2）可显示超买、超卖区域。

（3）具备通道作用。

（4）用于指示整体趋势。

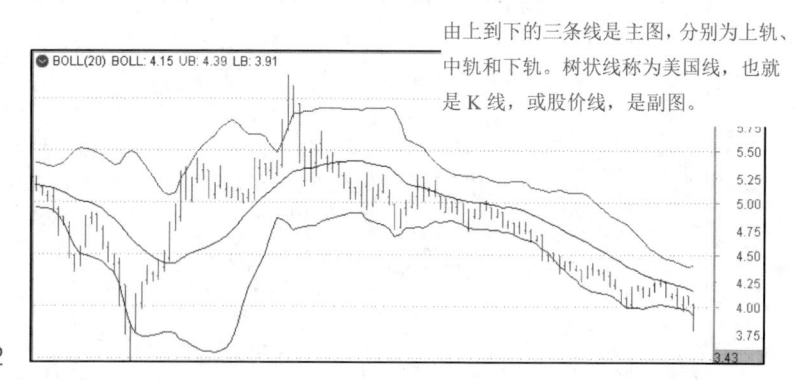

图 31-12

由上到下的三条线是主图，分别为上轨、中轨和下轨。树状线称为美国线，也就是 K 线，或股价线，是副图。

1. BOLL带的买入技巧

1）突破轨道买入法

- 美国线从中轨线上方向上突破上轨线时，是强烈的买入信号。特别是在市场整体趋势向好的情况下，采用这种方式进行短线操作的成功率往往非常高。

- 当美国线向上突破中轨线，同时股价的成交量放大并且突破中期移动平均线时，是中短线的买入机会。

> 在 BOLL 带指标窗口，K 线（股价线）也叫美国线，以副图的形式存在。

- 美国线由下向上突破下轨线时，是短线触底反弹的信号，投资者可适当进行短线操作。但是如果美国线还没有向上突破中轨线，这表明中期趋势仍然较弱，因此投资者要注意仓位上的控制。

图 31-13 是翔港科技（603499）的日线和 BOLL 带指标图。经过一段时间的下跌，该股从 7.62 元跌至近期谷底，随后迅速展现出强势反弹的态势。从图中可以观察到，美国线自下轨线开始稳步上升，尤其在突破上轨线之后，股价呈现出了迅猛的上涨态势。

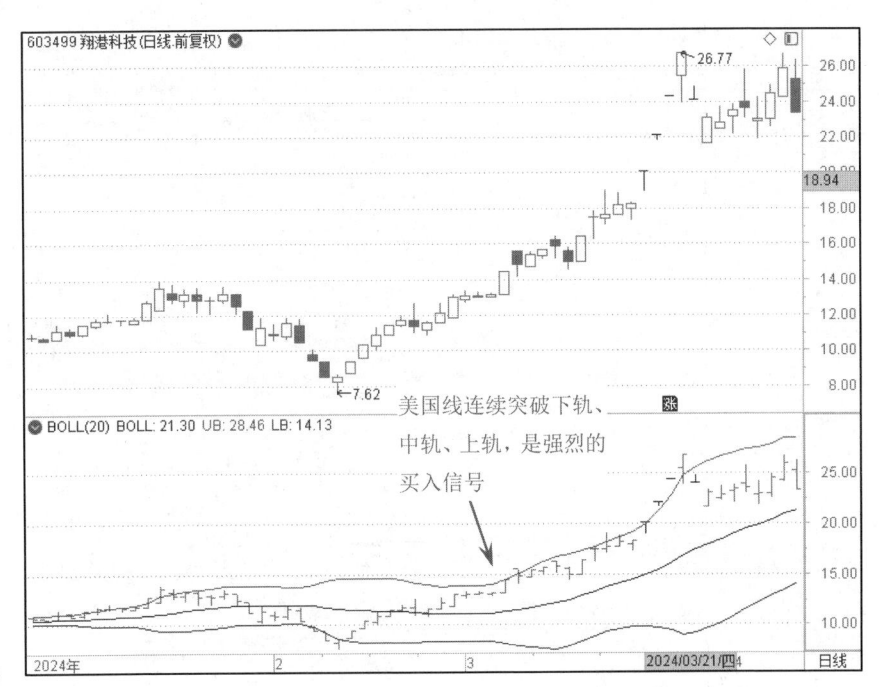

图 31-13

在美国线初步突破下轨线时，投资者可以谨慎地尝试少量买入，并持续关注该股的动态变化。当美国线成功突破中轨线并伴随成交量的明显放大时，可以进一步买入。随着美国线的持续上扬，直至突破上轨线，都是投资者介入的良好时机。

从 BOLL 带的走势来看，这一波涨势表现出色，显示出强劲的上涨动能。投资者在持有该股的过程中，可以持续观察美国线的变化，并持有至美国线跌破中轨线，发出卖出信号为止。

2）BOLL 带上涨开口买入法

在股价的运行过程中，当 BOLL 带在低位经历长时间的窄幅波动后，一旦股价出现放量上涨的态势，且 BOLL 带突然呈现向上开口的趋势，这通常意味着股价即将进入上升通道。对于中短线投资者而言，这是一个明确的买入机会。尤其是当美国线向上突破上轨线时，这一买入信号将变得更为明确和可靠。

图 31-14 是万丰奥威（002085）的日线图、成交量和 BOLL 带指标图。从图中可以观察到，前期 BOLL 带经历了长时间的窄幅波动。随后，随着股价的稳步上涨和成交量的显著放大，BOLL 带突然呈现出开口向上的强劲走势。更为重要的是，美国线成功向上突破了上轨线，这一明显的信号标志着最佳的买入时机已经到来。

在此之后，该股表现出强劲的上涨势头，连续多日跳空高开高走，股价不断攀升。与此同时，成交量的持续放大进一步证实了市场的热烈反应，预示着该股已经进入了一个明显的大涨趋势。对于投资者而言，这是一个值得密切关注和把握的机会。

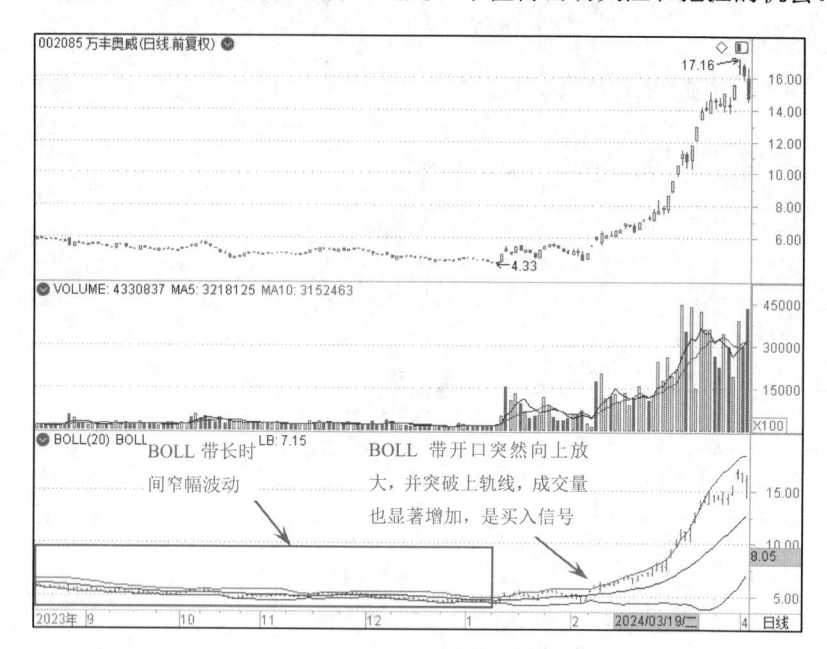

图 31-14

2. BOLL带的卖出技巧

1）突破轨道卖出法

✧ 当美国线在上轨线的上方运行一段时间之后，开始由上向下跌破 BOLL 指标的上轨线时，是卖出股票的好机会。

✧ 当美国线向下跌破 BOLL 指标的中轨线时，如果此时股价也先后跌破中短期移动平均线，说明中短期下跌趋势基本确定，应逢高卖出股票。

图 31-15 是华大智造（688114）的日线和 BOLL 带指标图。该股前期呈现上涨态势，从 BOLL 带窗口可以看到，美国线稳定在上轨线上方运行。然而，当股价触及 106.68 元的峰值时，市场形势发生了逆转。美国线突然急剧下滑，不仅先后跌破了上轨线和中轨线，更是一度击穿下轨线，显示出强烈的下跌趋势。

尽管此后股价出现了一定程度的反弹，但始终受到 5 日均线、10 日均线和 20 日均线的压制，未能有效突破。这些明确的信号均表明，该股已步入下跌轨道，投资者应果断采取行动，及时抛售股票，以避免更大损失。

2）BOLL 带指标下跌开口卖出法

当 BOLL 带指标在高位窄幅波动后，突然向下开口，同时美国线向下击穿下轨线时，说明上涨趋势结束，是卖出信号。

图 31-16 是 ST 贵人（603555）的日线和 BOLL 带指标图。该股前期长时间处

于横盘整理状态，BOLL 带指标在高位呈现窄幅波动。然而，在 A 点处，市场形势发生了显著变化。BOLL 带突然开始向下开口，同时美国线也迅速向下击穿下轨线。在这个过程中，股价相继跌破 5 日和 10 日均线的支撑。随后的股价走势进一步确认了市场的下跌趋势，股价线以及 5 日、10 日、20 日均线呈现出空头排列的形式。这些迹象都表明，之前的上涨趋势已经结束，卖出信号已经清晰显现。对于投资者而言，此时应及时调整策略，考虑卖出股票以规避风险。

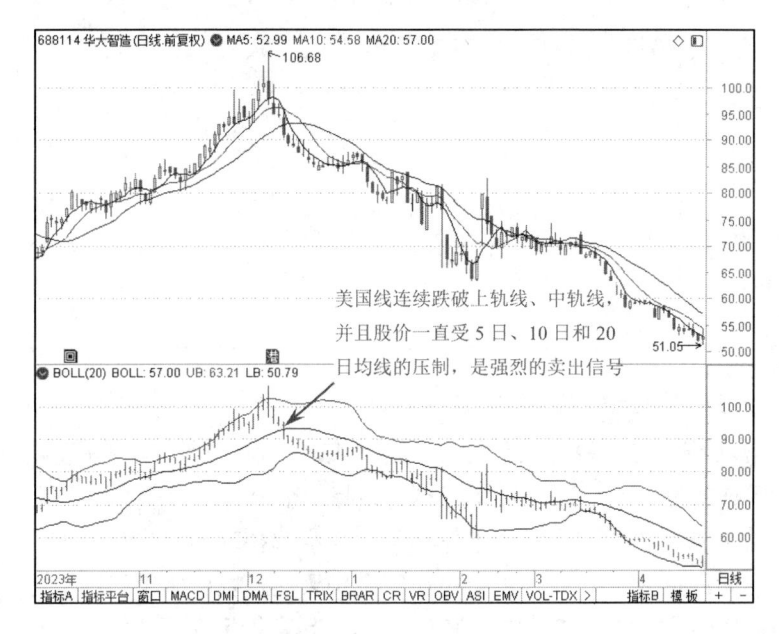

图 31-15

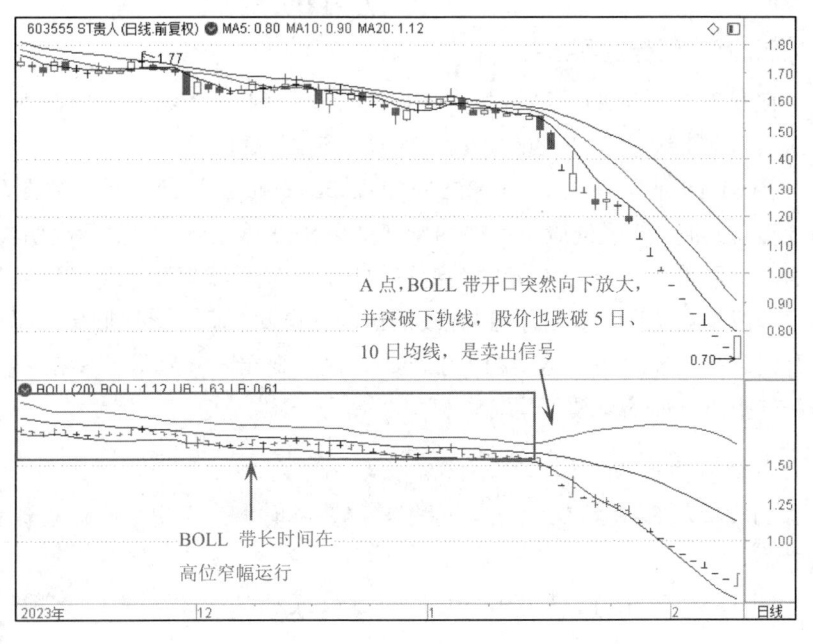

图 31-16

31.3.2 SAR（抛物线）

SAR 指标又叫抛物线指标或停损转向操作点指标，由美国技术分析大师威尔斯·威尔德所创造。SAR 指标强调时间与价格并重，其图像外观类似于抛物线。利用抛物线的方式，随时调整止盈和止损点位置以观察买卖点。

SAR 指标由 SAR 曲线和美国线组成，如图 31-17 所示。

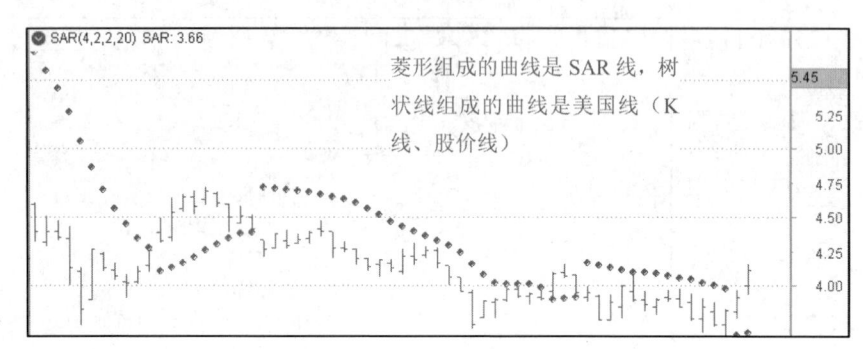

图 31-17

1. SAR指标的优缺点

SAR 指标在寻找止盈和止损点方面表现出色，对于那些在设定止盈止损价位上感到困惑的投资者来说，SAR 指标无疑是一个值得考虑的参考工具。

SAR 指标的不足之处也非常明显：在窄幅整理的牛皮盘整市场，或是遭遇突发性利好和利空情况时，SAR 指标往往会频繁交替发出买卖信号，这大大增加了操作失误的风险。因此，在牛皮盘整市场中，SAR 指标并不适宜。

2. SAR指标的买入技巧

股价在长时间的下跌过程中，K 线一直受到 SAR 线的压制在其下方运行，当 K 线由下向上突破 SAR 线时，就是绝佳的买入时机。

图 31-18 是海兴电力（603556）的日 K 线和 SAR 指标图。从图示中我们可以清晰地观察到，该股的股价在前期持续受到 SAR 线的压制，显示出明显的下跌趋势。然而，当股价下跌至 19.9 元的关键点位后，市场情况发生了逆转。股价开始强劲反弹，并成功自下而上突破了 SAR 线的压制。自此之后，该股股价便呈现出一路向上攀升的态势，展现出了强劲的上涨动力。这一变化充分显示了 SAR 线在判断股价趋势和转折点方面的重要作用。

3. SAR指标的卖出技巧

当股价从 SAR 线的上方向下跌破 SAR 线时，为卖出信号，投资者应当择机卖出股票。

图 31-19 是 ST 商城（600306）的日 K 线和 SAR 指标图。该股股价在前期一

强力压制着 SAR 线，呈现出稳步攀升的态势。然而，在 A 点处，股价突然呈现出急速飙升的态势，通过连续的一字涨停板，仅用了 12 个交易日，股价便飙升了 80%，一度攀升至 14.5 元的高峰。这种飙升的疯狂程度，令人瞠目结舌。

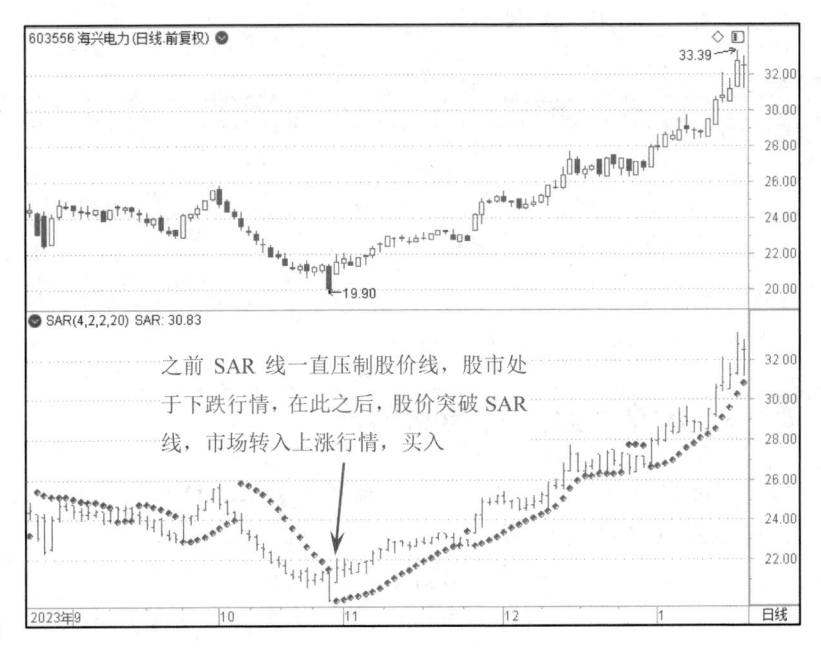

图 31-18

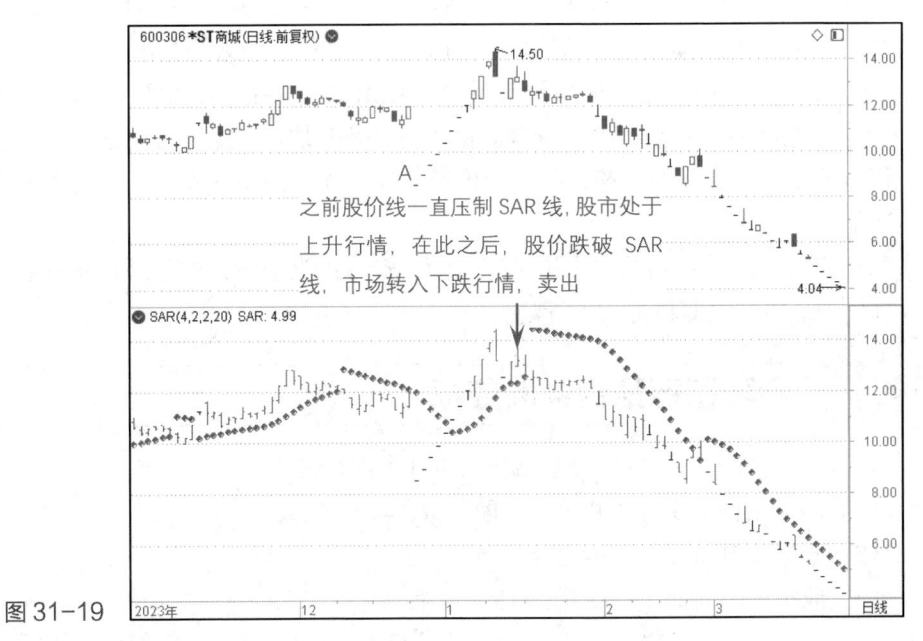

图 31-19

然而，正如人们常说的那样，上涨有多疯狂，下跌就有多猛烈。在股价触及顶峰之后，便开始急转直下，此时，股价受到了 SAR 线的牢牢压制。此刻，对于投资者来说，这无疑是一个绝佳的卖出点。

随着股价的连续一字跌停板，市场气氛急剧转冷，经过 48 个交易日的洗礼，股价从巅峰的 14.5 元一路下跌至 4.04 元，跌幅达到了惊人的 72%。这种幅度的下跌，无疑给投资者带来了巨大的冲击和考验。

31.4 新股民学堂——多种指标结合判断顶部和底部

在股市的复杂多变中，没有任何一种单一指标能够完美预判行情的顶部和底部。因此，面对这样的市场环境，最佳的操作手段应当是结合多种指标来综合判断趋势行情。通过综合考虑不同指标所揭示的信息，我们可以更准确地把握市场的动向，从而做出更为明智的投资决策。

31.4.1 多种指标结合判断顶部

对于顶部的判断，投资者可以结合 KDJ、BOLL、DMI 三个指标进行分析。

（1）KDJ 的 J 值接近 100。

（2）股价沿 BOLL 的上轨线运行。

（3）DMI 指标中的 ADX 线在 50 以上随时可能见顶或见底。

图 31-20 是京基智农（000048）的日线和多指标组合图。在图中竖直虚线标示的位置，该股的 KDJ 指标中 J 值达到了 104.9 的高位，与此同时，股价稳定地运行在 BOLL 带的上轨之上。值得注意的是，DMI 指标中的 ADX 线数值也跃升至 52.11。这一系列的信号强烈地暗示着股价即将触及其顶部。这种走势出现后，市场经过短暂的 2 个交易日的盘整，随后股价便呈现出连续的阴跌态势，标志着股价开始迅速下滑。

整体来看，这一系列的技术指标变化为投资者提供了清晰的信号，预示着股价的顶部已经形成，并即将进入下行趋势。

31.4.2 多种指标结合判断底部

对于底部的判断，投资者可以结合以下几个指标进行分析。

（1）KDJ 指标的 J 值在 0 以下，即负数。

（2）股价在 BOLL 下轨或之下运行。

（3）股价远离 5 日平均线至少 10% 以上。

图 31-21 是慈文传媒（002343）的日线和多指标组合图。在图中虚线标示的位置，该股的 KDJ 指标中 J 值已低至 -6.32，显示出强烈的超卖信号。当天，股价更是跌破 BOLL 线的下轨，这进一步显示出市场的极度悲观情绪。此外，5 日平均

线为 4.55 元，而当日收盘价仅为 3.67 元，股价与 5 日平均线之间的距离达到了近 19.3%，这进一步证明了股价已大幅偏离其短期均线，是市场行情即将出现反弹的重要信号。

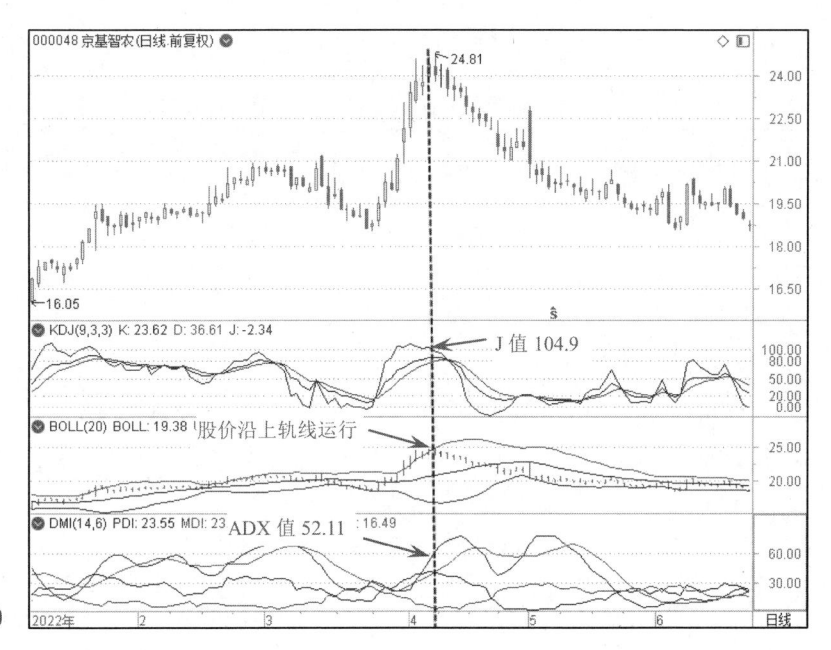

图 31-20

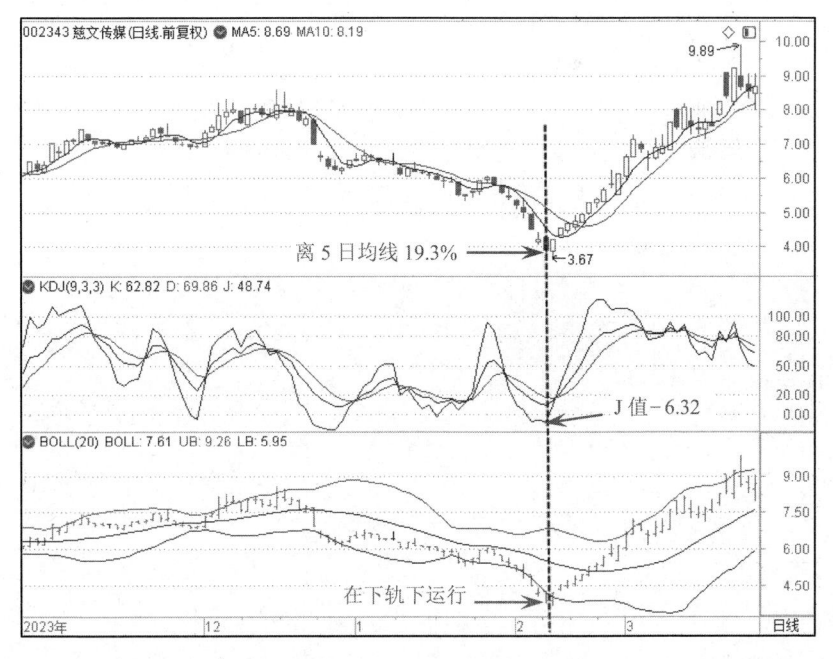

图 31-21

综合以上各项技术指标和股价表现，我们可以判断该股股价已经或即将跌入谷底。对于投资者而言，这是一个逢低介入的良机。